GÉOGRAPHIE

ANCIENNE

HISTORIQUE ET COMPARÉE

DES GAULES

CISALPINE ET TRANSALPINE,

SUIVIE

DE L'ANALYSE GÉOGRAPHIQUE DES ITINÉRAIRES ANCIENS

ET ACCOMPAGNÉE

D'UN ATLAS DE NEUF CARTES,

PAR M. LE BARON WALCKENAER,

MEMBRE DE L'INSTITUT DE FRANCE
(ACADÉMIE DES INSCRIPTIONS ET BELLES-LETTRES).

TOME PREMIER.

A PARIS,

LIBRAIRIE DE P. DUFART,
RUE DES SAINTS-PÈRES, N° 1;

A St.-PETERSBOURG, CHEZ J.-F. HAUER ET Cie.

1839.

GÉOGRAPHIE
ANCIENNE
HISTORIQUE ET COMPARÉE

DES GAULES
CISALPINE ET TRANSALPINE.

TOME I.

DE L'IMPRIMERIE DE CRAPELET,
RUE DE VAUGIRARD, N° 9.

AVIS AU LECTEUR.

L'INTRODUCTION à l'*Analyse géographique des itinéraires anciens pour les Gaules cisalpine et transalpine*, qui commence le troisième volume de cet ouvrage, indique les motifs qui l'ont fait écrire et les principes de critique qui ont présidé à sa rédaction. Cette introduction fait aussi connaître les ouvrages du même genre encore inédits que l'auteur de celui-ci a composés, et dont la publication suivra, ou ne suivra pas, celle de ces trois volumes. Comme cette introduction traite de questions plus générales que celles qui se trouvent résumées dans cette Géographie ancienne des deux Gaules, et que nul des lecteurs de cet ouvrage, nous l'espérons, ne se dispensera de la lire, nous devons nous abstenir de faire une préface qui ne serait que la répétition d'une partie de cette introduction. Nous y renvoyons donc le lecteur.

Ce 9 mai 1839.

GÉOGRAPHIE

ANCIENNE

HISTORIQUE ET COMPARÉE

DES GAULES

CISALPINE ET TRANSALPINE.

PREMIÈRE PARTIE.

DEPUIS LES PREMIERS TEMPS DE L'HISTOIRE JUSQU'A L'INVASION DE LA GAULE TRANSALPINE PAR JULES CÉSAR, L'AN 58 AV. J.-C.

CHAPITRE I.

Depuis les premiers temps de l'histoire jusqu'à la fondation de Marseille, l'an 600 avant J.-C.

MALGRÉ les ténèbres qui enveloppent l'histoire des premiers empires, celle de l'Europe se trouve, dans ses masses principales, suffisamment éclairée par les monumens qui nous restent. Avant l'arrivée des colonies phéniciennes, tyriennes et égyptiennes, cette partie du monde était inculte et sauvage. On voit la civilisation s'étendre graduellement dans ses parties méridionales d'orient en occident, et se propager ensuite vers le nord. Ses progrès furent à la vérité très lents, et les derniers même sont d'une date très récente. Ils n'eurent lieu qu'après une réaction des contrées barbares sur celles qui étaient civilisées; époque qui forme le dernier terme de l'histoire des peuples anciens, et le commencement de celle des modernes.

Il paraît que dès le temps des Argonautes, treize siècles et demi avant Jésus-Christ [1], il s'établit une communication entre les habitans du Pont-Euxin ou de la mer Noire, et ceux de la mer Adriatique, par le moyen de l'*Ister*, ou du Danube. Si l'on en croit des auteurs, à la vérité très postérieurs à cette époque [2], des colonies de Colches et d'Argonautes, c'est-à-dire d'Asiatiques et de Grecs, remontèrent l'*Ister* ou le Danube, et arrivèrent dans cette péninsule à laquelle ils donnèrent le nom d'Istrie, qu'elle porte encore, d'après le fleuve *Ister*, sur lequel ils avaient navigué pour y arriver. Ils jetèrent les premiers fondemens de *Pola* et de *Trieste*, et même d'*Aquileia*, non loin des bords du *Timave* (Timao).

---

[1] 1350 ans avant J.-C., suivant M. Larcher, trad. d'Hérodote, 2ᵉ édit., tom. VII, p. 577. — 1263, suivant le père Petau, *Doctrin. temp.*, in-folio. Antwerpiæ, t. II, p. 290. — 1260, suivant Edward Simpson, *Chronicon*, édit. de Wesseling, p. 246.

[2] Apollonius de Rhodes, *Orphei Poemata*, Valerius Flaccus, sont les premiers à consulter et les plus abondans, ensuite Justini *Philippicæ*, liv. XXXII, chap. 3, p. 594, édit. var., 1760. — Justin, ou plutôt Trogue Pompée, décrit ce voyage des Argonautes avec des circonstances curieuses. — Pomponius Mela, liv. II, ch. 3, t. I, p. 57, édit. de Tzschucke. — Pline, liv. III, ch. 18 ou 22, t. I, p. 175, de l'édit. d'Hardouin. — Strabon, liv. V, t. I, p. 330, ou t. II, p. 130, de la traduct. française. Isidorus. *Origin.*, liv. IX, ch. 2, p. 1041. Il copie Justin, mais il faut lire *Colchis* au lieu de *Cocis*, qui est évidemment une faute du copiste. Sozomène, liv. I, ch. 8, et Zosyme, liv. V. — Lycophron et Tzetzès apud Cluver, *Italia antiqua*, tom. I, p. 221. — Eusthathe, commentaires sur l'Odyssée, liv. XII.

et près du rivage qui depuis fit partie de la *Hénétie* ou *Vénétie*. Voilà les premiers pays et les premières villes que signale la géographie historique des contrées dont nous nous occupons.

Il faut avouer qu'indépendamment des monumens historiques que nous n'avons plus, et que ces anciens auteurs ont été à portée de consulter, leur récit acquiert un grand poids par l'opinion si long-temps régnante dans l'antiquité que le Pont-Euxin communiquait avec la mer Adriatique; opinion reproduite encore après le siècle éclairé d'Auguste, quoiqu'elle eût été détruite par l'observation et réfutée depuis long-temps.[1]

---

[1] Scylax de Caryande est le plus ancien auteur où cette erreur se trouve consignée (*Inter Geogr. minor.*, t. 1, p. 6). On la retrouve dans Aristote, *de Mirabilib.*, p. 1160, et *Hist. anim.*, liv. VIII, ch. 13, p. 909 E, mais il est dit le contraire dans le *Traité de Météorologie*, liv. 1, ch. 13, p. 545 D. — Ceux qui ont encore partagé cette erreur sont Théopompe (apud Strabon, liv. XVII, p. 317), Timagète (suivant le Scholiaste d'Apollonius de Rhodes, liv. IV, vers. 259-284, 384). — L'auteur anonyme du périple du Pont-Euxin, *inter Geogr. minor.*, tom. 1, p. 11 et 12. — Cornelius Nepos (apud Plin., liv. III, ch. 18). — La conquête de l'Istrie, par les Romains, fit disparaître cette erreur, et elle fut réfutée par Diodore, liv. IV, ch. 56, t. 1, p. 301, édit. de Wesseling; par Strabon, liv. 1, p. 98 ou 57 B, édit. d'Almeloveen; par Justin, liv. XXXII, ch. 3; par Pline, *loco citato*. — Elle avait cependant été reproduite par Mela, lib. II, ch. 3, tom. 1, p. 57, de l'édit. de Tzschucke. Pline, liv. III, ch. 18, observe avec beaucoup de jugement que cette erreur n'a pu provenir que d'un voyage réel, et que les historiens les plus exacts disent que le vaisseau, après avoir remonté l'Ister et la Save, fut transporté à *Nauportus*. Nous voyons dans Zosyme, liv. V, ch. 29, que le poète Pisandre racontait aussi ce voyage de cette manière. — Mela paraît avoir copié Hipparque, et le passage de Mela a été copié, à son tour, dans le moyen âge, par Paulus Diaconus, *Langobardic. Rer.*, liv. II, ch. 13, et par Isidorus, *Origin.*, liv. XIV. — Mais Pline, interprétant mal un vers de Virgile, a pris les neufs sources qui donnent naissance

N'oublions pas d'observer que la fondation de *Pola* n'appartient au sujet que nous traitons qu'en considérant l'Italie ou la Gaule cisalpine d'après les limites fixées sous Auguste. Antérieurement à cette époque, l'Italie se terminait de ce côté au fleuve *Formio*, qui, suivant Pline, est à 6 milles romains de Trieste et à 189 milles de Ravenne. Or, ces deux mesures s'accordent parfaitement entre elles, et, appliquées sur les meilleures cartes de l'Istrie et de la Lombardie[1], déterminent la position du *Formio flumen* à la petite rivière qui se jette dans la mer à Musa-Vecchia, quoique Ptolémée semble porter le *Formio flumen* beaucoup plus au midi; mais les mesures de sa carte, réduites à leur véritable module, s'accordent pour ce point avec les données des autres géographes anciens. Cluverius[2], et d'après lui d'Anville, sur le simple aspect de la carte de Ptolémée, me paraissent avoir eu tort de donner le nom de ce fleuve au Risano, contre l'indication si précise de Pline.

D'autres auteurs anciens, avec moins de probabilité, poussent encore plus loin vers l'occident les émigrations qui eurent lieu à cette époque, et font pénétrer les Argonautes par l'Éridan ou le Pô jusqu'au Rhône dans le pays des Ligures, près des îles

---

au Timave, pour neuf embouchures. Voir à ce sujet une note de nous dans la traduction de Virgile, par Delille.

[1] Carta dell' Istria, par Capellari, 1803, et Carte de la Lombardie, par Zannoni, en 4 feuilles.

[2] Cluverius, *Italia antiqua*, t. I, p. 198. — Il nous apprend que le Risano est nommé Alben, vers sa source, par les Allemands, circonstance qui détermine la position de l'*Albius mons*.

Stœchades [1], dénomination qui, dans ces temps reculés, a dû avoir la signification étendue que lui donne Mela [2], c'est-à-dire qu'elle désignait toutes les petites îles éparses sur la côte de la Gaule, entre le Rhône et le Var.

Deux inscriptions trouvées à *Hadria* [3] ou *Atria*, semblent fournir des preuves de la haute antiquité des villes de ces parages et de l'arrivée des Pélasges dans ce pays. Ces deux inscriptions sont en caractères étrusques, et portent la date de 903 et 963. Hadria fut détruite l'an 340 de Rome. Ces inscriptions en caractères antiques doivent être antérieures à cette époque, et semblent se rapporter à celle de la fondation d'*Hadria*; il en résulterait qu'Hadria aurait été fondée au moins six siècles avant Rome, et qu'on doit fixer l'époque de sa fondation à l'an 1376 avant J.-C., précisément dans le même temps que Denys d'Halicarnasse [4] fait aborder en Italie les Pélasges aux embouchures du Pô. Il en résulterait encore une preuve certaine que les caractères dits étrusques ont été apportés en Italie par les Pélasges, qui, après avoir expulsé du territoire qu'ils occupaient les *Umbri* et

---

[1] Apollonius de Rhodes, liv. IV, vers. 282. Apollonius fait communiquer le Rhône avec le Pô et le Rhin, mais on était plus éclairé de son temps (il écrivait 276 ans avant Jésus-Christ), et ce sont sans doute les idées erronées des anciennes Argonautiques, qu'il reproduit dans son poème. Mais cette erreur vient plus probablement du nom de *Rhodanus*, donné au Reteno, ou *Eridanus*, qui communiquait avec le *Padum*. Voy. ci-après.

[2] Mela, lib. II, cap. 7, p. 76, édit. de Tzschucke.

[3] Carli. *Delle antichità italiche*, tom. I, p. 17. — Bacchi, *Osservazioni sopra un teatro*. Tav. V et VII.

[4] Dyonis. Halic., lib. I, §. XVIII, §. XIX, §. XIII.

les *Siculi*, furent à leur tour expulsés par les Thyrrhéniens venus de Lydie.[1]

Long-temps avant la guerre de Troie, si l'on en croit Denys d'Halicarnasse[2], les Pélasges, peuples originaires du Péloponèse, et depuis établis dans la Thessalie, abordèrent à une des embouchures de l'Éridan ou du Pô, et y bâtirent la ville de *Spina*, dont nous déterminerons bientôt la position. A cette époque reculée, ainsi que nous le démontrerons, le Pô, l'Adige, et les autres rivières qui se déchargent au fond du golfe Adriatique, n'avaient point encore formé, par leurs atterrissemens successifs, les lagunes que l'on observe aujourd'hui. Les innombrables petites îles qui se trouvent dans ces lagunes étaient alors détachées de la côte : ces îles étaient appelées les îles *Électrides*. Des auteurs très anciens les plaçaient à l'embouchure de l'*Éridan* ou le Pô. Pline et Strabon les y cherchaient en vain de leur temps; mais Aristote, ou l'auteur du livre *de Mirabilibus*, les décrit si particulièrement qu'on ne saurait les révoquer en doute. Il nous apprend qu'il y en avait deux principales, et qu'elles étaient situées vis-à-vis de l'embouchure de l'Éridan. Apollonius donne le nom d'*Électris* à la plus considérable de ces îles. Théopompe, cité par Scymnus de Chio, parle aussi de ces îles. Il n'est pas de notre sujet de nous appesantir sur les fables que l'imagination brillante des Grecs a inventées à cet égard. Nous observerons seulement que le nom de l'*Eridanus Fluv.*, qui est

---

[1] Larcher, *Chronologie d'Hérodote*, t. VII, p. 241 et 242.
[2] Liv. I, ch. 3.

Erétenos dans Ælien [1], se conserve encore dans celui de la rivière nommée *Réteno* dans le moyen âge; rivière qui coule à Vicence, et dont l'embouchure se confondait presque avec celle de l'Adige avant que les Vicentins et les Padouans n'en eussent détourné le cours, dans le XIIe siècle, en creusant plusieurs canaux. Le nom moderne de cette rivière est aujourd'hui *Revone* par corruption; mais, jusque dans le Xe siècle, elle a conservé celui de *Reteno* [2]. Aristote nous dit que l'eau du lac qui se trouvait près de l'Éridan était chaude. L'abréviateur d'Étienne de Bysance et Tzetzès, sur Lycophron, parlent aussi de ce lac d'eaux chaudes. Sotion, auteur grec assez ancien, dans les fragmens du livre de *Flum., font. ac lac.*, assure également « qu'il y a, aux environs « de l'Éridan et des îles Électrides, un lac dont les « eaux sont chaudes, et dont aucun animal ne peut « goûter. » Or, à la gauche du Revone ou Reteno, il y a les fameuses sources chaudes d'Abano, au sud-est de Padoue, les *Apponi fontes* des anciens. Il paraît donc à peu près démontré que les Grecs, dans les premiers temps, ont confondu les bouches de l'*Eritanus* ou *Eridanus*, celles de l'Adige et celles du Pô, qui communiquaient tellement par leurs diverses branches qu'elles semblaient appartenir à un même fleuve. Nous aurons bientôt occa-

---

[1] Æliani *Hist. animal.*, lib. XIV, ch. 8.

[2] Carena, *Observations sur les bouches du Pô*, dans les *Mémoires de l'Acad. de Turin*, p. 64, années 1760 à 1761. — Strabon, liv. V. — Pline, liv. XXXVII, ch. 2. — Venantius Fortunatus, in *Vita sancti Martini*. Dipl. apud Ughel, *Ital. sacr. in Epist. Patav. et Cremonenses*. — Tzetze, chiliad. IV, n. 137. — Apollonius de Rhodes, liv. IV, vers 581.

sion de fournir de nouvelles preuves de cette opinion, et nous montrerons que le nom d'Éridan a aussi été particulièrement donné à la branche méridionale du Pô, à l'embouchure de laquelle était située *Spina*[1], ainsi qu'à l'*Éretenos* d'Ælien, qui a porté le nom de *Rhodanus*.[2]

Si l'amour du pays où il prit naissance n'a point engagé Tite Live[3] à avoir une confiance trop aveugle dans les antiques relations où il puisait, il faudrait croire aussi qu'aussitôt après la guerre de Troie, plus de douze siècles et demi avant J.-C.[4], une colonie des *Hénètes*, peuple de la *Paphlagonie* illustré par les vers d'Homère[5], se transporta, sous la conduite d'Antenor, dans le pays qui prit d'elle le nom de *Henetia* ou *Venetia*[6], qu'elle en chassa les anciens habitans nommés *Euganei*, et qu'elle fonda sur ce rivage un établissement auquel elle donna le nom de Troie. Le nom de *Henetia* ou *Venetia*, se reconnaît facilement dans celui de Venise moderne, et celui des anciens habitans de cette contrée, les *Euganei*, est resté attaché à un petit groupe de montagnes situées au sud-ouest de Padoue, qui se

[1] Voyez ci-après.
[2] Euripides apud Plin., lib. xxxvii, cap. 11. Vide infra.
[3] Titus Livius, lib. i, t. 1, p. 15 et 16, édit. de Drakenborch.
[4] 1270 avant J.-C., suivant Larcher, *Chronologie d'Hérodote*, tom. vii, p. 581. Mais, suivant le père Petau, *Doctr. temp.*, tom. ii, p. 292, et Simpson, p. 338, 1181 ans av. J.-C.
[5] Homeri Ilias, vers. 852, t. 1, p. 80, édit. de Wolf, Lipsiæ, 1804.
[6] L'établissement des *Veneti* est peut-être antérieur à cette émigration. Observons que ce nom de *Vénètes* a été donné à des peuples de la Paphlagonie, de l'Italie, de la Gaule et de la Germanie, et toujours à des peuples habitant les côtes de la mer, et qu'en Europe toutes ces côtes son basses, marécageuses, et forment des lagunes.

nomment encore aujourd'hui *Colli Euganei*, ou monts Eugènes [1]. Strabon [2] parle aussi de ce voyage des Hénètes et les fait aborder près d'*Hadria*. Il résulte de cette indication que le *Pagus Trojanus* doit être placé près du village moderne d'Adria, au confluent des deux branches du Pô, nommées *Po di Levante*, et *Po di Maestra*, c'est-à-dire plus au midi que ne l'ont mis Cluverius et d'Anville. Virgile [3], qui s'était proposé dans son Énéide de consacrer par ses chants les origines antiques de l'Italie, a aussi célébré l'expédition d'Antenor : il lui attribue la fondation de *Patavium*, Padoue; et si les beaux vers pouvaient suppléer à l'incertitude de l'histoire, il n'y aurait pas de fait historique mieux prouvé que celui-là. Quoi qu'il en soit, c'est d'après cette indication du poète que Cluverius [4], et d'après lui d'Anville, ont placé le *Trojanus Pagus*, dont il est question dans le récit de Tite Live, aux environs de Padoue, entre la Brenta-Morto et le Bachiglione, au lieu de le mettre aux environs d'Adria. Strabon nous apprend que les Thessaliens avaient fondé Ravenne antérieurement à la conquête de ce pays par les Tyrrhéniens, et que ces Thessaliens, trop faibles contre ces nouveaux conquérans, abandonnèrent

---

[1] Voyez *Ducato di Venezia*, par le baron de Zach, en 4 feuilles, 1801 à 1805. — *Nuova carta della Lombardia*, formata d'ordine di S. M. Siciliana dal Reg. Geogr. Rizzi Zannoni, 1795, 4 feuilles.

[2] Strabonis *Geogr.*, lib. 13, p. 905 ou 608, et Martial, liv. IV, épigram. 24, et Sidonius Apollinaris, *Panegyr. Anthemii*, vers. 189, p. 285, edit. Sirmond.

[3] Virgilii *Æneidos*, liv. 1, vers. 242, tom. 2, p. 75 et 76, edit. Burmanni.

[4] Cluverius, *Italia antiqua*, tom. 1, p. 148, 22. — D'Anville, *Carte de l'Italie ancienne*.

aux *Umbri* la ville qu'ils avaient fondée, et s'en retournèrent dans leur pays [1]. La position de *Ravenna*, à Ravenne, est prouvée par les itinéraires. [2]

Parmi les diverses émigrations qui eurent lieu après la guerre de Troie, il paraît qu'on doit compter celles des Tyrrhéniens [3] qui s'établirent dans l'Étrurie ou la Toscane moderne, et s'étendirent peu à peu d'une mer à l'autre en expulsant de ces contrées les *Umbri*, qui en avaient chassé les *Siculi*, ou *Sicani* et les *Liburnes* [4]. Quelle qu'ait été l'origine

---

[1] Strabo, *Geographia*, liv. v, p. 214 ou 327, édit. d'Almeloveen.

[2] Voyez l'*Analyse des Itinéraires*, tom. III de cet ouvrage.

[3] Scylax. — Hérodote, liv. I, ch. 14. — Tite Live, liv. v, ch. 23; tom. II, p. 141. — Velleius Paterculus, liv. I, ch. 1. — Taciti *Annales*, liv. IV, ch. 55. — Pausanias, liv. II, ch. 21. — Virgil. liv. VIII et liv. II. — Marcianus Heracleotus. — Silius Italicus, liv. IV. — Valerius Maximus, liv. II, ch. 4. — Seneca, *de Consolatione ad Helviam*. — Plutarchus, *de Camillo*. — Denys d'Halicarnasse, liv. I, donne aux Étrusques une autre origine; mais cette discussion serait étrangère à notre sujet. Il prétend qu'ils sont indigènes.

[4] Pline, liv. III, ch. 14. Siculi et Liburni plurima ejus tractus tenuere.... Umbri eos expulere, hos Etruria, hanc Galli. — Denys d'Halicarnasse, liv. I, ch. 17, rend aussi témoignage de l'ancienneté des Sicules, et liv. II, p. 103. — Virgile, *Æneid.*, liv. XI, vers. 317, fait les Sicanes ou Sicules voisins des Tusci; Servius les place où était Rome, et dit qu'ils fondèrent Gabia, Aricia et Lauro Lavinium. — Voyez Strabon, liv. v, p. 241, qui attribue aux Siciliens la fondation d'Ancône. Servius dit d'eux : « A Liguribus pulsi sunt; Ligures a Sacranis; Sacrani ab Aboriginibus. » — Justin, liv. xx, ch. 5, édit. Gronov. 1760, p. 464 et 465. Plusieurs auteurs font les Umbri les plus anciens peuples d'Italie : *Umbrorum gens antiquissima Italiæ existimatur*, dit Pline, lib. III, c. 14. — *Umbri antiquissimus Italiæ populus*, dit Florus, lib. I, cap. 17. — Solin dit que les *Umbri* descendaient des Gaulois, et cite à ce sujet Bocchus : « Bocchus absolvit Gallorum veterum propaginem Umbros esse. » Solin, cap. II, édit. de Saumaise, in-folio,

des Tyrrhéniens, Tite Live nous apprend qu'ils formaient douze villes confédérées qui occupaient tout le pays situé entre l'Apennin et la mer inférieure ; mais bientôt ils franchirent l'Apennin et poussèrent leurs conquêtes jusqu'aux Alpes. Ils s'emparèrent de tout le pays qui fut depuis nommé Gaule cisalpine, à la réserve de cette portion qui entoure l'extrémité du golfe Adriatique, c'est-à-dire de la Vénétie, et ils lui donnèrent le nom d'*Etruria nova*, Nouvelle Étrurie. Tite Live nous apprend encore[1] que les douze villes ou peuples confédérés de

---

p. 10, B. — Dom Martin trouve des *Umbranici* mentionnés par le seul Pline dans la description de la Gaule ; il y trouve aussi des *Volsci*. Il en conclut que les Volces et les Umbri sont originaires de la Gaule ; et comme il compte jusqu'à quinze peuples d'Italie descendus des Umbri, il conclut que l'Italie a été peuplée par les Gaulois. Voyez l'*Histoire des Gaules*, préface, p. LVII ; et tom. I, p. 1. Ce passage de Solin est, au reste, assez important. Ce Bocchus est le Cornelius Bocchus cité par Pline jusqu'à quatre fois, et toujours au sujet de l'Espagne et de la Lusitanie ; ce qui doit faire présumer que c'était un écrivain de ces contrées. Le passage de Bocchus rapporté par Solin a été répété par Servius, qui cite Marc-Antoine, *Æneid.*, lib. XII, vers. 753, et par Isidore, *Origin.*, lib. IX, cap. 12.

[1] Les Étrusques triomphèrent des Pélasges, qu'ils trouvèrent établis au-delà du Pô ; et des colonies de ces deux peuples mélangés s'étant depuis transportées en Attique, ils formèrent ce qu'on appelle les Pélasges Tyrrhéniens. Voyez Servius, ad Virg. *Æneid.*, lib. VIII, vers. 600. Les termes de Tite Live sont très clairs, lib. V, cap. 33 : « Ii (Tusci) in utrumque mare vergentes incoluere urbi- « bus duodenis terras, priùs cis Apenninum, ad inferum mare ; « posteà trans Apenninum totidem, quot capita originis erant, « coloniis missis ; quæ trans Padum omnia loca, excepto Vene- « torum angulo, qui sinum circumcolunt maris, usque ad Alpes, « tenuere. » Il est difficile d'imaginer ce qui a pu induire en erreur le savant Cluverius, qui fait tenir à ces peuples une marche contraire. « Hi igitur antiquæ illius Hetruriæ circumpadanæ fuere fines ; « ex quibus posteà in novam inter Apenninum et mare inferum

l'Étrurie envoyèrent chacune une colonie dans le pays situé au-delà de l'Apennin. *Felsina* fut une de ces colonies, et devint en quelque sorte la capitale de leurs possessions cispadanes. Les Gaulois transalpins, lorsqu'ils s'emparèrent de ce pays, changèrent le nom de *Felsina* en celui de *Bononia* [1], nom qui s'est conservé jusqu'à nos jours dans celui de Bologna, qui occupe le même emplacement. *Mantua*, aujourd'hui Mantoue, est aussi redevable aux Étrusques de sa première existence, et a dû être la capitale de leurs possessions transpadanes [2]. Enfin toute l'antiquité attribue encore aux Étrusques la fondation d'*Hadria* sur les bords de l'Adige, ville célèbre pour avoir donné son nom à la mer Adriatique, et qui à cette époque se trouvait, ainsi que *Spina*, baignée par les eaux de cette mer [3]. Tite Live nous apprend aussi que *Luna*, aujourd'hui *Luna Dirutta*, près de la Magra et sur la côte de la Ligurie, avait été bâtie par les Étrusques. [4]

Les positions que nous assignons à toutes les villes que nous avons mentionnées jusqu'ici, sont prouvées non seulement par les monumens historiques, mais encore par l'analyse des mesures anciennes que fournissent les itinéraires romains, qui se trouve à

« Hetruriam totidem colonias deduxerunt. » Vid. Cluverius, *Italia antiq.*, lib. II, p. 434. — Servius étend les conquêtes des *Tusci* jusqu'au détroit de Sicile, Serv. ad Virg. *Georg.*, lib. II, vers. 533.

[1] Bononia, Felsina vocitata, cum princeps Etruriæ esset. Pline, liv. III, ch. 15, et Tite Live, lib. XXXIII.

[2] Virgil. *Æneid.*, liv. X, vers 201, et Servius. — Pline, liv. V, ch. 19.

[3] Justin., liv. XX, ch. 1, p. 455, edit. var.

[4] Tite Live, liv. XLI, ch. 13.

la suite de cet ouvrage¹. Ajoutons enfin, d'après le témoignage de Caton, le nom de Pise à la liste des villes fondées par les Étrusques ou Tyrrhéniens. ²

Ainsi donc les Étrusques ou Tyrrhéniens, un peu avant la fondation de Marseille, possédaient presque tout le nord de l'Italie ³, et nous verrons bientôt que leurs limites sur la côte s'étendaient à l'ouest depuis le Tibre, où Rome, jusqu'à Gênes, et à l'est depuis l'Æsino, ou Ancône, jusqu'au Porto Brondolo, ou au Bachiglione qui coule à Padoue ⁴. Cependant les Venètes restèrent indépendans; ils ne furent pas non plus conquis par les Gaulois : il était réservé aux Romains de les asservir. On doit en dire autant des habitans des montagnes de la Ligurie, et des Alpes au nord, surtout de ceux du lac Côme, ou *Larius lacus*, qui formaient une nation considé-

---

¹ Voyez tom. III.

² Servius, ad Virgil. *Æneid.*, liv. x, vers 179; tom. III, p. 499, édit. de Burmann.

³ Catulle (carmen XXXII, v. 13) appelle le lac Garda ou le *Benacus lacus*, *Lydiæ lacus undæ*, et le poète fait ici allusion à l'origine lydienne attribuée aux Tyrrhéniens; ce qui semble dire que ces peuples ont étendu leur domination jusque dans les montagnes; mais il est plus vraisemblable que Catulle parle ainsi à cause de la fuite et de l'établissement des Étrusques dans la Rhétie, lorsqu'ils furent expulsés par les Romains et les Grecs.

⁴ Denys d'Halicarnasse, liv. I, dit qu'autrefois les Latins, les Umbri, les Ausones et d'autres peuples, furent appelés Tyrrhéniens, et qu'il y en a qui pensent que Rome même était une ville tyrrhénienne. — Pindare et autres auteurs très anciens appellent les *Tyrrhini*, *Tyrseni*, mot qui vient, selon Heyne, de leur ancien nom de *Raseni*, corrompu par les Grecs; étymologie très douteuse.

Dans une savante dissertation intitulée : *On the late discovery of ancient monuments in various parts of Etruria*, M. James Millingen cherche à établir, d'après les vases et anciens monumens trouvés jusqu'à ce jour sur le sol de l'ancienne Étrurie, que tout le

rable sous le nom d'*Orobii*. Caton, qui fit des recherches particulières sur les antiquités de l'Italie, n'a pu découvrir leur origine : leur nom d'*Orobii*, au

sud-est du pays nommé *Tyrrhenia* par les Grecs et *Étrurie* par les Romains, vaste territoire renfermé entre le Tibre, l'Ariminia, la forêt Cimininienne et la mer, a été habité pendant deux siècles et demi, ou depuis l'an 600 jusqu'à l'an 350 avant J.-C., par un peuple dont le langage, les arts, la littérature, les institutions et la religion étaient helléniques. Selon lui, le nom même d'Étruria dérive de Turria ou Tursia, ou Turrenia; et de Trusei ou Etrusei on a fait Tusci et Etrusci. La conjecture de M. Niebhur, qui fait deux peuples des Tyrrheni et des Etrusci, ne lui paraît pas fondée. M. Millingen étend jusqu'à Capoue les domaines des Étrusques. La plus grande extension de l'empire des Tyrrhéniens et leur plus haut degré de prospérité eurent lieu entre le sixième et la première moitié du cinquième siècle avant J.-C. Dès cette époque, ils commencèrent à décliner ; ils perdirent graduellement leur supériorité maritime. En 453, les Syracusains leur enlevèrent l'île Æthalia, et commirent de grands ravages dans la Tyrrhénie ; en 445, les Tyrrhéniens furent défaits par Hiero devant Cumes ; en 458, les Samnites leur enlevèrent Capoue ; et enfin, entre 403 et 388, survinrent les ravages des Gaulois et l'incendie de Rome. La langue, les monumens et l'histoire, tout concourt à prouver que Rome était une ville étrusque. Les sujets représentés sur les monumens étrusques prouvent que les fables relatives à l'arrivée d'Évandre et d'Énée en Italie, et à l'origine troyenne des Romains, sont très anciennes, et ne datent point, comme on l'a cru, de l'époque de la conquête de la Grèce par les armées romaines. Peut-être l'expulsion des Tarquins n'est-elle autre chose que l'affranchissement de Rome du joug des Tyrrhéniens ou Étrusques.

Dans un supplément à ce Mémoire, publié dans les *Transactions of the royal Society of literature*, in-4°, M. Millingen a ajouté de nouvelles preuves à son opinion. Il a décrit un vase trouvé dans les ruines de Volci, qui représente sur une de ses surfaces Crésus placé sur un bûcher auquel on va mettre le feu ; ce qui s'accorde avec le récit d'Hérodote, qui dit que le roi de Lydie fut condamné à être brûlé par Cyrus, et confirme l'origine lydienne donnée par Hérodote aux Étrusques. Mais, selon M. Millingen, l'Étrurie a reçu plusieurs colonies de Grecs Pélasges venus de Thessalie, et les Lydiens n'étaient eux-mêmes que des Pélasges venus d'Europe,

lieu d'être, comme le prétend Cornelius Alexander [1], une preuve de leur origine grecque, en est une au contraire de leur indépendance, puisqu'il signifie habitans des montagnes. Ce nom leur fut donné par les Tyrrhéniens, qui, dédaignant de les soumettre ou ne pouvant y parvenir, les désignaient ainsi comme les plus puissans d'entre les montagnards. Le nom de *Bergomum*, qui fut celui de la nouvelle capitale de

qui se mêlèrent aux habitans primitifs, dont la contrée se nommait Mœonia.

Cet habile antiquaire pense que les vases trouvés à Vulci ont été fabriqués dans le pays par les Grecs-Tyrrhéniens ou Pélasges, maîtres de l'Étrurie, qui tenaient sous une sorte de sujétion les naturels du pays ou Umbri-Tyrrhéniens. Ceux-ci ont fini par devenir les plus forts; leur langue a dominé, c'est la langue étrusque, p. 8.

Ces vases de Vulci ou d'Étrurie, quoiqu'avec des inscriptions grecques comme ceux de Sicile et de la Grande-Grèce, s'en distinguent cependant pour la forme, le vernis et d'autres particularités. C'est l'opinion de M. Millingen et des plus savans antiquaires. Deux seulement sur plus de dix mille sont avec des inscriptions latines.

Selon M. Millingen, les Tyrrhéniens ont subjugué tout le pays depuis les Alpes Rhétiques jusqu'au Silurus, renfermant dans leurs limites le Latium, la Campanie et une portion de la Lucanie.

Le premier auteur qui parle des *Tyrrheni* ou *Tyrseni*, est Homère, dans son hymne à Bacchus (v. 28 et 29), puis dans l'*Odyssée*, liv. IX, v. 108, où il en fait mention comme de pirates qui inspiraient la terreur aux navigateurs. Ils résidaient probablement alors à Imbros, à Lemnos ou autres villes de la mer Égée (Ovide confirme cela, *Metam.*, liv. III, vers 576). Un fragment de l'*Inachus* de Sophocle, conservé par Denys d'Halicarnasse, nous dit que c'était une tribu de Pélasges. Thucydide donne le nom de Tyrrhéniens aux Pélasges qui se fixèrent en Attique; et qui, chassés de là, se réfugièrent à Imbros, à Lemnos et en Thrace. Thucydide (liv. IV, ch. 109).

Puis, selon Plutarque (*Vie de Romulus*, ch. 2), de la Thessalie ils passèrent en Lydie, et de là en Italie.

[1] Caton, apud Plin., liv. III, ch. 17; et Cornelius Alexander, apud Plin., *loc. cit.*

ces peuples lorsqu'ils commencèrent à s'étendre dans la plaine, paraît avoir été donné par les Gaulois insubres lorsqu'ils s'emparèrent de la Cisalpine, puisque ce nom n'était que la traduction du mot grec *Orobii* en tudesque, et se compose de *Berg*, qui encore aujourd'hui signifie en allemand *montagne*, et de *Home*, *demeure*, *résidence*. Cette étymologie ne pouvait échapper à un Allemand aussi savant que Cluverius [1], mais il me semble qu'elle aurait pu fournir une nouvelle preuve à ceux qui ont prétendu, avec quelque raison, que la Gaule transalpine, antérieurement aux grandes émigrations que raconte l'histoire, avait été en partie peuplée par des Germains d'origine scythique, qui avaient conquis ce pays sur les sauvages celtes, primitifs habitans de ces contrées, et qui se trouvaient dès cette époque reculée relégués vers l'ouest ou dans la Bretagne [2]. Il est certain du moins que le nom de la première capitale des *Orobii* n'a que peu de rapport avec celui de *Bergomum*; cette capitale se nommait *Barra*, et elle était déjà détruite du temps de Pline [3]. Voici ce qu'en dit cet auteur :
« Dans cette contrée a disparu *Barra*, ville des Oro-
« biens, fondateurs de Bergame, suivant Caton, qui
« nous parle de *Barra* comme d'une ville située sur
« un lieu très élevé, mais non très avantageusement. »
D'après ce que dit Pline, on s'est cru dispensé jusqu'ici de rechercher la situation de *Barra*, et elle a

---

[1] Cluverius, *Ital. antiq.*, t. 1, p. 246.

[2] Pinkerton, *Recherches sur l'Origine des Scythes ou Goths*, in-8. Paris, 1804.

[3] ....In hoc situ interiit oppidum Orobiorum Barra, undè Bergomates Cato dixit ortos, etiamnum prodente se altius quam fortunatius situm. Plin., liv. III, ch. 17, tom. 1, p. 174, 2ᵉ edit. Hard.

été omise sur toutes les cartes de l'Italie ancienne. L'antique *Barra* subsiste encore cependant dans un petit lieu nommé *Barra vico*, que l'on trouve placé sur la belle carte du Milanais, dressée par les astronomes de Bréra, par ordre du gouvernement autrichien; carte qui a été gravée, mais non publiée. Dans la feuille qui représente le lac de Come et une partie du lac Maggiore, on trouve *Barra vico* entre Bartesate et le lago d'Anone, à 45' ou moins d'un mille géographique de Galbiate. Le nom de la montagne qui est au nord de Galbiate n'est point marqué sur la carte des astronomes de Bréra, mais sur celle qui a été dressée pour les campagnes du général Buonaparte, par Bacler d'Albe, elle est nommée *Monte di Barra*; le *Barra vico* ne s'y trouve point. On trouve encore le *Barrus mons*, au même endroit, sur une carte spéciale du lac de Come, faite par Paul Jove et insérée dans le *Theatrum orbis terrarum* d'Ortelius [1]. Cette carte indique sur le sommet du *Barrus mons* un monastère dédié à la Vierge, qui, d'après la description de Caton, a dû occuper précisément le même emplacement que l'ancienne ville de Barra [2]. A la parfaite identité des noms anciens et modernes, se joint ici celle des positions; car cette ville est située dans l'étendue du territoire des *Orobii*; elle est sur une hauteur et dans une situation peu avantageuse, comme l'indique Caton, puisque, placée entre deux petits lacs, elle n'est sur le bord d'aucun des deux; enfin elle est entre *Comum* et *Bergomum*, qui ont été

---

[1] Carte 46, édit. 1575.

[2] Je retrouve ce mont mentionné sur plusieurs mauvaises cartes, mais anciennes, de la Lombardie, dressées par provinces.

fondées par les Orobiens, et peu éloignée de l'une et de l'autre. Monterobio, au-dessus de Merate, et près de l'Adda, conserve encore des traces de l'ancien nom d'*Orobii*[1].

Le nom des *Taurini* est aussi synonyme de celui d'*Orobii* et de *Bergomenses*, puisque dans le Saltz-bourg et une partie de la Bavière le nom de *Taur* et de *Taurn* est générique pour désigner une haute montagne[2]. Il y a tout lieu de soupçonner que ces peuples sont aussi anciens que les *Orobii*; qu'ils habitaient les vallées des Alpes voisines de Turin, d'où ils s'étendirent dans la plaine, de même que les *Orobii*, lorsque la puissance des Étrusques eut été affaiblie par les premières conquêtes des Gaulois. Ce nom de *Taurini* ou *Taurisci* servait aussi à désigner les habitans de l'autre extrémité de la chaîne des Alpes, depuis surnommées Alpes rhétiennes[3]. Et comme ce nom signifiait un peuple montagnard, on doit en effet le trouver répandu sur tous les points de cette vaste chaîne. Les *Orobii*, dont le nom n'était que celui de *Taurini* ou *Taurisci* traduit en

---

[1] Voyez Carli, *Ant. Ital.*, tom. 1, p. 64; et Micali, *l'Italia avanti il dominio dei Romani*, tom. 1, p. 87.

[2] Voyez la carte du royaume de Bavière en une feuille, 1806, où l'on trouve Silber-Taur, Rauris-Taur, etc. Le nom de *Taurus*, appliqué à cette chaîne de montagnes qui, selon l'opinion des anciens, traversait toute l'Asie, a certainement la même étymologie et provient de la même langue; il fournit une nouvelle preuve de l'origine asiatique des premiers peuples de l'Europe, dont il est question dans l'histoire.

[3] Polybe, liv. II, p. 103. — Eratosthène a connu les Taurisci, et Étienne de Bysance nous apprend qu'il écrivait *T'erisci*. L'auteur de l'*Etymologicum magnum* et Suidas parlent d'un peuple nommé *Terisi*. — Voyez D. Martin, p. 92.

grec, étaient intermédiaires entre ces deux peuples. Strabon [1] nous apprend que le nom de *Ligures*, par lequel on désignait tous les habitans des Alpes maritimes situées entre le Rhône et l'Arno, est synonyme de *Taurisci;* il l'est donc aussi d'*Orobii*, et signifiait de même *peuples montagnards*. Ainsi nous voyons par là que les habitans de la vaste chaîne des Alpes sont tous désignés par des noms qui diffèrent en apparence, mais qui cependant ont tous la même signification. Ceci nous explique pourquoi certains auteurs ont donné une aussi grande extension au territoire des *Ligures* [2]. Enfin nous remarquerons que, suivant Caton dans ses Origines, un peuple nommé *Teutanes* ou *Teutas*, originaire de la Grèce ou de l'Asie mineure, puisqu'il parlait grec, occupait les environs de Pise avant l'arrivée des Tyrrhéniens, les seconds fondateurs de cette ville [3], qui paraît avoir été primitivement fondée par les Sicules [4]. Le même auteur ajoute que, selon d'autres, la ville de Pise portait primitivement le nom de *Teuta*, et que le nom de Pise lui fut donné par les Lydiens, le mot Pise se trouvant dans la langue lydienne synonyme de port en croissant. Ceci se trouve confirmé par Pline [5], qui nous dit que Lucques et Pise passaient pour avoir été fondées par les *Teutanes*, peuple grec. Trogue Pompée ou Justin s'accorde

---

[1] Strabo, *Geogr.*, lib. VII, p. 296.

[2] Justin, lib. XX, parle de Pise comme d'une ville des Ligures.

[3] Servius, ad Virgil. *Æneid.*, liv. X, vers. 179, tom. III, p. 499, édit. Burmann.

[4] Dionys. Halic., lib. I, p. 16.

[5] Lib. III, cap. 8.

avec Pline pour donner à Pise une origine grecque, et cet auteur puisait dans de très anciens monumens, puisqu'il met Pise aussi dans la Ligurie; cela était vrai lors de l'arrivée des Grecs, car le mot *Ligures* leur servait à désigner les naturels du pays.[1]

Dans ce que nous venons de dire sur les premiers peuples qui ont habité le nord de l'Italie, nous avons été obligé de remonter jusqu'aux limites douteuses de l'histoire et de la fable; mais on s'apercevra facilement que c'est à dessein, et non par oubli, que nous avons rejeté, et passé sous silence, les prétendus voyages d'Hercule dans les Gaules plus de 2000 ans avant J.-C.[2]; sa fondation d'*Alexia*, aujour-

---

[1] Justin, liv. xx. Les meilleurs manuscrits de Pline portent *Teutanis*, quelques uns *Atintanis*. Pline, *Hist.*, liv. III, p. 8, edit. Harduin., tom. I, p. 150. — M. Raoul Rochette (*des Colonies grecques*, tom. I, p. 307) dit que cette leçon n'éclaircit rien, et est d'ailleurs contredite par Servius; pourtant le nom de *Teutanes* ne se retrouve point ailleurs, au lieu que les *Antitanes* sont, selon Thucydide, liv. II, un peuple *molosse*. Strabon parle des *Atintanes* parmi les peuples épirotes qui touchent aux montagnes d'Illyrie; il les nomme avec les Molosses, et après les *Parorei*. Tite Live, Polybe, Polyen et Étienne de Bysance, nomment *Atintania* une région de la Macédoine. De même Aristote, dans le traité *de Mirabilib.*, parle de l'*Antintania*. Dans Appien, il est aussi question des Atintani comme d'un peuple de l'Illyrie; et d'après le traité d'Aristote, ce peuple a dû être aux environs d'Appollonie. — Alors il résulterait de ceci que les premiers habitans de Pise et de l'Étrurie auraient été des Pélasges grecs de l'Illyrie et de la Macédoine, qui auraient formé une colonie, et que les Tyrrhéniens, qui étaient aussi une colonie de Pélasges de la *Thessalie*, seraient venus de *Lydie*, après les *Antitanes* ou *Teutanes*, s'établir aussi en *Étrurie*. Ayant une origine presque commune avec les anciens colons, ils se sont mêlés avec eux, et voilà pourquoi l'on a dit que les Tyrrhéniens s'étaient mêlés avec les Pélasges. Voyez Raoul Rochette, *Histoire de l'établissement des Colonies grecques*, tom. I, p. 352.

[2] Diodore, liv. IV, p. 216.

d'hui Alise, ou le bourg de Sainte-Reine en Auxois[1], inventée sous Auguste pour flatter la mémoire de César ; les combats de ce dieu contre Albion et Bergion, fils de Neptune, dans la plaine de la Crau[2] ; la fondation d'*Heraclea* à l'embouchure du Rhône, dont l'existence même est douteuse[3] ; celle d'*Herculis Monœci portus*[4], aujourd'hui Monaco [5], qu'on attribue aussi à Hercule ; traditions qui prouvent seulement la dévotion de ces deux villes pour ce dieu en particulier. Il en est de même des voyages d'Ulysse sur les bords du Rhin, qui y fonda *Asciburgium*, aujourd'hui Asbourg, fable populaire que la plume de Tacite n'a pas dédaigné de nous transmettre [6]. Je n'ai pas cru devoir mentionner davantage les prétendues colonies troyennes qui se seraient transportées jusque dans le centre de la Gaule transalpine chez les *Arverni*, et que le poëte Lucain a célébrées [7]. Je devais encore faire moins d'attention à Parthenius de Phocée, cité par Etienne de Bysance [8], qui prétend qu'un *Nemo-*

---

[1] L'abbé Belley et d'Anville, *Explicat. top. du siége d'Alise*, dans les Éclaircissemens géogr. sur l'ancienne Gaule, p. 436.

[2] Menard, *Hist. de Nîmes*, tom. 1, note 10, p. 45, conjecture assez ingénieusement que ces deux fils de Neptune désignent le nom de deux petits peuples celtes ; il aurait pu appuyer sa conjecture de Festus Avienus, qui parle d'une ville nommée *Bergine*. Voyez ci-après.

[3] Pline, liv. III, ch. §. 5. — Stephanus Bisant. Voyez Heraclea.

[4] Pline, liv. III, ch. 4, §. 7. — Ammianus Marcellinus, liv. xv, ch. 51. — Servius, *Æneid.*, liv. VII, p. 466, D.

[5] L'analyse des *Itinéraires romains*, tom. III de cet ouvrage.

[6] Tacitus, *de Germanor.*, cap. 3.

[7] Lucan. *Pharsal.*

[8] Parthenius apud Stephan. Bysant., voce *Nemauso*, t. 1, p. 586, edit. Berkel. Ce Parthenius, Phocéen de nation, avait été disciple de deux grammairiens d'Alexandrie, dont Suidas fixe l'âge entre le

sus, descendant d'Hercule, a été le fondateur de *Nemausùs* ou Nismes. C'est ainsi que dans nos premières descriptions de la France, il n'est pas de ville qui n'ait eu pour fondateur quelque héros dont elle porte le nom.

Il faut aussi mettre au rang de ces fables la fondation de Vienne par les Crétois, sur les bords du Rhône¹.

Cependant il ne faut pas oublier que l'état florissant où se trouvait le royaume de *Tartessus*, lorsque les Phocéens y formèrent un établissement commercial, 580 ans avant J.-C., les traditions du pays que

---

règne de Néron et celui de Trajan, c'est-à-dire depuis l'an 54 jusqu'à l'an 98 de l'ère chrétienne. Il a été confondu par Étienne de Bysance, auteur du v⁰ siècle, avec Parthenius de Nicée, poète élégiaque et auteur de petits contes érotiques, qui lui est très antérieur, puisqu'il fut fait prisonnier par Cinna dans la guerre de Mithridate, et qu'il fut un des poètes favoris à la cour de l'empereur Tibère. — Parthenius de Phocée est le plus ancien auteur qui ait parlé de la fable de Nemausus, mais elle a été répétée par Étienne de Bysance et Suidas. (Suid., tom. II, p. 605, col. 1ʳᵉ. Voyez Ménard, *Hist. de Nismes*, tom. VII, p. 666. Joann. Albert. Fabricius, *Biblioth. græc.*, lib. III, cap. 27, p. 678.) — Les meilleurs auteurs de l'antiquité regardent comme entièrement fabuleux tout ce que l'on a débité sur les expéditions d'Hercule à l'occident des Alpes. — Voyez Tite Live, liv. V; Varro, lib. IV, *de Legib.*; Diodor. Siculus, lib. IV; Plin., liv. III, cap. 1. « At quæ de Hercule, et Pyreno vel « Saturno traduntur, fabulosa inprimis arbitror. » Voyez à ce sujet Ménard, *Hist. de Nismes*, tom. I, notes, p. 2, et tom. VII, p. 666.

¹ Stephan. Bysantin., voce *Biennus*, p. 223. — Cependant Étienne de Bysance nous apprend qu'il y avait aussi en Crète une ville nommée Biennus, et un assez grand nombre d'homonymies et de traditions semblent prouver que diverses colonies de Grecs d'Asie, de la Grèce et de la Crète, étaient venues s'établir dans les Gaules à une époque très reculée; mais on ne peut établir avec certitude la chronologie de ces divers établissemens ni distinguer nettement, de ce qui appartient à l'histoire, les fables que la vanité des villes et des peuples a inventées.

Strabon nous a conservées, et qui font remonter jusqu'à une époque très reculée l'origine de ce royaume, semblent prouver qu'à une époque peut-être antérieure à celle des Argonautes, des colonies venues d'Orient avaient porté les arts et la civilisation à cette extrémité occidentale de l'Europe et de l'Ibérie; et ce que nous avons dit de la grande antiquité de la colonie des Teutanes, à l'embouchure de l'Arno, vient encore à l'appui de cette opinion.

Mais aussi, en m'attachant à ce que l'histoire présente de plus respectable, pour ces premiers temps, j'ai seulement voulu établir pour les peuples et les villes que j'ai mentionnés, une antériorité d'antiquité, mais je n'ai pas prétendu déterminer les dates avec précision : elles ne commencent à acquérir quelque certitude que vers le commencement du sixième siècle avant l'ère chrétienne. Alors les grandes émigrations des Gaulois au-delà des Alpes, et les établissemens des Grecs de l'Asie à Marseille, et sur les côtes voisines, éclairent d'une lumière assez vive la géographie des contrées soumises à nos recherches, auparavant plongée dans une profonde obscurité. Nous commencerons d'abord par examiner quel était à cette nouvelle époque l'état des côtes dans les deux Gaules, et nous passerons ensuite à l'examen de l'intérieur. Nous avons, pour la première partie de cet examen, le bonheur d'avoir pour guide deux auteurs rapprochés de cette époque, l'un est Scylax de Caryande, le premier des géographes, et l'autre, Hérodote, le premier des historiens.

CHAPITRE II.

Depuis la fondation de Marseille, l'an 600 avant J.-C., jusqu'aux dernières expéditions des Gaulois en Italie, ou 478 ans avant J.-C., époque du passage de Xerxès en Grèce.

§. I. *Examen des côtes des deux Gaules durant ce période.*

Les monumens historiques s'accordent assez unanimement à fixer la fondation de *Massilia*, Marseille, par les Phocéens, à 600 ans avant J.-C.[1]. La position de l'antique *Massilia*, à Marseille moderne, est si bien prouvée par l'histoire et par les monumens anciens qu'on y a trouvés, qu'il est inutile d'avoir pour cet effet recours aux mesures, et qu'elles démontrent au contraire l'exactitude de ces mêmes mesures. Sous ce dernier point de vue, il n'est pas inutile d'observer que les routes données dans l'iti-

---

[1] Larcher (*Chronologie d'Hérodote*, p. 612) place la fondation de Marseille en 600. — Cary (*Dissertation sur la fondation de Marseille*, in-12, 1754, p. 56), en 599. — Simpson (*Chronicon*, p. 581), en 597. — Dom Bouquet (*Hist. de France*, t. 1, p. lxxx), en 591. — Le père Petau rompt seul cet accord et place cette fondation à l'an 539 avant J.-C. (Voyez *Doctrina temporum*, tom. II, p. 308); mais Cary, p. 48, a montré la source de son erreur. Il a été aussi réfuté par Larcher (*Chronol. d'Hérod.*, p. 439). Il est très extraordinaire que Cary, qui a voulu rapporter textuellement, et par ordre chronologique, les passages de tous les auteurs qui ont parlé de la fondation de Marseille, ait précisément oublié le plus ancien de tous et celui qui prouvait le mieux son opinion. Je veux dire celui de Scymnus de Chio.

néraire ¹, qui partent de *Massilia*, Marseille, et aboutissent à *Arelate*, Arles, à *Aquæ Sextiæ*, Aix, ainsi que les mesures de Ptolémée, pour les côtes méridionales de la Gaule, fixeraient la position de *Massilia* à Marseille, lorsqu'on n'en aurait pas d'autres preuves. ²

Les Rhodiens semblent avoir paru sur ces côtes en même temps que les Phocéens, ou même y avoir établi avant eux une colonie. Pline parle d'une ville nommée *Rhoda* ³, située près d'Agde, et qui avait été fondée par les Rhodiens, d'où le Rhône, suivant lui, avait pris son nom; elle était détruite de son temps, ainsi qu'une autre nommée *Heraclea* ⁴, qui existait à l'embouchure du Rhône. Saint Jérôme parle aussi

---

¹ Strabon, liv. xiv, p. 654. — Plin., *Hist.*, lib. iii, cap. 4. — Hieron, *Prolog.*, epist. ad Galat. — Isidor, *Orig.*, lib. xiv, cap. 21. — Analyse des Itinéraires et de la table, et les Mesures des côtes méridionales de la Gaule, tom. iii de cet ouvrage.

² L'ancienne ville de Marseille était située un peu plus au midi que la moderne, sur une langue de terre qui avait quinze cents pas de longueur; *mille quingentis passibus terræ cohæret* (Eumen., *Panegyr. in Constantinum*). Le port, tourné au midi, se nommait Lacydon, ainsi que nous l'apprend Mela; et Eusthate, dans son commentaire sur Denys le Périégète, nous apprend que ce port formait un petit coude; aujourd'hui le port de Marseille est tourné vers le couchant, mais l'ancien port a subsisté long-temps, et Ruffi, dans sa seconde édition de l'*Histoire de Marseille*, p. 5 et 6, nous dit « que « dans une transaction qui fut faite entre les vicomtes de Marseille « et l'évêque, il était permis aux habitans de la ville supérieure de « négocier au port de la ville inférieure, et dans plusieurs autres « titres de ce même temps, le port du midi est appelé l'ancien, « ce qui marque qu'on ne se servait que depuis peu de temps de « l'autre. »

³ Plin., *Nat. Hist.*, lib. iii, cap. 5 ou 6, tom. i, p. 551 et 553, édit. de Franz.

⁴ In prolog. epist. ad Galat.

de la ville de *Rhoda* probablement d'après Pline; Scymnus de Chio [1] désigne cette ville sous le nom de *Rhodanusia*, et la place entre Agde et Marseille, sur une des branches du Delta du Rhône, qui la traversait; mais il nous apprend que les Phocéens, fondateurs de Marseille, s'en étaient emparés. Strabon [2] met au nombre des colonies de Marseille *Agathe* et *Rhodē*, à l'embouchure du Rhône. L'abréviateur d'Étienne de Bysance, qui a inscrit deux fois cette ville dans son Lexique sous le nom de *Radanusia*[3], et sous celui de *Rodanusia*, met aussi cette ville au nombre de celles qui appartenaient aux Marseillais. Il y a des preuves que les Rhodiens ont participé à la civilisation et à la prospérité qui distinguèrent les républiques grecques d'Asie dès les premiers temps connus de l'histoire. Homère célèbre les villes de Lindus, de Jalyssus et de Cameïrus, qui se trouvaient dans cette île [4]; et d'après Pindare, nous apprenons que Rhodes, renommée même dès les temps fabuleux, disputait à Athènes la faveur spéciale de Minerve. Nous savons d'une manière certaine, d'après ce poète, que cinq siècles avant J.-C. les ports de Rhodes, fréquentés par une foule de vaisseaux, étaient décorés d'édifices magnifiques, et que leurs rues étaient ornées de statues de marbre [5]. Par un accord unanime, les géographes faisaient passer leur méridien par Rhodes

---

[1] Scym. Chio, *Orbis descrip.*, vers 207 à 206. — *Geogr. minor.*, tom. II, p. 13.

[2] Strabo, lib. IV, p. 180, trad. fr., tom. II, p. 11 en suivant la correction incontestable de Casaubon.

[3] Stephan. Bysantin., edit. Berk., p. 652 et 654.

[4] Homère, *Iliade*, liv. II, v. 670.

[5] Pindar, *Olymp.* VII, conf. Diod., lib. XIX, cap. 45.

et calculaient le degré de longitude d'après le parallèle de cette ville. Lorsque Démétrius Polyocertes assiégea Rhodes, 304 ans avant J.-C., il vit dans son camp jusqu'à cinquante ambassadeurs envoyés de toutes les parties du monde pour intercéder en faveur de cette bienfaitrice commune de la civilisation, des arts et du commerce [1]. Il est donc probable que cette île si florissante avait fondé une des colonies à l'une des embouchures du Rhône, antérieurement à l'émigration des Phocéens.

Mais, quoi qu'il en soit de l'antiquité des établissemens des Rhodiens, il est certain que ceux des Phocéens sont mieux constatés et eurent de plus grands résultats.

Il paraît que les Phocéens fondèrent à la même époque quelques autres colonies sur cette côte [2], ou que la colonie de Marseille y forma quelque temps après plusieurs établissemens. Malheureusement il y a une lacune dans le texte de Scylax, précisément à l'endroit où il en faisait l'énumération ; mais on sait par d'autres auteurs, et surtout par Scymnus de Chio [3], que ces colonies étaient *Agatha*, Agde, *Taurois*, Tarento, près de la Ciotat; *Olbia*, Eoubo, à l'embouchure de la rivière Gopeau; *Antipolis*, Antibes, *Nicæa*, Nice; et enfin *Rhodanusia*, dont nous venons de parler, qu'on ne peut placer que par conjecture à l'embouchure orientale du Rhône de Ptolémée

---

[1] Conf. Diodor., liv. 20, sqq. — Plutarch., p. 307; Pausan., lib. I, cap. 26.

[2] Silius Italicus, lib. IV, vers 54, appelle les rivages voisins de Marseille *Phocaïca ora*. Lucain, lib. III, vers 300, dit *Phocaïs juventus*, pour la jeunesse de Marseille.

[3] Scymnus, inter Geogr. minor., tom. II, p. 12, vers 201 et 203.

à Aigues-Mortes [1]. Timosthène, cité par Étienne de Bysance [2], dit que le nom d'Agde provient d'*Agathen Tychen*, qui signifie en grec *bonne fortune*, et cette dénomination est bien conforme à celle que peuvent donner des aventuriers navigateurs qui s'établissent sur une côte inconnue, où ils ont long-temps cherché un endroit favorable pour débarquer. Scymnus de Chio dit aussi qu'Agde a été fondée par les Phocéens; Strabon [3] s'accorde avec lui en disant qu'elle l'a été par les Marseillais; l'abréviateur d'Étienne de Bysance nous apprend que c'est une ville des Ligures ou des Celtes, ce qui veut dire seulement qu'elle était située dans la Ligurie ou dans la Celtique [4]. *Tauroïs* paraît avoir aussi été bâtie par cette même colonie de Phocéens qui s'établit à Marseille. Apollodore, qui écrivait environ 150 ans avant J.-C., raconte, dans le premier Livre de sa Géographie cité par

---

[1] Je ne parle ici que des colonies de Marseille sur les côtes de la Gaule; il y en avait aussi un grand nombre sur la côte d'Espagne (Voyez Stabon, lib. III). — Étienne de Bysance fait mention, p. 493, d'une Cyrène en Ibérie et d'une autre dans la Massylie; mais il semble qu'il est plutôt question ici de la Massylie d'Afrique qui fait partie de la Numidie que de la Massylie de la Gaule. Cependant Dom Martin n'a pas hésité, dans son *Dictionnaire topographique des Gaules*, tom. II, p. 201, de mettre *Cyrène* à Courrens ou Correns sur l'Argens : c'était, suivant lui, une place qui appartenait à la république de Marseille.

[2] Stephan. Bysant., p. 15, edit. Berk. — Vossius, de *Hist. Græc.*, liv. 5, ch. 17.

[3] Strabo, lib. IV, p. 180 ou 271.

[4] Steph. Bysant., loco citato. — Voyez aussi *Muratori in Script.*, tom. II, p. 1028, n. 1. — M. d'Anville, dans sa *Notice de la Gaule*, p. 18, observe que « Denys le Périégète s'explique sans équivoque en disant que les Phocéens qui ont bâti Marseille ont occupé Agatha. »

Étienne de Bysance¹, qu'un vaisseau des Phocéens séparé par une tempête du reste de la flotte, fut jeté sur la côte, et que ceux qu'il contenait y fondèrent une ville à laquelle ils donnèrent le nom de *Tauroïs* ou *Tauroentinus*, parce que le vaisseau portait pour enseigne un taureau. On doit observer qu'en effet sur plusieurs médailles des Marseillais on trouve l'empreinte d'un taureau. La position de *Tauroentium*, à Tarento, et celle des autres villes que nous venons de mentionner (excepté *Rhodanusia*), se trouvent démontrées par les mesures de Ptolémée pour les côtes méridionales de la Gaule. ²

Le savant Sainte-Croix ³ avait cherché à prouver que le Périple qui nous reste sous le nom de Scylax de Caryande, est véritablement du plus ancien des personnages de ce nom, et l'ensemble de notre travail tendrait à ajouter de nouvelles preuves à celles qu'il a données. Si, d'après l'ingénieuse observation du savant académicien, toutes les portions de ce Périple, où les mesures sont en temps et non en stades, sont exemptes d'interpolations, ce qui s'y trouve sur les deux Gaules mérite la plus grande confiance, et est le texte même de l'auteur ⁴. Dans cette hypothèse,

---

¹ Apollodor. ad Stephan. Bysant., voce *Tauroïs*, p. 698, D, edit. Berkelii.

² Voyez les *Mesures des côtes méridionales de la Gaule*, tom. III de cet ouvrage. Aux colonies de Marseille que je viens de mentionner, il faut encore ajouter Emporium et Rhode sur la côte de l'Ibérie, au-delà de Pyrénées; mais ces villes sont situées hors des limites des pays dont nous traitons.

³ Liv. IV, p. 180 de la traduct. franç.

⁴ Sainte-Croix, *Mém. de l'Acad. des Belles-Lettres*, tom. XLII, page. 358.

Scylax aurait écrit vers l'an 492 avant J.-C., c'est-à-dire environ cent ans après la fondation de Marseille ; sa description serait donc presque contemporaine et nous offrirait la situation des peuples à cette époque [1]. Les recherches de M. Letronne ont depuis démontré que le Périple de Scylax est une compilation faite d'après divers matériaux, et qu'il est probable que son auteur est Scylax l'historien, dont parle Strabon, qui a pu vivre dans le cours du cinquième siècle avant J.-C., ce qui rapproche seulement de trente à quarante ans les résultats tirés de cet auteur [2].

Il dit : 1°. Que les premiers peuples de l'Europe sont les *Ibères*, qui s'étendent depuis *Gades* (Cadix) jusqu'à *Emporium* (Emporia), colonie de Marseille.

2°. Que tout l'espace compris entre *Emporium* et le Rhône est occupé par les *Lygies* ou *Ligures*, et les *Ibères mêlés* [3].

---

[1] Le *Périple* de Scylax fut d'abord publié par David Hæschelius, d'après un manuscrit de la Bibliothèque palatine, en 1510, à Augsbourg. Vossius le redonna, avec une traduction et des notes, à Amsterdam, en 1610. — Gronovius l'inséra dans son recueil intitulé *Geographia antiqua*, Leyde, 1697. — Dodwell, l'année d'après, le plaça dans sa Collection des *Geographi minores*, et l'accompagna d'une dissertation, pour prouver qu'il n'était pas de Scylax de Caryande. Gronovius réimprima de nouveau, deux ans après, c'est-à-dire en 1700, son Recueil de *Geographia antiqua*, réfuta la dissertation de Dodwell, et le critiqua fort rudement comme éditeur. Cette édition de Scylax était la dernière et la meilleure ; M. Gail fils en a depuis donné une édition plus riche en commentaires, dans le tom. 1 de ses *Geogr. minores*.

[2] Letronne, *Journal des Savans*, 1826, p. 267. — Nous croyons que M. Letronne se trompe lorsqu'il dit, dans sa savante dissertation, que cette compilation n'a pas été faite pour l'usage des marins.

[3] D. J. Martin est, je crois, le seul qui ait entendu ce passage

Ceci s'accorde très bien avec Strabon [1], qui dit :
« Autrefois on donnait le nom d'Ibérie à la partie
« comprise entre le Rhône et l'isthme formé par
« les deux golfes gaulois ; au lieu qu'aujourd'hui on
« regarde les Pyrénées comme limites de l'Ibérie, à
« laquelle on donne le nom d'Hispanie. » C'est sans
doute d'après quelqu'auteur de cette époque reculée
que Plutarque [2], dans la vie de Marcellus, dit « que
« les Ibères sont une nation celtique, qui habitent les
« Alpes voisines de l'Italie. » Bien plus, l'existence
des Ibères sur cette côte avait fait donner non seulement à tout le midi de la Gaule, mais même au nord
de l'Italie, le nom d'Ibérie par les Grecs, encore peu
instruits de la situation des peuples dans ces contrées
nouvellement découvertes ; et c'est dans ce sens
qu'Eschyle, qui écrivait avant Scylax, dit que l'Eridan est un fleuve de l'Ibérie [3]. Il est vrai qu'Eschyle
observe en même temps que l'*Éridanus* se nomme
aussi *Rhodanus*, et qu'il a pu confondre ce fleuve,
qui est l'*Éretenos* d'Ælien, le *Reteno* du moyen
âge, aujourd'hui nommé *Revone* ou *Bachiglione* [4],
avec le *Rhodanus* de la Celtique. Nonnus, d'après
ces anciens auteurs, donnait encore au cinquième
siècle l'épithète d'Ibérien au Rhône [5]. Scylax, mieux

autrement ; mais pour étayer son système il fait violence au texte de
Scylax. Voyez *Histoire des Gaules*, tom. I, p. 602. — La ridicule
interprétation de Dom. Martin a été bien réfutée par Ménard, *Hist.
de Nismes*, tom. VII, p. 667.

[1] Strabo, *Geogr.*, lib. III, p. 166 ou 252.
[2] Plutarchus, *in Marcello*.
[3] Æschylus apud Plinium, lib. XXXVII, cap. 2 ; Hardouin, tom. II, p. 769.
[4] Vide supra, p. 7 ; et infra, p. 42.
[5] Nonnus, lib. XXII, cité par Dom Martin, p. 79.

instruit, appelle trajet maritime des Ligures (*præter navigatio Ligurum*) celui d'Emporium au Rhône, ce qui prouve que les Ligures étaient le peuple principal.

« Après le fleuve Rhône (dit Scylax[1]) sont encore
« les Ligures jusqu'à *Antium;* dans cette région est
« la ville grecque de Massalia, les colonies de Mas-
« salia sont....

(Ici il y a une lacune dans le texte.)

Plusieurs auteurs, et entre autres Scymnus de Chio[2], placent aussi Marseille dans la Ligurie : je pourrais encore citer Hérodote, liv. v, qui dit la même chose; mais je n'ose pas protester contre le jugement de trois grands critiques, qui ont retranché cette phrase importante du texte de cet ancien, comme ayant été intercalée; j'observe seulement que Cluverius[3] n'a pas hésité à s'en prévaloir, et la regarde comme d'Hérodote. Continuons de traduire le texte de Scylax.

« La navigation du Rhône à *Antium* est de quatre
« nuits.

[1] Scylacis *Periplus,* apud *Geographia antiqua* Gronovii, p. 3 et 4.
[2] Scymnus de Chio, *loco citato.*—Valois se trompe lorsque, dans sa *Notitia Galliarum,* p. 319, il attribue ce passage de Scymnus qu'il cite, à Marcien d'Héraclée; nulle part dans ce qui nous reste de cet auteur il n'est fait mention de Massilia, et nous n'avons plus l'extrait qu'il avait fait de la description de la Narbonnaise par Artémidore, description dont il fait mention. Voyez Marcian. Heracleot, p. 41, inter *Geogr. minor.* Étienne de Bysance dit qu'Agatha est une ville des Ligures ou des Celtes, voce *Agathe;* au mot *Massalia,* il dit : « Massalia, ville de la Ligurie près de la Celtique, et colonie des Phocéens. » Il place aussi *Olbia,* et l'*Olbianus mons* qui est auprès, dans la Ligurie. — Solin, ch. 2, §. 6, en parlant d'Hercule, place les *campi Lapidei* (la plaine de la Crau) dans la Ligurie, ce qui est exact pour les temps anciens dont il parle.

« Après *Antium* est la nation des *Tyrrhéniens* jusqu'à
« la ville de *Rome*, et la navigation d'*Antium* jusqu'à
« la ville de *Rome* est de quatre jours et de quatre
« nuits. »

Quelle était cette ville d'Antium qui, à cette époque reculée, formait la limite des Ligures et des Tyrrhéniens, et qui n'a été mentionnée que par le seul Scylax?

Cluverius, s'apercevant bien que ce ne pouvait être la ville d'Antium du Latium, puisqu'elle est située au-delà de Rome, a substitué le nom d'Arnum à celui d'Antium. Sa seule raison est qu'antérieurement au siècle d'Auguste, du temps de Polybe et de César, les limites de la Cisalpine se terminaient à l'Arno[1]. Vossius et tous les auteurs qui l'ont suivi ont adopté la correction de Cluverius : mais on aurait dû faire attention que Scylax ne parle pas d'un fleuve, mais d'une ville; qu'il met un intervalle de temps égal pour côtoyer le rivage qui s'étend du Rhône à *Antium*, et celui entre *Antium* et *Rome*. Il est donc évident qu'*Antium* doit se trouver à égale distance du Rhône et de Rome, et être le point milieu entre ces deux extrêmes. Or il y a environ 2° 30', ou 90 m. g. de l'Arno à Rome, et on mesure 5° 55', ou 355 m. g. du Rhône à l'Arno. La suite du texte de Scylax prouve qu'il décrit les limites des Tyrrhéniens, non pas telles qu'elles étaient du temps de Polybe et de César, mais lorsque ces peuples, avant d'avoir été subjugués par les Gaulois et les Romains, conservaient encore une grande partie de leurs conquêtes. Puisque Scylax étend leur

[1] Cluverius, *Italia antiqua*, liv. 1, ch. 8, p. 54.

territoire jusqu'à Rome, jusqu'à Ancône, et jusqu'à l'embouchure du Pô [1], il serait absurde de borner au nord ce territoire à l'Arno, sur la côte où était le siége de leur puissance, et sur les bords du fleuve où Pise, leur plus ancienne capitale, avait été fondée : j'ai d'ailleurs précédemment observé que *Luna* était une ville étrusque [2]; et la preuve qu'Antium doit se trouver dans la Ligurie, et non loin de Marseille, c'est qu'après avoir parlé d'Antium, Scylax ajoute incontinent : « Marseille, ville grecque, se trouve dans la même région. » Il faut donc déterminer la position d'Antium d'après les mesures que nous donne Scylax, puisque c'est le seul auteur qui ait fait mention de cette ville, et qu'il ne nous a pas laissé d'autre indication. Entre l'embouchure du Rhône, nommé le Rhône mort, ou le petit Rhône, et l'embouchure du Tibre, on mesure 104' ou milles géographiques, et Gênes se trouve juste à 52' ou milles géogr. de l'un et de l'autre point [3]. Je suis donc autorisé à conclure que la position d'Antium est à Gênes même, et que par des motifs que nous ignorons, cette ville a changé de nom. Il paraîtrait en effet étonnant que la position si avantageuse de Gênes n'eût point été occupée avant Scylax, et que si elle l'était de son temps, cet auteur n'en ait point fait mention. D'un autre côté, on ne peut accorder aux Tyrrhéniens *Genua*, que Tite

---

[1] Scylax, *Periplus*, p. 4, inter Gronovii *Geogr. antiqua*.

[2] Titus Livius, liv. v, ch. 13 (ou 17), tom. v, p. 378.

[3] Cette mesure est prise sur la carte que j'ai dressée, ou sur celle de la Lombardie, par Zannoni, avec une ouverture de compas de 3'. — Je préviens que le dessin de ces côtes est très inexact sur beaucoup de cartes d'ailleurs très estimées.

Live [1], Strabon [2], Pline [3], Mela [4], Ptolémée [5] nous indiquent unanimement comme l'ancienne capitale des Ligures. Pour qu'Antium, nommé aussi comme ville principale des Ligures par Scylax, fût autre que *Genua*, il faudrait supposer qu'il a existé dans différens temps, sur cette côte, deux villes principales; or l'histoire ne nous en indique jamais qu'une seule. Enfin, il n'est fait mention de cette ville sous le nom de *Genua*, par aucun auteur très ancien. D'après les recherches les plus exactes, je trouve que Tite Live est le premier qui en ait parlé. L'antiquité ne nous apprend rien sur sa fondation ni sur l'origine de son nom. La fable ridicule qui la fait bâtir par le dieu Janus, et dérive de là l'étymologie de son nom, a été inventée dans le moyen âge. Peut-être, par une cause que nous ignorons, cette ville changea-t-elle son ancien nom d'*Antium* en celui de *Genua*, lorsqu'après avoir été entièrement détruite par les Carthaginois, commandés par Magon, au temps de la seconde guerre Punique, elle fut rebâtie par les Romains, qui prolongèrent pour cet effet le commandement du consul Lucretius [6]. Un éditeur récent de Scylax, M. Gail [7], a substitué Ἀλπίον dans le texte, et dans le latin *Albium*, à l'ancienne leçon d'Antium, mais d'après une note de Gronovius, et sans justifier ce

---

[1] Tite Live, liv. xxx, ch. 1, p. 401.
[2] Strabo, p. 201, 211,
[3] Plinius, liv. III, ch. 7, tom. 1, p. 150, édit. d'Hardouin, et liv. xiv, ch. 8, tom. 1, p. 716.
[4] Mela, liv. II, ch. 4, tom. 1, p. 61, édit. de Tzchucke.
[5] Ptolém., liv. III, ch. 1, p. 61 ou 68, édit. de Bert.
[6] Tit. Liv., liv. xxx, ch. 1. p. 401.
[7] Gail, *Geogr. minor.* — 1826, in-8., tom. 1, p. 237 et 238.

changement de texte par aucun manuscrit[1]. Cette leçon a été adoptée pour pouvoir placer, par conjecture, ce lieu à Albenga, mais les mesures données par Scylax s'y refusent, et dans tout ce qui nous reste des anciens, rien ne contredit l'exposé de Scylax ; tout tend au contraire à le confirmer : par conséquent nous devons considérer la ville d'*Antium* mentionnée par cet auteur, comme la même que *Genua* : c'était, à cette époque, la dernière ville, vers l'orient, des Ligures, dont les limites ont varié tant de fois. En effet, d'après l'extension donnée à ce nom de Ligures par des auteurs très anciens, il est probable qu'ils s'étendaient sur toute la côte montagneuse de la Gaule et de l'Italie, et jusque dans la chaîne des Apennins. Les Tyrrhéniens, dans leurs conquêtes successives, les repoussèrent peu à peu jusqu'auprès de *Genua* ou *Antium*, vers l'an 500 avant J.-C. ; mais, ainsi que nous le verrons ci-après, vers l'an 390, lorsque les conquêtes des Gaulois en Italie eurent considérablement diminué la puissance des Tyrrhéniens, les Ligures reprirent ce qui leur avait été enlevé, et s'étendirent d'abord jusqu'à la Magra, et ensuite jusqu'aux montagnes qui sont au nord de l'Arno. Enfin, sous Auguste, les limites de la Ligurie, de ce côté, furent définitivement fixées à la Magra ou à Luna, et elles se trouvèrent par-là avoir plus d'étendue que du temps de Scylax, mais beaucoup moins que durant les siècles qui avaient précédé Auguste.

Avant de continuer à examiner ce que Scylax a dit

---

[1] Dempster (*Etrur. regal.*, liv. v, ch. 1) veut lire *Atioutanes*, et dit que ce peuple est le même que les Teutanes de Pline, peuple grec.

des côtes de la Cisalpine, il convient de recueillir les autres particularités géographiques que l'antiquité nous a transmises sur l'état des peuples des côtes méridionales, à la même époque.

Lorsque les Phocéens abordèrent sur la côte où ils bâtirent Marseille, ils trouvèrent les *Segobrigiens* maîtres de ce pays[1], et comme toute cette côte était habitée par les *Ligures*, ainsi que nous l'apprend Scylax, il s'ensuit que les *Segobrigiens*, avant l'arrivée des *Phocéens*, habitaient cette partie de la Gaule qui environne aujourd'hui Marseille, et étaient une des nations liguriennes ou lygiennes. Scymnus de Chio[2] confirme ceci, puisqu'il nous dit positivement que Marseille fut bâtie par les Phocéens dans la *Ligustine* ou le pays des Liguriens, et nous avons déjà observé que plusieurs auteurs anciens placent Marseille dans la Ligurie. Il est probable que les *Segobrigii* avaient porté des colonies en Espagne, puisqu'on les trouve aux environs de *Segobrigia* et de *Segovia*.

Un peu plus reculés dans l'intérieur, paraissent avoir habité les *Salyes*, que les Gaulois qui émigrèrent en Italie rencontrèrent sur leur chemin : ils étaient aussi *Ligures*, ainsi que nous l'apprend Strabon[3]; et, selon Pline[4], c'étaient les plus célèbres des *Ligures* au-delà des Alpes, « *Ligurum celeberrimi ultra Alpes.* »

Il en est de même des *Bebryces*, autre peuple ligure.

---

[1] Justin, liv. III, ch. 3, p. 712, édit. Gronov.
[2] Scymn., inter *Geogr. minor.*, vers 200.
[3] Strabo, lib. IV, p. 203.
[4] Plin., *Hist. nat.*, lib. III, cap. 4.

dont Scymnus de Chio [1] a fait mention. Ortelius [2], Vic et dom Vaissette [3], lorsqu'ils ont nié l'existence de ces peuples, n'ont pas fait attention au passage de Scymnus, qui est d'autant plus décisif, que cet auteur a écrit environ un siècle avant J.-C. [4], et qu'il a copié des auteurs plus anciens que lui, et tous antérieurs à Polybe [5] : il dit, dans un endroit de son Périple, avoir visité les contrées occidentales où se trouvent nécessairement comprises les côtes méridionales de la Gaule [6]. D'Anville [7] a suivi à cet égard le sentiment d'Ortelius et des savans Bénédictins dont j'ai parlé, et depuis, cette opinion a toujours été adoptée d'après eux sans examen [8]; mais indépendamment du passage de Scymnus, l'existence des Bebryces est constatée par d'autres auteurs anciens, historiens graves, et savans géographes [9], qui n'ont point, comme l'a faussement avancé dom Bouquet [10], puisé la connaissance de ce peuple dans la fable poétique de Silius Italicus [11].

---

[1] Scymn., *loco citato.*
[2] Ortelius, *Thesaur. Geog.*, voce *Bebryces.*
[3] *Hist. gén. de Languedoc*, tom. 1, p. 607.
[4] *Voyez* la Dissertation de Dodwell, *Geog. min.*, t. II, p. 93, et dom Martin, *Hist. des Gaules*, tom. 1, p. 43.
[5] Les auteurs cités par Scymnus de Chio, sont Éphore, Denys de Chalcide, Démétrius Calatianus, Cléon de Sicile, Timosthène, Siculus, Tauromenius, Hérodote; *voyez* Inter. Geogr. Min., p. 7.
[6] Scymni orbis Descriptio, inter *Geogr. minor.*, t. II, p. 8, v. 134.
[7] D'Anville, *Notice de la Gaule*, p. 107, au mot *Atacini*.
[8] Bonami l'a aussi partagée, *voyez* tom. XIII, p. 49, des Mém. de l'Académie des Inscriptions.
[9] Stephanus Bysantinus, au mot *Bebryces*.—Dio Cassius, lib. XXXIV, p. 5, n° VI, édit. de Reim.
[10] Dom Bouquet, *Collection des Hist. de Fr.*, tom. 1, p. 677.
[11] Silius Italicus, liv. III.

Les Bebryces de Scymnus de Chio, d'après le lieu où il les place, sont évidemment les mêmes que Scylax indique sous le nom de Ligures et Ibères mêlés : le nom de Bebryces a même une forte analogie avec celui d'Ibères. Dion Cassius [1] appelle les peuples de Narbonne *Bebryces*, parce que cette ville devint leur capitale, ou qu'ils en occupaient le territoire; et même dans le XIIe siècle après J.-C., Zonare [2] sait que la mer qui de son temps s'appelait mer de Narbonne, avait été autrefois appelée mer des Bebryces, *Bebrycium mare*.

Les Bebryces, qui ont probablement la même origine que ceux qui, en Asie, portaient le même nom, paraissent avoir remplacé un autre peuple plus ancien. Ce dernier est du moins mentionné plus anciennement dans l'histoire, mais il n'est peut-être lui-même qu'une division de *Bebryces*. Ce peuple se nommait *Helisyces*. Le premier auteur qui en ait fait mention, est Hécatée [3], qui était contemporain de Scylax, et par conséquent antérieur à Hérodote. Ce dernier en fait aussi mention dans l'énumération des peuples qui composaient l'immense armée de 300,000 hommes qu'Annibal, fils d'Hannon, roi des Carthaginois, amena au secours du terrible tyran

---

[1] Dio Cassius, *Hist. Rom.*, t. 1, lib. XXXIV, p. 6, n° VI, édit. de Reimar.

[2] J. Zonaræ *Annales*, lib. VIII, t. 1, p. 406, édit. de Ducange, in-folio, 1686.

[3] Hecat. apud Steph. Bysant., tom. 1, p. 341, edit. Berkelii et dans l'édition de Pinedo, p. 259. J'indique les pages des deux éditions parce qu'un auteur (M. de Fortia, *Tableau hist. et géogr. du Monde*, tom. IV, p. 155) accuse M. Larcher d'avoir cité à tort Étienne de Bysance à ce sujet.

d'Himère. Hérodote[1] mentionne ces peuples dans un ordre entièrement géographique : « Cette armée « était composée (dit-il) de Phéniciens, de Libyens, « d'Ibériens, de Lygiens, d'*Hélysices* (ou *Elysices*), « de Sardoniens, et de Syriens. » Festus Avienus[2] donne à ces peuples Narbonne pour capitale, et l'étang d'Hélice, *Helice Palus*, qu'il mentionne immédiatement après l'embouchure de l'*Atax* ou *Attagus*, qui est l'Aude des modernes, a évidemment tiré son nom de cet ancien peuple. Enfin Tacite[3], parmi les noms lygiens ou liguriens que portaient diverses nations de la Germanie, indique les *Elysii*, ce qui prouve que ce célèbre historien avait eu connaissance des *Elysices* de la Gaule; car il n'est nulle part fait mention d'un autre peuple Ligure dont la dénomination se rapproche de celle d'*Elysii*.

Après avoir épuisé tout ce que l'antiquité nous offre de renseignemens sur l'état des peuples des rivages méridionaux de la Gaule dans ces temps reculés, il convient de reprendre dans Scylax la description des côtes de cette partie de l'Italie qui fut depuis nommée Gaule cisalpine.

Nous venons de voir que Scylax ne nomme rien entre *Antium* et Rome. Dans cet espace il n'y a que l'intervalle compris entre Gênes, ou Antium, et l'Arno, ou Pise, qui paraîtrait appartenir à notre sujet; mais comme les Tyrrhéniens avaient possédé

---

[1] Hérodote, lib. vii, §. 165.
[2] Festus Avienus, *Ora maritima*, vers 584, tom. v, p. 1268, des *Poetæ latini minores* de Wernsdorff.
[3] Tacitus, *Germania*, cap. 43, t. iv, p. 56.

toute la Gaule cisalpine, et en occupaient encore une grande partie lorsque Scylax écrivait, il est nécessaire, pour plus de clarté dans les idées, de déterminer les limites du vaste territoire qu'ils avaient conservé à l'époque dont nous traitons.

Nous avons déjà vu qu'ils avaient toute la côte depuis Gênes jusqu'à Rome, dont le territoire ne s'étendait qu'à peine à quelques milles au-delà de son enceinte. Après avoir fait le tour de l'Italie, Scylax, procédant du midi au nord, et partant de la Sicile, trouve les *Japyges*, ensuite les *Daunites*, dont la dernière ville est *Hadria*, non celle sur l'Adige, mais celle du *Picenum*, aujourd'hui *Atri*. Viennent ensuite les *Umbri*, réputés par beaucoup d'auteurs anciens comme les premiers habitans de l'Italie. La dernière ville que nomme Scylax, appartenant aux *Umbri*, est *Ancona*, Ancône. Ces peuples occupaient alors ce qui fut depuis nommé le *Picenum*, ou la Marche d'Ancône, avant qu'ils n'eussent été repoussés dans les montagnes.

« Après les *Umbri* (dit Scylax[1]) sont les *Tyrrhé-
« niens*, qui s'étendent depuis la mer tyrrhénienne
« jusqu'à la mer Adriatique; il y a chez eux une
« ville grecque avec un fleuve, et la navigation vers
« cette ville, en remontant le fleuve, est de 20
« stades. »

Il est évident que cette ville ne peut être autre que celle de *Spina*, et c'est ce que Scylax même a soin de nous apprendre en ajoutant incontinent :
« Les Tyrrhéniens s'étendent donc d'une mer à

---

[1] Scylax, edit. Gronovii, 1700, p. 13, ou Scylacis Peripl., p. 6, tom. 1 des *Geogr. min.* d'Hudson.

« l'autre : de la ville de *Pise* à celle de *Spina* il y a
« trois jours de chemin. »

« Après les Tyrrhéniens (continue Scylax) est la
« nation des *Celtes*, laissés vers les embouchures
« (du Pô), et qui s'étendent jusqu'à *Hadria*. A cet
« endroit se trouve la partie la plus enfoncée du
« golfe Adriatique.

« Après les Celtes est la nation des *Venetes* ; c'est
« chez eux qu'est le fleuve *Eridan*. Pour arriver de
« *Spina* jusque chez les *Venetes*, à l'embouchure de
« l'*Eridan*, la navigation est d'un jour.

« Après les *Venetes* sont les *Histri* et le fleuve
« *Ister*. Ce fleuve, tel que le Nil en Égypte, verse
« ses eaux dans le Pont-Euxin par sept embou-
« chures. La navigation du pays des *Histriens* dure
« un jour et une nuit.

« Après les *Histriens* est la nation des *Libur-*
« *niens*, etc. »

Sans nous arrêter à la fausse opinion régnante du
temps de Scylax, de la communication du Pont-Euxin
et de la mer Adriatique, observons qu'il place le
commencement du pays des Venètes à *Hadria*, et
que, cependant, il nous dit que l'*Eridanus* se trouvait dans ce même pays des Venètes ; ce qui prouve
ce que j'ai précédemment observé, que l'*Eridanus*
de Scylax, d'Aristote et d'autres anciens auteurs,
n'est pas précisément une branche du Pô ou l'*Eri-*
danus des écrivains postérieurs, mais l'*Éretenos*
d'Ælien, le *Reteno* des modernes, c'est-à-dire le
Bachiglione, dont l'embouchure se confondait avec
celle de l'Adda ou du Pô. En effet, Pline [1] observe

---

[1] « Nam quod Æschylus Eridanum esse dixit, eumdemque appel

qu'Euripide a dit que l'*Eridanus* ou *Rhodanus* et le Pô, *Padus*, se réunissent à leur embouchure et se jettent dans la mer Adriatique. Il est impossible de trouver un témoignage plus formel de la distinction établie, dans les premiers temps, entre l'*Eridanus* et le *Padus fluvius*. Il n'est pas inutile d'observer qu'Euripide a écrit après Scylax. Ce dernier nous apprend aussi que le territoire des Tyrrhéniens se terminait à la ville de *Spina*; qu'après sont les Celtes, qui possédaient *Hadria*. Pour plus d'exactitude et pour l'instruction des navigateurs, il ajoute que de Spina jusqu'aux Venètes, et à l'embouchure de l'*Eridanus*, la navigation est d'un jour. Scylax [1], à la fin de la description de l'Europe, nous apprend que le taux ordinaire de la navigation doit être estimé sur le pied de 500 stades par jour. Si donc l'*Eridanus* de Scylax est bien véritablement le Reteno ou Bachiglione, nous devons trouver 500 stades de distance entre *Spina* et l'embouchure de cette rivière à Porto di Brinto. Mais afin de pouvoir appliquer cette mesure sur la carte moderne, il est nécessaire de chercher d'abord la position de Spina, qui est, comme on le voit, des plus importantes, puisqu'elle doit nous servir à déterminer les limites respectives des Thyrréniens, des Celtes et des Venètes dans ces temps reculés.

Pline [2] nous dit que la branche du Pô qui se trouve

« lari Rhodanum, Euripides rursus Apollonius in Adriatico littore
« confluere Rhodanum et Padum. » Plin., lib. xxxvii, cap. 11.

[1] Scylacis *Periplus*, p. 72, edit. Gronov. 1700, inter. *Geog. min.* Hudsonii, p. 30.

[2] Plin., *Hist. nat.*, lib. iii, cap. 16.

le plus près de Ravenne, était désignée par l'épithète d'*Éridanique* ou de *Spinetique*, à cause de l'ancienne ville de *Spina* bâtie sur ses bords ; or, cette branche est nommée aujourd'hui *Porto di Primaro*, et je ferai remarquer un petit lieu nommé *Spinazzino*, qui se trouve situé sur les bords du Po di Primaro, à l'ouest de Porto Maggiore, mais trop loin dans l'intérieur des terres pour pouvoir nous représenter l'ancienne ville de Spina. Cette branche de Porto Primaro était la plus considérable de toutes celles par où le Pô verse ses eaux dans l'Adriatique avant que les Ravennins, vers le commencement du VIIIe siècle de l'ère vulgaire, eussent creusé celle qui se divise à la droite de Ferrare, et avant l'époque où, par les changemens successifs que le temps a produits, ce fleuve ne commençât à couler par la branche du *Po Grande*, ce qui n'eut lieu que vers le commencement du XIIe siècle [1]. Strabon [2] nous apprend que *Spina* existait encore de son temps, et, quoiqu'on sût qu'elle avait été primitivement située sur les bords de la mer, elle s'en trouvait alors éloignée de 90 stades. Nous avons vu que Scylax [3] place cette ville à 20 stades du rivage ; ainsi le continent s'était agrandi entre le temps de Scylax et celui de Strabon, c'est-à-dire durant cinq siècles, de 70 stades, ou de 14 stades tous les cent ans. Cet énorme accroissement était d'abord dû aux atterrissemens successifs que le Pô forme à son embouchure, et ensuite aux travaux des Romains

---

[1] Carena, Observations sur le cours du Pô, avec des recherches sur les changemens qu'il a soufferts ; *Collection académique* (partie étrangère, tom. II, p. 343).

[2] Strab., *Geogr.*, lib. v, 214 et 327, édit. d'Almeloveen.

[3] Scylax, *loco citato*.

qui ont construit sur le rivage une route qui servait de digue à la mer, et qui a dû augmenter l'effet des atterrissemens du fleuve. Ces atterrissemens successifs sont si bien prouvés, qu'avec le seul secours de l'histoire, et en rassemblant tout ce qu'elle nous a transmis, on pourrait en quelque sorte tracer les rivages qui ont été formés de siècle en siècle. Ravenne, d'abord bâtie sur plusieurs îles, tenait au continent du temps d'Auguste, mais elle était encore baignée par la mer, qui y entrait par les canaux pendant le flux. Procope, cinq siècles après, nous apprend qu'alors cette ville était à deux stades du rivage, et les flottes étaient souvent arrêtées par des bancs de sable qui s'étendaient jusqu'à 30 stades de la côte. Dès le IVe siècle, le *Portus Classis*, qui était celui de Ravenne, cessa d'être fréquenté, et les flottes impériales relâchaient au *Portus Eridani* formé par l'embouchure du *Paderenus* près du monastère de Teudericus [1]. Dans le sixième siècle, le *Portus Classis* avait été tellement comblé par le limon qu'un auteur de ce temps dit : « Que les arbres fruitiers placés « dans des jardins spacieux occupaient la place des « mâts de vaisseaux qui y flottaient autrefois. » Aujourd'hui *Ravenne* est à 3 m. g. de la côte la plus proche et à 4 de la plus éloignée, et le petit lieu de *Classi*, qui était le vaste port de *Classis* du temps d'Auguste, est à plus de 2 m. g. de la côte. La table de Peutinger [2] nous fournit le détail de la voie romaine

---

[1] Carena, Observations sur le cours du Pô, *Mém. de l'Académie de Turin*, p. 64, ou *Collection académique*, tom. XIII, p. 344.

[2] *Tabula Peutingeriana segment*. 4, l'*Analyse des Itinéraires*, tom. III de cet ouvrage, et Procop., *de Bello Vandelico*, liv. 1, ch. 2, tom. 1, p. 178.

qui existait sur cette côte; elle a dû, comme la route romaine, suivre le rivage, et n'a pu être construite que sur une élévation servant de digue aux eaux de la mer; car de tout temps ce rivage a été bas et marécageux. Le total des mesures donné par la table est de 37 m. r., ce qui est juste la mesure en ligne droite entre Ravenne et Adria. Ainsi la route, au lieu de tourner à l'est de Commacchio comme aujourd'hui, passait au contraire à l'ouest, et la ligne droite tracée entre Ravenne et Adria, qui nous représente la route romaine, coupe le Pado di Primaro vis-à-vis Alberto en tirant vers l'est [1].

L'auteur de la chronique de Ferrare, qui écrivait vers la fin du xive siècle, dit qu'il y avait dans cet endroit un pont sur le Pô qui joignait le grand chemin de Ravenne; ce grand chemin était la voie romaine qui existe encore en partie et qui se trouve tracée sur les cartes que nous avons citées [2]. Ainsi l'embouchure de l'*Eridanus* ou Po di Primaro était, du temps de Strabon, un peu à l'est de Saint-Alberto, et à l'endroit où le canal qui représente le fleuve change de direction et remonte vers le nord. Si, à partir de ce point, on prend le long de la

---

[1] Zannoni, *Carta della Lombardia* en 4 feuilles, 1792. La carte intitulée : *Topografia del Polesine di Rovigo*, en 10 feuilles, publiée par Arteria à Vienne, m'a aussi été fort utile, mais elle ne conduit pas jusqu'à Ravenne; son échelle est d'environ vingt-huit lignes et demie pour un mille géogr. Les vestiges de la route romaine y sont tracés avec soin.

[2] Je dois encore ajouter à celle que j'ai nommée, celle de Giovanni Valle, en deux feuilles publiées à Venise en 1806, intitulée, *Mappa del Padovano, del Polesine di Rovigo, del Vicentino, del Trevigliano*, réduite d'après la grande en dix milles.

branche du Pô une mesure égale à 90 stades olympiques, de 600 au degré ou de 9′, ou 9 m. g., le compas nous porte à Corezzo ou Ostarie (au nord-ouest de Langastrino), précisément à l'endroit où le Po di Primaro paraît vouloir se jeter dans l'étang de Commachio, et se détourne tout à coup au midi. Voilà où était *Spina*, et la langue de terre qui est à environ 20 stades à l'est de ce point nous semble représenter encore la ligne du rivage du temps de Scylax.

Les vestiges de Spina sont actuellement submergés dans la lagune de Commachio; mais Spreti [1], qui écrivait au commencement du XVIe siècle, observe que de très anciennes chartes en faisaient mention, et dit qu'il y avait encore de son temps un endroit, à la gauche du Po di Primaro, qui portait le nom de Volta di Spina, et qu'on voyait encore quelques restes de cette ville dans l'endroit appelé Dorso di Spina. En effet, c'est dans des temps très modernes que la lagune de Commachio a pris ce grand accroissement qu'on lui connaît aujourd'hui; elle a actuellement 60 milles de circuit, tandis qu'Alberti, qui écrivait la description de l'Italie vers le milieu du XVIe siècle, ne lui en donnait que douze [2].

Si cette branche du Pô a, par ses alluvions, reculé de ce côté le rivage de l'Italie, il en doit être de même des autres branches; et en effet, à l'époque dont nous nous occupons, dans tout l'ensemble des différentes embouchures du Pô, les côtes rentraient et

---

[1] Spreti, *de Origin. et amplitud. urbis Ravennæ*, liv. 1, cité par Carena, Observations, p. 342.

[2] Carena, p. 358.

formaient une espèce de golfe, au lieu de s'avancer dans la mer comme aujourd'hui. Cette partie portait particulièrement le nom de *Golfe Atrien* ou *Golfe Adriatique*, qui depuis se sera étendu à toute cette mer; c'est ce que nous apprend Hécatée, cité par Étienne de Bysance [1], qui dit que la ville d'*Adria* est près du golfe Adria, et sur un fleuve de même nom. Ce fleuve est aujourd'hui représenté par le canal Bianco, qui se rend dans le Pô. Ainsi, du temps d'Hécatée et de Scylax, *Hadria* était un port de mer, tandis qu'Adria aujourd'hui est éloigné de dix milles géographiques du point le plus proche du rivage, qui est Porto di Calero; ainsi voilà une preuve évidente que la côte a aussi gagné de ce côté; mais les alluvions du fleuve ont été considérablement augmentées par les canaux et les coupures qu'on n'a cessé de faire depuis le xvie siècle, et qui ont aussi contribué à produire cet avancement considérable de la côte qui accompagne la principale embouchure, dans l'état moderne, nommée par cette raison Maestra.

Revenons actuellement à la mesure donnée par Scylax : nous avons vu que cet ancien évalue à 500 stades la distance de Spina à l'*Eridanus*, qui coule chez les Vénètes, et dont l'embouchure était à Porto Brondolo. Or, du point où nous avons placé Spina à Corezzo, ou Ostarie, jusqu'à Porto Brondolo, en suivant le rivage ancien, presque entièrement droit, et tel qu'il était du temps de Scylax, on mesure 42′ 51″ ou 42 m. $\frac{5}{6}$ g., ce qui fait juste 500 stades de 700 au degré. L'exactitude de cette mesure

---

[1] Stephanus, voce *Adria*, p. 37, édit. Berkelii.

confirme la position de *Spina*, et nous donne avec certitude les limites respectives qu'avaient sur cette île les *Tyrrhéniens*, les *Celtes* ou Gaulois, et les *Vénètes*.

Si actuellement on se rappelle qu'à l'époque où Scylax écrivait, les Gaulois, vers l'an 591, avaient déjà fait leur première irruption en Italie; qu'ils avaient défait les Étrusques près du Tessin; qu'ils s'étaient établis à Milan, et avaient enlevé aux Étrusques tout ce qu'ils possédaient au nord du Pô : si l'on résume tout ce que j'ai dit depuis le commencement de cet ouvrage, on sera véritablement étonné avec quelle clarté se dessinent les grandes limites des peuples qui, à cette époque reculée, occupaient le nord de l'Italie; combien les monumens historiques s'accordent entre eux, et combien enfin ils se trouvent confirmés par la géographie physique de ces contrées.

En effet, il résulte évidemment de tout ce que nous avons dit précédemment, qu'à l'époque où Scylax écrivait, les Étrusques confédérés, quoique déjà affaiblis par les Gaulois, étaient encore la première puissance de toute l'Italie; qu'en faisant abstraction du territoire de la ville de Rome, qui méritait à peine alors d'être pris en considération [1], leurs vastes possessions, qui s'étendaient tant au midi qu'au nord de la chaîne des Apennins, avaient pour limites, à l'ouest, toute la côte baignée par la mer Tyrrhénienne, depuis *Antium*, ou Gênes, jusqu'à l'embouchure du Tibre; à l'est, le cours du Tibre jusqu'à

---

[1] Servius, in ad Virg., v. 598, confirme ceci, et dit que Rome alors n'occupait qu'une des rives du Tibre.

cette partie de la chaîne des Apennins où le Fiumesino prend sa source, puis le cours de cette dernière rivière jusqu'à son embouchure près d'Ancône, ensuite toute la côte baignée par la mer Adriatique, qui s'étendait depuis le Fiumesino, ou l'*Æsis fluvius*, jusqu'à Spina, qui leur appartenait. La branche du Pô nommée Pô di Primaro, et ensuite le fleuve du Pô, en remontant vers sa source, jusqu'au-delà du Tessin, les séparaient des Gaulois au nord. Le Tidone ou la Trébbia, qui marque l'endroit le plus proche où les Apennins s'avancent jusqu'au bord du Pô, complétait à l'ouest les limites des Tyrrhéniens, en les séparant de ce côté des Ligures et des Gaulois. Les Celtes ou les Gaulois occupaient tout le pays situé entre le pied des Alpes, le Pô et l'Adige. Peuples guerriers et ignorans dans la navigation, ils ne possédaient sur la côte que les embouchures du Pô comprises entre l'*Eridan méridional*, ou la branche Spinétique, Pô di Primaro, et l'*Eridan septentrional*, le Reteno ou Bacchiglione, à Porto di Brondolo. A l'orient des Gaulois étaient les *Venètes* ou *Henètes*, qui s'étaient toujours maintenus indépendans : ils renfermaient dans leurs limites les *Euganeï*, restes des anciens habitans de ces contrées, qui occupaient tout l'espace compris entre l'*Eridanus* de Scylax, ou le Bacchiglione, et l'Adige. Les Gaulois, par la suite, s'emparèrent de leur territoire et les repoussèrent dans les montagnes, puisque sans rien prendre aux Venètes ils occupèrent Vérone et Vicence [1]. A l'orient des *Venètes* étaient les *Istriens*, qui occupaient l'Istrie moderne au midi du fleuve

---

[1] Justin, liv. xx, ch. 5, p. 464 et 465.

Formio ou de la rivière Musa Vecchia, qui forma, jusqu'à Auguste, la borne de l'Italie.[1]

Ce qu'il m'a fallu suppléer au texte de Scylax, dans la description de ces grandes limites, se trouve justifié par ce que j'ai dit précédemment de l'état des peuples en Italie avant l'arrivée des Gaulois, et par ce que je vais dire sur la première expédition de ces derniers au-delà des Alpes.

§. II. *Examen de l'intérieur des deux Gaules durant ce période.*

A — Première expédition des Gaulois au-delà ou au midi des Alpes.

Il est temps de nous livrer à l'examen du récit des historiens sur ce grand événement, d'où doivent résulter les premières notions historiques sur l'état des peuples de l'intérieur de la Gaule proprement dite, et des connaissances détaillées sur ceux de la partie septentrionale de l'Italie : malheureusement nous n'avons point ici, comme pour les côtes, le bonheur de posséder un auteur très rapproché de l'époque dont nous traitons. Tite Live, qui doit être notre principal guide, a écrit près de six siècles après l'invasion des Gaulois, mais enfin il avait sous les yeux des matériaux très anciens, il était lui-même Gaulois cisalpin, et paraît avoir étudié avec un soin particulier les antiquités de sa nation, car il a traité cette portion de son immortel ouvrage avec une érudition peu ordinaire. Cependant comme son but n'était pas celui que nous nous proposons, mais qu'il voulait seulement faire connaître ceux de ces peuples qui s'étaient

---

[1] Plin., *Hist. nat.*, liv. iii, ch. 22 (18).

établis dans le nord de l'Italie avant qu'ils s'emparassent de Rome, il embrasse en peu de lignes dans son récit les émigrations et les établissemens successifs qui eurent lieu pendant deux cents ans, c'est-à-dire depuis l'an 590 jusqu'à l'an 390 avant J.-C. Aussi, toujours en garde contre la rapidité de sa narration, qui franchit les temps et les espaces, nous nous arrêterons où il convient de le faire, et nous séparerons ce qui n'appartient pas à la période dont nous traitons. Le récit de Tite Live sur l'établissement des Gaulois en Italie a paru obscur, et a donné lieu à nombre de commentaires, de sorte que dans plusieurs endroits les commentateurs ont introduit leurs conjectures dans le texte et l'ont rendu réellement aussi embrouillé qu'ils se le persuadaient faussement. Ce texte, dans les meilleures éditions, est presque inintelligible et en contradiction avec les autres auteurs et l'état réel des lieux ; mais pour le rendre très clair et le concilier avec les autres auteurs anciens et avec la géographie positive, il suffit de le rétablir tel qu'il se trouvait dans les meilleurs manuscrits ; c'est ce que nous ferons.

Lors de l'émigration des Gaulois, Tite Live [1] nous montre d'abord les *Bituriges* comme le peuple dominant de la Celtique et comme lui donnant un roi. La capitale des *Bituriges* reçut le nom d'*Avaricum* avant de prendre celui du peuple [2] ; l'identité de sa position

---

[1] Titus Livius, liv. v, ch. 34, tom. ii, p. 143, et Florus, lib. iii.

[2] Toutes les capitales de la Gaule, vers la fin de la domination romaine, changèrent leurs anciens noms pour prendre celui du peuple, ou plutôt l'usage prévalut de les désigner ainsi. — Voyez, à ce sujet, un Mémoire de l'abbé Belley dans ceux de l'Académ. des Inscript., tom. xix, p. 495. Voyez ci-après.

avec la ville de Bourges moderne, se trouve prouvée par les mesures des itinéraires anciens qui se réunissent tous à *Bourges*, en se rattachant à *Cæsarodunum*, Tours, *Augustodunum*, Autun, *Limonum*, Poitiers, et *Augustonemetum*, Clermont[1]. Bourges se trouvait précisément au centre de toute la Gaule et de la Celtique. Tite Live observe à ce sujet que la Celtique n'est que la troisième partie de la Gaule (*quæ pars Galliæ est tertia*); mais il est évident qu'il parle ici de la division qui avait lieu lors de l'époque de la conquête de César, et par où cet homme illustre a commencé ses mémoires[2]. A l'époque dont Tite Live traite ici, toute la Gaule transalpine, y compris la Narbonnaise, était désignée par le nom général de Celtique; mais cependant la liste des peuples qui accompagnèrent Bellovèse en Italie, telle que Tite Live nous la donne, n'est composée que de peuples contenus dans la Celtique de César proprement dite, c'est-à-dire dans cette portion de la Gaule renfermée entre la Garonne au midi, la Seine au nord, l'Océan à l'ouest, et les Cévennes à l'est. Ces peuples sont :

Les *Bituriges* dont nous avons parlé, et qui sont représentés par le diocèse de Bourges.

Les *Arverni*, les plus puissans après les *Bituriges*, et qui par la suite usurpèrent la suprématie qu'avaient ces derniers. La capitale des *Arverni*, nommée *Nemosus* et ensuite *Augustonemetum*, occupait la

---

[1] *Analyse des Itinéraires romains*, tom. III.
[2] Je ne sais pourquoi on traduit toujours le mot *commentarii* par commentaires, pour désigner le titre de l'ouvrage de César; c'est un contresens manifeste que l'autorité de l'usage ne peut consacrer.

même position que Clermont, ainsi que le prouvent les mesures des itinéraires anciens pour les voies romaines qui y aboutissent, et qui partent d'*Augustodunum*, Autun, et *Augustoritum*, Limoges [1]. Les *Arverni* n'étaient point, à l'époque dont nous traitons, renfermés dans l'étendue du diocèse de Clermont, qui représente leur territoire pendant la domination romaine, et on doit ajouter à ce diocèse ceux de Puy-en-Velay et de Viviers, qui nous représentent les territoires des *Vellavi* et des *Helvii*, que Strabon [2] nous apprend avoir été démembrés des *Arverni*; il est même probable qu'à l'époque dont nous traitons ils renfermaient aussi les *Gabali* et les *Segusiani*. Lorsqu'ils eurent acquis dans les Gaules la suprématie sur toutes les autres puissances, ils étendirent leur territoire jusques près des *Mandubii* ou d'Alésia, en dépouillant les *Ædui* d'une partie de leurs frontières [3]. L'impuissance où se trouvèrent ces derniers de leur résister, fut la principale cause de leur alliance avec les Romains, et par suite de la conquête de la Gaule transalpine.

Les *Senones*. La position de leur capitale *Agedincum*, à Sens, se trouve prouvée par les routes romaines qui y aboutissent, et qui partent d'*Augustobona*, Troyes, *Lutecia*, Paris, et *Genabum*, Orléans [4]. Sous la domination romaine, ces peuples étaient tellement puissans, que lorsqu'on forma une province sous le nom de Quatrième-Lyonnaise, cette

---

[1] Voyez l'*Analyse des Itinéraires*, tom. III.
[2] Strabo, *Geogr.*, liv. IV, p. 190 ou 290.
[3] Strabo, *Geogr.*, liv. IV, p. 191, B, ou p. 291.
[4] *Analyse des Itinéraires*, tom. III.

province prit aussi le nom de *Senonia*, parce que les *Senones* s'y trouvaient compris; mais à l'époque dont nous traitons, leur territoire était beaucoup plus étendu; César [1] nous apprend que les *Parisii* ne formaient avec eux originairement qu'un même peuple. Les *Tricassii*, ainsi que nous le prouverons, en faisaient aussi partie et n'en furent démembrés que très tard; on peut en dire autant du petit territoire des *Meldi*, voisins des *Parisii*. Il n'est pas même certain qu'ils n'englobassent pas d'autres peuples des deux côtés de la Seine vers son embouchure, car on ne sait si c'est par erreur ou par allusion à d'anciennes notions sur l'étendue du territoire des Senones, que Florus [2] et Juvénal [3] prolongent leurs domaines jusqu'à l'Océan. Quoi qu'il en soit, il est certain que, pour l'époque dont nous traitons, on doit ajouter au diocèse de Sens ceux de Paris et de Troyes, pour composer le territoire de *Senones*.

Les *Ædui*, qui jouèrent par la suite un si grand rôle, ne possédaient probablement pas, à l'époque dont nous traitons, les trois diocèses d'Autun, de Châlons et de Mâcon, qui composent leur territoire sous la domination romaine. On peut présumer que lorsqu'ils parvinrent à enlever aux *Arverni* la supré-

---

[1] Cæsar, *Commentarii*, liv. vi, ch. 3, p. 192, édit. d'Oberlin. Lipsiæ, 1805, in-8°.

[2] Florus, liv. i, ch. 13, n° 5; tom. i, p. 104, édit. de Duckerus. Lugdunum, 1744, in-8°.

[3] Juvenalis, *Sat.* xi. — Æthicus (*Cosmographia*, p. 712 du Pomponius Mela de Gronovius) place les Senones parmi les villes de l'Océan occidental; mais par-là il entend seulement la partie occidentale d'Europe, puisqu'il met Lyon, Cologne et Saragosse dans la même liste : Valois, *Notitia*, p. 813, l'a donc mal compris.

matie des Gaules, ils s'agrandirent un peu aux dépens de ces derniers, des *Senones* et des *Bituriges*, qui leur étaient limitrophes. Apollodore[1], dans le second livre de ses Chroniques, est le premier auteur qui fasse mention de ce peuple, qu'il nomme *Ædussi*, et de son temps, c'est-à-dire 150 ans avant J.-C., les *Ædui* ou *Ædussi* paraissent avoir déjà contracté alliance avec les Romains. La capitale des *Ædui* était *Bibracte* ou *Augustodunum*, dont l'emplacement se trouve bien déterminé par les mesures des itinéraires romains qui y aboutissent, et qui partent de *Bituriges*, Bourges, et *Cabillonum*, Châlons-sur-Saône. [2]

Les *Ambarri*. Ce peuple, qui paraît avoir été dès lors un des moins considérables, ne se trouve ensuite mentionné que dans César [3]. La marche de ce conquérant, et un rapport évident dans les noms, placent les *Ambarri* près de Lyon, dans les environs d'Amberrieu et d'Ambronay. Comme il n'en est plus ensuite question dans aucun auteur, nous ignorons quel nom portait leur chef-lieu; il est probable qu'ils furent par la suite incorporés aux *Ædui*, dont ils étaient les alliés et les cliens, *necessarii et consanguinei*, dit César [4].

[1] Apollodor. apud Stephan. Bysant., p. 56 et 57, edit. Berkelii.
[2] Voyez l'*Analyse des Itinéraires*, tom. III.
[3] Cæsar, *de Bello Gallico*, lib. I, cap. 11.
[4] Durandi, *dell' antico Stato d'Italia*, p. 209 et 210, conjecture que ces Ambarri ou Ambivarites de César sont les mêmes que les Umbri, avec une prononciation plus rude, et que ces Ambarri sont aussi les mêmes que les Ambrones. — Bochat, dans ses *Recherches sur l'histoire ancienne de la Suisse*, et dom Jacques Martin dans son *Histoire des Gaulois*, ont aussi émis la même opinion; mais elle n'est pas prouvée.

Les *Carnutes* et les *Aulerci* paraissent avoir été déplacés dans l'énumération de Tite Live, et ils auraient dû être nommés immédiatement après les *Senones*. Les écrivains postérieurs, tels que Ptolémée [1] et l'auteur de la Notice [2], nous apprennent que la capitale des Carnutes était *Autricum*, ensuite appelée *Carnutum*, du nom du peuple. L'identité de son emplacement avec celui de Chartres moderne se trouve démontrée par les routes des itinéraires romains qui s'y croisent et qui partent de *Durocasses*, Dreux, et *Suindinum*, ou *Cenomanni*, le Mans [3]. Non seulement à l'époque dont nous traitons, mais pendant long-temps sous la domination des Romains, les *Carnutes* ont englobé dans leur territoire le diocèse de Chartres et celui d'Orléans; ce dernier n'en fut démembré que sous Aurélien. *Genabum*, sa capitale, est nommée par César [4] et par Strabon [5] comme une des principales villes des Carnutes, et Ptolémée [6] l'indique comme une seconde capitale de ces peuples. L'histoire et les mesures de l'itinéraire pour les routes qui partent d'*Agedincum*, Sens, et *Lutecia*, Paris, démontrent évidemment que *Genabum* est la même ville que celle qui depuis fut nommée *Aureliani*, et qu'elle occupait le même emplacement qu'Orléans moderne [7].

[1] Ptolémée, *Geogr.*, lib. II, cap. 1.
[2] *Notitia Gall.*, Collection des Hist. de Fr., p. 122.
[3] Voyez mon *Analyse des Itinéraires romains*, tom. III.
[4] Cæsar, *de Bello Gallico*, liv. VII, ch. 3-11; liv. VIII, ch. 5.
[5] Strabo, *Geogr.*, liv. IV.
[6] Ptolémée, liv. II, ch. 1.
[7] L'abbé Belley, Dissertation sur *Genabum*, dans les *Éclaircissemens géogr. sur l'ancienne Gaule*, p. 167, et mon *Analyse des Itinéraires*, tom. III.

Quant aux *Aulerci*, qui furent depuis nommés *Cenomanni*, peut-être dans ces temps reculés ne formaient-ils qu'un seul peuple avec les *Aulerci* surnommés *Eburovices*, englobant sans doute les petits peuples qui les avoisinaient, tels que les *Essui*, les *Diablintes* et les *Arvii*. Quoi qu'il en soit, la capitale des *Aulerci-Cenomanni* proprement dite, dont il est ici question, est nommée *Sebudinum* dans la Table[1] Théodosienne, et *Vindinum* dans Ptolémée[2], par la suppression faite par le copiste d'un sigma qui termine le mot précédent. Son identité avec la ville du Mans moderne est plutôt démontrée par l'histoire et par des monumens anciens que par les mesures, puisqu'elle se trouve indiquée dans la Table sur une route où les chiffres ont été oubliés dans la moitié de sa longueur; mais l'autre moitié qui se rattache à *Autricum*, Chartres, donne une mesure parfaitement exacte pour la ville moderne du Mans.

Il est remarquable que tous les peuples situés sur les côtes de l'Océan ne prirent point part à cette expédition. Il est probable que déjà en rapport avec les flottes phéniciennes, ils avaient des intérêts différens, et que, plus avancés dans la civilisation, leurs mœurs et leurs habitudes les éloignaient de toutes les entreprises hasardeuses et lointaines.

Ce rassemblement des guerriers des diverses nations, que nous venons de faire connaître, marcha vers les Alpes, et se rendit vers les *Tricastini*[3].

Je démontrerai bientôt que les *Tricastini* n'étaient

---

[1] *Tabula Peutingeriana*, segment 1, B.
[2] Ptolémée, *Geogr.*, *loco citato*.
[3] Titus Livius, *loco citato*.

pas renfermés dans le Tricastin moderne, et que Saint-Paul-trois-Châteaux n'a jamais été leur capitale, ainsi qu'on l'a toujours supposé sans preuves. Ce peuple était situé un peu plus au nord-est : sa capitale, qui depuis fut nommée *Augusta*, était Aousten-Diois. Les *Tricastini* se trouvaient ainsi sur la route directe qui conduisait au mont Genèvre, depuis appelé Alpes Cottiennes, et par où on pratiqua dans la suite une route romaine [1] ; c'est aussi par là que passa Annibal [2].

En sortant du territoire des *Tricastini*, Bellovèse, pour s'acheminer vers les Alpes, entrait nécessairement sur le territoire des *Vocontii*, et il paraît qu'il entraîna avec lui une de leurs peuplades, qui portait le nom de *Vertacomiri*. Ils furent les fondateurs de *Novaria* en Italie, dont le nom et la position antiques se sont conservés jusqu'à nos jours. Pline [3], le seul auteur qui nous apprenne ce fait curieux, s'exprime ainsi à ce sujet : « *Novaria* doit son origine aux *Ver-« tacomiri*, aujourd'hui canton des *Voconces*, et « non pas des *Ligures*, comme le croit Caton. » Pline ne contredit ici Caton que parce qu'il ignorait que tous les peuples méridionaux de la Gaule étaient autrefois compris sous le nom général de *Ligures*. Le nom des *Vertacomiri* se retrouve dans un district particulier nommé *Vercors*, ou *Vercorium* dans les titres du Dauphiné, situé immédiatement au nord

---

[1] Il faut observer cependant qu'au *passage* même des Alpes, la route d'Annibal n'était pas la même que la route romaine, et passait par le val de Pragelas, et non par la vallée d'Oulx.

[2] Nous avons établi la marche d'Annibal dans une dissertation spéciale qui n'a point été publiée.

[3] Pline, liv. III, ch. 17.

de Die, et par conséquent, comme le dit Pline lui-même, chez les Vocontiens, et sur la route qu'a tenue Bellovèse. Les *Vertacomiri* occupaient le petit district montagneux situé entre la petite rivière de Lyonne et celle de Vernaison, et les lieux qui sont sur les bords de cette rivière, nommés Saint-Julien en Vercors, Martin en Vercors, la Chapelle en Vercors, servent à tracer les limites de leur territoire. Quant à la ville de *Novaria*, qu'ils fondèrent en Italie, sa position à Novarre moderne est bien déterminée par les mesures anciennes de la route qui la traverse, et qui, à l'orient, aboutit à *Mediolanum*, Milan, et vers l'occident à *Vercellæ*, Verceil [1]. Rien n'indique cependant positivement, dans le texte de Pline, que les *Vertacomiri* firent partie de l'expédition de Bellovèse, et on pourrait peut-être supposer, avec plus de vraisemblance, qu'ils étaient de la grande émigration des peuples *Ligures*, et principalement des *Sallyens* ou *Salluviens* au-delà des Alpes. On verra bientôt que c'est la quatrième expédition de ce genre qui eut lieu tant de la part des Gaulois transalpins que des peuples habitant les montagnes des Alpes.

Mais continuons de suivre la marche des Gaulois en Italie. Les Alpes les arrêtèrent long-temps; et ayant appris, dit Tite Live, que les *Salyi* ou *Salluvii* [2] s'opposaient à l'établissement d'une colonie de Phocéens (c'était celle qui fonda Marseille), ils combattirent ces *Salluvii*, et aidèrent les Phocéens à s'établir sur cette côte. Quoi qu'il en soit de ce récit de Tite

---

[1] Voyez l'*Analyse des Itinéraires*, tom. III.
[2] Titus Livius, *loco citato*.

Live[1], il en résulte toujours que les *Salyes* ou *Salluvii* occupaient ce pays à cette époque; et comme nous avons vu que les *Segobrigii* étaient maîtres du rivage où Marseille a été bâtie, il s'ensuit que les *Salyes* ou *Salluvii* ont dû être situés un peu plus dans l'intérieur; ils étaient probablement le peuple Ligure le plus considérable sur cette côte, et englobaient dans leur territoire les *Albiœci*, les *Memini*, les *Vulgientes*. Strabon dit qu'ils s'étendaient depuis le Rhône jusqu'au pied des Alpes[2], et Ptolémée, dans le IIe siècle de l'ère chrétienne, s'accorde avec Strabon à l'égard de leurs limites occidentales, puisqu'il leur attribue Arles[3]. C'est chez les *Salluvii* que fut fondée la première ville romaine, *Aquæ sextiæ*, Aix; mais à l'époque dont nous traitons, tout ce pays, suivant Tite Live, était couvert de forêts « *Locum patentibus sylvis.* »

Plutarque[4] fait séjourner l'armée des Gaulois, non chez les *Salii* mais chez les *Celtorii;* mais ces *Celtorii* sont probablement les *Sculteri* ou *Selteri* de Pline[5] qui faisaient partie des *Salyens* et habitaient le même territoire : leur nom se retrouve dans celui

---

[1] Il est bien plus probable que les Salyens essayèrent de repousser à la fois les Phocéens, qui voulaient s'établir sur leur territoire, et les troupes de Bellovèse, qui voulaient le traverser; mais ils furent, par la suite, entraînés eux-mêmes dans le mouvement général.

[2] Strabo, *Geogr.*, lib. IV.

[3] Ptolémée, *Geogr.*, liv. II, ch. I.

[4] Plutarchus, *in Camillo*, p. 135.

[5] Plin., liv. III, ch. 4. — Cette conjecture est d'Hadrien de Valois, et elle me paraît juste. Voyez *Collect. des Hist. de France*, tom. 1, p. 577. — Elle a été aussi adoptée par Don Jacques Martin, *Hist. des Gaules*, tom. 1, p. 257; mais il la donne comme sienne, et n'indique pas la source où il l'a puisée.

du district moderne de *Sterel* ou *Esterel* au nord d'Antibes.

Tels étaient les peuples de la Gaule qui passèrent en Italie : et en nous résumant nous voyons que, vers 600 ans avant J.-C., la Gaule transalpine était habitée par les Bébryces ou les *Helisyces*, Ligures et Ibères mêlés, qui possédaient toute la côte située à l'occident du Rhône; par les *Salysi* ou *Salluvii*, et par les *Sculteri* ou *Celtorii* à l'orient du Rhône, qui faisaient partie des Ligures, et par les *Vertacomiri*, les *Vocontii* et les *Tricastini* : dans l'intérieur par les *Aulerci Cenomanni*, les *Carnutes*, les *Bituriges*, les *Senones*, les *Ædui*, les *Ambarri* et les *Arverni*, peuples véritablement gaulois ou celtiques et les plus anciens habitans connus de cette contrée; et enfin par les *Volcæ-Tectosages* et les *Boii*, dont nous prouverons bientôt l'existence à cette époque; les premiers dans le diocèse de Toulouse, les seconds dans celui d'Auxerre.

Sans doute il existait alors beaucoup d'autres peuples de l'Aquitaine, de la Belgique et de la Sequanaise, qui peuvent avoir de justes prétentions à une antiquité reculée; mais ils ne sont pas nommés dans les auteurs qui ont écrit l'histoire de ces premiers temps; ils ne peuvent donc encore, à l'époque dont traitons, réclamer une existence historique.

Suivons actuellement les résultats de l'expédition des Gaulois au-delà des Alpes, afin de voir quels sont les peuples qu'elle nous fait connaître, et d'assigner leurs positions. Mais comme les lieux où ils arrivèrent, et ceux qu'ils occupèrent d'abord, sont déterminés par la route qu'ils tinrent, et l'endroit où ils passèrent les Alpes, il est nécessaire de rappeler toutes les indications relatives à cet objet. Reprenons donc Tite Live, et voyons d'après lui ce que devint Bellovèse après avoir combattu les *Salluvii*, avec une armée composée de *Bituriges*, d'*Arverni*, de *Senones*, d'*Ædui*, d'*Ambarri* et de *Carnutes*.

Bellovèse arriva chez les *Taurini*, dit Tite Live, en passant par les défilés des Alpes Juliennes. « *Ipsi per Taurinos saltusque Juliæ Alpes transcenderunt.* »[1]

C'est ainsi que portent tous les manuscrits[2] : mais les éditeurs ne concevant pas comment les Gaulois, en prenant par les *Tricastini* et en s'approchant de Marseille, ont pu descendre en Italie et arriver à Turin par les Alpes Juliennes qu'ils supposaient en Vénétie, ont corrigé *invias Alpes*, et cette leçon a passé dans le texte de toutes les éditions. Je prouverai que les défilés des Alpes Cottiennes par où a dû passer Bellovèse pour arriver chez les *Taurini*, ont dû porter, du temps de Tite Live, le nom de *Saltus Juliæ Alpis*, et par conséquent la leçon des manuscrits doit être maintenue. Ce qui doit nous occuper actuellement est la situation des *Taurini*, peuple ligure, que Bellovèse trouva à son entrée en Italie. Nous savons par Ptolémée[3], Pline[4], Tacite[5] et autres auteurs, que la capitale de ces peuples était la ville qui fut depuis nommée *Augusta*

---

[1] Titius Livius, *loco citato*.
[2] Voyez Tit. Liv., edit. Drakenborch, tom. II, p. 149.
[3] Ptolémée, liv. III, ch. 1.
[4] Pline, liv. III, ch. 18.
[5] Tacite, liv. II.

Taurinorum. Il est heureux qu'une série continue de monumens historiques non interrompue ne permette pas de révoquer en doute l'identité de position de cette ancienne ville avec Turin moderne, car il y a une légère différence dans les mesures des itinéraires anciens comparés avec nos cartes modernes entre Turin, *Augusta Taurinorum*, et *Segusio*, Suze, et il y en a une plus forte dans la route qui conduit à *Ticinum*, Pavie, produite sans doute par une faute de copiste.[1]

Les Gaulois livrèrent ensuite bataille aux Étrusques, maîtres, ainsi que nous l'avons vu, de tout le nord de l'Italie, à la réserve des montagnes de la Vénétie et de l'Istrie. La bataille se livra près du Tessin, et les Étrusques furent vaincus. La contrée où se livra cette bataille se nommait Insubrie, *Agrum Insubrium;* les vainqueurs en tirèrent, dit-on, un bon augure, et ils y fondèrent une ville qu'ils appelèrent *Mediolanum*[2]. La position de cette ancienne ville à Milan moderne est démontrée non seulement par l'histoire et les monumens, mais encore par les mesures anciennes des routes qui partent de *Vercellæ*, Verceil, *Comum*, Côme, *Bergomum*, Bergame; *Cremona*, Cremone; *Placentia*, Plaisance, et *Ticinum*, Pavie.[3] Il y a tout lieu de croire que les *Insubres* ont été long-temps le peuple dominateur au nord du Pô, puisque c'est aussi parmi eux que descendit Annibal lorsqu'il franchit les Alpes par les mêmes défilés, et que ce fut le premier peuple qu'il rencontra. D'ailleurs,

---

[1] Voyez l'*Analyse des Itinéraires*, tom. III.
[2] Titus Livius, liv. v, ch. 34, p. 150.
[3] *Analyse des Itinéraires*, tom. III.

dans les guerres qui eurent lieu par la suite entre les Gaulois et les Romains, il n'est jamais question des *Lævi* et des *Libui*, mais seulement des *Insubres*. La suite du récit de Tite Live prouve que le siége principal de leur puissance se trouvait renfermé entre l'Adda, le Tessin, le Pô et les Alpes. Quant au *pagus Insuber* de la Gaule proprement dite, il n'en est plus question ailleurs, et il est impossible de déterminer sa situation. Cependant d'Anville [1] trouvant dans la table Théodosienne un lieu nommé *Mediolanum* chez les *Segusiani*, a placé sur leur territoire un peuple nommé *Insubres*, entre Lyon et Feurs; mais c'est une pure conjecture que détruit le texte même de Tite Live. En effet, cet historien, dans l'énumération des peuples qui accompagnèrent Bellovèse, n'a pas fait mention des Insubres; il parle seulement d'un canton nommé *Insuber* situé chez les Æduens. C'est donc sur leur territoire que l'on doit chercher le *pagus Insuber*, et en supposant que les *Segusiani* fissent à cette époque partie des Æduens, et qu'on dût choisir le *Mediolanum* de la table pour le chef-lieu du *pagus Insuber*, il serait encore mal placé dans d'Anville. Ce savant géographe a bouleversé dans cet endroit toutes les mesures de la table qui portent *Mediolanum* à *Meylieu* et non à *Meys*, ainsi que je l'ai prouvé dans mon analyse des Itinéraires [2]. Nous pouvons inférer de cette circonstance, relative au *pagus* des Insubres, que ce furent les *Æduens*, les *Bituriges* et les *Arverni*, c'est-à-dire tous les peuples de l'expédition habitant la partie la plus mé-

---

[1] *Notice de la Gaule*, p. 144.
[2] Tom. III de cet ouvrage.

ridionale de la Gaule transalpine, qui composèrent la nation des *Insubres*, tandis que toutes celles du nord, à la tête desquelles se trouvaient les *Aulerci-Cenomani*, et ensuite les *Carnutes* leurs voisins, et puis les *Senones* voisins des *Carnutes*, formèrent au-delà des Alpes la grande nation des *Cenomani*. Remarquons, avant de terminer ce qui concerne les Insubres, que Polybe [1] les appelle partout les *Isumbri*, et Strabon, par contradiction, *Symbrii* ou *Symbri* [2].

B — Seconde, troisième et quatrième expédition des Gaulois et des Ligures au-delà des Alpes.

Voilà tout ce que nous apprend le récit de cette première expédition; passons aux autres qui se firent aussi sous Bellovèse ou peu de temps après lui. Mais il est nécessaire de rapporter ici le texte même de Tite Live; j'y joindrai ma traduction.

Texte original.

« Alia subinde manus Cenomanorum Elitovio duce, vestigia priorum secuta, eodem saltu, favente Belloveso, quum transcendisset Alpes ubi nunc Brixia ac Verona urbes sunt, locos tenuere.

« Libui considunt; post hos Salluvii, prope antiquam gentem Lævos-Ligures, incolentes circa Ticinum amnem. »

Traduction.

Une autre troupe de Cénomans, sous la conduite d'Elitovius, protégée par Bellovèse, suivit les traces de ce dernier, passa les Alpes au même endroit, et se fixa dans les lieux où sont maintenant Brescia et Vérone.

Les Libuens s'établissent (et après eux les Salluviens) près de l'antique nation des Lævi-Ligures, qui habitaient aux environs du fleuve Tessin.

[1] Polybe, liv. II, ch. 52.
[2] Strabo, lib. v, p. 216.

Rien de plus clair que ce passage ainsi rétabli [1]. En effet, tous les auteurs subséquens ont attribué aux Cenomani *Brixia*, Brescia, et *Verona*, Vérone [2]. Rien de plus exact que les mesures anciennes qui déterminent la position de ces villes par les routes qui les joignaient entre elles, et avec *Vicentia*, Vicence; *Bergomum*, Bergame; *Mantua*, Mantoue, et *Mutina*, Modène [3].

Ce fut probablement à cette seconde expédition entreprise par les Gaulois cénomans que les Étrusques vaincus se réfugièrent, sous la conduite de Rhétius leur chef, dans les Alpes rhétiques, où ils s'établirent et qu'ils civilisèrent [4]. Plusieurs lieux de la Rhétie, nommés *Retzun* et *Tusciana*, conservent encore aujourd'hui dans leurs noms des traces de cette émigration [5]. Justin, ou plutôt Trogue Pompée, nous apprend que, pour les contenir, les Gaulois fondèrent Trente, *Tridentinum*, dont la posi-

---

[1] Je n'ai fait que changer la ponctuation. Voyez le Tite Live de Drakenborch, liv. v, ch. 36, p. 153, dans les notes. J'avais fait cette correction avant de m'apercevoir que Cluverius (*Ital. antiq.*, p. 226), avait eu à peu près la même idée; seulement je ne trouve pas qu'il y ait aucune nécessité à déranger l'ordre des mots dans le texte, ni à substituer, comme un autre critique, *continuo* à *considunt*. Don Georgius, dans son Traité *de Antiquis Italiæ metropolibus exercitatio historica* (*Romæ*, 1722), qui a vu trois manuscrits, rapporte ce passage comme je le donne ici, à la réserve des variantes de son manuscrit, qui portent : *Germanorum et Citonio duce*. Je n'ai point ce traité de Georgius; mais la partie relative aux Cenomani est insérée dans le recueil de Sambuca, intitulé : *Memorie storico-critiche intorno al antico stato dei Cenomani e dei loro confini*. Brescia, 1750, in-folio.

[2] Pline, liv. III, ch. 18. — Ptolemeus, liv. III, ch. 1, etc.

[3] Voyez l'*Analyse des Itinéraires*, tom. III de cet ouvrage.

[4] Tite Live, lib. v, ch. 33.

[5] Ægid. Tchud.; *de prisca et vera Alpina Rhœtia*, ch. 13, p. 11.

tion est bien déterminée par les mesures anciennes de trois routes qui y aboutissent et qui partent d'*Aquileia*, Aquilée, *Verona*, Vérone, et *Augusta Vindelicorum*, Augsbourg [1].

Ces mots de Tite Live, « une autre troupe de Cénomans », prouvent bien qu'il est question ici d'une autre émigration des *Cenomani*, et puisque *Brescia* et *Verona* sont les nouvelles villes dont s'empara cette nouvelle troupe de Cénomans, cela prouve que ceux qui les avaient précédés n'avaient poussé leurs conquêtes que jusqu'à l'Oglio et au Mela. Par cette seconde expédition, les *Cenomani* s'étendirent jusqu'à l'Adige, et ensuite jusqu'à l'*Eritanus* et le *Medoacus* ou le Bacchiglione; ils occupèrent Vicence, que Trogue Pompée [2] ou Justin leur attribue. Ce fut le terme de leurs progrès vers l'orient, de même que *Tridentum*, Trente, le fut vers le nord. Tite Live [3] nous apprend que, de toutes les villes des Cénomans, *Brixia* fut d'abord la plus considérable et devint leur capitale, ce qui est confirmé par Catulle et par d'autres auteurs à une époque où Vérone avait de beaucoup surpassé *Brixia* [3].

Comme ces *Cenomani*, ainsi que leurs prédécesseurs, passèrent en Italie par les mêmes côtés des Alpes qui avoisinent Marseille, il n'est pas étonnant

---

[1] Justin, liv. xx, ch. 5, p. 464 et 465, et mon *Analyse des Itinéraires*, tom. III de cet ouvrage.

[2] Justin, liv. xx, ch. 5, p. 465.

[3] Titus Livius, *Hist.*, liv. xxxii, ch. 30.

[4] Catullus, *Elegia ad Januam*, et Gagliardi, *Mem. ist. e crit. intorno all' antico stato dei Cenomani*, dans le recueil de Sambuca, ci-dessus cité, p. 97. — Cet excellent petit traité de Gagliardi a d'abord été imprimé à part in-12. Padoue, 1724.

que du temps de Caton l'ancien, et avant que la conquête de César n'eût fait connaître la véritable position des *Cenomani* dans la Gaule transalpine, on s'imaginât que ces peuples fussent originaires des environs de Marseille; mais Pline n'aurait dû reproduire cette erreur que pour la combattre[1].

Tite Live a soin de nous apprendre que cette seconde expédition se fit peu de temps après la première et sous les auspices du même chef; mais comme nous ne voyons point de *Libui* dans l'armée de Bellovèse, et que les *Salluvii* mêmes lui furent contraires, il est probable que l'établissement de ces deux derniers peuples en Italie eut lieu à une époque plus récente. S'ils se trouvent ici mentionnés à la suite de l'expédition des *Cenomani*, c'est parce qu'ils passèrent par les mêmes défilés des Alpes, et que l'historien est plus occupé d'établir les circonstances géographiques de ces grandes émigrations, sur lesquelles les traditions avaient conservé des notions positives, que de déterminer des époques chronologiques pour lesquelles il manquait de documens. De là provient cette transition brusque *Libui considunt*, comme étant en quelque sorte pressé d'épuiser la liste des peuples qui ont fait irruption par ce côté septentrional des Alpes Pénines, car ce sont ces derniers qui prirent Rome, et à l'occasion desquels Tite Live fait cette digression; il devait donc d'autant plus abréger cette partie de son récit, que ce n'est qu'une espèce d'introduction à ce qui suit immédiatement. Cependant, malgré sa concision, ce

---

[1] Pline, *Hist. nat.*, liv. III, ch. 19.

récit est clair. On distingue bien évidemment, depuis la première invasion des Gaulois et des Ligures en Italie, jusqu'à leur entier établissement dans les plaines situées au nord du Pô, quatre expéditions différentes :

1°. Celle de Bellovèse, à laquelle participèrent une grande partie des peuples de la Gaule;

2°. Celle des *Cenomani* conduits par Elitovius et favorisés par Bellovèse, à laquelle on peut rapporter celle des *Lævi Ligures*, qui paraît avoir eu lieu à la même époque;

3°. Celle des *Ligures Libui;*

4°. Celle des *Ligures Salluvii*, auxquels se joignirent peut-être les *Voconces* nommés *Vertaconieri.*

Pline [1] dit positivement que les *Libui* ou *Libici* tiraient leur origine des *Salyces, Salyes* ou *Salluvii*. Ptolémée et Pline nomment Verceil pour la capitale de ces peuples; ils occupaient donc le pays situé entre la Sesia et la Stura. Le nom du petit village moderne de *Sallugia* sur les bords de la Doria-Baltea, et celui de *Salluzzola* au nord de Santhia, me paraissent un reste de l'ancienne domination ou de l'origine salyenne ou salluvienne de ces peuples. Lorsque Tite Live nous dit que les *Libui* et les *Salluvii* s'établirent près des *Lævi*, ancienne nation ligurienne qui habitait les rives du Tessin, il s'accorde avec toute l'antiquité. Pline et Ptolémée [2] placent aussi les *Lævi* à côté des *Libui*, et leur donnent *Ticinum*, Pavie, pour capitale. Tous ces auteurs s'accordent aussi

---

[1] Pline, *Hist. nat.*, liv. III, ch. 21 (17).
[2] Ptolemeus, *Geogr.*, liv. III, ch. 1, et Plinius, *loco citato.*

avec Polybe, qui place ces mêmes peuples vers les sources du Pô[1], c'est-à-dire celles de la Stura ; car j'ai prouvé ailleurs [2] que cet historien prenait le cours de la Stura pour le Pô vers son origine.

En lisant au contraire ce passage comme les éditeurs de Tite-Live, on transporte nécessairement les Libuens au midi du lac Garda, contre le témoignage de toute l'antiquité, et on entasse plusieurs absurdités dans une seule phrase [3].

C'est ici qu'il faut nous arrêter : la ligne suivante, Tite Live nous décrit l'expédition des *Boii* et des *Lingones,* et des *Senones,* qui passèrent par les Alpes Pénines, mais qui n'a pu avoir lieu que long-temps après, puisque Tite Live nous dit lui-même que ces peuples ne purent se fixer au nord du Pô, parce que tout le pays se trouvait occupé par les autres Gaulois qui les avaient précédés ; qu'en conséquence ils passèrent le Pô, et s'emparèrent de toutes les plaines jusqu'à Ancône, ce qui ne peut s'appliquer à l'époque de Scylax [4], où les *Tusci* ou *Tyrrheni* étaient encore maîtres de toutes les plaines de la Cisalpine jusqu'au

---

[1] Polybe, *Histor.*, liv. II, ch. 17, n° 4, p. 260 et 261, édit. de Schweigæuser. — Polybe nomme les Lævi *Laï* et les Libui *Lebeci.* — Pline nomme aussi ces derniers *Libici.*

[2] Mémoire manuscrit sur les descriptions des plaines de la Cisalpine données par Polybe et Strabon.

[3] Voici comme cette phrase se lit dans toutes les éditions : « Alia subinde manus Cenomanorum Elitovio duce vestigia priorum secuta, eodem saltu favente Belloveso quum transcendisset Alpes ubi nunc Brixia ac Verona urbes sunt (locos tenuere Libui) considunt : post hos Salluvii prope antiquam gentem Lævos Ligures incolentes circa Ticinum amnem. » *Titus Liv.*, liv. v, ch. 35. — Drakenborch, p. 153.

[4] Scylax, *loco citato.*

Pô, de tout le duché d'Urbin et de la marche d'Ancône des modernes, situés au midi du Pô, et dont Tite Live nous raconte la conquête par les Gaulois senonais. Ainsi donc, c'est avant cette dernière expédition des Gaulois, décrite par Tite Live, que se rapporte ce que Scylax a écrit; et Scylax et Tite Live s'accordent parfaitement entre eux sur ce qui concerne la géographie de ces contrées à cette époque. Il résulte du récit de tous deux que la Gaule cisalpine ou le pays occupé par les Gaulois, avait pour limites le Pô au midi; au nord, et à l'ouest, le pied des Alpes; à l'est le Bacchiglione ou la Brenta, et la côte de l'Adriatique comprise entre l'embouchure de cette rivière et le Pô di Primaro. Tite Live nous instruit parfaitement de la position des différens peuples gaulois qui remplissaient cet espace, excepté les *Orobii*, dont il ne parle pas. Passons tous ces peuples en revue.

Les *Taurini*, d'origine ligurienne, au pied des Alpes, dans les environs de Turin.

Les *Orobii*, que Caton nous apprend avoir aussi été placés dans les Alpes entre le *Larius lacus*, ou le lac de Côme, et le *Sebinus lacus*, ou le lac d'Iseo. Ce fut probablement à l'époque de cette première expédition de Bellovèse, que les *Taurini* et les *Orobii* relégués dans les montagnes par les Tyrrhéniens, profitèrent de l'affaiblissement de la puissance de ces derniers pour s'étendre un peu dans la plaine, et alors les *Taurini* fondèrent la ville à laquelle ils donnèrent leur nom, ou Turin moderne, et les *Orobii*, *Comum*, *Bergomum* et *Licinii forum*. Caton attribue aux Orobiens la fondation de ces trois dernières villes¹. Il est donc nécessaire de reconnaître que Justin s'est trompé lorsqu'il prétend que ce furent les Gaulois qui fondèrent *Comum* et *Bergomum*; l'autorité de cet abréviateur devient nulle lorsqu'elle se trouve en opposition avec le témoignage de Caton, qui, beaucoup plus ancien lui-même, avait été à portée de consulter les plus anciens monumens de l'histoire d'Italie, avec celui de Pline, corroboré par le silence de Tite Live à cet égard. Justin n'a commis cette erreur que parce qu'il n'a pas su distinguer les temps, et qu'il a confondu l'époque de l'invasion des *Insubres* et des *Cénomans* avec celle où ces peuples s'étant multipliés en Italie et étant devenus puissans, repoussèrent les *Orobii* dans les montagnes, et s'emparèrent de leurs principales villes *Comum* et *Bergomum*. Au reste, en y réfléchissant, il n'est pas étonnant que non seulement Trogue Pompée ou Justin, mais même Tite Live, n'aient pas tenu compte, dans une histoire générale, de la splendeur momentanée d'un petit peuple montagnard, tandis que Pline, qui était à Côme, et par conséquent à *Orobium*, n'a pas oublié d'en faire mention. Nous avons déjà observé que la position de *Comum* à Côme, et de *Bergomum* à Bergame, est démontrée par les itinéraires. Nous n'avons point le même secours pour *Licinii forum*, nom évidemment romain, de même que *Bergomum* est, ainsi que nous l'avons déjà dit, un nom teuton ou gaulois. Le rapport de nom et de position m'engage à placer le *Licinii forum* (peut-être, à l'époque dont nous traitons, l'entrepôt du

---

¹ Cato, apud Plinium, liv. III, ch. 17.
² Justinus, liv. xx, ch. v, p. 465.

commerce des Gaulois avec les Orobiens, ou l'*Orobium forum*), à *Lissone*, petit lieu situé à neuf milles géograph. au nord de Milan, entre Desio et Monza [1].

Les *Libui* se trouvent placés, d'après le récit de Tite Live, d'accord avec tous les autres auteurs de l'antiquité, entre la Stura et la Sesia;

Les *Lævi*, entre la Sesia et le Tessin;

Les *Insubres*, entre le Tessin et l'Adda;

Les *Cenomani*, entre l'Adda et l'Adige; mais ils profitèrent de la cinquième expédition des Gaulois, dont nous parlerons bientôt, pour s'étendre jusqu'au Bacchiglione, et les *Euganei* furent repoussés dans les montagnes [2].

Tite Live, à la vérité, ne nous apprend rien sur le nom du peuple celte que Scylax [3] nous dit habiter sur la côte entre *Spina* et *Hadria*, et nous n'avons aucune preuve que les *Cenomani* aient jamais étendu leur territoire jusqu'à la mer. Nous savons seulement par Scylax que ces Celtes ou Gaulois faisaient partie de ceux qui passèrent les Alpes, et qu'ils étaient par conséquent de l'expédition de Bellovèse ou d'Elitovius; c'est ce qu'indiquent évidemment ces mots: *relicti ex expeditione*. Et comme parmi les peuples qui s'y trouvaient, Tite Live nomme les *Senones*, qui furent aussi de la dernière expédition qui pénétra en Italie par les Alpes Pénines, s'établit au-delà du Pô et poussa ses conquêtes jusqu'à Rome, on peut conjecturer avec beaucoup de vraisemblance que ce

---

[1] Voyez la carte de la Lombardie par Zannoni, ou celle de Bacler d'Albe.

[2] Voyez Pline, Ptolémée, Justin, Polybe, aux endroits déjà cités.

[3] Scylax, *loco citato*.

sont eux qui, du temps de Scylax, se trouvaient déjà établis en petit nombre sur la côte marécageuse formée par les embouchures du Pô; car les *Lingones*, auxquels paraît avoir appartenu par la suite ce territoire, n'avaient encore à cette époque entrepris aucune expédition au-delà des Alpes. Cet établissement que les *Senones* formèrent à l'embouchure du Pô à l'époque dont nous traitons, est, je le sais, une pure conjecture; mais elle est appuyée par les textes de Scylax et de Tite Live, et fortifiée par la marche des peuples gaulois, et par leurs établissemens successifs dans cette partie de l'Italie.

C — Expédition de Sigovèse au nord des Alpes. — Expédition des Boii.

L'histoire ne nous a laissé que peu de détails sur l'expédition de Sigovèse, qui eut lieu à la même époque, parce que ses bandes se fixèrent dans des pays qui furent trop tard civilisés pour qu'on puisse rechercher leur origine à une époque si reculée. Aucun auteur ancien ne dit quels furent les peuples qui l'accompagnèrent; cependant tout semble démontrer que les *Boii*, qui s'établirent en Bohême et dans la Norique, et les *Volcæ Tectosages*, qui se fixèrent dans la forêt d'Hercinie, appartenaient à cette expédition. A la vérité il n'est question, pour la première fois, des Boiens, que dans le récit de la première expédition des Gaulois Transalpins, dont nous allons nous occuper; et comme Tite Live dit positivement que les Gaulois qui émigrèrent alors étaient renfermés dans l'étendue de la Gaule Celtique, il paraîtrait impossible de comprendre, d'après lui, les Volcæ Tectosages dans le royaume d'Ambigat et dans la confédération commandée par Sigovèse. Car, quoique à l'époque de cette émigration le pays des Volcæ Tectosages fût bien réellement dans la contrée alors connue sous le nom de Celtique, cependant Tite Live, en observant que la Celtique n'est que le tiers de la Gaule, nous prouve qu'il parle selon l'usage des Romains de son temps, qui excluaient de la Celtique la province Romaine, l'Aquitaine et la Belgique. Cependant Tite Live nous dit [1] que les deux frères Sigovèse et Bellovèse tirèrent au sort avant de se mettre en marche, et que le sort donna l'Italie à Bellovèse, et les environs de la forêt d'Hercinie à Sigovèse [2]. D'un autre côté, nous lisons dans César [3] qu'il fut un temps où les Gaulois, plus courageux que les Germains, s'emparèrent des lieux les plus fertiles des environs de la forêt d'Hercinie. Le même auteur nous apprend encore que les Bohémiens avaient aussi passé le Rhin et s'étaient emparés de *Noreia*, que nous prouverons avoir été situé à *Noring* moderne, près de Gmund. D'autres auteurs nous montrent ces mêmes Boiens établis dans la Germanie et dans la Bohême, à une époque très reculée [4]. Tous ces témoignages prouvent évidemment que Tite Live n'a pas compris dans toute son

---

[1] Titus Liv., liv. v, ch. 34.

[2] Tit. Liv., *ibid*.

[3] César, *de Bello Gallico*, liv. vi, ch. 24.

[4] Tacite, *Germania*, ch. 28 : « Validiores olim Gallorum res « fuisse summus auctorum *divus Julius* tradit : eoque credibile est, « etiam Gallos in Germaniam transgressos.... Igitur *inter Hercy-* « *niam silvam*, Rhenumque et Mœnum omnes, Helvetii, ulteriora « Boii, Gallica utraque gens, tenuere. » Tom. iv, p. 40, édit. de Brottier, in-4°.

étendue, la dénomination du mot *celtique* dans les auteurs où il puisait, et qu'il a eu tort de restreindre la signification de ce mot à la *Celtique* de César, et qu'enfin les Boiens et les Volces Tectosages faisaient réellement partie des troupes de Gaulois qui dirigèrent leur marche vers la Germanie, au nord des Alpes, et vers la forêt d'Hercinie. Il n'est pas de notre sujet de les suivre dans ces contrées. Nous devons seulement observer que l'emplacement des *Volcæ Tectosages* se trouve démontré par un grand nombre d'auteurs qui leur donnent *Tolosa* pour capitale. La position de cette ancienne ville, à Toulouse moderne, est prouvée par l'histoire et par les mesures d'un grand nombre de routes anciennes qui s'y réunissent [1]. Quant aux limites précises des *Tectosages*, comme elles exigent quelques discussions, nous nous en occuperons plus convenablement ci-après. Nous n'avons aucun renseignement certain sur l'emplacement des Boiens. Nous démontrerons seulement qu'un grand nombre de probabilités se réunissent pour les placer dans le diocèse moderne d'Auxerre. Cependant si des Boiens firent en effet partie de l'armée de Sigovèse avec les *Volcæ Tectosages*, ce ne furent point les *Boii* du diocèse d'Auxerre ou de la Celtique, mais ceux de l'Aquitaine, dont l'emplacement, aux environs de la Tête-de-Buch, sera démontré ci-après. Mais un passage important de Tacite prouve qu'il y a eu deux émigrations de Gaulois, au nord des Alpes, et en rapprochant ce passage de celui de César [2]

---

[1] Voyez l'*Analyse des Itinéraires*, tom. III de cet ouvrage.
[2] « Ac fuit antea tempus, quum Germanos Galli virtute supera-

relatif aux *Volcæ Tectosages*, il paraîtra constant que ces *Volcæ Tectosages* entraînèrent avec eux les *Helvetii*, qui se trouvaient en effet sur leur route, et que ce furent des guerriers de ces deux grandes nations réunies qui composèrent principalement l'armée de Bellovèse. Tacite nous apprend qu'ils formèrent des colonies situées entre le Rhin, le Mein et la forêt d'Hercinie, c'est-à-dire dans le grand-duché de Bade et dans la partie méridionale de Hesse-Darmstadt [1].

Les Boiens, dans une seconde expédition, dont l'époque est ignorée, pénétrèrent plus à l'est, et se fixèrent dans la Bohême, dans la Bavière, dans le Saltzbourg et la Haute-Carniole. Observons qu'une partie de ces Gaulois du nord des Alpes, à une époque très postérieure à Bellovèse, s'avança vers l'Orient, pilla le temple de Delphes [2], ravagea la Grèce [3], pénétra dans la Thrace, et enfin, appelés par Nicomède [4], en Asie, formèrent un État puissant sous le nom de Gaule ou Galatie. Parmi les

---

« rent, et ultro bella inferrent, ac propter hominum multitudinem « agrique inopiam, trans Rhenum coloniam mitterent. Itaque ea quæ « fertilissima sunt, Germaniæ loca circum *Hercyniam silvam*, Volcæ « Tectosages occuparunt. » César, *de Bello Gallico commentar.*, liv. vi, ch. 24.

[1] Ce sont les Helvétiens que Tacite indique particulièrement dans le grand-duché de Bade; on peut conjecturer que les Volcæ Tectosages se fixèrent plus à l'est, et formèrent depuis la grande nation des *Alemanni*, terme collectif qui signifie une réunion d'un grand nombre de tribus.

[2] Polyenus, *de Stratagematibus*, liv. vii.

[3] Polybius, liber i, p. 147. — Titus Livius, liv. xxxviii, ch. 15 et 16, p. 353. — Pausanias, liv. x, ex Phoc., p. 468.

[4] Ex Memnon. histor. apud Photium, codex 224, ch. 20.

peuples qui composaient cet État on remarque les Tectosages, évidemment originaires des Volcæ Tectosages dont nous venons de parler [1]. Pline porte jusqu'à quatre-vingt-quinze le nombre des peuples qui formèrent la Galitie ou la Gaule d'Asie [2]. Il nomme surtout comme peuples gaulois les *Tolistobii*, les *Veturi* et les *Ambitui*. On ne les retrouve mentionnés dans aucun auteur au nombre de ceux de l'ancienne Gaule, et on ne peut déterminer leur position. Plusieurs auteurs, et entre autres le célèbre Ducange, dans l'histoire manuscrite de la ville d'Amiens [3], in-folio, p. 2 et 3, lisent *Ambiani* au lieu d'*Ambitui*, et mettent par conséquent les *Ambiani* au nombre des peuples gaulois qui émigrèrent et conquirent une partie de l'Asie. Ducange dit que « cette leçon est confirmée par l'édition de Paris de 1543 et la plupart des manuscrits. » Mais Hardouin [4] soutient que tous les manuscrits portent *Ambitui*, *Ambitunti* ou *Ambituutos*, et que le mot d'*Ambiani* n'existe dans quelques manuscrits que comme une glose ajoutée, après coup, par une main étrangère. Ducange s'appuie encore du témoignage de Solin, qui a copié ce passage de Pline, et dont les différentes éditions, jusqu'à celle de Saumaise, portaient *Ambiani* et non *Ambitui*; mais Saumaise, dans son édition de

---

[1] Strabo, *Geogr.*, liv. IV, p. 188. — Dion, *ex excerptis*. — Paulus Orosius, liv. V, ch. 15. — Aulus Augellius, liv. III, ch. 9.

[2] Pline, lib. V, cap. 42.

[3] Cette histoire, beaucoup meilleure que celle du célestin Daire, en 2 vol. in-4°, était préparée pour l'impression. Le manuscrit existe à la Bibliothèque Royale.

[4] Plin., edit. Hard., in-folio.

Solin[1], rejette cette leçon, et lit *Ambitui;* ce qui est, dit-il, conforme aux manuscrits et aux éditions de Pline. Ducange, pour conduire les *Ambiani* dans l'Asie, s'appuie encore du nom de *Belgius* donné par Pausanias[2] à un des principaux chefs des Gaulois qui s'établirent en Galatie. Ce nom semblerait en effet faire croire que des Belges firent aussi partie de cette émigration.

[1] *Exercitationes Plinianæ*, in-folio., 1689 ; *Trajecti ad Rhenum*, cap. 41, p. 52 A, et p. 615.

[2] Pausanias in Phoc. — Justin, lib. xxiv.

CHAPITRE III.

Depuis l'an 478 avant J.-C. jusqu'à l'an 350 avant J.-C., époque des découvertes de Pythéas.

A. — *Avant-dernière, ou cinquième expédition des Gaulois, qui fut celle des Boii et des Lingones.*

Tite Live continuant son récit, rapporte dans les termes suivans l'avant-dernière expédition des Gaulois, qui fut celle des *Boii* et des *Lingones*.

Texte original.

Penino deinde Boii Lingonesque transgressi, quum jam inter Padum atque Alpes omnia tenerentur, Pado ratibus trajecto, non Etruscos modo, sed etiam Umbros agro pellunt : intra Apeninum tamen sese tenuere. [1]

Traduction.

Les Boiens et les Lingones passent par les Alpes Pénines; et comme tout le pays entre le Pô et les Alpes se trouvait déjà occupé, ils traversèrent le Pô sur des radeaux, et ils expulsèrent de cette contrée, non seulement les Étrusques, mais même les Umbri; cependant ils ne passèrent pas l'Apennin.

La date de cette nouvelle émigration, que l'on confond à tort avec les quatre premières, me paraît clairement déterminée par un passage de Cornelius Nepos, où il est dit que les Romains prirent *Veii* le jour où les Insubres, les Boïens et les Senonois s'emparèrent de *Melpum* [2]. Il est évident que cette

---

[1] Tit. Liv., liv. v, ch. 35, tom. ii, p. 155, édit. de Drakenborch.
[2] Cornelius Nepos apud Plinium, liv. iii, ch. 17.

ville, dont nous ignorons la position, a dû être située entre le Pô et l'Apennin, puisqu'à l'époque de l'émigration des Boïens les Étrusques ne possédaient rien au nord du Pô¹. Cette circonstance détermine l'émigration des Boïens et des Lingons vers l'an 394 avant J.-C., c'est-à-dire environ 6 ans avant celle des *Senones*, qui est la dernière².

La position de la capitale des *Lingones* de la Gaule transalpine à Langres moderne, se trouve prouvée par l'histoire, et par les mesures anciennes des routes qui y aboutissent, et qui partent de *Divodurum*, Metz; *Duro-Catalonum*, Châlons-sur-Saône, et *Aventicum*, Avenches³.

Il est plus difficile de dire où étaient les Boïens. On sait, d'après César, qu'une partie passa le Rhin et se transporta dans le *Noricum*, où ils prirent *Noreja*, que je prouverai être Noring, près de Gmund⁴. Donc les *Boii* ont dû être placés près des *Lingones*, et ne devaient pas être plus bas que le degré de latitude qui passe par le lac Constance et le nord des Alpes. Les guerriers de cette nation que César fit prisonniers, furent établis dans un canton du territoire voisin des *Ædui*, qui devait naturellement faire partie du pays occupé primitivement par leur nation. Toutes ces indications réunies tendent à placer les *Boii* dans le diocèse moderne d'Auxerre. Je suis informé qu'il se trouve,

---

¹ Ceci prouve qu'on ne peut rapporter, ainsi que Léander et Bruzen Lamartinière, dans son Dictionnaire, *Melpum* à Melzo dans le Milanais. — D'Anville a cru ne pouvoir placer Melpum sur sa carte d'Italie.

² Edward Simpson, *Chronicon catholicon*, p. 800.

³ Voyez l'*Analyse des Itinéraires*, tom. III de cet ouvrage.

⁴ Voyez ci-après; et César, *de Bello Gallico*, 1, 28.

dans l'étendue de ce diocèse, des vestiges d'antiquités gauloises ou celtiques. Enfin, un lieu très près d'Entrain, nommé *Boui*, et au centre même du diocèse d'Auxerre [1], me paraît être un reste de l'ancien nom du peuple *Boii*. Ce lieu portait, dans le moyen âge, le nom de *Boiacum*, et il en est question dans le troisième siècle de l'ère chrétienne [2]. Je trouve au midi d'Auxerre un lieu nommé *Bounon*, très ancien, et dont le nom ressemble évidemment à celui de *Bononia*, que les *Boii* imposèrent à la ville étrusque de *Felsina*, dont ils firent leur capitale [3].

Observons que la première émigration dut nécessairement choisir pour rendez-vous le territoire des peuples les plus voisins des Alpes, parmi ceux qui entraient dans la confédération; sans cela ils eussent été obligés de traverser à main armée le territoire de peuples qui se seraient opposés à leur passage. Voilà pourquoi le chef des *Arverni*, qui faisaient partie de la confédération de Bellovèse, fit diriger vers le midi les bandes belliqueuses qu'il commandait; mais les *Lingones* et les *Boii*, leurs voisins, en se rendant en Italie par Besançon et le grand Saint-Bernard ou les Alpes pénines, suivaient une ligne entièrement droite et certainement le plus court chemin. Enfin, ce qui contribue à donner à cette opinion un grand degré de probabilité, c'est que tout le territoire d'Auxerre ne figure comme diocèse particulier que

---

[1] Voyez la carte du diocèse d'Auxerre, dans l'Histoire de ce diocèse par l'abbé Lebeuf, 2 vol. in-4°. Paris, 1743.

[2] Voyez Lebeuf, *Mémoires sur Auxerre*, p. 2. — Boiacum ou Boui est célèbre par la sépulture de saint Pellerin, qui vivait au troisième siècle.

[3] Pline, liv. III, ch. 15.

dans la notice de la Gaule ¹, c'est-à-dire dans les derniers temps de la puissance romaine, et que rien dans l'histoire ne prouve qu'il ait appartenu à aucun peuple environnant. *Autissiodurum* n'est connu que comme le nom d'une ville et non d'un peuple, et cette ville se trouve pour la première fois mentionnée dans Ammien-Marcellin ². Rien ne prouve que le territoire d'Auxerre ait été démembré de celui des *Senones* pour composer un diocèse particulier, comme le dit d'Anville ³, et il est bien plus naturel d'attribuer ce territoire au seul peuple célèbre de la Gaule dont l'emplacement n'est pas clairement indiqué par les auteurs : lorsque l'on observe que tous les autres territoires se trouvent occupés par des peuples particuliers, il reste démontré que les *Boii* ont dû nécessairement habiter le diocèse d'Auxerre. Quand César eut défait les armées d'Arioviste, les *Boii* de la Germanie, qui faisaient partie de ces armées, obtinrent, par l'entremise des *Ædui*, la permission de s'établir dans un district particulier, qui leur fut accordé, par ces derniers, sur les limites de leurs possessions. Ce récit de César prouve que les *Ædui* s'étaient emparés de tout ou partie du territoire abandonné par les *Boii*, lors de leurs émigrations multipliées, et que les *Boii* de l'armée d'Arioviste ayant demandé à se fixer dans le pays occupé par leurs ancêtres, et parmi leurs compatriotes, furent secondés dans leurs projets par les *Ædui*, qui furent

---

¹ *Notitia Galliæ*, Coll. des Hist. de France, tom. I, p. 122. — Guérard, *Essai*, p. 16.

² Amm. Marcellini *Hist.*, liv. XVI, ch. 2.

³ D'Anville, *Notice de la Gaule*, au mot *Autissiodurum*, p. 132.

charmés de s'attacher ces guerriers peu nombreux, mais très courageux; *quod egregia virtute erant*, dit César.

Si les *Lingones* continuèrent, par la suite, à jouer un rôle important dans la Gaule transalpine ou dans la Gaule proprement dite, tandis qu'on a peine à trouver la véritable situation des Boii, ce fut tout le contraire au-delà des monts. Indépendamment des établissemens formés par les Boii en Bohême, sur les bords du Rhin et du Mein, et dans la Norique, ils devinrent en Italie un peuple puissant, souvent mentionné dans les pages de l'histoire, tandis qu'il n'est plus question des *Lingones* [1].

Sextus Rufus [2] donne le Rubicon (petit torrent près de Rimini ou *Ariminum*) pour limites aux Gaulois lorsqu'ils prirent Rome. Mais nous allons voir bientôt qu'ils s'étendaient alors beaucoup plus loin, et il est évident que Sextus Rufus confond la dernière expédition des Gaulois avec l'avant-dernière, qui est celle dont nous nous occupons dans ce moment. Ils paroissent en effet s'être arrêtés au *Rubicon* ou à Rimini; là où la chaîne des Apennins s'approche de la côte, et forme un défilé.

Nous avons toujours vu les nations liguriennes se joindre aux Gaulois, et profiter de leurs invasions pour reprendre ce que les Étrusques avaient usurpé sur elles. Il est donc probable que lors de l'invasion des *Boii* et des *Lingones*, ils reprirent leur ancien territoire jusqu'à l'Apennin, et que la Gaule cisalpine,

---

[1] César, *de Bello Gallico*. — Tacite, *in Germania*. — Strabon, liv. vii. — Tite Live, liv. v, ch. 34. — Velleius Paterculus, liv. ii.

[2] *Breviar. rer. Gest.*, dans Eutrop., edit. var. Verheyk, p. 563.

en y comprenant la Ligurie et la Vénétie, eut alors les mêmes limites qu'elle eut depuis sous Auguste; c'est-à-dire, les Alpes au nord et à l'ouest, au midi la côte depuis Antibes et le Var jusqu'à la Magra; ensuite cette limite se continuait par les Apennins depuis *Luna* jusqu'à *Ariminum* ou Rimini [1].

Nous avons déterminé dans toute cette étendue la situation de tous les peuples au nord du Pô; quant aux *Boii* et aux *Lingones* qui s'établirent au midi de ce fleuve, leur position est aussi certaine que celle des autres peuples dont nous avons parlé. On sait en effet que les *Boii* eurent pour capitale *Felsina*, qu'ils prirent aux Étrusques, et à laquelle ils donnèrent le nom de *Bononia* [2]; ils s'étendirent jusqu'à la Trebbia, et au Tidone qui formait leur limite à l'ouest. Au nord le Pô séparait les *Boii* des *Cenomani* et des *Insubres;* l'Apennin, depuis les sources du Tidone jusque vers les sources de l'Idice, les séparait des Étrusques. L'Idice formait, depuis sa source jusqu'à son embouchure dans le Po di Primaro, leurs limites orientales et leur ligne de démarcation d'avec les *Lingones*.

Les *Lingones* paraissent s'être incorporés avec les *Senones*, qui occupaient les embouchures du Pô, et semblent avoir étendu leurs possessions jusqu'à Rimini ou *Ariminum* [3]. Ainsi, la côte depuis Arimi-

---

[1] Voyez ci-après.

[2] Pline, liv. III, ch. 15.

[3] Polybe, liv. II, indique bien la position de ces peuples. « Au-delà du Pô, dit-il, les Senones occupèrent d'abord les lieux aux environs de l'Apennin, ensuite les Boïens, et après eux les Lingones vers la mer Adriatique, et les Senones sont les derniers sur la côte. » Nous parlerons ci-après des peuples mentionnés particulièrement par

num jusqu'à Porto Brondolo ou *Brundulus portus*, embouchure de l'*Eretanus* ou de l'*Eridanus* de Scylax, formait la limite des *Lingones* à l'est. L'Idice depuis sa source jusqu'à son embouchure dans le Po di Primaro, et ensuite cette même branche du Pô jusqu'à sa jonction avec le Po di Maestro, près de l'embouchure du Ficaruolo, traçait leur frontière à l'ouest. Au nord ils avaient pour limites l'Adige jusqu'à *Anneianum* ou Montagnano, qui les séparait des Vénètes, et au midi l'Apennin, depuis les sources de l'Idice jusqu'à Rimini, *Ariminum*, qui les séparait des *Tusci* ou *Tyrrheni*, encore possesseurs de la marche d'Ancône, dont les *Senones* s'emparèrent depuis. Cette étendue de pays comprend ce qui forma dans les temps modernes la Romagne, le Ferrarais et la Polésine de Rovigo.

Telle était la situation des peuples du nord de l'Italie avant la sixième et dernière expédition des Gaulois et des Ligures. Observons que si nous voyons dans celle-ci les *Umbri* se battre contre les Gaulois, c'est qu'étant avec les *Tusci* ou *Tyrrhéniens*, les plus anciens peuples de l'Italie, ils se réunirent avec leurs anciens ennemis, pour s'opposer à ces étrangers qui menaçaient de tout envahir. Scylax nous a prouvé que les *Umbri* avaient été depuis longtemps expulsés par les Étrusques du pays dont les *Boii*, et les *Lingones*, s'emparèrent, et où ils se fixèrent.

Polybe, et dont il n'est pas encore question à l'époque dont nous traitons.

B. — Sixième et dernière expédition des Gaulois, qui est celle
des Senonois.

Enfin, les Senonois enlevèrent encore aux Étrusques tout ce qui leur restait au-delà de l'Apennin, et formèrent seuls la sixième et dernière expédition. Tite-Live[1] nous apprend que le territoire dont ils s'emparèrent se trouvait compris entre la rivière du Val Torto ou l'*Utis* qui coule à Ravenne, et l'*Æsis* ou l'Esino qui tombe dans la mer un peu au nord d'Ancône, et qui formait dans les temps modernes l'extrémité orientale du duché d'Urbin. Pour arriver jusqu'à Rome[2] ils durent anéantir presque en entier la puissance des Étrusques, qui jusqu'ici avaient opposé des obstacles à leurs incursions dans le reste de l'Italie, et les avaient toujours contenus dans de certaines limites.

Observons que la route par où les Gaulois traversèrent l'Apennin ne fut point celle qui depuis

---

[1] « Tum Senones recentissimi advenarum ab Utente fluvium usque ad Æsim fines habuere. » *Tit. Liv.* — Lydus (*de Magistratibus reipublicæ Romanæ*, lib. I, cap. 50, p. 86 et 87), qui écrivait vers l'an 550 de J.-C., nomme les *Treviri* au lieu des Senones. Le passage est curieux : « Treveri, gens Gallica, ripas Rheni accolentes, ubi et
« Treveri urbs (Sygambros eos Itali, Galli autem nunc Francos ad-
« pellant), Brenno duce quondam per Alpes sparsim errantes, in Ita-
« liam irruerunt, per deserta invia et dumosa, ut ait Virgilius, deinde
« per cuniculos ingressi Romani atque ipsum Capitolium, etc. » —
Brennus, dont parle Lydus, est différent de celui qui fit une irruption dans la Grèce cent ans après ; c'est celui dont Tite Live parle liv. V, ch. 38, et qu'il appelle *Brennus, Regulus Gallorum*.

[2] « Hanc gentem, dit Tite Live, Clusium Romamque inde venisse
« comperio. Id parum certum est solamen an ad omnibus Cisalpi-
« norum Gallorum populis adjutam. » Le pillage de Melpe, dont j'ai parlé ci-dessus, semble dissiper le doute émis par Tite Live, et prouver que les Senonois furent aidés par les Boïens et les Insubres.

fut percée par les Romains entre *Florentia* et *Faventia*, mais celle qui conduit de Sapinia à Arezzo et à Forli. Le défilé par où ils passèrent est nommé *Saltus Gallianus* dans Pline, et le lieu moderne appelé Galliata nous en retrace encore le nom et la position. Ce fut toujours par cette route que les Romains, avant d'avoir pratiqué celle de Florentia à Faventia, conduisirent leurs armées, lorsqu'ils voulaient porter la guerre chez les *Boii*. Le *Castrum Mutilum* dont il est si souvent question dans le récit de ces guerres, était situé dans les montagnes entre Sapinia et Arezzo, et paraît représenté par le Meldola de nos cartes modernes. Mais les récits des auteurs anciens prouvent que ce ne peut être Modigliana, comme l'ont cru un grand nombre de géographes trop aveuglément suivis par d'Anville[1]. Enfin la prise de l'antique *Camers*, qui depuis fut nommée *Clusium*, aujourd'hui Chiusi, leur ouvrit les plaines de l'Étrurie et le chemin de Rome.

Les peuples barbares et peu civilisés ont, dans les guerres qu'ils livrent, plutôt le pillage pour but que des conquêtes déterminées. Dès que les Etrusques, qui formaient la première puissance d'Italie, furent trop faibles pour s'opposer aux envahissemens des Gaulois et les empêcher de franchir l'Apennin, ces derniers durent se répandre de tous côtés, et rien ne fut plus

---

[1] On trouvera ce point de géographie, trop étranger au but de cet ouvrage pour que nous nous y arrêtions long-temps, bien discuté dans la dissertation intitulée : *Dissertazione del dottor Pasquale Amati di Savignano sopra il passaggio dell' Apennino fatto da Annibal, e sopra il castello Mutilo degli antichi Galli*. Bologna, 1776, p. 33-37. Conférez Tit. Liv., lib. x, p. 25-36. — Polyb., lib. ii, p. 19. — Plin., lib. iii, p. 14.

capable de leur résister. Aussi, nous voyons dans Tite Live qu'il y avait des Gaulois dans la Pouille et dans la Campanie [1]. Diodore de Sicile nous dit que ces peuples, avant de ravager Rome, avaient pillé le pays des Cauloniens [2]. Le même historien nous montre une autre troupe de Gaulois dans la Japygie, c'est-à-dire le long de l'Adriatique, entre la Pouille et la Calabre [3]. Denys d'Halicarnasse dit que les Gaulois avaient chassé les Tyrrhéniens des places qu'ils avaient sur le golfe Ionien avant la soixante-quatrième olympiade, c'est-à-dire l'an 524 avant J.-C. [4] Ce qui prouve que les Gaulois des premières expéditions, qui s'étaient emparés des bouches du Pô, avaient déjà commencé à se répandre et à entreprendre des incursions maritimes. Justin met les Gaulois que Denys le Tyran prit à son service, et avec qui il fit alliance, dans cette partie de l'Abruzze que la mer Ionienne lave d'un côté, et la mer Tyrrhénienne de l'autre [5]. Cependant il est constant que ces bandes de Gaulois, restes des anciennes excursions faites par ces peuples, ne formèrent pas de corps de nation; que même, après avoir pillé Rome et l'Etrurie, ils repassèrent l'Apennin avec leur butin, et se fixèrent dans le pays compris entre cette chaîne de montagnes et la côte de l'Adriatique qui s'étend

[1] Tit. Liv., liv. vii, ch. 1 et 2.
[2] Diod., liv. xiv, p. 321.
[3] *Loco citato.*
[4] Dyonis. Halyc., lib. vii.
[5] Justin., lib. xx. D'après ces récits, Dom Martin a voulu soutenir que ce sont ces Gaulois qui assiégèrent Rome. Voyez *Histoire des Gaulois*, tom. 1, p. 339 et 340. — Tout ce qu'il y a de plus clair et de plus évident dans les anciens, voilà ce que cet auteur se plaît à embrouiller.

depuis Ravenne jusqu'à Ancône, et à aucune époque ils ne se rendirent maîtres de la Vénétie.

La ville principale du territoire dont les *Senones* s'emparèrent fut *Ariminum*, dont la position à Rimini moderne est bien démontrée par les mesures de la route Émilienne, qui se termine à cette ville même [1]; mais la capitale des Senones paraît avoir été, comme le nom l'indique, *Sena Gallica*, aujourd'hui Sinigaglia, ainsi que le prouvent les mesures des itinéraires anciens pour la portion de la voie romaine comprise entre *Ariminum*, Rimini, et *Ancona*, Ancône [2]. Ce fut sans doute vers le même temps que les Ligures, toujours habiles à profiter des occasions où les Étrusques, en guerre avec les Gaulois, ne pouvaient leur opposer toutes leurs forces, étendirent leurs possessions jusqu'à l'Arno. Du moins des auteurs nous les montrent avec cette extension de territoire sans déterminer l'époque où elle eut lieu. Polybe [3] prolonge le territoire des Ligures jusqu'à Lucques, en nous disant que Pise est la première ville des Étrusques; et il les étend ensuite à l'orient jusqu'à Arezzo, *Arretium*. Tite Live [4] nous prouve dans divers endroits de son histoire, qu'à l'époque des premières guerres des Romains avec les Gaulois cisalpins, les Ligures étaient limitrophes des *Boii*; ce qui démontre que le territoire des Ligures renfermait alors la chaîne des Apennins qui séparait la Gaule cisalpine de l'Etrurie. Frontin [5] place aussi

---

[1] Voyez l'*Analyse des Itinéraires*, tom. III.
[2] *Ibid.*
[3] Polybe, liv. II, p. 105. — Tite Live, liv. V.
[4] Tit. Liv., liv. XXXIII, XXXIV et XXXV.
[5] Frontin, liv. II, ch. 5.

Lucques dans la Ligurie, et au rapport de Justin [1], quelques auteurs grecs donnaient aussi Pise aux Ligures, parce qu'ils se seront peut-être un instant emparés de cette ville célèbre. Mais ce que nous avons dit précédemment sur les conquêtes des Étrusques, ou Tyrrhéniens, sur les Ligures, et sur l'étendue des possessions des Étrusques sur cette côte, dans les temps de leur prospérité, se trouve confirmé par Tite Live, lorsque cet historien raconte qu'on conduisit une colonie romaine à Lucques, et qu'il ajoute, « ce territoire fut pris sur les Ligures; il avait auparavant appartenu aux Etrusques [2]. »

Il est probable que ce fut aussi alors que les Insubres et les Cénomans, s'étant multipliés, s'emparèrent du territoire des *Orobii*, peuple faible et peu en état de leur résister; car nous voyons dans les auteurs postérieurs à cette époque, *Comum* une de leurs principales villes, attribuée aux Insubres, et *Bergomum* leur capitale, faisant partie des possessions des *Cenomani* [3].

C'est à la même époque que les *Cenomani* s'emparèrent du territoire laissé jusqu'ici aux *Euganei* entre l'Adige et le Bacchiglione, et les repoussèrent dans les montagnes. Cette extension du territoire des *Cenomani* paraît n'être pas antérieure à la dernière expédition des Gaulois, car nous voyons dans l'intéressant récit de Tite Live sur l'expédition de Cléonyme, vers l'an 301 avant J.-C., les habitans

---

[1] Justin, liv. xx.

[2] Tit. Liv., liv. XLI : « De Ligure captus is ager, erat Etruscorum, antequam Ligurum fuerat. »

[3] Tit. Liv., lib. XXXIII. — Ptolem., *Geogr.*, liv. III, ch. 1.

de *Patavium*, Padoue, représentés comme se tenant continuellement armés, et toujours prêts à se défendre, contre les incursions des Gaulois établis auprès de leur territoire; ce qui prouve que cette excursion des Gaulois était encore récente [1].

Ces dernières conquêtes des Ligures, des Senonois, des Insubres et des Cénomans, nous présentent la Gaule cisalpine dans le plus grand état d'agrandissement qu'elle ait jamais reçu. Il paraît en effet évident que, peu de temps après la prise de Rome, la Gaule cisalpine, en y comprenant la Ligurie, avait pour limites au midi toute la côte de la mer Tyrrhénienne ou Inférieure, depuis le Var jusqu'à l'embouchure de l'Arno, et ensuite le cours de l'Arno depuis son embouchure jusqu'à sa source, limites qui se trouvaient continuées par l'Apennin jusqu'aux sources de l'Esino, et des sources de l'Esino jusqu'à l'embouchure de cette rivière dans la mer; à l'orient, toute la côte depuis Ancône, ou l'Esino, jusqu'au fleuve Formio, à six milles au-delà de Trieste [2]; au nord et à l'occident, le cercle immense formé par la chaîne des Alpes depuis l'Istrie jusque sur la côte de la Ligurie, au nord du Var.

C'est par suite des divers accroissemens de la Gaule cisalpine aux dernières époques de l'histoire des conquêtes des Gaulois cisalpins, que nous voyons les auteurs anciens varier dans les limites qu'ils assignent à cette division géographique, et terminer la Gaule cisalpine sur la côte de l'Adriatique, tantôt à Ancône et tantôt au Rubicon; et sur la mer de Tos-

---

[1] Tit. Liv., liv. x, ch. 2, tom. III, p. 7, edit. Drakenb.
[2] Pline, liv. III, ch. 22 (18).

cane, ou mer Inférieure, tantôt à l'Arno, et tantôt à la Magra. L'autorité souveraine varia même fréquemment dans la détermination de ces limites; et, comme il arrive très souvent, les auteurs, en écrivant, suivirent à cet égard, tantôt l'usage établi, ou les indications de l'histoire, de préférence aux décisions de l'autorité [1].

En résumant tout ce qui a été dit jusqu'ici sur la Gaule cisalpine, nous voyons quelques colonies grecques s'établir d'abord sur la côte orientale depuis Ravenne, et même depuis Ancône, jusqu'à Pola en Istrie, dès les premiers temps historiques; d'autres se fixent sur la côte occidentale à l'embouchure de l'Arno. Ces dernières formèrent peu à peu un État très puissant, qui soumit, ou expulsa, les anciens habitans de ces contrées, les *Umbri*, les *Siculi*, les *Opisci* ou les *Osci*. Ces nouveaux conquérans, sous les noms de *Rhasenæ*, de *Tyrrheni*, de *Tusci* ou *Etrusci*, occupèrent tout le nord de l'Italie depuis Ancône et le Tibre jusqu'aux Alpes, à la réserve du territoire possédé par les Ligures, qui, fermé à l'occident par les Alpes et la mer, se terminait à Gênes et aux sources de la Trebbia, et aussi à la réserve du territoire des Vénètes, renfermé entre

---

[1] Mela, liv. II, ch. 4, et Pline, liv. III, ch. 14, étendent la Gaule cisalpine jusqu'à Ancône. — Polybe, liv. III, ch. 12, paraît placer l'extrémité des plaines à Sinigaglia ou à Rimini. — Cicéron, sixième *Philippique*, Plutarque, dans la *Vie de César*, Suétone, Appien, Lucain et Pline, affirment que l'usage restreignait la Gaule cisalpine au Rubicon. — Strabon, liv. V, observe que ces limites ont été fréquemment changées par les magistrats, qui d'abord les fixèrent à l'*Æsis*, et ensuite au *Rubico*. — Conférez Columella, *de Re rustica*, liv. VII, ch. 2.

les Alpes, la mer, l'Adige et l'*Eridanus* ou le Bacchiglione.

Cette intéressante nation des Étrusques qui devait succomber sous les armes des Romains, commença à ployer sous les efforts des Gaulois, dont les irruptions répétées furent aussi fatales à la civilisation de ce pays, que le furent depuis, pour le monde romain, celles de tous les peuples barbares du nord de l'Europe.

La première expédition des Gaulois, celle des *Bituriges* et de leurs alliés, enleva aux Étrusques tout le pays compris entre l'Oglio à l'est, le Pô au midi, et les Alpes au nord et à l'ouest; la seconde, celle des *Cenomani*, et la troisième et la quatrième, celle des *Libui* et des *Salluvii*, les expulsèrent de tout ce qu'ils possédaient au nord du Pô et entre les embouchures de ce fleuve; la cinquième, celle des *Boii* et des *Lingones*, leur ravit tout le territoire compris entre les Apennins jusqu'à Rimini, le Pô et la côte; les *Ligures* s'avancèrent alors jusqu'à la Magra. La sixième et dernière expédition des Gaulois, celle des *Senones*, fit perdre aux Étrusques tout ce qu'ils possédaient au-delà de l'Apennin entre les montagnes et la côte qui s'étend de Ravenne à Ancône. Les Ligures s'étendirent alors jusqu'à l'Arno, et restreignirent encore de ce côté le territoire des Étrusques; et les Gaulois, franchissant les Apennins, furent sur le point de détruire entièrement leur antique puissance.

Ainsi, lors de la prise de Rome par les Gaulois, 390 ans avant J.-C., après l'entière expulsion des Étrusques des contrées situées au nord des Apennins, lors de la plus grande extension de la Gaule cisalpine, toute la haute Italie se trouvait subdivisée en trois parties distinctes.

1°. D'abord la Gaule cisalpine proprement dite ou le pays occupé par les Gaulois, compris entre les Apennins et l'Esino au midi; la côte et le Bacchiglione à l'orient; et les Alpes au nord : 2°. les Vénètes et les Euganiens, qui s'étendaient vers le nord-est de la Gaule : 3°. les Ligures et les Tauriniens au midi et à l'ouest de la Gaule; dans les limites que nous avons fixées précédemment.

CHAPITRE IV.

Découvertes d'Himilcon et de Pythéas, 350 ans avant J.-C., et premières connaissances des Grecs de Marseille, sur le cours du Rhône et l'intérieur de la Gaule.

TANDIS que les Étrusques et les Romains luttaient avec tant de désavantage contre le courage des Gaulois, les Phocéens établis à Marseille, et les Tyriens fondateurs de Carthage faisaient, par le commerce, des conquêtes pacifiques, et établissaient des colonies sur la côte méridionale de la Gaule transalpine et sur celles de l'Espagne. Ils entreprirent, comme tous les peuples navigateurs, des voyages de découvertes. La relation de Pythéas, un des citoyens de Marseille, fut sans doute le fruit d'un de ces voyages. Pendant deux cents ans, elle a été la seule source où les auteurs ont puisé leurs notions sur l'occident de l'Europe. Eratosthènes et Hipparque s'en servirent pour leurs systèmes géographiques [1].

Avant Pythéas les extrémités de la Gaule étaient inconnues; nous voyons, par un passage d'Éphore cité par Strabon et Scymnus de Chio, que le monde était considéré comme divisé en quatre parties habitées par quatre grandes races d'hommes, les Indiens, les Éthiopiens, les Scythes et les Celtes [2].

---

[1] Voyez Gossellin, *Géographie des Grecs analysée*. — Strabo, *Geogr*., lib. I, p. 63; lib. II, p. 75, 134, 135. — Gemin., *Element. astronom.*, cap. 5, apud Petav., *Uranolog*.

[2] Ephorus apud Strabo. et Scymnus apud *Geogr. minores*. — Le passage d'Éphore se trouve rapporté plus au long dans la *Topographia christiana* de Cosmas, tom. II de la *Bibliotheca patrum* de Montfaucon, et dans Gronovius, *Geographica antiqua*, p. 62.

Toutes les contrées situées entre l'occident et le septentrion étaient réputées appartenir à ces derniers, et comme la côte qui s'étend au nord de l'Europe entre le cap Blanc-Nez et l'Elbe est presque droite, il n'est pas étonnant que Pythéas, qui ne connaissait rien de l'intérieur, d'après les idées d'Éphore son contemporain, ait considéré cette côte comme appartenant aux Celtes et ait reculé la Celtique ou Gaule jusqu'à l'embouchure de l'Elbe, ou à la naissance de la Chersonèse cimbrique. Du moins c'est la conclusion que je crois qu'on doit tirer de l'observation de Pythéas, qui indique que le plus long jour dans les parties les plus septentrionales de la Celtique était de 17 heures, ce qui donne juste pour latitude celle de l'embouchure de l'Elbe[1]. Lorsqu'on connut mieux l'intérieur de ces contrées, on sut que la Scythie n'était pas limitrophe de la Celtique ou Gaule, et qu'elle en était séparée par la Germanie. Cependant, même après ces découvertes, les auteurs grecs désignent encore ce dernier pays par le nom de Celtique, et, à une époque qui est postérieure au siècle d'Auguste, Florus[2] semble donner cette signification au mot *Gallia* (synonyme de celui de Celtique chez les Grecs), lorsqu'il dit que les *Cimbri* et les *Teutoni* sont venus des extrémités de la Gaule.

Les auteurs anciens semblent avoir confondu sous la même dénomination les Cimbres et les Gaulois. Cicéron dit : *C. Marius influentes in Italiam Gallorum copias repressit.* Ceux qui, sous Brennus,

---

[1] Gossellin, *sur les côtes occidentales de l'Europe.*
[2] Florus, liv. III, ch. 5.

firent le voyage de Delphes, qui sont désignés par tous les historiens comme des Gaulois, sont appelés Cimbres par Appien, *Galli quos Cimbres vocant*[1]. Lucain semble aussi confondre ces deux appellations quand il fait Cimbre celui qui tua Marius, que Tite Live et les autres font Gaulois. Enfin Plutarque[2] donne à connaître que les Cimbres et les Gaulois se servent de la même langue.

Pythéas apprit qu'il existait à l'extrémité occidentale de la Gaule un promontoire qui se projetait loin vers l'occident; il le nomma *Calbium promontorium*, et, d'après les indices qu'il avait donnés, on ne peut douter que ce ne fût l'extrémité occidentale de la Bretagne, le cap du Raz. En effet, Pythéas avait dit, suivant Ératosthènes, que le cap *Calbium* avançait à 2,000 stades plus à l'ouest que le cap Sacré de l'Ibérie; et comme cette mesure de 2,000 stades représente juste 171' 26", ou 57 lieues marines, ce qui est précisément la mesure des côtes depuis l'embouchure de la Loire jusqu'au cap du Raz, qui représente le cap *Calbium*[3], il s'ensuit que Pythéas a connu exactement la longueur de la péninsule de la Bretagne : s'il a connu cette péninsule, il n'a pu ignorer l'existence du golfe de Gascogne. Si donc il a dit que le *Calbium promontorium* était à 2,000 stades plus à l'ouest que le cap Sacré de l'Ibérie, il en résulte que le cap Sacré de Pythéas n'est pas le cap Sacré d'Ératosthènes et des autres géographes d'Alexandrie. Ce devait être le cap Machicaco ou l'*OEaso*

---

[1] Appian, *in Illyr*.
[2] Plutarque, *in Sertorio*.
[3] Gossellin, *loco citato*.

promontorium de Ptolémée¹, ou le dernier cap de l'Ibérie. Mais comme pour les géographes d'Alexandrie l'étendue des connaissances positives ne passait pas le cap Saint-Vincent, ils confondaient ce cap, pour eux le dernier de l'Ibérie, avec le cap que Pythéas indiquait aussi comme le dernier de l'Ibérie; et, par cette méprise si facile à concevoir, ils firent disparaître, dans leur système, le golfe de Gascogne et toute la côte septentrionale de l'Ibérie²; mais il me paraît évident que cette erreur, qui ne fut détruite que par les découvertes de Polybe, ne peut être attribuée à Pythéas, dont les renseignemens offrent des traces d'une grande exactitude.³

Selon ce voyageur, les peuples qui habitaient aux environs du cap *Calbium promontorium*⁴ se nommaient *Timii;* Strabon indique bien leur position à l'ouest des *Veneti* qui occupaient les environs de Vanne. Strabon nomme ces *Timii, Sismii*⁵; ils sont

¹ Ptolem. *Geogr.*, liv. II, tab. 3.

² Gossellin, Système d'Ératosthènes dans la *Géographie des Grecs analysée*, et le système d'Hipparque dans le tome I des *Recherches sur la Géogr. systém. et positive des anciens*.

³ Si l'on ne veut pas accorder le caractère de l'évidence à une simple conjecture, du moins doit-on convenir qu'elle offre une grande probabilité.

⁴ Ce nom de *Calbium* ou *Calpium* paraît avoir la même racine qu'Alpes, et semble désigner un sommet élevé; ce nom est donné par l'auteur des *Argonautiques*, v. 11, 21, à une montagne élevée proche des monts Riphées (Orphei *Argonaut.* Lipsiæ, 1764, p. 151). La pointe qui est au midi de Boulogne porte encore aujourd'hui le nom d'*Alpreck*. (Voyez Henry, *Essai sur l'arrondissement de Boulogne.*)

⁵ Strabo, *Geogr.*, lib. IV, p. 195., édit d'Almeloveen, et tom. II, p. 58, de la traduction française. Casaubon et M. Coray (p. 58 de la trad. fr.) ont eu tort de corriger *Osismii;* il est probable, d'après l'accord de tous les manuscrits et de toutes les éditions, que Strabon a écrit *Sismii.* Ces variations dans les noms géographiques sont

nommés *Ostidamnii* par Ératosthènes, et *Osismii* par César, Ptolémée et les autres auteurs [1]. Ces peuples paraissent être les mêmes que ceux qui sont nommés *Ostiones* par Étienne de Bysance [2], qui rapporte à ce sujet un fragment précieux d'Artémidore conçu en ces termes : « A la gauche de ceux-ci sont les *Cossini*, « appelés *Ostiones* ou, selon Pythéas, *Ostiæos*. » Ainsi, par la réunion des noms qu'Artémidore et Strabon disent avoir été donnés par Pythéas au peuple qui habitait l'extrémité occidentale de l'Europe, on a *Ostimii* ou *Ostionestimii*, ou *Ostsimii*, qui sont évidemment le même mot que celui d'*Ostidamnii* ou *Ostitamnii* donné par Ératosthènes. L'étymologie de ce nom se conserve encore dans celui d'Ouessant moderne, et le nom de *Cossini* paraît se retrouver dans un lieu nommé Crosson, situé à l'extrémité de la Bretagne, près l'anse de Dinan. D'après les deux noms donnés par Pythéas aux habitans des extrémités occidentales de l'Europe, il me paraît avoir voulu y distinguer deux nations ou deux peuplades, dont les noms ont été ensuite réunis en un seul, parce qu'on ignorait que la péninsule de Bretagne se divisait en trois autres péninsules séparées par des espaces de mer assez considérables, et qu'on ne pouvait reconnaître plusieurs peuples à l'entour d'un seul promontoire. Les *Cossini* d'Artémidore, au lieu d'être, comme le croyait ce géographe, les mêmes que les *Ostiæos* ou

---

communes chez les auteurs qui écrivent dans des langues différentes, et même chez des écrivains de la même langue.

[1] César, *de Bello Gallico*. — Ptolemeus, *Geogr.*, lib. II.

[2] Steph. Bysant., p. 771, edit. Berk. — Marc. Her., *Geogr. min.*, tom. 1, p. 37.

Ostiones de Pythéas, paraissent avoir été une peuplade voisine ou dépendante de ces derniers; ainsi les *Timii* ou *Sismii* me semblent avoir habité la pointe terminée par le Bec du Raz, ou *Calbium promontorium,* ou le cap Gobestan, le *Gobeum promontorium* de Ptolémée, près de l'île *Sena* ou de Sêne. Les *Osticeos* ou *Ostiones* occupaient la pointe où sont les îles d'Ouessant. Les *Cossini* étaient, dans la péninsule intermédiaire, aux environs de Crosson ou Crozon; et ils s'étendaient jusqu'auprès de Brest, où l'on trouve un lieu nommé Coesnou ou Coueznou.

Près du cap *Calbium* ou le cap du Raz, Pythéas distinguait plusieurs îles dont la dernière, nommée *Uxisama*, était, suivant lui, à trois journées de navigation du continent. Cette île d'*Uxisama* paraît être évidemment celle d'Ouessant; mais Pythéas la reculait trop à l'ouest, ou peut-être ces trois journées de navigation expriment-elles les sinuosités des côtes, depuis le *Calbium promontorium* jusqu'à la côte la plus voisine de l'île d'*Uxisama,* c'est-à-dire depuis le Bec du Raz jusqu'au Bec de Landerversinen, qui donne une mesure de 99 milles géogr. ou 33 lieues marines.

Les Carthaginois, sous la conduite d'Himilcon, paraissent avoir précédé Pythéas dans ces découvertes, et le groupe d'îles habitées par les *OEstrymnii,* qu'ils rapportaient être voisins d'Albion, sont évidemment les îles Scilly ou Sorlingues, peu éloignées des îles d'Ouessant, habitées par les *Ostidamnii*. Ce voyage d'Himilcon, suivant Avienus, ne dura que quatre mois [1].

---

[1] Avienus, *Ora maritima,* v. 91, 95, 96 — 114-117, 154 et 155

Pythéas indiquait aussi de ce côté une ville Gauloise florissante, nommée *Corbilo*, située à l'embouchure de la Loire¹, ville dont il n'est plus question dans aucun autre auteur, et que Valois, et d'Anville après lui, ont placée assez arbitrairement à Coueron; mais ce lieu est trop enfoncé dans les terres et n'est pas à l'embouchure de la Loire. Dans l'incertitude où l'on est il vaut mieux placer *Corbilo* à Corsep; d'abord parce que ce nom ressemble davantage à l'ancien que Coueron, et qu'il est plus véritablement à l'embouchure de la Loire; en second lieu, parce que près de Corsep il y a un lieu nommé Brévin, qui indique un *briva* celtique, c'est-à-dire un port ou un lieu de passage. Peut-être le port des *Deux-Corbeaux*, dont parlait Artémidore, et sur lequel nous n'avons aucun renseignement, sinon qu'il était situé sur les côtes de l'Océan, était-il le même que *Corbilo*².

Cependant les Marseillais paraissent avoir peu profité de ces découvertes, et ils se hasardaient si peu au-delà des colonnes d'Hercule qu'ils ne purent donner à Scipion Émilien aucun renseignement sur les

---

inter *Geogr. minor.*, tom. IV, p. 4, edit. Wernsdoff, et *Poetæ latini minores*, t. V, part. 3, p. 1182. — Avienus dit que ces îles OEstrymnides sont riches en plomb et en étain, ce qui les a fait considérer comme les îles Cassitérides. Il est probable que les îles Scilly ou Sorlingues furent d'abord l'entrepôt de l'étain apporté de Cornouailles, presqu'île prise pour une île, par les Phéniciens qui s'y rendaient pour y commercer et se procurer ce métal.

¹ Strabo, p. 190 et 289, édit. d'Almeloveen, tom. II, p. 40 de la traduction française; et dans le tom. I, p. 155 à 158, et de 277 à 279.

² Artemidorus apud *Strabo.*, lib. IV, p. 198, tom. II, p. 73 de la traduct. française.

habitans de *Corbilo*, ni même sur ceux de Narbonne ; mais peut-être cette ignorance n'était-elle qu'apparente, et le résultat de cette politique ombrageuse et timide, particulière aux nations riches par le commerce, mais faibles par leur peu de population, et l'étendue peu considérable de leur territoire. Les Portugais ont eu pendant plus de deux siècles, et ont encore, des notions sur l'Afrique orientale entièrement inconnues au reste de l'Europe.

D'ailleurs, si Polybe a dédaigné de nous transmettre les détails des découvertes de Pythéas, parce qu'il les trouvait mêlés de fables, et qu'il n'y ajoutait aucune foi, par la même raison il a dû avoir moins d'égard encore pour les descriptions des auteurs contemporains du navigateur marseillais, et encore moins pour celles de ceux qui l'avaient précédé. Les notions positives, mais bornées, que Polybe recueillit par lui-même, dans ses voyages en Gaule, lui firent rejeter comme des fictions inventées à plaisir, tout ce que les plus anciens auteurs avaient raconté de ces contrées lointaines. C'est un poète qui nous a transmis les noms des villes et des peuples de l'intérieur de la Gaule, connus au temps de Pythéas et antérieurement, soit par les Grecs, soit même par les Carthaginois ; ce poète est bien postérieur à l'époque dont nous traitons, et même à Polybe ; c'est Rufus Festus Avienus. L'âge où vivait cet auteur n'est pas parfaitement déterminé, mais il n'est pas antérieur à Dioclétien, ni postérieur à Théodose [1]. Il nous reste de lui deux poèmes sur la géographie : l'un

---

[1] Wernsdoff, *Poetæ latini minores*, tom. v, part. II, p. 639-641 et 647, 661-662, 709-715.

complet, et intitulé *Descriptio orbis terræ*, n'est que l'imitation de celui que Denys le Periegète avait écrit en grec [1]; l'autre, intitulé *Ora maritima*, ne nous est malheureusement parvenu qu'en partie. Inférieur au premier sous le rapport du style, il a été négligé et dédaigné par les modernes, qui n'en ont compris ni l'esprit ni l'intention. J'ose dire que c'est un des plus précieux monumens de géographie ancienne, que le temps ait respectés. En lisant attentivement le petit nombre de pages qui nous en est resté, on voit que l'auteur, à la sollicitation de Probus, s'était proposé de décrire les côtes du Pont-Euxin et celles de la Méditerranée, en commençant aux Colonnes d'Hercule [2]. Il avait divisé son ouvrage en plusieurs livres contenant chacun une portion considérable des contrées maritimes qu'il devait décrire; chacun de ces livres était subdivisé en deux parties. Dans la première, l'auteur ne s'occupait que de la géographie historique, en remontant jusqu'aux temps les plus reculés, et en décrivant avec les noms et d'après les relations des auteurs les plus anciens : dans la seconde partie, l'auteur s'occupait de décrire les mêmes contrées et les mêmes lieux d'après les connaissances de son temps et les dénominations en usage à l'époque où il vivait. L'examen de ce qui nous reste de son poëme suffit pour prouver ce que j'avance. L'intitulé du premier livre, où l'on trouve *Liber primus*, démontre d'abord qu'il en existait plusieurs autres, ou du moins qu'il

---

[1] Wernsdoff, *Poetæ latini minores*, tom. v, part. ii, p. 719.

[2] Rufi Festi Avieni, *Ora maritima*, v. 1, et sequent. inter Wernsdoff edit. *Poetæ latini minores*.

était dans les intentions de l'auteur d'en composer d'autres.

Dans ce premier livre, Avienus décrivait toutes les côtes depuis *Gadir* jusqu'à *Marseille;* et, si on excepte quelques lacunes, il nous reste toute la première partie de ce premier livre, c'est-à-dire, toute la géographie ancienne. En effet, Avienus commence par nommer les auteurs où il va puiser, et qui doivent fournir les matériaux de ses descriptions, et parmi ces auteurs il n'y en a pas un seul qui ne soit très ancien : c'est Hécatée de Milet, Hellanicus de Lesbos, Philéas ou Phileus d'Athènes [1], Scylax de Caryande, Pausimachus de Samos, Damaste de Sigé [2], Bacorus de Rhodes, Euctémon, né dans l'Attique, Cléon de Sicile, Hérodote et Thucydide [3]. A cette liste il faut joindre les livres Puniques qu'Avienus cite dans le cours de son ouvrage, et qui sont probablement les livres de Juba, roi de Mauritanie, si souvent mentionnés par Pline [4]. Dès qu'Avienus a commencé sa description, on se trouve transporté comme dans un monde inconnu, et on s'aperçoit que la plupart des noms dont le poëte fait usage, sont étrangers à tous les auteurs qui nous restent, parce qu'en effet, il

[1] Serait-ce Philetas cité par Strabon, lib. III, p. 168, et par Athénée, lib. II?

[2] Damaste est aussi cité par Strabon, par Dionys. Halic., lib. de Thucyd. Char., cap. 5. Val. Max., VIII, 13, ext. 6. Plin., VII, 48. Plutarchus, in Camillo. Suida, voce Δαμάστης.

[3] Vide Avienus, *Ora maritima*, v. 41-50. — *Bibl. lat.*, t. V, p. 410.

[4] C'est au sujet du passage relatif au voyage d'Himilcon dont nous avons parlé plus haut :

Hæc nos, ab imis Punicorum annalibus
Prolata longo tempore, eddidimus tibi.
(Avieni *Ora maritima*, vers 414 et 415.)

ne nous est parvenu qu'un bien petit nombre de ceux dans lesquels il a puisé. Tout, dans ce petit poëme, porte si bien l'empreinte de la plus haute antiquité, que l'on devinerait que l'auteur a pris les matériaux de ses descriptions dans des auteurs très anciens, lors même qu'il n'aurait pas eu soin de nous en instruire. Enfin, lorsqu'Avienus a terminé la description des côtes de la Méditerranée depuis *Gadir* ou Cadix jusqu'à Marseille, selon les noms et les notions les plus antiques, il dit à Probus, auquel son poëme est adressé, « il faut actuellement dé-« crire, selon les nouveaux noms, les lieux que tu « as voulu connaître sous leurs noms anciens. »

. . . . *Si qua prisca te juvat*
Hæc in novella nominum deducere.

Ainsi que tout le reste du poëme, cette partie moderne du premier livre de Festus Avienus nous manque; mais les vers qui la terminent prouvent que la première partie est complète. D'après ce que je viens de dire, on conçoit que l'examen entier du poëme de Festus Avienus, intitulé *Ora maritima*, se rattache aux premiers temps de l'histoire et de la géographie. Je dois me borner ici à ce qui appartient au sujet que je traite; mais il est d'autant plus nécessaire de m'y arrêter, que tous ceux qui ont écrit sur la Gaule avec le plus de succès, n'ont pas compris la portion la plus intéressante de la description d'Avienus, ou l'ont passée sous silence. De là est résulté une lacune considérable dans la géographie ancienne de la Gaule, qu'il faut tâcher de remplir.

Après avoir décrit les côtes de l'Espagne, les premiers peuples que nomme Avienus dès qu'il a franchi les Pyrénées, sont les *Sordi*[1] ou *Sordiceni*, qui sont évidemment les *Sordones* des auteurs postérieurs. Sur leurs confins existait une ville nommée Pyrène, *civitas Pyrene*[2], qui est probablement la même que celle qui fut désignée par les Romains sous le nom d'*Illiberris*, nom natif et basque, qui signifie ville nouvelle. De cette ville, qu'Avienus nous dit être très fréquentée par les négocians marseillais, jusqu'aux Colonnes d'Hercule, on compte sept jours de navigation[3]. Après avoir doublé le cap des Pyrénées, on rencontrait le *Cyneticum littus*, qui est la plage qui s'étend depuis l'embouchure du Tech jusqu'à la Tet, où est le bourg de Canet[4]. En effet, Avienus nous dit que ce rivage est arrosé par le fleuve *Roschinus*; or Ptolémée fait aussi mention du fleuve, et ses mesures nous prouvent[5] que c'est le Tet, nommé aussi *Tetus* dans Mela, rivière qui coule près de Castel-Roussillon, où était la ville de *Ruscino* de Strabon, de Mela et de Pline[6]. Le *Sordicen sta-*

---

[1] Avienus, *Ora maritima*, v. 452, inter *Poet. lat. minores*, édit. de Wernsdoff, tom. v, part. 3, p. 1260; dans la *Bibl. latina* de Lemaire, tom. v, p. 469.

[2] *Ibid.*, v. 357, Wern., p. 1263. — *Bibl. latina*, p. 470.

[3] *Ibid.*, v. 560-565, Wern., p. 1264. — Avienus dit, par un vent favorable et avec un bon vaisseau.

[4] D. J. Martin prétend que les Cynètes d'Espagne, qui étaient situés dans l'Algarve moderne, tiraient leur origine des habitans du *Cyneticum littus*. (Voyez *Hist. des Gaules*, tom. 1, p. 564.) Le contraire est plus probable.

[5] Voyez les mesures des *Côtes méridionales de la Gaule*, tom. III de cet ouvrage, et Ptolem., *Geogr.*, cap. 7, 8, 9.

[6] Avienus, *Ora maritima*, v. 565 à 570. — Strabo, *Geogr.*, lib. IV, p. 182. — Mela, lib. II, cap. 5. — Pline, lib. III, cap. 4. — Ptolem., lib. II, cap. 7.

gnum[1], qui vient ensuite, se retrouve dans l'étang de Leucate et le *Sordus amnis* est un des ruisseaux qui s'y rendent. Après une lacune qui existe dans cet endroit du poëme de Rufus Festus Avienus, il indique aux embouchures de l'étang de *Rubresus* quatre petites îles qui, réunies en un seul groupe, se nomment *Piplas*[2]. Nous savons par Mela et Pline[3] que le *Rubresus lacus* est celui qui reçoit l'*Atax*, l'Aude, et nous le retrouvons encore dans l'étang de Sigean[4] et de Grüissan; dans l'intérieur du premier sont trois ou quatre petites îles, dont deux sont nommées les îles d'Ouillous, et dont une troisième se nomme Planasse. Les *Helysices* dont nous avons déjà parlé, sont ensuite mentionnés par Avienus, probablement d'après Hécatée, qu'Étienne de Bysance cite aussi pour le même sujet. Avienus donne Narbonne pour capitale à cette nation, qu'il appelle féroce[5]. Il nomme l'*Attagus*, l'Aude, ensuite l'*Helice palus*, qui est, ainsi qu'on l'a très bien observé, l'étang de la Bobine-

---

[1] Avienus, *Ora maritima*, v. 574, p. 1266.

[2] Avienus, *Ora maritima*, v. 583, édit. de Lemaire, p. 473. — Cet éditeur a mis *Triplas* dans le texte, correction d'Hudson, contredite par tous les manuscrits et inutile.

[3] Mela, lib. II, cap. 5. — Plinius, lib. III, cap. 4.

[4] Le nom latin de *Sigean* est *Signa* dans une charte de Louis-le-Débonnaire, probablement parce qu'on y avait établi des signaux; *Hist. de Langued.*, tom. I, preuves, col. 60. — Ces îles sont aussi mentionnées par Sidoine Apollinaire, mais sans en déterminer le nombre. — Voyez Sidon. Apollin., carmen 23, ed. Bouquet, *Hist. de France*, tom. I, p. 812, in-folio. Selon l'opinion de De Marca, ces îles sont : l'île de Sec (aujourd'hui montagne de la Clape), l'île de Gruissan, l'île Cauchêne ou Sainte-Lucie, devenue une presqu'île; on n'indique pas la quatrième. Voyez Georgest, *Mémoire qui a concouru pour le grand Prix proposé par M. le Préfet de l'Aude, et qui a été couronné le 20 fructidor an XII*, p. 28.

[5] Avienus, v. 586.

د'Aude. « Près de là (dit l'auteur qu'Avienus copie) « existait une ville nommée *Besara* »[1]; c'est évidemment Béziers, qui a été depuis rebâtie par les Romains, mais dont le nom primitif s'est conservé plus pur dans le pays même, que dans les auteurs latins et grecs, puisque le nom de Béziers se rapproche davantage de Besara que celui de *Bœteris*, *Beterræ*, ou *Bettarra* ou *Blitterra*, qui sert à désigner cette ville, non seulement chez les anciens[2], mais même dans les écrits et dans les titres du moyen âge, où l'on ne trouve pas le nom de *Besara*. Ce qui prouve que la dénomination moderne a une étymologie antérieure à celle du nom classique, c'est que Valois, qui n'a fait aucune attention à ce vers de Rufus Festus Avienus, nous apprend cependant que le canton de Béziers se nomme encore aujourd'hui le Besarès, ou le Bezarès[3].

Viennent ensuite les fleuves *Ledus* et *Orobis*, qui sont le Lez et l'Orb, et qui, selon la description d'Avienus, « roulent leurs flots à travers des campa-« gnes désertes, couvertes de ruines, indices de leur « antique prospérité[4]. » Mela a aussi mentionné ces deux rivières, et il est aussi question de l'*Orobis* dans Strabon et dans Ptolémée[5]. Une nouvelle lacune

---

[1] Avienus, v. 589, p. 1269.

.... *Dehinc*
Besaram stetisse fama casca tradidit.

[2] Mela, lib. II, c. 5. Plinius, lib. III, c. 4. Gruter. *Inscript.*, p. 270.
[3] Valesii *Notitia Gallica*, p. 90, col. 2, voce *Bliterra Septumanorum*.
[4] Avieni *Ora maritima*, v. 590-594, p. 1270, edit. Wern.; tom. V, p. 475, edit. Lem.
[5] Pline, lib. III, cap. 4. — Mela, lib. II, cap. 5. — Strabo, lib. IV, p. 182. — Ptolem., *Geogr.*, lib. II, cap. 10.

PARTIE I, CHAP. IV. 111

se présente encore dans le poëme d'Avienus, et l'auteur semble rétrograder, parce qu'il copie un autre auteur et un autre itinéraire. Il indique ¹ un rivage et un cap auquel il donne le nom de Blanc, *Candidum;* ici on reconnaît le rivage nommé *Leucate* (blanc) dans Mela, terminé par un cap qui portait ce même nom dans le XIIe siècle, et dont le lieu encore aujourd'hui nommé Leucate, indique suffisamment la position ². Ensuite se présente l'île *Blascon* mentionnée aussi dans Ptolémée ³, et qui est la petite île Brescon; puis après le mont *Sitius*, connu de Strabon et de Ptolémée ⁴, qui était près de Sette des modernes. On trouve, après, le marais nommé *Taphros*, avant d'arriver au Rhône; ce marais est celui d'Aigues-Mortes ou de Mauguis, et le mot *Taphron* nous prouve bien que dans cet endroit Avienus copie un auteur grec. Ptolémée donne aussi à cette lagune le nom de *Fossæ Marinæ*. Après est le fleuve du Rhône « qui sépare l'Ibérie des Li-« gures » ⁵; ce qui s'accorde parfaitement avec Scylax de Caryande, qu'Avienus paraît copier dans cet en-

---

¹ Avieni *Ora maritima*, v. 594. — Dans une phrase restée imparfaite, Avienus semble mentionner un fleuve nommé *Thyrius* qui est peut-être le *Liria* de Pline, lequel n'est point le Ledus, mais le Livron, qui prend sa source près de Roquelaure.

² Mela, lib. II, cap. 5. — Valesii *Notit.*, p. 274. — Astruc, *Hist. nat. du Languedoc*, p. 76.

³ Ptolemæus, lib. II, cap. 7. — Avienus, *Ora marit.*, v. 605.

⁴ Strabo, lib. IV, p. 181. — Ptolem., lib. II, cap. 7.

⁵ Avien., *Ora maritima*, v. 607, p. 1274, edit. Wernsdoff.

Taphron paludem namque gentici vocant
Rhodani propinquam flumini : hujus alveo
Ibera tellus atque Lygies asperi
Intersecantur.

droit : mais peu après, puisant dans un autre auteur, il nous dit que les Ligures s'étaient étendus jusqu'à la citadelle de *Setiena,* dont ils s'étaient emparés ; ce qui appartient évidemment à une autre époque où les Ligures se trouvaient maîtres de tout le rivage jusqu'au *Setium promontorium,* ou Sette moderne [1]. Après la première branche du Rhône et en continuant à se diriger vers l'orient, Avienus nomme *Polygium, Mansa vicus, Oppidum Naustalo* [2], trois lieux dont il est bien difficile d'assigner la position. Peut-être *Polygium* est-il le *Maritima colonia* de Ptolémée, que les mesures de cet auteur placent à l'embouchure du vieux Rhône [3]; le nom de Massillargues près de Lunel a quelque rapport avec celui de *Mansa,* et *Naustalo* était peut-être le port de Mauguis ; mais tout cela est très hypothétique. Ce qui ne l'est pas, c'est que d'après l'ordre suivi dans la description d'Avienus, ces trois lieux devaient se trouver dans des positions voisines de celles qui sont ici indiquées. Après une seconde lacune dans le texte d'Avienus, qui recommence par un vers où il est question d'un *Classius amnis* [4], l'auteur décrit la région des Cévennes, *Cimenice regio,* dont les monts élevés resserrent à leur pied le lit

---

[1] Avien., *Ora marit.*, v. 621, p. 1277.

[2] *Ibid.* v. 608 à 610. — *Poetæ latini minores*, tom. v, p. 1275.

[3] Astruc (*Hist. nat. du Languedoc*, p. 80) et Ménard (*Acad. des Inscript.*, tom. xxvii, p. 117) placent *Polygium* à Bourigues sur l'étang de Taur ; mais c'est une pure conjecture ; Valois ni d'Anville n'ont point fait mention de ce lieu.

[4] Avienus, v. 614. — Ménard veut rapporter le *Classius amnis* au Colason (*Acad. des Inscript.*, tom. xxvii, *Hist.*, p. 113.)

du Rhône : c'est à cette occasion qu'Avienus fait de ce fleuve une longue et curieuse description qui paraît traduite de Philéas, et qui porte l'empreinte de la plus haute antiquité. En effet, suivant cette description, le Rhône prend sa source dans les Alpes couvertes de neige, et sort d'un énorme rocher nommé *la Colonne du Soleil*, parce que c'est derrière ce rocher que le soleil se cache et disparaît ; et c'est au-dessus de son sommet qu'il s'élève et rend le jour au monde [1]. Il est évident que cette description se rapporte à l'époque où le Rhône était la limite des connaissances pour les Grecs, car c'est toujours à l'extrémité connue du globe que les anciens faisaient lever et coucher le soleil [2]. Ce qui prouve encore ceci, c'est qu'Avienus, dans le cours de sa description, se rit de Philéas pour avoir dit que le Rhône forme la limite de l'Europe et de la Libye [3]. Cette idée n'a pu exister qu'antérieurement à l'époque de la découverte du détroit des Colonnes, et par conséquent antérieurement aux premières navigations des Phéniciens et des Tyriens, et lorsque cette partie de la mer Méditerranée, alors peu connue, qui se trouve à l'embouchure du Rhône et qui sépare en effet l'Europe de la Libye ou de l'Afrique, portait le nom même du fleuve et était

---

[1] Avienus, *Ora maritima*, 637 à 643.

[2] Ceci paraît tenir aussi aux idées des anciennes Argonautiques, qui plaçaient au nord des Alpes les Cimmériens condamnés à une nuit éternelle.

[3]
At numquam in illud animus inclinabitur,
Europam ut isto flumine et Libyam adseram
Determinari. Phileus hoc quanquam vetus
Putasse dicat incolas ; despectui
Derisuique inscitia hæc sit barbara.

(Avieni *Ora maritima*, p. 683 à 687, edit. Wernsdoff, t. v, p. 1289.)

nommée, comme aujourd'hui, golfe du Rhône ou mer du Rhône. Cependant la description du cours même du Rhône est trop complète pour ne pas appartenir à des temps plus reculés ; mais elle est encore comparativement fort ancienne, et elle est probablement le résultat des premières recherches que firent les Grecs établis à Marseille, qui se trouvant près du Rhône, et ayant formé des établissemens sur les rives de ce grand fleuve, avaient le plus grand intérêt à connaître son cours et le nom des peuples situés sur ses bords. Selon la description copiée ou traduite par Avienus, ce fleuve, au sortir de sa source, traverse le territoire des *Tylangii*, des *Daliterni*, des *Chalbici*, et le *Temenicum Agrum*, puis il s'élargit en un vaste marais nommé *Accion*; il se resserre ensuite, reprend la forme d'un fleuve, coule à l'occident, arrose Arles, autrefois nommé *Theline*, et se rend dans la Méditerranée [1]. Qui peut méconnaître dans cette description le lac Léman sous le nom d'Accion? Par conséquent, les *Tylangii*, les *Daliterni*, et les *Chalbici* doivent avoir existé dans le Valais. Il me semble que le nom des *Tylangii* ou *Tulangii* a beaucoup de rapport avec celui de Turnange, une des petites vallées latérales et méridionales du Valais. Si on fait attention que souvent les noms natifs, ou originaires du pays, survivent à tous ceux qui sont imposés par les conquérans, peut-être ne sera-t-on pas surpris de nous voir tirer l'étymologie du nom moderne de Chablais, des anciens *Chalbici* [2]. Il est vrai que les auteurs postérieurs paraissent avoir ignoré

---

[1] Avienus, *Ora maritima*, v. 670 à 680.
[2] *Ibid.*, v. 665.

le nom de cet ancien peuple, et qu'ils indiquent dans le même emplacement les *Nantuates*, dont le nom n'a aucun rapport avec celui de *Chalbici*; mais il n'est fait mention dans aucun autre auteur qu'Avienus, du nom d'*Accion* que portait évidemment le lac Léman à l'époque où les *Chalbici* habitaient la côte méridionale de ce lac, et les rives occidentales du Rhône [1]. Entre l'Aigle et Villeneuve, le Rhône, avant d'entrer dans le lac de Genève, traverse encore ce qu'on appelle les Grands Marais [2]; ce qui prouve que toutes ces dénominations appartiennent à des temps très antérieurs aux auteurs qui nous restent. C'est à tort que l'on a changé le *Temenicum agrum* des manuscrits en *Cemenicum agrum*, car, d'après le texte très clair d'Avienus, le *Temenicum agrum* a dû se trouver sur le passage du Rhône, avant qu'il ne se jetât dans le lac Léman, et il me semble que le Simmenthal, vallée voisine du Valais et du cours du Rhône, rappelle le nom de *Temenicum agrum*. Un torrent nommé Dala, qui du nord se précipite du sommet des Alpes dans le Rhône, rappelle le nom des *Daliterni*, qui viennent se placer à l'extrémité occidentale du Valais, où depuis ont habité les *Veragri*. Nous apprenons aussi par cette description un fait important, c'est que l'ancien nom de la ville d'Arles était *Theline*. Faute d'avoir bien compris Avienus, l'esprit de sa description, les matériaux où il l'a puisée, on a voulu faire de *Theline* [3] une épi-

---

[1] Voyez la Carte du gouvernement de l'Aigle, levée topographiquement par M. Rovea père, dans l'ouvrage intitulé, *Essai sur la montagne Salifère du gouvernement de l'Aigle*. Genève, in-8°, 1788.

[2] Haller, *Helvetien*, Bern., 1812, in-8°, tom. II, p. 489.

[3] Avienus, *Ora maritima*, v. 678 et 679.

thète d'*Arelate*, et le dériver du mot grec ϑηλή, qui signifie mamelle, et on a supposé sur une inscription le mot *mamilliaria*, qui n'y existe pas, et qu'on a composé du mot de *Massilia* et de *Milliaria*, qui est en abrégé [1]. Après avoir suivi le Rhône depuis sa source jusqu'à la mer, Avienus nous dit qu'à son embouchure est la nation des *Nearchi* et la ville de *Bergine* :

Gens hinc Nearchi, Bergineque civitas [2].

Les commentateurs ont encore ici substitué bien à tort les *Veragri* aux *Nearchi* : c'est de l'embouchure du Rhône dont il est ici question, et non de sa source ; et l'auteur d'après lequel Avienus a versifié sa description, place les *Daliterni* dans le pays depuis habité par les *Veragri*, si toutefois ce n'est pas le même peuple auquel on aura donné un autre nom. Le nom de la ville de *Bergine* est encore une preuve de plus de l'antiquité et de l'authenticité de cette description. En effet, nous savons que cette singulière plaine de la Crau, est une des curiosités naturelles de la Gaule que les Grecs ont connue dès les temps les plus anciens [3]. Nous savons aussi que, selon la tradition fabuleuse qui nous a été conservée par Mela [4], on attribuait ce phénomène extraordinaire au combat

---

[1] D'Anville, *Notice*, p. 91. — Spon *miscel. Erud. antiq.*, p. 166. — Honoré Bouche, *Chorographie de Provence*, liv. IV, ch. 4.

[2] Avienus, *Ora maritima*, vers. 690, tom. V, p. 1290, edit. Wernsdoff.

[3] Æschylus, *in Prometheo*, apud Strab., lib. IV, p. 183. Voyez ci-dessus, p. 21.

[4] Mela, lib. II, cap. 5, p. 24. — Plinius, lib. III, cap. 4.

d'Hercule contre deux fils de Neptune, dont un se nommait *Bergiona*. Il est donc bien évident que le nom de la ville de *Bergine*, par la description d'Avienus, placée de même à l'embouchure du Rhône, est dérivé de cette antique croyance, ou peut-être lui a donné naissance. *Bergine civitas* a donc dû exister dans la plaine même de la Crau, et en appliquant ici la réflexion que nous avons faite plus haut [1], peut-être nous sera-t-il permis de conjecturer que le nom moderne de *Ber* ou *Berre*, que porte l'étang ou la lagune enclavée dans la plaine de la Crau, est dérivé de l'ancien nom de la ville de *Bergine*. D'après cette conjecture, les *Nearchi*, dont la capitale était *Bergine*, auraient occupé les environs de l'étang de Berre, et par conséquent toute la côte entre la branche la plus orientale du Rhône et *Massilia*, Marseille; ils eussent été à l'est des *Anatilii* de Pline [2], qui paraissent devoir être placés dans les îles situées entre les embouchures mêmes du Rhône; et *Bergine civitas* serait le lieu nommé Berre sur les bords septentrionaux de cet étang. La description d'Avienus nomme ensuite les *Salyes* féroces, qui, d'après le texte de tous les autres auteurs, ont dû habiter aux environs du vieux Salon, près du territoire où nous plaçons les *Nearchi* d'Avienus. On reconnaît encore dans le texte incomplet et défiguré de cet auteur, le nom de la ville de *Mastramela*, sur les bords de l'étang de ce nom, et près de la côte qui, dans cet endroit, forme un cap [3]. » Artémidore, cité par

---

[1] Voyez ci-dessus, p. 114.
[2] Plinius, lib. III, cap. 4.
[3] Avienus, *Ora maritima*, vers. 692.

Étienne de Bysance, fait aussi mention de cette ville, et de cet étang : ce dernier est évidemment l'étang qu'on nomme dans le pays étang de l'Estouma. Pline l'appelle *Astromela*, et les géographes placent la ville, avec quelque degré de vraisemblance, à Cap-d'OEil, à l'embouchure même de l'étang, près de l'embouchure de Foz [1]; cette embouchure était très probablement le *Stoma-Limne* de Strabon [2]. Le cap que la description d'Avienus ajoute à tous ces détails paraît représenté par le cap Bonnieu, entre Foz et Istres. Près des hauteurs de cette côte, cette même description nous indique une ville dont le nom, dans ses deux premières syllabes, paraît défiguré, mais qui dans tous les manuscrits se termine par *istrium*, c'est Istres, bâtie sur les collines qui bordent à l'occident l'étang de Berre. On voit encore ici combien les commentateurs et les éditeurs ont eu tort de vouloir substituer à *Cecylistrium* que portent les manuscrits, le mot de *Citharistium*, qui est Ceyreste [3], puisque ce lieu se trouve au-delà de Marseille, qu'Avienus n'a point encore nommée; mais il arrive enfin à cette ville célèbre, terme de la première partie

---

[1] Artemidorus, *in Epitoma undecim*, apud Stephanus Bysantinum, voce *Mastramellè*. — La *Maritima Avaticorum* de Pline, lib. 11, cap. 4, et de Mela, lib. 11, cap. 5, n'est pas la même ville, et doit être placée sur les bords du même étang de Berre ou de Sainte-Marthe, à Citis et Saint-Blaise, où on a trouvé une inscription relative au *Curator Maritimæ Avaticorum*. Voyez *Statistique des Bouches-du-Rhône*, t. 11, p. 294, et pl. xiii. Voyez ci-après, p. 188.

[2] Strabo, lib. iv. — *Statistique des Bouches-du-Rhône*, tom. ii, p. 223 et 296. On a trouvé dans ce lieu des médailles de Marseille, des débris d'un aquéduc, et d'autres antiquités.

[3] Voyez Avienus, *Ora maritima*, édit. de Wernsdoff, tom. v, p. 1292. — *Statistique des Bouches-du-Rhône*, tom. ii, p. 296.

de son itinéraire ; et ce qui est très remarquable, c'est que la description qu'il en fait ne ressemble point à celle des autres auteurs anciens. Suivant lui, la ville de *Massilia* est renfermée dans une presqu'île, elle est entourée en devant et de deux côtés par la mer, et par derrière sont des marais. Toutes ces circonstances indiquent que c'est à l'époque de l'établissement récent des Marseillais sur cette côte qu'il faut rapporter toute cette description, et qu'elle est par conséquent bien antérieure au temps de Pythéas, et le résultat des premières connaissances que les Grecs ont acquises sur la Gaule [1].

Remarquons, en finissant, que la carte de Ptolémée pour les côtes méridionales de la Gaule nous présente deux itinéraires, dont l'un se termine à *Massilia*, Marseille, comme le premier livre du poëme *de Ora maritima*, par Festus Avienus, et dont l'autre se continue d'après un stade dont le module est entièrement différent de celui dont il a été fait usage pour le premier : les conséquences que l'on doit tirer de cette observation ne sont pas de notre sujet, et tiennent à l'histoire de la Géographie ancienne.

[1] Immédiatement au nord de Marseille est un lieu nommé *la Palude*, qui probablement est sur l'ancien emplacement des marais indiqués par Phileus, auteur très ancien que Festus Avienus copie dans cet endroit ainsi.

CHAPITRE V.

De la Gaule Cisalpine depuis la prise de Rome par les Gaulois, l'an 390 avant J.-C., jusqu'à l'an 218 avant J.-C., avant le passage d'Annibal dans les Gaules, et lors de la fondation de Crémone et de Plaisance par les Romains.

ROME deux fois prise [1], échappée à la pitié des Étrusques et au fer destructeur des Gaulois, devait se relever de ses ruines, et terrasser, après de longs efforts, les deux nations qui avaient menacé de l'étouffer dans son berceau. La conquête du nord de l'Italie par les Romains est le dernier tableau que présente l'histoire géographique de la Gaule cisalpine. Il n'est pas de notre sujet de rechercher le degré d'antiquité plus ou moins grand, ou les origines douteuses, des peuples qu'il nous fait connaître, mais nous devons indiquer la position des pays qu'ils occupaient, et déterminer l'époque où ils ont commencé à être enregistrés dans les annales du genre humain, et à acquérir une existence historique.

Les Sénonois, les plus redoutables ennemis des Romains, furent aussi les premiers Gaulois dont ils triomphèrent, les premiers dont ils envahirent le territoire. Ils y établirent une colonie nommée *Sena Gallica*, d'après le nom du peuple qu'ils avaient

---

[1] Tacite et Pline disent expressément que Rome fut prise par Porsenna. — Tacit., *Hist.*, liv. III, ch. 72. — Plin., *Hist. nat.*, liv. XXXIV, ch. 14. — Pline assure même que les Romains furent alors réduits à la honteuse extrémité de s'engager à ne se servir de fer que pour l'agriculture.

vaincu¹. Ce fut la première colonie romaine au-delà de l'Apennin, et son surnom de *Gallica* servait à la distinguer d'une autre ville de Toscane (aujourd'hui Sienne), qui portait le même nom et qui fut surnommée *Julia*. J'ai déjà dit que les mesures font retrouver la *Sena* des *Senones* ou la *Sena Gallica* dans la Sinigaglia des modernes ².

Les Romains fondèrent ensuite dans le même pays *Ariminum* ou Rimini, dont nous avons parlé précédemment ³. La puissance des Étrusques, qui s'étaient plusieurs fois ligués avec les Gaulois, fut anéantie par les conquêtes des Romains, qui s'emparèrent de tout le territoire qui restait à ces peuples entre la côte de la mer Ligurienne et l'Apennin. Ainsi le nord de l'Italie se trouva donc partagé entre les Romains, les Gaulois, les Ligures et les Vénètes; mais, pendant quarante-cinq ans, ce territoire des Sénonois fut tout ce que les Romains possédaient au-delà de l'Apennin. Ce district ne portait pas le nom de Gaule, mais celui de *Picenum*, nom qui fut

---

¹ Polybe, lib. II, p. 157. — Cette colonie romaine s'établit vers l'an 470 de la fondation de Rome, 283 ans avant J.-C. — Dom Bouquet commet une faute bien grave, lorsque, page 85 de son *Index chronologique* (collect. des Hist. de Fr., tom. I), il confond cette ville avec Sienne, et dit : « On conduit une colonie à Sienne. » Cependant Polybe, qu'il cite, s'était expliqué d'une manière si claire, qu'une semblable erreur paraissait impossible à commettre. « Nous avons « fait mention de *Sena* auparavant, dit-il, et nous avons montré « que cette ville est située, près de l'Adriatique, à l'extrémité des « plaines qu'arrose le Pô. » — Voyez Tit. Liv., *Epitome*, lib. II.

² Voyez ci-dessus, p. 91.

³ Polybe, liv. II, p. 158-160. — *Ibid.*, liv. III. — Eutropius, liv. II. — D'après cet auteur, la fondation d'Ariminum eut lieu 485 ans depuis la fondation de Rome ou 268 ans avant J.-C., c'est-à-dire 15 ans après l'établissement de la colonie de Sena.

depuis restreint au district contigu, situé sur la côte qui est plus à l'est, et que les modernes ont appelé la Marche d'Ancône et de Fermo.

La Gaule cisalpine reprit donc alors les limites qu'elle avait avant l'invasion des *Senones*, c'est-à-dire le *Rubico*.

Cependant, l'an 283 avant J.-C., les Gaulois-Boiens, et les restes de la nation étrusque, autrefois ennemis, se réunirent contre leurs ennemis communs, et s'avancèrent à 15 lieues de Rome, près d'une lagune formée par le Tibre, devenue depuis ce temps, célèbre sous le nom de lac *Vadimon*. Ils furent entièrement défaits par le consul Dolabella [1].

Depuis cette époque les Gaulois restèrent long-temps tranquilles, et les Romains en profitèrent pour attaquer avec vigueur les Liguriens, chez lesquels ils portèrent la guerre pour la première fois, l'an 238 avant J.-C [2]. Ils domptèrent les *Statielli*, un des principaux peuples ligures. L'emplacement de ce peuple se démontre facilement par les mesures d'une route de la table qui part de *Genua*, Gênes, et qui aboutit à *Derthona*, Tortone, en passant par *Aquæ Statiellæ*, qui fut sous la domination romaine la capitale des *Statielli*, et que les mesures, la ressemblance du nom, les eaux minérales qui s'y trouvaient, les monumens historiques et les débris d'antiquité,

---

[1] Le *Vadimonis lacus* est le lago di Bassano, à l'ouest d'Osti, formé par l'épanchement de la petite rivière de Rapagna. Voyez mon Mémoire sur le mille romain et les environs de Rome. — Cluverius, *Ital.*, p. 552. — Fontanini, p. 102. — Polyb., lib. II, p. 108. — Florus, lib. I, cap. 13. — *Collect. Hist. de Franc.*, tom. I, p. lxxxv, p. 157 et 532.

[2] Tit. Liv., liv. XLII, ch. 7.

prouvent unanimement avoir été placés où est Acqui moderne, capitale du Haut-Montferrat, et chef-lieu d'une sous-préfecture dans le département moderne de Montenotte [1]. Mais Acqui paraît avoir dû sa prospérité à ses eaux minérales, et n'était pas primitivement la capitale des *Statielli*. A l'époque dont nous traitons, vers l'an 233 avant J.-C., Popilius Lenas attaqua ces peuples, les dispersa, les prit, les vendit à l'encan, et détruisit de fond en comble leur ville, qui se nommait *Carystum* [2]; action qui parut atroce, même à un sénat romain. Cluverius et Cellarius placent *Carystum* à Carosio, qu'ils nomment Carusco [3]; mais ce lieu, qui est au-dessus de Gavi, est trop éloigné d'Acqui et hors de l'ancien territoire des *Statielli*; et il vaut mieux, avec Durandi [4], mettre *Carystum* à Cartoso, à peu de milles d'Acqui, au midi et sur la route de Gênes.

Après être restés pendant 45 ans en paix, les Gaulois cisalpins renouvelèrent la lutte qu'ils avaient engagée contre les Romains vers l'an 226 avant J.-C. [5]. Non contens de former entre eux une coalition générale, ils appelèrent à leur secours les Gaulois d'au-delà des Alpes, nommés *Gesates*. Polybe nous ap-

---

[1] *Analyse des Itinéraires*, tom. III de cet ouvrage. — Lesnes, *Notice historique et statistique sur la ville d'Acqui*, p. 2 et 21.
[2] Tit. Liv., liv. XLII, ch. 7, tom. V, p. 620, édit. de Drakenborch.
[3] Cluverius, *Italia antiqua*, tom. I, p. 82. — Cellarius, *Geographia antiqua*.
[4] Durandi, *Piemonte Cispadano antico*, p. 233.
[5] Plutarchus, *in Marcello*, p. 389. — Polyb., liv. II, p. 160-166. — Diodorus Siculus, p. 316. — Titus Livius, *Epitome*, liv. XXV, p. 335. — Eutropius, liv. III, p. 570. — Paulus Orosius, liv. IV, p. 589. — Annæus Florus, liv. II, ch. 4. — Gruter, *Fasti Capitolini*. — Propert., eleg. X, liv. IV.

prend que ces Gaulois étaient ainsi appelés parce qu'ils s'engageaient pour de l'argent à faire la guerre, et que telle est la, signification du mot *Gæsates ;* d'autres auteurs prétendent que ce nom provient d'une sorte de trait nommé *Gæsum,* dont tous ces peuples se servaient. Quoi qu'il en soit, il est constant, d'après Polybe, qu'on comprenait sous cette dénomination générale tous les peuples gaulois compris entre le Rhône et les Alpes.

La bataille de *Telamone* anéantit pour toujours la puissance des Gaulois cisalpins [1]. Non seulement les Romains s'emparèrent, à la suite de cette bataille, de tout le pays situé au midi du Pô, dont ils expulsèrent les *Boii* et les *Lingones;* mais ils passèrent ce fleuve, prirent Milan, s'avancèrent jusqu'au pied des Alpes, s'emparèrent de Côme. Sans l'arrivée d'Annibal, ils auraient achevé la conquête de toute la Gaule cisalpine, avec d'autant plus de facilité que les Gaulois, encore peu civilisés, n'avaient pas de villes fermées ni de murailles [2].

Lors de l'arrivée d'Annibal, les Romains se hâtèrent de fortifier Crémone et Plaisance, qu'ils avaient fondées sur les bords du Pô [3]. *Mutina,* Modène, une autre de leurs colonies, était le centre de leurs possessions cispadanes [4]. Une partie des Gaulois

---

[1] Polyb., liv. II, ch. 6.

[2] Polyb., *loco citato*, p. 166. — Plutarchus, *in Marcello*, p. 390. — Annæus Florus, liv. II, ch. 4. — Strabo, *Geogr.*, liv. VIII, p. 385. — Polybius, liv. II, p. 128.

[3] Polybius, liv. III, p. 193.

[4] Polybius, liv. III, p. 194. — Titus Livius, liv. XXI, ch. 25. — Voyez aussi Tiraboschi, *Memorie storiche Modenesi*, t. I, p. 1 à 5, 4 vol. in-4°. Modène, 1793.

se joignit d'abord à Annibal; mais ces peuples déjà affaiblis, divisés entre eux par l'habile politique du sénat romain, ne produisirent que de faibles diversions en faveur du général carthaginois; et durant tout le cours de cette seconde guerre Punique, si l'on excepte quelques révoltes partielles et momentanées, les Romains restèrent les maîtres de tout le pays situé au midi du Pô; la Gaule cisalpine, proprement dite, reprit les limites qu'elle avait avant la cinquième expédition des Gaulois transalpins, ou celle des *Boii* et des *Lingones*.

Cette lutte des Romains et des Gaulois nous fait connaître quelques petits peuples, qui faisaient partie de ceux dont nous avons déjà tracé les limites, et qui, tels que tous les peuples encore dans les premiers âges de la civilisation, étaient composés de plusieurs peuplades ou cités, ayant toutes leurs gouvernemens et leurs noms particuliers.

Tels sont, dans les pays des *Senones*, les *Camertes*, sur le territoire desquels les Gaulois et les *Samnites* réunis, défirent les Romains. Ce petit peuple était situé dans les environs d'Ancône, et avait pour chef-lieu *Camerte*, dans le même emplacement que Camero moderne [1].

Les Romains prirent leur revanche sur le territoire des *Sentinates*. Ces peuples étaient à côté des *Camertes*, vers l'ouest; leur nom se trouve conservé

---

[1] Strabo, liv. v. — Ptolem., *Geogr.*, et tom. II, p. 60, de la trad. franç. — Cæsar, *de Bello Civili*, liv. VI. — Cicero, *Epist ad Attic.*, orat. pro Balb. — Plutarchus, *in Mario.* — Cato apud *Festum.* — Appianus, *de Bello Civili*, lib. v, cap. 50. — Plinius, liv. III, ch. 14. — Tit. Liv., lib. x. — *Ibid.*, liv. XXVIII. — Frontinus, liber *de Col.* Conférez, Cramer., *Ancient Italy*, tom. I, p. 227.

dans la rivière moderne nommée Sentino. Strabon et Ptolémée mentionnent leur capitale, *Sentinum*, située sur le Sentino, où est actuellement Sasso Ferrato [1].

Parmi les peuples qui se joignirent aux Romains pour combattre les Gaulois cisalpins, Polybe mentionne les *Sarsinates* qui occupaient les environs d'*Ariminum* ou Rimini, où était *Sarsina*, le Sarsino de nos cartes modernes.

Au midi du Pô étaient les *Androri*, dont plusieurs savans ont voulu changer le nom, sans aucune nécessité, en celui d'*Ananes* ou d'*Anamares*, ou d'*Anamani*. La position des *Androri* ou *Andres* est bien indiquée par Polybe, lorsqu'il nous dit que les Gaulois, désespérant de défendre *Acerræ*, qui est Gerra, près de Pizzighettone, passèrent le Pô, et assiégèrent *Clastidium*, qui était sur le territoire des *Androri*; donc ce peuple occupait les environs de Casteggio (un peu à l'est de Voghera ou Iria), qui a conservé le nom et la position de l'ancien *Clastidium* [2]. C'est près de *Clastidium* que Claudius Marcellus défit les Gaulois-Insubres et les Germains, et tua Viridomarus leur roi [3].

Les *Anamarori*, au travers du territoire desquels Flaminius fit passer son armée pour aller attaquer les *Insubres* sur les bords de l'Adda, étaient un peu plus au midi. On a encore voulu changer leur nom en celui d'*Ananes*. Mais ce qui surtout a embarrassé

---

[1] Polybius, liv. II. — Strabo. — Ptolemæus, *Geogr.* — Titus Livius, liv. x. — Dionysius Halyc., liv. LXVIII. — Servius, *in Comment. ad Virgil. Æneid.*, liv. xi. — Frontinus.

[2] Polybe, liv. II, 34, tom. I, p. 300, edit. Schweighæus. — *Analyse des Itinéraires*, tom. III.

[3] Gruter, *Fasti Capitol.*, p. 33. — Propertius, liv. IV, eleg. x.

les savans, c'est que Polybe ajoute [1] qu'ils étaient près de Marseille. Aussi, pour trancher toute difficulté à cet égard, on s'est accordé pour substituer *Placentia* à *Massalia* [2], contre l'autorité de tous les manuscrits. Le P. Bardetti [3], et après lui M. Durandi, ont remarqué que l'armée de Flaminius, se dirigeant sur l'Adda, a dû passer par le territoire des *Ananes*, et que près de là se trouvaient les *Marici* de Pline [4], dont on retrouve le nom et la position dans le *Maricus Vicus* du moyen âge ou Marengo moderne, sur la route d'Alexandrie à Tortone. Ces savans ont conclu avec beaucoup de probabilité que les *Anamarori*, dont le nom paraît se composer des *Ananes* et des *Marici*, devaient se trouver entre ces deux peuples. Cette indication ferait placer les *Anamarori* entre la Trebbia à l'est et la rivière de Stafora à l'ouest; mais Durandi et Bardetti ont regardé, ainsi que les autres, le mot de *Massalia*, que porte le texte de Polybe, comme une difficulté insurmontable, et ont voulu de même y substituer *Placentia*. Personne n'a remarqué que sur les bords de la Trebbia, un peu au sud de Bobbio, est un lieu nommé Marsaglia, qui est le *Massalia* dont parle Polybe en cet endroit, ce qui fournit un moyen bien simple de concilier le texte de Polybe avec ce qu'exige le local. En effet, l'armée de Flaminius [5], marchant par la gorge des Apennins où l'on a prati-

---

[1] Polybius, liv. II, 32, edit. Schweighæuser, tom. I, p. 294. — Titus Livius, liv. V.

[2] Cluverius, *Italia antiqua*, lib. I, t. I, p. 265. — Schw., *loc. cit.*

[3] Bardetti, *de' primi abitori d'Italia*, p. 170. — Durandi.

[4] Plinius, liv. III, ch. 17.

[5] Polybius, liv. II, ch. 32 et 33, tom. I, p. 291; et p. 29, edit. Schweigh. — Titus Livius, liv. V.

qué la route moderne qui conduit à *Placentia*, Plaisance, passait à moins d'un quart de lieue de *Massalia* ou Marsaglia moderne [1], qu'elle laissait à sa droite. Ainsi le mot même de Polybe, que l'on voulait rejeter comme inexplicable, est précisément celui qui détermine avec plus de certitude la position des *Anamarori*. Comme Polybe, dans sa description générale des plaines de la Cisalpine, ne fait mention que des *Ananes*, et que les *Androri* et les *Anamarori* sont placés sur leur territoire, il en résulte que ces derniers étaient des petits peuples qui faisaient partie des *Ananes*, et voilà pourquoi leur nom a pour racine le nom du peuple principal différemment modifié. Étienne de Bysance confirme ceci, et dit au mot Trœzen : « Il est un autre « *Trœzen*, dans le pays de *Massalia* en Italie, ré- « gion que Charax appelle *Trœzenide*. » Tous les commentateurs et tous les traducteurs, ignorant qu'il y avait une *Massalia* en Italie, ont changé le mot *Italias* en *Gallias*, contre l'autorité de tous les manuscrits [2]. Ainsi la Trœzenide, ou le pays de Massalia, était la vallée au nord des plus hauts sommets des Alpes maritimes, et par conséquent en Italie, vallée qui donne naissance à la Trebbia, dont le nom conserve des traces de l'antique dénomination. Les deux chefs-lieux de ce petit pays, l'un, *Massalia*, est Marsaglia moderne; l'autre, *Trœzen*, paraît devoir se placer, avec quelque probabilité, au village de Tracaro.

---

[1] Voyez *Carta della Lombardia*, par Zannoni.
[2] Voyez Stephanus Bysantinus, vol. 1, edit. Berkelii ; et dans Dom Bouquet, p. 118.

CHAPITRE VI.

Des peuples qui habitaient les deux Gaules lorsque Annibal les traversa, l'an 218 avant J.-C., jusqu'à l'an 203 avant J.-C.

A. — *De la Gaule transalpine lors du passage d'Annibal.*

Le passage d'Annibal dans les Gaules, et à travers les Alpes, forme une époque mémorable pour l'histoire et la géographie : il y a peu de points d'érudition qui aient été traités par un plus grand nombre de savans, et qui aient été l'objet d'un plus grand nombre de dissertations. Cependant, ce sujet a paru s'embrouiller à mesure qu'on faisait plus d'efforts pour l'éclaircir. La raison en est qu'on a cru qu'il y avait, entre le récit de Tite Live et celui de Polybe, sur cet événement, une contradiction, et cette contradiction n'existait pas réellement. Mais d'après cette opinion erronée, on a cherché à se déterminer pour l'un des deux, tandis qu'il fallait trouver les moyens de les concilier. J'ai traité ce point d'histoire et de géographie ancienne, dans un mémoire particulier [1]. Je ne dois ici le considérer que dans ses rapports avec le sujet qui nous occupe, c'est-à-dire relativement aux nouveaux peuples des deux Gaules qu'il nous fait connaître ; mais cela même me fournira l'occasion d'aplanir les principales difficultés de ce sujet curieux, celles qui ont le plus contribué à égarer l'opinion des savans qui m'ont précédé.

[1] Mémoire sur la route qu'Annibal a tenue pour se rendre par terre en Italie. Ce Mémoire, écrit il y a plus de vingt ans, a été communiqué à plusieurs savans.

Nous avons vu que les peuples dont l'histoire nous indique l'existence avant l'arrivée d'Annibal étaient, dans la Gaule transalpine et sur la côte méridionale, les Ibères, les Ligures et les Ibères mêlés, connus sous les noms particuliers de *Bebryces*, d'*Helysices*, de *Salyi* et de *Salluvii*. Dans l'intérieur, les *Bituriges*, les *Arverni*, les *Senones*, les *Aulerci-Cenomani*, les *Ædui*, les *Ambarri*, les *Carnutes*, les *Lingones*, les *Tricastini*, les *Vertacomiri*, qui étaient une division des *Vocontii*. Dans la Gaule cisalpine, les *Euganei*, les *Veneti*, les *Tusci* ou *Tyrrhenii*, les *Orobii*, les *Taurini*, les *Cenomani*, les *Insubres*, les *Vertacomiri*[1], les *Libui*, les *Lœvi*, les *Salluvii*, les *Anamarori*, les *Androri*, les *Boii*, les *Lingones* et les *Senones*.

Après avoir passé l'Èbre, Annibal trouve avant d'entrer dans les Gaules, au pied des Pyrénées, les *Illergetes*[2], qui habitaient aux environs d'Ilerda ou Lérida des modernes; les *Bargusiens*, dont la capitale, *Bargusia*, paraît devoir être rapportée à Balaguer des modernes; les *Ærénésiens*, qui me paraissent devoir être placés aux environs d'Arinio, petit lieu au nord de Cerda et sur la Sio, petite rivière qui se rend dans la Ségré, et enfin les *Andosiens*, qui me semblent avoir occupé les environs d'Altousane près de Pons, toujours sur la Ségré, au nord de Balaguer ou *Bergusia*, et d'Arinio ou *Ærenosii*.

Tous ces peuples étaient situés dans ce qu'on

---

[1] On devait aux *Vertacomiri* la fondation de Novarre. Voyez ci-dessus, p. 59.

[2] Polybius, lib. III, cap. 7, t. 1, p. 462, n° 35 de l'édit. de Schweighæuser.

appelait alors la Celtibérie, que Polybe distingue de l'Ibérie, laquelle se terminait à Sagonte, de même que la Celtibérie finissait aux Pyrénées : l'Ebre faisait la séparation de ces deux contrées. Il est évident que la Celtibérie est ainsi nommée parce que cette contrée était située entre l'Ibérie et la Celtique, nom général par lequel les Grecs désignaient toute la Gaule [1].

La dernière ville qu'Annibal rencontra dans la Celtibérie, avant de passer les Pyrénées, est *Emporium*, colonie des Marseillais, aujourd'hui Empurias.

Polybe, sans nous donner aucun autre détail que la longueur de la route, qui est d'une exactitude parfaite, ainsi que je l'ai prouvé ailleurs, transporte Annibal sur les bords du Rhône. Tite Live nous apprend que les peuples de la Gaule situés près des Pyrénées s'étaient assemblés à *Ruscino* pour s'opposer au passage d'Annibal; que leurs députés eurent une conférence avec ce général à *Illiberris* [2]. La position de *Ruscino* à Castel-Roussillon, et d'*Illiberris* à un lieu nommé sous Constantin *Helena*, à Elneya, sont également prouvés par les mesures des itinéraires anciens [3]. On sait par des auteurs postérieurs que ces deux villes appartenaient aux *Sardones* [4].

Les Gaulois disputèrent à Annibal le passage du Rhône, et Tite Live nous apprend que ces Gaulois était les *Volcæ*, nation forte, dit-il, et qui occupe les deux rives du Rhône [5]. Tite Live parle ici d'après

[1] Polybius, lib. III, p. 190.
[2] Tit. Liv., lib. XXI, cap. 24.
[3] *Analyse des Itinéraires*, tom. III de cet ouvrage.
[4] Plinius, lib. III, cap 4. — Mela, *Geogr.*
[5] « In Volcarum pervenerat agrum, gentis validæ; colunt autem circa utramque ripam Rhodani. » Tit. Liv., lib. XXI, cap. 26.

les anciens historiens, ou les anciens mémoires où il a puisé, qui présentaient l'état de la Gaule tel qu'il était du temps d'Annibal; car, de son temps, les *Volcæ* étaient bornés à l'orient par le Rhône, qui les séparait des Cavares. Cette division des *Volcæ* était celle des *Arecomici*, dont la capitale, *Nemausus*, colonie romaine, est Nîmes moderne, ainsi que le prouvent les mesures, l'histoire et les antiquités romaines qui s'y trouvent en grand nombre. Ainsi les *Cavares*, qui étaient séparés des *Volcæ* par le Rhône du temps de Strabon [1], ou n'existaient pas sous ce nom du temps d'Annibal, ou étaient une division des *Volcæ*. Peut-être aussi, comme on observe dans la plupart des noms des villes et des peuples de la Gaule une origine teutonne ou germanique, le nom de *Volcæ* donné à plusieurs peuples, est-il celui de *Volk* des Allemands, qui signifie *peuple*, et alors on aurait distingué du temps d'Annibal les *Volcæ Tectosages*, les *Volcæ arecomici*, et les *Volcæ cavares*. Ce dernier sentiment me paraît le plus probable. Ce qu'il y a de certain, c'est que Tite Live n'est pas le seul auteur qui étende les *Volcæ* à l'orient du Rhône, et Caton le censeur, au rapport de Pline, dit qu'une colonie de *Cenomani* s'était établie près de Marseille, chez les *Volcæ* [2].

Après avoir passé le Rhône, Annibal remonte un peu vers le nord pour éviter l'armée romaine, et se trouve engagé dans une petite guerre chez les Allobroges. C'est dans cet endroit qu'une description du Rhône par Polybe, qui n'a été bien comprise que

---

[1] Strabo, lib. IV, p. 187; tom. II, p. 31 de la trad. franç.
[2] Plinius, lib. III, cap. 19 : « Prope Massiliam, in Volcis. »

par un seul traducteur, et le nom de l'Isère déguisé dans Polybe et dans Tite Live, ont fait diverger toutes les opinions, qui devaient se réunir en une seule. Le passage de la description du Rhône ne tenant pas au sujet que nous traitons, nous n'en parlerons pas. Celui sur l'Isère y a un rapport direct, puisqu'il fixe l'étendue du territoire des Allobroges du temps d'Annibal, nous tâcherons donc de l'éclaircir [1].

Tite Live et Polybe [2] décrivent tous deux une espèce d'île formée par le Rhône et une autre rivière; or la route d'Annibal et la description des deux auteurs nous font également reconnaître dans cette île le pays compris entre le Rhône et l'Isère; mais le nom de cette autre rivière est *Scoras* ou *Scaras* dans tous les manuscrits de Polybe; et comme on n'a pas voulu reconnaître le nom de l'Isère dans celui de *Scoras,* on y a substitué *Arar* dans la plupart des éditions, d'après la prétendue autorité de Tite Live, dont le texte a été dans cet endroit corrigé par les copistes; et dans cette hypothèse, c'est entre le Rhône et l'Arar, et au nord de cette dernière, que l'on étend les Allobroges sur un territoire où nous savons qu'étaient situés les *Ambarri;* ajoutez que de transporter Annibal si loin vers le nord, c'est contrarier également, et le bon sens, et les mesures qui nous sont données par Polybe. Il était

---

[1] Polybius, lib. III, cap. 42, tom. I, p. 477, et p. 495 de l'édit. de Schweighæuser. — Titus Livius, lib. I, cap. 27, tom. III, p. 415, édit. de Drakenborch.

[2] Polybius, lib. III, cap. 49, tom. I, p. 495. — Titus Livius, cap. 31, tom. III, p. 415, édit. de Drakenborch.

cependant bien facile de prouver que les Grecs ont désigné long-temps l'Isère sous le nom de *Scoras* ou *Scaras* [1], puisque c'est ainsi que cette rivière se trouve nommée, à une légère altération près, dans la plupart des manuscrits de Ptolémée, et par conséquent dans la plupart des anciennes éditions de cet auteur [2], qui ont copié les manuscrits littéralement. Les savans qui ont discuté avant nous ce point de géographie ont ignoré ce fait, et n'ont pas fait attention que les derniers éditeurs de Ptolémée se vantent d'avoir corrigé les noms des manuscrits d'après Pline, Strabon, et les autres géographes anciens. Ainsi, de corrections en corrections, les noms primitifs donnés par Ptolémée aux peuples et aux villes, partout où ils différaient de ceux qu'on a trouvés dans les auteurs grecs et latins, n'ont plus conservé leurs formes primitives dans les dernières éditions de cet auteur, qui sont les seules consultées par les savans. Érasme lui-même, qui a publié le premier une édition grecque de Ptolémée, s'est servi de l'édition latine de Servet pour corriger les noms de son manuscrit, qui me paraît d'ailleurs avoir été très moderne [3].

Par une fatalité peu commune, le texte de Tite Live présentait, dans les manuscrits, un autre genre d'alté-

---

[1] Il en a été de même pour la Saône ou l'*Arar*. Voyez ci-après, p. 137; et Plutarchus, *de Fluviis*, p. 12.

[2] Dans l'édition d'Ulm, 1482, on lit deux fois *Sicarus* pour l'Isère; il en est de même dans les éditions faites à Strasbourg en 1513, 1520 et 1522, qui mettent *Sicaros* dans le grec. Dans plusieurs autres, ce nom est altéré de différentes manières, et dans l'édition princeps de 1475 on lit *Cisar*, et dans d'autres *Tisar*.

[3] Voyez les préfaces des différentes éditions de Ptolémée.

ration dans la ligne même où l'Isère est mentionnée au sujet du passage d'Annibal. Dans un manuscrit de Cambridge, Gronovius a lu [1] : *Quartis castris ad insulam pervénit : ibi Bisarar Rhodanusque*, etc. Dans la plupart des autres on a lu : *Ad insulam pervenit : ibi Arar;* mais avec un peu d'attention on aurait remarqué que ces mots (*ibi-Bi sara-r.-Rhodanus, etc.*), dans l'ordre où ils se suivent, commencent et finissent par une même syllabe et une même lettre, et ce rapprochement aurait sur-le-champ indiqué une des fautes que les copistes ignorans, qui nous ont transmis les textes des auteurs anciens, commettent le plus souvent : c'est de faire une fausse séparation des mots, de manière que la lettre finale d'un mot se trouve souvent enlevée de ce mot et attribuée au mot qui le précède. Si l'on ajoute à ce défaut le fréquent emploi des abréviations, on concevra que dans plusieurs manuscrits existans, ou dans ceux qui ont servi de prototype à ceux que nous possédons, ce passage a dû être ainsi écrit : *Perveñ ib̄ isarar hodanus q̄ amnes*, qu'on doit lire, en séparant les mots convenablement, de la manière suivante : *pervenit : ibi isara rhodanusque amnes, etc.* Au lieu de cela, les manuscrits copiés sur ceux que nous n'avons plus, ou les éditeurs sur les manuscrits que nous possédons, ont d'abord lu : *Pervenit bisarar rhodanus, etc.*, en conservant les mêmes lettres et en prenant pour un *t* le *b̄* surmonté d'une abréviation. D'autres, ne connaissant pas de fleuves nommés *Bisarar*, ont lu simplement *Arar*, et cette leçon des

[1] Voyez Tite Live, édit. de Drakenborch, tom. III, p. 415.

copistes des derniers manuscrits a passé dans les dernières éditions, comme le texte même de l'auteur. Non seulement son récit y répugne, mais la suite même de la phrase semble avoir été écrite par Tite Live exprès pour prévenir cette singulière altération de son texte, qu'assurément il ne pouvait prévoir. « Au quatrième campement, dit-il, Annibal parvint « à l'île : là l'Isère et le Rhône, fleuves qui découlent « des Alpes, mais de deux côtés différens, après avoir « entouré un territoire de peu d'étendue, se réunis- « sent et ne forment plus qu'un seul fleuve. C'est « près de là qu'habitent les Allobroges [1], etc. » Or l'Arar, qui est la Saône, prend sa source dans les Vosges et non dans les Alpes; il ne peut donc y avoir *Arar* dans le texte de Tite Live. Observez que la description de cet ancien présente une grande exactitude géographique, et qu'en nous apprenant que les deux fleuves dont il parle avaient leurs sources dans les Alpes, il a bien soin d'observer que ces sources étaient situées dans des parties différentes de cette vaste chaîne : *Diversis ex Alpibus decurrentes*. Il était impossible de désigner l'Isère d'une manière plus précise; toutes ces précautions n'ont pu suffire et n'ont pas empêché qu'on ne substituât dans son ouvrage le nom d'*Arar* à celui d'*Isara*. Cette singulière corruption du texte de Tite Live a servi de titre pour en autoriser une semblable dans celui de Polybe : tant il est vrai que l'ignorance ou

---

[1] « Quartis castris ad insulam pervenit. Ibi Isara Rhodanusque
« amnes, diversis ex Alpibus decurrentes, agri aliquantum amplexi
« confluunt in unum... : incolunt prope Allobroges. » Titus Livius,
lib. XXI, cap. 31.

l'érudition des copistes, et des éditeurs, a été également funeste aux anciens. J'ajouterai enfin que non seulement l'Isère, mais même la Saône ou l'*Arar*, paraît avoir porté anciennement un nom différent de celui par lequel les Romains désignaient ce fleuve. L'auteur du livre *de Fluviis* nous apprend que l'ancien nom de l'Arar était *Brigulus*, et il cite à ce sujet un auteur grec nommé Callisthène et Timagène [1].

Ainsi Annibal, ayant passé le *Scoras* ou le *Sicaros*, ou l'*Isara*, l'Isère des modernes, se trouvait sur le territoire des Allobroges [2]; *Vienna* ou Vienne fut depuis la capitale de ces peuples divisés, du temps d'Annibal, en plusieurs petites peuplades. La position de *Vienna* à Vienne moderne, en Dauphiné, se trouve prouvée, non seulement par l'identité des noms, les monumens de l'histoire, les vestiges nombreux d'antiquité qui s'y trouvent, mais encore par les mesures de trois routes qui partent de *Valentia*, Valence, *Cularo*, Grenoble, et *Augusta Prætoria*, Aoste [3].

Annibal, revenant sur ses pas, « tourna sur la gauche, « dit Tite Live, entra dans le pays des *Tricastins*, « passa sur les limites des *Vocontiens*, et alla chez « les *Tricoriens* [4]. » J'ai déjà dit que les *Tricastins* étaient dans le district de Crest, sur la route de Die

---

[1] Plutarchus, *de Fluviis*, p. 12. — Il cite dans cet article Callisthène de Sybaris, liv. XIII, qui, dit-il, a puisé dans Timagène le Syrien.

[2] Titus Livius, lib. XXI, cap. 31. — Polybius, *loco citato*.

[3] Voyez l'*Analyse des Itinéraires*, tom. III de cet ouvrage.

[4] « Non recta regione iter instituit, sed ad lævam in Tricastinos « flexit; inde, per extremam oram Vocontiorum agri, tetendit in « Tricorios. »

à Briançon, où Annibal commença à gravir les Alpes. Si les *Tricastini* avaient été renfermés dans le district de Saint-Paul-Trois-Châteaux, ils ne se seraient pas trouvés sur la route d'Annibal; mais pour que cette preuve de la situation des *Tricastini* eût toute sa force, il faudrait copier presque en entier le Mémoire où j'ai prouvé, par les mesures et par les textes de Polybe et de Tite Live, qu'Annibal a réellement pris cette route pour se rendre aux Alpes. Heureusement que je pourrai donner dans la suite de cet ouvrage des preuves suffisantes de la position que j'assigne aux *Tricastini*, preuves entièrement indépendantes de la route qu'Annibal a tenue [1]; mais il n'en est pas de même des *Tricorii*, et je suis obligé de renvoyer au Mémoire dont j'ai parlé, où l'on trouvera la preuve que ces peuples s'étendaient vers le nord jusqu'à l'énorme montagne du Dauphiné, nommée le Devoluy, et celle qui forme la partie septentrionale du val Goldemard, qui les séparait des *Vocontii*. Ils étaient situés un peu plus au midi que ne le marque M. d'Anville; nous verrons par la suite que cette position s'accorde avec celle que leur assigne Strabon [2], et même Pline, dont la pensée, dans cet endroit, n'a pas été bien comprise [3].

Voilà tout ce que nous apprennent les récits du passage d'Annibal, relativement à l'état des peuples de la Gaule; mais comme Polybe écrivait seulement soixante ans après cet événement, les détails où il entre,

---

[1] Voyez ci-dessus, p. 59, et ci-après, l'*Analyse des Itinéraires* et le *Dictionnaire*, tom. III.

[2] Strabo, lib. IV, p. 185. — *Ibid.*, lib. IV, p. 203.

[3] Plinius, lib. III, cap. 4.

en le racontant, peuvent aussi être considérés comme appartenant à la même époque; or, en décrivant le cours du Rhône, il s'exprime ainsi¹ : « Le Rhône a
« ses sources au-dessus du golfe Adriatique, il prend
« son cours vers le couchant d'hiver, et se décharge
« dans la mer de Sardaigne. Ses eaux traversent tout
« une vallée dont les Gaulois, appelés *Ardyes*, oc-
« cupent le côté septentrional; le méridional est
« bordé par les racines des Alpes qui sont vers le sep-
« tentrion; cette vallée est séparée des plaines des
« environs du Pô par les Alpes, qui s'étendent depuis
« Marseille jusqu'à l'extrémité du golfe Adriatique. »
On ne peut désigner plus clairement le Valais moderne, où le Rhône prend sa source, et qu'il traverse en entier, pour patrie des Ardyens. Cependant les commentateurs et les éditeurs de Polybe, contre le sens très clair de son texte, ont voulu changer ce nom en celui d'*Ædui;* mais on retrouve encore dans le Valais l'ancien nom des *Ardyes*, dans le lieu nommé Ardon², situé à 5,000 toises, ou trois lieues a l'ouest d'*Octudurus* ou Sion, qui est la capitale moderne du Valais, et qui l'était aussi du temps des Romains; Ardon est situé au nord du Rhône, ainsi que Polybe l'indique pour les *Ardyes;* Ardon est un lieu très ancien, qui a toujours été sous la juridiction, et dans la dépendance immédiate de l'évêque de Sion³.

N'oublions pas que Polybe fait aussi mention de *Narbo*⁴, dont la position à Narbonne moderne est

---

¹ Polybius, lib. III, cap. 47, tom. I, p. 489, édit. de Schweigh.
² Voyez feuilles 10 et 14 de la *Carte de Suisse* de Weiss, en 16 feuilles. Conférez Haller, *Helvetien.*, tom. II, p. 489 et 551.
³ *Gallia christiana*, tom. XII, p. 732; et ci-dessus, p. 114.
⁴ Polybius, lib III, cap. 7, tom. I, p. 467.

bien démontrée par l'histoire, les vestiges d'antiquité et les mesures anciennes des routes romaines qui y aboutissent, de *Tolosa*, Toulouse, *Nemausus*, Nîmes [1]. Mela [2] nous apprend que *Narbo* est une colonie des *Atacini*; et comme les *Atacini* habitaient indubitablement les bords de l'*Atax* ou de l'Aude, qui coule à Narbonne, il résulte que Mela nous dit, en d'autres termes, que Narbonne n'était pas primitivement la capitale des *Atacini*. Cette capitale était sans doute le lieu nommé *Atacinus vicus* du temps de Varron, et lieu de la naissance de ce savant, ainsi qu'il est dit dans Eusèbe. M. d'Anville et les autres géographes qui ont traité de la Gaule ancienne, n'ont pas fait attention à ce passage de l'ouvrage d'Eusèbe [3], ou ne l'ont pas connu, puisqu'ils disent à tort, d'après Porphyrion, l'ancien commentateur d'Horace, que Varron a été nommé *Atacinus*, d'après le fleuve *Atax*. Il me semble que, faute d'indication plus précise qu'une légère ressemblance dans les noms, on pourrait placer l'*Atacinus vicus* à Aussière, non loin d'un ruisseau nommé Ausson, qui se rend dans l'*Atax*, l'Aude, à moins de 6,000 toises ou trois lieues de Narbonne, vers le midi. En effet, puisque Varron, né dans l'*Atacinus vicus*, était aussi nommé *Narbonensis*, ce lieu ne doit pas être éloigné de Narbonne, et peut-être trouvera-t-on qu'un petit lieu nommé *Narbonesse*, à 1,400 toises à l'ouest d'Aussière, sert encore à appuyer cette conjecture.

---

[1] Voyez l'*Analyse des Itinéraires*, tom. III de cet ouvrage.

[2] Mela, lib. II, cap. 5.

[3] Eusebii *Chronicon*, p. 150 : « Terentius Varro vico Atace nascitur. »

Les *Atacini*, dont il n'est d'abord pas fait mention dans les premières descriptions des rivages méridionaux de la Gaule, habitaient sans doute primitivement les montagnes vers les sources de l'*Atax*, et étaient, comme les *Helysices*, une des peuplades de la grande nation des *Bebryces* ou des *Ibères* et des *Ligures* mêlés. Les *Atacini*, en s'étendant vers le rivage, ont dû s'établir sur le territoire des *Helysices*, et ont fait disparaître le nom de cette nation pour y substituer le leur. Les *Atacini* étaient placés entre les *Volcœ Tectosages* à l'ouest, et les *Volcœ Arecomici* à l'est.

Voilà tout ce que nous savons de l'état de la Gaule transalpine à cette époque : passons actuellement à la Gaule cisalpine.

B. — De la Gaule cisalpine lors du passage d'Annibal.

Polybe [1], en décrivant les Alpes, s'exprime ainsi : « Les deux côtés des Alpes, dont l'un regarde le « Rhône et le septentrion, et l'autre les campagnes « qu'arrose le Pô; ces deux côtés, dis-je, sont ha- « bités, le premier par les Gaulois transalpins, et le « second par les *Taurisques*, les *Agones* et autres « peuples barbares. »

Nous avons déjà parlé des *Taurisques*, et nous avons observé que *Taurisci* était un nom générique, qui signifiait habitans des montagnes [2]. Annibal, à son entrée en Italie, assiége la capitale des *Taurisci*, nommée alors *Taurasia* [3], depuis *Augusta Taurinorum*,

---

[1] Polybius, liv. II, ch. 14-19, tom. 1, p. 251.
[2] Voyez ci-dessus, p. 18.
[3] Polybius, lib. III, p. 208 et 209. — Titus Livius, lib. XXI, cap. 33 et 34. — Appianus, *de Bell. Hannibal.*, cap. 5, p. 315.

et Turin parmi les modernes. Comme Polybe nous dit en même temps qu'après avoir descendu les Alpes, le général carthaginois se trouvait chez les *Insubres*, cette dernière nation étendait donc alors son territoire au nord du Pô jusqu'aux rives de la Ghison, où est Pignerol. Ils possédaient les défilés des montagnes qui sont de ce côté, tandis que les *Taurini* ou *Taurisci*, nation ligurienne, était au midi du Pô, vers les sources de ce fleuve et des montagnes de la Ligurie. La guerre qui existait alors entre les *Insubres* et les *Taurisci* ou *Taurini*, provenait probablement de ce que les premiers voulaient s'emparer d'une partie du territoire des derniers. D'après cette extension des *Insubres*, les *Libui salluvii* et les *Lœvi* doivent être regardés comme dans leurs dépendances, et comme formant des subdivisions de leur territoire. En effet, il n'est parlé qu'une seule fois des *Libui* et des *Lœvi*, après le récit de leur établissement dans la Gaule cisalpine [1] ; l'histoire n'en fait plus mention ensuite, et parle toujours des Insubres. Il n'est question des *Lœvi* et des *Libui* que comme de divisions géographiques. Je trouve encore dans Tite Live une preuve de ce que j'avance [2]. Scipion, partant du côté de Crémone, traverse le Pô pour aller combattre Annibal, et conduit son armée sur les bords du Tesin ; il y jette un pont, passe ensuite ce pont, s'avance à cinq milles de là, et se trouve, suivant Tite Live, sur le territoire des Insubres, près de *Victumvias*, aujourd'hui Vicevano, où Annibal était campé ; or, d'après la position assignée par Tite Live lui-même à ces peuples, il était

---

[1] Titus Livius, lib. xxxiii, cap. 36, p. 739.
[2] Titus Livius, lib. xxi, cap. 5, tom. iii, p. 460.

sur le territoire des *Lœvi ;* donc ces derniers se trouvaient incorporés aux Insubres, et en étaient une division. Telle était la situation des peuples lors de l'arrivée d'Annibal; mais les Insubres profitèrent de leur alliance avec ce général, qui battit les *Taurini,* pour s'emparer de la plus grande partie du territoire de ces derniers, et surtout de toutes les plaines situées au midi du Pô, entre ce fleuve et la Bormida ; ceci se trouve encore démontré par le texte de Tite Live [1], lorsque cet historien raconte l'expédition du général carthaginois Magon. On voit dans son récit ce général, après avoir combattu contre un peuple ligure situé dans les montagnes, aux environs d'Albenga, tout à coup transporté dans le pays des Insubres, et y livrant, aux consuls romains, une bataille, où il est entièrement défait, après avoir été blessé lui-même. « Il marcha, dit l'historien [2], pendant le silence de la « nuit suivante avec autant de diligence que sa bles- « sure le lui permettait, et il arriva dans le pays des « *Ingaunes,* sur les bords de la mer. » Il est évident que si Magon, affaibli par une blessure dont il mourut, eût eu le Pô à traverser et les montagnes, il n'eût pu faire sa retraite. D'ailleurs, la manière dont Tite Live s'exprime prouve que cette retraite fut effectuée en très peu de temps, et dans le cours de la nuit. Cette bataille a donc dû avoir lieu aux environs d'Acqui ou d'*Aquæ statiellæ*. Magon avait les Alpes à dos, et était peu éloigné de Savone, où étaient ses vaisseaux et son butin [3], près d'*Alba ingauna,* Albenga,

---

[1] Titus Livius, lib. xxix, cap. 4.
[2] Titus Livius, lib. xxx, cap. 18, tom. iv, p. 442.
[3] Titus Livius, lib. xxviii, cap. 46 : « Savone oppido Alpino præda

capitale des *Ingaunes;* et comme Tite Live nous dit positivement que cette bataille eut lieu chez les Insubres, il s'ensuit que ce peuple avait étendu jusque-là son territoire. En effet, on conçoit que le résultat nécessaire de la victoire d'Annibal sur les *Taurini*, ou *Taurisci*, à son entrée en Italie, fut de faire passer au moins une grande partie de ce que possédaient ces derniers, sous la puissance du général carthaginois. Ainsi toutes les plaines comprises entre l'Adda, le Pô, la Bormida et les Alpes, ou, selon la dénomination des anciens, les Apennins de la Ligurie, furent pendant tout le temps du séjour d'Annibal en Italie, c'est-à-dire pendant quinze ans, sous la puissance des Insubres. Ce fut le moment de leur plus grande extension, qui fut courte, mais enfin qui suffit pour expliquer pourquoi, dans l'histoire de la conquête de la Gaule cisalpine par les Romains, après la seconde guerre punique, nous voyons toujours figurer les *Insubres,* comme si en quelque sorte ce fût le seul peuple de ces contrées [1].

Le nom des *Agones*, que Polybe mentionne à la suite des *Taurisci,* se trouve encore aujourd'hui dans celui de la rivière Agogna (appelée depuis par corruption Gogna). Ce petit peuple a dû posséder le territoire compris depuis le lac Orta jusques près de Novarre, où est encore un lieu nommé Agonale. Les *Agones* ne pouvaient s'étendre plus loin dans la plaine, car Polybe ne parle ici que des peuples qui habitaient le

---

« deposita; » tom. IV, p. 288. Cette épithète d'*Alpino* prouve que Savone était sur la hauteur où on a trouvé des antiquités.

[1] Titus Livius, liv. XXXVII, ch. 1-30 et 31. — P. Orosius, liv. IV, ch. 20. — Titus Livius, liv. XXXIV, ch. 47.

pied des Alpes, et non ceux du plat pays. Cet auteur, continuant sa description, ajoute encore : « Tout le « pays depuis le commencement de l'Apennin au-« dessus de Marseille et sa jonction avec les Alpes, « tant du côté de la mer Tyrrhénienne, jusqu'à *Pise*, « qui est la première ville de l'*Étrurie* au couchant, « que du côté des plaines, jusqu'aux *Arretins*, tout « ce pays est habité par les *Ligures* [1]. »

On voit que les *Ligures* sont ici, comme les *Insubres*, une dénomination générale; car Polybe, dans la suite de son histoire, distingue plusieurs autres peuples dans cette étendue : ainsi les *Ligures* avaient en Italie, à cette époque, les limites qu'ils gardèrent jusqu'au temps d'Auguste, occupant les deux côtés des montagnes de l'Apennin jusqu'aux sources de l'Arno, où étaient les *Arretini*, dont la capitale *Arretium Vetus* est encore aujourd'hui nommée Arezzo Vecchio [2].

Annibal porta le théâtre de la guerre dans le midi de l'Italie, et le reste de son expédition ne fournit plus aucun détail sur les contrées soumises à nos recherches; mais durant le cours de cette guerre, l'attaque du général carthaginois Magon sur les côtes de la Ligurie, et la descente d'Asdrubal, frère d'Annibal, dans la Cisalpine, ajoutent encore quelque chose à nos connaissances relativement à l'état des Gaules pour cette époque [3].

[1] Polybius, *loco citato*.

[2] Polybius, liv. II, ch. 4, et l'*Analyse des Itinéraires*, tom. III de cet ouvrage.

[3] Tiraboschi démontre assez bien qu'Annibal passa les Apennins par la route qui conduit de Modène à Pistoie, qui alors était très marécageuse. Ce chemin était connu dès le XIIe siècle; c'est

Nous avons déjà fait mention des *Ligures* nommés *Ingaunes*, avec lesquels Magon fit alliance. Tite Live nous dit qu'ils étaient situés sur le bord de la mer [1]; leur capitale était donc *Albium Ingaunum*, qui est Albenga des modernes, port de mer dans l'État de Gênes, ainsi que le prouvent les mesures de l'itinéraire d'Antonin et celles de l'itinéraire maritime [2]. Les *Ingauni* paraissent avoir été au nombre des plus anciens habitans de la Ligurie, et avoir fait remonter leur origine jusqu'au temps des fables, dans la personne du héros nommé Aunus [3].

Les *Epanterii*, qui, lors de l'arrivée de Magon, se trouvaient en guerre avec les *Ingaunes*, ne nous sont connus que par ce seul passage de Tite Live, qui les appelle montagnards. Ils doivent avoir été dans le voisinage des *Ingaunes* et avoir habité le penchant des Alpes qui est à l'ouest d'Albenga, où se trouve le village de Rezzo, d'Aquatorta, et dans les environs de Monte-Acuto, ou mont aigu, dont le nom a un rapport évident avec celui des *Epanterii*: ce dernier mot paraît en effet provenir de deux mots grecs réunis, *epi-anteron*, habitant sur des sommités [4].

---

le même que le grand-duc de Toscane François III a fait ouvrir. Voyez Tiraboschi, *Memorie storiche Modenesi*, 1793, in-4°, tom. x, p. 7 et 10. — D'autres auteurs ont soutenu à tort que c'était par Forli et Meldola.

[1] Titus Livius, lib. xxviii, cap. 46, tom. iv, p. 288.

[2] Voyez l'*Analyse des Itinéraires*, tom. iii de cet ouvrage, et la Table de Peutinger, qui offre dans cet endroit un mélange d'itinéraires, qui n'avait jamais été bien expliqué.

[3] Virgilius *Æneid.*, lib. xi, vers. 700, edit. Burmann., tom. iii, p. 633. — Silius Italicus prétend que cet Aunus, roi des Ligures, était originaire des environs du lac Trasimène.

[4] Bardetti, *della Lingua dei primi abitatori d'Italia*, p. 98.

Cependant, durant tout le temps de la seconde guerre punique, les Romains, bien loin d'étendre leurs conquêtes dans la Gaule, eurent bien de la peine à se soutenir, et à conserver les colonies qu'ils avaient formées, dont les habitans virent plus d'une fois leurs champs ravagés et furent contraints de se renfermer dans leurs murailles. A peine même les Romains purent-ils contenir l'Étrurie, qui les entourait, et qui n'était pas séparée d'eux par les Apennins [1]. Dans ce qu'ils avaient acquis au-delà, le territoire des Senonais fut celui qu'ils garantirent le mieux de toute invasion : ce pays devint le centre de leur puissance dans la Gaule cisalpine pendant cette lutte mémorable; mais ils désignaient ce district par le nom de la ville principale, qui était *Ariminum*, et ils n'avaient pas alors de département particulier qui portât le nom de Gaule [2].

Tels sont les détails géographiques que nous fournit, relativement aux deux Gaules, la guerre qu'Annibal livra aux Romains, et où ils furent pour la troisième fois menacés d'une entière destruction. J'ai dit que Polybe, ayant écrit 60 ans après cette expédition, les détails qu'il nous donne peuvent être considérés comme exacts pour l'époque où elle eut lieu; cependant je n'ai fait entrer dans ce chapitre que ce qu'il nous apprend dans le récit de cette guerre célèbre, je n'ai rien dit des *Oxybii* et des

---

[1] Tit. Liv., tom. IV, p. 390, édit. de Drakenborch.

[2] « Tum prætoriæ provinciæ in sortem conjectæ; urbana Cn. Servilio « obtigit; Ariminum (ita Galli adpellabant), Sp. Lucretio. » Titus Livius, lib. XXVIII, cap. 28, p. 259. — « Ariminum cum duabus « legionibus Quintilius Varus est sortitus. » *Ibid.*, lib. XXX, cap. 1, p. 401.

Deciates, dont Polybe fait mention dans d'autres parties de son ouvrage, parce que les noms de ces peuples ne commencent à paraître dans l'histoire que lors des premières invasions des Romains dans la Gaule transalpine, dont il sera question dans un autre chapitre. Je prie le lecteur de considérer que je n'ai renfermé dans celui-ci qu'une période de quinze ans, mais qui, dans l'histoire et surtout dans celle des Gaules, est tellement mémorable, que j'ai cru devoir la traiter à part, et ne rien comprendre qui y fût étranger.

CHAPITRE VII.

Conquête de la Gaule cisalpine par les Romains, après qu'Annibal eut quitté l'Italie, depuis l'an 203 avant J.-C. jusqu'à l'an 117 avant J.-C., époque des conquêtes des Romains dans la Gaule transalpine, et de l'établissement de la colonie romaine à Narbonne.

La défaite des Romains dans la forêt *Litane*[1] avait été suivie de la défection de tous les peuples de la Gaule cisalpine, qui avaient été plutôt épouvantés que domptés. Les Romains, après avoir vu partir Annibal de l'Italie, portèrent tous leurs efforts du côté de l'Afrique, afin d'écraser Carthage; ils se contentèrent d'envoyer quelques troupes à Rimini, à Plaisance et à Crémone, pour se défendre contre les Gaulois, et ils ne les attaquèrent point; mais aussitôt que la guerre avec Carthage eut été terminée à leur avantage, par la célèbre bataille de Zama, ils dirigèrent leurs légions vers la Gaule cisalpine, où ils avaient un territoire à reconquérir, de cruelles injures à venger, et de sanglantes défaites à réparer. Ils triomphèrent enfin après une lutte opiniâtre et une alternative de succès et de revers. Cent quatre-vingt-treize ans avant J.-C., tous les Gaulois en deçà du Pô se trouvèrent soumis aux Romains, à la réserve des *Boii* et des *Ilvates* : l'année suivante ces peuples eux-mêmes se rendirent : bientôt les Ro-

---

[1] Titus Livius, lib. xxiv, cap. 24, p. 758, 193 ans avant J.-C. — Je crois, d'après les récits des historiens, pouvoir placer cette forêt (*Litana Silva*) dans les environs d'un lieu nommé *Lizzano*, près duquel est une forêt nommée aujourd'hui *Selva-Romana*, à gauche de la source de la *Scoltenna*. — Voyez la carte de Zannoni.

mains passèrent le Pô, poussèrent leurs conquêtes jusqu'aux Alpes, et établirent une colonie latine à *Bononia*, Bologne, cette antique capitale des Étrusques et des Gaulois. Les Romains renouvelèrent les colonies de Crémone et de Plaisance, et en menèrent encore d'autres, l'an 181 avant J.-C., à *Mutina*, Modène, et à *Parma*, Parme [1]. Ils en avaient établi une à *Pisaurum*, Pesaro, sur les rivages de la Senonie, et non loin d'*Ariminum*, Rimini, et à *Potentia*, Santa-Maria di Potenza, dans le *Picenum*. Les *Cenomani*, qui avaient été les alliés des Romains et les avaient aidés à assujettir leurs compatriotes, se virent bientôt obligés de se considérer comme leurs sujets. Enfin la *Vénétie*, que la puissante nation des Étrusques avait été forcée de respecter, perdit son antique indépendance. Les Gaulois transalpins y avaient pénétré, et y avaient fondé une ville dans un endroit voisin d'*Aquileia*; les Romains s'emparèrent des conquêtes des Gaulois, et se hâtèrent de former une colonie à *Aquileia*. Ils forcèrent leurs compatriotes, qui demandaient à se fixer dans ces contrées, à repasser les Alpes. Les Gaulois mêmes se mirent à la solde des Romains, et les aidèrent à s'emparer de l'*Istrie*, et à achever la conquête de toute la *Vénétie*. Les Romains poussèrent leur domination jusqu'à *Nesactum*, ville des Istriens qui forma depuis la limite de la Cisalpine de ce côté. Nous savons, d'après plusieurs anciens, que *Nesactum* était située près ou sur le fleuve *Arsia*, et cette ville paraît avoir occupé le même emplacement que Castel-Vecchio [2] des

---

[1] Simpson, *Chron. cath.*, edit. Wesel, p. 1570.
[2] Pour la position de *Nesactum* ou *Nesatium*, rapprochez mon

modernes, à l'embouchure de ce fleuve ¹. Dans le récit de ces diverses expéditions, on voit que Marcellus, qui s'avança jusqu'au pied des Alpes, triompha des *Insubres* et des *Comenses;* ce qui prouve que jamais les *Orobii* n'avaient cessé de former un peuple séparé, et qu'on ne les désignait plus sous leur ancien nom, mais sous celui de leurs capitales. On voit même dans le cours du récit relatif à cette campagne de Marcellus, que ce furent les *Comenses* qui portèrent les *Insubres* à la révolte; donc ils ne faisaient point partie de ce dernier peuple ². Dès l'an 188 avant J.-C. les Romains firent commencer la voie flaminienne, qui, prolongée par la suite, conduisait de Bologne à Arimini, et d'Arimini à *Aquileia* dans la *Vénétie*, sous le consulat de M. Lepidus et de Caius Flaminius ³.

Au reste, dans ce que nous venons de dire des conquêtes des Romains, nous n'avons prétendu parler que des plaines, et non des Alpes, qui resserrent la Cisalpine au nord et à l'ouest, et se projettent ensuite sous le nom d'Apennins, en sommets moins élevés, jusque dans le centre de l'Italie : ces montagnes

---

Analyse des Itinéraires, tom. III, du passage de Pline, liv. III, ch. 19, relatif à cette ville; conférez aussi Tite Live, liv. XLI, c. 11, et Ptolémée, *Geogr.*, liv. III, ch. 1. — M. d'Anville indique Vranaska moderne pour la position de *Nesactum;* mais je ne trouve aucun lieu de ce nom dans la grande carte de l'Istrie, par Capellari.

¹ Titus Livius, lib. XXXIII, cap. 23. — *Id.*, lib. XXXIX, cap. 44 et 55. — Paulus Orosius, lib. IV, cap. 20. — Tit. Liv., lib. XXXVI, cap. 37. — *Id.*, lib. XXXVII, cap. 40. — *Id.*, lib. XXXVII, cap. 57, colonie envoyée à Bologne. — *Id.*, lib. XXXIX, cap. 3. — *Id.*, lib. XXXVIII, cap. 48.

² Tit. Liv., lib. XXXIII, c. 37 : « Marcellus, Pado confertim trajecto, in agrum comensem, ubi Insubris, Comensibus ad arma excitis...., ducit legiones. » Conférez Appian., *de Bello civili*, lib. II, cap. 26.

³ Strabon, liv. V.

opposaient aux Romains une barrière qu'ils furent long-temps à franchir. La Ligurie, si voisine du chef-lieu de leur puissance, fut la première contrée montagneuse qui exerça leur valeur. Tite Live commence le récit de cette guerre en déclarant que la conquête de cette province a exigé plus d'efforts de courage que la conquête même de l'Asie. Le détail de ces petites, mais sanglantes expéditions, nous fait connaître dans les Alpes qui bordent le rivage du *Ligustinus sinus,* ou du golfe de Gênes, les noms de plusieurs peuples dont nous nous occuperons, dans ce chapitre, de déterminer la position, en indiquant l'époque où ils furent réunis à l'empire naissant des Romains. Nous déterminerons en même temps, comme nous l'avons déjà fait pour les plaines, les limites successives des possessions romaines.

Les premiers Ligures avec lesquels les Romains eurent à combattre, et les derniers situés au bas des montagnes dont ils triomphèrent, sont les *Ilvates*, qui ne sont mentionnés que par Tite Live dans trois endroits différens. « Les Insubres, dit cet his-« torien [1], les Cénomans et les Boïens, ayant soulevé « les Salyens, les Ilvates et les autres peuples ligures, « envahirent Plaisance. » Observons d'abord que les Salyens ici mentionnés ne peuvent être que les *Libui* que Tite Live appelle précédemment *Libui Salyi* ou *Salluvii,* et qu'il nous dit être une nation ligurienne. C'est pour n'avoir pas compris ceci que Cluverius [2]

---

[1] « Insubres, Cenomani et Boii, excitis Salyis, Ilvatibusque, et cæteris Ligustinis...., Placentiam invaserunt. » Tit. Liv., lib. xxxi, cap. 49, p. 523.

[2] Cluverius, *Italia antiqua*, tom. 1, p. 78.

a voulu substituer *Statyelli* à *Salyi*, contre l'autorité des manuscrits. Tite Live nous dit encore [1] que « les « légions romaines, de *Clastidium*, se rendirent chez « les *Ilvates*, peuple ligure qu'il fallait dompter. » Enfin il ajoute [2] : « Tout était soumis aux Romains de ce côté « du Pô, excepté les *Boïens* parmi les Gaulois, et les « *Ilvates* parmi les Ligures » : donc les *Ilvates* étaient un peuple ligure au midi du Pô et non loin de *Clastidium*, qui est Casteggio ou Chiasteggio moderne, un peu au levant de Voghera, lieu nommé *Clasteggium* dans les écrits du XIIe siècle [3]. Les *Ilvates* doivent, d'après les combinaisons des marches des armées romaines, telles que Tite Live les indique, avoir occupé le passage qui est au midi de Tortone, entre les rivières de Scrivia et de Staffora, aux environs de Liburna. Les Liguriens *ilvates* de Tite Live paraissent être les mêmes que les Liguriens *eleates* des fastes consulaires, qui ne furent définitivement domptés par Fulvius que l'an 695 de Rome ou 58 avant J.-C. [4]. Les *Eleates* des fastes consulaires paraissent être aussi le même peuple que les *Veleiates* de Pline [5], que cet auteur

---

[1] Tit. Liv., lib. XXXII, cap. 30.

[2] « Jam omnia cis Padum, præter Gallorum Boios, Ilvates Ligurum, sub ditione erant. » Tit. Liv., lib. XXXII, cap. 29, p. 655.

[3] Durandi, *Piemonte cispadano*, p. 254. — Les passages des anciens qui établissent la position de Clastidium sont les suivans : — Valerius Maximus, lib. I, cap. I. — Strabo, lib. V. — Plutarchus, *in Claudio Marcello*. — Tit. Liv., lib. XXI et lib. XXVIII. — Polybe, liv. II et liv. III. — Voyez Cluverius, *Italia antiqua*, tom. I, p. 79 ; où tous ces passages sont réunis et rapportés en entier.

[4] *Fasti consulares*, Gruter, *Inscript.*, p. 197.

[5] Plinius, lib. III, cap. 6 (V). — Il ne faut pas confondre ces Veleiates avec les Veliates, surnommés *Vecteri* ou *Regiates* de Pline, liv. III, ch. 15 ou 20. — Plin., lib. VII, cap. 48, fait encore mention

place dans la liste des peuples ligures. La célèbre inscription, connue sous le nom de Table alimentaire[1], prouve que ce petit peuple existait encore sous ce nom du temps de Trajan. Les vestiges d'antiquité trouvés à la villa Macinesso ont porté les géographes à placer cette ville de *Velleja* dans cet endroit. Lorsque nous en serons à l'époque de Trajan, nous examinerons l'étendue qu'avait alors le territoire des *Velejates;* mais ils n'ont pu, au temps dont nous traitons, occuper assez de terrain dans la plaine pour renfermer Macinesso dans leurs limites, et se trouver si près de la colonie romaine de *Placentia* ou de Plaisance. Je pense qu'un lieu nommé, dans la Table alimentaire, *Vellejus pagus,* a dû être dans ces temps reculés le centre de leurs possessions, et contenir l'emplacement de leur chef-lieu, puisque ce *pagus* conservait encore du temps de Trajan le nom du peuple dans toute son intégrité. Or les fonds nommés dans la Table *Satrianus* et *Vettianus,* et dont on reconnaît les noms dans les lieux modernes appelés di Sarturana et di Vediano, déterminent le centre du pays des *Velejates* à Nibiano vers les sources du Tidone; ce qui s'accorde avec les résultats que donne le texte de Tite Live pour les *Ilvates* ou les *Eleates.* Si donc l'identité de ces petites cités, ou peuples, n'est pas certaine, leur proximité est démontrée[2].

du territoire des Velleiens de la Ligurie, comme un des lieux où l'on vivait le plus long-temps.

[1] Pitarelli, *Tavola alimentaria di Trajano,* p. 134. — P. de Lama, *Tavola alimentaria Velejate,* p. 6. — Durandi, *Piemonte cispadano antico,* p. 47; id., *delle Antiche città di Pedona, di Caburro, etc.* Torino, 1769.

[2] Cluverius, *Italia antiqua,* p. 78, observe avec juste raison que

C'est dans l'histoire de la même guerre, qui fut terminée par le consul Minutius, que Tite Live mentionne deux autres petits peuples ou cités qui faisaient partie de la grande nation des Ligures. « *Clastidium* et *Li-* « *tubium* (dit cet historien), deux villes appartenant « aux Ligures, se soumirent, aussi bien que deux « autres cantons ou cités, les *Celelates* et les *Cerci-* « *diates*, qui faisaient partie de la même nation [1]. » Ainsi *Clastidium* ou Casteggio, près de Montebello et de Voghera, appartenait encore aux Ligures, qui allaient jusqu'au Pô et à la Trebbia. La position de *Litubium* ou *Ritubium* (selon quelques manuscrits), paraît devoir être fixée à Retorbio, non loin de *Clastidium* ou Casteggio [2]. Les *Celelates* et les *Cercidiates* n'ont pu être éloignés des *Ilvates*. On retrouve quelques traces du nom des *Cercidiates* dans Ceretto moderne, à 2 milles ½ géographiques de Tortone et au nord des *Ilvates*. Enfin un petit lieu nommé Celetta ou Seletta, situé dans les montagnes près d'Oramala, paraît nous retracer le nom, et nous indiquer la position, des *Celelates* [3].

la ville nommée dans la Grande-Grèce *Elææ*, par les Grecs (dans la Lucanie), fut nommée *Velia* par les Romains; ce qui démontre au moins l'identité des Eleates et des Veleiates. (Appian., *de Bello civili*, v. 98. — Strabo, lib. vi, cap. 252.)

[1] « Oppida Clastidium et Litubium, utraque Ligurum, et duæ gentis ejusdem civitates, Celelates, Cercidiatesque, sese dediderunt. » Tit. Liv.

[2] On ne peut, avec Cluverius (*Italia antiqua*, t. 1, p. 78), confondre la position des Retovini de Pline avec celle de Litubium ou Ritubium, puisque Pline place ses Retovini entre le Pô et le Tessin. Voyez Plinius, *Hist. nat.*, lib. xix, cap. 1, tom. 1, p. 78.

[3] Voyez *Carta della Lombardia*, par Zannoni. — Il serait possible que le Dacuista et le Jelleia, mentionnés par Strabon, liv. v, qu'il place sur la route de Plaisance à Gênes, qu'on a corrigé en *Aquæ*

156   GÉOGRAPHIE ANCIENNE DES GAULES.

Les Romains s'avancèrent jusque dans les vallées les plus escarpées des Alpes maritimes, et soumirent les *Friniates*, les *Apuani* et les *Briniates*[1]. Si Cluverius[2], et d'Anville, qui l'a copié, avaient fait attention que les *Friniates* furent domptés avant les *Apuani* et les *Briniates*, ils n'auraient pas placé ce peuple dans le val Prino, qui était occupé par un autre peuple, ainsi que nous l'avons prouvé précédemment. Il est évident que les Romains durent commencer par s'emparer des montagnes qui se trouvaient les plus rapprochées de Rome, et qui interceptaient leurs communications avec leurs autres possessions. Ils s'étaient depuis long-temps rendus maîtres de toute cette partie des Apennins qui est entre *Aretium vetus* ou Arezzo-Vecchio, et les sources de la Scoltenna, ou du Panaro[3], autrefois occupée par les Ligures; car sans cela ils n'auraient pu se soutenir à *Ariminum*, puisque leurs communications eussent été coupées, et qu'il leur eût été impossible de contenir le pays des Boïens, qu'ils venaient de conquérir: c'est donc vers les sources du Panaro ou de la Scoltenna que nous devons espérer de retrouver les *Friniates*. Les vallons formés par ces sources forment

statiellæ, dussent être lus Kerdicia et Keleleia, et nous représentassent, par conséquent, les Celeliates et les Cercidiates de Tite Live. Voyez, à ce sujet, *Lettere ligustiche*; Bassano, 1792, p. 29, et Brequigny dans les *Mémoires de l'Académie des Belles-Lettres*, tom. XXXVIII, p. 52, ainsi que la traduction française de Strabon, tom. II, p. 234.

[1] Tit. Liv., lib. XXXIX, ch. 1 et 2, p. 289.

[2] Cluverius, *Italia antiqua*, tom. I, p. 77. — D'Anville, *Carte de l'Italie ancienne*.

[3] Le Panaro est encore nommé *Scoltenna* vers sa source. Voyez la *Carta della Lombardia*, par Zannoni.

un district qui porte encore le nom de Frignano dans l'atlas de Magini [1]; ce nom retrace presque sans altération celui des *Friniates*. Lorsque, quelque temps après, les Ligures se révoltèrent de nouveau après avoir été domptés, ce fut encore sur les bords de la Scoltenna [2] que Claudius les attaqua, parce que leurs possessions s'étendaient jusque-là; et ce district, qui s'approchait le plus de la ville de Rome, et qui s'avançait presque dans le centre des possessions romaines dans la Gaule cisalpine et l'Étrurie, était pour les Romains le plus important à conquérir. Ce fut aussi le premier conquis.

Les Romains combattirent ensuite les *Apuani*, voisins des *Friniates*. Le consul Sempronius poursuivit ces *Apuani* jusque dans les gorges les plus élevées, antique séjour de leurs ancêtres, nommées *Anidus mons* dans Tite Live, et qui doivent être les montagnes qui donnent naissance à la Magra. Les *Apuani* furent enfin obligés de se rendre à discrétion au consul Fulvius, qui en transporta la plus grande partie dans la Campanie et dans le *Samnium* chez les *Taurasini* [3], peuple montagnard du centre de l'Italie, comme les *Taurini* à l'ouest et au nord. La conquête du territoire des *Apuani* ouvrit aux Romains les défilés des Alpes jusqu'à la Magra [4], et,

---

[1] Voyez, dans l'Atlas de Magini, la carte intitulée : *Ducato di Modena, Regio e Carpi, etc.*

[2] « Ad Scultennam flumen in campos progressi castra habitant hostes. » Tit. Liv., liv. xli, ch. 12 (xvi), tom. v, p. 577; et liv. xl, 38, 41.

[3] Tit. Liv., lib. xxxviii et xl, cap. 37, p. 509.

[4] « Aperuit saltum usque ad fluvium Macram et Lunæ portum. » Tit. Liv., lib. xxxviii.

suivant leur sage politique, ils se hâtèrent d'envoyer une colonie à l'embouchure de ce fleuve, à *Luna*, dont la position aux ruines encore aujourd'hui nommées Luni diruta, est démontrée par les mesures des itinéraires. C'est là que Tite Live nous dit positivement que les *Apuani* occupaient la vallée formée par la Magra; et tous les passages des anciens qui leur sont relatifs concourent en effet à les placer dans le district de Pontremoli [1].

Mais les Ligures, quoique toujours battus, n'étaient jamais domptés. Ils tentèrent de nouvelles expéditions et furent de nouveau défaits dans les plaines stériles qui portaient le nom de *Macri Campi* au midi de *Mutina*, Modène. Les Romains s'avancèrent plus avant dans le centre de leur pays et subjuguèrent d'abord les *Briniates*; de tous ces peuples les plus voisins des *Apuani* et de *Luna*, et qui habitaient la vallée formée par la Vara, laquelle coule dans la Magra. Le nom de *Briniates* se reconnaît encore facilement dans celui de Brugnato que porte ce petit district [2]; et comme Tite Live nous dit qu'ils étaient au-delà de l'Apennin, il s'ensuit que dans son système l'Apennin, comme dans celui de quelques modernes, se terminait à *Luna*, et qu'après commençaient les Alpes. Cette considération nous sert à retrouver la position des *Garuli*, des *Lapicini* et des *Hercates*, petits peuples que l'historien oppose aux *Briniates*, en

---

[1] « Apuanos ligures, qui eorum circa Macram fluvium incolebant. » Tit. Liv., lib. xxxix, cap. 2; lib. xli, cap. 19.

[2] Bardetti (*Lingua dei primi abitatori d'Italia*, p. 120) a tort de vouloir placer les Briniates dans le val Prino, où d'Anville place les Friniates également à tort, ainsi que je l'ai prouvé précédemment.

disant qu'ils étaient Cisalpins ou situés de ce côté des Apennins, qu'ils s'étaient jetés sur Luna et Pise, et qu'enfin le consul Mutius les défit sur les bords du fleuve *Audena*, où ils habitaient [1]. Toutes ces circonstances réunies nous portent à placer les *Lapicini* à Picciana, dans la vallée formée par la petite rivière de Taverone, qui se jette dans la Magra immédiatement au-dessus de l'Aulla, que Cluverius, avec beaucoup de raison, croit être l'*Audena fluvius* de l'antiquité [2].

Les *Garuli* paraissent avoir été à l'est des *Lapicini*, vers les sources du Serchio et dans le district de Gastagnano, et les *Hercates* occupaient une des vallées voisines.

Ainsi les Romains avaient commencé par réprimer les incursions des Ligures au nord des Apennins avec les légions stationnées à *Placentia*, Plaisance, *Parma*, Parme, et *Cremona*, Crémone. Ils s'emparèrent ensuite du territoire des *Ilvates*, des *Celelates* et des *Cercidiates* ou des vallées formées par les sources du Tidone, et du district qui est voisin de Tortone. Après avoir occupé les gorges des montagnes de ce côté, ils attaquèrent celles qui sont au midi, et rangèrent sous leur domination les *Friniates*, les *Garuli*, les *Lapicini*, les *Hercates*, les *Apuani* et les *Briniates*, ou les peuples de la vallée de Frignano aux sources du Panaro ou de la Scoltenna, de la vallée de Pontremoli, de celle de Brugnato, de Taverone ou de Picciana, et de celle qui est formée par la rivière

---

[1] Tit. Liv., lib. XLI, cap. 19 (23).

[2] Cluverius, *Italia antiqua*, tom. I, p. 76, n° 10. — Voyez la *Carte de la Lombardie*, par Zannoni.

Aulla. Mais on pense bien que des peuples aussi peu considérables n'ont pu résister à une puissance telle que celle des Romains, que parce qu'ils se trouvaient protégés par la nature, et par leurs sommets escarpés; aussi les peuples situés sur la côte, qui n'avaient pas le même avantage et chez lesquels les Romains, maîtres de la mer, pénétraient facilement, furent soumis avant ceux de l'intérieur. Voilà pourquoi nous voyons la domination romaine s'étendre plus loin, et plus promptement, sur les rivages de la mer. Aussi *Genua*, Gênes, était une ville romaine et un port où les vaisseaux abordaient en sûreté, tandis que tous les peuples dont nous venons de parler disputaient encore avec acharnement la possession de leur district stérile et montagneux. Nous lisons dans Tite Live que, lors de la seconde guerre punique, Magon brûla Gênes, et qu'on envoya un consul pour rebâtir cette ville : donc la domination romaine étendait jusque-là ses limites. Avec les deux colonies fortifiées et munies de troupes, de *Genua* et de *Luna*, les Romains étaient en sûreté dans l'enceinte de ces deux villes, et se portaient librement, par le moyen de leurs vaisseaux, sur tous les points de cette côte; mais comme les montagnes s'avancent de ce côté jusque près des bords de la mer, il fallait, pour pouvoir communiquer par terre, être maîtres des hauteurs qui dominent le rivage, le long duquel la seule route possible était pratiquée. C'est ce que firent les Romains, et après la conquête des peuples dont nous venons de parler, ils se trouvèrent maîtres de toute la Ligurie jusqu'à Gênes, non seulement sur la côte, mais encore dans l'intérieur.

Dans le temps que les Romains étaient occupés à combattre les *Boïens* et les *Ligures* réunis, ils eurent soin de détacher, de la confédération de ces derniers, les *Ingaunes*, qui étaient proches de leur colonie de Gênes, et ils firent alliance avec eux [1]; mais lorsqu'ils eurent dompté toute la Gaule cisalpine et la Ligurie jusqu'à Gênes, ils s'emparèrent aussi du territoire des *Ingaunes* [2], et bientôt après de celui des *Statyelli*, qui environnaient Gênes, et coupaient leurs communications entre cette ville et les plaines de la Ligurie dont ils étaient possesseurs [3]. Nous avons déjà déterminé la position de *Carystum*, l'antique capitale des *Statyelli*, à Cartoso, et celle de leur ville principale sous les Romains à *Aquæ Statyelli*, Acqui moderne [4].

La soumission des *Euburiates* [5] suivit de près celle des *Statyelli*, dont ils étaient voisins; en effet, M. Durandi a bien prouvé que ces peuples se trouvaient situés dans le comté moderne d'Asti, aux environs d'un lieu nommé *Eburias* dans un diplôme de l'an 829; ce lieu est nommé *Curte Buriadis* dans un acte de Henri III en 1047; c'est aujourd'hui Burio, à six milles géographiques au midi d'Asti [6].

Les *Intemelii* et les *Vediantii*, resserrés sur la côte

---

[1] Tit. Liv., lib. xxxi, cap. 2, tom. iv, p. 512.
[2] Florus, lib. ii, cap. 17, n° 6, p. 407.
[3] Tit. Liv., lib. xlii, cap. 7, edit. Drakenb, tom. v, p. 620.
[4] Voyez ci-dessus, p. 122 et 123.
[5] Florus, *loco citato*.
[6] M. Durandi, qui a vu le diplôme original, atteste qu'il porte *Eburias*, et non *Eburlas*, comme on lit dans Muratori; ce qui paraît être seulement une faute d'impression. Voyez Durandi, *Piemonte cispadano*, et Muratori.

et sans aucun moyen de résistance, vaincus par Fulvius, se soumirent l'an 125 avant J.-C.[1]. La position de ces deux peuples est prouvée par celle des villes nommées *Albium intemelium* et celles de *Cemenelium* et de *Nicæa*, qui leur sont attribuées par tous les géographes anciens[2]. Les mesures des itinéraires fixent la première, qui était la capitale des *Intemelii*, à Ventimille; les deux dernières appartenaient aux *Vediantii*, et leurs positions respectives se trouvent déterminées par les mêmes moyens qu'*Albium intemelium*; *Cemenelium*, à Simiers ou Cimiers, au-dessus de Nice, où l'on voit encore les ruines de cette ancienne ville; et *Nicæa* à Nice[3]. Mais cette dernière ville, quoique sur le territoire des *Vediantii*, appartenait aux Marseillais et était une de leurs colonies.

Les peuples de la côte ouest de la Ligurie, les *Ingauni*, les *Intemelii* et les *Vediantii* paraissent avoir eu une origine gauloise, et différente de ceux qui habitaient les montagnes au nord; car ils étaient nommés *Ligures capillati*, parce qu'ils laissaient croître leurs cheveux; ce sont ceux que Dion[4] nomme *Lygies comati*, et qu'Auguste dompta; et c'est à cause des longs cheveux qu'on a donné au pays d'au-delà des Alpes habité par les Gaulois, ou à la *Gallia* pro-

---

[1] L'inscription relative au triomphe de Marc. Fulvius est rapportée dans Durandi, *Piemonte cispadano*, p. 6, et par Franchi-Pont (*Mémoires de l'Académie de Turin*, de 1805 à 1808, p. 330), et par beaucoup d'autres auteurs.

[2] Strab., liv. IV, 202. — Ptolemæus, lib. III. — Mela, II, 4. — Varro, *de Re rust.*, III, 8. — Tacit., II, 15. — Flav. Vopisc., *Vita Procl.*

[3] Plinius, lib. III, cap. 5. Une inscription avec les mots VEDANT. existe dans l'église de Bezaudun. Voyez ci-après.

[4] Dion. Cass., lib. LIV, cap. 4.

prement dite, le surnom de *Comata*; les *Vagienni*, les *Veliates*, les *Statyelli*, qui occupaient l'autre revers des Alpes, étaient appelés *Ligures montani* ¹.

La soumission des *Insubres* et des *Boii* avait entraîné celle de ces *Ligures montani*, ou des *Vagienni*, des *Taurini*, et des autres peuples situés dans les vallées et dans les plaines arrosées par le Pô, le Tanaro et les deux Doria. J'ai déterminé l'emplacement des *Taurini* ². Nous savons, d'après les géographes anciens, que la capitale des *Vagienni* fut depuis nommée *Augusta Vagiennorum* ³. M. Durandi ⁴ a bien déterminé la position de cette ancienne ville à Città di Bene, un peu à l'est de Fossano, où l'on trouve des ruines et des inscriptions relatives à *Augusta Vagiennorum*, qui dans le moyen âge fut appelée *Augusta Bagiennorum*; or il y a des preuves que le lieu nommé Città di Bene se nommait *Bagienna* ou *Baienna* dans le xᵉ siècle, et le nom de *Bene* en est provenu par corruption. Mais quel était le nom de la capitale des *Vagienni*, avant de porter celui d'*Augusta*, qui ne date que du temps d'Auguste? Elle n'a pu porter le nom du peuple, puisque cet usage n'a prévalu que dans le déclin de l'empire. D'un autre côté, les Romains n'ont pas attendu au temps d'Auguste pour fonder une colonie chez les *Vagienni*. Paterculus nous apprend que 23 ans après qu'on eut envoyé une colonie à Narbonne (c'est-à-dire environ 94 ans avant

---

¹ Plinius, lib. III, cap. 5, et lib. v, cap. 26. — Strabo, IV, 511.

² Voyez ci-dessus, p. 18, 72 et 141, et l'*Analyse des Itinéraires*, tom. III de cet ouvrage.

³ Plinius, lib. III, cap. 24. — Ptolemæus, *Geogr.*, p. 64.

⁴ Durandi, *delle Antiche città di Bene, di Pedona, di Caburro*. Torino, 1769, p. 81.

J.-C.), on en établit une à *Eporedia* chez les *Vagienni* [1]. Cette ville a été confondue avec l'*Eporedia* située loin chez les *Salassi*, et a fait étendre bien au nord du Pô le territoire des *Vagienni*, contre le témoignage de toute l'antiquité. D'autres auteurs ont accusé Paterculus d'erreur [2], et on a voulu réformer son texte; il était bien plus simple de penser qu'il y avait eu aussi une colonie romaine chez les *Vagienni*, nommée *Eporedia*; et en effet, dans la Table alimentaire dressée du temps de Trajan, un des lieux qui font partie du *Domitius pagus*, voisin du *Bagiennus*, ou de *Città di Bene*, est *Eborelia* ou *Eporelia* [3]; on ignore la position de cet ancien lieu, mais on doit présumer que c'était là qu'on établit la colonie romaine dont Paterculus a voulu parler; que par conséquent son texte est exact, et qu'il y avait une *Eporedia* ou *Eborelia* chez les *Vagienni* [4].

La conquête de la Ligurie entière jusqu'au Var

---

[1] Velleius Paterculus, lib. 1; «Narbo Martius in Gallia, M. Porcio, Q. Martio, consulibus, deducta colonia est. Post tres et viginti annos in Vagiennis Eporedia.» Edit. Rhunkenii, 2 vol. in-8°. Lugdun. Bat., 1779.

[2] Bardetti, *delle Lingue dei primi abitatori d'Italia*, p. 175, et Cellarius.

[3] Pitarelli, *Tavola alimentaria*, p. 16. — P. de Lama, *Tav. alim.*, p. 167.

[4] Peut-être le texte de Parterculus portait-il Eborelia. On sait que ce qui nous reste de cet auteur a été publié en 1520, pour la première fois, par Beatus Rhenanus, sur un seul manuscrit trouvé dans l'abbaye de Murbach, et qu'on n'en a point découvert d'autre depuis qui pût remplir les lacunes de cette unique copie ni corriger les fautes nombreuses qui, pendant long-temps, empêchèrent le savant éditeur de le publier. Ce texte est donc en partie son ouvrage; il n'a point donné de variantes. Il serait à désirer qu'on publiât un *fac simile* de ce mauvais manuscrit; cela serait très utile, surtout pour les noms propres.

ouvrit aux Romains le chemin de la Gaule transalpine, où nous les suivrons dans le chapitre suivant; mais avant de terminer ce qui concerne le pays qui nous occupe, il est nécessaire d'observer que plusieurs des peuples ou villes qui le composaient, et qui s'étaient soumis aux Romains sans trop de résistance, conservèrent leurs lois et leurs magistrats. Ceci se trouve du moins prouvé pour la ville de *Genua*, Gênes, par un jugement prononcé à Rome sur les limites des *Genuenses* et des *Veïturii*, leurs voisins, dont on voit le détail dans la Table métallique, trouvée dans la vallée de Polcevera près de Gênes, en 1506. L'époque de ce jugement se trouve bien déterminée par les noms des deux consuls qui y sont mentionnés, et remonte à 117 ans avant J.-C. Cette inscription, une des plus intéressantes qui existent, nous révèle l'existence de cinq cités ou peuples. Les *Veïturii langenses*, qui étaient une colonie des *Genuenses*; les *Cavaturines*, les *Odiates*, les *Dectunines* et les *Mentovines*[1]. Augustus Justinianus, évêque de Nebbio, a très bien observé que les *Langenses* devaient être placés à Langasco, près de Campo Marone. M. Serra a remarqué avec raison que Maniceno moderne est le *Manicelum* de l'inscription, et que le *Mons Joventius* doit être placé à Monte-Giovo-delle-Reste, au sommet de l'Apennin. Il résulte de ce rapprochement évident que le terri-

---

[1] Girolamo Serra, *Discorso sopra un antico monumento trovato nella valle di Polcevera*, in 1506. — Ortelius, Carte de la *Gallia cisalpina*, dans son Parergon. — Jac. Brac-Lucubr., in ædibus J. B. Ascensii, f. 70. — Bisaro, *Genuensis Hist.*, lib. 1, p. 11. — Terrasson, *Hist. de la Jurisprudence romaine*, p. 61. — Carli, *delle Antichità ital.*, lib. III, p. 129.

toire des *Genuenses* (l'*ager Genuensis* de l'inscription) était au midi du torrent de Romaïrone et à l'orient de la Polcevera, de la Secca et du vallon de Serra. Il est évident aussi que le territoire des *Veïturii* (*privates Veïturiorum*) s'étendait entre la Secca, depuis sa source dans les Apennins jusqu'à son embouchure dans la Polcevera; et que l'*ager Publicus* et l'*ager Compascuus*, au milieu duquel étaient les *Langenses*, étaient bornés à l'orient par le torrent de Ricco et de la Verde, et s'étendaient au midi jusqu'à Fossato di Romaïrone, et au nord jusqu'à l'Apennin. Ainsi ces trois peuples occupaient toute la vallée jusqu'à l'Apennin; les autres peuples devaient donc être situés immédiatement au nord, et l'on a justement observé [1] qu'immédiatement au nord des Apennins et de la vallée de Polcevera, la position de Creverina pour les *Cavaturines*, et celle d'*Obieta* pour les *Odiates*, de chaque côté de la rivière Scrivia, convenait parfaitement, et satisfaisait à tout ce qu'exige l'inscription : la ressemblance des noms est si frappante, qu'elle achève de ne laisser aucun doute sur ces deux positions. On doit remarquer en effet que, dans les pays de montagnes, les sites favorables pour la fondation des villes sont circonscrits et en petit nombre, et que le profond encaissement des eaux, et les masses immenses qui entourent les portions cultivables, ne permettent pas à l'homme de détourner le cours des rivières et des ruisseaux, ni de modifier le pays selon sa volonté ou ses besoins : la position des lieux reste donc invariable. Les *Dectunines* et les *Mentovines* devaient se trouver dans le

---

[1] Walckenaer, *Magasin encycl.*, numéro d'octobre 1809, p. 395.

voisinage des peuplades dont nous venons d'assigner la position.

De ces différens peuples, les *Langenses*, dont nous avons parlé en premier, sont les seuls qui aient acquis une grande célébrité, et un passage de Procope nous apprend que dans le vi[e] siècle ils avaient communiqué leur nom à toute cette partie de la Ligurie située à l'occident de *Genua* jusqu'au Tanaro, et qu'Abba était comprise dans le canton des Langenses ou de Langeville [1].

Artémidore [2], qui écrivait à peu près à l'époque où cette inscription a été gravée, fait mention de *Derthon*, ville des Ligures (aujourd'hui Tortone [3]), située immédiatement au nord des peuples dont nous venons de déterminer la position.

A l'époque où les Romains commençaient leurs premières conquêtes dans la Gaule transalpine, ou dans la Gaule proprement dite ; ils furent obligés de faire la guerre aux *Salassi*, qui détournaient les eaux de la Doria pour l'exploitation de leurs mines, et qui empêchaient ainsi les habitans de la plaine de cultiver leurs terres. Le consul Appius Claudius les défit, vers l'an 143 avant J.-C. [4]. On fonda ensuite *Eporedia* et on y envoya une colonie romaine pour les contenir ; on s'empara de leurs mines et on les força de se réfugier dans les montagnes. M. Durandi [5]

---

[1] Procope, *Histoire de la Guerre des Goths*, lib. 1, cap. 15.

[2] Artemidorus, lib. xii, apud Stephan. Bysantin., *voce* Δερτωῦ.

[3] Voyez l'*Analyse des Itineraires*, tom. iii.

[4] Tit. Liv., lib. liii, p. 1028, et Strabo, lib. iv, p. 205, ou tom. ii, p. 194 de la traduction française. — Plinius, lib. xxxiii, cap. 4.

[5] Durandi, *Alpi Graiæ e Peninnæ*, p. 110 à 112. — Plinius, lib. xxxiii, cap. 4.

a déterminé avec beaucoup d'habileté la position de ces mines, qui fixe les limites du territoire des Romains à l'époque dont nous traitons. Il est évident que ces mines sont les mêmes que celles dont il est fait mention dans Pline et dans Strabon [1], et que ce dernier dit être situées près de Verceil chez les *Ictimuli*, lesquels avaient évidemment pour chef-lieu le *Castellum Ictimula* ou *Victimula*, de l'anonyme de Ravenne. Or M. Durandi a prouvé, par une suite de monumens historiques, que le *Castellum Victimuli* de l'anonyme a existé au confluent du torrent de la Vionne et de l'Elvo, entre Biella et Yvrea. Les mines des *Ictimuli* s'étendaient donc depuis Monte-Grande, près du *Castellum Ictimuli*, jusqu'à Cerrione. On voit, dans cet intervalle, les puits et excavations qui ont servi à d'anciennes exploitations. Ces mines étaient encore travaillées dans le xie siècle, et les habitans de ces lieux tirent souvent de l'or des torrens par le lavage. J'ai observé que les Romains fondèrent, aussitôt après leur conquête, la ville *Eporedia*, sur le territoire des *Salassi*. Celle d'*Augusta prætoria*, qui devint la principale de ce district, ne fut fondée que long-temps après, sous Auguste et après une autre victoire remportée sur les *Salassi* réfugiés dans les plus hautes vallées des Alpes. La position de ces deux villes, la première à Yvrea, et la seconde à Aoste, est bien prouvée par les monumens historiques, par l'analyse des mesures des routes romaines qui y passent, et qui partent de *Vercellæ*, Verceil, qui pénètrent dans l'Helvétie et

---

[1] Strabo; lib. IV, p. 205. — Plinius, lib. XXXIII, cap. 4. — Cluver., *Italia antiqua*, tom. I, p. 232.

qui aboutissent à *Aventicum*, Avenches, d'où elles continuent leurs directions vers le nord [1].

Tout ce que nous venons de dire détermine très clairement la position des *Salassi* entre la Sesia et la Doria, et dans les vallées formées par les courans d'eau qui affluent dans cette dernière rivière.

Enfin, l'an 117 avant J.-C., à l'époque même où les Romains s'établissaient comme puissance prépondérante dans la Gaule transalpine, et consolidaient leurs conquêtes par l'envoi d'une colonie à Narbonne, ils achevaient de subjuguer toute la *Vénétie* en repoussant les *Carni* dans les Alpes, et en portant la guerre chez les *Stœni* [2]. La position des *Carni* est bien déterminée par les descriptions des auteurs postérieurs, et par les mesures anciennes de la route qui mène à *Julium Carnicum*, aujourd'hui Zuglio, qui fut depuis leur capitale [3]. Les *Stœni*, que Pline [4] considère comme le peuple principal parmi les *Euganei*, et que Strabon [5] nomme à côté des *Tridentini*, ou ceux de Trente, viennent se placer naturellement dans la vallée de Vestone ou Vestino, à l'ouest du lac Garda, et dans celle de Storo, qui est voisine. Suivant

---

[1] Voyez l'*Analyse des Itinéraires*, tom. III de cet ouvrage.

[2] Eutrop., *Hist.*, lib. IV, cap. 23, édit. de Verheyk, p. 208. Il n'est dans aucun auteur question de la soumission des Vénètes proprement dits; mais nous voyons, par un passage de Strabon, que dès l'an 188 avant J.-C. les Romains s'étaient emparés de leur territoire, puisqu'il dit (liv. v) que la route d'Aquileia fut construite sous le consulat de M. Lepidus, C. Flaminius. Voyez ci-dessus, p. 151.

[3] Voyez l'*Analyse des Itinéraires*, tom. III, et ci-après.

[4] Plinius, lib. III, cap. 20, tom. I, p. 176, edit. Harduin.

[5] Strabo, lib. IV, p. 204, ou p. 313, edit. Almelov., ou tom. II, p. 92, de la traduction française.

Carena[1], dans sa carte manuscrite de l'Italie du moyen âge, le nom moderne de Vestone ou Vestino provient de *Vetus Stœnicum*, et une des montagnes qui bornent cette vallée est nommée Stine. Toutefois je ne puis déguiser qu'il y a dans l'accord que l'on devrait trouver entre les auteurs et les monumens anciens, relativement à la position des *Stœni*, une difficulté qui a occasionné beaucoup de discussions entre les savans, et qui cependant n'a jamais été complétement résolue, ni même exposée avec clarté, parce qu'on s'est montré plus empressé de décider la question, que de rassembler et de comparer les divers élémens qui la composent. Paul Orose[2] rapporte que Quintus Marcius, consul, attaqua une nation gauloise située au pied des Alpes, et que ces Gaulois se voyant entourés par les Romains sans moyens de résistance, se précipitèrent tous dans les flammes avec leurs enfans. Ceci paraît d'autant mieux devoir s'appliquer aux *Stœni*, que nous savons par les marbres capitolins, qu'à la même époque, et sous le même consul, la guerre se trouvait allumée dans toute la *Vénétie*, et que les Romains triomphaient des *Carni* et des *Stœni*. Nous savons par Strabon, et par Pline, que les *Stœni* étaient au pied des Alpes tridentines, et par conséquent Orosius a pu les considérer comme faisant partie de la Cisalpine; d'un autre côté, dans l'Épitome du LXIIe livre de Tite Live il est dit que « le consul Quintus Marcius attaqua les *Sarnii*, peuple

---

[1] Carena est nommé dans un des ouvrages de M. Durandi, comme un des hommes qui connaissent le mieux l'Italie; il n'a publié qu'un seul Mémoire. Sa carte, très savante, fait partie de ma collection.

[2] Paulus Orosius, lib. v, cap. 14, p. 230, edit. Havercampii.

« des Alpes¹. » Les éditeurs et commentateurs de l'historien romain, s'apercevant bien qu'il était ici question de la même expédition que celle qui a été mentionnée par Eutrope, par Orose et par les marbres capitolins, puisque le nom du consul était le même, ont substitué *Stœnos* à *Sarnios*; mais je ferai remarquer que nos cartes modernes indiquent précisément au midi du val Vestone un lieu nommé Sarniga, qui justifie la leçon des manuscrits². Cette double analogie entre les noms anciens et modernes, jointe aux indications de Strabon et de Pline³, restreignent nos recherches aux environs de Trente, et permettent d'autant moins de placer ailleurs que dans le val Vestone et le val Storo les *Stœni* et les *Sarnii*, que les autres vallées circonvoisines (ainsi que nous le prouverons ci-après) sont occupées par d'autres peuples. Mais l'inscription des marbres capitolins porte Q. MARCIUS DE LIGURIBUS. STOENIS⁴, et on a conclu à tort, ce me semble, d'après cette inscription, que les *Stœni* étaient un peuple de la Ligurie. Les Ligures ont pu se révolter à la même époque et avoir formé le sujet d'un même triomphe, et s'être trouvés, par cette seule raison, rapprochés des *Stœni* dans l'inscription. Enfin, on peut encore penser que les *Stœni* étaient Liguriens d'origine et portaient aussi le nom générique de *Ligures*, de même que les *Norici*, au nord des *Carni*, étaient

---

¹ Tit. Liv., lib. LXII, tom. VI, p. 18, de l'édit. de Drakenborch : « Quintus Marcius consul Stœnos, gentem Alpinam, expugnavit. »

² Voyez la Carte du Tyrol en six feuilles, dressée par le Dépôt de la guerre.

³ Strabo, lib. IV, p. 204, et Plin., lib. III, cap. 20.

⁴ Gruter, *Inscript.*, p. 197.

appelés *Taurisci* ou *Taurini*, quoique très différens des *Taurini* de la Ligurie. Cette dernière opinion me paraît la plus vraisemblable, parce qu'elle est la seule qui puisse expliquer un passage d'Étienne de Bysance, qui fait mention de *Stoynos* ou *Stuinus*, ville des Ligures [1]; et comme cet auteur ne dit point que *Stoynos* ou *Stuinus* fût une ville de la Ligurie, mais seulement des Ligures, rien ne s'oppose à ce qu'on applique ici la réflexion que nous venons de faire. Le *Stuinus urbs*, capitale des *Stœni* d'Étienne de Bysance, peut donc se placer au village de *Storo*, les *Sarnii* de Tite Live à *Sarniga*, et les *Stœni* des Marbres, de Strabon et de Pline, dans toute la vallée formée par la Chies, où est Storo, et dans le val Vestone, qui est formé par la Droallena, et le Toscolano qui se rend dans le lac Garda. Cette opinion est préférable à celle qui place les *Stœni* dans les Alpes juliennes ou carniques, et d'autres *Stœni* dans les Alpes liguriennes ou maritimes, comme le veut Cellarius [2], qui cependant est si peu d'accord avec lui-même, que dans un autre endroit du même ouvrage [3] il paraît pencher pour l'avis contraire. Mais la conjecture de Sigonius, qui prétend que ces peuples sont les mêmes que les *Tricastenoï* [4], et celle

---

[1] Stephanus Bysantinus, *de Urbibus*, edit. Berkelii, p. 681 : « Stuinus urbs Ligurum. »

[2] Cellarius, *Notitia orbis antiqui*, edit. 3ª, tom. 1, p. 423.

[3] *Id.*, p. 553.

[4] Pour les différentes discussions qui ont eu lieu à ce sujet, voyez Cluverius, *Italia antiqua*, lib. 1, n° 40 ou 50, tom. 1, p. 106. — Dom Bouquet, *Collection des Historiens de France*, tom. 1, p. 590, note a. — Sambuca, *Memorie istorico-critiche intorno all' antico stato dei Cenomanni*, p. 171 et 172. — Maffei, *Verona illustrata*,

de M. Mannert [1], qui les regarde comme les *Nantuates* de César et les *Suanitæ* de Ptolémée, sont assurément deux conjectures bien étranges et bien malheureuses! Plusieurs auteurs, et, entre autres, d'Anville [2], guidés par la ressemblance des noms, veulent placer les *Stœni* dans le val Stenico, à l'ouest de Trente et au nord de la vallée où est Storo et le val de Vestino; mais, outre qu'on ne trouve dans cette vallée aucune trace du nom des *Sarnii* de Tite Live, les *Stœni* se trouveraient ainsi beaucoup trop reculés dans l'intérieur des montagnes pour répondre à l'indication d'Orosius, qui dit positivement que le peuple dompté par Marcius était Gaulois et situé au pied des Alpes. Or, dans le val de Vestone et dans celui de Storo, les *Stœni* et les *Sarnii* sont renfermés dans les limites de la Gaule cisalpine, qui, du temps d'Orose et depuis le règne d'Auguste, passaient au nord du lac Garda. Tandis qu'en plaçant ces peuples dans le val di Stenico ils se trouvent transportés au-delà des limites de la Gaule et dans la Rhætie. Cette position s'accorde encore moins avec les textes de Strabon et de Pline, qui fixent l'emplacement des *Stœni* dans les environs de Trente. Enfin ceux-là même, et notamment d'Anville, qui placent les *Stœni* dans le val di Stenico, reconnaissent avec raison la position de *Carraca* ou *Sarraca*, ville des *Bechuni* de

lib. v, p. 101. — J. Tartarotti, *Memorie antiche di Roveretto*, p. 34 et 35, in-4°. Venezia, 1754.

[1] Mannert, *Geographie der Griechen und Romer*, IIIe partie. Nurnberg, 1790, in-8°, p. 669.

[2] D'Anville, *Géographie ancienne abrégée*, tom. II, p. 70, des OEuvres, 1834, in-4°., et carte de l'*Italia antiqua*.

Ptolémée, dans celle de Sarca, sur la rivière du même nom ¹, qui coule dans la vallée où est Stenico; or cette vallée n'a pu appartenir à la fois aux *Bechuni* et aux *Stœni*.

La conquête des *Salassi* et des *Carni* compléta celle de tout le nord de l'Italie; et la Gaule cisalpine, en y comprenant la Ligurie et la Vénétie, n'eut plus d'autres limites que la mer, les Apennins et les Alpes, et se trouva pour la première fois réunie sous la domination d'un seul peuple, environ 150 ans avant J.-C. Mais les peuples des Alpes, au nord et au nord-ouest, restèrent indépendans et ne furent domptés que sous les empereurs. Les *Salassi* même, dont nous venons de parler, retirés dans l'intérieur des montagnes, occupèrent encore souvent les armées romaines. Les Ligures aussi se révoltèrent quelquefois, mais ces révoltes ne furent que passagères : tout le district montagneux de la Ligurie fut réellement soumis à la domination romaine à la fin du période de temps que nous avons renfermé dans ce chapitre.

¹ Tartarotti, *Memorie antiche di Roveretto*, p. 29 et 30.

CHAPITRE VIII.

Depuis l'entrée des Romains dans la Gaule transalpine, l'an 155 avant J.-C., jusqu'au commencement de la conquête générale de ce pays par Jules César, l'an 59 avant J.-C.

Afin de ne pas troubler l'ordre des choses, nous sommes forcé de rétrograder dans l'ordre des temps, parce qu'il nous a paru convenable de présenter dans un seul tableau la conquête de la Gaule cisalpine par les Romains, et ensuite celle de la Gaule transalpine qui l'a suivie, mais qui cependant fut commencée avant que celle de la Gaule cisalpine fût entièrement achevée.

Les Grecs, établis à Marseille depuis quatre siècles et demi, avaient fondé différentes colonies sur la côte de la Gaule et sur celle de l'Espagne qui en est voisine, mais leurs efforts se trouvant entièrement tournés vers le commerce et l'industrie, ils n'avaient pu faire des conquêtes dans l'intérieur du vaste pays où ils s'étaient fixés. Ils paraissent avoir établi seulement quelques entrepôts sur les bords du Rhône et de la Durance, et Artémidore d'Éphèse, qui vivait 110 ans avant J.-C., dans le livre 1er de sa Géographie [1], fait mention de *Cabellio*, comme d'une ville marseillaise : la position de cette ancienne ville à Cavaillon moderne est démontrée par les mesures des itinéraires [2].

Les Marseillais, jaloux des Carthaginois, comme eux

---

[1] Artemidorus, apud Stephan. Bysantin.
[2] *Analyse des Itinéraires*, tom. III de cet ouvrage.

industrieux et commerçans, mais beaucoup plus puissans qu'eux, avaient vu avec plaisir les succès des Romains dans la seconde guerre punique, et s'étaient toujours montrés les fidèles alliés de ces derniers. Les conseils de la passion et d'un sordide intérêt, plutôt que ceux d'une sage politique, les avaient portés à contribuer de tout leur pouvoir à écraser Carthage. Les Romains étaient maîtres de presque toute la Ligurie, lorsque les Marseillais, en raison de l'ancienne amitié qui les unissait avec eux, réclamèrent leur intervention pour forcer à la retraite les Liguriens qui assiégeaient Antibes et Nice, deux colonies de Marseille. L'insulte faite alors par les Liguriens aux ambassadeurs romains, fut la première cause, ou le premier prétexte, des premières conquêtes des Romains dans la Gaule transalpine. Cependant je dois observer qu'Apollodore, cité par Étienne de Bysance, parle, dans le livre IVe de sa Chronique, des *Ædussii* comme alliés des Romains [1]. Or Apollodore écrivait environ 150 ans avant J.-C.[2]. Ces *Ædussii* sont évidemment les *Ædui* ou ceux d'Autun, et nous voyons en effet que, lors de l'entrée de César dans les Gaules, ils étaient depuis long-temps alliés des Romains, sans qu'il soit dit à quelle époque cette alliance a commencé. D'un autre côté, nous ne connaissons que par un fragment de Polybe les détails de la première expédition des Romains dans la Gaule transalpine, qui en détermine la date à 154 ans avant J.-C. [3]. Cependant le même his-

---

[1] Apollodorus, apud Stephan. Bysantin., voce Αἰδυσίοι.
[2] Clavier, Préface de la traduction française d'Apollodore.
[3] Voyez Dom Bouquet, *Hist. de Fr.*, Index chronologicus, tom. 1, p. cj. — Edward Simpson, dans son *Chronicon catholicon*, p 411, fixe cet événement à 152 ans avant J.-C.

torien, dans une autre partie de son ouvrage, qui nous a été conservée en entier, en détaillant la route d'Annibal à travers la Gaule transalpine, donne la mesure du chemin depuis *Emporiæ*, aujourd'hui *Ampurias*, jusqu'au Rhône : cette mesure est tellement d'accord avec les itinéraires romains [1], qu'il faut nécessairement reconnaître que la grande route qui conduisait des Gaules en Espagne, et en traversait toute la partie méridionale, avait déjà été construite et mesurée. Polybe même ne nous laisse aucun doute à cet égard, puisqu'il dit : « Les Romains ont distingué cette route avec soin par des espaces de huit « stades [2], » c'est-à-dire par milles romains; car on sait, par le témoignage de plusieurs auteurs, que huit stades olympiques formaient juste un mille romain. Polybe mourut l'an 608 de Rome, ou 145 ans avant J.-C. [3]. Donc il faut admettre qu'il écrivit la partie de son ouvrage relative à Annibal dans les dernières années de sa vie, et que, durant les cinq ou six ans qui suivirent l'expédition contre les *Oxybii*, les Romains firent d'assez grands progrès dans les Gaules pour pouvoir y construire une route aussi considérable; ou que l'expédition des *Oxybii* est très antérieure à l'époque qu'on lui assigne ordinairement; ou qu'enfin les Romains, bien avant cette expédition, avaient déjà fait des conquêtes dans la Narbonnaise, et y avaient construit une route; mais les monumens historiques nous manquent pour remplir

---

[1] J'ai démontré ceci dans mon Mémoire sur la route d'Annibal.

[2] Polybius, tom. 1, p. 470, édit. de Schweighæuser.

[3] *Vie de Polybe*, tom. 1 de la traduction par dom Thuillier, et Schweighæuser dans son édition de Polybe.

cette lacune de l'histoire de la Gaule transalpine, lacune qui paraît démontrée par les rapprochemens que je viens de faire, et qui n'a été, je crois, observée par aucun auteur avant moi. On pourrait cependant encore objecter que cette route avait été construite par les Grecs (les Marseillais et leurs colonies), avant l'arrivée des Romains, et que Polybe dit seulement que ceux-ci l'ont mesurée et distinguée par des espaces de huit stades, mais non pas qu'ils l'ont construite : enfin on peut aussi, à la rigueur, supposer que le passage d'Apollodore sur les *Ædusii*, cité par Étienne de Bysance, fut écrit un ou deux ans avant la mort de son auteur, et à l'époque même où les Romains venaient de conclure un traité d'alliance avec les *Ædui* ou *Ædusii;* alors il n'y aurait point de lacune; la chronologie établie serait exacte, et nous connaîtrions de plus, par cette discussion, la date précise des liaisons des Romains avec les *Ædui* ou *Ædusii*.

Les *Deciates* et les *Oxybii*, qui occupaient l'entrée des Gaules à l'occident du Var, furent donc subjugués par les Romains 154 ans avant J.-C. Les *Liguriens salyens* voulurent ensuite résister à ces derniers; mais le consul Sextus, après les avoir vaincus, l'an 123 avant J.-C., établit au milieu de leur pays une colonie romaine qui, d'après les eaux minérales qui s'y trouvaient et le nom de son fondateur, fut nommée *Aquæ sextiæ*, aujourd'hui Aix[1]. Deux ans après la fondation de cette ville, l'an 122 avant J.-C., Domitius Ænobarbus battit la puissante

---

[1] Polyb., *Exc. legat.*, p. 962. — Tit. Liv., *Epit.*, lib. XLVII, LX. — Florus, III, 2. — Diod. Sic. XXXIV, p. 376. — Vell. Pat., I, 15. — Amm. Marc., XV, 12. — Solin., cap. 2.

nation des Allobroges, près de *Vindalium* ou *Ouandalon*. Le lieu où cette victoire fut obtenue est déterminé avec précision par Strabon et d'autres auteurs anciens, qui disent positivement que ce fut près de l'embouchure de la Sorgue (*Sulgas*) et du Rhône [1]. Toutefois il s'est élevé des discussions sur l'emplacement de la ville de *Vindalium*, qui, d'après les documens fournis par les anciens, n'a pu encore être déterminé avec précision. M. d'Anville [2], d'après un léger rapport de nom, place cette ville à Vedene, et les objections qu'on a faites dernièrement contre cette conjecture ne sont pas fondées; on pourrait dire seulement qu'elle repose sur une assez faible base; mais, d'après les seuls renseignemens que nous possédons, on n'en peut guère former de meilleure. En faisant venir le nom de *Bidarrides* moderne de *Bituristæ*, ainsi qu'on le prétend [3], il en résulte seulement que ce serait le lieu même de la bataille, et celui sur lequel on érigea ces deux tours de pierre mentionnées par Florus [4], mais cela n'influerait pas sur la position de *Vindalium*, qui se trouvait auprès.

Les *Allobroges* se confédérèrent de nouveau avec les *Arverni* et les *Ruteni*, et renouvelèrent une lutte malheureuse. Ils furent taillés en pièces par Fabius Maximus, qui en reçut le nom d'Allobrogique [5].

---

[1] Strabo, lib. IV, p. 185. — Tit. Liv., *Epit.*, lib. LXI. — Pauli Orosii lib. V, 13. — Annæus Florus, lib. III, cap. 2. — Cicero, *Oratio pro Fonteio*. — Suetonius, in *Nerone Claudio Cæsare*, cap. 2.

[2] D'Anville, *Notice de la Gaule*, au mot *Vindalium*, p. 706.

[3] Fortia, *Histoire d'Avignon*, p. 243.

[4] Florus, lib. III, cap. 2. Florus nomme la Sorgue *Vandalicus fluvius*.

[5] Strabo, lib. IV, p. 185. — Plinius, lib VII, cap. 10. — Appianus,

Cette victoire eut lieu l'an 121 avant J.-C., et l'on forma la même année une province de toutes ces conquêtes romaines, sous le nom de *Gaule narbonnaise*. Quatre ans après, l'an 117 ou 118 avant J.-C., les Romains menèrent une colonie à Narbonne [1]; mais à peine avaient-ils conquis au-delà des Alpes cette province riche et fertile, que ces mêmes nations du nord qui devaient, trois cents ans plus tard, anéantir leur empire, se précipitèrent en armées innombrables sur la Gaule et sur l'Italie. Les *Belges*, plus guerriers, furent les seuls qui purent s'opposer avec succès à l'invasion de leur territoire; les autres peuples de la Gaule furent pillés et ravagés. Non seulement les Romains ne purent empêcher ce torrent de se répandre dans leurs récentes possessions de la Gaule transalpine, et de les dévaster, mais toute leur science militaire, et tout leur courage, furent d'abord impuissans pour protéger l'Italie. Les Cimbres et les Teutons, venus du nord, réunis à d'autres peuples de la Gaule, les *Tigurini* et les *Ambrones*, battirent les armées romaines dans les deux Gaules, et Rome se trouvait encore menacée d'une entière destruction lorsque Marius fut élu consul. Il triompha, pendant les années 102 et 101 avant J.-C., dans deux sanglantes et mémorables batailles sur les bords du Rhône, comme sur ceux du Tésin et du Pô [2]. Ensuite, occupés de la guerre avec Mithridate et de leurs dis-

---

de Bellis gallicis. — Paulus Orosius, lib. v, cap. 16. — Ex *Epitom.* Tit. Liv., lib. LXI. — Eutropius, lib. IV, cap. 23. — Valer. Max., lib. VI, cap. 1, lib. IX, cap. 6. — Florus, *loco citato*. — Jul. Cæsaris, *de Bello gallico*, lib. I, cap. 45. — Velleius Patercul., 1, cap. 15, II, 8.

[1] Eutropius, lib. III. — Paulus Diaconus, ex libr. *Brutus*.

[2] Plutarchus, in *Mario*, et tous les historiens de Rome.

sentions civiles, les Romains se contentèrent, après la victoire qu'ils avaient remportée sur les Cimbres et les Gaulois, de conserver la province qu'ils s'étaient formée dans la Gaule transalpine, et d'y consolider leur puissance. Cette province était non seulement importante par elle-même, mais elle l'était encore davantage par sa situation, et parce qu'elle forme la communication entre l'Italie et l'Espagne, que les Romains avaient soumises en entier.

Les possessions des Romains, dans la Gaule transalpine, conservèrent donc les mêmes limites pendant vingt ans. Pompée, qui commandait dans ce pays, accrut cependant cette province en soumettant quelques petits peuples, principalement du côté des Pyrénées [1]. Vers l'an 76 avant J.-C., le sénat pensa enfin à faire de ce côté de nouvelles conquêtes, et, suivant sa politique ordinaire, il chercha à diviser les peuples de la Gaule qu'il voulait dompter, il renouvela le traité d'alliance déjà conclu avec les *Ædui*[2], et il ordonna à ses préteurs dans la Narbonnaise de les défendre contre leurs ennemis [3]. Les Allobroges attaquèrent de nouveau les Romains, et furent battus l'an 61 avant J.-C. Mais la même année il se forma une ligue formidable entre les *Helvetii* et les peuples de la *Germanie* au nord des Alpes; on se rappela les Cimbres et les Teutons; la terreur se répandit dans Rome [4]. On donna alors (59 ans avant

---

[1] Crispus Sallustius, ex *Epistola Cneii Pompeii ad senatum* in *Fragmentis*. — Hieronymus, ex libro *Adversus Vigilantium*, p. 281. — Cicero, *Oratio pro Fonteio*, p. 219.

[2] Voyez ci-dessus, p. 176.

[3] Caj. Jul. Cæsaris *Comment.*, lib. 1, cap. 35.

[4] Cicero, *Epistolæ ad Atticum*, lib. 1, epist. 18, p. 210.

J.-C.) le commandement des deux Gaules et celui de l'Illyrie à Jules César¹, qui devait enfin faire connaître aux Romains, et réunir à leur empire, cette vaste contrée de la Gaule transalpine sur laquelle ils n'avaient eu jusque-là que des notions imparfaites et confuses. Avant de recueillir la riche moisson de notions géographiques qui furent les résultats de cette dernière conquête, il convient d'abord d'examiner le petit nombre de celles que nous fournissent les événemens que nous venons d'indiquer.

D'après le fragment de Polybe ², conservé par Constantin Porphyrogénète, sur la guerre des *Oxybii* et des *Deciates*, les ambassadeurs romains abordèrent dans un port nommé *Egitna*, sur le territoire des *Oxyboï*. Ces peuples, peu éloignés d'*Antipolis*, Antibes, qu'ils assiégeaient, ont dû habiter dans le district montagneux compris entre les hauteurs de Grasse et le golfe de Napoule; leur nom me paraît subsister encore, quoique abrégé, dans celui d'un petit lieu nommé Oppio, qu'aucun auteur, que je sache, n'a jusqu'ici remarqué, et qui se trouve à 2500 toises à l'est de Grasse ³. Oppio peut très bien avoir été la ville d'*Oxybium* mentionnée par Quadratus, cité par Etienne de Bysance⁴. *Egitnapolis*, qui est évidemment le même lieu que celui désigné par Strabon ⁵ sous le nom de *port des Oxybiens*, peut se placer à Napoule,

---

¹ Plutarchus, in *Crasso*, p. 551. — Eutropius, lib. vi, p. 538. — Paulus Orosius, lib. vi, cap. 2. — Dionis. Cass., lib. xxxviii, p. 63.

² Polybius, ex *Excerpt. legat.*, cap. 34, p. 962.

³ Voyez la carte de Cassini, feuilles 168 et 169.

⁴ Quadratus, lib. xiv. — *Roman. Chil.*, lib. iv, apud Stephan. Bysantin., *voce* Ὀξύβιοι.

⁵ Strabo, lib. iv, p. 185. — Tit. Liv., ex *Epitome*, lib. xlvii.

ou à Agaye, à l'entrée du golfe de Napoule; Agaye est nommé *Agathon Portus* en 730. Saint Eucher fait mention, dans le xe siècle, d'un lieu près de Napoule où sa fille fut enterrée; il le nomme Thele; ce lieu, qui est au pied de la montagne du cap Roux, s'appelle cap Theoule[1]. Il existait dans ce lieu un fort nommé *Avenionis Castrum* ou *Avenionetum*. On prétend que la dénomination de Napoule ou *Neapolis*, ville neuve, a été donnée dans le xiiie siècle par les seigneurs de ce nom dont cette ville dépendait.

Nous avons quelque chose de plus certain sur les *Deciates*, puisque Ptolémée en fait mention et leur donne pour chef-lieu *Antipolis*, Antibes; mais à l'époque dont nous traitons, ils n'étaient pas maîtres de cette ville, puisque le siége qu'ils en formaient fut une des causes de la guerre. Ils ont donc dû être placés près de là, mais un peu plus dans l'intérieur. D'après l'ordre d'énumération suivi par Pline dans cette partie de son ouvrage, les *Deciates* ont dû exister sur le rivage situé entre *Antipolis* et le Var; ils avaient les *Oxybioï* à l'occident et au nord, et les *Nerusi*, qui occupaient *Ventium*, Vence, et qui étaient encore compris du temps de Ptolémée (c'est-à-dire plus de deux siècles et demi après l'époque dont nous traitons) parmi les peuples des Alpes, et à ce titre considérés comme partie intégrante de l'Italie[2]. On voit par-là que les *Deciates* étaient le peuple de la Gaule transalpine qui, de ce côté, était le plus voisin

---

[1] Papon, *Hist. de Provence*, tom. 1, p. 96 et 79. — Durandi, *Piemonte cispad.*, p. 16.

[2] Ptolemæus, *Geogr.*, lib. iii, cap. 10. — Plinius, lib. iii, cap. 5. — Florus, lib. ii, cap. 4. — Mela, lib. ii, cap. 5.

de l'Italie. Aussi Artémidore, qui écrivait environ 60 ans après la guerre des *Oxybioï*, plaçait dans le 1er livre de sa géographie *Decietum*, capitale des *Deciates* en Italie. Mela fait aussi mention d'*Oppidum Deciatum*, que Ménard veut mettre à Villeneuve, mais que nous croyons mieux placé à Saint-Paul de Vence[1].

Les Romains, usant d'une modération apparente, donnèrent aux Marseillais le territoire qu'ils avaient conquis sur les *Oxybii* et les *Deciates*; mais trente ans après les Marseillais, incapables de se défendre, implorèrent encore le secours des Romains contre les *Salyes* : les Romains s'emparèrent du territoire de ces derniers, et ils entourèrent de murailles leur principale ville, célèbre alors par ses eaux minérales; ils y conduisirent une colonie, qui, ainsi que je l'ai déjà remarqué, prit le nom d'*Aquæ sextiæ* du consul Sextius[2]. Cette ville devint d'abord la capitale des nouvelles possessions des Romains dans la Gaule transalpine. La position d'*Aquæ sextiæ* à Aix est démontrée par les mesures des anciennes voies romaines qui s'y croisaient et qui partaient de *Massilia*, Marseille, *Arelate*, Arles, *Forum Julii*, Fréjus[3]; ce qui se trouve confirmé par le grand nombre de monumens qu'on y a trouvés[4].

---

[1] Artemidorus, *Geogr.*, lib. 1, apud Steph. Bysant., edit. Berk., p. 293.—Ménard, *Mém. des Inscript.*, tom. XXVII, Inst., p. 133.

[2] Tit. Liv., ex *Epitome* lib. LXI. — Diodorus Siculus, ex lib. XXXIV, p. 318. — Julius Solinus, cap. 2. — Solin dit *Aquæ sextiliæ*.

[3] Voyez l'*Analyse des Itinéraires*, tom. III de cet ouvrage.

[4] Voyez Mémoire sur l'Ancienn. d'Aix, lu à l'Académie d'Aix, le 2 mai 1812, dans le *Magasin encyclopédique* de décembre 1812, par Fauris de Saint-Vincent.

Le nouveau territoire possédé par les Romains 120 ans avant J.-C. paraît s'être étendu depuis le Var à l'est, jusqu'au Rhône à l'ouest; il était borné au nord par le Verdon et la Durance, et au midi par la mer, à la réserve des environs de Marseille et d'Antibes qui étaient dans la dépendance de Marseille. La plus grande partie de ce territoire était habitée par les Salyens, qui s'étendaient depuis l'Argens jusqu'au Rhône. Les *Oxybii* habitaient la côte entre les rivières nommées le Loup et l'Argens; plus près du Var étaient les *Deciates*. Enfin au nord habitaient les *Vediantii* mentionnés dans l'inscription du triomphe de Fulvius, et situés dans l'évêché de Vence, au nord de Nice et de Cimiers. On a trouvé à Torreta, qui est située dans le diocèse de Vence, un monument romain où il est fait mention des *Vediantii*, et que Spon et Honoré Bouche ont publié [1]. Un peu plus au nord et en tirant vers l'ouest paraissent avoir habité les *Montani*, aussi mentionnés dans l'inscription de Fulvius, et situés dans la viguerie de Castellane; enfin, en continuant toujours vers le nord, se trouvaient les *Albiœci* ou *Reii*, les *Memini*, et les *Vulgientes* et autres petits peuples sur lesquels nous reviendrons, et qui occupaient les départemens modernes des Basses-Alpes et de Vaucluse. Dans l'Épitome du XLVIIe livre de Tite Live, tous ces peuples, et notamment les *Oxybii* et les *Deciates*, sont nommés

---

[1] Voyez Bouche, *Chorographie de la Provence*, III, 2. — Spon Miscell., p. civ, n° 75. — Cette inscription se trouve aussi rapportée dans Durandi, *Piemonte cispadano*, p. 8 et 9, et par Franchi-Pont, *Mémoires de l'Académie de Turin*, de 1805 à 1808, p. 330. Elle porte MATRONIS VEDIANTIABUS.

Liguri transalpini, ce qui est conforme à ce que nous avons dit précédemment.

Il paraît que dans les premiers momens de leurs conquêtes, les Romains, suivant leur habile politique, parurent se contenter d'être les protecteurs des Marseillais, et des autres Grecs établis sur cette côte. Strabon, racontant cette expédition de Sextius et la fondation d'*Aquæ sextiæ,* ajoute : « Il mit
« dans cette nouvelle ville une garnison romaine,
« et il chassa de la côte qui conduit de Marseille en Ita-
« lie, les Barbares que les Marseillais seuls n'avaient pu
« entièrement repousser; néanmoins il ne fut guère
« plus heureux que ces derniers dans le résultat de
« cette expédition, si ce n'est qu'il obligea les Bar-
« bares de se tenir éloignés à la distance de 12 stades
« des côtes couvertes de roches. Le terrain qu'ils
« avaient abandonné, il le laissa aux Marseillais[1]. »
Les Romains continuèrent aussi à jouir de leur suprématie sur les colonies qu'ils avaient fondées sur cette côte, dont nous avons déjà fait mention, savoir : *Emporium,* Ampurias, *Agatha,* Agde, *Taurentium,* Taurenti, *Olbia*[2], Eoubo, *Antipolis,* Antibes, *Nicæa,* Nice[3]. Nous devons joindre à cette liste

---

[1] Strabo, liv. IV, tom. II, p. 12, de la traduction française.

[2] Voyez l'*Analyse des Itinéraires maritimes,* tom. III de cet ouvrage, et ci-dessus, p. 27.

[3] Ces colonies, en y comprenant *Cabellio,* Cavaillon, sont justement au nombre de sept, et il est très remarquable qu'Étienne de Bysance dit, en parlant de *Nicæa,* Nice : *Septima Celticæ Massiliensium colonia.* Cette énumération n'a pu être faite qu'après la destruction, ou avant la fondation, de *Rhodanusia,* colonie marseillaise située à une des embouchures du Rhône, et dont Scymnus de Chio, Strabon, Pline et Étienne de Bysance, ont fait mention.

l'entrepôt établi à *Cabellio*, Cavaillon sur la Durance [1]. Étienne de Bysance observe que le pays environnant était nommé, d'après les habitans, district des *Cabellionenses*, et en grec *Cabellionites*; une savante dissertation de M. Calvet prouve qu'il existait à Cavaillon, *Cabellio*, une compagnie d'utriculaires pour traverser le fleuve en cet endroit [2]. Il est probable qu'*Aeria*, connue aussi d'Artémidore d'Éphèse, était un autre lieu dépendant des Marseillais, quoique cela ne soit pas dit expressément, comme à l'égard de *Cabellio*. Apollodore, dans ses Chroniques, auteur plus ancien qu'Artémidore [3], a aussi fait mention d'*Aeria* [4], Pline nomme aussi cette ville dans le nombre des cités de la Narbonnaise qui jouissaient des priviléges latins [5]. Et comme les fragmens d'Artémidore et d'Apollodore ne nous sont connus que parce qu'ils ont été cités par Strabon et par Étienne de Bysance, au sujet de cette ville, il s'ensuit que cinq auteurs anciens en ont fait mention sans qu'on puisse trouver dans leurs textes réunis aucun moyen suffisant pour en déterminer la situation. La conjecture la plus vraisemblable est celle de Ménard [6], qui la place au château de Lers, près duquel est un domaine nommé Auriac [7]; cette

[1] Voy. ci-dessus, p. 175, et Mionnet, *Médailles suppl.*, t. I, p. 133.

[2] Calvet, *Dissertation sur les Utriculaires de Cavaillon.*

[3] Clavier, Préface de la traduction française d'Apollodore, p. 1, prouve qu'il écrivait environ 150 ans avant J.-C.

[4] Stephanus Bysantinus, *de Urbibus*, voce *Aeria*, p. 25 de l'édit. de 1678.

[5] Plinius, lib. III, cap. 4.

[6] Ménard, *Histoire de l'Académie des Inscriptions*, tom. XXIX, p. 236.

[7] Fortia, *Histoire d'Avignon, Antiquités de Vaucluse.* Dans un

position est celle qui satisfait le mieux au texte de Strabon, le seul qui fournisse quelque renseignement à ce sujet. Il nous apprend, d'après Artémidore¹, que le mot d'*Aeria* signifie un lieu élevé, et était indicatif de la situation de cette ville; mais ce n'est pas une raison pour aller placer ce lieu sur le mont Ventoux, comme a fait M. d'Anville. Jamais il ne paraît avoir existé de ville sur le mont Ventoux, et ce mont ne se trouve pas dans la direction de la route indiquée par Strabon. Au nombre des villes situées sur la côte, qui appartenaient aux Marseillais, on doit encore nommer celle de *Mastramela,* sur l'étang du même nom, dont Artémidore ² a fait mention, et que nous avons vue mentionnée dans le poëme d'Avienus ³. Pline ⁴ a parlé de l'étang sous le nom d'*Astromela,* que Hardouin a converti en *Mastromela* contre l'autorité des manuscrits, et d'après les textes d'Avienus et d'Étienne de Bysance. La manière dont Pline s'exprime sur cet étang fait facilement reconnaître l'étang de Berre, et nous avons précédemment déterminé la position de cette ville⁵, qu'Honoré Bouche plaçait à Istres, mais sans fournir aucune preuve qui puisse appuyer sa conjecture. Pour achever l'é-

---

Mémoire manuscrit sur *Aeria*, M. le marquis de Fortia, qui est de ce pays, a corroboré l'opinion de Ménard par beaucoup de petites preuves locales; mais il veut convertir en ville le mot *Dourion* du texte de Strabon, regardé par les meilleurs critiques comme le nom de la Durance, et il place sans preuve cette prétendue ville à Nover.

¹ Strabo, lib. IV, cap. 192.
² Artemidorus, apud Stephan. Bysantin., voce Μασραμέλλη.
³ Avienus, *Ora maritima,* vers 692.
⁴ Plinius, lib. III, cap. 4.
⁵ Voyez ci-dessus, p. 117.

numération des lieux alors dans la dépendance des Marseillais, n'oublions pas une ville mentionnée par Varron [1], et qui fut honorée du nom classique d'*A-thènes*; Pline et Mela ont aussi parlé de l'*Athenopolis* de la Gaule. Nous n'avons aucune mesure pour déterminer l'emplacement de cette ville; mais dans l'intervalle où Pline et Mela nous resserrent, et d'après l'ordre de leur description, il ne reste plus aux *Athæneopolitæ* de Varron que le port de Saint-Tropez; le nom du saint aura probablement fait disparaître l'ancien nom, comme cela est arrivé à plusieurs villes dans les VIIIe et IXe siècles. Il est bien étonnant que d'Anville, après avoir observé dans sa Notice que Pline et Mela s'accordent à placer *Athenopolis* au midi de Fréjus, l'ait mise au nord sur sa carte, sans aucune raison valable. On ne peut douter que cette ville n'appartînt aux Marseillais, puisque Pline a pris soin de nous l'apprendre [2]. Artémidore, cité par Étienne de Bysance, fait aussi mention d'*Alionis*, île et ville appartenant aux Marseillais. Ce lieu est évidemment le même que l'*Alconis* de l'itinéraire maritime dont la position se trouve déterminée par les mesures à la pointe des Gourdons, et à la plage dite la Vieille [3].

Dans les trois années qui suivirent la fondation d'*Aquæ sextiæ*, Aix, la guerre contre les *Allobroges* [4]

[1] Varro., apud *Auctores linguæ latinæ*, lib. VII, p. 66, n° 18.
[2] Plinius, lib. III, cap. 4, *in ora, Athenopolis Massiliensium*, et Mela, lib. II, cap. 5. — Durandi penche pour Napoule, d'Anville pour Agay, où nous avons placé *Ægitna*.
[3] Voyez l'*Analyse des Itinéraires marit.*, tom. III de cet ouvrage.
[4] Strabo, lib. IV, p. 185. — Tit. Liv., ex *Epitome* lib. XXXI. — Paulus Orosius, lib. V, cap. 16. — Annæus Florus, lib. III, cap. 2. —

et ensuite contre les *Arverni* et les *Ruteni*, les victoires réunies de Domitius Ænobarbus et de Fabius Maximus, ajoutèrent au vaste territoire déjà conquis par les Romains tout le pays compris entre la Durance, l'Isère et le Rhône à l'est, et la chaîne de montagnes qui se détache des Pyrénées à l'ouest; l'Aude et la rivière d'Agout, qui se jette dans le Tarn, dessinaient la frontière de ce côté : au nord la limite était tracée par la rivière de Ceze, qui se rend dans le Rhône, par la partie la plus élevée des Cévennes, et ensuite par la Rance et le Tarn jusqu'à sa jonction avec l'Agout. Tout ce pays fut enlevé aux *Vocontii*, aux *Cavares*, aux *Volcæ arecomici* et aux *Volcæ Tectosages*. Le petit district d'Albi au-delà des Cévennes, fut démembré des *Ruteni* et forma ce qu'on appela depuis les *Ruteni provinciales*. Les Romains formèrent une seule province de ce vaste territoire, et *Narbo Martius*, où ils conduisirent en même temps une colonie, en devint la capitale. La position de *Narbo* à Narbonne moderne, est non seulement prouvée par l'histoire, mais encore par les mesures anciennes de toute la route qui conduisait d'Italie en Espagne [1].

Après l'établissement de la province narbonnaise, le consul Cæpion s'empara de tout ce qui restait encore aux *Volcæ Tectosages*. La capitale de ces

---

Cicero, *Oratio pro Fonteio*. — Suetonius, in *Nerone Claudio Cæsare*, cap. 2.

[1] Strabo, IV, p. 191. — Plinius, lib. VII, cap. 15. — Appianus, *de Bellis gallicis*. — Paul. Oros., V, 14. — Tit. Liv., ex *Epitome* lib. LXI. — Eutropius, lib. IV, 10. — Valerius Maximus, lib. IX, cap. 6. — Florus, III, 2. — Julii Cæsaris *de Bello gallico*, lib. I, cap. 45. — Valerius Maximus, lib. VI, cap. 1.

peuples était *Tolosa*, Toulouse, d'où les Romains enlevèrent une grande quantité d'or qui s'y trouvait renfermée [1]. L'histoire, ainsi que les mesures des routes qui partent de *Narbo*, Narbonne, *Cadurci*, Cahors, *Aginnum*, Agen, *Ausci*, Auch et *Convenæ*, Saint-Bertrand-de-Comminges, prouvent surabondamment la position de cette ville à Toulouse moderne [2]; mais on n'a pas encore déterminé avec précision quelles étaient les limites des *Volcæ Tectosages* et des *Volcæ arecomici*, qui, avec les *Salyi* ou *Salluvii*, remplissaient alors presque dans toute son étendue la province romaine.

Des deux divisions des *Volcæ*, les *Tectosages*, qui fondèrent un royaume dans l'Asie-Mineure, étaient certainement les plus considérables. Ptolémée [3] leur attribue Toulouse, Carcassonne, Narbonne, Beziers et *Cessero* ou Saint-Thyberi [4], et par conséquent Agde, qu'il nomme sur le rivage, et qui est tout près de *Cessero*, mais qui, à l'époque dont nous traitons, appartenait aux Marseillais. Pline [5] est d'accord à cet égard avec Ptolémée. Cependant Strabon donne

---

[1] Strabo, lib. IV, p. 188. — Dion. ex Excerptis editis ab Henrico Valesio, p. 630. — Justinus, lib. XXXII, cap. 3. — Aulus Gellius, lib. III, cap. 9. — Oros., V, 15. — Valer. Max., IV, 7; VI, 9.

[2] Voyez l'*Analyse des Itinéraires*, tom. III de cet ouvrage.

[3] Ptolemæus, lib. II, cap. 1.

[4] Voyez l'*Analyse des Itinéraires*, tom. III de cet ouvrage.

[5] Plinius, lib. III, cap. 4, non qu'il le dise expressément; mais cela est évident, d'après l'ordre de sa description. On a prétendu qu'Ausone avait aussi attribué Narbonne aux Tectosages. Voyez Ausonius, *de Claris urbibus*, p. 221, edit. Parisiis, in-4°, 1730. Le texte d'Ausone dit seulement que le pays dont Narbonne était la capitale s'étendait jusqu'au Rhône à l'est, et renfermait les Volcæ Tectosages à l'ouest.

Narbo aux *Volcœ arecomici*, et il s'explique d'une manière si claire et insiste si positivement sur ce point, qu'on ne peut croire que ce soit par erreur[1]; mais ici vient se placer une observation de M. d'Anville sur ce sujet, qui est pleine de sagacité. « Je pense, dit ce grand géographe, qu'en ceci il faut
« distinguer les temps. Avant que les Romains eus-
« sent fait de Narbonne la capitale de leur première
« province conquise dans la Gaule, cette ville pouvait
« être des Arecomici plutôt que des Tectosages,
« comme on doit l'inférer de Strabon. Mais élevée à
« cette dignité, Narbonne a dû se trouver indépen-
« dante du corps politique de l'un comme de l'autre
« des peuples *Volcœ*, et prendre un territoire dis-
« tinct et séparé. Je vois un indice de ce territoire
« dans une position de *Fines* entre Carcassonne et
« Toulouse; mais comme il ne se distingue point par
« un nom de peuple qui lui soit propre, Ptolémée,
« qui n'est point arrêté par cette distinction, adjuge
« plutôt Narbonne et quelques autres villes aux
« *Tectosages*, qui se présentent les premiers dans
« l'ordre de sa description, qu'aux *Arecomici* qui
« les suivent, et dont le district paraît ainsi réduit
« à celui de la capitale ou de *Nemausus* en particu-
« lier, et n'être point celui de la nation en général[2]. »
Cette observation, quoique juste, contient, ce me semble, une erreur assez grave; elle établit bien qu'à l'époque dont nous traitons et antérieurement, le territoire des *Arecomici* s'étendait à l'ouest jusqu'à Narbonne, qui s'y trouvait comprise, mais il n'est

---

[1] Strabo, lib. IV, p. 186.
[2] D'Anville, *Notice de la Gaule*, p. 717. Voyez ci-dessus, p. 139.

pas exact de dire qu'après que le territoire de Narbonne eut formé une sorte de district particulier, il ne se distingua pas par un nom de peuple particulier. Mela nous apprend au contraire que ce peuple était les *Atacini;* après avoir désigné chaque ville par le nom du peuple dont elle était la capitale, il dit : « *Nîmes*, ville des *Arécomiques; Toulouse,* « des *Tectosages,* et la ville qui les surpasse toutes, « la colonie des *Atacini* maintenant appelée *Narbo* « *Martius* [1]. » Il est évident, d'après la comparaison des divers textes que nous venons de citer, que la célébrité de Narbonne fit presque oublier jusqu'au nom du peuple auquel cette ville devait sa première origine, et dont elle avait été la capitale; l'usage s'établit d'attribuer par la suite, de préférence, le territoire de Narbonne aux *Tectosages*.

Cicéron fait mention de trois lieux de la Gaule, peu considérables, mais qui existaient à l'époque dont nous traitons, et il est assez extraordinaire de voir deux savans tels que M. de Burigny et l'historien de l'Académie, proclamer comme une découverte les noms de ces trois lieux et annoncer qu'aucun géographe n'en a fait mention [2], lorsqu'on trouve ces trois noms dans le *Thesaurus geographicus* d'Ortelius [3]. Il paraît, d'après le texte de Cicéron [4], que

---

[1] Mela, lib. II, cap. 5 : « Arecomicorum Nemausus, Tolosa Tecto- « sagum.... sed antestat omnes Atacinorumque colonia...., nunc.... Narbo Martius. »

[2] *Mém. de l'Académ. des Inscript.*, tom. XLII, p. 171.

[3] Ortelius, *Thesaurus geographicus*, voc. *Crodonum* et *Vulchalo*. A la vérité, ces noms ne se trouvent ni dans d'Anville ni dans Valois, les seuls que probablement ces deux académiciens auront consultés.

[4] Cicero, *Oratio pro Fonteio*, c. 9.

des possesseurs de vignes situées au nord de Toulouse, évitaient de passer par cette grande ville pour se soustraire aux droits qu'on y avait établis, et traversaient un endroit nommé *Cobiomaco;* mais pour remédier à la perte que cela occasionnait au fisc, on établit des droits dans deux autres lieux nommés *Vulchalo* et *Crodunum,* qui sans doute se trouvaient sur cette route détournée. *Cobiomaco* me paraît être Cambiac, au midi de Caraman et d'Auriac, et dans la direction de Toulouse à Narbonne. Nous n'avons de ce côté aucune ressemblance de nom, ni aucune indication, qui puisse nous guider pour les deux autres lieux; mais ils ont dû être placés soit à Saint-Appollonie, soit à Saint-Sernin, soit à Saint-Martin. Le reste du discours de Cicéron, où ces trois lieux sont mentionnés, qui est le plaidoyer pour Fonteius, nous apprend que ce dernier gouvernait la province romaine en qualité de préteur, tandis que Pompée faisait la guerre aux peuples des Pyrénées; que Fonteius fit alors paver la voie domitienne, ou celle que Domitius Ænobarbus avait fait pratiquer, après sa victoire, sur les bords du Rhône; que ce même Fonteius avait dompté plusieurs peuples de la province romaine non encore soumis au joug des Romains; que la colonie de Narbonne avait été établie pour contenir les peuples dans le devoir; qu'enfin toutes les affaires se faisaient par l'entremise des négocians romains.

A l'époque où les Romains étendaient leurs possessions à l'ouest chez les *Volcæ Tectosages,* ils firent de vains efforts pour les reculer vers le nord. Les *Tigurini,* un des quatre cantons de l'Helvétie qui avaient, ainsi que nous le démontrerons bientôt,

Aventicum, Avenches, pour capitale, non seulement repoussèrent les attaques du consul L. Cassius, mais firent passer son armée sous le joug [1], 107 ans av. J.-C.

Les irruptions des Cimbres et des Teutons [2] ne permirent pas aux Romains de tirer vengeance de ce sanglant affront, et lorsque les victoires de Marius eurent affermi leur puissance dans la Gaule, ils se contentèrent de faire rentrer dans le devoir les *Salyiens* qui s'étaient révoltés [3], de dompter quelques petits peuples voisins des Pyrénées, et d'étendre les limites de la province romaine jusqu'aux sources de la Garonne. C'est Pompée qui fut l'auteur de cet accroissement [4], et la ville qu'il fit la capitale et le point de réunion de ces petits peuples fut appelée,

---

[1] Jul. Cæs. Comment, lib. 1, cap. 7 et 12. — Appianus, *de Bell. gallic.*, p. 754. — Paulus Orosius, lib. v, cap. 14. — Tit. Liv., ex *Epitome* lib. LXV.

[2] Ces peuples germains entraînèrent avec eux quelques peuples gaulois qui étaient leurs voisins ou avaient la même origine. « A « Cimbris et Teutonibus, et Tigurinis, et Ambronibus, quæ erant « Germanorum et Gallorum gentes, victi sunt », dit Eutrope, lib. v, p. 215, édit. de Verheyk. D'après l'ordre conservé ici par Eutrope, les deux premiers peuples paraissent être désignés comme Germains, et les deux derniers comme Gaulois. Nous prouverons, en effet, que les Tigurini étaient, ainsi que nous l'avons dit, un des quatre cantons des Helvetii, et avaient Aventicum pour capitale. On peut surtout, d'après ce passage, croire que les Ambrones étaient Helvetii, ou les considérer comme les mêmes que les Ambarri, chez lesquels on trouve un lieu nommé *Ambronay*. Voyez Bochat, *Mémoires sur l'Histoire ancienne de la Suisse*, tom. II, p. 586, et Oudin, *Recherches sur les Ambrones*, dans le recueil des pièces d'histoire et de littérature imprimées à Paris, chez Chaubert, tom. I, p. 1. — Voyez ci-dessus, p. 56 et 133.

[3] Tit. Liv., ex *Epitome* lib. LXXIII.

[4] Hieronymus, *ex libro adversus Vigilantium*, p. 281, et Paulus Diaconus, p. 219.

d'après cette circonstance, *Convenæ*, du verbe *convenire*, s'assembler. Son ancien nom celtique ou gaulois paraît avoir été *Lugdunum* : elle donna son nouveau nom aux peuples des environs ; sa position à Saint-Bertrand-de-Comminges est bien prouvée par les mesures des routes anciennes qui partent de *Tolosa*, Toulouse, et *Lactora*, Lectoure [1]. Ainsi, outre les *Sardones*, qui formèrent de tout temps partie de la province romaine, puisqu'ils se trouvaient sur la route d'Italie en Espagne, et qu'ils habitaient, ainsi que nous le prouverons, toute la partie méridionale des Pyrénées, on doit encore comprendre dans l'étendue de la province narbonnaise, en l'an 76 avant J.-C., les *Consoranni* et les *Convenæ*, qui en furent depuis retranchés. Cette province, à l'époque dont nous traitons, avait pour limites, au midi, les monts Pyrénées, depuis le *promontorium Pyrenæum* ou cap Creuz, jusqu'aux sources de la Garonne ; et une petite portion du cours de ce fleuve jusqu'au coude qu'il forme près des sources de la Gimone ; ensuite tout le cours de cette rivière était la limite à l'ouest. Cette rivière de Gimone séparait du territoire des *Ausci* et des *Lactorates* celui des *Tolosates*, qui était la dernière conquête des Romains. Vers le nord-est, la province romaine ne s'étendait pas au-delà de l'Isère, et nous voyons, d'après le procès de Catilina, que les Allobroges, en l'an 63 avant J.-C., avaient conservé toute leur indépendance, puisqu'ils avaient à Rome des ambassadeurs que l'on tenta de séduire [2] : et il fallait bien qu'il

---

[1] Voyez l'*Analyse des Itinéraires*, tom. III de cet ouvrage.
[2] Sallustius Crispus, *de Bello catilinario*, p. 25. — Plutarchus, edit. Francofurti, in-fol., 1599, in *M. Cicerone*, p. 866. — Appia-

y eût parmi eux des causes de mécontentement, puisque, deux ans après, ils firent une irruption dans la province romaine. Cette guerre contre les Allobroges est intéressante, en ce qu'elle précède immédiatement la conquête de toutes les Gaules par Jules César, et en fut en quelque sorte la préparation. Dion est le seul auteur qui nous en ait conservé les détails[1], mais son récit devient inintelligible lorsqu'on veut le suivre sur les cartes les plus estimées que l'on a dressées de l'ancienne Gaule, parce que les deux seuls lieux qui y sont mentionnés ont été placés comme au hasard, et d'une manière tout-à-fait contraire, à ce que demande la marche des armées. Cependant M. d'Anville, qui a adopté la conjecture d'Hadrien de Valois, qui place *Ventia* à Vinay, n'a pas osé adopter celle de dom Bouquet, qui met *Solonium* à Sône, parce qu'il a bien vu que le récit de Dion y répugnait encore plus que pour la conjecture de Valois. Dans une dissertation composée sur cet objet, qui ne tient pas assez immédiatement au sujet que je traite pour en insérer ici tous les résultats, j'ai démontré qu'il fallait placer la ville de *Ventia*, auprès de laquelle campa Manlius Lantinus, à Vence, sur la petite rivière de Vence, à 3,000 toises de Grenoble, à l'est du chemin qui mène à la Grande-Chartreuse, près d'un lieu nommé Scia, et d'un château nommé le château d'Hercule. Quant à la ville de *Solonium*, près de laquelle le préteur Pomptinus détruisit entiè-

---

nus, *de Bellis civilibus*, lib. II, edit. Stephani; in-folio, 1592, p. 430. — Dionis Cassii *Histor.*, in-fol., 1666, lib. xxxvII, p. 45. — Annæus Florus, lib. IV, cap. I. — Cicero, *Oratio* 3 *in Catilin.*

[1] Dion., lib. xxxvII, cap. 47, tom. I, p. 140, edit. Reim.

rement l'armée des Allobroges, il est évident, d'après le récit de Dion, qu'il faut chercher ce lieu non à l'ouest de *Ventia*, du côté de la Gaule narbonnaise, mais dans cette partie de l'Allobrogie qui était au-delà du Rhône. Le lieu nommé Scillonnaz dans le département de l'Ain, arrondissement de Belley, canton de l'Huys, près d'une petite rivière nommée Brivas, est le seul qui, par sa position et la ressemblance du nom, convienne à toutes les circonstances exigées pour représenter l'ancien *Solonium* de Dion, ou *Solonum* de Tite Live [1]. Toute l'armée des Allobroges ayant été détruite par Pomptinus, le territoire de ces peuples se trouva réuni à la province romaine.

Ainsi le Var et le pied des Alpes, à l'est; au nord, cette portion du Jura qui, de l'extrémité ouest du lac de Genève, s'étend jusqu'au Rhône, ensuite le Rhône et les Cévennes; à l'ouest, la Gimone et la Garonne vers sa source; au midi, les Pyrénées et la côte, depuis le cap Creuz jusqu'au Var; telles étaient les limites de la belle province que les Romains possédaient dans la Gaule transalpine deux ans avant l'invasion de César. Leur puissance se trouvait encore accrue par leur alliance avec les *Ædui*, un des peuples les plus nombreux et les plus étendus de toute la Gaule, avec lesquels ils avaient formé une ligue offensive et défensive, et qu'ils avaient déclaré leurs amis et leurs alliés [2]. L'ambition et les conquêtes des *Arverni* paraissent avoir été le motif de cette alliance de la part des *Ædui*. En effet, depuis la grande émigration qui eut lieu sous le règne

---

[1] Tit. Liv., ex *Epitome* lib. CIII.
[2] Voyez ci-dessus, p. 176.

d'Ambigat, les différens peuples de la Gaule ou de la Celtique éprouvèrent diverses variations dans leurs limites respectives, que nous ignorons, parce que, depuis cette époque jusqu'à celle de leurs premières relations avec les Romains, nous ne savons rien de leur histoire. Nous avons vu qu'alors les *Bituriges* étaient le peuple le plus considérable et le plus puissant : depuis, les *Arverni* usurpèrent la suprématie. Tite Live en parle comme du peuple principal de la Gaule, lors du passage d'Asdrubal¹, et Strabon nous apprend que, dans le moment de leur plus grande splendeur, ils s'étendaient du midi au nord depuis *Narbonne*, et les frontières des Marseillais, jusqu'à celles des *Mandubii* ou de l'Auxois². Les victoires de Domitius Ænobarbus et de Fabius Maximus, forcèrent ces peuples de se renfermer à peu près dans leurs anciennes limites; mais cependant, à la fin du période dont nous traitons, et au commencement de la guerre avec Jules César, ils paraissent avoir été avec les *Ædui*, qui leur disputaient la suprématie, les deux peuples les plus redoutables de la Celtique ou de la *Gallia comata*³.

Artémidore, que nous avons eu si souvent occasion de citer dans ce période auquel il appartient, fait mention d'un peuple nommé *Agnotes*⁴, situé dans la Celtique ou Gaule et sur les côtes de l'Océan. On

---

[1] Lib. xxvii, cap. 37, tom. iv, édit. de Drakenborch.

[2] Strabo, lib. iv.—Pour l'emplacement et les limites des Mandubii, voyez ci-après.

[3] Voyez C. Jul. Cæsar. Commentar., passim.

[4] Artemidor., apud Stephan. Bysantin. v. Ἀγνῶτες.

ne peut former sur la position de ce peuple que des conjectures bien vagues. D'Anville croit reconnaître les *Agnotes* dans le *pagus Agnensis* dont il est fait mention dans la vie de saint Paul de Léon, et il observe que la partie occidentale du diocèse de Léon, enveloppée par la mer de trois côtés, conserve le nom d'Ack dans un des districts ecclésiastiques de ce diocèse, et qu'un des ports de la côte, nommé Aber-Ack, en tire son nom. Il paraît que la géographie d'Artémidore contenait de nouvelles notions sur les extrémités de la Gaule, fruit d'un voyage de découvertes dont les détails sont perdus ; car les *Agnotes*, ainsi qu'on a pu le voir, ne sont pas le seul des noms nouveaux et inconnus jusqu'à lui, que nous devions à cet auteur.

Avant de terminer ce qui concerne ce période, je ne dois pas oublier d'observer que si je donne à la province romaine les Alpes pour limites à l'est, je ne comprends pas ces mêmes Alpes dans l'intérieur de la Gaule. Les habitans de ces montagnes escarpées étaient alors indépendans. Leur pays n'appartenait proprement ni à l'Italie ni à la Gaule ; mais lorsqu'ils eurent été domptés, on les attacha d'abord à l'Italie avant d'en réunir une partie à la Gaule, ainsi que nous le prouverons par la suite.

DEUXIÈME PARTIE.

DEPUIS L'INVASION DE LA GAULE TRANSALPINE ET L'ENTIÈRE CONQUÊTE DE CETTE CONTRÉE PAR JULES CÉSAR, JUSQU'A LA SOUMISSION DES PEUPLES DES ALPES SOUS AUGUSTE.

CHAPITRE I[1].

Du progrès des connaissances géographiques dans les temps anciens relativement aux Gaules transalpine et cisalpine, et des noms généraux qui leur furent donnés. — Indication des moyens à employer pour déterminer la position et les limites des peuples pour les périodes qui vont suivre, et par quelles raisons on peut tracer une carte plus exacte de ces différens peuples pour la Gaule transalpine que pour toute autre contrée.

Arrivés à l'époque où les deux Gaules ont été connues par les anciens peuples civilisés de l'Europe, il est temps de nous occuper des noms généraux qu'ils leur donnèrent. Les noms généraux, en géographie, varient nécessairement dans leurs significations jusqu'à ce qu'on ait une connaissance entière des contrées qu'elles servent à désigner. Le nom d'Europe

[1] Ce chapitre est une introduction à ceux qui vont suivre. Plusieurs des choses qu'il contient ont été démontrées dans des Mémoires spéciaux de l'auteur, tel que tout ce qui est relatif à la marche d'Annibal, aux défilés des Alpes, etc. L'auteur n'a pu présenter ici que des résultats, mais ces résultats tiennent d'une manière intime à son sujet ; cette seule considération a dû imposer ici la loi d'être court, et de ne pas s'arrêter aux développemens des preuves. Nous avons dû aussi n'accompagner ce chapitre que d'un très petit nombre de citations, précisément parce que rien n'était plus facile que de les multiplier à l'infini.

n'a d'abord été appliqué qu'à un petit canton de la Thrace ; celui d'Asie est resté long-temps attaché à une petite portion de ce vaste continent ; il a acquis avec les siècles une signification plus étendue, à mesure que les progrès des découvertes en reculaient les limites présumées ; ce n'est enfin que dans ces dernières années, après trois mille ans de civilisation et de recherches, que ce nom a pu présenter une idée un peu exacte de la chose qu'il servait à désigner. Pour bien entendre la valeur des différentes dénominations que les anciens ont données aux deux Gaules en général, il devient donc nécessaire de déterminer avec soin quel a été à toutes les époques l'état de leurs connaissances sur ces deux contrées. Qu'on ne s'imagine pas pouvoir s'en former une idée précise par ce que nous avons dit jusqu'ici. Nous avons, il est vrai, fixé la position des différens peuples qui ont successivement habité, ou conquis, les diverses portions des deux Gaules ; mais le tableau mouvant de l'histoire, et de la géographie, de ces deux contrées, a pu rarement être tracé par des notions contemporaines. Les grandes révolutions politiques, les émigrations des peuples, les découvertes géographiques, ne sont pas toujours bien connues des siècles qui en ont été les témoins ; ce n'est souvent que long-temps après qu'on s'occupe de s'en former une idée exacte, d'en retracer le souvenir, et de le transmettre à la postérité. Nous devons donc considérer notre sujet sous un point de vue différent, et suivre dans les écrits des auteurs grecs et romains, les seuls qui nous restent, les diverses dénominations données aux deux Gaules, fixer l'idée précise qu'ils y attachaient en déterminant, pour toutes les époques, l'état de leurs connaissances géographiques sur ces deux contrées. Nous arriverons par ce moyen à un degré de clarté que n'ont pu atteindre ceux qui ont traité ce sujet avant nous. Il nous a été impossible de nous occuper de ces dénominations générales, avant d'être arrivé à l'époque où elles ont acquis, dans leur signification, toute leur extension. Il nous aurait fallu en effet anticiper sur les périodes de temps que nous avons successivement éclaircies, ce qui nous aurait forcé de morceler les notions relatives à cet objet, ou d'intervertir cet ordre historique et chronologique que nous avons scrupuleusement gardé, et que nous prescrivait la nature de notre sujet. D'un autre côté, nous ne pouvons différer plus long-temps de faire connaître ces diverses dénominations, puisque nous allons être fréquemment obligé de les employer, et qu'elles sont indispensables pour l'intelligence de ce que nous allons dire, comme pour celle de tous les auteurs anciens qui ont parlé des deux Gaules.

Quelques auteurs anciens d'un grand mérite, entraînés par un enthousiasme peu judicieux pour le génie d'Homère, ont étendu les connaissances géographiques de ce poète, à l'occident de l'Europe, beaucoup au-delà de ses véritables limites[1]. Il résulte au contraire de la lecture attentive de ses poëmes, qu'il a tout au plus connu, d'une manière très imparfaite, et très confuse, les parties les plus méridionales de l'Italie. Si donc les colonies grecques en

---

[1] Vide Strabo, lib. i et ii.

Istrie et dans la *Vénétie*, dont nous avons parlé[1], remontent réellement au temps de la guerre de Troie, il paraîtrait que, durant 300 ans qui se sont écoulés entre cette époque et celle où a vécu Homère, ces nouveaux établissemens et ces nouvelles découvertes des Grecs, n'étaient pas généralement connus de la Grèce même.

Quatre cents ans après Homère, l'ouvrage de Scylax nous montre un progrès sensible dans la géographie des anciens pour l'occident de l'Europe, puisque le terme des connaissances est reculé jusqu'à *Gades* ou Cadix, et que le périple de l'Italie est complet pour le nord comme pour le midi. Cet auteur s'écarte même du plan de son ouvrage, qui est de décrire les côtes, et il nous indique la distance qu'il y a par terre entre *Pise* et *Spina*, qui est, dit-il, de trois jours de chemin[2]. En mesurant cette distance selon la route romaine depuis pratiquée, on trouve que ces jours de marche sont évalués à 11 lieues $\frac{7}{9}$, ou près de 12 lieues, ce qui est en effet ce qu'un homme vigoureux peut faire chaque jour, surtout quand les deux termes du voyage sont aussi rapprochés.

Cinquante ans après Scylax, Hérodote paraît n'avoir connu que très confusément tout ce qui était au-delà de *Gades*. On voit cependant que de son temps[3] les Phéniciens allaient recueillir l'ambre sur les côtes de la Baltique, et l'étain dans les *îles Cassitérides*, ou dans la presqu'île de Cornouailles et les îles Sorlingues, à l'ouest de l'Angleterre; mais ils cachaient

---

[1] Voyez ci-dessus, p. 2.
[2] Scylax, p. 6, apud Hudson., *Geogr. minor.* — Gail, t. 1, p. 245.
[3] Hérodote, *Thalie*, 115.

leurs découvertes avec tant de soin, qu'Hérodote, qui les rapporte et qu'on accuse de crédulité, ne veut cependant pas y ajouter foi. Cet historien avait l'idée la plus erronée de l'Europe en général, qu'il faisait plus grande que l'Asie [1], quoique, pour lui, cette dernière partie du monde s'étendît jusqu'à l'*Indus* et même un peu au-delà. Hérodote ignore si l'Europe est bornée au nord et à l'ouest par la mer. Cependant on voit que les parties occidentales étaient vaguement connues de son temps comme le séjour des *Cynètes* ou *Cynésiens*. En effet il dit [2] que les Celtes habitent au-delà des Colonnes d'Hercule et touchent aux *Cynésiens;* que l'Ister [3] prend sa source dans le pays des Celtes, qui sont les derniers peuples du côté de l'occident, en exceptant toutefois les *Cynètes;* il en résulte qu'il plaçait les *Celtes* à l'ouest de la Germanie, ou de l'Allemagne, ou dans la Gaule. Festus Avienus, d'après les auteurs anciens, et qui semblent antérieurs à Hérodote, nous indique avec précision la position des *Cynètes* dans l'Algarve moderne [4], lorsqu'il nous dit que le fleuve *Anas* (la Guadiana), à son embouchure, formait leur limite méridionale, et que dans l'intérieur ce fleuve traversait

[1] Hérodote, *Melpomène*, 36, 42, 45.
[2] Id., *Euterpe*, 33.
[3] Id., *Melpomène*, 43.
[4] Festus Avienus, vers 200. — On peut consulter, à ce sujet, une petite Dissertation de M. Schlichorst, intitulée : *Ueber den Wohnsitz der Kynesier oder Kyneter Herodot.*, 2-33, 4-49. Gottingen, 1793, in-12, 24 pages. Cette petite Dissertation est très bonne ; mais toutes les idées et les rapprochemens qu'elle contient appartiennent à dom J. Martin, que l'auteur allemand ne cite pas. Voyez la Dissertation historique pour servir à l'histoire ancienne d'Espagne, dans l'*Histoire des Gaules*, par dom J. Martin, p. 564, 565, 578, 622, 623, tom. I.

leur territoire. Cette position s'accorde parfaitement avec le texte d'Hérodote, qui mentionne deux fois [1] ces peuples comme connus de son temps pour être situés à l'extrémité occidentale de l'Europe. Elle s'accorde aussi avec un auteur ancien nommé Hérodore, cité par Constantin Porphyrogénète [2], qui dit que la dernière tribu de l'Espagne vers l'occident, est celle des *Cynètes*; elle est enfin confirmée par Justin, ou plutôt par Trogue-Pompée, qui nous apprend que les *Cynètes* ou *Cunètes* [3] habitaient les environs du détroit de *Tartessus*. C'est sans doute du nom de ce peuple que ce district prit celui de *Cuneus*, auquel Strabon et Mela [4] ont assigné une fausse étymologie [5].

Tous les pays situés au nord de l'*Ister* ou du Danube, excepté celui qui se trouve vers ses sources, et le nord de la Thrace, c'est-à-dire toute la Hongrie, la Pologne et la Prusse des modernes, sont, suivant le système d'Hérodote [6], occupés par les *Sigynnes*, nation peu connue. Au midi des *Sigynnes* Hérodote place les *Henetes*, et il observe qu'ils prétendent être une colonie des Mèdes. Hérodote, de même que Scylax, n'a point de nom général pour désigner l'Italie. Il appelait *OEnotrie* toute la portion

---

[1] Herodote, lib. II, cap. 33. — *Id.*, lib. IV, cap. 49.

[2] Constant. Porphyr., *de Administrat. imper.*, cap. 24.—Étienne de Bysance, Photius et quelques autres auteurs, parlent d'Hérodore avec éloge.

[3] Certains manuscrits portent *Curetes*, mais D. J. Martin et plusieurs autres ont très bien vu qu'il fallait lire *Cunetes*.

[4] Strabo, lib. III, p. 137. — Mela, lib. III, cap. 1.

[5] Appien, *Iber.*, p. 287, donne Conistorgis pour capitale aux Cynètes; Étienne de Bysance et Eustathe appellent *Cyneticum prom.* le promontoire Sacré.

[6] Hérodote, *Therpsichore*, 9.

de ce pays qui s'étend depuis Naples et le mont Gargano jusqu'à la pointe qui fait face à la Sicile. Il désignait le nord sous le nom de *Tyrrhénie*[1], dont on doit, dit-il, la connaissance aux *Phocéens*. Les *Tyrrhéniens* ne sont selon lui que les *Umbri*, qui avaient pris le nom de *Tyrrhenus*, un de leurs rois.

Hérodote fait sortir le Danube ou l'Ister des Pyrénées[2], et pour réconcilier ce passage avec la géographie positive, quelques interprètes ont traduit la ville de *Pyrene*[3]. D'autres ont avec raison prétendu que le nom de pyrénées était comme celui d'alpes, un nom général pour désigner une montagne, et ils ont observé qu'il y avait surtout vers les sources du Rhin et de l'Ister une partie des Alpes qui se nommait Pyrénées. A l'auteur d'une épigramme grecque qu'on a cité[4] à ce sujet, il faut encore ajouter l'autorité plus décisive de Denis le Periégète[5]; et je serais assez porté à me rendre à cette ingénieuse explication, si le passage d'Aristote qu'on allègue comme preuve n'était pas directement contraire. Aristote[6] fait en effet sortir le *Tartessus* et l'*Ister* des Pyrénées. Or le *Tartessus* ne peut être autre chose que le *Bœtis* ou Guadalquivir, fleuve d'Espagne : on ne peut donc raisonnablement douter qu'il ne soit ici question des Pyrénées, ou de la chaîne de montagnes qui sépare la Gaule de l'Espagne : ce qui semble prouver que le système qui en faisait

---

[1] Hérodote, *Clio*, 163.
[2] Id., *Euterpe*, 33.
[3] Larcher, trad. d'Hérodote, tom. II, p. 250.
[4] *Id.*, tom. II, p. 232.
[5] Dionysius, in *Perieges*, vers. 288.
[6] Aristotel., *Meteorol.*, lib. I, cap. 13, p. 545.

sortir le Danube était très ancien et a long-temps subsisté. D'un autre côté cependant, Aristote dit [1] que le Danube prend sa source dans la forêt d'Hercinie, ce qui est exact, mais ce qui contredit ce qu'il a dit ailleurs. Les critiques ont cru faire disparaître ces contradictions en prétendant, sur d'assez faibles preuves que les écrits d'Aristote, où elles se trouvaient, n'étaient pas de lui. Combien d'ouvrages on retrancherait à nos auteurs modernes, si on leur ôtait ceux où ils se contredisent!

Cent ans après Hérodote, les voyages de Pytheas au-delà des Colonnes d'Hercule forment une époque mémorable dans l'histoire de la géographie de l'Europe et de la Gaule en particulier. Pytheas révéla l'existence et la grande étendue de la Celtique, ou Gaule, vers le nord; il signala le promontoire *Calbium* à l'ouest de la Bretagne et l'île d'*Uxisama* [2] : quoiqu'il ait pu profiter des découvertes des Phéniciens et mêler quelques erreurs et quelques fables aux vérités nouvelles qu'il faisait connaître, on ne doit pas, ce me semble, contester la réalité de ses voyages [3], qui pendant plus de deux cents ans furent

[1] Aristotel., *de Mirab. et auscult.*, p. 1160, C.

[2] Voyez ci-dessus, partie 1, ch. 4, p. 97-103, et *Ann. des Voyages* pour 1836, tom. 1, p. 145.

[3] Gosselin (*Géographie des Grecs analysée*, p. 47-50. — *Recherches*, t. IV, p. 60, et traduction de Strabon, t. 1, p. 157) a donné le meilleur commentaire et la meilleure explication des voyages de Pytheas; il en reconnaît l'exactitude, mais il leur donne une date très antérieure à Pytheas. Les raisons qu'il allègue de son opinion ne nous paraissent pas concluantes. Ce point est très important, sans doute, pour l'histoire de la géographie en général, but ultérieur des recherches de M. Gosselin ; mais ici, où nous nous proposons d'examiner les connaissances réelles et positives des auteurs grecs et des Romains, et surtout des auteurs qui nous restent, il suffit de

les seules sources où les géographes systématiques, et les compilateurs, puisèrent leurs notions sur les parties occidentales de la Gaule et de l'Europe en général. En Grèce, les contemporains de Pytheas paraissent avoir ignoré ses découvertes. Aristote, qui parle de la plaine de la Crau, de Marseille et du Rhône [1], paraît n'avoir rien connu au-delà des Colonnes d'Hercule. Il nous reste d'Éphore, contemporain de Pytheas, une célèbre division des peuples de la terre, que Strabon a citée et qui se trouve rapportée, avec plus de détail et d'exactitude, par Scymnus de Chio, dans les termes suivans [2] : « Les « Celtes habitent entre le Zephyros, ou couchant « équinoxial, jusqu'au couchant d'été; les Scythes « habitent au nord; les Indiens, entre le levant d'été « et celui d'hiver; les Éthiopiens, au midi, et ensuite « commencent les Celtes, au couchant équinoxial. » En prenant pour centre le lieu où écrivait Éphore, voici la carte qui résulte de ce passage.

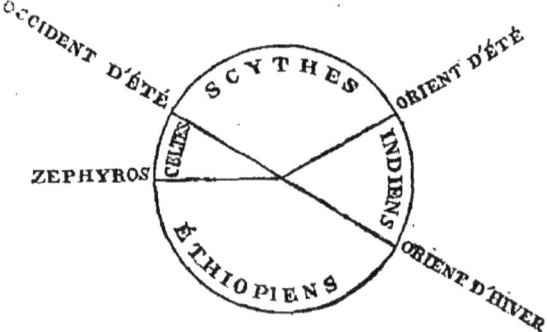

savoir qu'avant Pytheas ils ne connaissaient rien de ce qu'il leur apprit. Voyez Strabo, lib. 1, p. 161 ou 64. — Bougainville, *Mém. de l'Acad.*, tom. XIX, p. 146.

[1] Aristot., *Meteor.*, II, 8. — Strabo, IV, 183. — Dyonis. Hal. *Ant.* 1, 41.

[2] Scymnus de Chio, apud *Geogr. minor.* Huds., tom. II, p. 11, vers 172-176. — Gail, *Geogr. græc. minor.*, tom. II, p. 270.

On voit par le peu d'étendue que prend la Celtique, que l'Espagne et la Gaule semblent former à elles seules, dans le système d'Éphore, une des grandes divisions de la terre, et nous savons par Strabon qu'en effet Éphore comprenait l'*Ibérie* dans la *Celtique*[1]. Nous voyons aussi par le poëme de Festus Avienus, intitulé *Ora maritima*, que les Marseillais avaient acquis des idées assez exactes sur le cours du Rhône, les peuples habitans du Valais, et sur la partie orientale de la chaîne des Pyrénées[2].

Quoique Ératosthènes ait écrit environ un siècle après Pytheas, qu'il eût composé un livre sur les Gaulois, et qu'il n'ait pas ignoré leurs guerres et leurs émigrations en Italie et dans la Grèce, cependant il paraît n'avoir connu de la Gaule que ce qu'il en avait appris par les écrits de Pytheas. C'est d'après les observations de ce dernier qu'il plaçait Marseille à 43° 18′ 25″, ce qui est juste à 44′ près la latitude fournie par les observations modernes[3]. On sait qu'Ératosthènes a connu le Rhin et la forêt d'Hercinie[4]. Le nom de *Galatikon*, titre de son ouvrage sur les Gaulois, prouve qu'il donnait aussi à la Gaule le nom de *Galatia*, qui était bien ancien, puisqu'il resta attaché au royaume que les Gaulois conquirent dans l'Asie sous Brennus, 278 ans avant J.-C. Mais Ératosthènes, ainsi que je l'ai observé,

---

[1] Ephor. apud Strab., lib. iv, cap. 3, p. 199. — Mais il ne s'en suit pas de là qu'Éphore méritât le reproche que lui adresse Strabon de ne pas distinguer l'Ibérie de la Gaule.

[2] Voyez ci-dessus, part. 1, ch. 4, p. 97-120.

[3] Gossellin, *Recherches*, tom. iv.

[4] Seideli *Eratosthenis Geographicorum fragmenta*; Gottingæ, 1789, et Cæsar.

plus haut¹, en confondant le terme des connaissances positives de son temps avec celui du temps de Pytheas, ou le cap Machicaco avec le cap Saint-Vincent, fit disparaître des cartes le golfe de Gascogne, en plaçant la Gaule immédiatement au nord de l'Ibérie². Par-là Ératosthènes introduisit en géographie une erreur énorme qui n'existait pas dans la relation de Pytheas.

Enfin les écrits de Polybe, qui voyagea dans les Gaules, nous apprennent, avec beaucoup d'exactitude, quelles étaient les connaissances des Grecs et des Romains sur ce pays, un siècle avant la conquête générale par Jules César. Nous y voyons que non seulement elles n'avaient fait presque aucun progrès depuis Pytheas, c'est-à-dire depuis deux siècles, mais même que la relation de ce voyageur était rejetée comme une fable, c'est-à-dire que les connaissances rétrogradèrent.

« On fait très peu d'usage, dit Polybe, du détroit
« des Colonnes d'Hercule, premièrement parce que
« peu de gens sont en commerce avec les peuples
« qui habitent les extrémités de l'Europe et de l'A-
« frique; en second lieu, parce que la mer extérieure
« est inconnue. »

En effet, Polybe considérait Narbonne comme le centre de la Gaule. A l'époque où il écrivait, il n'y avait pas long-temps qu'on avait reconnu d'une manière exacte les côtes occidentales et septentrionales de l'Espagne, et l'on ne connaissait du reste

---

¹ Partie I, ch. 4, p. 100.
² Voyez les cartes de M. Gossellin dans le *Strabon*, et la *Géographie des Grecs analysée*.

de l'Europe occidentale que ce qu'en avait appris Pytheas, auquel on refusait d'ajouter foi, de même qu'on refusa chez les modernes de croire aux découvertes de Marc Paul, qui, quoique très réelles, étaient cependant aussi mêlées de fables et de contes.

« La partie la plus considérable de l'Europe (dit
« Polybe[1]) est au septentrion entre le *Tanaïs* et
« *Narbonne*, laquelle au couchant n'est pas fort
« éloignée de *Marseille*, ni de ces embouchures du
« *Rhône* par lesquelles ce fleuve se décharge dans la
« mer de Sardaigne. C'est autour de *Narbonne* jus-
« qu'aux monts Pyrénées qu'habitent les Gaulois,
« depuis notre mer jusqu'à la mer extérieure. Le
« reste de l'Europe, depuis ces montagnes jusqu'au
« couchant et aux *Colonnes d'Hercule*, est borné
« partie par notre mer et partie par la mer extérieure;
« cette partie, qui est le long de la Méditerranée,
« est l'*Ibérie*. Le côté qui est sur la mer extérieure,
« ou la grande mer, n'a point encore de nom com-
« mun, parce que ce n'est que depuis peu qu'on l'a
« découvert : il est occupé par des nations barbares qui
« sont en grand nombre, et dont nous parlerons en
« particulier dans la suite. Nous ne connaissons rien
« de l'Europe qui est entre le Tanaïs et Narbonne jus-
« qu'au septentrion. Peut-être que dans la suite nous
« en apprendrons quelque chose; mais tous ceux qui
« en parlent ou qui en écrivent, on peut hardiment
« assurer qu'ils parlent ou écrivent sans savoir, et
« qu'ils ne nous débitent que des fables. »

Ce dernier trait paraît évidemment lancé contre la

---

[1] Polybius, lib. III, cap. 7, tom. I, p. 467, édit. de Schweighæuser.

relation de Pytheas, qui subsistait encore au ve siècle, du temps d'Étienne de Bysance, et qui était par conséquent connue de Polybe. Mais Polybe nous donne une mesure dont l'admirable exactitude ne peut être le résultat de ses travaux, puisqu'il avoue ne rien connaître de ce qui concerne les côtes de l'Océan. C'est Pline qui nous la rapporte : « Polybe (dit-il) « a écrit que la largeur de l'Europe, depuis l'Italie « jusqu'à l'Océan, est de 1150 mille pas. Sa di- « mension, ajoute Pline, était alors peu connue. » Elle l'était, au contraire, très bien. En effet, un coup d'œil jeté sur la carte de la partie occidentale de l'empire romain, par d'Anville, nous montre que cette mesure a dû être prise depuis l'extrémité de l'Italie, au promontoire *Japygium*, jusqu'au point le plus voisin de l'Océan (*usque ad Oceanum*), qui est l'embouchure de la Canche ; or on mesure juste entre ces deux points, en ligne directe, 15° 20′, ou 920 milles géographiques, ou 1150 milles romains [1]. Puisqu'il est prouvé que Polybe n'a pu déduire cette mesure d'après ses propres observations, on est forcé d'en faire honneur à Pytheas, ou aux Grecs établis à Marseille.

Nous avons déjà vu que Polybe distinguait en Espagne l'*Ibérie* de la *Celtibérie*; de même que tous

---

[1] Polybius apud Plin., lib. IV, cap. 23 (ou 37), tom. I, p. 361. — C'est bien à tort que Pline, d'après le travail d'Agrippa, prétend corriger cette mesure et la conduire jusqu'à *portus Morinorum Britannicus*, ou *Itius* (Wissant), que Polybe ne connaissait pas. Je dois prévenir, au reste, que dans ce passage de Pline sur les dimensions de l'Europe, Hardouin me paraît avoir choisi pour les chiffres les variantes qu'il fallait rejeter, et il a été suivi par tous les autres éditeurs ; il faut donc comparer les éditeurs et les manuscrits.

les auteurs grecs, il appelle *Celtique* ou *pays des Celtes*, la contrée que les Latins désignaient sous le nom de *Gaule*, mais il distingue toujours la *Ligurie* du reste de la *Gaule*. Il appelait *transalpins* les peuples gaulois qui habitaient le côté des Alpes qui regarde la *Gaule*, c'est-à-dire le Dauphiné et le Valais moderne, et il nous apprend ailleurs que ces Gaulois transalpins sont les mêmes que les *Gésates*.

Polybe décrit avec beaucoup de détails les plaines de la Cisalpine; les mesures qu'il en donne sont généralement exactes [1]. Les Grecs paraissaient avoir déjà fait de son temps des observations astronomiques pour en déterminer la figure, et dans le siècle le plus éclairé, le romain Pline avoue avec honte que pour donner les dimensions de l'Italie, il est forcé de copier les Grecs [2]. Nous nous sommes servi avec avantage de la description excellente que Polybe donne de la Cisalpine, pour y placer les peuples gaulois au moment de la conquête, dont cet auteur a tracé en même temps l'histoire abrégée; mais il est remarquable que, quoiqu'il ait employé la dénomination générale d'*Italie* pour exprimer le pays que nous désignons sous ce nom, et qu'il parle de la *Tyrrhénie*, il n'a aucun nom général pour la *Gaule cisalpine*, et il ne désigne ce pays que par une périphrase : « *Les plaines qui sont au nord de l'Italie, et qu'arrose le Pô* [3]. » Ceci me fait présumer que

---

[1] Nous avons traité cet objet dans un Mémoire particulier, où nous examinons la Description des plaines de la Cisalpine par Polybe.

[2] Plinius, *Hist. nat.*, lib. III.

[3] Polybius, lib. II, cap. 14-19, tom. I, p. 251, édit. de Schweighæuser.

les noms de *Gaule circumpadane, transpadane* et *cispadane,* sont plus anciens que celui de *Gaule cisalpine,* et par conséquent que celui de *Gaule togée* qui fut donné en dernier lieu; car les Romains ont eu occasion de distinguer les différentes parties de la *Gaule cisalpine* avant de les comprendre toutes sous ce nom général, et avant de connaître la *Gaule transalpine.*

C'est à Polybe que se termine l'histoire des progrès des connaissances géographiques des Grecs pour les deux Gaules. Les auteurs grecs qui sont venus après lui sont tous postérieurs à César, et à la conquête de la Gaule par les Romains. C'est désormais dans les écrits de ces derniers ou dans les documens fournis par eux, ou par leur moyen, que les Grecs puisèrent tous les matériaux de la description des contrées dont nous parlons. On voit, d'après cet exposé, que les Grecs ont connu toutes les plaines de la Gaule cisalpine et toute l'Italie hors les vallées des Alpes, mais que leurs connaissances positives sur la Gaule transalpine ont toujours été restreintes à la partie méridionale; qu'ils n'ont enfin eu de la vaste étendue de la Gaule, et des peuples qui l'habitaient, qu'une idée confuse et imparfaite. Polybe lui-même l'avoue et observe très bien que, quoique les Grecs sous l'empire des Macédoniens aient poussé leurs conquêtes et leurs connaissances géographiques loin vers l'orient, ils n'ont rien entrepris sur l'Afrique, la Sardaigne et la Sicile, « et que les nations « belliqueuses qui sont au couchant de l'Europe leur « étaient inconnues [1]. »

---

[1] Polybius, lib. 1, cap. 1.

Il nous reste donc à tracer l'histoire des progrès des connaissances géographiques des Romains dans les deux Gaules, et elle doit d'autant plus fixer notre attention, que ce sont les Romains qui ont à la fois conquis et civilisé ces contrées, et qui les ont décrites avec le plus de détails.

Les hauts faits des Romains, la grandeur de leur empire, le ton de majesté avec lequel Tite Live nous raconte dans le commencement de son histoire les petits combats de cette petite peuplade, ont tellement frappé notre imagination, qu'elle semble en imposer à notre mémoire et lui défendre de nous rappeler combien ils ont été long-temps faibles et peu redoutables, combien leur territoire a été borné. Lors de la première irruption des Gaulois *insubres*, *cénomans* et autres, 591 ans avant J.-C., le domaine de Rome s'étendait peu au-delà de ses murailles, et toute son ambition se bornait alors à se maintenir contre les petites villes environnantes de même origine qu'elle, et jalouses de la prospérité de cette nouvelle colonie. La domination des Gaulois s'accrut pendant deux cents ans, et s'étendit sur toutes les vastes et fertiles plaines situées entre le Pô et les Alpes. Les Romains, au contraire, perpétuellement en guerre avec leurs voisins durant plus de trois cent cinquante ans, à dater de la fondation de leur ville, avaient fait si peu de progrès, qu'ils venaient après un très long siége de s'emparer de *Veii*, située à quatre lieues de leurs murailles[1], lorsque les Gaulois

---

[1] La position de Veïes était parfaitement bien déterminée par d'Anville, et antérieurement par Holstenius, et a été mise hors de doute, dans ces derniers temps.

franchirent les Apennins, prirent et brûlèrent Rome. Depuis cette mémorable époque, la terreur que les Gaulois inspiraient aux Romains était telle, qu'ils se contentèrent de faire contre eux pendant long-temps une guerre défensive. Toutes les fois qu'ils purent conclure avec eux une paix honorable, ils le faisaient : s'ils étaient forcés de combattre ces redoutables ennemis, ils créaient un dictateur, comme dans les grands dangers de la république, et leur opposaient leurs meilleures troupes [1].

Cependant, vers l'an 220 ou 222 avant J.-C. et immédiatement avant l'arrivée d'Annibal, la puissance des Romains s'étant considérablement accrue par la défaite de Pyrrhus et des Carthaginois, ils firent de grands efforts pour triompher des Gaulois, qui s'étaient réunis pour les attaquer. Ils les défirent, passèrent pour la première fois le Pô, et s'approchèrent enfin de la vaste chaîne des Alpes, qui leur était auparavant inconnue [2]; mais observons qu'immédiatement avant cette époque les Romains s'étaient déjà rendus maîtres de tout le reste de l'Italie. Ils s'étaient emparés de la Sardaigne, de la Corse et d'une grande partie de la Sicile; ils avaient porté la guerre en Espagne et en Afrique

---

[1] L'an 488 de la fondation de Rome, les Romains n'étaient pas encore maîtres de Volsinii, tant leur domination était peu étendue de ce côté. Voyez Flor. 1, 21. — Zonaras, Johannes Antiochenus, apud Vales. — Oros., iv, 5. — Valer. Max. ix, 1, 2.

[2] Voyez Tit. Liv. Freinshemius, *Supplement.*, p. 336, édit. de Drakenborch. — Marcellus triompha cette année des Insubres et des Germains, suivant Freinshemius. C'est pour la première fois qu'il est question de ce peuple dans l'histoire; il était venu en Italie sous la conduite de Viridomare. Voyez *Fasti capitolini*, Propert., iv, 11. — Plutarchus.

pour combattre les Carthaginois. Ils avaient aussi, par le moyen de leurs vaisseaux, transporté des armées à l'autre bout de la mer Adriatique ; ils avaient soumis presque toute l'Illyrie et les principales îles situées sur cette côte ; ils avaient envoyé des ambassadeurs en Égypte, et fait alliance avec le roi Ptolémée ; ils avaient encore, à différentes époques, envoyé plusieurs ambassadeurs en Grèce, tantôt par des motifs de religion, tantôt dans des vues politiques ; ils avaient enfin, à l'époque même où nous nous arrêtons, conclu un traité d'alliance avec les Athéniens et les Corinthiens, et ils venaient de faire aux Liguriens une guerre qui leur avait fait connaître la côte de Gênes, et un peu celle des Gaules, qui l'avoisine.

Si l'on fait attention à toutes ces choses, on conviendra que, par un concours de circonstances singulières, les connaissances géographiques des Romains hors de l'Italie étaient assez étendues, tandis que le nord même de l'Italie, la chaîne des Alpes et ses différens défilés, leur étaient aussi inconnus qu'à Annibal même.

Observez que les conquêtes, et les rapports politiques des Romains, doivent, à cette époque, déterminer d'une manière précise l'étendue de leurs connaissances géographiques ; car ils n'avaient pas encore ce goût pour les sciences, cette curiosité inquiète qui est le résultat d'un plus haut degré de civilisation. Les connaissances utiles étaient si rares à Rome, qu'un certain Archagathus, venu du Péloponèse, 220 ans avant J.-C., l'an 523 de la fondation de cette ville, s'étant fait connaître pour médecin, fut décoré du titre de citoyen romain, et qu'on lui donna une maison située dans la place d'Acilius et achetée des deniers publics. Ce fut 262 ans avant J.-C. qu'on porta en triomphe la première horloge de sable, prise sur les Carthaginois.

Pendant la guerre contre Annibal, les Romains perdirent tout ce qu'ils venaient de conquérir dans la Gaule cisalpine, et ils eurent tant de peine à le reconquérir de nouveau, qu'ils étaient déjà presque maîtres du monde civilisé alors connu, avant de posséder la moitié de la Cisalpine qui se trouvait près d'eux.

Cent quatre-vingt-huit ans avant J.-C., la même année que le consul Cn.-Manlius demandait, et obtenait, du sénat les honneurs du triomphe pour avoir vaincu les *Gaulois tectosages,* c'est-à-dire pour avoir étendu la puissance des armes romaines jusqu'au fleuve *Halys* dans l'Asie-Mineure; ce même sénat était tellement effrayé du progrès des *Gaulois ligures,* qui n'étaient qu'à cinquante lieues de Rome, qu'il crut devoir y envoyer les deux consuls avec leurs armées, quoiqu'il n'eût pas cessé un seul instant, depuis la deuxième guerre punique, de faire la guerre à ces peuples [1]. Les Romains n'avaient alors aucun établissement au-delà du Pô; ils n'en avaient que trois en deçà, savoir : Plaisance, Crémone et Bologne [2]; mais l'année suivante ils en formèrent quatre autres; ils se rendirent bientôt maîtres de tout le nord de l'Italie, et bientôt après de la côte ligurienne, et

---

[1] Tit. Liv., lib. xxxviii, cap. 42, tom. v, p. 248, édit. de Drakenborch.

[2] Tit. Liv., lib. xxxvii, cap. 37. — Épitome du liv. xx.

d'une partie de la Gaule au-delà des Alpes. Nous avons tracé avec beaucoup de soin, dans la première partie de cet ouvrage, les progrès des conquêtes des Romains dans ces deux contrées, qui marquent aussi le terme de leurs connaissances géographiques de ce côté : nous ne reviendrons pas sur ce sujet ; mais nous n'avons point parlé des Alpes au nord et à l'ouest de la Cisalpine, où leurs conquêtes s'arrêtèrent. Il devient d'autant plus nécessaire de faire connaître quelles ont été les notions acquises par les Romains à différentes époques, sur cette vaste et énorme barrière qui sépare les deux contrées, objets de nos recherches, que jusqu'ici aucun auteur ne nous semble avoir encore exposé ce sujet avec clarté.

Les grandes irruptions des Gaulois firent de bonne heure imposer des noms particuliers aux gorges des Alpes par où ils pénétrèrent en Italie, et leur donnèrent de la célébrité. L'étymologie d'*Alpes pennines* (aujourd'hui le grand Saint-Bernard), qui fut un de leurs principaux passages, se perd dans des temps très reculés. Tite Live réfute la ridicule opinion de ceux qui voulaient faire venir le nom de ces Alpes de celui des *Pœni*, ou Carthaginois[1]. Le nom de *Penes* ou *Pen*, encore aujourd'hui attaché à plusieurs sommets des Alpes, paraît avoir été le nom générique pour désigner une montagne très élevée, dans la langue des primitifs habitans de ces contrées. Les monts Pennins étaient donc déjà célèbres chez les Romains avant d'être connus d'eux. Il en est de même des *Alpes graiæ*,

---

[1] Tit. Liv., lib. xxi, cap. 38, et cependant Ortelius veut corriger le texte de Tite Live pour le rendre conforme à cette étymologie : méprise inconcevable pour un aussi savant homme !

dont l'étymologie est également ignorée, et sont les montagnes du petit Saint-Bernard ; cependant cette dénomination d'*Alpes graiæ* ne paraît pas fort ancienne, puisqu'elle a été inconnue à Cœlius, un des premiers historiens romains, qui appelle ce passage *Cremonis Jugum* ou mont Crémon, nom par lequel on le désignait encore du temps de Tite Live. « Cœlius, « dit Tite Live, avance qu'Annibal passa par le mont « Crémon, tandis que d'autres le font passer par le « mont *Pœni ;* mais ces deux sommets l'auraient « conduit non chez les Taurini, mais chez les Gau- « lois libuéens à travers les monts Salassiens [1]. » On ne pouvait pas s'expliquer plus clairement, et il est évident qu'il ne peut être ici question que du grand et du petit Saint-Bernard ou des Alpes pennines et graies, les deux seuls passages qui aboutissent tous deux à *Augusta prætoria*, Aoste, croisant dans deux sens différens le pays des *Salassii*. Cependant quelques auteurs ont cru que Tite Live a voulu désigner les Alpes vis-à-vis Crémone, qui est trop loin des Alpes pour donner son nom à une partie de cette chaîne. D'autres ont voulu substituer *Centronis jugum* à *Cremonis jugum*. On se serait épargné toutes ces discussions en consultant une bonne carte topographique des Alpes ; on aurait alors retrouvé le *Cremonis jugum* de Cœlius et de Tite Live dans la montagne, aujourd'hui nommée Craimon ou Cramon, au nord-est du vallon de la Thuille, montagne qui ouvre en effet le passage des Alpes graies [2].

---

[1] Sur l'estime qu'on doit faire de l'historien Cœlius Antipater, conférez Voss., *Hist.*, lib. 1, cap. 8. — Harles, *Hist. ling. lat.*, 1, 275.

[2] Voyez la carte de d'Albe pour les campagnes du général Bona-

Cornelius Nepos [1] est le plus ancien auteur où il soit question du *Saltus graius* ou du défilé des Alpes graies; il y fait aussi passer Annibal, et adopte le sentiment de Cœlius. Pline donne à ces Alpes un nom très convenable, lorsqu'il les appelle *centronicæ Alpes;* car toute la partie de la chaîne des Alpes à laquelle on appliquait le nom d'*Alpes graies* se trouvait renfermée dans les limites du peuple nommé *Centrones*. Quoi qu'il en soit, ces deux défilés, les *Alpes graies* et les *Alpes pennines*, ont été les plus anciennement célèbres, puisque c'est à eux que se rattache la fable d'Hercule et son prétendu passage dans les Gaules [2]. Le passage d'Annibal par le col de Fenestrelle aurait dû faire connaître aux Romains le nouveau défilé, qui prit par la suite le nom du peuple voisin *Saltus taurinensis;* mais les Romains ne cherchaient pas encore à pénétrer dans ces vallées escarpées et profondes. La première qu'ils traversèrent fut celle de la Rhétie, au-dessus d'Aquilée, l'an 570 de Rome, 183 ans avant J.-C. [3]. Les Gaulois transalpins, ainsi que nous l'avons dit, cherchèrent à s'établir aux environs d'Aquilée, et ils passèrent à cet effet les Alpes par un chemin, dit Tite Live, auparavant inconnu : « *Per saltus ignotæ*

parte. Si le nom de cette montagne est inconnu à nos philologues, il ne l'est pas à nos physiciens, et je présume que ce mont est le même que le mont Cramont mesuré par Saussure, situé sur l'Allée-Blanche. Voyez *Hauteurs principales du globe*, p. 11.

[1] Cornelius Nepos, *Annibalis vita*. — *Cornelii Nepotis Vitæ;* J. A. Bosii, edit. Lipsiæ, 1806, in-8°, p. 457.

[2] Diod. Siculus, lib. IV, cap. 19, tom. I, p. 265.

[3] Tit. Liv., lib. XXXIX, cap. 22, p. 342; cap. 45, p. 401, et cap. 54, p. 418; et ci-dessus, p. 150 et 151.

« *antea viæ.* » Les Romains les ayant forcés de repasser, envoyèrent des députés dans leur pays pour justifier ce procédé, et ce premier exemple historique du passage des Romains à travers un des défilés des Alpes du nord, qui fut le dernier conquis et le dernier pratiqué, mérite d'être remarqué [1] : il faut observer aussi que c'était le col le plus facile à franchir de toute cette vaste chaîne. Enfin la conquête de la Ligurie, qui eut lieu peu après, commença à donner aux Romains connaissance des hauteurs les plus escarpées qui séparaient la Gaule de l'Italie ; et dans cette guerre, Marcus-Claudius Marcellus, 166 ans avant J.-C., pénétra jusque près le glacier du grand Parey, près du mont Cenis, dans le val de Vice. On lit encore à Usseglio, sur la rivière Chiara ou Gara, qui est à l'extrémité de cette vallée, l'inscription, quoiqu'en partie effacée, qu'il fit graver à ce sujet [2] : elle prouve que les habitans de la vallée d'Usseglio faisaient partie des nations alpines dont parle l'auteur des Sommaires de Tite Live, dans le livre XLVI. Cette inscription démontre aussi que Marcellus ne traversa point ces Alpes ; lors même que c'eût été son projet, il lui eût été impossible de l'exécuter. L'extrémité de cette vallée se termine par une des gorges les plus difficiles et les plus escarpées de toute la chaîne, et qui, dans tous les temps, n'a été pratiquée que par les habitans mêmes de ces lieux sauvages. Cependant la conquête de la Ligurie donna certainement aux Romains la connaissance des prin-

---

[1] Tit. Liv., lib. XXXIX, cap. 22, p. 342.
[2] Durandi, *Piemonte traspadano*, p. 142. — Id., *delle Antiche città di Pedoua, Caburro*, etc., p. 127.

cipaux passages des Alpes du côté de la Gaule transalpine ; mais celui des *Alpes maritimes* fut d'abord le seul qu'ils pratiquèrent.

Polybe, qui écrivait à cette même époque de l'entière conquête de la Ligurie et du commencement de celle de la Gaule transalpine, ne désigne que quatre passages des Alpes [1] connus de son temps ; il paraît même ignorer entièrement les dénominations d'*Alpes graies* et *pennines*, qui probablement n'étaient pas encore usitées à cette époque. Il distingue ces quatre passages par le nom des peuples qui en étaient maîtres, savoir : 1°. le passage par les *Rhæti* ; c'était celui par Coire ; 2°. le passage par les *Salassi* ; c'était le grand ou le petit Saint-Bernard, et probablement tous les deux, puisqu'ils se réunissent au même endroit ; 3°. le passage par le défilé de Turin, *Saltus taurinensis*, ou le mont Genèvre et le col de Fenestrelle ; et 4°., enfin le passage par la route de Gênes, qui borde le golfe. A ces quatre passages si on ajoute celui au-dessus d'Aquilée, qui traversait le pays des *Carni* et aboutissait à *Noreia*, Noring, capitale des Gaulois boïens, nommés *Taurisci* ou *Norici*, on aura tous les défilés dont les Romains avaient, à l'époque dont nous traitons, une connaissance plus ou moins détaillée. Mais on ne doit pas oublier que ces dénominations générales d'Alpes graies, pennines, carniques, rhétiennes, cottiennes et maritimes, n'étaient point encore en usage du temps de Polybe. Les distinctions qu'elles entraînent exigeaient une connaissance de la topographie de

---

[1] Polybius apud Strab., lib. ıv.

graphie de ces montagnes étrangères à son siècle. Les écrits de Polybe n'en offrent aucune trace; on voit même que cet auteur se donne beaucoup de peine pour faire comprendre la partie des Alpes qu'Annibal traversa pour se rendre en Italie, et qu'il entre pour cela dans une description générale de cette vaste chaîne¹. Si de son temps les Alpes et leurs différens passages avaient été bien connus et désignés par des dénominations particulières, il eût dit en deux mots ce qu'il se trouve forcé d'expliquer fort longuement, et d'une manière assez obscure. Diodore de Sicile, qui a décrit les Alpes en détail, et qui écrivait après la mort de César, et au commencement du règne d'Auguste, ignore aussi cependant ces dénominations d'Alpes graies et d'Alpes pennines.

Le premier qui découvrit un passage des Alpes différent de celui que nous venons de nommer est Pompée, qui s'en fit un titre d'honneur auprès du sénat, ainsi que nous le voyons par une de ses lettres, conservée dans les fragmens de Salluste². J'ai prouvé ailleurs que cette route, peu éloignée de celle des Alpes maritimes, était le passage du col de Tiniers et de la vallée de Barcelonette; mais comme ce

---

¹ Polyb., lib. III, cap. 47, tom. I, p. 489, édit. de Schweighæuser.

² Sallustii *Fragmenta*, lib. III, p. 157. — Appian., *de Bello civili*, confirme ce fait, lib. I, cap. 109 : « Pompée fut chargé de se mettre « en marche pour l'Ibérie; il prit courageusement le chemin des « Alpes. Il ne suivit pas la route frayée par Annibal, et il s'en ouvrit « une nouvelle. » Appien ajoute que Pompée, après avoir défait les Gaulois, posa son camp près d'un lieu nommé *Lauro*; qu'il le prit, le saccagea et le détruisit. Laurès, qui est *Lauro*, se trouvait en effet sur la route de Pompée : quelques cartes nomment à tort ce lieu Lauret.

passage retombait dans celui des Alpes maritimes, il n'en fut jamais distingué [1]. Le lieu nommé *Lauro* dans Appien, où Pompée posa son camp après avoir défait les Gaulois, est Laurès, dans la vallée de Barcelonette.

César, en domptant les *Garoceli* et autres petits peuples, s'ouvrit par la force le passage du défilé de Turin ou du col de Fenestrelle, où avait passé Annibal [2]; et comme ce défilé fut depuis pratiqué souvent par Jules César et par ses troupes, Tite Live, qui écrivit le commencement de son histoire vers la fin de la guerre civile, ainsi qu'on le voit par sa préface, désigne ces Alpes par le nom d'Alpes juliennes [3]. C'est à tort qu'on a voulu corriger son texte; on n'a pas fait attention que ce ne fut que vers la fin du règne d'Auguste que le roi Cottius fit alliance avec cet empereur, et qu'il pratiqua une route plus facile dans la vallée de Suze, au nord de celle de Fenestrelle [4]. De là est venu la dénomination d'Alpes cottiennes, qui fut presque aussitôt substituée à celle d'Alpes juliennes, laquelle, par cette raison, ne fut en quelque sorte que passagère : mais cette dénomination d'Alpes cottiennes a été inconnue à Polybe, à César, à Diodore, et même à Tite Live, dont les écrits n'en offrent aucune trace. Ce n'est que long-temps après qu'on a désigné les Alpes carniques, ou celles au nord d'*Aquileia* par le nom d'Alpes juliennes. Ce nom

---

[1] Voyez l'*Analyse des Itinéraires*, tom. III de cet ouvrage, et Durandi, *Piemonte transpadano antico*, p. 13. — Varro, cité par Servius, *Æneid.*, lib. x, fait aussi mention du chemin de Pompée.

[2] Cæsar, Commentar., *de Bello gallico*, I, 10, et ci-dessus, p. 63.

[3] Tit. Liv., lib. xxxix, cap. 22, et ci-dessus, p. 63.

[4] Ammian. Marcellin., lib. xv, cap. 10. — *Itin. Anton.*, p. 559.

d'Alpes juliennes, avec cette nouvelle signification, se trouve pour la première fois dans Tacite[1]. Tite Live, qui parle de ces Alpes, ainsi que nous l'avons déjà observé au sujet de l'émigration des Gaulois, n'aurait pas manqué de les désigner par leur nom particulier, si ce nom avait été en usage de son temps. Ammien Marcellin dit positivement qu'on les appelait autrefois Alpes de la Vénétie[2]. C'est Rufus, qui écrivait en même temps qu'Eutrope, plus de trois siècles et demi après Jules César, qui a dit le premier que la route pratiquée dans ces Alpes, et qui passe par *Tarvisium*, avait été commencée par ce conquérant et terminée par Auguste. Strabon a connu les monts *Adulas*, qui donnent naissance au Rhin : c'est le Saint-Gothard[3].

César s'ouvrit encore par la force des armes le passage du grand et du petit Saint-Bernard, ou les Alpes pennines et graies, en domptant les *Salassi*, les *Veragri*, les *Centrones*, les *Garoceli* et les *Caturiges*[4]; mais ce ne fut que sous le règne d'Auguste que les défilés des Alpes rhétiennes, carniques et noriques, furent pratiqués par les légions romaines, dans les guerres qui eurent lieu avec les nations qui habitaient la Vindélicie, la Norique et l'Illyrie[5]. Les différentes portions de cette vaste chaîne des Alpes furent

---

[1] Tacitus, lib. III, cap. 6-8.

[2] Ammianus, lib. XXXI, 16 : « Ad usque radices Alpium juliarum « quas Venetas adpellabat *antiquitas* », et l'antiquité pour Ammien est le siècle d'Auguste.

[3] Sexti Rufi *Breviarium rerum gestarum*.—Strabo, lib. IV, p. 192. — Trad. fr., tom. II, p. 49.

[4] Cæsar, *de Bello gallico*, lib. I, c. 10.

[5] Tacitus, Appianus, Florus, Eutropius, Rufus, les Sommaires de Tite Live, Dion. Cassius, etc.

alors bien connues, et reçurent les noms des nations qui les habitaient, ou des pays qui leur étaient limitrophes. On construisit une route romaine, dans les Alpes rhétiennes, par *Curia*, Coire; une autre, dans les Alpes noriques ou tridentines, par Trente; deux, chez les *Carni* : l'une, par *Julium carnicum* ou Zuglio, et l'autre, par *Tarvisium*, Tarvis ¹. La partie des Alpes par où passait la première de ces deux dernières routes porta plus particulièrement le nom d'Alpes carniques, et l'autre reçut le nom d'Alpes juliennes; celle qui était plus à l'est, où l'on pratiqua une route qui passait par *Æmona*, Laubach, est appelée Alpes pannoniennes par Tacite ². L'ancien nom d'Alpes vénitiennes dont parle Ammien ³ comprenait, sous un point de vue plus général, toute cette partie de la chaîne des Alpes qui borde la Vénétie au nord, c'est-à-dire les Alpes carniques, juliennes et pannoniennes. Nous avons déjà parlé du nom d'Alpes centroniques ou centroniennes, que Pline donne aux *Alpes graiæ* ⁴. Quant aux Alpes dalmatiques ou dalmatiennes mentionnées par le même auteur, elles bordaient la Dalmatie ou l'Illyrie, et sortent des limites des contrées dont nous nous occupons ⁵.

Les Alpes qui séparaient la Gaule transalpine de la Gaule cisalpine, les différentes époques de la con-

---

¹ Voyez l'*Analyse des Itinéraires*, tom. III de cet ouvrage.

² Tacit., *Hist.*, II, 98; III, 1, *Alpes pannonicæ*.

³ Ammianus Marcellinus, lib. xxxi.

⁴ Plin., lib. xi, cap. 22 (97).—Le même auteur appelle ces Alpes le district Alpin des Centrones : *Centronum alpino tractu*, lib. xxxiv, cap. 2.

⁵ Servius, dans son commentaire sur Virgile, *Æneid.*, lib. x, dit que Varron distinguait cinq chemins à travers les Alpes : « l'un, « à travers le pays des Ligures; l'autre, celui d'Annibal; le troi- « sième, celui de Pompée lorsqu'il partit en Espagne; le quatrième,

quête de ces deux contrées, les différences dans les mœurs et les habitudes des peuples qui s'y trouvaient, ont également exercé leur influence sur les noms généraux que les Grecs et les Romains donnèrent à ces deux contrées.

En considérant d'abord ces contrées sous leur point de vue le plus général, relativement à leur position respective, par rapport à Rome et à la Grèce, on les a d'abord appelé Gaule de ce côté-ci des Alpes, et Gaule au-delà des Alpes, ou *Gaule cisalpine* et *Gaule transalpine* : cette dernière a été nommée Gaule au-delà des montagnes, *Gallia transmontana*. On nomma aussi, mais rarement, la Gaule au-delà, ou au nord des Alpes, Gaule supérieure, et celle en deçà ou au midi des Alpes Gaule inférieure [1]. La première fut aussi appelée ultérieure ou dernière, *ulterior aut ultima*; et la seconde, Gaule citérieure, *citerior Gallia*. On a aussi appelé la Gaule cisalpine Gaule entre les Alpes, *Gallia intra Alpes*, ou Italie subalpine, *Italia subalpina*, ou enfin Gaule subalpine, *Gallia subalpina*.

Les Grecs, ainsi que je l'ai observé, désignaient

« celui d'Hasdrubal; le cinquième, celui des Alpes graies. » Mais Tite Live, Appien, Eutrope, affirment qu'Hasdrubal a passé par le même chemin qu'Annibal.

[1] Plutarchus, in *Æmilio*, p. 259. — Dom Martin (*Hist. des Gaules*, tom. 1, p. 82) veut à tort appliquer cette dénomination de Plutarque à l'Illyrie; il est assez singulier qu'un aussi savant homme puisse commettre une aussi lourde erreur, que de paraître ignorer que le nord de l'Italie se nommait Gaule et était borné en partie par l'Adriatique. Mais à quoi ne conduit pas l'esprit de système ! — Dom Bouquet, dans son *Index geographicus*, annexé tom. 1 des *Hist. de France*, p. 852, commet aussi une erreur grave, lorsqu'il dit : *Gallia inferior est Gallia transalpina*. Les auteurs qu'il cite démontrent le contraire.

primitivement la Gaule proprement dite sous le nom de *Celtique* [1], mais, sous les Romains, ils la nommaient *Galatie*, c'est ainsi que l'appellent Polybe, Diodore, Dion Cassius, Josèphe et Pausanias [2], en se rapprochant aussi de l'usage des Romains. Des écrivains plus modernes, tels qu'Agathémère Pœanius dans sa paraphrase grecque d'Eutrope [3], Eusèbe, Socrate et Théodoret écrivent *Gallian* pour la Gaule, et *Gallous* pour les Gaulois. Agathémère [4], qui écrivait 217 ans après J.-C., est, je crois, le premier qui se soit entièrement conformé à l'usage des Romains, quoiqu'il emploie aussi le nom grec usité avant lui. Ptolémée, réunissant l'ancienne dénomination de Celtique et de Galatie, appelle la Gaule transalpine *Celto-Galatai* [5].

J'ai dit que les divers progrès dans la conquête de ces deux contrées par les Romains avaient influé sur les noms qui leur furent donnés. D'abord, n'oublions pas d'observer que l'Italie entière, avant la conquête de la Gaule cisalpine par les Romains, se trouva divisée en deux parties, l'*Italie* proprement dite, et la *Gaule*. Ce nom de *Gaule* ne signifiait alors que

---

[1] Voyez ci-dessus, p. 208, et Aristot., *de Gen. an.*, II, 8. — Polyb., III, 39. — Strabo, II, p. 128, 148; IV, p. 189. — Dionys. Halic., lib. XII-XX, c. 26, *in Scriptt. vett.* ab Angelo Majo, tom. II, p. 186.

[2] Polyb., II, 13, Diodor., Dion Cassius, Josèphe, Pausanias. — Strabon n'applique ce nom qu'au royaume d'Asie. Voyez *Geogr.*, lib. XII, p. 567.

[3] Voyez l'Eutrope de Verheyk. — Eusèbe, liv. V, ch. 6. — Socrate, liv. 1, ch. 35. — Théodoret. — Philostorge, liv. 1, ch. 5, dit *Galatia*. — Voyez *Collect. des Hist. de Fr.*, tom. 1, p. 601.

[4] Agathémère, liv. II, ch. 4. — Pausan., I, 3. — Appian., *de Reb. illyr.*, cap. 2.

[5] Ptolemæus, *Geogr.*, lib. II, 7. — Marc. Her., *Peripl.*, p. 46.

la *Gaule cisalpine*. C'est dans ce sens que Pline, faisant allusion à l'étendue de la Cisalpine, après la conquête du pays des *Senones*, dit que « l'Italie se « terminait au Rubicon; *hinc Rubico, quondam* « *finis Italiæ* [1]. » Mais au contraire, dans les derniers temps de la puissance romaine ou sous l'empire grec, le nom d'Italie, ou de province d'Italie, fut plus spécialement employé pour désigner la Gaule cisalpine exclusivement, et pour la distinguer du reste de l'Italie. Nous en expliquerons les raisons lorsque nous serons arrivés à cette époque.

La Gaule cisalpine, qui se trouve au midi du Pô, et qui fut la première conquise par les Romains, fut appelée *Gaule cispadane*, et on nomma *Gaule transpadane* celle qui était située au-delà ou au nord du Pô. Lorsqu'on voulait exprimer plus particulièrement les plaines arrosées par le Pô et écarter de l'idée de la Gaule cisalpine en général, la Vénétie et la Ligurie, on disait la *Gaule circumpadane* ou la Gaule à l'entour du Pô. On a enfin appelé la Gaule cisalpine *Gaule d'Italie*, et la Gaule transpadane *Italie transpadane*. Comme la Gaule cisalpine fut conquise avant la transalpine, Ausone appelle la première ancienne Gaule, *Galliam veterem*. Ce nom d'ancienne Gaule était aussi employé pour désigner cette portion de la Gaule transalpine qui fut la première conquise, c'est-à-dire la province romaine; voilà pourquoi Appien, en parlant du partage des provinces romaines qui eut lieu entre Antoine et Octave, dit qu'il fut convenu : « Qu'An- « toine aurait le gouvernement de toute la Gaule, « à l'exception de cette contrée voisine des monts

[1] Plinius, lib. III, cap. 15.

« Pyrénées, connue sous le nom spécial d'ancienne
« Gaule, » et qu'en parlant de Brutus, il observe
que « César lui avait donné le commandement de
« l'ancienne Gaule, et qu'il lui avait destiné pour
« l'année qui suivit son consulat, le consulat et le
« commandement de l'autre Gaule [1], » c'est-à-dire la
Gaule transalpine. C'est dans le même sens qu'on a
opposé à la Gaule citérieure, la Gaule dernière,
Gallia ultima, pour dire la dernière conquise [2],
c'est-à dire la Gaule transalpine.

Lorsque les Romains eurent conquis toute la
Gaule cisalpine et une partie de la Transalpine, on
remarqua que l'usage de la toge était presque général
dans la première, tandis que les habitans de la seconde portaient une sorte de haut-de-chausses nommé
braies; on appela la première, Gaule togée, *Gallia togata*, et l'autre, *Gallia braccata;* mais ce
mot de *Gallia braccata* ne désignait que la Gaule
au midi des Cévennes; car, comme on avait observé
que les habitans au nord laissaient croître leurs cheveux, tandis que ceux au midi les coupaient à la manière des Romains, on désigna la Gaule au nord des
Cévennes et du Rhône par le nom de *Gallia comata*
ou Gaule chevelue [3]. La partie de la *Gallia braccata*
réduite en province romaine fut d'abord nommée
Provincia, d'où est venu le nom moderne de Provence, qui représente assez bien les premières conquêtes des Romains sur les Saliens; mais immédiatement après ils y ajoutèrent le pays des Allobroges; ce

[1] Appien, liv. IV, ch. I, et liv. III, ch. 14.
[2] Cicéron, *Philipp.* VII.
[3] Cicéron, Pline, Mela, Tacite, Suétone, César, Catulle, Dion
Cassius, Appien, Martial, Martien Capella, Dicuil.

mot de *Provincia* signifia alors toute la *Gallia braccata*. Lorsque toute la Gaule eut été soumise aux armes romaines, le mot de *provincia* fut donc alors synonyme de *Gallia braccata* [1]. Quand Auguste eut tenu les états de la Gaule à Narbonne, la capitale de toute la province romaine ou de la *Gallia braccata*, la province romaine reçut alors le nom de *Gallia narbonensis* ou Gaule narbonnaise. La *Gallia comata* était elle-même divisée en trois grandes parties, presque aussi distinctes entre elles que l'était la *Gallia comata* de la *Gallia braccata* [2]; savoir, l'Aqui-

[1] Les montagnards d'Écosse nomment, dit-on, encore *bracca* le vêtement inférieur dont ils se servent, et le mot *breeches* en anglais paraît évidemment dérivé de la même source.

[2] Le livre des *Origines*, faussement attribué à Caton, donne aussi à la Gaule cisalpine les noms de *Bianor, Felsina, Aurelia* et *Æmilia*. Nous n'aurions pas fait mention de ce monument, aujourd'hui reconnu pour faux, si le savant Ortelius n'avait inscrit ces noms sur sa carte de la *Gallia cisalpina*. Le nom de *Bianor* est celui d'un roi d'Étrurie, fondateur de Mantoue; *Felsina* est, ainsi que je l'ai observé, le nom étrusque de *Bononia*; *Aurelia* et *Æmilia* sont les noms de deux voies romaines qui traversaient cette partie de l'Italie. Dans les derniers temps de la puissance romaine ou pendant le moyen âge, la Gaule cispadane fut convertie en province, et reçut le nom d'*Æmilia*; mais cette circonstance ne prouve que mieux que ce livre des Origines a été fabriqué après coup.

Voici quelques exemples des diverses dénominations des deux Gaules employées par les auteurs classiques. — Cicero, in Oratione de provinciis consularibus, *Galliæ duæ, Gallia ulterior, Gallia citerior*. — Sallustius, in Catilinario, *Gallia citerior et ulterior*. — Cicero, Philipp. vii, *Gallia citerior et Gallia ultima*. — Suetonius, in Cæsar., cap. 12, *Gallia cisalpina, Gallia comata*; et cap. 28, *Gallia transalpina* et *provincia cisalpina*; cap. 30, *citerior Gallia*. — Plutarchus, in Marcello, *Italia subalpina*. — Plutarchus, in Cæsare, *Gallia circumpadana* et *Italia subalpina*. — Polybius, lib. ii, *circumpadana regio*. — Appianus, Civil., lib. ii, dit *Italia, Gallia quæ circa Padum est*. — Appianus in Hannibalicis, *Italia gallica*. — Martial, lib iii, Epigramm. 1. — Diodore, lib. xlvi, *Gaule togée* et

taine, la Belgique et la Celtique. Avant que les Romains eussent conquis la Narbonnaise, on ne connaissait que ces trois divisions dans les Gaules, et la Narbonnaise formait une partie de la Celtique. Appien[1] dit que les Romains ont toujours appelé la Narbonnaise l'ancienne Celtique, exclusivement au reste des Gaules; elle est nommée ici ancienne Celtique, parce que cette portion de la Celtique fut la plus anciennement connue : c'est de la même qu'Ausone[2] dit *Galliam veterem*.

Avant de commencer à faire connaître en détail, pour les époques qui vont suivre, les noms et l'emplacement des peuples qui ont habité les deux Gaules, ainsi que la position de leurs villes capitales, et leurs différentes divisions en provinces, nous devons faire

Gaule chevelue. — Lib. XLVIII, *Gaule togée*. — Cicero, Philipp. VIII, *Gallia togata*, *Gallia comata*. — Suetonius, *Gallia togata*. — Hirtius, dans les Mémoires de César, *Gallia togata*. — Plinius, lib. III, cap. 13 : « Ab Ancona *Gallica ora* incipit, *togatæ Galliæ cognomine*. » — Suetonius, in Cæsare, *Gallia cisalpina*, *Gallia comata*. — Festus Rufus, *Gallia citra Alpes quæ togata dicitur*. — Strabo, lib. V, *Gallia cispadana* et *transpadana*. — Plinius, lib. XVIII, cap. 7, *transpadana Italia*; et lib. XVII, cap. 23; lib. XVIII, cap. 20; lib. III, cap. 17. — Tacitus, *Hist.*, lib. I, *transpadana regio*. — *Id.*, Annal. lib. II, *Transpadani*. — Cicero, Philipp. X, et de Officiis, lib. III. — Epistolæ ad familiares, lib. VIII. — Epist. I, *de Comitiis Transpadanorum*. — Plinius, lib. XVII, cap. 9, *transpadanis cineris* — *Id.*, lib. XVIII, cap. 13, *transpadanis fructus*. — Suetonius, in vita Cæsaris, *Lambrani* et *Transpadani*. — Quelquefois, enfin, la Cisalpine était appelée simplement *Gallia*, la Gaule. — Voyez Sallustius, in Bello catilinario. — Tit. Liv., lib. XXVIII. Vibius Sequester. — Dans la *Notice de l'Empire*, la Gaule cisalpine est appelée *provincia Italia mediterranea*, et dans la table *media provincia*. Pour désigner la Gaule transalpine, les auteurs anciens se servaient du pluriel *Galliæ* ou du singulier *Gallia* indifféremment.

[1] Appian., *de Bell. civil.*, lib. IV.
[2] Auson. Gratiani, *Gratiarum actio*, cap. 82, p. 554.

remarquer, que la nature des ouvrages où nous puiserons désormais nos renseignemens nous prescrit une marche entièrement différente de celle que nous avons suivie dans notre première partie. Jusqu'ici, nous avons dû mêler le récit sommaire des événemens politiques aux discussions géographiques; dans ce qui va suivre, la géographie, en éclairant l'histoire, va se passer de son secours, ou ne l'implorer que bien rarement.

Cependant les contrées dont nous traitons deviennent, aux époques que nous allons parcourir, le théâtre fréquent de grands et importans événemens; et chaque point de leur vaste surface s'illustre, en quelque sorte, par quelques souvenirs historiques : mais ces événemens sont étrangers à notre sujet, lorsqu'ils ne servent point à l'éclaircir. Jusqu'à l'époque où nous sommes arrivés, il a fallu nécessairement rassembler les fragmens épars, dans les auteurs anciens, sur les révolutions primitives qu'ont éprouvées les contrées dont nous traitons. Dépourvus de descriptions géographiques, il a fallu classer ces fragmens, les rapprocher, les comparer entre eux, pour pouvoir coordonner les différens peuples selon les différentes époques où ils ont paru; assigner leurs positions respectives; et tracer les limites approximatives du territoire qu'ils occupaient. L'analyse détaillée des récits historiques a presque toujours été la seule preuve dont nous ayons pu appuyer l'exposition des faits géographiques : il n'en sera plus désormais ainsi, et jusqu'à la fin de notre tâche nous pourrons baser nos recherches sur des descriptions géographiques précises et satisfaisantes, et presque toujours contemporaines. Nous saisirons les résultats certains qu'elles présentent, et la description des lieux ne se trouvant plus mêlée avec le récit des actions des hommes, acquerra aussi plus de certitude et se présentera à notre esprit avec plus de clarté. Cependant, si les divers tableaux que nous allons offrir sont dessinés avec plus de précision, ils sont aussi plus vastes et plus compliqués; il faut, pour les saisir, une attention plus longue et plus patiente. Nous prions donc nos lecteurs de nous pardonner la fatigue inséparable d'une nombreuse nomenclature, de descriptions réitérées de limites, et de discussions fréquentes sur les distances. Plusieurs points particuliers, dont nous nous occuperons, peuvent d'abord leur paraître d'un faible intérêt; mais ils sont importans, par leurs rapports avec l'ensemble du sujet que nous nous sommes proposé d'éclaircir.

Avant tout, il est nécessaire d'expliquer pourquoi les limites des peuples peuvent être tracées avec plus d'exactitude pour la Gaule transalpine que pour la Gaule cisalpine, et par quelles raisons, dans cette même Gaule transalpine, les différentes provinces et leurs subdivisions deviennent impossibles à connaître avec exactitude aussitôt après la chute de l'empire romain, et dans les siècles plus modernes du moyen âge.

La Gaule transalpine, avant d'être conquise par les Romains, était divisée, comme tous les pays peu civilisés, en un grand nombre de nations comprenant plusieurs villes ou cités confédérées entre elles: les Romains, en ayant fait presque subitement la conquête, laissèrent à chacun des peuples qui la composaient ses lois, ses usages, ses assemblées, et le soin de son administration intérieure. Cet état de choses, fruit d'une politique sage et modérée, subsista dans toute son intégrité pour tout ce qui ne contrariait pas les décrets du peuple romain, ou des empereurs : les magistrats et les commandans romains purent, par ce moyen, gouverner le pays avec plus de facilité. Ceci fut cause que lors des différentes divisions de la Gaule en provinces, qui eurent lieu en différens temps, on ne morcela pas les peuples, et qu'on les fit entrer intégralement, et comme subdivisions, dans les grandes divisions usitées par la nouvelle administration civile et militaire des Romains. Les géographes grecs et romains qui ont écrit jusqu'à l'époque du triomphe du christianisme, ont eu soin de nous indiquer la situation de ces peuples, de nommer leurs villes capitales, et souvent même les principales villes qui dépendaient de leur territoire. Lorsqu'on s'est assuré de la position de ces différentes villes par le moyen des mesures fournies par les itinéraires romains, on peut tracer déjà avec quelque précision les limites de chaque peuple, et par conséquent celles des provinces, et autres divisions plus générales, dont plusieurs peuples réunis sont des parties intégrantes. Mais lorsque le christianisme fut devenu la religion de tout l'empire romain, le chef de la congrégation chrétienne, qui se trouvait dans la capitale de chaque peuple, eut nécessairement la suprématie sur ceux des autres villes du même peuple, et celui de la capitale des provinces sur ceux de la capitale de chaque peuple. De même, le chef de la congrégation chrétienne de la capitale de tout l'empire acquit une suprématie semblable sur le chef suprême de la religion de chacune des vastes provinces de l'immense empire des Romains ; les divisions ecclésiastiques furent les mêmes que les divisions politiques, qui du temps de Constantin prirent le nom de diocèses. D'après cet exposé, on voit que les anciens diocèses représentaient dans la Gaule les anciens peuples, et avaient la même étendue et les mêmes limites.

Lors de l'irruption des Barbares, et de la chute de l'Empire romain, ce qui, pour la Gaule transalpine, eut lieu vers l'an 410, la hiérarchie politique et administrative du gouvernement établie par les Romains fut nécessairement détruite, mais il n'en fut pas de même de la hiérarchie ecclésiastique. Les Francs s'étant convertis à la religion chrétienne, en morcelant, et en partageant le territoire, sans avoir égard à aucune des anciennes divisions ou subdivisions, respectèrent les attributions et les divisions ecclésiastiques. L'évêque de Rome fut insensiblement reconnu comme le chef des évêques des provinces, qui prirent le nom d'archevêques, et ces archevêques furent les chefs de tous les diocèses ou peuples dont chacun fut ecclésiastiquement gouverné par son évêque, quel que fût le nombre des divisions que le sort des armes eût fait subir à chacun de ces diocèses, et quels que fussent les différens noms imposés à chacune des portions morcelées de leur territoire. Cet ordre de choses a continué jusque dans nos temps modernes, malgré les variations sans nombre qui ont eu lieu dans les partages politiques et dans leurs subdivisions; ou s'il y a été apporté quelques changemens, ce n'a été que par une permission expresse et une disposition spéciale du chef suprême de la religion résidant à Rome ; et comme les monumens historiques nous ont le plus souvent transmis, dans le plus grand détail, la connaissance de ces changemens, il devient possible de retrouver quels étaient primitivement l'étendue et les limites des diocèses, ou du territoire des anciens peuples de la Gaule. De sorte que, depuis Jules César ou depuis l'époque dont nous allons traiter, jusqu'à ces derniers temps, les descriptions des anciens géographes, les monumens historiques du moyen âge et les cartes modernes des diocèses de France, tels qu'ils existaient avant la dernière révolution, forment une chaîne de notions non interrompues, qui s'éclaircissent, s'expliquent, et se fortifient mutuellement, et qui nous font retrouver les noms, les positions, les limites, et l'étendue, des territoires des anciens peuples de la Gaule, et par conséquent des différentes provinces du temps des Romains, avec presque autant de certitude et de précision que s'ils se trouvaient tracés, avec détail, sur une bonne carte faite dans ces siècles reculés, et échappée par un heureux hasard aux ravages du temps.

Les divisions politiques qui eurent lieu après la chute de l'Empire romain n'eurent d'autre principe que la force, et les chances innombrables d'une multitude de guerres intérieures et extérieures, et elles varièrent sans cesse avec les causes qui leur donnaient naissance : elles ne se rattachent donc à aucun système ni à aucune description antique. On n'en peut suivre les traces que dans les indications insuffisantes fournies par le récit des événemens qui les ont produites. Aussi est-il impossible quelquefois d'entrevoir ces divisions presque aussitôt anéanties qu'établies; et lorsque l'histoire nous les retrace avec clarté, on est fatigué de leur multiplicité, de leur incohérence, et de leur peu de durée. Elles ne présentent guère plus d'intérét que celui du partage, et de la permutation, des propriétés particulières. La géographie ancienne de la Gaule transalpine, toujours sûre et éclairée dans sa marche, offre au contraire le tableau des différens peuples subsistant pendant des siècles dans leur état primitif, ou n'éprouvant dans les limites respectives de leur territoire que des changemens peu fréquens, et qui se rattachent à de grandes époques historiques.

Il n'en est pas tout-à-fait ainsi de la Gaule cisalpine. Les monumens historiques des Étrusques ayant disparu avec leur puissance, nous ignorons non seulement l'emplacement, mais même les noms des nations qui habitaient ces contrées lorsqu'ils s'en emparèrent. L'histoire, ainsi que nous l'avons vu, nous a permis d'assigner assez bien l'étendue, et les limites, des peuples gaulois qui la peuplèrent; mais la conquête que les Romains en firent ensuite, ne fut ni prompte, ni subite; elle ne fut pas le fruit d'une seule invasion, mais celui d'une lutte opiniâtre pendant plusieurs siècles. Plusieurs des peuples qui l'habitaient furent détruits, comme les Boïens; d'autres restreints, d'autres transplantés, comme les Liguriens appuens. Les Romains établirent des colonies dans toutes les capitales : les Gaulois cisalpins n'eurent plus d'assemblées, plus de points de réunion; ils n'eurent plus la faculté de se gouverner par leurs propres lois, et ne formèrent plus de peuples distincts. Alors les diocèses établis dans cette contrée ne nous représentent plus aussi exactement la division primitive ; ils ne se rattachent plus aussi sûrement aux descriptions des anciens géographes : nous ne pouvons donc tracer, dans ce pays, les limites des peuples avec autant d'exactitude dans les détails que pour la Gaule transalpine. Dans cette dernière même, il faut encore observer que ces limites se trouvent moins bien déterminées dans la Province romaine que dans les trois autres parties, parce que les Romains y envoyèrent aussi un plus grand nombre de colonies ; qu'ils s'emparèrent non seulement de la souveraineté du pays, mais du territoire ; qu'alors ils ne laissèrent pas plus qu'en Italie, à chaque peuple en particulier, ses lois et son gouvernement. Cependant, comme la lutte ne fut ni aussi longue ni aussi destructive que dans la Gaule cisalpine, les peuples primitifs subsistèrent la plupart dans toute leur intégrité, de manière qu'il est encore possible de déterminer avec certitude l'étendue et les limites du plus grand nombre. Nous devons encore ajouter que l'extrémité nord de la Gaule transalpine, et les parties voisines du cours du Rhin, se trouvent dans le même cas que la Province romaine et que la Gaule cisalpine, mais par une raison différente qu'il faut faire connaître.

Après l'entière conquête de la Gaule transalpine, il fut fait diverses concessions de terres, à plusieurs peuples germains qui habitaient l'autre rive du Rhin, et la sûreté de l'Empire ne permit pas d'abandonner aux peuples soumis le gouvernement intérieur des frontières. Pour les protéger contre toute invasion, les Romains établirent de nombreuses colonies sur les bords du Rhin, et y tinrent en station leurs meilleures légions. Ils furent donc obligés de former des divisions particulières, auparavant inconnues, aux dépens du territoire des peuples limitrophes. Ces divisions, nécessitées par les besoins de la défense, et entièrement militaires, n'eurent plus de rapport avec les anciennes limites des peuples, et ne répondent pas exactement aux diocèses qui furent formés depuis. Aussi ces limites ne peuvent être tracées avec exactitude, et on ne peut qu'indiquer, souvent même d'une manière assez vague, l'emplacement respectif des peuples dans cette partie de la Gaule. C'est surtout à l'extrémité nord, et dans l'étendue de ce qui forma depuis la seconde Belgique, que l'on rencontre le plus d'incertitude, parce que cette partie a été domptée et connue la dernière ; que, pour la soumettre entièrement, il a fallu exterminer, ou expulser, les habitans primitifs, et les remplacer par d'autres : ce qui a produit de nombreuses et fréquentes variations dans les noms, dans l'étendue et les limites des différens districts, ou cités, qui furent établis à différentes époques. Enfin, il ne faut pas déguiser que l'histoire ecclésiastique des diocèses n'est pas toujours également claire, ni toujours appuyée sur des monumens aussi authentiques, et aussi détaillés. Quelques uns ont éprouvé des changemens à une époque si reculée, qu'il devient plus difficile de rétablir les limites des peuples dans leur intégrité primitive. Sous ce rapport, l'Aquitaine et la Bretagne présentent plus de difficultés à vaincre que les autres parties de la France, ou de la Gaule, et par conséquent aussi plus d'incertitude.

On a prétendu qu'avant l'arrivée de César dans les

Gaules, les Gaulois n'avaient point de véritables villes, dans le sens que nous attachons à ce mot, parce que César dit, en parlant des Bretons ou des habitans de l'île d'Albion, qu'ils appelaient villes une enceinte entourée de remparts et de fossés, où ils se retiraient quand leur pays était envahi [1]. « *Oppidum autem Britanni vocant, cum silvas impeditas vallo atque fossa munierunt, quo incursionis hostium vitandæ causa, convenire consueverunt* [2]. » Mais il est certain que César nous représente les Gaulois bien plus civilisés que les habitans de la Grande-Bretagne. Cependant, à l'appui de cette opinion, on observe encore que, selon l'orateur Eumène, Constantin, en l'an 309, a célébré la fondation de Trèves [3]. « Ce qui, sans doute, ajoute-t-on, n'aurait pas eu lieu si cette fondation eût été antérieure à la conquête des Gaules par les Romains, puisque dans ce cas, quand même l'époque de cet événement aurait encore été connue, du moins un empereur romain n'aurait eu aucune raison de célébrer une fondation à laquelle le peuple romain n'avait contribué en rien. » Ce raisonnement ne nous paraît point solide. D'abord la date du jour de la fête de la fondation de Trèves pouvait s'être conservée par tradition, et avoir été fêtée régulièrement par les *Treviri*. L'empereur se trouvant alors dans cette ville, a dû, pour se concilier l'amour de ses habitans, se joindre à eux pour cette célébration. Enfin, on peut dire encore que Constance ne fêta que la fondation de la colonie romaine. *Hic video hanc fortunatissimam civitatem, cujus natalis dies*

---

[1] Hetzrodt, *Notice sur les Trevirois*, p. 19.
[2] Cæsar, lib. v, cap. 31.
[3] V. Eumen., in *Panegyr. ad Constantinum*, p. 20.

tua pietate celebratur[1]; et ce fut souvent la coutume des Romains, dans l'histoire des villes, de ne dater leur fondation que de l'époque où ils avaient établi une colonie, coutume bien conforme à l'orgueil connu de ce peuple. Au reste, ce paradoxe historique[2], démenti par tous les textes des anciens, a été bien réfuté[3], et, pour le soutenir, il a fallu détourner les expressions les plus connues de leur sens véritable, et oublier, ou ignorer, ce que tout le monde sait, que le mot *civitas* signifie souvent le corps politique formé par la réunion des citoyens d'une cité; que *urbs*, ville, fréquemment opposé à *oppidum*, est une forteresse ou une ville entourée de murailles; que *vicus* signifie également un village, ou un quartier, ou un faubourg quelconque d'une ville; et que *domus*, qui signifie maison, est employé, comme le même mot en français, dans le sens de famille.

Il était nécessaire d'exposer toutes ces considérations, afin de mieux faire comprendre la force et la validité des preuves que nous alléguerons en faveur de nos descriptions, et pour mettre à portée de les mieux juger. Nous aurons soin d'indiquer les cartes des différens diocèses que nous possédons, et qui nous ont facilité le tracé des limites des différens peuples de la Gaule. Nous avons toujours vérifié, et quelquefois rectifié, ces cartes d'après les détails, et les pièces authentiques, contenus dans l'histoire par-

---

[1] Eumen., in *Paneg. ad Constantin.* — Dans D. Bouquet, *Hist. de France*, tom. 1, p. 716.

[2] Dulaure, *Mémoires des Antiquités de la France*, tom. ii, p. 82. — *Histoire de Paris*, tom. 1, p. 37.

[3] Golbéry, *les Villes rasées par M. Dulaure et rebâties par M. Golbéry*. Paris, 1821, in-8°, 46 pages.

ticulière de chaque diocèse. Quant au petit nombre de diocèses pour lesquels il n'existe pas de cartes gravées, ou du moins pour lesquels nous n'avons pu en découvrir, en relevant les différens lieux mentionnés dans leur histoire particulière, et en les marquant sur la carte de Cassini, nous sommes parvenu au même but, mais avec un bien plus grand travail. Cependant ce travail était nécessaire, attendu que la France ecclésiastique, publiée par Jaillot, en quatre feuilles, en 1736, ne marque pas le contour des limites avec d'assez grands détails, ni avec une exactitude suffisante.

Nous nous sommes aussi aidé, soit pour la position des lieux, soit pour la détermination des limites, de dénominations modernes usitées dans la géographie de la France, et qui sont évidemment dérivées de l'état ancien de la Gaule. Tels sont les noms de Feins, Fïns, Finiac, dérivés de *Fines*, qui, ainsi que ceux de Terminier et d'autres semblables, indiquent souvent les limites d'une ancienne cité, d'un peuple, d'une province; les noms d'Estrée, qui, dérivés de *Strata*, démontrent le passage d'anciennes voies romaines dans les lieux qui les portent; ceux de Brives, ou Brigg, ou Brugge, qui sont tous dérivés de *Briva* ou *Briga*, mot gaulois qui signifie pont ou passage d'une rivière; les noms de Condé, Conches, Accon ou Ancône, qui viennent de *Condate* ou d'*Acunum*, et marquent toujours dans l'ancienne géographie un lieu placé dans le coin ou l'angle formé par deux rivières; les noms d'Augt, d'Aoust ou d'Aoste, toujours dérivés d'*Augustus*; et ainsi de plusieurs autres.

CHAPITRE II.

De l'état des deux Gaules depuis l'invasion de Jules César dans la Gaule transalpine, l'an 58 avant J.-C., jusqu'à l'entière conquête de ce pays 50 ans avant J.-C.

§. I. Divisions générales.

Pendant les huit années que dura la guerre contre la Gaule transalpine, Jules César reconnut, soit par lui-même, soit par ses lieutenans, cette contrée dans toutes ses parties, et la traversa dans tous les sens, depuis les Pyrénées jusqu'à l'embouchure du Rhin, et depuis les sources de ce fleuve jusqu'aux côtes de l'Océan. La conquête qu'il en fit ne fut ni graduelle ni progressive; il combattit à la fois sur plusieurs points de sa surface, très éloignés les uns des autres; il la soumit presque simultanément, et simultanément il la vit se révolter en entier, et faire de puissans efforts pour secouer le joug inaccoutumé qu'on lui avait imposé.

César nous montre, dès les premières lignes de ses excellens Mémoires, la Gaule transalpine, à l'époque de la conquête, divisée en trois parties distinctes, dont les habitans, dit-il, diffèrent tous par le langage, les mœurs, les lois et les habitudes.

1. « La *Belgique*, au nord et à l'orient, séparée « des Germains par le Rhin, et des Gaulois par la « Marne (*Matrona*), et par la Seine (*Sequana*);

2. « L'*Aquitaine*, entre le couchant et le nord (à

« Rome, cette orientation était exacte), s'étend entre
« la Garonne et les Pyrénées, et cette partie de
« l'Océan qui baigne l'Espagne.

3. « La *Gaule* proprement dite, qui commence au
« Rhône et est terminée par la Garonne, l'Océan,
« les limites des Belges, et qui, renfermant les Séquanais et les Helvétiens, s'étend jusqu'à la partie
« inférieure du Rhin, et se prolonge vers l'orient et
« vers le nord. »

Telles sont les propres paroles de César [1], et une plus grande connaissance des lieux lui eût fait achever la description des limites de la Belgique, qui, à partir des sources de la Marne, étaient sans doute formées par la petite branche de la chaîne des Vosges, qui s'étend depuis Mulhausen jusqu'au Rhin.

Cette division, déjà par elle-même facile à saisir, et basée sur les grands traits de la géographie naturelle, dut subsister d'autant plus long-temps qu'elle servait à distinguer des peuples essentiellement différens par leur origine, leurs mœurs, leur langage et leurs lois; aussi ne disparut-elle pas dans l'usage habituel, lorsqu'elle n'exista plus administrativement : on la voit confondue avec les divisions postérieures, tantôt nettement exprimées, tantôt donnant lieu à des confusions et à des erreurs. Mela donne encore la Garonne pour limite à l'Aquitaine, quoique de son temps elle s'étendît jusqu'à la Loire. De même, plus de quatre cents ans après César, Ammien Marcellin nous dit : « Que la Garonne sépare les Celtes des Aquitains [2], » ce qui, pour les peuples, était encore

---

[1] Cæsar, *de Bello gallico*, lib. 1, cap. 1.
[2] Ammian. Marcellin., ex libro xv, cap. 11.

vrai de son temps, mais non pour la division civile. Pline commet une erreur réelle lorsqu'il applique à l'époque où il écrivait, la division de la Gaule par César, et qu'il dit : « La Celtique, ou, ce qui est « la même chose, la Lyonnaise, s'étend jusqu'à la « Garonne [1]. » Bien certainement, du temps de Pline, la Lyonnaise ne s'étendait pas jusqu'à la Garonne. On peut même dire que cela n'eut lieu à aucune époque, puisque la Lyonnaise, quoique désignée aussi sous le nom de Celtique, n'a jamais représenté la Celtique de César dans toute son étendue.

Mais les mêmes raisons qui devaient faire subsister pendant tant de temps, et après les changemens les mieux consolidés, l'ancienne division des Gaules en Aquitaine, Belgique et Gaule, nous prouvent aussi que cette division existait non seulement avant César, mais même avant la conquête de la Province romaine, qui n'eut lieu que soixante ans avant César. A cette époque, tout ce qui n'était pas Belgique ou Aquitaine était Gaule. C'est pour avoir confondu ces anciennes notions avec l'état de choses existant du temps de César que Strabon [2], et d'autres auteurs, commettent des erreurs grossières et renferment la Province romaine ou la Gaule narbonnaise dans la Celtique ou la Gaule proprement dite, dont elle ne faisait plus partie, puisqu'elle en avait été détachée par la conquête, et formait une division à part. Nous voyons au contraire Dion Cassius [3], après qu'une partie de la Celtique eut été nommée Lyonnaise, appliquer

---

[1] Plinius, lib. IV, cap. 17.

[2] Strabo, *Geogr.*, lib. IV. — Dionys., *Fragm.*, lib. XII et XX, *inter. Script. vet.*, ab Angelo Maio, in-4°. tom. II, p. 486 et 487.

[3] Dion Cassius, lib. XLIV, p. 262.

ce dernier nom à une portion de la Belgique, d'après les anciennes idées sur la signification primitive du mot Celtique, qu'il regarde comme synonyme de Lyonnaise.

Un auteur grec, Lydus, qui a écrit vers le commencement du vi° siècle, dit que la Gaule est divisée en trois parties, qu'il nomme *Celtica, Germanica, Gallica*. Dans les idées confuses de cet auteur, on reconnaît encore l'ancienne division de César. Le mot de *Germanica* remplace celui de Belgique; la *Celtica* garde son antique dénomination; et enfin le mot *Gallica* désigne la Province romaine, et peut-être aussi l'Aquitaine [1].

César ne dit point quelles étaient les limites de la Province romaine, parce qu'il écrivait pour des Romains, qui connaissaient bien ces limites; s'il décrit en détail celles des autres portions de la Gaule, c'est qu'elles étaient ignorées de son temps. L'histoire des progrès successifs des armes des Romains dans la Gaule, jusqu'au temps de César, nous a servi à déterminer les limites de la province qu'ils avaient annexée à leur empire. Nous avons décrit ces limites en détail, et la description que nous en avons donnée, et qui complète celle des quatre grandes divisions de la Gaule, se trouve encore confirmée par différens passages des Mémoires de César. Nous le voyons en effet, dès le commencement de cette guerre, se transporter sur les bords du Rhône, près de Genève, où nous avons

---

[1] « Galliæ interiorem terram trifariam divisam in Celticam, Germanicam et Gallicam. » J.-L. Lydi *de Magistratibus reipublicæ romanæ libri tres*, lib. III, cap. 52, p. 207, edit. prima. Parisiis, in-8°, 1812.

fixé les limites de l'Allobrogie¹. Nous avons vu précédemment un consul romain s'emparer d'une ville romaine au nord du Rhône, et parmi les peuples soumis aux Romains, César nous parle aussi des Allobroges au-delà du Rhône². Ce qui prouve qu'au nord, les limites de la Province romaine s'étendaient jusqu'au Jura. César nous apprend que Toulouse, Carcassonne et Narbonne sont des villes de la Province romaine³; César distingue les *Ruteni provinciales* ou les *Ruteni* faisant partie de la Province romaine des autres *Ruteni*⁴, ce qui prouve bien, ainsi que je l'ai déjà dit, que ce peuple, qui s'était joint à la confédération, avait perdu une partie de son territoire, qu'on avait réuni à la Province romaine. Pline confirme ceci en plaçant les *Ruteni* dans la Narbonnaise⁵. César, en nous racontant la défense faite par les *Helvii* contre les attaques des autres peuples gaulois, nous prouve qu'ils faisaient alors partie de cette province où Pline et Ptolémée les placent⁶ : et si Strabon⁷ leur est contraire, c'est que les *Helvii* paraissent en effet avoir été, par Auguste, réunis pendant quelque temps à l'Aquitaine⁸.

J'ai remarqué que les peuples des Alpes, excepté ceux qui sont situés immédiatement au-dessus de

---

¹ Cæsar, *de Bello gallico*, lib. I, cap. 7.
² Cæsar, *Ibid.*, lib. I, cap. 11.
³ Cæsar, *Ibid.*, lib. III, cap. 20.
⁴ Cæsar, *Ibid.*, lib. VII, cap. 7.
⁵ Plinius, lib. III, cap. 4.
⁶ Cæsar, *de Bello gallico*, lib. VII, cap. 7, 8 et 64; *de Bello civili*, lib. I, cap. 35. — Plinius, lib. III, cap. 4, Alba Helviorum. — Ptolemæus, lib. II, cap. 10.
⁷ Strabo, *Geogr.*, lib. IV.
⁸ Voyez ci-après.

l'embouchure du Var, ne faisaient point partie de la Province romaine. En effet, nous voyons César presque toujours obligé de s'ouvrir un passage, à travers ces Alpes, par la force des armes; et plus tard les *Lepontii*, les *Salassi*, les *Octodurenses*, les *Centrones*, les *Cottianæ civitates*, les *Uceni*, les *Brigieni*, et en un mot tous les peuples qui, dans les derniers temps, formèrent les deux provinces de la Gaule, connues sous les noms d'Alpes maritimes, d'Alpes grecques et d'Alpes pennines, sont placés par Ptolémée et par Pline en Italie [1]. Ptolémée met aussi en Italie les *Centrones*, les *Caturiges*, les *Segusiani*, les *Nerusi*, les *Suetrii*, les *Vediantii*.

Il résulte de ce que nous venons de dire, que les contrées soumises à nos recherches, à l'époque dont nous nous occupons, présentent les divisions et les subdivisions suivantes :

§. I. La Gaule transalpine, qui contient la Province romaine, *Gallia braccata*.

§. II. La Gaule chevelue, *Gallia comata*, qui contient :

   1. L'Aquitaine,
   2. La Celtique,
   3. Et la Belgique.

§. III. Les peuples indépendans des Alpes, entre la Gaule et l'Italie.

§. IV. La Gaule cisalpine, qui comprend :

   1. La Ligurie,
   2. La Gaule cisalpine proprement dite,
   3. La Vénétie.

---

[1] Ptolem., *Geogr.*, lib. III, cap. I. — Plin., lib. III, cap. 5, 20.

Nous allons décrire en détail chacune de ces divisions :

§. I. *Gaule transalpine.*

1. De la Province romaine, ou *Gallia braccata.*

Des quatre parties qui composent la Gaule transalpine, la Province romaine est celle que l'on doit décrire la première. Elle fut la première conquise, et d'ailleurs, en procédant du midi au nord, nous concilierons l'ordre géographique avec l'ordre historique, et avec celui du progrès des découvertes.

César ne nous donne sur la Province romaine, qu'il trouva conquise et pacifiée, presque aucun détail qui ne nous soit déjà connu : nous avons déjà assigné la position et les limites des *Volcæ Tectosages* et des *Volcæ arecomici;* et comme César lui-même[1] met *Tolosa*, Toulouse, au nombre des villes de la Province romaine, il prouve que ce qu'il dit des limites de l'Aquitaine, renfermée, suivant lui, entre les Pyrénées et la Garonne, ne doit pas s'entendre dans un sens rigoureux, surtout pour les contrées voisines des sources de la Garonne. Il faut donc rechercher quelles étaient les limites des peuples qui appartenaient à *l'Aquitania* et à la *Gallia braccata,* pour déterminer avec précision les limites respectives de ces deux divisions. Cette considération recule les limites de la Province romaine jusqu'à la rivière Gémone, qui sépare les *Garites* des *Tolosates,* ainsi que nous le verrons bientôt. On peut tracer ces limites d'après la carte du diocèse de Toulouse,

---

[1] Cæsar, *de Bello gallico*, lib. III, cap. 20.

réunie à celles des diocèses de Rieux et de Lombez, qui ne sont qu'un démembrement de l'ancien diocèse de Toulouse : il faut y joindre aussi le diocèse de Montauban, à la réserve de cette partie qui est à l'ouest de la Garonne, où commençait le territoire des *Garites*. Le lieu nommé *Fines*, dont la position est prouvée d'une manière certaine par les mesures des itinéraires [1], détermine les limites vers le nord et du côté des *Cadurci* ou du diocèse de Cahors. C'est aussi d'après la carte du diocèse de Toulouse dans son état ancien, que l'on peut tracer les limites particulières des *Tolosates*, dont César a parlé, et qui formaient une partie de la grande division des *Volcæ Tectosages*. Ces derniers, ainsi que nous l'avons déjà fait entrevoir, renfermaient, avant qu'on leur eût réuni le territoire des *Atacini* ou de Narbonne, tout l'archevêché de Toulouse, et toute la partie du diocèse de Montauban à l'est de la Garonne. Les *Volcæ arecomici* renfermaient les diocèses d'Agde, de Lodève, de Montpellier, d'Uzès, de Nîmes et d'Alais [2]. Dans le moyen âge, le *pagus*

---

[1] Voyez l'*Analyse des Itinéraires*, tom. III de cet ouvrage.

[2] Il y a des cartes très détaillées de tous les diocèses du Languedoc, dressées et gravées par ordre des États de cette province, qui ne laissent rien à désirer : outre cet atlas des diocèses du Languedoc, on peut consulter aussi la *Gallia christiana*, tom. VI et XIII. Ce tome XIII est le dernier publié ; il porte la date de 1785, et comprend l'archevêché de Toulouse, et entre autres les diocèses de Lavaur, de Saint-Papoul, de Mirepoix, de Pamiers, de Rieux et de Lombez. L'origine de ces petits diocèses ne remonte pas à des temps anciens. Saint-Pamiers, au commencement du XIIe siècle, n'était qu'un village nommé *Fridelacum* (*Gallia christiana*, tom. XIII, p. 150), dans lequel était une abbaye de ce nom. Roger II, de retour de Jérusalem, y bâtit un château auquel il donna le nom d'Apamée en Syrie,

Tolosanus fut distingué non seulement de la *Septimania*, mais même de l'*Aquitania* et de la *Vasconia* [1].

Pline distingue de même les *Tolosates* comme un peuple particulier [2] : mais lorsque César fait les *Tolosates* voisins des *Santones* [3], il est évident qu'il considère les *Nitiobriges* et les *Petrocorii* comme des sous-divisions des *Santones*.

Nous avons parlé des *Atacini*; César n'en a pas fait mention. De son temps Narbonne, que le fleuve *Atax* ou l'Aude traversait [4], était devenue floris-

---

et ce château donna son nom à une ville vers l'an 1111. Cette ville fut érigée en siége épiscopal, en 1295, par Benoît VIII (*Gall. christ.*, tom. XIII, p. 150). — *Rivensis*, Rieux, encore simple village du diocèse de Toulouse, fut érigée en évêché, en 1317, par le pape Jean XXII (*Gall. christ.*, p. 186). — *Mons Albanum*, Montauban, autrefois appelé *Mons Aureolus*, fut érigé en évêché en même temps que Rieux ; le premier acte authentique qui en fasse mention est de 1114 (*ibid.*, p. 226). — *Mirapensis*, Mirepoix, est de la même création ; il en est pour la première fois mention en 1209 (*ibid.*, p. 268). — *Sancti Papuli*, saint Papoul, existait sous Charlemagne en 817, mais n'a été érigé en diocèse et démembré du diocèse de Toulouse qu'en 1317. Il en est de même de *Lombez* et de *Lavaur* : *Lombarium*, Lombez, doit son origine à une abbaye consacrée à la Sainte Vierge, bâtie dans ce lieu en 793 ; ce district était autrefois de l'*Occitania*, et n'a été réuni à la *Vasconia* qu'en 1469. — Lavaur doit son origine à un lieu nommé *Vera* ou *Vora* dans un acte de l'an 817 ; ce n'était aussi qu'un village du Lauraguais, lorsque le pape Jean XXII l'érigea, comme les autres, en siége épiscopal. Voyez *Gallia christiana*, tom. XIII, p. 331.

[1] Gregorius Turonensis, lib. VIII. — Hadrianus Valesii, *Notitia Galliæ*, p. 649, v. *Volcæ Tectosages*.

[2] Plinius, lib. III, cap. 4, *Tolosani tectosagum*.

[3] Cæsar, *de Bello gallico*, lib. I, cap. 10.

[4] Polybe, Strabon. — Georgest, *Mémoire qui a concouru pour le grand prix proposé par M. le préfet de l'Aude*. Carcassonne, in-4°, an XII, p. 6 et 12. Voyez ci-dessus, p. 140, 141.

sante. Tous les districts qui l'entourent étaient peuplés de Romains et de Gaulois, nés dans les autres parties de la Gaule. Le nom d'*Atacini* paraît donc avoir été plus borné, dans sa signification, du temps de César qu'à l'époque où nous en avons parlé. Ce nom ne désignait plus alors que les habitans des montagnes situées vers les sources de l'Aude, et ils étaient contenus dans l'intérieur du diocèse d'Alet[1]; mais leurs limites ne peuvent être déterminées par celles de ce diocèse, qui n'a été démembré du diocèse de Narbonne que dans des temps très modernes, et dont la première origine ne remonte pas au-delà du XIe siècle [2].

Nous nous sommes déjà expliqué sur la position des *Sardones* près des Pyrénées, ainsi que sur celle des *Salyi*, des *Salluvyi*, des *Suetrii* ou *Suelteri*, des *Vediantii*, des *Nerusi*, des *Cavares*, des *Tricastini* et des *Segalauni*, qui sont à l'orient du Rhône, et dont il est question avant César. Comme cet auteur ne nous fournit aucune nouvelle lumière sur ces peuples, nous nous réservons de donner encore d'autres preuves des positions que nous leur avons assignées, et d'y ajouter des détails circonstanciés sur leurs limites, lorsque nous parlerons de la division de la Gaule sous Auguste, et que nous pourrons appuyer nos descriptions par les textes des historiens et des géographes de ce siècle célèbre, et des auteurs anciens qui les ont copiés.

[1] Qu'il ne faut pas confondre avec le diocèse d'Alais. En latin, le diocèse d'Alet est *diœcesis Electensis*, et le diocèse d'Alais est *diœcesis Alesiensis*.

[2] *Gallia christiana*, tom. VI, p. 101 et p. 269.

Les seuls peuples de la Province romaine dont César fasse mention, outre les *Volcæ Tectosages* et les *Volcæ Arecomici*, sont les *Albici*, les *Vocontii*, les *Allobroges* et les *Helvii*.

César parle des *Albici* [1] comme d'un peuple belliqueux habitant les montagnes au-dessus de Marseille. Pline, joignant leur nom à celui d'*Apollinaris*, la capitale des *Reii* [2], nous prouve par-là que ce peuple est le même que celui qui fut depuis nommé *Reii*. Une ancienne inscription rapportée par le père Sirmond et par d'autres auteurs, confirme le texte de Pline [3]; par-là la position de ce peuple se trouve fixée, car deux routes anciennes données par la Table, dont l'une part de Draguignan, *Anteis*, et l'autre d'*Aquæ sextiæ*, Aix, et qui aboutissent à Riez, nommé *Reii* dans la Table, déterminent, sans aucun doute, la position de l'ancienne capitale des *Albici* [4]. On a trouvé d'ailleurs, à Riez, un grand nombre d'antiquités romaines, dont plusieurs sont encore existantes [5]. On rencontre à deux lieues de Riez, en approchant du Verdon, un endroit nommé *Albiosc*, qui conserve le nom du peuple dans sa forme grecque, et c'est bien à tort que des commentateurs ont voulu changer le texte de Strabon, et le rendre

[1] Cæsar., *de Bell. gallic.*, 1, 56, et *de Bello civili*, 1, 33, 35.

[2] Plinius, lib. III, cap. 4 : « Alebece Reiorum Apollinarium. »

[3] Valesii, *Notitia Galliæ*, p. 9. — Papon, *Histoire de Provence*, tom. 1, p. 64.

[4] Voyez mon *Analyse des Itinéraires*, tom. III. On a méconnu cette route, et M. d'Anville, aussi bien que ses prédécesseurs, ont brouillé toutes les mesures données dans cette partie de la Table.

[5] Papon, *Histoire de Provence*, tom. 1, p. 61. — Millin, *Voyages dans les départemens méridionaux de la France*, tom. III, p. 45; Pl. 53.

plus conforme aux auteurs latins; ce sont plutôt ces derniers qui ont altéré ce mot, puisque, sur toute cette côte habitée par des Grecs, c'est en grec que les dénominations de lieux ont d'abord été connues. Strabon nomme ce peuple *Albioëci* [1] : il est assez probable que l'ancienne capitale des *Albioëci*, du temps de César, était à Albiosc; et que cette ville n'aura pris le nouveau nom de *Reii* que depuis qu'elle a changé de place, et qu'elle a été bâtie dans l'emplacement de Riez. Les anciennes Notices de la Gaule font mention de *civitas Reiensium* [2]. On a objecté qu'on n'avait point trouvé d'antiquités dans les environs d'Albiosc, et, par un motif contraire, on a voulu placer les *Albioëci* dans la vallée d'Aubagne [3]; mais nous pensons que, pour un géographe, une telle raison ne saurait prévaloir contre la ressemblance du nom et la convenance de position. Le diocèse de Riez occupait le second rang sous la métropole d'Aix : le catalogue des évêques de Riez remonte jusqu'au commencement du ve siècle [4]; ainsi ce diocèse peut servir à tracer les limites précises des *Reii* ou des *Albici* [5]. Une inscription rapportée par Spon, et trouvée aux bains de Greoulx, nous révèle

---

[1] Strabo, *Geogr.*, lib. IV, p. 203.

[2] *Noticia provinciar. et civit. Galliæ*, Recueil des hist. des Gaules et de la France, tom. I, p. 120. — Valesii *Notitia*, p. xxvj.

[3] Tolozan, dans la *Statistique des Bouches-du-Rhône*, tom. II, p. 200 et 297. — Henri, *sur la Géographie ancienne des Basses-Alpes*. Forcalquier, in-8°, p. 17.

[4] Papon, *Histoire de Provence*, tom. I, p. 234, et Honoré Bouche, *Chorographie de Provence*, tom. I, liv. IV, chap. 3.

[5] Je ne connais point de carte particulière du diocèse de Riez, mais il existe une carte de Provence en deux grandes feuilles, divisée par diocèses, dressée par Denis, publiée par Jaillot en 1781; elle

l'existence et la position d'un lieu nommé *Griselum*, situé dans cet endroit même, et sur le territoire des *Reii*. Le chiffre XI qu'on lit dans cette inscription n'est point relatif au nombre des nymphes ou des sources, comme l'a cru Papon[1]; mais il exprime la distance exacte entre *Reii*, Riez, et *Griselum*, Greoulx, qui est juste de 8 milles géogr. $\frac{2}{7}$ de mille, ou 8' 48" de degré, ou 11 milles rom. Ce chiffre XI est d'autant plus intéressant, qu'il confirme à la fois la position des *Reii* et celle de *Griselum*.

Les *Vocontii* : César ne nomme point leur capitale, il nous dit seulement qu'ils étaient de la province Ultérieure[2] (c'est-à-dire de la Province romaine), et voisins des Allobroges; Tite Live, ainsi que nous l'avons vu, nous apprend que l'armée d'Annibal traversa le pays des *Vocontii* pour se rendre chez les *Tricorii*, et de là en Italie[3]. Mela, le plus ancien des auteurs qui aient parlé des *Vocontii* après César et Tite Live, nomme *Vasio* pour leur capitale[4], tandis que la Notice de l'Empire confère ce titre à *Dea*[5]. J'ai déjà dit que le territoire des *Vocontii* doit comprendre les diocèses de Die et de Vaison; mais Pline, qui ne fait pas mention de Die, leur donne avec Vaison,

---

est supérieure à celle que Guillaume Delisle a donnée en 1715. Voyez *Gallia christiana*, tom. 1, p. 389.

[1] Papon, *Hist. gén. de Provence*, tom. 1, p. 86. — *Hist. de Fr.*, tom. 1, p. 145.

[2] Cæsar, *de Bello gallico*, lib. 1, cap. 10.

[3] Tit. Liv., lib. XXI, cap. 31.

[4] Mela, *Geogr.*, lib. II, cap. 5.

[5] *Notitia provinciar.* apud *Rer. Gallicar. et Francicar. scriptores*, tom. 1, p. 123. — Observez que la Notice des provinces ne parle plus des peuples, mais seulement des cités ou diocèses, et *civitas Deensium* y tient lieu des *Vocontii*, qui n'y sont pas mentionnés.

pour seconde capitale, Luc ou *Lucus Augusti*[1], et dit qu'ils avaient dix-neuf petites villes, ce qui prouve qu'ils habitaient une grande étendue de pays. En effet, Strabon dit que *vicus Epeprodunum*[2] est la limite des *Vocontii* du côté des Alpes; or les mesures et le nom nous démontrent que ce *vicus* est *Ebrodonum* ou Embrun[3]. Ensuite Strabon[4] nous donne en deux mesures toute la route depuis Embrun jusqu'à Tarascon, et dit : « Depuis « *Ugernum* et *Tarasconum* jusqu'aux limites des « Vocontiens, en passant par la Durance et *Cabalio*, « on mesure 63 milles rom., et de là jusqu'à l'au- « tre limite des Vocontiens ou l'État de Cottius, « et la ville d'*Ebrodunum*, on compte 99 milles. » Nous voyons en effet, dans l'Itinéraire, une route tracée depuis *Tarasco*, Tarascon, jusqu'à *Ebrodunum* ou Embrun, qui traverse la Durance et passe à *Cabalio*, Cavaillon, comme l'indique Strabon. Si nous appliquons les mesures de cette route sur la carte moderne, nous les trouverons exactes et parfaitement d'accord avec les mesures indiquées par Strabon[5]. Cet accord démontre que le premier *fines* de Strabon est le *Catviaca* de l'Itinéraire, ou Oppedète; que l'autre *fines* des *Vocontii* se place à *Ebrodunum*, Embrun, comme il le dit[6]. Ceci prouve

---

[1] Plinius, lib. III, cap. 4. — Tacit., *Hist.*, lib. I, c. 66.
[2] Strabo, lib. IV, ch. I, p. 179; tom. II, p. 8, de la trad. française.
[3] Voyez l'*Analyse des Itinéraires*, tom. III.
[4] Strabo, lib. IV, p. 179.
[5] Voyez l'*Analyse des Itinéraires*, tom. III de cet ouvrage.
[6] On voit aussi par-là que le fines Vocontiorum, où César parvint après son premier passage des Alpes par *Ocello*, Usseaux, était Ebrodunum, Embrun.

donc, qu'indépendamment du diocèse de Die et de Vaison, les *Vocontii* s'étendaient vers l'est jusqu'à la Durance, qui formait leurs limites à l'est, où ils confinaient à l'État de Cottius, aux *Caturiges*, et aux autres peuples des Alpes. Les *Cavares*, à l'ouest, les *Memini* et les *Vulgientes*, au midi, bornaient le territoire des *Vocontii*. César ne faisant pas mention de ces peuples, nous n'en parlons ici que pour mettre plus d'ordre et de clarté dans notre description des Voconces. Lorsque nous aurons prouvé la position et les limites de ces peuples, ainsi que celles des autres peuples voisins, il deviendra évident que M. d'Anville a trop restreint les limites des *Vocontii* vers l'est, et le vide qu'il laissait dans sa carte, dénuée de ce côté de tout autre peuple, aurait dû lui faire apercevoir son erreur : nous verrons bientôt aussi que ce grand géographe a mal placé les *Memini*. Les positions de *Dea* et de *Lucus*, deux des capitales que nous avons mentionnées, sont prouvées par les mesures anciennes de la route qui, d'*Ebrodunum*, Embrun, aboutit à *Valentia*, Valence, et qui tombe sur Die et Luc [1]. L'ancienne ville de *Lucus Augusti* ayant été submergée par un petit lac qui s'est formé dans cet endroit, on a bâti une autre ville à côté ; mais *Vasio*, l'ancienne capitale des *Vocontii*, est encore la seule que Ptolémée [2] nomme un siècle et demi après César. L'Itinéraire ne nous a point conservé de routes qui conduisent à cette ville ; mais le nom de Vaison, qui est le nom ancien conservé presque sans

---

[1] Voyez l'*Analyse des Itinéraires*, tom. III de cet ouvrage.

[2] Ptolem., *Geogr.*, tom. I, p. 82. Il appelle les Vocontii, Ouscondioï, et leur capitale *Ouasion*.

altération, les antiquités romaines qu'on a trouvées dans ce lieu ¹, et plus que tout cela, des titres historiques non interrompus qui remontent jusqu'au temps des Romains, ne laissent aucun doute sur l'exactitude de cette position : on distingue l'ancienne ville, qui se nomme la Villasse, d'avec la nouvelle, par une église qui est sur la rive droite de l'Ouvèze, tandis que la nouvelle ville est sur la gauche de cette rivière. *Vasio* était bâtie dans la plaine, et c'est Raimond, comte de Toulouse, qui la transporta sur la montagne où elle est aujourd'hui ². Quant au petit peuple des *Vertacomacori*, nous avons assigné leur position dans le district de Vercors ³; César ni aucun autre auteur n'en ont fait mention, et Pline est le seul auteur qui en parle, au sujet de leur transplantation en Italie ⁴. Cellarius et d'autres auteurs ont voulu reculer les limites des *Vocontii* vers le nord jusqu'à l'Isère, en donnant à ce peuple le diocèse de Grenoble, qu'ils enlevaient aux Allobroges, mais nous prouverons que cette opinion est mal fondée.

Allobroges. Les Allobroges sont souvent mentionnés dans César ⁵, et ils avaient, de son temps, les limites qu'ils ont conservées depuis. César nomme *Vienna*, Vienne, leur capitale, et tous les autres auteurs an-

¹ Millin, *Voyages dans les départemens méridionaux*, ch. 115, tom. IV, p. 143, 154, 114. — Muratori, *Inscript.*, p. 1091, n° 2. *Hist. des Gaules et de France.*

² *Descriptiuncula Avenionis et comitatus Venacini.* Lugduni, 1676, p. 19. — Maxime Piazzis, *Statistique*, p. 36, in-4°, 1808. — *Gallia christiana*, tom. 1, p. 920.

³ Voyez ci-dessus, p. 60.

⁴ Plin., lib. III, cap. 17.

⁵ Cæsar, *de Bello gallico*, lib. I, cap. 11; lib. VII, cap. 9.

ciens, tels que Strabon, Mela, Pline, Tacite, Ptolémée et autres [1], ont parlé de cette ville non seulement comme le chef-lieu des Allobroges, mais comme une des villes les plus célèbres des Gaules. Indépendamment des monumens historiques et des antiquités qui s'y trouvent [2], la position de *Vienna* à Vienne moderne est prouvée par les mesures de quatre routes qui partent de *Lugdunum*, Lyon, *Geneva*, Genève, *Segusio*, Suse, et *Valentia*, Valence [3]. Strabon nous donne une idée de ce qu'étaient les capitales des Gaulois avant la domination des Romains, lorsqu'il dit : « Les Allobroges vivent dans des villages ; « les plus notables d'entre eux habitent Vienne, dont « ils ont fait une ville, car ce n'était autrefois qu'un « village, quoiqu'il fût dès lors regardé comme leur « capitale ». Strabon [4] observe avec raison que Vienne est située sur le Rhône : Tacite [5], Ausone et Martial en parlent en termes magnifiques, et comme une des

---

[1] Ptolemæus, *Geogr.*; et *Urbium insignium inter Geogr. minores*. Hudsonii, 1712. — Æthicus, edit. Lugdun. Batav., 1665, p. 57. — Amm. Marcell., lib. xv, cap. 8 et 11. — *Codex Theodosianus*. Lugd., 1665, tom. I, p. 109. — Martialis, *Epigram.*, lib. VII, epigr. 87; lib. IX, epigr. 107. — Gruter, *Inscript.*, p. 406, n° 6; p. 98, n° 8; p. 525, n° 1; p. 248, n° 6. — Euseb., *Eccles.*, lib. v, cap. 1.

[2] Lelièvre, *Histoire, antiquité et saincteté de la ville de Vienne*; Vienne, in-8°, 1623, p. 19. — Joly, sous-préfet à Vienne, *Essai sur Vienne antique et moderne*; 1808. — Ray, *Monumens de Vienne.*— Millin, *Voyage*, tom. II. — Mionnet, *Catal. des médailles.* — Grivaud, *Monumens inédits*, tom. II, p. 14. — Caylus, *Antiquités*, tom. III, p. 349. — Chorier, *Antiquités de Vienne*, tom. I, p. 4.

[3] *Analyse des Itinéraires*, tom. III de cet ouvrage.

[4] Strabo, lib. v, p. 186.

[5] Tacit., ann. II, cap. 24, *ornatissima colonia valentissimaque Viennensium*. — Ausone, *Alpinis opulenta Vienna colonis. De Claris urbibus*, 7.3. — Martialis, *loco citato*.

villes les plus belles et les plus opulentes de leur temps. La position de *Geneva*, Genève, est de même prouvée par l'application des mesures de la route ancienne tracée dans la Table depuis Aoste, *Augusta prætoria* jusqu'à *Geneva*, Genève, en circulant par le nord du lac Léman [1]. César fait mention de *Geneva* comme d'une ville des Allobroges, située sur les limites des Helvétiens [2], mais il est le seul auteur ancien qui en ait parlé : après lui, nous trouvons, pendant quatre cents ans, un silence absolu sur cette ville; cependant les inscriptions qu'on y a découvertes, et les monumens qu'on y voit encore, prouvent qu'elle a été considérable sous les Romains. Longuerue et d'Anville [3] ont, avec raison, relevé l'erreur des auteurs et des imprimeurs, qui appellent Genève, *colonia Allobrogum*. Cela n'a pas empêché un auteur très moderne, qui a écrit sur ce sujet avec plus de zèle que de savoir, de commettre cette faute [4]. Nous ne devons pas oublier d'observer que nulle part César ne parle de *Cularo*, depuis nommée *Gratianopolis*, et par les modernes Grenoble. Vienne et Genève se trouvant mentionnées par les anciens comme les deux villes principales des Allobroges, on n'a jamais douté que les diocèses dont ces villes ont été le chef-lieu ne fissent partie intégrante des Allobroges; mais il n'en est pas de même de *Gratianopolis*, Grenoble, parce qu'il n'est question,

---

[1] Voyez l'*Analyse des Itinéraires*, tom. III de cet ouvrage.

[2] Cæsar, *de Bello gallico*, lib. 1, cap. 6. — Gruter, p. 477, n° 4.

[3] D'Anville, *Notice*, p. 348.

[4] Albanis Beaumont, *Description des Alpes grecques et cottiennes*, tom. 1, p. 56, in-4°, 1802.

d'une manière claire et positive, de cette dernière ville, que lorsque la Gaule était subdivisée en provinces et en diocèses, et qu'il n'était plus fait mention des divisions par peuples. Pour trouver les limites que nous devons assigner aux Allobroges, il devient donc nécessaire d'examiner si réellement le diocèse de Grenoble doit leur appartenir, d'autant plus que Cellarius [1] a prétendu le contraire, et que d'Anville, qui s'est décidé pour l'affirmative dans sa carte, paraît cependant admettre, dans sa Notice de la Gaule, quelque doute à cet égard.

Si, avant de commencer cette discussion, on jette les yeux sur la carte, on est d'abord frappé du peu d'étendue qu'aurait le territoire des Allobroges, si on leur enlevait le diocèse de Grenoble. On est étonné de les voir surpassés à cet égard par les Voconces, ce qui contredit formellement l'idée que l'histoire nous donne de ces deux peuples : à cette raison générale s'en joint une autre plus particulière, c'est que la capitale des Voconces a été primitivement *Vasio* ou Vaison ; que c'est encore la seule dont Ptolémée fasse mention ; or cette capitale, déjà éloignée des parties septentrionales du territoire qui se trouve sous sa dépendance, l'eût été hors de toute proportion, si alors les Voconces eussent possédé tout le pays jusqu'à l'Isère. C'est sans doute cette situation de *Vasio* qui fit donner aux Voconces un second chef-lieu, *Lucus Augusti*, Luc, lequel fut ensuite remplacé par *Dea*, Die ; mais on n'a jamais dit que tout ou partie du diocèse de Grenoble ait été dé-

---

[1] Cellarius, *Geogr. antiqua*, et d'Anville, *Notice de la Gaule*, p. 258.

membré du diocèse de Die : rien ne prouve donc que les Voconces s'étendissent de ce côté au-delà des limites de ce diocèse, et comme tous les auteurs les font limitrophes des Allobroges, tout le territoire qui s'étend jusqu'au diocèse de Die, c'est-à-dire le diocèse de Grenoble, a dû appartenir aux Allobroges. Les autorités par lesquelles on a voulu prouver le contraire serviront à confirmer ce que nous avançons ici. *Civitas Gratianopolis* se trouve mentionnée, dans la Notice de l'Empire, au nombre des cités de la Viennoise [1] : deux inscriptions trouvées sur une des anciennes portes de Grenoble, dont l'une n'a été démolie que de nos jours [2], prouvent que cette ville se nommait *Cularo* 288 ans après J.-C. La Table de Peutinger, qui a été dressée sur des monumens très anciens, augmentée par de plus récens, et qui presque partout donne aux villes de la Gaule le nom qu'elles portaient primitivement, place un lieu nommé *Culabone* sur la route qui va de *Segusio*, Suse, à *Vienna;* et comme les mesures nous portent juste à Grenoble pour *Culabone* [3], on ne peut pas douter, d'après les inscriptions, que ce nom de *Culabone*, un peu défiguré dans la Table, comme beaucoup d'autres, ne

---

[1] *Notitia provinciarum Galliæ*, apud *Rerum Gallic. et Francicar. script.*, tom. I, p. 123, ou p. 24 de l'*Essai sur le système des divisions territoriales de la Gaule, depuis l'âge romain jusqu'à la fin de la dynastie carlovingienne*, par M. B. Guérard. Cet ouvrage renferme la meilleure édition qu'on ait donnée de la Notice des provinces et de la Notice de l'empire, pour ce qui concerne la Gaule.

[2] Champollion de Figeac, *Antiquités de Grenoble*, ou Histoire de cette ancienne ville d'après ses monumens; Grenoble, 1807, in-4°, p. 17 et 28.

[3] Voyez *Tabula peutingeriana*, §. 1, et notre *Analyse des Itinéraires*, tom. III de cet ouvrage.

doive se lire *Cularone*. Une lettre de Plancus, qui se trouve parmi celles de Cicéron, est datée de *Civarone, ex finibus Allobrogum*[1] : dans quelques manuscrits on lit *Cujone* et *Cujarone*. En rapprochant cette lettre des inscriptions dont nous avons parlé plus haut, Paul Manuce a très bien observé que *Cujarone* n'était que le nom de *Cularone* défiguré par les copistes, et sa conjecture a été adoptée par tous les savans, et a reçu une preuve additionnelle depuis la découverte de la Table de Peutinger. Cette lettre même prouve que *Cularo* était chez les Allobroges et sur les confins de ce peuple. En effet, les *Uceni*, dans le val d'Oysan, s'approchaient beaucoup de *Cularo* ou de Grenoble, qui n'est pas très éloignée de la rivière Bourne, limite des Voconces vers le nord : ainsi cette expression *ex finibus Allobrogum* est exacte sous tous les rapports. Dans d'autres lettres, Plancus, disant qu'il a fait traverser l'Isère à son armée, parle de cette rivière comme située sur les limites des Allobroges[2] : « *Atque in Isara flumine maximo quod in finibus est Allobrogum, ponte uno die facto, exercitum traduxi.* » On a pensé, d'après ces expressions, que l'Isère formait partout la limite des Allobroges : on n'a pas fait attention qu'alors Plancus était parti de Vienne pour aller joindre Lépide à *Forum Voconii*, dont nous avons prouvé la position à Le Canet[3]. Le plus court chemin était évidemment de suivre la route romaine tracée le long du

---

[1] Ciceronis *Epist. ad famil.*, lib. x, epist. 23, tom. i, p. 390, édit. de V. Leclerc.

[2] *Ibid.*, epist. 15, 23-30.

[3] Voyez notre *Analyse des Itinéraires*, tom. iii de cet ouvrage.

Rhône, qui passait par Valence, et de traverser le pays des *Segalauni* avant de passer dans celui des Voconces. Alors il est évident que Plancus a raison d'observer, en passant l'Isère, que ce fleuve forme la limite des Allobroges, puisque, après l'avoir traversé, il se trouvait chez les *Segalauni*. Lorsque Plancus n'est plus qu'à 20 m. r., ou sept lieues de *Forum Voconii* ou Le Canet, où se trouvait Lépide, il apprend que ce dernier avait réuni son armée à celle d'Antoine, et que tous deux marchaient contre lui; trop faible pour leur résister, il se retire en toute diligence; et comme il ne tendait pas vers Vienne, d'où il était parti, mais seulement chez les Allobroges, il est évident que partant des environs de *Lucus Augusti* ou Luc, en Diois, où il se trouvait, il n'a pu, dans ces montagnes, suivre d'autre route que la route moderne qui mène de Luc à Grenoble, en passant par *Vapincum*, Gap. C'est donc du lieu alors obscur nommé *Cularo*, où Plancus s'arrêta, qu'il écrit à Cicéron, pour lui persuader que sa marche est une retraite et non une fuite. Voilà pourquoi Plancus a bien soin, en datant sa lettre, de marquer qu'il se trouve sur les limites des Allobroges, afin de montrer qu'il n'abandonne pas la défense de ce pays. « *Ex finibus Allobrogum*[1]. » Si *Cularo*, quoique sur les limites des Allobroges, eût été renfermé dans le territoire des Voconces, Plancus ne se serait pas, dans une telle circonstance, exprimé de cette manière. D'après cela, il devient inutile de supposer que *Cularo* se trouvait situé sur la rive

---

[1] Ciceronis *Epist. ad famil.*, loco citato.

opposée où est Grenoble, pour le donner aux Allobroges : quoique situé sur la rive gauche, comme la ville moderne, *Gularo* n'en appartenait pas moins à cette dernière nation. On voit même, en suivant attentivement le récit de Plancus, que celui-ci n'avait pas réuni toutes ses troupes, et n'avait pas dû encore passer l'Isère. Les monumens postérieurs s'accordent avec ce que nous disons ici ; car la Notice de l'Empire [1] place *Calarone* ou *Cularone* dans la *Sapaudia*, nom qui, dans les derniers temps de l'empire romain, remplaça celui d'Allobrogie. La lettre de Plancus nous prouve que *Cularo*, Grenoble, existait du temps de César ; mais en même temps, que c'était un lieu fort obscur, puisque Plancus croit devoir indiquer à Cicéron la position où il se trouve. Cette ville continua sans illustration pendant plusieurs siècles ; et il n'en est plus fait mention, du moins sous ce nom, dans aucun auteur. Cependant son histoire tient essentiellement à l'époque dont nous traitons ; car, après avoir prouvé que *Cularo* devait être chez les Allobroges, il nous reste à démontrer que *Cularo* est la même ville que *Gratianopolis*, afin que, par une déduction naturelle, le territoire du diocèse dont cette ville était le chef-lieu, et qui ne se trouve point occupé par un peuple particulier, puisse être joint à celui des Allobroges, et servir à tracer les limites de ce peuple. Trois cent trente-deux ans après la lettre de Plancus, que nous venons de citer (durant ce long espace de temps les monumens de l'antiquité ne fournissent rien sur *Cularo*), M. Aurel. Val. Maximianus

---

[1] *Notitia dignitat. imperii Romani*, edit. Phil. Labbé, §. 65, p. 121.

fit reconstruire les murs de *Cularo*, et donna son surnom d'*Herculeus* à la porte de cette ville, auparavant nommée *Viennensis* ou Viennoise, et celui de *Jovia* à la porte appelée auparavant *Romana*. Ces faits sont prouvés par deux inscriptions trouvées à Grenoble, et souvent publiées d'une manière fautive, mais qui l'ont été enfin fidèlement dans l'ouvrage de M. Champollion de Figeac, déjà cité [1]. On a même assez bien démontré que la porta Romana Jovia était l'ancienne porte dite de la Grande-Rue, autrefois appelée Porte-Traine, sur la route qui menait autrefois au mont Genève par Oysan, et on fixe encore avec plus de certitude la porta Viennensis Herculea, auprès de l'évêché, sur la route de Vienne [2]. L'emplacement de *Cularo* à Grenoble moderne est encore prouvé, non seulement par les mesures anciennes de la Table [3], mais encore par quatre-vingts inscriptions qui y ont été trouvées en différens temps,

---

[1] *Antiquités de Grenoble*, par M. Champollion de Figeac, p. 28 et 31. Cependant l'auteur de cet ouvrage est aussi un champion des Voconces et un de ces nombreux Dauphinois qui ne veulent pas absolument être *Allobroges* : il a publié de *Nouveaux éclaircissemens sur la ville de* Cularo, *aujourd'hui Grenoble*, in-8°, 1814, 39 pages (extrait du *Magasin encyclopédique*, juin 1814), toujours pour prouver que l'ancienne *Cularo*, Grenoble, était sur la rive gauche de l'Isère : mais il soutient toujours que ces mots de Plancus, *ex finibus Allobrogum*, dans la date de la lettre, signifient *près* des frontières des Allobroges; et pour autoriser cette acception, il cite cette phrase du Code Justinien ; § 2 : *Quæ manu non tenentur, sed consequi per actionem possumus ea ex bonis nostris dicuntur, atque jam intra ditionem ac fines nostros sunt, in bonis.* Mais cet exemple ne prouve rien : dans la phrase de Plancus, le mot *ex* a la signification de *des*; dans celle du code, il signifie *parmi*.

[2] Champollion de Figeac, p. 33 et 34.

[3] Voyez l'*Analyse des Itinéraires*, tom. III.

et qui sont toutes rapportées dans l'ouvrage déjà cité. Cette restauration des murs de *Cularo* eut lieu environ l'an 288 après J.-C. L'an 379, l'empereur Gratien passa dans les Gaules et dans le voisinage de la province nommée alors Viennoise, dans laquelle se trouvait *Cularo*. Il agrandit considérablement cette ville, il la fit peut-être le siége d'un évêché particulier, et il lui donna son nom, qu'elle a conservé depuis. Ceci se trouve démontré par un passage d'Ausone [1] et par une ancienne Notice des Gaules publiée par dom Bouquet, qui dit positivement que la ville de Grenoble a été construite par Gratien [2]; et dès l'an 381, c'est-à-dire deux ans après le voyage de Gratien dans les Gaules, nous voyons Domninus, au concile d'Aquilée, qualifié du titre d'évêque de Grenoble, *episcopus Gratianopolitanus*. Saint Augustin, vers l'an 428, en parlant de la fontaine ardente, dit qu'elle n'est pas loin de Grenoble « *non longe a Gratianopoli civitate.* » Une bulle de saint Léon, du 5 mai 450, nomme Grenoble parmi les villes suffragantes de Vienne [3]. Sidoine Apollinaire, écrivant à Placidus, évêque de Grenoble, dit : « *Quanquam tua tenet Gratianopolis* [4]. » Enfin toutes les Notices des Gaules qui sont parvenues jusqu'à nous mettent au nombre des cités de la Viennoise, et immédiatement après Vienne et Genève, *civitas Gratianopolitana* [5].

---

[1] Auson., *In Gratianum pro consulatu*, p. 584.

[2] Dom Bouquet, tom. II, p. 10 : « In provincia Viennensi civitas Gratianopolitana a Gratiano constructa. »

[3] *Bullarum collectio*, tom. I, p. 43.

[4] Apollinar. Sidon., *Epist. liber*, lib. III, epist. 14.

[5] Voyez dom Bouquet, tom. I et II, et Gronovius, *Varia geographica*, p. 49. — Guérard, *Essai*, p. 24.

Cependant des monumens contemporains de ceux que nous venons de citer nomment encore *Gratianopolis* sous son ancien nom de *Cularo* : ceux qui s'en sont étonnés, et qui ont regardé cela comme une objection à combattre, n'ont pas observé combien on trouve de fréquens exemples de ce genre, dans la géographie ancienne, comme dans la géographie moderne. Ceci fournit au contraire une nouvelle preuve de l'identité de *Cularo* et de *Gratianopolis;* en effet, les mesures de la Table, ainsi que nous l'avons dit, portent juste à *Gratianopolis*, ou Grenoble, pour *Cularone* [1]. La Notice de l'Empire, en mettant *Cularone* ou *Calarone* pour *Gratianopolis*, nous prouve que vers l'an 400 (époque à laquelle cette Notice fut dressée), on se servait de cette ancienne dénomination, et qu'elle était encore entendue et usitée. Enfin, l'Anonyme de Ravenne [2], copiant une route toute semblable à celle de la Table, et mentionnant les lieux dans le même ordre, au lieu de *Cularone*, comme la Table, et de *Calarone*, comme la Notice de l'Empire, écrit *Curarone*, ce qui se rapproche beaucoup du *Cujarone* des manuscrits des lettres de Cicéron. Ainsi les plus anciens monumens comme les derniers s'éclaircissent mutuellement; et comme la suite des lieux mentionnés par l'Anonyme de Ravenne ne laisse aucun lieu de douter que *Curarone* ne soit *Cularo*, il est de même certain que *Cujarone* est aussi le même lieu;

---

[1] *Analyse des Itinéraires*, tom. III de cet ouvrage.

[2] Anonymi Ravennatis *Cosmographia*, lib. IV, cap. 27, p. 194, édit. du P. Porcheron, et dans le *Pomponius Mela* de Gronovius, de 1722, p. 783.

car les copistes qui, dans les ixe et xe siècles, transcrivaient des Géographies, telles que celles de l'Anonyme de Ravenne, étaient les mêmes que ceux qui nous ont transmis la plupart des copies manuscrites des œuvres de Cicéron que nous possédons : il doit donc y avoir de la ressemblance dans leur manière de défigurer les noms.

Ainsi donc, si, des différens diocèses qui composaient autrefois la province ecclésiastique de Vienne, on retranche le diocèse de Die, qui appartenait aux *Voconces*, et celui de Valence, qui appartenait aux *Segalauni*, ainsi que la vallée d'Oysan, occupée par les *Uceni*, peuple des Alpes, et qu'on ajoute au diocèse de Genève les districts de Châtillon et de Michaille, ainsi que celui de Belley, entre le Rhône et le Jura, districts qui autrefois en faisaient partie, on aura exactement le territoire des Allobroges au temps de César. Ce territoire renfermait les diocèses modernes de Vienne, de Grenoble et de Genève, avec l'addition des districts dont j'ai parlé, qui constituaient les Allobroges d'au-delà du Rhône, dont parle César [1].

Il existe d'excellentes cartes du diocèse de Grenoble, ainsi que de celui de Vienne; mais il est plus difficile de tracer avec quelque degré de certitude

---

[1] Quant aux *Latobrigi* que César mentionne (*de Bello gallico*, lib. I, cap. 18), qui faisaient partie de la confédération des Helvétiens, et qu'Ortelius et d'autres auteurs modernes d'après lui (Voyez Albanis Beaumont, *Description des Alpes grecques et cottiennes*, tom. I, p. 56, et la carte) ont voulu placer dans l'Allobrogie, aux environs de Lausanne, j'ai prouvé ailleurs qu'ils occupaient les environs de Breggen près des sources du Danube, et qu'ils étaient par conséquent situés hors de la Gaule.

l'ancien évêché de Genève. Cependant les limites de la province ecclésiastique des Alpes grecques et pennines ou de l'église de Tarentaise étant connues, l'ancien diocèse de Genève ou d'Annecy se trouve de lui-même limité, avec exactitude, par le diocèse de Tarentaise et par ceux de Grenoble et de Vienne, entre lesquels il se trouve enclavé [1]. Les *Nantuates* et les *Veragri*, qui étaient à l'est des Allobroges, et dont nous prouverons bientôt la position dans le Faucigny et le Chablais, faisaient, du temps de César, partie des peuples indépendans des Alpes.

Remarquons que le diocèse de Vienne, dans sa partie méridionale, s'étend un peu, au-delà du Rhône, vers l'ouest; c'est dans l'intervalle qui se trouve entre le Rhône et la frontière des *Segusiani*, qu'habitaient les *Conderates*, qu'une inscription nous indique avoir été situés dans la Province romaine sur les bords du Rhône, et cependant peu éloignés de la Saône et de la Loire. Or la ville moderne de Condrieux, sur les bords du Rhône, répond exactement à toutes ces indications [2].

Pour terminer la description de la Province romaine sous César, il ne reste plus qu'à parler des *Helvii*. César nous dit que les *Helvii* ne sont séparés

---

[1] La meilleure carte du diocèse de Grenoble est incontestablement celle qui a été dressée par Crépin de La Roche en une feuille, et publiée à Paris en 1787; c'est un petit chef-d'œuvre topographique. Celle de Beaurain, dédiée à Jean Caulet, évêque, lui est inférieure. Pour les diocèses de Vienne et de Tarentaise, voyez *Gallia christiana*, tom. xii, p. 700, et *passim*.

[2] Cette inscription prouve que cette cité était principalement composée de nautonniers, et aujourd'hui Condrieux subsiste encore par la même industrie. Voyez ci-après, et Muratori, tom. ii, p. 748.

des *Arverni* que par les Cévennes ¹, et Strabon nous apprend qu'ils ne formaient pas autrefois un peuple séparé des *Arverni* : or, il est évident que César comprend sous cette dénomination générale d'*Arverni* les *Vellavi* et les *Vellauni*, et même les *Gabali*, qui n'en étaient, suivant lui, que des sous-divisions ². D'un autre côté, Strabon dit que les *Helvii* commencent au Rhône ³. Ces deux indications seules, lorsque les autres peuples environnans sont placés, déterminent la position des *Helvii* dans le Vivarais moderne. Strabon les place dans l'Aquitaine, tandis que Pline les met dans la Narbonnaise. On a accusé, à ce sujet, Strabon d'erreur; mais il écrivait dans un temps où Auguste avait augmenté considérablement l'Aquitaine. Il est très probable, et même presque certain, ainsi que nous le verrons bientôt, qu'Auguste aura d'abord détaché les *Helvii* de la province narbonnaise, à laquelle on les aura rendus depuis. Nos temps modernes, aussi bien que les temps anciens, nous fournissent des exemples fréquens de ces changemens ⁴. César ni Strabon ne nomment point la capitale des *Helvii*; mais Pline ⁵ nous l'indique, lorsqu'il dit *Alba Helviorum*, et ceci prouve que les *Elicocii* de Ptolémée ⁶ sont réellement les *Helvii*, dont le nom est défiguré, puisque le géo-

---

¹ Cæsar, *de Bello gallico*, lib. vii, cap. 7 et 64.
² Cæsar, *de Bello gallico*, lib. vii, cap. 75.
³ Strabo, lib. iv, p. 190; tom. ii, p. 41 de la traduction française.
⁴ Combien de personnes ignorent que depuis février 1800 le mont Blanc, département de la France sous Bonaparte, ne se trouvait plus enclavé dans les limites du département du mont Blanc!
⁵ Plinius, lib. iii, cap. 4.
⁶ Ptolemæus, lib. ii, cap. 10.

graphe grec indique aussi *Alba* ou *Albaugusta* pour capitale des *Elicocii;* ce nom même d'*Helvii* varie beaucoup dans les manuscrits de César et de Strabon. Quoique Viviers soit une ville ancienne, puisqu'elle était siége épiscopal sous Grégoire de Tours, cependant, comme dans les Notices de l'Empire on voit encore figurer *civitas Albiensium*, la tradition veut que le siége épiscopal ait été primitivement à trois lieues de Viviers, dans un lieu nommé Alps ou Aps, où l'on trouve les ruines d'une ancienne ville. Cette opinion n'est point, il est vrai, démontrée par les mesures anciennes, ni prouvée par l'histoire : l'histoire et les itinéraires ne nous donnent aucune lumière sur *Alba Helviorum;* mais la ressemblance dans le nom, jointe aux antiquités encore existantes, donnent à cette assertion le plus haut degré de probabilité. Ajoutez encore la tradition qui se conserve plus pure dans les pays de montagnes, parce qu'elle n'est point influencée par une présomptueuse et fausse érudition. Lancelot [1], après avoir rapporté plusieurs inscriptions trouvées à Aps, dit : « Aps est à présent un petit
« village du Vivarais, à trois lieues de Viviers, qui a
« titre de baronie, et qui donne, en cette qualité,
« entrée à son seigneur aux états ou assiettes de la
« province. C'était autrefois la capitale des Helviens,
« *Alba Helviorum*, et siége de l'évêché qui depuis
« a été transféré à Viviers ; ce sont tous faits presque
« démontrés. La tradition veut que l'ancienne Albe
« ne fût pas au même lieu où est à présent Aps,
« mais à quelques pas plus loin et au-delà d'un tor-

---

[1] Lancelot, *Mémoires de l'Académie des Inscript.*, tom. VII, p. 235. — Millin, *Voyage*, tom. II, p. 111.

« rent qui passe au pied du village. » Ce torrent dont parle Lancelot est la petite rivière d'Escoutay. On trouve encore dans cet endroit un grand nombre de restes d'antiquités, de morceaux d'aquéducs, des débris de bâtimens antiques, de thermes, de quartiers de mosaïques, des colonnes de marbre, des frises, etc. Les habitans appellent cet endroit le Palais. La tradition du pays veut encore que la ville d'*Alba* ait été brûlée par le moyen du feu grégeois qu'on jeta de dessus le mont Juliot; les habitans se retirèrent au fort qui est actuellement le village. Ce malheur dut arriver vers l'an 411, lors de la translation du siége de l'évêché à Viviers; cependant il s'y est bâti depuis deux églises ou prieurés dotés, l'un de Saint-Ruf, l'autre de Saint-Benoît (aujourd'hui Saint-Martin et Saint-Pierre). L'évêché de Viviers faisait partie de la province ecclésiastique de Vienne; il n'y a donc pas de doute qu'il ne fût renfermé dans la Province romaine. Le peuple qu'il représente en faisait déjà partie du temps de César, ainsi que nous l'avons déjà observé; mais il a pu en être détaché par Auguste, et être pendant quelque temps attribué à l'Aquitaine. Il existe une carte très belle et très exacte de l'évêché de Viviers, avec laquelle on peut tracer avec la plus grande exactitude les limites des *Helvii* [1].

Avant de quitter entièrement la Province romaine, nous n'oublierons pas de remarquer que César, dans ses Mémoires sur la guerre civile, fait souvent mention de Marseille, dont il fit le siége. Cette ville n'était pas, de son temps, tout-à-fait dans le même

---

[1] Dans l'Atlas des diocèses de Languedoc.

emplacement où elle est aujourd'hui ¹, du moins son port, ainsi que nous l'apprend Strabon², était tourné au midi, et portait, suivant Mela et Eustathe, le nom de *Lacydon* ³; ce qui est confirmé par une médaille ⁴. César fait aussi mention d'un fort des Marseillais nommé *Tauroento* ⁵, dont nous avons déjà eu occasion de faire connaître la haute antiquité et la position aux ruines qui portent encore le nom de Taurenti ou Tarento ⁶.

Arles, qui devint dans les derniers temps la capitale de toute la Gaule, se trouve cependant mentionnée pour la première fois, dans ces mêmes Mémoires de Jules César sur la Guerre civile. Pline, Suétone et Ptolémée ⁷, reconnaissent *Arelate*, Arles,

---

¹ Papon, *Histoire de Provence*, tom. 1, p. 23. — Dom Bouquet, *Hist. de Fr.*, tom. 1, p. 49, note g.

² Strabon, liv. IV, p. 179.

³ Pomponius Mela, lib. II, cap. v, et Eustathe, dans son Commentaire sur Denys-le-Périégète.

⁴ Pellerin, *Recueil de médailles de peuples et de villes*, tom. I, p. 23. — Sur les antiquités trouvées à Marseille, outre Honoré Bouche, consultez Grosson, *Recueil des antiquités et monumens marseillais*, in-4°, 1773. — Fauris Saint-Vincent, *Monumens antiques trouvés en Provence*, in-4°, 1805. — Mionnet, *Descript. des méd. ant.*, tom. I, p. 64 et suiv. — *Supplément*, tom. I, p. 129 et suiv., et ci-dessus, p. 25.

⁵ Cæsar, *de Bello civili*, lib. II, cap. 1 et 4. — D'Anville a donc eu tort d'omettre ce lieu dans sa Carte de la Gaule au temps de César, dressée pour Crevier, carte où il a d'ailleurs inscrit des noms dont César ne fait pas mention; dans la petite carte insérée dans l'édition d'Oxford, 1780, de l'ouvrage de César, on n'a point commis cette faute. Cette petite carte est la meilleure que je connaisse pour cet auteur.

⁶ La bastide qui s'y trouve porte encore le nom de Taureous. V. *Statist. des Bouches-du-Rhône*, t. II, p. 228. — Ci-dessus, p. 29.

⁷ Cæsar, lib. I, cap. 36. — Plin., lib. III, cap. 4. — Suetonius, in *Tiberio*. — Ptolemæus, lib. II, cap. 10.

pour colonie; Strabon[1] en parle comme d'un entrepôt de commerce très considérable de son temps; Mela[2] nomme Arles au nombre des villes principales de la Narbonnaise, et lui donne, ainsi que Pline, le titre de *Sextanorum*, d'après une milice romaine qui s'y trouvait fixée : ce qui est confirmé par une inscription[3]. Une autre inscription, rapportée par Honoré Bouche, donne à la colonie d'Arles le prénom de *Julia materna*[4]; mais M. d'Anville[5], et bien d'autres après lui, ont eu tort de croire, d'après une inscription rapportée par le même auteur d'une manière incorrecte, qu'Arles avait été aussi appelée *Mamillaria*; c'est *Massil.* (Massilia) *millar. 1.* qu'il faut lire; et cette inscription est celle de la borne milliaire qui se trouvait, à un mille de distance d'Arles, sur la route de Marseille[6]. Cette erreur est surtout provenue de l'ancien nom de *Theline* donnée à *Arelate* par Festus Avienus[7], dans son poëme intitulé *Ora maritima*. Constantin voulut que la

---

[1] Strabon, lib. IV, p. 181.
[2] Pomponius Mela, lib. II, cap. 5.
[3] Gruter, p. 257, n° 6.
[4] Bouche, liv. IV, ch. 4.
[5] D'Anville, *Notice de la Gaule*, p. 91.
[6] Durandi, *Antico stato d'Italia*, p. 214. — Honoré Bouche, tom. I, p. 307. — Gruter, p. 159, n° 8, et dom Bouquet, *Hist. de Fr.*, tom. I, p. 135. — Cette inscription est très bien donnée par dom Bouquet, dont le volume parut en 1738; il est donc étonnant que d'Anville ait reproduit l'erreur de Spon. Voyez *Miscell. erud. antiq.*, p. 166. — Millin, dans son *Voyage dans les départemens méridionaux*, tom. III, p. 509, rapporte cette inscription très exactement. Voyez encore Maffei, *Antiquitates Galliæ*, p. 217. — Muratori, tom. II, p. 1109, n° 6. — Honoré Bouche, tom. I, p. 307. — Bochat, *Antiquités de la Suisse*, tom. II, p. 479.
[7] Festus Avienus, *Ora maritima*, v. 85, et ci-dessus, p. 115 et 116.

ville d'Arles portât son nom, et elle est appelée *Constantina* dans un réglement émané de l'empereur Honorius. L'épithète de *duplex*, qu'Ausone [1] donne à cette ville, prouve qu'elle s'étendait des deux côtés du Rhône; la partie à l'ouest est connue sous le nom de *Trintella* dans les titres du XIIIe siècle, aujourd'hui Trinquetaille [2]. Indépendamment des monumens historiques et des arènes du théâtre, et de tous les monumens antiques qu'on y voit encore, la position d'*Arelate* à Arles moderne, est démontrée par les mesures que l'Itinéraire donne pour les quatre routes qui y aboutissent de *Massilia*, Marseille, *Aquæ sextiæ*, Aix, *Apta julia*, Apt, et *Avenio*, Avignon [3].

Nous prouverons bientôt que *Massilia*, ainsi que *Tauroentum*, étaient du grand district des *Commoni*, tandis qu'Arles faisait partie de celui des *Salyes*. Lorsque nous fixerons, d'après Ptolémée, les limites de ce dernier peuple, nous aurons occasion aussi de faire connaître ce qu'on doit entendre par *provincia Arelatensis* et *fines Arelatensium* de certaines inscriptions trouvées en Provence [4].

Dans ces mêmes Mémoires de César sur la Guerre civile, les Marseillais observent au vainqueur de la Gaule qu'ils avaient des obligations à Pompée, qui leur avait concédé le territoire des *Helvii* et des *Volcæ arecomici* : « *Agros Volcarum arecomico-« rum et Helviorum publice iis concesserit* [5]. » On a

---

[1] Ausonius, *de Claris urbibus*, edit. Parisiis, in-4°, 1730, p. 216.
[2] Valesii *Notitia Galliæ*, voce *Arelate*.
[3] *Analyse des Itinéraires*, tom. III.
[4] Voyez ci-après.
[5] Cæsar, *de Bello civili*, lib. I, cap. 35.

très bien observé qu'il ne peut être ici question que de quelques terres ou villes. Étienne de Bysance nomme, en effet, deux villes appartenant aux Marseillais, dont aucun autre auteur n'a fait mention : la première, *Azania*[1], peut se placer à Azillanet, près Azille, dans le département de l'Aude, et serait en effet chez les *Volcæ arecomici*; mais l'autre n'a point de noms analogues chez les *Helvii* ni chez les *Arecomici*. *Alonis*[2], le second de ces deux lieux dans l'ordre alphabétique, est ainsi défini par Étienne de Bysance : « *Alonis*.... île et ville du pays des Mar« seillais, suivant Artémidore. » On voit par-là que ce lieu est beaucoup plus ancien que César, puisque Artémidore en avait parlé. M. Astruc[3], le seul qui me semble s'être occupé de la position de ce lieu, que d'Anville a passé sous silence, cherche à le rapporter à Maguelonne; mais l'origine moderne de cette dernière ville est parfaitement connue. Il est étonnant qu'on ne se soit pas encore aperçu que l'*Alonis* d'Artémidore et d'Étienne de Bysance est l'*Alconis* de l'Itinéraire maritime, puisque le nom de ces deux lieux est presque identique, et que tous deux sont indiqués sur la côte voisine de Marseille. L'Itinéraire maritime place *Alconis* entre *Heraclea Caccabaria* ou la pointe Cavalaire, et *Pomponianis portus* ou le lieu nommé le Port, dans la presqu'île de Gien. Les mesures qu'il m'a fournies ont déterminé la

---

[1] Steph. Bysant., voc. *Azania*. — Étienne de Bysance ou son abréviateur cite Philo.

[2] *Ibid.*, voce Αλωνις.

[3] Astruc, *Mémoires sur l'histoire naturelle du Languedoc*, p. 132. Il prétend que *Mag*, en celtique, signifie ville, et il en fait dériver l'étymologie de Maguelonne.

position d'*Alconis* sur la côte, à la pointe des Gourdons ; vis-à-vis cette pointe est précisément une petite île nommée île de la Fournigue, peu éloignée de la côte : il ne peut donc rester aucun doute qu'on y doive reconnaître la position de l'île et de la ville d'*Alonis* [1] d'Artémidore et d'Étienne de Bysance. Quant à une troisième ville mentionnée par Étienne de Bysance, et qu'il nomme *Troïzen* ou *Trezen* [2], ce n'est que parce qu'on a changé le texte de cet auteur que ce lieu, qui appartenait à l'Italie, a été converti en un lieu de la Gaule, ainsi que je l'ai déjà observé plus haut [3].

Des médailles récemment trouvées sur le territoire de *Glanum,* ou de Saint-Remi, nous permettent d'assigner les positions de deux peuples qui paraissent, à l'époque dont nous traitons, avoir été dans la dépendance des Marseillais ; ce sont les *Cœnicenses* et les *Samnages*. Les premiers, dont Pline fait mention [4], semblent même avoir été englobés dans le territoire marseillais, et ils viennent naturellement se placer sur le bras du delta du Rhône auquel Ptolémée donne le nom de *Cœnus fluvius* [5], et que les mesures déterminent au Gras-de-Foz [6]. Dans ces parages et dans les environs d'un lieu nommé Lou-de-Caen, on a trouvé des vestiges d'antiquité. Les médailles

---

[1] Voyez l'*Analyse de l'Itinéraire maritime*, tom. III de cet ouvrage.

[2] Stephan. Bysant., voce *Troezen*.

[3] Voyez ci-dessus, part. 1, ch. 5, p. 128.

[4] Pline, lib. III.

[5] Ptolémée, *Géogr.*, liv. II, ch. 7, 8 et 9.

[6] Voyez l'*Analyse des côtes méridionales de la Gaule*, de Ptolémée, tom. III de cet ouvrage.

des *Samnages* démontrent que, dans Pline [1], au lieu de *Sanagenses* que portent les éditions, il faut lire *Samnages*, conformément à l'édition princeps de 1469, ou *Samnagenses*, comme dans l'édition de Rome, de 1490. M. de La Goy place, avec beaucoup de probabilités, les *Samnages* à Senas, situé sur la grande route d'Aix, et sur la direction de la voie antique qui conduisait à Pellisane, à l'angle de la jonction de cette voie avec celle qui se dirige sur Aix [2], et à égale distance des deux villes marseillaises de *Glanum*, Saint-Remi, et de *Cabellio*, Cavaillon. Des ruines d'aqueducs antiques ont été trouvées dans les environs de Senas [3].

§. II. *Gallia comata* (Gaule chevelue).

Des trois parties de la Gaule transalpine qui nous restent à décrire, et qui composent la *Gallia comata* ou Gaule chevelue, l'Aquitaine doit être décrite la première; d'abord parce qu'elle est voisine de la Province romaine, et que sa description complétera celle de toute la partie méridionale; en second lieu, parce que, de même que la Province romaine, elle occupe peu de place dans les écrits de César, et qu'il convient de réunir dans un seul tableau tous les pays que ce conquérant a subjugués, et décrits par lui-même.

[1] Pline, liv. III, ch. 4.
[2] De La Goy, *Description de quelques médailles inédites*. Aix, 1834, in-4°, p. 38.
[3] *Statistique des Bouches-du-Rhône*, tom. II, p. 284.

2. *Aquitania* (l'Aquitaine de César).

César envoya dans l'Aquitaine son lieutenant Crassus, qui entra dans le pays des *Sotiates*, soumit les *Tarbelli*, les *Bigerriones*, les *Preciani*, les *Vocates*, les *Tarusates*, les *Elusates*, les *Garites*, les *Ausci*, les *Garumni*, les *Sibutzates* et les *Cocossates*, qui se donnèrent à lui par traité et sans aucune résistance [1].

Le district de Sos, dans le Gabaret, nommé *Sotium* dans les écrits du moyen âge, nous représente, évidemment, le nom, et la position, des *Sotiates* de César. Pline [2], qui parle des *Sotiates*, les place à côté des *Elusates* (ceux d'Eause) et des *Ossidates campestri*. Sos, près de Tarbes, ou Sost, dans les Hautes-Pyrénées, arrondissement de Bagnères, ne sauraient donc convenir pour les *Sotiates*, et je ne sais comment Lancelot a pu méconnaître cette vérité [3]. D'Anville a justement observé que le *Mutatio Scittium* de l'Itinéraire de Bordeaux à Jérusalem était le même lieu que *Sotium*, la capitale des *Sotiates*. Les mesures de cette route se rattachent à *Ausci*, Auch, et à *Vasates*, Bazas; elles portent juste à Sos, dans le Gabaret, pour *Mutatio Scittium*, et elles sont même beaucoup plus exactes que ne le croyait M. d'Anville, qui attribuait aux itinéraires romains une erreur qui n'existait que dans les cartes dont il se servait [4]. Les limites des *Sotiates* ne peuvent être

---

[1] Cæsar, *de Bello gallico*, lib. III, cap. 27.
[2] Plinius sec., *Hist. nat.*, lib. IV, cap. 19.
[3] *Mém. de l'Académie des Belles-Lettres*, tom. V, p. 290.
[4] Voyez mon *Analyse des Itinéraires*, tom. III.

tracées que d'une manière approximative. Comme ils occupaient l'extrémité nord des *Elusates*, on pourrait les déterminer par celle de l'évêché d'Eause; mais je ne connais pas de carte exacte de cet évêché¹. César parle de la capitale des *Sotiates* comme d'un lieu fortifié par la nature et par le travail des hommes: « *Oppidum Sotiatum natura loci et manu munitum.* » Nicolas de Damas, cité par Athénée, fait mention des *Sotiates*², et on retrouve aussi leurs noms dans Paul Diacre³. On a trouvé récemment à Sos des vestiges de constructions antiques⁴.

Les *Garites* sont placés par Sanson dans le comté de Gaure, et cette conjecture, fondée sur le seul rapport de nom, a été adoptée par d'Anville et Adrien de Valois; mais cette position a l'inconvénient de mettre les *Garites* sur le territoire des *Lactorates* et

---

¹ Hadriani Valesii, p. 529. Cet article de Valois sur les *Sotiates* est excellent, et il a été en partie copié par d'Anville; mais il est vrai de dire qu'Adrien de Valois a lui-même puisé cet article dans Oihenart, *Notitia utriusque Vasconiæ*, p. 446. C'est l'auteur original pour cet objet, et le premier qui ait débrouillé ce point de géographie, comme de beaucoup d'autres.

² Nicolas de Damas apud Athenæum, lib. vi, c. 13. — Athénée cite le cxvi⁰ livre de Nicolas de Damas; et le roi des *Sotiani* dont parle cet auteur, et qu'il nomme *Adiatomum*, paraît être le même dont il est fait mention dans les Commentaires de César sous le nom d'Adiantuanum. Conférez D. Bouquet, *Collect. des Hist. de Fr.*, tom. I, p. 707.

³ Paulus Diaconus, *Hist. Miscell.*, lib. vi.

⁴ Chaudruc de Crazannes, *Mém. sur la Novempopulanie*, p. 96. — Villeneuve-Bargemont, *Mém. sur les Sotiates*. Agen, in-8°. — Quant à la médaille trouvée à Vieille-Toulouse, qui offre d'un côté la tête du roi Adictvanus, de l'autre le mot *Sotiagæ*, et qui se trouve décrite dans les *Mém. de la Société archéologique du midi de la France*, 1834, in-4°, tom. I, p. 114, nous la considérons comme très suspecte.

des *Ausci*. Lorsque tous les peuples mentionnés par César et les autres auteurs postérieurs sont placés, je trouve qu'il n'y a plus d'autre district pour les *Garites* que toute la partie du diocèse de Montauban qui est à l'ouest de la Garonne, que nous avons déjà observé devoir appartenir à l'Aquitaine, et dans lequel on trouve un lieu nommé Garies [1], un autre nommé Garaque, un troisième Garganville, qui tous, et surtout le premier, retracent avec peu d'altération et beaucoup mieux que Gaure [2] le nom des anciens *Garites*.

La position des *Garumni*, que César nomme immédiatement après les *Garites*, peut seulement se conjecturer, puisque aucun autre auteur n'en fait mention; cependant, après que tous les peuples de l'Aquitaine sont placés, ceux-ci viennent se ranger avec assez de probabilité le long de la rive gauche de la Garonne, dans un district particulier qu'on appelle Rivière, au nord des *Convenæ* ou du diocèse de Saint-Bertrand-de-Comminge, en s'étendant jusqu'aux limites du diocèse de Rieux, démembré des *Tolosates* ou du diocèse de Toulouse. Cette conjecture d'Adrien de Valois [3] a été adoptée par M. d'Anville [4].

---

[1] Garies est dans l'arrondissement de Castel-Sarrasin, canton de Beaumont, sur le Lambon, dans la Lomagne.

[2] Ceux qui placent les *Garites* dans le comté de Gaure, sont : Sanson (*Remarque sur la Carte de la Gaule*, à la tête des Commentaires de César, trad. d'Ablancourt, in-4°, 1650, p. 54). — Oihenart (*Notitia utriusque Vasconiæ*, p. 497). — Longuerue (*Descript. de la France*, tom. 1, p. 198).

[3] Hadr. Vales., *Notitia Galliar.*, p. 221, voce *Garites*.

[4] D'Anville, *Notice de la Gaule*, p. 342.

La position des *Ausci*, mentionnés par César [1], entre les *Garites* et les *Garumni*, n'est pas fondée, comme celle de ces deux derniers peuples, sur des probabilités plus ou moins grandes, ou sur de simples rapports de noms. L'histoire et les mesures concourent également à les fixer d'une manière certaine. César, à la vérité, ne nomme pas la capitale des *Ausci*; mais tous les géographes qui ont écrit après lui suppléent à ce silence. Mela [2] nous apprend que le nom de cette capitale était *Elimberris*, et place cette ville, avec Trèves et Autun, au nombre des trois principales villes de la Gaule. Le mot *berri*, en langage basque, signifie nouvelle, et *irum*, ville : ainsi *irumberri* répond à Neuville, et est évidemment l'étymologie du mot *Elimberris*. Il faut que ce langage basque [3], qui paraît avoir été celui des anciens Cantabres, ait été commun à tous les habitans des montagnes des Pyrénées ; car le nom d'*Illiberris*

[1] Cæsar, *de Bello gallico*, lib. III, cap. 27.
[2] Mela, lib. III, cap. 2, p. 83.
[3] M. Guillaume de Humboldt et d'autres philologues prétendent que les Basques sont les anciens Ibères, qui étaient répandus dans toute l'Espagne et sur toute la côte méridionale de la Gaule, où leur langue avait prévalu ; ce qui s'accorde assez bien avec les résultats géographiques que nous avons présentés au commencement de cet ouvrage, d'après Scylax de Caryande et d'autres anciens auteurs, sur les peuples qui habitaient les côtes méridionales de la Gaule, entre les Pyrénées et le Rhône ; mais toutefois, rien ne nous paraît moins solide que les assertions d'une certaine classe d'antiquaires qui fondent sur les étymologies incertaines d'un dialecte obscur, peu connu, que la plupart de ceux qui en écrivent ignorent, un système entier d'histoire et de géographie, pour les premiers temps, relativement aux régions méridionales et occidentales de l'Europe. On peut consulter, à cet égard, notre article *Basque*, dans l'*Encyclopédie des gens du monde*, où on trouvera l'indication des ouvrages qui se rattachent à ces curieuses recherches.

(Alneya), que nous avons déjà mentionné à l'extrémité orientale de cette chaîne, n'a pas une autre origine. Quoi qu'il en soit, M. d'Anville [1] a été trompé par une édition fautive de la Table de Peutinger, lorsqu'il dit que cette table porte *Cliberre*. Dans la bonne édition calquée sur l'original par Von Scheyb, on lit *Eliberre* [2], et dans plusieurs manuscrits de Mela on lit *Elimberrum*, à l'accusatif [3]. Du temps de Ptolémée, cette ville avait déjà quitté son ancien nom pour prendre celui d'*Augusta* [4], qu'elle changea encore pour celui du peuple *Ausci*, dont elle était la capitale. Dans l'Itinéraire de Bordeaux, elle est nommée *civitas Auscius* [5]; dans Sidoine Apollinaire, *Auscenses*; et dans Grégoire de Tours, *Auscientis urbs* [6]. L'Itinéraire d'Antonin, celui de Bordeaux et la Table, fournissent des mesures qui déterminent très exactement la position de cette ancienne ville par l'intersection de quatre routes qui partent de *Tolosa*, Toulouse, *Lactora*, Lectoure, *Elusa*, Eause, et *Lugdunum Convenœ*, Saint-Bertrand-de-Comminge [7]. *Elusa*, Eause, acquit, à une époque qu'on ignore, une prééminence sur *Ausci*, Auch, et devint la capitale d'une province connue sous le nom de *Novempopulania*. A une autre époque également ignorée [8],

[1] D'Anville, *Notice*, p. 228.

[2] *Tabula peutingeriana*. Vindobonæ, 1757, §. 1. — Ainsi la leçon de Climberris adoptée par d'Anville doit être rejetée.

[3] Mela, III, 2, edit. Tchutckii, lib. III, cap. 2. Mela dit des Ausci : « Aquitanorum clarissimi sunt. »

[4] Ptolemæus, lib. II, cap. 1.

[5] Voyez l'*Analyse des Itinéraires*, tom. III.

[6] Sidonius Apollinaris, VII, ep. 6.

[7] Voyez l'*Analyse des Itinéraires*, tom. III de cet ouvrage.

[8] Oihenart, sans contredit l'auteur le plus savant sur l'ancienne

Auch reprit de nouveau le premier rang, et le chef-lieu du diocèse, auparavant à Eause, y fut transporté : de sorte que le diocèse moderne d'Auch renfermant les *Ausci*, les *Elusates* et les *Sotiates*, il est facile de tracer les limites de ces trois peuples réunis, et de les distinguer en masse des peuples circonvoisins ; mais il est impossible de les bien séparer entre eux. Mela nomme les *Ausci* « les plus illustres des Aquitains ; » ainsi *Elimberris* était de son temps, et par conséquent du temps de César, la capitale de toute l'Aquitaine. Une médaille antique[1], où se trouve le nom d'*Auscii*, a été récemment trouvée, et a enrichi la numismatique des Gaules.

Cependant César[2] mentionne les *Elusates* comme un peuple différent des *Ausci*, et Pline[3] les nomme, avec beaucoup d'exactitude, entre les *Ausci* et les *Sotiates*. *Elusa*, la capitale nommée dans la Notice *civitas Elusatium*, tient le rang de métropole de la *Novempopulania*[4]. Une route de l'Itinéraire de Bordeaux, qui part de *Burdigala*, Bordeaux, et qui

---

géographie de l'Aquitaine, et celui que tous les meilleurs géographes, même Valois, ont mis à contribution, dit dans la *Notitia utriusque Vasconiæ*, p 446 : « Quo tempore, metropolitana sedes « Elusa Augustam Ausciorum translata fuerit, res est obscura et « tenebris tecta vetustatis. » A la page 448, Oihenart donne une liste des évêques d'Eause à partir de l'an 634.

[1] De La Goy, *Description de quelques médailles inédites*. Aix, 1834, in-4°, p. 32. — Cette médaille portant *Auscii*, comme dans Strabon et Ptolémée, il semble que cette leçon doit être préférée à celle d'*Ausci*, qu'on trouve dans César, Mela et Pline.

[2] Cæsar, *de Bello gallico*, lib. III, cap. 27.

[3] Plinius, lib. IV, cap. 19.

[4] *Notitia provinc. Gall.*, apud Dom Bouquet, p. 125, et Guérard, *Essai*, p. 28.

aboutit à *Ausci*, Auch, en passant par *Sotiatum*, Sos, détermine la position de cette ancienne ville à un lieu nommé la Cieutat, sur la Galise. *Elusa*, détruite vers l'an 910, a été depuis rebâtie tout près et un peu à l'ouest de l'ancienne ville, dans l'endroit où est actuellement Euse ou Eause moderne, qui en a tiré son nom [1]. Il est remarquable que l'Itinéraire de Bordeaux, qui détermine par des mesures la position d'*Elusa*, est aussi le plus ancien monument qui fasse mention de cette ville; or ce monument ne date que de 333 ans après J.-C. Il est ensuite fait mention d'*Elusa* dans Claudien [2]. C'est à tort qu'Adrien de Valois et autres ont cru que le nom d'*Elusa* était corrompu, dans la Table, en celui de *Clusa*, et qu'ils ont, d'après un faux rapprochement, frappé d'erreur, par une mauvaise correction, un passage d'Ammien Marcellin. On lit *Elusa* dans la Table, dont les distances s'accordent avec celles de l'Itinéraire [3]; et je démontrerai ci-après que le texte d'Ammien Marcellin est correct dans cet endroit, et doit être maintenu conformément aux manuscrits [4].

Les *Sotiates*, les *Elusates*, les *Ausci*, les *Garites* et les *Garumni*, forment toute la moitié orientale de l'Aquitaine au temps de César. Les *Convenæ* avaient déjà été domptés par Pompée avant l'époque

---

[1] L'abbé Nicaise, *Explication d'un ancien monument trouvé en Guienne, dans le diocèse d'Auch*. Paris, in-4°, 1689, p. 5.

[2] Claudianus In *Rufinum*, lib. I, vers. 138. Ce poëme a été écrit vers l'an 395.

[3] Voyez l'*Analyse des Itinéraires*, tom. III de cet ouvrage.

[4] Sidoine Apollinaire (*Epist.*, lib. VII, epist. 6) dit Elusani au lieu d'Elusates; son épître fut écrite vers l'an 474. — Une inscription de Gruter, p. 708, n° 7, porte : Civi elusensi.

de l'entrée de César dans les Gaules [1]. Quoique ce dernier n'ait pas positivement nommé ces peuples, cependant de Valois [2] observe judicieusement que César fait allusion au traité que Pompée a conclu avec eux, lorsqu'il dit que Pompée doit lui permettre d'envoyer des ambassadeurs pour négocier la paix, puisqu'il avait accordé cette faculté même aux fugitifs et aux brigands du défilé des Pyrénées [3]. Les *Convenœ* étaient, avant la conquête de la Gaule, les derniers peuples de la Province romaine au sud-ouest, et renfermaient une partie des *Consoranni*, dont nous parlerons plus tard, et dont il n'est fait mention qu'après Auguste. Dans une Notice manuscrite des provinces de la Gaule, tirée de la bibliothéque du président de Thou, à la suite de *civitas Convenarum* on trouve ces mots : *id est Communica* [4]; et dans d'autres manuscrits de la même Notice qui sont à la Bibliothéque du Roi : *id est Comminica* ou *Commica*. C'est de ce dernier nom qu'est provenu celui de Commenge ou Comminge. Strabon parle de *Lugdunum*, la capitale des *Convenœ*, et la position de cette ville à Saint-Bertrand-de-Comminge est démontrée par les mesures de trois routes romaines qui y aboutissent, et qui partent d'*Ausci*, Auch, *Tolosa*, Toulouse, et *Aquis tarbellicis* [5], Aqs.

---

[1] Voyez ci-dessus, p. 181 et 196.

[2] Valesii *Notitia Galliæ*, p. 157.

[3] Cæsar, *de Bello civili*, lib. III : « Liceret-ne civibus ad cives « de pace legatos mittere, quod etiam Pyrenæo prædonibusque « licuisset ? »

[4] Valesii *Notitia*, p. 158, et Guérard, *Essai*, p. 28.

[5] Voyez l'*Analyse des Itinéraires*, tom. III de cet ouvrage.

Grégoire de Tours [1] a décrit la situation de *Lugdunum* des *Convenœ*, sur le sommet de la montagne; mais les plus grands vestiges des restes de l'ancienne ville sont au pied de la montagne de val Crabère (*vallis Capraria*), près de la Garonne [2]. Ce n'est qu'au commencement du XII° siècle que cette ville a pris le nom qu'elle porte actuellement en l'honneur d'un de ses évêques, nommé Bertrand, qui la rebâtit presqu'en entier. Au reste, l'origine des *Convenœ* n'est prouvée qu'autant que l'étymologie de ce nom, donnée par saint Jérôme, sera regardée comme à l'abri de toute objection; qu'on regardera comme démontré que ce nom provient réellement du mot *convenire*, rassembler, et qu'il leur fut imposé lorsque Pompée rassembla en un seul corps de nation les diverses tribus des Pyrénées. Valois observe [3] que saint Jérôme se contredit un peu lui-même à cet égard : cependant son opinion se trouve appuyée sur Pline, qui dit : « *In oppidum contributi Convenœ,* » et sur Strabon, qui s'exprime ainsi : « Le canton qui est près des Pyrénées appartient aux *Convenœ*, mot qui signifie gens rassemblés [4]. » Les *Convenœ* et les *Consoranni*, représentés par le diocèse de Saint-Bertrand-de-Comminge et une partie de celui de Saint-Lizier, avaient été réunis par Pompée à la Province romaine, et ne firent partie de l'Aquitaine qu'après

---

[1] Gregorius Turonensis, lib. VII, cap. 34 et 35.

[2] Oïhenart, *Not. utr. Vasc.*, p. 518. Il rapporte plusieurs inscriptions. — Papire Masson, *de Flum. Gall.*, p. 526. — Du Mège, *Statistique pyrénéen*, tom. II, p. 200.

[3] Valesii *Notitia*, p. 147.

[4] Strabo, *Geogr.*, lib. IV, p. 190; tom. II, p. 240. — Plinius, *Hist. nat.*, lib. IV, cap. 19.

la nouvelle division établie par Auguste; mais cependant les *Convenæ*, quoique faisant partie de la Province romaine, furent dans tous les temps considérés comme un peuple de l'Aquitaine. On trouve plusieurs inscriptions où les *Convenæ* sont mentionnés comme étant de l'*Aquitania* [1].

Le nom des *Bigerriònes* se conserve encore dans celui de Bigorre; ce peuple est appelé *Begerri* dans Pline [2], mais il faut descendre jusque dans les derniers temps de la puissance romaine dans les Gaules, pour trouver le nom de leur capitale. C'est dans la Notice des provinces de la Gaule qu'il est, pour la première fois, fait mention de *civitas Turba, ubi castrum Bigorra* [3], parmi les cités de la *Novempopulana*. Grégoire de Tours dit : « *civitas Beorreta* [4]. » On a dit depuis *Tarvia, Tarba*, et enfin *Tarbe*. Le siége épiscopal [5], dans l'endroit où était le *castrum Bigorra*, est surnommé *la Sede*; c'est où se trouve actuellement l'église cathédrale. Ainsi, quoique les Itinéraires ne nous fournissent aucune route qui puisse démontrer, par les mesures, la position de l'an-

---

[1] Voyez les Recueils de Boissard et de Mazocchi, et Gruter, p. 564 et 569. — Une de ces inscriptions est celle du tombeau de *Valeria Justinia nata Convena Aquitania*.

[2] Plinius, lib. IV, cap. 19. — Sidonius Apollin., lib. VIII, epist. 12, appelle les habitans *bigerricum turbinem*; et Paulin, in epist. 1, *pellitos Bigerros*. — Leur vêtement fourré est nommé *bigerrica vestis hispida* par Sulpicius Severus dans la Vie de saint Martin, et Fortunatus dit : *Hirsuta bigerrica palla*. Suivant de Valois, *Not.*, p. 84, les Béarnais appellent ce vêtement *marlote*.

[3] Hadr. Valesii, p. 84. — *Notit. provinc. et civit. Galliæ*, dans Guérard, *Essai*, p. 29.

[4] Gregorius Turonensis, lib. IX, cap. 6.

[5] *Gallia christiana*, tom. 1, p. 1223 et 1224. — *Notitia prov. Galliæ*, apud dom Bouquet, tom. 1, p. 124.

cienne *Turba* à Tarbes moderne, cependant cette position est assez bien prouvée par l'histoire, pour que l'on puisse déterminer avec certitude les anciennes limites des *Bigerrones* par celles du ci-devant diocèse de Tarbes [1]. C'est sur le territoire des *Bigerriones* qu'était situé l'*Aquensis vicus* de plusieurs inscriptions, dont les habitans étaient nommés *Aquenses*, et la position d'*Aquensis vicus* à Bagnères est prouvée par celle de ces inscriptions qui en porte le nom, et qui a été trouvée dans ce lieu même [2].

Aucun autre auteur que César [3] ne fait mention des *Preciani*, et comme il ne dit rien de leur capitale, il devient difficile de déterminer leur position ; nous voyons seulement qu'il les nomme près des *Bigerriones* ; et après avoir placé tous les peuples de l'Aquitaine, du côté où doivent avoir été les *Preciani*, je trouve qu'il ne leur reste plus qu'un district, qui eut depuis pour capitale une ville qui ne paraît que dans les derniers monumens romains, l'Itinéraire et la Notice [4] ; je veux parler de *Beneharnum*, qui a donné son nom à une province, et dont les mesures et les vestiges d'une route antique, que nous avons nous-même reconnue dans le pays sur toute sa longueur, déterminent la position aux ruines de

---

[1] Longuerue, *Descript. de la France*, et Oïhenart, *Not. utr. Vasc.*, p. 505. — Marca, *Hist. de Béarn.*, p. 843, donne une courte et curieuse statistique de la Bigorre en 1300.

[2] Oïhenart, *Not. Vascon.*, p. 506. Nous avons vu à Bagnères, proche de la place du marché, cette belle inscription, qui orne encore la fontaine publique.

[3] Cæsar, lib. III, cap. 27.

[4] Voyez l'*Analyse des Itinéraires*, tom. III de cet ouvrage ; et *Notitia provinciar. Galliar.* apud dom Bouquet, *Recueil des Hist. de Fr.*, tom. I, p. 124. — Guérard, *Essai*, p. 29.

Castelnon, un peu à l'est de Maslacq, vis-à-vis Lendresse et Arance, ainsi que nous le démontrerons ci-après. Quoique Lescar, dont l'origine est connue, ne corresponde pas à *Beneharnum*, ce lieu lui a succédé comme siège épiscopal, et l'ancien diocèse de Lescar peut nous aider à déterminer les limites des *Preciani*. J'observerai qu'il y a, dans le seul arrondissement d'Orthez, deux lieux nommés *Préchac*, mais ce nom est à la vérité fort commun en Gascogne. Sanson, dans ses Remarques sur l'ancienne carte de la Gaule [1], observe que le nom plus moderne de *Benearni* a beaucoup de rapports avec celui de *Preciani*, et que le Béarn était divisé en six quartiers nommés *parsans*. Adrien de Valois relève avec beaucoup de rudesse le géographe d'Abbeville, et lui observe que *parsans* vient de *pars* [2]. Longuerue [3], qui, pour les points de géographie ancienne, n'a fait que copier Valois, décide également que Sanson s'est trompé, et que les *Preciani* nous sont totalement inconnus. D'Anville, qui, en 1746, s'était rangé, dans sa Carte de la Gaule du temps de César, du sentiment de Sanson, et qui avait donné aux *Preciani* un emplacement considérable, entraîné par l'autorité de Valois et de Longuerue, les a tout-à-fait supprimés dans sa grande carte de *Gallia antiqua*, publiée en 1760, et n'en a même fait mention nulle part dans le volume in-4°. qu'il a consacré à l'explication de cette carte. Cependant la conjecture

---

[1] Sanson, *Remarques sur l'ancienne Gaule*, à la tête de la traduction des Commentaires de César par d'Ablancourt. Paris, in-4°, 1650, p. 65.

[2] Adrian. Vales., p. 83.

[3] Longuerue, *Description de la France*, tom. 1, p. 207.

de Sanson ne me paraît pas devoir être rejetée, puisqu'elle accorde le texte de César avec tous les auteurs subséquens, qui ne placent aucun peuple particulier dans ce district. Pour un peuple dont la position et le nom même présentent tant d'incertitudes, il n'est pas inutile de noter les variantes des divers manuscrits de l'ouvrage de César, qui portent Preciani, Ptianii, Pitanii, Prociani, Laciani.

César mentionne [1] les *Tarbelli* en tête de tous les autres peuples de l'Aquitaine, et les descriptions des auteurs postérieurs répondent à l'idée que par-là il nous donne de leur importance. Strabon [2] dit que leur territoire s'étendait le long du golfe Aquitanique; Ausone donne à ce golfe le nom de *Tarbellicus Oceanus* [3], et Lucain, celui de *Tarbellicum æquor* [4]. Ptolémée les étend jusqu'aux Pyrénées, et Tibulle appelle cette partie de la chaîne *tarbella Pyrene*. En effet, le pays de Soule, au pied des montagnes, entre le Béarn et la Basse-Navarre, a fait partie du diocèse d'Aqs, capitale des *Tarbelli*, jusque vers la fin du xie siècle : il résulte donc de là que le territoire de ce peuple doit se composer du diocèse d'Aqs, et de celui de Bayonne [5]. Pline donne aux *Tarbelli* le surnom de *Quatuorsignani* [6], de même qu'aux *Cocossates*, il donne celui de *Sexsignani*; ces surnoms

---

[1] Cæsar, *de Bell. gall.*, III, 27.

[2] Strabo, lib. IV, p. 190.

[3] Ausonius dit : « Tarbellique furor perstrepit Oceanus. » Dans la description de la Moselle, vers 468, il appelle l'Aturus ou l'Adour Tarbellicus Aturus.

[4] Lucani *Pharsalia*, lib. I, vers. 421.

[5] D'Anville, *Notice de la Gaule*, p. 632.

[6] Plinius, lib. IV, c. 19.

ont probablement du rapport avec le nombre des cohortes militaires qui se trouvaient stationnées dans ces lieux. César, qui n'a mentionné qu'en passant tous ces peuples de l'Aquitaine, ne fait nulle part mention de leurs capitales. Le nom de celle des *Tarbelli* était *Aquæ augustæ* lors de l'entière soumission de l'Aquitaine par Messala, sous Auguste [1]. Pline est le premier qui parle de cette ville sans la nommer d'une manière expresse, lorsque parlant des eaux minérales de la Gaule, il mentionne celles qui sont *in Tarbellis aquitanica gente*. Ptolémée est le premier, et même le seul, qui nous ait transmis le nom d'*Aquæ augustæ* [2]. Dans l'Itinéraire d'Antonin, on lit *Aquæ tarbellicæ*, et quatre routes qui se croisent, et qui se rattachent à Bordeaux et à des points connus de la Gaule et de l'Espagne, fixent par les mesures cette position à Aqs, dont le nom vient d'*Aquenses* [3]. Les Basques, suivant Oïhenart, auteur basque, puisqu'il était de Mauléon, appellent encore aujourd'hui cette ville *Aquise* [4]. Cet auteur conjecture, avec assez de vraisemblance, que l'Aquitaine entière a tiré son nom de cette ville. Pline en effet tire cette dénomination d'un peuple particulier, nommé *Aquitani*, et il semble que les *Tarbelli*, par l'étendue de leur territoire et par le nom de leur chef-lieu, ont plus que tout autre peuple de l'Aquitaine le droit

---

[1] Vingt-sept ans avant J.-C., 726 ans à dater de la fondation de Rome. Voyez Appianus, *de Bellis civilibus*, lib. IV, p. 640, édit. de Henr. Étienne, 1592, et Tibullus, lib. I, eleg. 8, vers. 7; et lib. II, eleg. 1, vers. 53.

[2] Ptolemæus, lib. II, cap. I.

[3] Voyez l'*Analyse des Itineraires*, tom. III.

[4] Oïhenart, cap. 9, p. 466.

de revendiquer cette dénomination d'*Aquitani*. Observez que les *Tarbelli* ont dû être les premiers connus de toute l'Aquitaine, parce qu'ils se trouvaient sur la côte, et les premiers placés sur la route des navigateurs marseillais ou phéniciens, qui, après s'être avancés au-delà des Colonnes d'Hercule, achevèrent le tour de l'Espagne, et continuèrent leurs découvertes vers la partie occidentale et septentrionale de l'Europe. Dans la Notice des provinces de la Gaule, *civitas Aquensium* est nommée immédiatement après la métropole de la *Novempopulania* [1]. Grégoire de Tours fait mention d'Aqs sous le nom d'*Aquas* ou d'*Aquensem urbem* [2]. L'analyse des Itinéraires démontre [3], contre le sentiment de Wesseling et de d'Anville [4], que les *Aquæ* qui se trouvent figurées mais non nommées dans la Table théodosienne [5], près d'*Eliberre*, doivent se rapporter à *Aquæ tarbellicæ* ou à Aqs [6]. C'est aussi à tort que d'Anville a cru que le *Turissa* de l'itinéraire était différent de l'*Iturissa* de Mela [7]. Les mesures prouvent qu'*Iturissa* était dans la même position qu'Iturin moderne [8]. D'Anville l'avait conjecturé, d'après la res-

---

[1] *Notitia provinciar. Galliæ* apud dom Bouquet, tom. 1, p. 124.

[2] Gregorius Turonensis, lib. vii, cap. 31 ; lib. viii, cap. 32.

[3] *Analyse des Itinéraires*, tom. iii de cet ouvrage.

[4] Wesseling, *Itiner. Antonini*, et d'Anville, *Notice de la Gaule*, p. 73.

[5] *Tabula peutingeriana*. § 1, et notre *Analyse des Itinér.*, t. iii.

[6] Sanson, ordinairement plein de jugement et de sagacité, s'est montré tout-à-fait aveugle relativement aux Tarbelli, et répond avec un emportement ridicule à la juste critique du P. Labbe. Voyez *Remarques sur l'ancienne Gaule*, p. 75.

[7] D'Anville, *Notice*, p. 399 et 400. — Mela, lib. iii, cap. 1.

[8] *Analyse des Itinéraires*, tom. iii de cet ouvrage.

semblance des noms, mais il ne s'est pas aperçu que l'Itinéraire offrait dans cet endroit deux routes mélangées ensemble, qui toutes deux aboutissent à Pampelune[1]. Ne pouvant retrouver l'exactitude des mesures anciennes ni les appliquer sur la carte moderne, il a placé, par conjectures, les lieux qui se trouvent mentionnés dans les itinéraires romains. On ne peut prouver que le diocèse de Bayonne remonte au-delà du Xe siècle; il fut probablement un démembrement du diocèse d'Aqs[2]. Il n'est pas question de Bayonne avant cette époque, et Oïhenart nous apprend que baia-une, en langue vascun ou basque, signifie port[3]. Il n'en est question dans aucun monument romain. La Notice de l'Empire indique une ville nommée *Lapurdum*[4], qui a donné son nom au pays de Labourd, dont Bayonne est la capitale. Ni les mesures dont nous sommes dépourvus, ni l'histoire, ne prouvent d'une manière certaine que *Lapurdum* occupait le même emplacement que Bayonne, quoique cela soit très probable, vu la grande antiquité de cette ville[5]. De même que nous avons vu qu'il fallait réunir au diocèse d'Aqs le pays de Soule, qui en faisait autrefois partie, il faut, pour avoir l'ancien diocèse de Bayonne, ajouter au diocèse moderne non seulement les vallées de Bastan et de Lerins, qui en ont été détachées par Philippe II pour les réunir au diocèse de Pampelune, mais encore toute la partie

---

[1] Voyez l'*Analyse des Itinéraires*, tom. III de cet ouvrage.

[2] Valesii *Notitia Galliæ*, p. 260 et 261, 30 et 31.

[3] Oïhenart, *Notitia Vasconiæ*, p. 540. — De Marca, *Hist. de Béarn.*, p. 30.

[4] *Notitia dignit. imper. rom.*, § 38, p. 65, edit. Philipp. Labbe.

[5] Voyez Valois, p. 640. — Oïhenart, p. 401, 539, 541, 542.

de Guipuscoa qui s'étend jusqu'à Saint-Sébastien, et qu'on sait lui avoir autrefois appartenu [1]. Ces deux diocèses, ainsi réunis, composent le territoire des *Tarbelli*, dont la grande extension s'accorde avec les descriptions des anciens et avec les mesures de Ptolémée, qui commence la Gaule à l'*OEaso promontorium*, que les mesures de cet ancien portent au cap Machicaco [2]. Près de ce cap, se trouve la petite ville d'Ea ou d'Hea, qui paraît être la ville d'*OEaso* de Ptolémée. En effet, la chaîne des Pyrénées s'abaissant de ce côté, et prenant une autre direction, ne sépare pas entièrement la Gaule de l'Ibérie, et laisse un intervalle près de la côte. Il est donc probable que les peuples désignés sous le nom d'*Aquitani*, subdivisés en plusieurs autres, nommés *Varduli*, *Tarbelli*, occupaient tout le rivage entre les deux promontoires, depuis le cap Machicaco ou l'*OEaso promontorium* jusqu'au *Curianum promontorium*, ou la pointe du bassin d'Arcachon [3]; et comme les *Aquitani* étaient considérés comme un peuple de la Gaule, on a dû étendre la limite de la Gaule jusqu'à l'extrémité de leur territoire [4] : d'autant plus que de la côte

---

[1] Oïhenart, *Notitia*, p. 172, et de Thou, lib. xxxvii; et dans la *Gallia christiana*, tom. i, p. 1308 et 1309, je trouve deux rescripts, l'un d'Urbain II en 1106, l'autre de Célestin en 1194, qui déterminent aussi très exactement les anciennes limites du diocèse de Bayonne : « Vallem quæ dicitur Laburdi, vallem quæ dicitur Arberoa, vallem quæ dicitur Orsaïs, vallem quæ dicitur Cizia, vallem quæ dicitur Baïgur, vallem quæ dicitur Bastan, vallem quæ dicitur Lerin, vallem quæ dicitur Ocarzu usque ad S.-Sebastianum. »

[2] Voyez l'*Analyse des mesures de Ptolémée pour la Gaule*, tom. iii de cet ouvrage; et Gosselin, *Recherches*, tom. iv, p. 156 et 157.

[3] *Analyse des mesures de Ptolémée*, tom. iii; et Gosselin, *Recherches*, tom. iv, p. 157.

[4] Voyez Marcianus Heracleota, in *Periplo*, p. 46.

on voyait la crête des Pyrénées, de tout temps considérée comme la limite des deux pays, se diriger dans l'intérieur et à peu de distance des rivages, vers le cap Machicaco ou l'*OEaso promontorium*. Mais lorsque de nouvelles découvertes eurent fait connaître plus exactement la configuration des côtes, et de l'intérieur de ces contrées, on vit que la direction principale des Pyrénées se trouvait entre les points les plus rapprochés des côtes occidentales et orientales qui formaient un isthme, et par conséquent une limite plus naturelle entre l'Ibérie et la Gaule. Alors des auteurs, ne consultant que la configuration des côtes, ont étendu les Pyrénées et les limites de la Gaule entre les deux points les plus resserrés de l'isthme. Aussi on ne doit pas confondre la ville d'*OEaso* de Ptolémée, qui est la ville d'Héa, avec celle d'*Olarso* de Pline [1]. Le nom de cette dernière se retrouve évidemment dans celui d'Oïarço ou Oliarçon, village voisin d'Irun et de Fontarabie, nommé *Ocarzu* dans le XIe siècle. Pline évalue la distance depuis *Tarraco*, Tarragone, jusqu'à Oliarçon ou Oïarçon, à 307 m. p., ou 2,456 stades olympiques; et Strabon s'accorde avec lui, en donnant en nombre rond de 2,400 stades cette même distance, qui se mesurait le long d'une route qui de *Tarraco* passait par *Illerda*, Lérida, Osca, *Pampelo*, Pampelune, et venait se terminer à *Idanusa*, selon le texte latin, et *OEdason* selon un manuscrit grec. M. Gossellin [2] a très bien vu que *OEdason* était l'*Olarso* de Pline, ou Oliarçon moderne; mais je ne pense pas qu'*Idanusa* doive être,

---

[1] Plinius, lib. III, cap. 4, tom. I, p. 145, edit. Hard.
[2] Gossellin, *Recherches*, tom. IV, p. 58.

dans Strabon, préféré ou substitué à *OEdason*. Je crois que la différence que l'on trouve dans les divers manuscrits de Strabon, à cet égard, ne provient que parce qu'originairement l'un et l'autre noms existaient dans le texte. La position d'*Idanusa* me paraît devoir être rapportée à Indaüs, canton de Mauléon, département des Basses-Pyrénées. M. Gossellin a très bien observé que la mesure d'Agrippa des côtes occidentales de la Gaule, rapportée par Pline, s'accorde avec celle de Ptolémée, et porte l'extrémité occidentale de cette côte au cap Machicaco. La limite des *Tarbelli* et de la Gaule, vers le sud, et du côté de la Navarre, est bien déterminée par le *summus Pyrenæus* de l'Itinéraire, que les mesures portent à castel Pinon [1], et ces mesures sont confirmées par l'acte de l'évêque Arsius et par d'autres titres qu'Oïhenart [2] a rapportés. Quant à *civitas Boatium* de la Notice des provinces, qu'on a voulu rapporter à Bayonne, nous démontrerons, ci-après, qu'on ne doit pas plus l'attribuer à cette ville qu'aux *Boii* de la Tête-de-Buch.

Sanson [3] a donné aux *Tarusates* tout le diocèse d'Aire, parce que le canton de Tursan, connu dans le moyen âge sous le nom de *Tursanum*, se trouve dans ce diocèse. D'Anville n'accorde aux *Tarusates* que la vicomté de Tursan; et le reste du diocèse d'Aire, il le donne aux *Osquidates campestri* de

---

[1] *Analyse des Itinéraires*, tom. III.

[2] Oïhenart, *Notitia utr. Vascon.*, p. 404 et 407.

[3] Sanson, *Remarques sur la carte de l'ancienne Gaule*, p. 77, dans le *César* de d'Ablancourt; et l'ouvrage intitulé : *La France, l'Espagne, l'Italie, l'Allemagne et les Îles Britanniques*, par N. Sanson; in-folio, 1751.

Pline [1]. Comme Pline ni César ne nomment aucune capitale, il n'est plus question de ces peuples dans aucun autre auteur ; mais ce qui donne quelque certitude à la position qu'on leur assigne, c'est qu'il est démontré que les habitans de la vallée d'Ossau, ou les *Osquidates montani*, ont, depuis un temps immémorial, été propriétaires des plaines qui les avoisinent, et où la ville de Pau a été bâtie [2].

Nul autre auteur que César [3] n'a fait mention des *Vocates*; cependant on trouve dans Pline les *Basabocates* [4], et on a conjecturé, avec raison, que les *Vasates* de Ptolémée, et les *Vocates* de César, se trouvaient réunis dans ce mot composé; mais au lieu d'inférer de là que c'était le même peuple sous deux noms différens, on aurait dû en conclure que c'étaient deux peuples très rapprochés, réunis par Pline en un seul sous une dénomination complexe. Ptolémée et Ausone [5] nous enseignent que la capitale des *Vasates* se nommait *Cossio*, et sa position à Bazas moderne est prouvée par l'itinéraire qui part d'*Ausci*, Auch, et aboutit à *Burdigala*, Bordeaux [6]. Le diocèse de Bazas détermine les limites des *Vasates;* et en examinant le territoire de ce diocèse, comme coupé en deux par la Garonne, on se trouve porté à conjecturer que les *Vasates* occupaient la

---

[1] Plin., lib. IV, cap. 19. — D'Anville, *Notice de la Gaule*, p. 510.

[2] Le diocèse d'Aire, *ecclesia Adurensis*, ne remonte pas au-delà du VI° siècle, en 506. Voyez *Gallia christiana*, tom. I, p. 1148. — D'Anville, *Notice de la Gaule*, p. 677; et les pièces du procès entre la vallée d'Ossau et la ville de Pau.

[3] Cæsar, lib. III, cap. 27.

[4] Plinius, *Hist. nat.*, lib. IV, cap. 19. — Ptolemæus.

[5] Ptolem., lib. II, c. 1. — Auson., in *Epicidio*, p. 256, par. 24, 8.

[6] *Analyse des Itinéraires*, tom. III.

partie méridionale, tandis que les *Vocates* étaient, au nord du fleuve, entre la Garonne et la Dordogne [1].

Un lieu nommé *Coëquosa* dans l'Itinéraire nous révèle la position des *Cocossates* de César et de Pline, dont il paraît avoir été la capitale [2]. Les mesures de l'Itinéraire déterminent la position de *Coëquosa* dans un petit lieu nommé Causseque [3] : c'est à l'entour de ce lieu qu'il faut placer les *Cocossates*, petit peuple qui occupait une petite partie du diocèse de Bordeaux. Nous avons déjà observé que Pline donne aux *Cocossates* le surnom de *Sexsignani*. Ce peuple, et celui de *Boii*, devaient être assez considérables dans les derniers temps de l'empire romain en occident; car les habitans des Landes sont encore divisés aujourd'hui en deux classes : les Bouges, ou ceux du nord ou de la Tête-de-Buch; et les Cousiots, ceux du midi [4].

Adrien de Valois [5] est, je crois, le premier qui ait eu l'idée de placer les *Sibutzates* de César aux environs de Sobusse ou Saubusse, entre Dax et Bayonne. D'Anville [6] a adopté cette position fondée sur la ressemblance des noms : la conclusion qu'on en tire

---

[1] Ammian. Marcellin., lib. xv. — *Notitia provinciar. Galliæ*, p. 124. — Sidoine Apollinaire a donné, lib. vIII, *epistol*. 12, une curieuse description de Bazas; la première mention authentique de cet évêché remonte à l'an 506. — V. *Gallia christiana*, t. I, p. 1191.

[2] Cæsar, *de Bell. gall*, III, 27, et Plinius, *Hist. nat.*, IV, 33.

[3] *Analyse des Itinéraires*, tom. III.

[4] On nomme aussi ces derniers Lanusquets. Voyez Saint-Amant, *Voyage dans les Landes*, Annales des Voyages, tom. xvIII, p. 59; et Bernadeau, dans Chaudruc, *Novempopulanie*, p. 15.

[5] Hadriani Valesii *Notitia Galliæ*, p. 524.

[6] D'Anville, *Notice*, p. 604.

est confirmée par les positions des peuples environnans, qui laissent ce district inoccupé.

Telle est l'énumération de tous les peuples mentionnés par César, qui se soumirent à Crassus. Dion[1], en racontant le même événement, y ajoute les *Apiates*, qui probablement n'ont été connus que plus tard, mais qui sont évidemment les habitans de la vallée d'Aspe, dont le chef-lieu est indiqué par l'Itinéraire sous le nom d'*Aspa Luca;* les mesures anciennes fixent la position de ce lieu à Accous, près de Bedous et du pont de Lesquit, dans cette même vallée d'Aspe[2]; c'est donc bien à tort que l'on a voulu corriger dans Dion le nom d'*Apiates*, et y substituer celui de *Sotiates*. Rien n'est mieux prouvé que l'existence et la position des *Apiates* ou *Aspiates* dans la vallée d'Aspe : on a lieu de s'étonner que Oïhenart, Ortelius, Valois, d'Anville, aient entièrement oublié ce peuple.

Après avoir fait l'énumération dont nous venons de parler, César ajoute : « Les autres nations en petit
« nombre et les plus reculées, se fiant sur la mauvaise
« saison, qui allait commencer, négligèrent de se sou-
« mettre[3]. » Les *Bituriges vivisci,* ayant pour capitale *Burdigala*, Bordeaux, et les *Nitiobriges,* dont la capitale est *Aginnum,* ne paraissent pas compris

---

[1] Dion., *Hist.*, lib. xxxix, cap. 46, tom. i, p. 214, edit. de Reimar. — M. Ukert, qui a enregistré avec une louable industrie les opinions de ceux qui l'avaient précédé sur la géographie de la Gaule, ne dit rien des Apiates.

[2] *Analyse des Itinéraires*, tom. iii. Nous avons visité les lieux; au pont Lesquit, la vallée se resserre et forme une gorge qui s'élargit ensuite et forme un passage en Espagne.

[3] « Paucæ ultimæ nationes, anni tempore confisæ quod hiems sub-
« erat, hoc facere neglexerunt. » Cæsar, *de Bello gallico*, lib. iii, cap. 27.

dans le nombre de ceux que César nous dit avoir négligé de se soumettre. Ces deux peuples semblent avoir fait partie de la Celtique avant l'agrandissement de l'Aquitaine par Auguste; en effet, les *Bituriges vivisci* étaient Celtes et non Aquitains. Le témoignage de Strabon, qui les nomme *Iosci*, est décisif à cet égard : « Les *Bituriges Iosci*, dit-il [1], et les *Santones*, sont « Gaulois d'origine; les *Bituriges* sont le seul peuple « étranger qui habite parmi les Aquitains sans en faire « partie. » Les *Nitiobriges* ne sont mentionnés qu'en passant dans les Mémoires de César [2], et la preuve qu'ils faisaient partie de la Celtique, c'est qu'ils sont nommés par Strabon, comme un des peuples qu'Auguste détacha de cette grande portion de la Gaule, pour les réunir à l'Aquitaine. Il est, d'un autre côté, très probable, et même presque certain, que les *Garites* comprennent dans leurs limites, les *Lactorates* des auteurs postérieurs à César, puisque tous les peuples environnans, les *Sotiates*, les *Elusates* et les *Ausci*, sont mentionnés comme soumis. Ainsi donc, l'énumération faite par César comprend presque tous les peuples de l'Aquitaine de son temps, à la réserve seulement de quelques petits peuples des Pyrénées : « *paucæ ultimæ nationes*, » comme il le dit lui-même. Les principaux étaient les *Sibyllates*, dans la vallée de Soule, qui ne sont pas les mêmes que les *Sibutzates*, ou ceux de Sobusse : les *Osquidates montani*, dans la vallée d'Ossau ; et les *Osquidates campestri*, dans le diocèse d'Aire et la plaine de Long-Pont, où est Pau, qui est encore aujourd'hui

---

[1] Strabo, *Geogr.*, lib. IV, p. 190, tom. II, p. 39, de la trad. fr.
[2] Cæsar., VII, 37, 75. — Strabo, IV, 190, t. II, p. 42, de la trad. fr.

la propriété des dix-huit communes que renferme la vallée d'Ossau ; les *Camponi*, dans la vallée de Campan ; les *Onobrisates*, dans le Nébousan ; les *Onesii*, aux environs d'Ozon, près de Bagnères ; les *Tornates*, aux environs de Tournay, lieu aussi très peu éloigné de Bagnères ; les *Boates*, dans le district de Buch ; ainsi que les *Bercorates* et les *Belendi*, qui paraissent avoir été sous leur dépendance. Nous parlerons plus en détail de ces peuples, lorsque nous serons parvenus à l'époque à laquelle les auteurs en font mention.

§. III. *Celtique* (de César).

Après l'Aquitaine, nous décrirons la Celtique au temps de César, en procédant, comme nous avons fait jusqu'ici, d'orient en occident ; et dans cet ordre l'Helvétie, par où César commença ses exploits, et qu'il décrit la première, se présente aussi la première.

César nous apprend que les Belges étaient les plus vaillans de toute la Gaule ; mais que, parmi les Celtes, les Helvétiens étaient les plus puissans et les plus redoutables. Avant de s'engager dans le récit des combats qu'il leur livra, il commence par déterminer les limites et l'étendue du pays qu'ils habitaient. « L'Helvétie, dit-il, est renfermée dans des limites « naturelles : d'un côté, par le Rhin, fleuve très large « et très profond qui sépare le territoire des Helvé-« tiens de celui des Germains ; d'un autre côté, par « le mont Jura, chaîne de montagnes très élevées, qui « est entre elle et le pays des Séquanais ; et d'un « troisième côté, par le lac Léman et le Rhône, qui « séparent l'Helvétie de notre province. Sa lon-

« gueur est de 240 milles; sa largeur, de 180[1]. »
Tous les auteurs modernes se sont accordés à considérer ces mesures comme fausses et beaucoup trop fortes, et elles le sont en effet, si on les applique à l'Helvétie selon les limites [2] qu'elle eut depuis sous Auguste, et lorsqu'après l'entière conquête des Alpes on eut formé une province particulière de la Rhétie; mais on n'a pas su voir que l'Helvétie, du temps d'Auguste, n'avait pas les mêmes limites que du temps de César, qui dit expressément qu'elle se trouve renfermée dans des limites naturelles, entre le Jura, le Rhône et le Rhin. Comme César représente l'Helvétie sous la forme d'un triangle renfermé entre trois côtés, il est probable que les deux mesures qu'il nous donne, sont relatives aux deux plus grands côtés de ce triangle, ou à la longueur de la chaîne du Jura et à celle des Alpes, qui formaient les principales limites des *Helvetii*. Or, depuis le fort de l'Écluse, à l'ouest de Genève, défilé qui conduisait des *Hel-*

---

[1] Cæsar, *de Bello gallico*, cap. 2 : « Undique natura loci Helvetii
« continentur; una ex parte, flumine Rheno latissimo atque altis-
« simo, qui agrum helvetium a Germanis dividit; altera ex parte
« monte Jura altissimo, qui est inter Sequanos et Helvetios; tertia,
« lacu Lemano et flumine Rhodano, qui provinciam nostram ab
« Helvetiis dividit.... In longitudinem millia passuum CCXL, in lati-
« tudinem CLXXX. »

[2] D'Anville, *Notice de la Gaule*, p. 367, adoptant la correction de Cluvier, lit 140 et 80; mais cette correction n'est autorisée par aucun manuscrit. D'Anville ne dit pas un mot de la différence qui se trouve entre les limites de l'Helvétie au temps de César, et celles qu'il a tracées sur sa carte, qui sont celles postérieures à Auguste. Il rapporte cependant le texte de César en entier; et dans sa Carte pour la Gaule au temps de César, faite en 1747, il avait étendu les Helvetii jusqu'au Rhin à l'orient, reculant plus à l'est les Rhæti. Depuis il a changé d'avis : son premier aperçu était le meilleur.

vetii chez les *Sequani*, à l'extrémité méridionale de la chaîne du Jura jusqu'à Coblentz, au confluent de l'Aaar et du Rhin, extrémité nord de cette chaîne, on mesure en ligne droite 144 milles géographiques, qui égalent juste 180 milles romains; et depuis ce même fort de l'Écluse jusqu'à l'extrémité nord de la vallée formée par le Rhin, lorsqu'il se jette dans le lac Constance ou jusqu'à *Brigantia*, Bregentz, on mesure en ligne droite 180 milles géographiques ou 230 milles romains : il n'y a donc ici qu'une erreur de 10 milles ou de $\frac{1}{24}$ du total [1]. Les Helvétiens s'étaient étendus beaucoup au-delà des limites que César leur assigne. Nous savons par Tacite [2] qu'ils s'étaient emparés d'une portion de territoire aux environs de la forêt d'Hercinie, ainsi que de tout le pays situé au nord du lac Constance, et de cette portion du Rhin qui coule de l'orient à l'occident jusqu'au Mein. Mais César décrit ici l'Helvétie proprement dite; et quoiqu'il n'ait ni conquis ni visité ce pays par lui-même, tout nous porte à croire que l'idée qu'il s'en était formée était très

---

[1] La description du défilé de l'Écluse par César (*de Bello gallico*, lib. 1, c. 6) est si détaillée et si exacte, qu'il est étonnant qu'elle ait donné lieu à tant de discussions et de doutes; la mesure du retranchement qu'il fit construire le long des bords du Rhône, appliquée sur le terrain, se trouve aussi parfaitement conforme au local actuel. J'ai traité ce sujet dans un Mémoire particulier, plutôt destiné à dissiper l'obscurité dont on l'avait enveloppé, comme à plaisir, qu'à expliquer le texte de César, qui est dans cet endroit parfaitement clair; mais son dernier éditeur, le savant Oberlin, p. 12, a aussi sa part dans les efforts que ses prédécesseurs avaient faits pour l'embrouiller, et M. Picot, dans son *Histoire des Gaulois* (Genève, 1804), quoique sur les lieux, montre une absence d'instruction, à cet égard, qui a droit de surprendre (tom. 1, p. 256).

[2] Tacitus, *de Mor. Germ.*

exacte ; soit qu'il eût recueilli les notions qu'il nous en donne dans la Gaule même ; soit qu'il les ait puisées dans les écrits des géographes existant de son temps, et particulièrement d'Ératosthènes [1], qu'il cite au sujet de la forêt d'Hercinie. Il est donc prouvé qu'au temps de César, l'Helvétie était bornée, au nord et à l'orient, par le Rhin ; avec cette différence que le lac Constance et le Rhin, au nord, traçaient une limite naturelle, tandis qu'à l'orient, où le Rhin est près de sa source et peu considérable, les montagnes escarpées qui accompagnent son cours, traçaient cette limite. Au midi, la cime glacée des plus hautes Alpes, qui suivent, dans une direction inclinée du nord-est au sud-est, les sources du Rhône, et ensuite ce même Rhône, lorsqu'à partir du lac de Genève jusqu'au fort l'Écluse, il devient difficile à franchir, séparaient le territoire de l'Helvétie des autres peuples indépendans des Alpes et de la Province romaine. A l'occident, les monts Jura, depuis le fort l'Écluse jusque près de Zurzach ou le confluent de l'Aar et du Rhin, formaient comme un vaste mur de séparation entre eux et les *Sequani* et les *Rauraci*, peuples alors dans le territoire des *Sequani*. Ces limites, formées par des lacs très étendus, des rivières très larges, et des chaînes de montagnes dont les sommets élevés forment précisément la ligne de division du versant des eaux, répondent bien à l'idée que César nous en donne : *Undique loci natura Helvetii continentur.* « Les Helvétiens, dont la nature a pris soin d'entourer le territoire par des fortifications. »

Toute l'Helvétie, au moment de l'expédition de

---

[1] Eratosthenes, apud Cæsar., *de Bello gallico*, lib. VI, cap. 24.

César, était divisée en quatre cantons, douze villes et quatre cents villages. César ne nous apprend le nom d'aucune de ces villes, ni d'aucun de ces villages des Helvétiens : il n'a donné les noms que de deux cantons, le *Tigurinus* et le *Verbigenus*[1]. Le nom de ce dernier ne se trouve mentionné que dans César. Strabon, et les autres auteurs qui ont parlé du *Tigurinus*, ne nous fournissent pas plus de renseignemens que César pour déterminer sa situation : ainsi, à cet égard, on a été rejeté dans le vague des conjectures. On a cru trouver quelque analogie entre le nom ancien de *Tigurinus* et celui de Zurich, et ensuite dans celui d'Uri, et on a successivement placé le *Tigurinus pagus* dans le canton de Zurich et dans celui d'Uri. Quant au *Verbigenus pagus*, Cluverius[2], ayant remarqué qu'il y avait dans les itinéraires romains une ville nommée *Urba*, qui est Orbe moderne, a prétendu que le texte de César était corrompu, et a proposé de lire *Urbigenus pagus*. Cette hypothèse a passé dans toutes les éditions de César, même celle d'Oudendorp, et le résultat en a été consacré sur nos cartes[3]. Le nom des deux autres cantons paraît donné par Strabon et d'autres auteurs, qui mettent au

[1] Cæsar, *de Bello gallico*, lib. 1, cap. 12 et cap. 27, p. 8 et 16 : « Is pagus appellabatur Tigurinus ; nam omnis civitas Helvetia in quatuor pagos divisa est. » — « Ejus pagi qui Verbigenus adpellatur. » — « Helvetii oppida sua omnia, numero ad duodecim, vicos quadringintos, reliqua privata ædificia, incendunt. » Cet incendie général explique pourquoi il n'est plus question des noms des capitales, ni des divisions de ces quatre cantons, dans les auteurs postérieurs.

[2] Cluverius, *Germania antiqua*.— D'Anville, *Notice de la Gaule*, p. 725.

[3] Haller, *Helvetien unter der Rœmern*, tom. II, p. 354, constate

nombre des peuples qui se joignirent à la confédération des Cimbres les *Tugeni* et les *Ambrones*. Ce n'est pas que Strabon ni aucun auteur mentionne ce dernier peuple comme faisant partie de l'Helvétie; mais les *Tugeni* sont nommés par Strabon et d'autres anciens, avec les *Tigurini*, comme un peuple de l'Helvétie [1]. Le nom des *Tugeni* s'est si bien conservé dans l'Helvétie, ainsi que nous l'allons voir tout à l'heure, qu'il n'y a pas de doute qu'ils ne formassent un des quatre cantons; et les *Ambrones* se trouvent réunis aux *Tugeni* dans les combats qu'ils livrèrent à Marius près de Marseille [2]. Eutrope et Dion paraissent même les désigner comme étant un peuple gaulois et non germain [3].

Cherchons l'emplacement de ces quatre cantons, sur lesquels d'Anville n'a suivi que l'opinion évidemment erronée de ses prédécesseurs. Il me paraît d'abord qu'il ne peut y avoir aucun doute sur la position des *Tugeni*. Le nom du village moderne de Tugen, qui se trouve à l'extrémité orientale du lac de Zurich, celui de la vallée formée par la ri-

que sur l'inscription on lit *Verbigenus*, et non pas Urbigenus. Voyez tom. 1, p. 215, où cet auteur reproduit cette inscription d'après une copie nouvelle; il y a VERBIG.

[1] Strab., lib. VII, p. 293 : « Helvetios cum viderent opes latrocinio partas suis esse majores, maxime Tigurinos ac Tugenos animum ad prædam adjecisse, ac Cimbris socios se adjunxisse. »

[2] Strabo, lib. IV, p. 183.

[3] Eutropius, lib. V, p. 215 : « Cæpio a Cimbris, Teutonibus, et Tigurinis et Ambronibus, quæ erant Germanorum et Gallorum gentes, victi sunt juxta flumen Rhodanum. » D'après l'ordre conservé ici par Eutrope, les *Ambrones* paraissent désignés comme une nation gauloise voisine des Tigurini. — Dion, p. 409, édit. de Reimar. — Lib. XLIV, in *Orat.* Antonii. — Caylus, tom. VII, p. 325, Pl. 94, 95 et 96, a figuré plusieurs antiquités trouvées à Limmeren, canton de Zurich.

vière Thur, qui est Toggenburg, ou Tuggenburg, ne nous permettent pas de douter que les *Tugeni* n'habitassent les environs de ces lieux, et du temps de César, il est probable que ces peuples occupèrent l'espace compris entre le lac Constance, la Limat, le lac de Wallenstadt, et les deux parties du cours du Rhin à l'ouest et à l'est du lac. Une inscription romaine, trouvée en 1741 [1] dans le quartier de Zurich nommé Kleine-Stadt (petite ville), et sur laquelle on lit *sta* [tio] *Turicen*, nous prouve que cette ville existait du temps des Romains, mais qu'elle n'était qu'une simple station qui portoit le nom de *Turicen* : elle est nommée *Turicum* ou *Turegum* dans les titres du moyen âge qui ne remontent pas au-delà des IXe ou Xe siècles. *Vitodurum*, dont il est question dans une inscription et dans les Itinéraires [2], et qui était situé à Ober-Winterthür, près de Winterthür moderne, est un autre lieu qui se trouve compris dans le territoire autrefois occupé par les *Tugeni*. Il en est de même d'*Arbor Felix*, Arbon [3], et de *Lauriacum* d'Ammien Marcellin, le *Lauri* de la Table, Lork, dont nous parlerons plus amplement ci-après [4]. *Vindonissa*, mentionné par Tacite, est Vindisch, ainsi que le prouvent les mesures des Itinéraires et des ruines encore existantes [5].

---

[1] Bochat, *sur l'Hist. ancienne de la Suisse*, tom. I, p. 18 et 120; et tom. II, p. 436. — D'Anville, *Notice*, p. 643. — Caylus, *Antiquités*.

[2] Voyez l'*Analyse des Itinéraires*, tom. III. — Dissertation manuscrite de M. de Clairville sur Vitodurum. — Bochat, *Hist. ancienne de la Suisse*, tom. I, p. 123 et 426; et Haller, *Helvetien unter den Rœmern*; Berne, 1812, in-8°, tom. II, p. 121-131.

[3] Haller, *Helvet.*, tom. II, p. 118.

[4] Ammianus, lib. XXXI, cap. 10.

[5] Voyez les *Itinéraires*, tom. III, et Haller, *Helvetien*, tom. II,

L'exactitude du texte de César, et la position du *Verbigenus pagus* sont également démontrées par la découverte du savant Schœpflin, qui en 1769 a trouvé à Soleure un autel antique dédié au GENIO VERBIGENO [1]. Nous adopterons donc l'opinion de ce savant, qui, d'après cette découverte, place le *pagus Verbigenus* dans les environs de Soleure, et au temps de César nous lui accorderons tout le territoire qui se trouve borné au sud-ouest, et au nord-ouest, par l'Aar et la chaîne du Jura; au nord-est, par la Limat : au sud-ouest, la ligne de démarcation suivra la chaîne de montagnes qui s'approche le plus des extrémités nord des lacs de Zurich, de Zug, de Lucerne et de Thun; et dans cette étendue nous trouvons le village de Vaaberen ; près de Berne, celui de Biberen, et d'autres dont les noms ont beaucoup d'analogie avec l'ancien nom du peuple. Dans quelques inscriptions, il est question des *Aquæ Verbigenæ*[2], et c'est probablement le même lieu nommé dans d'autres inscriptions, *Aquæ Helveticæ*[3] ; ces dernières ont été trouvées à Baden sur la Limat, dont le nom en allemand a la même signification que le nom latin d'*Aquæ*. Une des inscriptions qu'on y a trouvées porte aussi ces mots : RESP. AQ. (*respublica Aquensis*). Ce lieu est probablement le Municipe, dont parle

---

p. 274. — Guillim., lib. 1, *Rer. helv.*, cap. III. — Tschudi, *Gal. com.* 143. — Orelli, *Inscript.*, tom. 1, p. 128.

[1] Acta Palatin., vol. III, *Hist.*, p. 169. — Oberlin, dans son édit. de César, p. 32.

[2] Voyez Oberlin, dans son Commentaire sur César, p. 32. Il cite Ritter, *de quelques Antiquités de la Suisse;* Berne, 1788.

[3] D'Anville, *Notice*, p. 77. — Bochat, *Hist. ancienne de la Suisse*, tom. 1, p. 123.

Tacite dans son Histoire, et qu'il dit être très fréquenté à cause de la salubrité des eaux [1]. Si *Aquæ Verbigenæ* doit être placé à Baden, ce lieu se trouvait alors sur la frontière des *Verbigeni* et des *Tugeni*. Dans la Notice des provinces de la Gaule, nous ne retrouvons plus aucune trace des anciens cantons de l'Helvétie; et d'autres divisions, qui en tiennent lieu, prouvent, concurremment avec le silence de tous les auteurs anciens relativement à ces cantons, que ces anciens noms et ces anciennes divisions étaient tombés en désuétude, peu après César, le seul qui en ait parlé. Il est probable que *Salodurum*, Soleure, où l'on a trouvé l'inscription [2], était le chef-lieu des *Verbigeni*. Une autre inscription, trouvée dans le même lieu, porte VICO SALADOR, et les mesures fournies par l'Itinéraire d'Antonin et la Table [3] pour trois routes qui aboutissent à *Aventicum*, Avenches, *Augusta Rauracorum*, Augst, et *Brigantia*, Bregentz, confirment encore la position de *Salodurum* ou *Salodorum* à Soleure, ou plutôt Solothurn, qui est le véritable nom.

Une inscription trouvée à Villars-le-Moine, château voisin d'Avenches, qui porte GENIO PAGO TIGOR. [4], prouve que les *Tigurini* étaient au midi et à côté des

---

[1] Tacitus, *Hist.*, lib. 1, cap. 58; tom. III, p. 56, edit. Br.: « Locus amœno salubrium usu aquarum frequens. » — Conférez Haller, *Helvetien unter den Rœmern*; Berne, 1811, in-8°, tom. I, p. 204.

[2] Bochat, *Mémoire sur l'histoire ancienne de la Suisse*, tom. II, p. 519.

[3] *Analyse des Itinéraires romains*, tom. III de cet ouvrage.

[4] Schmidt, *Antiquité de la ville d'Avenches*, p. 8. On a prétendu, mais à tort, qu'il avait été trouvé une inscription semblable près de Zurich.

Verbigeni, et qu'ils habitaient les environs du lac Morat. Depuis, M. Schœpflin a encore découvert une autre inscription qui confirme ce fait, et qui démontre que le *Tigurinus pagus* renfermait non seulement l'*Aventicus pagus*, ou le canton d'Avenches, mais encore celui dont *Urba*, Orbe, a été le chef-lieu. Ainsi, du temps de César, il me paraît que le *Tigurinus pagus* doit avoir eu pour limites au nord-ouest, toute la chaîne du Jura, depuis le fort l'Écluse jusqu'au nord du lac de Neuchâtel; au midi, le Rhône et le nord du lac de Genève jusqu'à Chastelard; au sud-est, une ligne tirée de Chastelard à Thun; au nord-ouest, l'Aar jusqu'à l'endroit où elle commence à se diriger droit au nord; et depuis ce point, une ligne droite tirée jusqu'au Jura complète la limite. Dans cet espace, plusieurs noms, tels que ceux de Gurben, de Gurzelen, de Guggisberg, de Gurnigel, paraissent avoir une très forte analogie avec l'ancien nom du peuple. La capitale (Tacite est le premier auteur qui en ait parlé) du *Tigurinus pagus*, et même de toute l'Helvétie, a été *Aventicum*, Avenches; sa position est démontrée par les inscriptions [1] qu'on y a trouvées, et par les mesures de trois routes romaines qui s'y croisent, et qui aboutissent à *Salodurum*, Soleure, *Augusta prætoria*, Aouste, et

---

[1] Tacite, *Hist.*, 1, 968, appelle *Aventicum*, Helvetiorum gentis caput. — Ptolémée, lib. II, cap. 1. — Ammian. Marcellin., lib. xv, cap. 2. — Pour les inscriptions qu'on y a trouvées, voyez Schœpflin, *Alsat. illustrata*, tom. 1, p. 579. — Haller, *Helvetien*, tom. 1, p. 147, 157, 165, 289, et tom. II, p. 259; et Bochat, *Mémoire sur l'histoire ancienne de la Suisse*, tom. II, p. 394 et 497; le même, tom. 1, p. 123, 500 et 537, donne les inscriptions de plusieurs colonnes milliaires qui confirment la position d'*Aventicum*.

Vesontio, Besançon¹. N'oublions pas d'observer que si Ptolémée place *Aventicum*, Avenches, ainsi que *Colonia equestris Noiodunum*, Nyon, chez les *Sequani*, c'est qu'au temps où il écrivait, les *Helvetii* avaient été réunis en partie aux *Sequani*, et ceux-ci à la Belgique². *Colonia equestris Noiodunum* se trouve mentionné en premier dans l'ouvrage de Pline³, et ensuite par Ptolémée. Cette ville est nommée *civitas Equestrium* sur une inscription. Les mesures de l'Itinéraire et de la Table déterminent sa position à Nyon, par le moyen de la voie romaine dont les deux extrémités les plus proches se rattachent à *Geneva*, Genève, et *Urba*, Orbe⁴. Ptolémée indique encore chez les *Helvetii Ganodurum* et *Forum Tiberii*; je démontrerai, ci-après, que cette dernière ville était probablement dans l'île de Reichnau, et non à Kaysersthul, comme on l'a dit; quant à *Ganodurum*, on n'a aucune donnée pour en déterminer la position, et ceux qui l'ont placé à Lenzbourg n'ont eu d'autres raisons que quelques antiquités romaines qu'on y a trouvées.

---

¹ *Analyse des Itinéraires*, tom. III de cet ouvrage.

² Ptolemæus, lib. II, cap. I.

³ Plinius, lib. IV, cap. 17. On a trouvé à Versoye une colonne milliaire qui confirme les mesures des Itinéraires. — Guichenon, *Hist. de Savoie*, p. 8, rapporte un titre de l'an 1011, qui nomme le canton *pagus Equestricus*. — Spon, *Hist. de Genève*, tom. II, dit que les habitans nomment le pays Enquestre. Cette colonie se nommait aussi Julia. Voyez Spon, p. 167, et aussi Muratori, tom. II, p. 1045, n° 7, et Bochat, t. I, p. 517.

⁴ Haller, *Helvetien*, tom. I, p. 207. Dans cette inscription, elle est nommée *civitas Equestrium*. Conférez Muratori, tom. II, p. 1045, n° 7; Bochat, tom. I, p. 517; Haller, tom. I, p. 200, et l'*Analyse des Itinéraires*, tom. III de cet ouvrage.

Les mêmes motifs et une certaine convenance avec la latitude de Ptolémée ont fait placer *Ganodurum* ou *Gaunodurum* à Eschenz, près de Stein, sur les bords du Rhin, non loin de l'embouchure de ce fleuve dans le lac Constance; M. Haller a, dans ces derniers temps, appuyé cette opinion par quelques raisons plausibles [1].

L'emplacement du quatrième canton des *Helvetii* est nécessairement déterminé par les positions assignées aux trois autres. Ce quatrième canton, soit qu'on doive ou non lui appliquer le nom d'*Ambronicus*, se trouve avoir pour limites au midi les plus hauts sommets de la chaîne septentrionale des Alpes, qui depuis Villeneuve ou Chastelard les séparaient du Valais, ou *vallis Pennina*, et ensuite le Rhin jusqu'à Sargans : au nord, le lac de Wallenstadt et de Zurich, et la ligne tirée par les villes modernes de Zurich, Lucerne, Thun et Villeneuve, ou Chastelard, à la pointe du lac de Genève [2].

---

[1] Haller, *die Helvetien*, tom. II, p. 131-137.

[2] Le nom de ce quatrième canton est très douteux, et on a beaucoup disputé pour savoir s'il fallait lui appliquer celui des *Ambrones*. Plusieurs auteurs, surtout Bochat, tom. I, p. 268, veulent que ces derniers soient les mêmes que les *Ambarri*. Je vais rassembler ici tous les passages sur les Ambrones, pour mettre le lecteur à portée de juger par lui-même.

Strabo, *Geogr.*, lib. IV, p. 184 : « Marius in bello contra Ambrones « et Toygenos (Tugeni). »

Titus Livius ex *Epitome* lib. LXVIII : « Marius a Teutonis et Am« bronibus castra defendit. »

Plutarchus, in *Mario*, p. 413 : « Teutones vero et Ambrones in « Marium, etc. » Et à la page 416, les Ligures, entendant le nom d'Ambrones proféré dans la bataille, le reconnaissent pour leur ancien nom. Dom Martin, *Hist. des Gaules*, tom. I, p. 11, 173 et 174, conclut de là que les Ligures étaient Ambrons; mais il regarde les

Sequani. A l'occident des *Helvetii* étaient les *Sequani*, qui se trouvent exactement représentés par l'archevêché ou la province ecclésiastique de Besançon, en retranchant ce qui appartenait aux *Helvetii*, et en la bornant au Jura à l'orient, ôtant encore le district qui se trouve au midi, renfermé entre le Rhône et la Saône, et tirant une ligne de *Matisco*, Mâcon, jusqu'au Jura, ce qui englobe au midi presque tout le département moderne de l'Ain, qui était occupé par les *Ambarri*. La capitale des *Sequani* était *Vesontio* dès le temps de César, et la description qu'il en donne, les monumens historiques, et les mesures de l'Itinéraire pour quatre routes qui s'y croisent, fixent sans aucun doute la position de cette ville à Besançon moderne. Ces quatre routes se rat-

Ambrons comme des Helvétiens, d'après la seule autorité de Cluvier.

Dion et Eutrope sont ceux dont le témoignage semble le plus décisif pour attester l'origine gauloise des Ambrons. Le premier, surtout, fait dire à Antoine, lib. xliv, p. 409 ou 262 : « Nunc omnis « ista Gallia, quæ quondam Ambrones Cimbrosque nobis immisit...» Mais il est évident qu'il n'est ici question que du passage de ces peuples; car les Cimbres n'étaient pas Gaulois.

Le texte d'Eutrope est ainsi conçu, lib. v : « Cæpio a Cimbris et « Teutonibus et Tigurinis et Ambronibus, quæ erant Germanorum « et Gallorum gentes victi sunt juxta flumen Rhodanum. »

Orosius, lib. v, cap. 16, dit : « Teutones, Cimbri, et Tigurini et « Ambrones. » Mais cet auteur copie Eutrope; à la fin du chapitre, il dit : « Hæc de Tigurinis et Ambronibus gesta sunt. »

Le dernier passage est de Pomponius Festus; il est le plus embarrassant de tous :

« Ambrones fuerunt gens quædam gallica, qui subita inundatione « maris, cum amisissent sedes suas, rapinis et prædationibus se « suosque alere cœperunt. Eos et Cimbros Teutonosque C. Marius « delevit. Ex quo tractum est ut turpis vitæ homines Ambrones « dicerentur. » Si les Ambrons habitaient des côtes, ils ne peuvent être Helvétiens.

tachent à *Argentoratum*, Strasbourg, *Augusta Rauracorum*, Augst, et *Andomatunum*, Langres, *Augustodunum*, Autun, *Aventicum*, Avenches, et *Geneva*, Genève. Les *Sequani* sont du petit nombre des peuples de la Gaule dont nous avons des médailles autonomes [1].

C'est sur le territoire des *Sequani* qu'était situé *Amagetobria* ou *Magetobria*, dont César seul a fait mention, et qui est célèbre par la défaite d'Arioviste [2]. Dunod et d'Anville [3] placent ce lieu à Moigte-Broye, croyant trouver entre ce nom moderne et le nom ancien une ressemblance qui n'existe pas [4]. On a voulu, récemment, étayer cette opinion sur l'anse d'un pot cassé qu'on a eu soin de perdre presque aussitôt après l'avoir trouvé, et sur lequel était, dit-on,

---

[1] Conférez Dunod, *Histoire des Séquanais*. Le premier volume a été imprimé à Dijon, en 1735, et le deuxième en 1737. — Chevalier, *Mémoire historique sur la ville et la seigneurie de Poligny;* à Lons-le-Saulnier, 2 vol. in-4°. Le premier volume a paru en 1767, et le deuxième en 1769. — Jean Debry, *Mem. statistique du département du Doubs*, in-fol., p. 3, 4 et 48. — Haller, *Helvetien*, tom. 1, p. 271 et 272. — Caylus, tom. III, p. 359, Pl. 93, et notre *Analyse des Itinéraires*, tom. III. — Mionnet, *Description des médailles*. — Caylus, tom. IV, p. 400, Pl. 123; tom. V, p. 298, Pl. 105; tom. VI, p. 44, Pl. 108. — Grivaud, tom. II, p. 21, Pl. 2. — Muratori, tom. II, p. 1093, n° 6. — Gruter, p. cliii, 5. *Acad. des Inscript.*, tom. IX, p. 140.

[2] Cæsar., *de Bello gallico*, lib. I, cap. 31. La plupart des manuscrits et la version grecque portent Magetobria.

[3] Dunod, *Hist. des Seq.* — D'Anville, *Notice*, p. 60. — Mais le premier auteur de cette opinion est Chiflet, in *Vesontione*, part. I, cap. 35.

[4] Le mot Broye signifie, dans notre ancien langage, une machine propre à rompre le chanvre. Voyez Ducange au mot Broia, et le Dictionnaire roman, valon, celtique et tudesque, in-4°, 1777. — Sur la carte de Cassini, le lieu dont parlent Chiflet, Dunod et d'Anville, est nommé Broye-les-Pierres, et non pas Moigte-Broye, p. 114.

écrit MAGETOB¹. De graves antiquaires et un savant du premier ordre, oubliant l'histoire de la dent d'or, ont disserté sur cet objet. J'ai tâché de démontrer ailleurs que le lieu nommé Amage, sur le Brenchin, près de Sainte-Marie-en-Chânois à l'ouest de Faucogney, et à l'est de Luxeuil, est celui qui satisfait le mieux à toutes les conditions exigées par le texte de César. Une inscription dont l'antiquité nous paraît très douteuse, nous apprendrait que Brusche, qui est près de là, se nommait *Brixia*²; Brusche est le mot tudesque, Brucke, qui signifie pont, et *Bria*, *Briva* ou *Brixia* avait en ancien celtique la même signification ; Brusche ou *Brixia* se trouve situé au passage d'une petite rivière nommée Bruschen. La même inscription nous révélerait aussi l'existence de *Luxovium*³ à Luxeuil, sous la domination romaine; mais ceci semble confirmé par la vie de saint Colomban, écrite dans le viiᵉ siècle, qui fait mention de *Luxovium* et de ses eaux thermales.

Le seul Ptolémée nomme *Didattium*⁴ une des principales villes des *Sequani*. Les conjectures que l'on a hasardées sur la position de ce lieu ne reposent sur aucune base solide⁵, et je préfère encore celle de

---

¹ Voyez *Magasin encyclopédique*, neuvième année, an XI (1803), tom. IV, p. 236. — C.-Xav. Girault, *Dissertation historique sur Amagetobria*, brochure de 44 pages. — Oberlin, dans les Notes de son édition de César. — Durandi, *dell' antico stato d'Italia*, p. 208, place Amagetobria à Amaüs.

² Après un plus mûr examen, je crois que cette inscription, publiée par Caylus, est supposée. Voyez ci-après.

³ D'Anville, *Notice*, p. 430.

⁴ Ptolemæus, lib. II, cap. 1.

⁵ Mannert, *Geographie der Alten*, tom. I, p. 201, le place à Dôle.

d'Anville[1]; qui place *Didattium* dans un lieu qui a conservé le nom de La Cité, et où on trouve les vestiges d'une ancienne ville, à une petite distance de Passavant, vers l'orient. Quant à l'*Arbor* d'Ammien Marcellin, dont cet auteur fait mention au sujet de l'irruption des Barbares dans les Gaules, ce n'est ni *Arbor Felix* de l'Helvétie, dont Ammien a parlé ailleurs, ni Arbois; cet *Arbor*, ainsi que je le démontrerai ci-après, était sur le territoire des *Lingones*, et non sur celui des *Sequani*, où on a voulu le placer[2].

Adrien Valois[3] a prouvé par un passage de la vie de saint Valier, que le *Portum Abucinum*, mentionné comme un *castrum* dans la Notice des provinces de la Gaule, était Port-sur-Saône, qui dans le moyen âge portait le nom de *Portum Bucinum*. Dunod[4], dans son Histoire des Sequanais, a ajouté de nouvelles preuves à celles de Valois. De ce côté, et sur les limites des *Sequani* et des *Lingones*, une inscription trouvée à Bourbonne-les-Bains nous apprend que ce lieu se nommait *Borvonis*, sous les Romains[5], et qu'il devait son nom à une divinité locale.

Dans un recueil manuscrit des inscriptions de l'hospice du mont Saint-Bernard, qui nous a été communiqué, on en trouve une qui porte ces mots : SYLVIUS

—Durandi, *dell' antico stato d'Italia*, p. 233, et Dunod, tom. 1, p. 104 et 105, le place à Albergement.

[1] D'Anville, *Notice*, p. 268.
[2] Ammian. Marcellin., lib. XVI, cap. 2; lib. XXXI, cap. 10.
[3] Hadriani Valesii *Notitia*, p. 456.
[4] Dunod, *Hist. des Sequanois*, p. 209.
[5] Voyez l'inscription dans Caylus, *Antiquités*, tom. V, Pl. 120, n° 3, p. 335; et dans Dunod, *Hist. des Sequanois*, tom. 1, p. 211, et tom. II, p. 514; et Berger de Xivrey, *Lettre à M. Hase*, 1833, in-8°, p. 46.

TABEL. PERENNIS COLON. SEQUAN.; et dans le bas-relief trouvé à Rome et gravé dans le recueil de Boissard [1], ainsi que dans Gruter et dans Dunod, on trouve les inscriptions qui portent COL. VIC. SEQUAN. Comme on n'a aucun indice qui puisse nous faire découvrir la position de ce lieu, peut-être pourrait-on se hasarder de le placer à Antre, près de Moirans, où l'on a découvert les vestiges d'une ville considérable [2].

Les *Rauraci* de César, ou les *Raurici* de Ptolémée [3], et de l'inscription trouvée à Gaëte, doivent être joints aux *Sequani*, dont ils ne furent séparés que long-temps après. Les *Rauraci* sont représentés par le diocèse de Bâle, *Basilia*, dont la position à Bâle moderne est démontrée par une suite de monumens historiques; car les Itinéraires ni la Table ne nomment pas *Basilia*, quoique la route romaine dont ils nous donnent le détail passât par cette ville. Ammien Marcellin est le premier auteur qui fasse mention de *Basilia* [4], au sujet d'une forteresse nommée *Robur*, que Valentinien Ier fit construire vers l'an 374, près de cette ville. M. Schœpflin fixe l'emplacement de cette forteresse à l'église cathédrale

---

[1] Boissard, tom. v, p. 5. — Gruter, p. 815, n° 10. — Dunod, *Hist. des Sequanois*, tom. 1, p. 201.

[2] *Découverte de la ville d'Antre*; 1697, 1 vol. in-12; 1699, 2 vol. in-12, par Dunod (qui n'est pas le même auteur que celui de l'histoire des Sequanais).

[3] Schœpflin, *Alsatia illustrata*, tom. 1, p. 150, observe qu'il y a la même variation dans les médailles relatives à Marseille, où on lit *Massilia* et *Massalia*; il cite un manuscrit de Pline, où il a lu *colonia Rauriaca*. Une médaille citée par Goltzius porte : *col. August. Rauracor.* — Voyez Plin., lib. iv, cap. 17. — Hardouin met *colonia Rauriaca*; d'autres éditions portent *Raurica*. — Ptolemæus, lib. ii, cap. 1. — Ammian. Marcell., lib. xiv, cap. 10, p. 49.

[4] Ammian. Marcell., lib. xxx, cap. 3, p. 589.

de Bâle ¹, et il observe que le nom de burg ou de château lui est resté. *Basilia* est mentionné dans la Notice des provinces comme la principale cité des *Rauraci*, tandis que *Rauracum* n'y figure plus que comme simple *castrum* ² ; cependant *Basilia* n'a dû son accroissement qu'au déclin d'*Augusta Rauracorum*, colonie romaine qui fut établie du temps d'Auguste par Munatius Plancus, ainsi que le constate une inscription trouvée à Gaëte ³. Trois routes qui partent de *Brigantia*, Bregenz, *Argentoratum*, Strasbourg, *Aventicum*, Avenches, déterminent la position de ce lieu aux ruines romaines qui existent encore dans le village d'Augst, et que M. Schœpflin a décrites et figurées avec beaucoup de précision ⁴. Ptolémée attribue aussi aux *Rauraci*, *Argentuaria*, dont les Itinéraires tracés dans la Table déterminent la position à Artzenheim ⁵, sur les confins des *Tribocci* et des *Rauraci*. Nous devons observer que, du temps de César, il ne peut être question ni de *Basilia*, ni d'*Augusta Rauracorum*, dont on connaît l'origine. *Vesontio* et *Amagetobria* sont les seules villes des *Sequani* dont l'exis-

---

¹ Schœpflin, *Alsatia illustrata*, tom. 1, p. 130, 133 et p. 419.

² *Notitia provinc. Galliæ*, apud dom Bouquet, tom. 1, p. 125. — Guérard, *Essai*, p. 21.

³ Gruter, p. 439, n° 8, et Bochat, *Mém. sur l'hist. ancienne de la Suisse*, tom. 1, p. 379. — Haller, *Helvetien unter der Rœmern*, tom. 1, p. 48.

⁴ Voyez *Analyse des Itinéraires anciens*, tom. III de cet ouvrage, et Schœpflin, *Alsatia illustrata*, tom. 1, p. 160 et 161.

⁵ *Analyse des Itinéraires*, tom. III de cet ouvrage. — Ammien Marcellin, liv. xxxi, ch. 10, p. 636, fait aussi mention d'Argentuaria. Voyez le *Dictionnaire Géogr. anc. des deux Gaules*, tom. III de cet ouvrage, au mot *Argentuaria*.

tence soit démontrée¹, à l'époque dont nous traitons.

Ambarri. — Le territoire occupé par les *Ambarri* est invariablement fixé par la marche que César fait tenir aux Helvétiens. Il les força, au lieu de traverser le Rhône, comme ils l'avaient projeté, de passer par le défilé de L'Écluse : en sortant du district moderne de Gex, où ils étaient, les Helvétiens entraient nécessairement dans celui de Saint-Rambert, qui est le territoire des *Ambarri*, puisque César nous apprend que le premier peuple que les Helvétiens rencontrèrent furent les *Ambarri*². J'ai déjà remarqué que dans le district de Saint-Rambert on trouve Amberrieu et Ambronay, qui ont une ressemblance évidente avec l'ancien nom du peuple qui occupait ce territoire du temps des Romains. Les *Ambarri* de César étaient les mêmes que les *Ambibarri* du même auteur³ et de Tite Live. Quant aux prétendus *Ambiliates*, mentionnés, dit-on, par César, et sur lesquels on a beaucoup disserté ; qu'on a voulu successivement confondre avec les *Abrancatui*, les *Ambarri* et les *Ambibarri*, c'est un peuple imaginaire et qui ne doit son existence qu'à l'ignorance des copistes ; un manuscrit de César porte *Ambianos*, et c'est ainsi qu'il faut lire ⁴.

Ædui. — Les *Ambarri* étaient les alliés et les cliens

¹ Quant à la position de *Rufiana*, mentionnée par Ptolémée chez les Nemetes, il n'y a aucune raison valable pour la transporter chez les Rauraci, comme ont fait d'Anville et autres auteurs, et pour l'appliquer à Rufach ; rien de si commun que ce dernier nom dans la géographie, et le nom de celui-ci, dans le moyen âge, n'est pas Rufiacum, mais Rubeacum. Voyez ci-après.

² Cæsar, *de Bello gallico*, 1, 11 ; part. 1, ch. 2, p. 56 et 79.

³ Cæsar, lib. vii, cap. 75-90. Voy. ci-dessus, p. 56 et 79. — Tit. Liv., v, 34.

⁴ Sanson, dans le titre de sa Carte du diocèse de Nevers, qui

des *Ædui*[1], dont le territoire était à l'occident des *Sequani*. Comme César[2] et les auteurs subséquens, indépendamment d'*Augustodunum*, attribuent encore aux *Ædui*, *Cabillonum*, *Matisco* et *Nevirnum*[3], il en résulte que leur territoire se compose des diocèses d'Autun, de Châlons, de Mâcon et de Nevers[4]. Les positions de ces quatre villes anciennes, dans les lieux qu'occupent les villes modernes correspondantes, sont démontrées par l'histoire, les monumens et les mesures des Itinéraires pour toutes les routes qui se rattachent à *Lugdunum*, Lyon, *Vesontio*, Besançon, *Lingones*, Langres, *Agedincum*, Sens, *Avaricum*, Bourges, *Augustonemetum* ou *Arverni*, Clermont[5]. On peut donc, par la réunion des anciens diocèses dont nous avons parlé, tracer avec beaucoup d'exactitude les limites des *Ædui*[6].

porte : « Ambibariti in Æduis, ubi postea Vadicasses, » accumule bien des erreurs en peu de mots.

[1] « Ambarri necessarii et consanguinei Æduorum. ». Cæsar, *de Bello gallico*, lib. I, cap. II.

[2] Cæsar., *de Bello gallico*, lib. VII, cap. 90. Quelques manuscrits de César ont *Hedui*.

[3] *Notitia provinciar. Galliæ*, apud dom Bouquet, *Collect. des Hist. de Fr.*, tom. I. — Guérard, *Essai*, p. 15.

[4] *Analyse des Itinéraires*, tom. III de cet ouvrage. — Caylus, *Antiquités*, tom. III, p. 368, Pl. 100 et 101. Caylus donne la liste de ceux qui, avant lui, ont écrit sur Autun; le nombre s'en est depuis bien accru. Pour les vestiges de routes, voyez Grivaud de La Vincelle, tom. I, p. 221. — Montfaucon, tom. II, p. 236.

[5] Ces diocèses se trouvent tracés avec beaucoup d'exactitude dans la grande carte de la Bourgogne, dressée par ordre des états en plusieurs feuilles, et dans celle qui a été dressée postérieurement et par les mêmes ordres. L'évêché de Dijon est plus récent, ainsi que nous le verrons bientôt, et se trouve enclavé dans ceux que nous venons de nommer; il a été publié séparément par Desvente, en 1746. — *Gallia christiana*, tom. IV, p. 315.

[6] Cæsar, lib. VII, cap. 90, dit : « Cabiloni et Matiscone in Æduis. »

César nomme *Bibracte* la ville capitale des *Ædui* [1], et il est facile de prouver que cette ville est la même que celle d'*Augustodunum* des auteurs postérieurs. En effet Strabon, qui vivait peu de temps après César, mentionne *Bibracte* comme la ville fortifiée des *Ædui* [2]. Pomponius Mela [3], qui écrivit sous l'empereur Claude, est le premier auteur qui parle d'*Augustodunum;* et il la nomme comme la ville capitale des Æduens, ce qui semble indiquer que c'était l'ancienne *Bibracte*, qui, comme beaucoup d'autres villes gauloises, à cette époque, avaient changé leurs noms anciens, et pris celui d'Auguste. On la voit reparaître sous ce nom d'*Augustodunum* dans Tacite et dans Ptolémée [4]. Enfin, il y a un passage de l'orateur Eumène, qui est décisif à cet égard : il se trouve dans un discours adressé à Constantin, lorsque Autun, qui était la patrie de l'orateur, voulut, par reconnaissance pour l'empereur, changer son nom d'*Augustodunum* en celui de *Flavia*. « *Omnium sis licet dominus ur-*
« *bium, omnium nationum, nos tamen etiam nomen*
« *accepimus tuum jam, non antiquum. Bibracte*
« *quidem huc usque dicta est Julia, Polla, Flo-*
« *rentia, sed Flavia est civitas Æduorum* [5]. » C'est

---

[1] Cæsar, *de Bello gallico*, lib. vii, cap. 55 et 90; lib. viii, cap. 2; mais surtout lib. i, cap. 23 : « Bibracte oppido Æduorum longè « maximo et copiosissimo, » dit César.

[2] Strabo, lib. iv, p. 192.

[3] Pomponius Mela, lib. iii, cap. 1.

[4] Ptolemæus, *Geogr.*, lib. ii, cap. 1, ex lib. 8, cap. 2. — Tacit., *Annal.*, lib. iii, cap. 43. — Ptolemæus, *Urb. insign. inter Geogr. minor.*, tom. iv. — Eumenii *Oratio pro scholiis restaur.*, cap. 5. — Æthicus, *Cosmogr.* — Hieronymi *Chronicon*, in-folio, 1658. Ann. cclxxxii. — Paulus Orosius, lib. vii, cap. 29.

[5] Eumenii *Panegyricus*, cap. 14, apud dom Bouquet, tom. i, p. 721.

pour former antithèse entre le nom nouveau que prend l'ancienne *Bibracte,* et celui qu'elle quitte, que l'orateur met Jule au lieu d'Auguste. Jule était le nom de famille d'Auguste, comme Flavius était le nom de famille de Constantin. Les villes qui portaient le nom d'Auguste y joignaient aussi très souvent celui de Jule ; c'est ainsi que Strabon dit, en parlant de la côte de la Gaule, depuis Marseille jusqu'au Var : « On y trouve le port d'Auguste; on le nomme *forum Julium* [1]. » Parme est nommée Colon. Jul. Aug. Parm. dans une inscription rapportée par Gruter. Le nom de *Julia* est donc ici synonyme de celui d'*Augusta* ou d'*Augustodunum,* et c'est pour n'avoir pas fait cette observation que des hommes très savans, tels que Valois, Longuerue, Cellarius, se sont servis de ce passage même pour essayer de prouver que *Bibracte* n'était pas *Augustodunum.* A tant de preuves réunies qui constatent l'identité de *Bibracte* et d'*Augustodunum,* il faut joindre deux inscriptions trouvées à Autun, en l'honneur de la déesse *Bibracte*[2], rapportées par plusieurs auteurs [3]. Ammien Marcellin

---

[1] Strabo, *Geogr.,* lib. IV, p. 184.
[2] Dom Bouquet, *Collect. des Hist. de Fr.,* tom. I, p. 24, et dans la note B. Dom Bouquet est, je crois, le premier qui ait bien interprété le passage d'Eumène. Ce sujet a été traité, avec tous ses développemens, par l'abbé Belley, dans les *Éclaircissemens géographiques sur l'ancienne Gaule,* p. 267. — L'inscription en l'honneur de la déesse Bibracte se trouve encore dans Montfaucon, *Antiquité expliquée,* tom. II, p. 236. — Le monument le plus curieux trouvé à Autun est cette ancienne carte géographique gravée sur marbre, et depuis enterrée dans les fondations d'une maison. Voyez sur ce sujet les Mémoires de Trévoux, 1706, p. 2097. — Von Scheyb, *Prefat. ad Tabul. peut.,* p. 26. — Millin, *Voyage dans les départemens méridionaux de la France,* tom. I, p. 34.
[3] Dans le tome XII, p. 129, des *Annales des Voyages,* on trouve

fait aussi mention chez les *Ædui*, de *Sedelaucum* ou *Sidolocum*, dont les Itinéraires déterminent la position à Saulieu ¹. La position de *Tinurtium* à Tournus, lieu près duquel Spartien nous dit que Septime Sévère combattit Albinus, se trouve aussi prouvée par les mesures des Itinéraires et par les monumens historiques du moyen âge ².

Les *Sequani*, les *Helvetii* et les *Ædui* sont désignés par César comme les trois peuples les plus puissans et les plus courageux des Gaules; et les *Ædui* tenaient le premier rang parmi ces trois peuples. Une inscription trouvée à Wiflisbourg, en 1810, nous montre les Éduens, *civitas Heduorum*, se réunissant aux Helvétiens, *civitas Helvetiorum*, pour l'érection d'un monument ³. Les *Mandubii*, les *Aulerci blannovices* et les *Blannovii* se trouvaient dans la dépendance des *Ædui*, et étaient renfermés dans les limites que nous avons assignées à ces derniers.

Les *Mandubii* sont célèbres par leur capitale *Alesia* ou *Alexia*, illustrée par le siége qu'elle soutint contre César⁴. La position d'*Alesia* sur le mont Auxois résulte non seulement du nom d'Alise que portait le bourg de Sainte-Reine, qui est au pied du mont, mais encore de la correspondance parfaite du local avec la description de César, convenance qui se vérifie jusque

---

un plan intéressant d'Autun ancien et moderne, dressé par Pasumot; sur ce plan, voyez *Magasin encyclopédique*, 1811, tom. 1, p. 358.

¹ *Analyse des Itinéraires*, tom. III de cet ouvrage. — Ammian. Marcellin., lib. XVI, cap. 2, p. 110, édit. 1681, in-folio.

² Ælius Spartianus, in *Severo*. — *Analyse des Itinéraires*, tom. III.

³ Haller, *die Helvetien*, t. 1, p. 169.

⁴ Cæsar, *de Bello gallico*, lib. VII, cap. 90.

dans les plus petits détails, et qui nous prouve avec combien de soin et d'exactitude César a écrit ses Mémoires [1]. Il est probable que Diodore de Sicile ne les avait pas lus avec attention lorsque, trompé par la grande renommée d'*Alesia*, il dit que cette ville est la capitale de toute la Gaule celtique : ce n'en était pas même une des plus importantes, mais c'était une des plus fortes par son assiette [2]. Les *Mandubii* étaient sur la frontière des *Lingones*, mais dans les limites des *Ædui*, dont ils dépendaient [3]. Heric, qui, dans le IXe siècle, a composé un poëme sur la vie de saint Germain d'Auxerre, dit en parlant d'*Alesia* :

Te fines Æduos, et limina sacra tuentem.

Et dans nos temps modernes, le diocèse d'Autun renfermait l'Auxois qu'occupaient les *Mandubii* [4]. D'Anville observe très bien que les lieux qui portent le nom de Fins, près d'Alise, et de Semur en Auxois, nous apprennent que les limites du diocèse d'Auxerre, de ce côté, n'ont point varié depuis les Romains; l'un et l'autre de ces lieux se trouve cité sous le nom de *Fines*, dans la Chronique de Hugues, moine de

---

[1] Juste Lipse, Vigenère, Folard, ont décrit les travaux de César autour d'*Alesia*; mais celui qui a le mieux expliqué le texte de César est M. Léopold Vaccà Berlinghieri, dans son ouvrage intitulé : *Examen des opérations et des travaux de César*, etc. Lucques, 1812, in-8°, p. 57-186.

[2] Diodorus Sicul., lib. IV, cap. 19, tom. I, p. 265. Voyez ci-dessus, p. 21 de cet ouvrage. — Plutarque, *Vit. Cæsar.*, écrit *Alexia*. — On a fait tout récemment des fouilles à Sainte-Reine, l'ancienne *Alesia*, et on y a trouvé divers monumens. Voyez Baudot, *Magasin encyclopédique*, tom. III de 1813, p. 355.

[3] Cæsar., *de Bello gallico*, lib. VII, cap. 78; lib. VIII, cap. 34.

[4] *Éclaircissemens géogr. sur l'ancienne Gaule*, 1741, p. 436.

l'abbaye de Flavigny, qui est à une demi-lieue d'Alise ¹. S'il est vrai, comme le dit Strabon ², que les *Mandubii* étaient voisins des *Arverni*, ces derniers doivent avoir usurpé sur les *Ædui*, alors leurs rivaux, un territoire considérable ; et ce qui semblerait justifier Strabon, c'est le choix que fit Vercingetorix, chef des *Arverni*, de la ville d'*Alesia* pour s'y renfermer ; peut-être aussi est-ce ce choix même qui a fait commettre à Strabon une erreur. Il est certain du moins que, de son temps, les *Ædui* se trouvaient renfermés dans les limites que nous leur avons assignés, et que les *Arverni* n'étaient point limitrophes des *Mandubii* ³.

Les éditions les plus estimées et les plus modernes de César, portent *Aulerci brannovicibus* et *brannoviis*, dans l'énumération des cliens des Éduens. On ignore absolument tout sur ces peuples, dont le nom ne se retrouve nulle part ailleurs que dans les Mémoires de César, qui nous apprennent seulement qu'ils doivent être placés sur le territoire des Éduens ⁴. J'observerai d'abord que les éditeurs de César n'ont pu s'appuyer que sur ce que les *Aulerci* se retrouvent ailleurs toujours désignés avec des surnoms d'*Eburovices* ou de *Cenomanni*, pour joindre les *Aulerci* aux

---

[1] D'Anville, *Notice de la Gaule*, p. 49.

[2] Strabo, lib. IV, p. 191.

[3] Outre César, Hirtius-Pansa, dans César, *Comm.*, lib. VIII, cap. 34 ; Strabon, lib. IV, p. 191 ; Diodore, lib. IV, p. 226 ; Pline, lib. II, cap. 17 ; Florus, lib. III, cap. 10 ; Plutarque, in *Cæsare*; Poliænus, sect. XI, cap. 23 ; Dion Cassius, lib. XL, p. 139, ont aussi parlé d'Alesia, ainsi que Tacite, *Annales*, lib. XI, cap. 20, et Paulus Orosius, lib. VI, cap. 11.

[4] Cæsar, *de Bello gallico*, lib. VII, cap. 75.

Brannovici; mais que les anciennes éditions de César, et les manuscrits, font de ces trois mots trois peuples distincts. Oudendorp [1] nous apprend dans son commentaire sur l'ouvrage de César, que dix des meilleurs manuscrits portent *Blannoviis* au lieu des *Brannoviis*, et, au lieu de *Brannovibus*, l'édition de Bougars porte *Blannovicibus*. Or, je trouve dans toute l'étendue des pays modernes qui représentent l'ancienne Gaule, deux lieux seulement nommés Blannot, et aucun autre qui ait une aussi grande ressemblance avec celui de *Blannovices* ou *Brannovices*; ces deux lieux nommés Blannot sont justement renfermés dans les limites des *Ædui* : l'un est dans l'arrondissement de Mâcon, canton de Cluny, près la source du Grison; j'y placerai les *Blannovices* ou *Brannovices*; ils restent ainsi dans le Brionnais, où Sanson et d'Anville les avaient mis [2]. Mais d'Anville a inscrit sur sa Carte de la Gaule un lieu nommé *Carilocus*, sur le territoire des *Brannovices;* on ne trouve ce lieu que dans le texte latin de Ptolémée [3]; il manque dans le texte grec, et aucun auteur ancien n'en a parlé. Les premiers monumens historiques qui fassent mention de Charlieu ou de *Carus locus*, datent du milieu du xe siècle [4]. L'autre Blannot est dans

---

[1] Oudendorp, édit. Cæsar, p. 425.

[2] D'Anville, *Notice de la Gaule*, p. 129. Au lieu de Briennois, lisez Brionnois.

[3] Ce n'est pas une autorité suffisante; car ce texte latin est celui qui paraît avoir éprouvé de nombreux changemens, et de nombreuses additions, de la part des copistes du moyen âge; dans plusieurs manuscrits, et même dans plusieurs des premières éditions, on trouve des lieux évidemment modernes, tels qu'Areflor et Brugius, etc.

[4] Valesii *Notitia*, p. 131.

le département de la Côte-d'Or, arrondissement de Beaune, canton de Liernais, à quatre lieues d'Arnay; c'est dans ces environs que je place les *Blannovii*, qui sont ainsi à une des extrémités du territoire des *Ædui*, comme il convient à un petit peuple distinct, et cependant dépendant. Quant aux *Aulerci*, si on les sépare des *Brannovices*, il paraît difficile de former à leur égard une conjecture qui soit un peu satisfaisante [1].

Segusiani. — Les *Segusiani* ou *Sebusiani* [2] sont aussi nommés par César comme cliens des Æduens, et c'est probablement par cette raison et par une confusion d'époque, que Ptolémée place *Lugdunum*, Lyon, ville principale des *Segusiani*, sur le territoire des *Ædui*. César ne nous apprend rien relativement aux *Segusiani*, sinon qu'ils étaient les premiers peuples au-delà du Rhône, en sortant de la Province romaine. Cicéron semble se prévaloir des priviléges de l'orateur, en exagérant la distance des *Sebusiani* à l'égard de Rome, qu'il porte dans son plaidoyer pour Quintus, à sept cents milles romains. Mais peut-être cette évaluation est-elle exacte, par les détours que nécessitait le trajet de Rome chez ce peuple,

---

[1] Outre les auteurs cités, on pourra encore consulter, mais sans beaucoup de fruit, pour ce qui concerne les *Ædui*, D. Plancher, *Hist. génér. et part. de Bourgogne*, tom. 1; Dijon, 1776. — Jean Meunier, *Recherches et Mémoires servant à l'histoire de l'ancienne ville et cité d'Autun*; Dijon, 1660.

[2] Cæsar, *de Bello gallico*, 1, 10. — Cicero, *Orat. pro Quinto*, t. 1; c. 25, p. 45, édit. de Lemaire. Un grand nombre de manuscrits de César portent *Sebusiani*, et Ortelius, dans son *Thesaurus geographicus*, a préféré *Sebusiani*. Tous les manuscrits de Cicéron portent *Sebusianos*, un seul *Sepusianos*.

lorsque toutes les routes indiquées dans l'Itinéraire n'étaient pas encore pratiquées. Par la route la plus directe, cette distance est d'environ six cents milles romains : il résulte du discours de Cicéron, que cette route passait alors par *Volaterræ*, Volterra, qui n'est aucune de celles que nous indiquent l'Itinéraire d'Antonin et la Table [1]. Strabon, Ptolémée et d'autres auteurs [2], en nommant les principales villes des *Segusiani*, nous démontrent que leur territoire se trouve représenté par toute cette partie du diocèse de Lyon qui était sur la rive droite ou occidentale du Rhône. *Lugdunum*, Lyon, colonie romaine, était du temps de Strabon [3] non seulement la ville la plus considérable des *Segusiani*, mais encore de toute la Gaule celtique. Il n'en était pas ainsi du temps de César, puisque la colonie romaine à laquelle Lyon doit son accroissement n'y fut conduite qu'après la mort de ce dictateur [4]. Ptolémée nomme deux autres villes chez les *Segusiani*, *Rodumna*, Roanne, et *forum Segusianorum* [5] ; le nom de cette dernière semble la désigner plus spécialement comme

---

[1] Cæsar, *de Bello gallico*, lib. 1, cap. 70; lib. vii, cap. 64 et 75. — Cicero, *Orat. pro Quinto*, c. 25 : « Quam longe est hinc in saltum « vestrum gallicanum? Nævi te rogo dcc millia passuum, optime « nuntium volucrem! administri et satellites sex. Nævii trans Alpes « in *Subusianos* biduo veniunt. » Cicéron répète cette assertion de 700 milles de distance dans les chapitres xxvi et xxix; c'est au chapitre vi qu'il nous apprend que la route passait par Volaterræ.

[2] Strabo, lib. iv, p. 92. — Ptolemæus, lib. ii, cap. 8. Voyez ci-après, chap. 3.

[3] Strabo, lib. iv, p. 186.

[4] Dion. Cassius, lib. xlvi. — Plinius, lib. iv, cap. 18. — Bochat, *Mém. sur l'hist. ancienne de la Suisse*, tom. 1, p. 379.

[5] Ptolemæus, *loco citato*.

la capitale des *Segusiani*. Une inscription trouvée à Feurs, où il est question de Foro. Segus., jointe à la ressemblance du nom de Feurs avec celui de *Forum*, a déterminé presque tous les auteurs à placer *Forum* à Feurs [1]. D'Anville [2], qui a adopté cette opinion, a mieux aimé, pour ne pas s'en écarter, déranger toutes les mesures de la Table, qui trace une route entre *Icidmagus*, Issengeaux, et *Lugdunum*, Lyon, dans laquelle un *Forum* se trouve placé sous le nom de *forum Segustavarum*. Préoccupé de l'idée que ce *Forum* devait être le même que celui de Ptolémée, et ne pouvait être placé ailleurs qu'à Feurs, d'Anville a cru toutes les mesures de la Table fausses, et susceptibles de correction. Elles sont au contraire très exactes, ainsi qu'on peut s'en convaincre, en consultant l'application que nous en avons faite sur nos cartes modernes. Notre analyse des mesures de cette route établit la position du *Forum* de la Table, aux environs de Farnay ; cette voie romaine se rattache d'une part à *Icidmagus*, Issengeaux, et de l'autre à *Rodumna*, Roanne [3]. Une autre voie romaine, aussi tracée dans la Table, qui part d'*Augustonemetum*,

---

[1] Mure, *Hist. du Forest*, Lyon, 1674, p. 2. Mure n'est pas le premier auteur qui ait rapporté cette inscription ; elle se trouve dans une édition de César, imprimée à Lyon avant lui. Mure rapporte encore plusieurs inscriptions de pierres milliaires trouvées à Feurs et dans les environs, qui portent les chiffres l. i, l. ii, l. iii, l. iiii (*Hist. du Forest*, p. 96, 99, 102 et 104) ; ce qui prouve qu'une voie romaine y aboutissait, quoiqu'elle ne soit mentionnée ni dans l'Itinéraire ni dans la Table ; et il paraît, en effet, que le *forum Segusianorum* de Ptolémée doit être placé à Feurs.

[2] D'Anville, *Notice*, p. 327 et 444, au mot *Mediolanum*.

[3] Voyez l'*Analyse des Itinéraires*, tom. iii de cet ouvrage.

Clermont, et qui aboutit à *Lugdunum*, Lyon; en passant par *Rodumna*, Roanne, *Mediolano*, Meylieu, confirme l'exactitude des mesures de la première, et nous porte également à Farnay, pour *foro Segustavarum*[1]. Ainsi donc, il ne saurait y avoir de doute pour la position de ce lieu, qui se trouve démontrée mathématiquement. D'un autre côté, les monumens trouvés à Feurs semblent prouver que ce lieu est réellement le *forum Segusianorum* de Ptolémée. L'histoire particulière du Forest ajoute encore à nos incertitudes sur les deux résultats contraires que sembleraient présenter les mesures anciennes, et les monumens anciens, relativement à l'ancienne capitale des *Segusiani*. Le Forest, qu'occupaient les anciens *Segusiani*, a, dit-on, tiré son nom de la capitale de cet ancien peuple nommé *Forum*, et cependant le plus ancien nom de ce pays que l'on trouve dans les titres est *Giaresium*, de là le nom de Jarest et de Giers ajouté à celui de tant de lieux du Forest : Saint-Paul-en-Jarrest, Rive-de-Giers, Saint-Romain-en-Giers, etc. Or, Farnay est justement sur les bords du Giers, et La Mure, dans son Histoire[2], observe que cette partie du Forest nommée *Giaresium* était particulièrement du ressort du Fores : Valois[3] dit que le Fores était divisé en Fores supérieur et en Fores inférieur; et que le Giarest ou le *pagus Forensis inferior*, où est Saint-Etienne, encore de nos jours, considéré comme la capitale du Forest, était particulièrement et spécia-

---

[1] *Tabula peutingeriana*, s. 1, et l'*Analyse des Itinéraires*, tom. III de cet ouvrage.

[2] La Mure, *Histoire du Forest*, p. 71.

[3] Hadriani Valesii *Notitia Galliar.*, p. 200.

lement nommé le Forés. Enfin on observe sur toute cette route directe tracée par la Table, entre *Icidmagus*, Issengeaux, et Lyon, des débris d'antiquités. Une des plus remarquables est un aqueduc ancien, qui a été trouvé non loin de Brignais. Trois mille toises au nord de Saint-Étienne-en-Forest, il a été trouvé une tour antique dédiée au soleil; de là le nom de Tour-en-Jarest que porte ce lieu [1]. Peut-être la capitale des Ségusiens, ou le *forum Segusianorum*, a-t-il été transporté des rives de la Loire sur celles du Gier. Peut-être aussi que, comme les *Atesui* de Pline [2], ou les *Ætusiates* du manuscrit palatin de Ptolémée [3], paraissent avoir été situés aux environs d'Atteux, ou de Saint-Étienne-en-Forest, faut-il lire dans la Table, *forum Atesuorum* ou *forum Etusiatorum*, au lieu de *forum Segustavarum*. Ce sentiment concilierait tout, puisqu'alors le nom de *forum Segusianorum* aurait toujours été porté par le lieu qui se nomme aujourd'hui Feurs [4]. La position de *Rodumna* à Roanne est démontrée par les routes de la Table dont nous avons parlé [5]. On connaît deux médailles, toutes deux avec le même type, ayant un buste de casque, derrière une lance, et de l'autre côté un Hercule nu, debout auprès de lui ; une pe-

[1] Voyez La Mure, *Histoire du Forest*.
[2] Plinius, lib. IV, cap. 17.
[3] Ptolemæus, edit. P. Bertii, p. 52.
[4] La meilleure carte du diocèse de Lyon (avec laquelle on peut tracer les limites respectives des Segusiani et des Ambarri) est celle en deux feuilles dressée par Joubert fils et l'abbé Berlier, et publiée à Lyon en 1769, par conséquent postérieure à la Notice d'Anville et à sa Carte. Voyez encore *Gallia christiana*, tom. IV, p. 1.
[5] Voyez l'*Analyse des Itinéraires*, tom. III de cet ouvrage.

tite figure ; l'une de ces médailles porte le nom de *Segusianus*, l'autre celui de *Segusia*. Ces médailles ne semblent pas devoir être rapportées à *Segusio*, ou Suze en Italie, qui était la capitale des *Segusini*, et non des *Segusiani*. Si ces médailles appartiennent aux *Segusiani* de la Gaule, elles nous font connaître une ville qui portait le nom de *Segusia*, que je pense être la même que le *forum Segustavarum* de la Table, où conduisait la route romaine '.

Les *Conderates*, mentionnés dans une inscription, qui les indique comme une cité peu éloignée de la Saône et de la Loire, étaient évidemment situés, ainsi que nous l'avons dit, à Condrieu, sur les bords du Rhône, mais hors des limites assignées aux *Segusiani*. Les *Conderates* représentent dans cette inscription les nautonniers du Rhône, qui, de concert avec ceux de l'*Arar*, ou de la Saône, de la Loire, et de l'*Areccar*, ou de l'Arconée, élevèrent ce monument funèbre à leur patron Tauricius Florentus ². Les *Conderates* étaient limitrophes, au sud-ouest, des *Segusiani*, car de ce côté le diocèse de Lyon ne s'étend pas jusqu'au Rhône. Les *Conderates*, à Condrieu, se trouvent dans les limites du diocèse de Vienne, c'est-à-dire des Allobroges ou de la Province romaine, comme l'inscription l'indique. Mais les *nautæ Araricorum* et *Legyricorum*, qui exerçaient

---

' Mionnet, tom. 1, p. 78. — Conférez *Supplément*, tom. 1, p. 145.

² Comme les *Conderates* ont été entièrement oubliés par d'Anville et par tous les auteurs qui ont écrit sur la géographie ancienne de la Gaule, il faut rapporter ici l'inscription qui les concerne ; elle fut d'abord donnée, d'une manière incomplète et fautive, par Gruter, p. 471, n° 9, et ensuite répétée par dom Bouquet, *Collect. des Hist. de Fr.*, t. 1, p. 132. Muratori la redonna de nouveau, tom. II,

leur profession sur les bords de la Saône et de la Loire, et dont il est question dans la même inscription, habitaient évidemment le territoire des *Segu-*

p. 748, et l'accompagna d'une remarque que je transcris, ainsi que l'inscription :

D. M.
TAURICIO . FLORENTI
TAURICI . TAURICIANI
FILIO
VENETO. ALLÉCTORI. GALLIÆ
PATRONO NAUTARUM
ARARICORUM
ET LEGYRICOR.
ITEM ARECCARORUM ET
CONDERATIUM. PROVINCIÆ
GALLIÆ.

Voici la remarque de Muratori sur cette inscription :

« Vide Gruterum, p. 471, n° 9, qui mutilam dedit. *Venetus* heic
« mihi creditur ex urbe Gallica nunc Vannes. *Allector* est tributo-
« rum susceptor. Eorum mentio est in codice Theodosiano, atque
« in aliis lapidibus. *Nautas* in Arari et Ligeri operantes heic habes.
« Quinam fuerint *Areccarii* et num spectant ad fluvium Agregiam,
« et *quinam fuerint* CONDERATES, *eruditorum gallorum erit inquirere*.»

Depuis 1740, époque de la publication de l'ouvrage de Muratori, aucun savant n'a répondu à son appel; il était cependant bien facile de voir que les *Conderates* étaient les habitans de Condrieu, sur les bords du Rhône, ville très ancienne et par où passait la voie romaine. Quant aux Nautæ Areccarorum, je crois qu'il est ici question de l'Arconée, petite rivière qui se rend dans la Loire, près du canal de Digoin, et qui, vers sa source, se nomme Hélène : il y a dans le voisinage l'Arroux, l'Arron et l'Arcolin. Il est remarquable que, même encore actuellement, Condrieu forme un petit port sur le Rhône, habité en partie « par des gens de rivière fort expérimentés « et fort adroits à la navigation, et par des charpentiers continuel-
« lement occupés à construire des bateaux et des barques. » (Voyez *Dictionnaire universel de la France;* Paris, 1804, tom. II, p. 30.) Les vignes de Condrieu passent aussi, dans le pays, pour avoir été plantées par les Romains; enfin Condrieu est dans la Province romaine, ainsi que le veut l'inscription, *provinciæ Galliæ*. Voyez ci-dessus, p. 273.

siani, et étaient de la Celtique et non de la Province romaine; cette séparation se trouve très bien indiquée par le mot *item* qui se trouve dans l'inscription, et qui prouve que ces mots *provinciæ Galliæ* ne s'appliquent qu'aux deux dernières sortes de nautonniers.

Arverni. — Les Arverni du temps de César étaient une des nations les plus puissantes des Gaules, et renfermaient dans leur territoire les *Cadurci*, les *Gabali*, les *Vellavi* ou *Vellauni* [1], qui depuis formèrent des peuples distincts et indépendans. Autrefois les *Arverni* avaient été le peuple dominateur de toute la Gaule méridionale; Strabon nous apprend qu'ils avaient étendu leur domination jusqu'à Narbonne et jusqu'aux frontières du territoire de Marseille [2]. Ils commandaient à plusieurs peuples jusqu'aux Pyrénées, au Rhin et à l'Océan. Telle est l'idée qu'on doit s'en former à une époque antérieure à celle des victoires que remporta contre eux Domitius Ænobarbus. A l'époque où César écrivait, ils disputaient aux *Ædui* la suprématie des Gaules, et forçaient ces

---

[1] Cæsar, *de Bello gallico*, lib. VII, cap. 75. L'édition d'Oudendorp, p. 425, et celle d'Oberlin, p. 296, portent *Vellauni*; cependant les plus anciens manuscrits ont Vellavi : ce qui est conforme au texte de Strabon (*Geogr.*, lib. IV). La leçon de *Vellauni* a été introduite, dans le texte de César, par Scaliger, en conformité avec celui de Ptolémée. Il faut joindre à l'énumération de ces peuples les *Eleutheri*, mentionnés avant les *Cadurci*. C'est sans motif que l'on fait des *Eleutheri* une qualification de ces derniers; d'ailleurs la plupart des manuscrits portent *Eleutetii* ou *Helvetetii* (voyez Oudendorp, p. 425). Il est presque impossible de former une conjecture sur leur position. Je soupçonne qu'ils habitaient le nord de l'évêché de Rhodez. Voyez ci-après, p. 551.

[2] Strab., *Geogr.*, lib. IV, p. 191; tom. II, p. 44, de la trad. franç.

derniers à implorer le secours des Romains. Le territoire propre des *Arverni* se trouve représenté par le diocèse de Clermont [1] et celui de Saint-Flour, qui a été démembré de celui de Clermont au xive siècle. Les *Gabali*, ainsi que nous le prouverons bientôt, occupaient une partie du diocèse de Saint-Flour. Quatre routes de la Table, dont l'une part de *Segodium*, Rhodez, et les autres de *Rodumna*, Roanne, *Augustoritum*, Limoges, et *Avaricum*, Bourges, prouvent par l'exactitude des distances [2] que la capitale des *Arverni* nommée *Nemetum*, et ensuite *Augustonemetum*, était située où se trouve actuellement Clermont, capitale moderne de l'Auvergne [3]. Le château de *Clarus mons*, qui défendait anciennement cette ville, se trouve mentionné non seulement par un annaliste du temps du roi Pepin, mais dans une pièce de l'an 422, sous le consulat de Théodose et d'Honorius [4]. Mais *Augustonemetum* n'était pas la capitale des *Arverni* du temps de César ; elle n'a

---

[1] Valesii *Notitia*, p. 45. — *Gallia christiana*, tom. ii, p. 224.

[2] Voyez l'*Analyse des Itinéraires*, tom. iii de cet ouvrage.

[3] Les vestiges de ces différentes routes subsistent encore près de Clermont, et on a trouvé dans cette ville un assez grand nombre d'antiquités et les débris d'un aqueduc. Voyez Legrand d'Aussy, *Voyage en Auvergne*, première édition; Paris, 1788, p. 34 et suiv. — Gault, *Antiquités d'Auvergne*, dans le *Tableau de l'Auvergne*, par A. Rabani de Beauregard, p. 116.

[4] Durandi, *dell' Antico stato d'Italia*, p. 219, qui cite Baluze, p. 546. — Je préviens que je n'ai point vérifié la citation de M. Durandi, trop courte et pas assez développée; mais comme cet auteur est savant et exact, et qu'il avance ceci dans une critique de la Gaule de M. d'Anville, du vivant de ce géographe, je présume qu'il ne s'est point trompé; j'observe, toutefois, que ce fait important a été inconnu à de Valois.

dû ce titre qu'à la destruction de *Gergovia*, par César. On a voulu prétendre que *Gergovia* n'était que le lieu où les habitans de *Nemetus* se retiraient en cas de guerre ; mais cela est démenti par le texte de César, qui donne à *Gergovia* le titre de ville, et qui ne fait pas mention de *Nemetus*. Strabon distingue cette ville, qu'il nomme *Nemessus*[1], de son temps capitale des *Arverni*, de *Gergovia*, ville du même peuple, qu'il dit être placée sur le sommet d'une haute montagne. Les lettres de fondation de l'abbaye de Saint-André de Clermont, de l'an 1149, imprimées dans le *Gallia christiana*, font mention de la montagne de *Gergovia*, comme dépendante du château de Mont-Rognon, et il paraît même qu'à cette époque les ruines de l'antique *Gergobia* subsistaient encore, car il en est fait mention dans ces lettres; ce lieu est encore désigné sous ce nom dans des titres de 1190, 1193, 1174 et 1188. Enfin les fouilles qui ont été faites en 1755 ont donné lieu à la découverte des fondations de cette ancienne ville, au sud-est du plateau de Gergoie. La montagne de Gergoie répond assez bien à la description qu'en a donnée César, et Pasumot, qui a visité ce lieu et en a publié un plan très exact, a expliqué presque toutes les circonstances du siége de *Gergovia*, telles qu'elles se trouvent rapportées dans le septième livre des Mémoires de César[2]. Quant à la ville des

---

[1] Strabo, lib. IV. Il met à tort Nemessus sur la Loire, parce qu'il confond l'Allier, qui s'y jette, avec ce fleuve.

[2] Pasumot, *Mémoires géographiques sur quelques antiquités de la Gaule*, p. 216; et Caylus, *Recueil d'antiquités*, tom. V, Pl. 101. — Le plan de Pasumot est copié de celui de Caylus, mais avec

Boii, qu'attaqua Vercingetorix, nommée aussi *Gergovia*[1] dans les meilleures éditions de César, elle est évidemment différente de la *Gergovia* des *Arverni*. Dans la plupart des manuscrits latins et de la traduction grecque de César, on lit *Gergobinna* ou *Gorgolia*, ou *Gortona*.

Des titres du moyen âge démontrent que le *Brivas* des *Arverni* dont il est fait mention pour la première fois dans Sidoine Apollinaire, est Brioude-le-Vieil, différent de Brioude, surnommé Glise[2]. L'*Eborolacum* ou le *prædium Eborolanum* du même[3] est Ebreule nommé *Evroligum* par l'auteur de la vie de Louis-le-Débonnaire; mais Sidoine Apollinaire mentionne un autre lieu qui, d'après son témoignage, mérite de figurer sur une carte de la Gaule au temps de Jules César, puisqu'il a servi d'emplacement à ses légions, et qu'il doit à ce conquérant son nom romain, et peut-être son existence : c'est *Martialis*,

l'addition de deux ou trois noms. — Lancelot (tom. v, p. 645, des *Mém. de l'Académie*) a voulu contester l'authenticité des lettres de fondation du comte Guillaume; mais elles ont été confirmées par d'autres actes certains de 1174, 1188, 1189, 1190, 1193, qui appellent aussi ce lieu Gergovia. Le Commentaire de Caylus sur le plan de Gergovia, et celui de Pasumot (*Antiquités*, tom. v, p. 281), sont tous deux fort bons; mais les recherches, et peut-être les idées, qui s'y trouvent n'appartiennent ni à l'un ni à l'autre, c'est à Masson, prieur de Saint-André, qui avait lu, sur ce sujet, un Mémoire dans la Société littéraire de Clermont, qu'on en est redevable. — Voy. Caylus, p. 288. — Conférez Legrand, *Voyage*, tom. I, p. 70.

[1] Cæsar, *de Bello gallico*, lib. VII, cap. 9 et 10.

[2] Sidonius Apollinaris, in *Propemptico ad libellum*, vers 16. (*Hist. de Fr.*, p. 813.)

[3] *Id.*, in *Epistol.*, lib. III, epist. 7, *Collect. des Hist. de Fr.*, p. 791.

nom que Sidoine Apollinaire nous dit que portait autrefois le *pagus Vialoscensis;* et il ajoute qu'il avait été ainsi nommé parce que les légions de Jules César y avaient été mises en quartier d'hiver [1]. Si l'on se rappelle que Sidoine Apollinaire écrivait ceci vers l'an 474, et qu'il devait être bien instruit sur la géographie et l'histoire des *Arverni*, dont il avait été l'évêque, on aura toute confiance dans le renseignement qu'il nous donne. Au nord de Clermont, la géographie moderne nous indique un lieu nommé Marsac, qu'on a considéré comme devant représenter la position de l'ancien lieu nommé *Martialis;* tel est le sentiment du savant éditeur de Sidoine Apollinaire sur cet objet. D'Anville a préféré Volvic, qui n'est qu'à 2,000 toises à l'ouest de Marsac. Il est question de Volvic sous le nom de *Volovicum* et de *Vulvicum* dans la vie de saint Preject et dans d'autres monumens; d'Anville regarde ce lieu comme le même que le *pagus Vialoscensis* de Sidoine Apollinaire; mais d'Anville, dans sa Notice, écrit *pago Violvavascensi* [2], au lieu de *pago Vialoscensi* que porte le texte de Sidoine Apollinaire, de sorte que la ressemblance des noms n'est pas aussi forte qu'il le croyait. Pourtant nous sommes informé que la place publique de Volvic porte le nom de Martial, et qu'un village qui fait partie de la commune de Volvic se nomme Marsenat : ces circonstances nous font

---

[1] Sidonius Apollinaris, lib. II, epist. 14 : « Maurussio unde et in « pago Vialoscensi qui Martialis ætate citeriore vocitatus est propter « hiberna legionum julianarum, suspicor diutius te moraturum. « Quo loco tibi cum ferax vinea est, tum præter ipsam prædium « magno non minus domino. »

[2] D'Anville, *Notice*, p. 436.

pencher pour le sentiment de d'Anville [1], qui nous paraît préférable à celui qui place *Martialis* à Marsac.

Les *Vellavi* sont indiqués par Strabon [2] comme ayant été autrefois réunis aux *Arverni*, ce qui s'accorde avec le texte de César; et même il est remarquable que dans nos premiers historiens, *Anicium* ou *Podium*, la capitale des *Vellavi* dans le moyen âge, et *Memmate* ou *Mimate*, Mende, qui a remplacé la capitale des *Gabali*, sont regardés comme étant situés en Auvergne [3]. Le territoire des *Vellavi* se trouve représenté par le diocèse du Puy-en-Vélay, mais leur ville capitale n'était pas placée où est actuellement celle du diocèse. Cette capitale est nommée *Ruessium* dans Ptolémée [4], *Revessio* dans la Table, et elle se trouve sous ce nom dans la Table sur une route entre *Segodunum*, Rhodez, et *Lugdunum*, Lyon; et les mesures de la Table déterminent la position de *Revessio* à Saint-Paulien [5]. L'histoire confirme le résultat des mesures. En effet, *Revessio* est le *civitas Vellavarum* de la Notice des Gaules [6], et le *Vellava urbs* de Grégoire de Tours [7]. Le siége épiscopal ayant été transporté à *Anicium* ou *Podium*, Puy,

[1] Lettre de M. le comte Chabrol de Volvic, à l'auteur de cet ouvrage.

[2] Strabo, *Geogr.*, lib. IV. — Cæsar, VII, 75. Plusieurs manuscrits portent *Velanis*, *Valaniis*, *Vellauniis*, et cette dernière leçon est conforme aux éditions de Ptolémée. — Voyez Lebeuf, *Acad. des Inscript.*, tom. XXV.

[3] Hadriani Valesii, *Notitia*, p. 213.

[4] Ptolemæus, lib. II, cap. 7.

[5] Voyez l'*Analyse des Itinéraires*, tom. III de cet ouvrage. — Walckenaer, *Mém. sur les Gabali*, tom. V des *Mém. de l'Académie des Inscriptions*.

[6] *Notitia provinciar. Galliæ*, apud dom Bouquet, p. 123. — Guérard, *Essai*, p. 26.

[7] Gregorii Turonici, lib. X, cap. 25.

l'ancienne résidence des évêques a été appelée *civitas Vetula*. Le père Mabillon, bénédictin ¹, prouve qu'à la fin du iv⁰ siècle, le lieu nommé *civitas Vetula* est le même que celui qui porte aujourd'hui le nom de l'apôtre du Vélay, saint Paulien ou Paulhan, comme on dit dans le pays, et les inscriptions qu'on y a trouvées font connaître l'antiquité de ce lieu ².

Les *Gabali* sont aussi indiqués par César ³ parmi les peuples qui se trouvent dans la dépendance des *Arverni*, et voisins des *Vellavi* et des *Helvii*. Le *Gabalitanum territorium* de Grégoire de Tours est nommé *Gavaldanum* dans les Annales de Charlemagne et celles de Saint-Bertin, et de ce mot est dérivé celui de Gévaudan⁴. Pline mentionne les *Gabilici pagi* aux environs de *Lesura mons*, ou mont Lozère⁵, et il parle des bons fromages que l'on tirait de ce canton; Strabon place chez eux, et chez les *Ruteni*, des mines d'argent ⁶. Tout ceci nous indique suffisamment la position générale des *Gabali*, mais ne détermine pas leurs limites. Ptolémée nomme leur capitale *Anderidum* ⁷, et on sait que ce ne peut être Mende. En effet, les monumens historiques nous prouvent que Mende se nommait *Mimate*, et n'a dû son origine qu'à saint Privat, évêque de la capitale des Gabalitains,

---

¹ Mabillon, *Act. SS. Ord. S. B.*, sæc. iv, part. 1, p. 563, 588, 758.

² *Gallia christiana*, tom. ii, p. 685. — *Mémoire sur les antiquités du Puy en Vélay*, par l'abbé Lebeuf, dans les *Mémoires de l'Académie des Inscriptions et Belles-Lettres*, tom. xxv, p. 143.

³ Cæsar, *de Bello gallico*, lib. vii, cap. 75; cap. 64 et cap. 7.

⁴ Hadriani Valesii *Notitia*, p. 214.

⁵ Plin., lib. xi, cap. 42.

⁶ Strabo, lib. iv, p. 191. — Trad., tom. 1, p. 42.

⁷ Ptolemæus, lib. ii, cap. 7.

qui s'y retira lors de l'irruption des *Allemani*; il souffrit le martyre dans ce bourg, où le siége épiscopal fut transporté [1]. Bien certains que Mende ne représentait pas la capitale des *Gabali*, les géographes en ont cherché la position, et ils n'ont rien pu trouver de mieux que de la placer dans un bourg obscur nommé Javols, à cause de la ressemblance qu'ils ont cru apercevoir entre le nom de ce bourg et celui de *Gabali*, qu'a porté en dernier lieu cette capitale, suivant l'usage qui a prévalu dans les derniers temps de l'empire romain, de donner aux capitales les noms des peuples. Cependant la Table [2] donne une route de *Tolosa*, Toulouse, à *Lugdunum*, Lyon, où *Anderitum*, la capitale des *Gabali*, se trouve portée. Ce moyen de déterminer par les mesures la position de cette ancienne ville était d'autant plus précieux, qu'il était le seul. Mais les savans n'ont pas su lire cette partie de la Table ou n'ont pas su en profiter; cette route est cependant très exacte, et est directe entre *Segodunum*, Rhodez, et *Revessio*, Saint-Paulien. Dans un Mémoire inséré au tome V du recueil de l'Institut (Académie des Inscriptions et Belles-Lettres), nous avons traité très au long de ce point de géographie, et donné une carte où se trouve tracé le territoire des *Gabali* : cette carte renferme, pour ce peuple, tous les détails de l'âge romain et des siècles qui ont suivi immédiatement la ruine de l'empire en occident. M. Cayx [3], ingénieur, qui dit avoir

---

[1] *Gallia christiana*, tom. 1, p. 83. — Gregorius Turonensis, lib. 1, cap. 32 : « Irruentibus Allemanis in Gallia, sanctus Privatus Gabali-« tanæ urbis episcopus, in crypta Memmatensis montis reperitur. »

[2] *Tab. peuting.*, §. 1, et *Analyse des Itinér.*, tom. III. — Fréret, *Acad. des Inscript.*, tom. XIV, p. 152.

[3] Cayx, *Mém. des antiquaires de France*, tom. VII, p. 106-111.

parcouru pendant trente ans, comme chasseur, toutes les montagnes de la Lozère, a traité le même sujet. Ce qu'il nous objecte relativement au synode d'évêques dont parle Grégoire de Tours [1], qui fut tenu sur les confins des *Arverni*, des *Gabalitani* et des *Ruteni*, confirme au contraire notre opinion, puisque *Anderitum* à Anterrieux, se trouvait précisément placé sur la limite de ces trois peuples; et comme, en plaçant ailleurs *Anderitum*, M. Cayx ne s'est appuyé ni sur les mesures des Itinéraires, ni sur les rapports de noms, son opinion se réfute d'elle-même, et ne porte aucune atteinte aux preuves que nous avons données de la nôtre, que nous avons droit de considérer comme démontrée. L'exiguité du village moderne d'Anterrieux est une objection à laquelle nous avions répondu d'avance dans notre Mémoire, et c'est M. Cayx qui nous apprend qu'une cause quelconque, et ancienne, doit avoir donné à ce lieu un genre assez grand d'illustration, puisque les pénitens blancs de Chaudes-Aigues y font tous les ans un pèlerinage. M. Cayx reconnaît avec nous que jamais *Anderitum* n'a porté le nom de *Gabali* ou *Gabalum*, ou *civitas Gabalorum*; mais s'il est vrai qu'il y ait eu au IIIe siècle, dans les Gaules et chez les *Gabali*, une irruption des Allemands commandés par un nommé Crocus, et une autre des Vandales, des Alains et des Suèves au Ve siècle, dont le chef se nommait aussi Crocus, et qu'à cause de l'identité du nom on ait confondu ensemble ces deux expéditions; s'il est vrai que Grégoire de Tours, accusé d'erreur à ce sujet,

---

[1] Gregor. Turon., lib. 1, cap. 30; x, 8. — Dom Bouquet, tom. II, p. 367.

ait été bien justifié par Adrien de Valois; alors on peut croire qu'*Anderitum*, capitale des *Gabali*, qui se trouvait précisément sur la route ou voie militaire qu'ont dû suivre les conquérans, a été détruite au IIIe siècle, puis transportée plus au midi, dans l'intérieur des montagnes. On peut présumer aussi qu'ayant été détruite de nouveau au Ve siècle, elle aura été par la même cause transférée encore plus au midi, à *Mimate*, Mende. Alors il y a lieu de penser que *Gabalum* pourrait être Javols, comme l'ont dit d'abord les auteurs du *Gallia christiana*, et ensuite d'Anville. De nouvelles fouilles, ayant donné lieu de découvrir de nouvelles antiquités romaines dans cet emplacement, me font pencher pour cette opinion. Je remarque d'ailleurs que Magnon, auteur du IXe siècle, dans les notes tyroniennes très anciennes qu'il nous a transmises, donne deux caractères particuliers et tout différens pour *Anderitum* et *civitas Gabal*; ce qui démontre que ces deux villes étaient différentes, et qu'aucune des deux ne doit être confondue avec *Mimate*, Mende, qui existait sous ce nom du temps de Magnon. Enfin *Anderitum*, qui, dans Ptolémée est nommé comme le chef-lieu des *Gabali*, se retrouve dans la Table, sans être accompagné de l'édifice qui, dans cette carte, dénote la capitale d'un peuple, parce que probablement elle n'était plus qu'un lieu de poste ou de relais après la fondation de *Gabalum* à Javols. La capitale des *Gabali*, transportée dans ce dernier emplacement, n'avait point quitté le bassin de la Truyère, *Triobris, fluv.*; mais à *Mimate*, Mende, elle se trouvait placée dans le bassin du Lot, *Oltis*: c'est dans cette riche vallée si renommée par ses fromages, qu'étaient les *Gabalici pagi*, dont parle Pline, non loin des mines d'argent, *argenti fodina*, dont il fait mention. Le magnifique tombeau de Lanuejols atteste encore aujourd'hui le séjour des Romains dans ce canton.

Près d'*Anderitum*, l'auteur de la Table a dessiné le grand édifice qui, dans cette carte, lui sert toujours à indiquer des eaux minérales ; celles-ci sont nommées *Aquis Calidis*. Cette figure, qui usurpe sur la route d'*Augustonemetum*, Clermont, à *Lugdunum*, Lyon, qui la coupe et l'interrompt, ne lui appartient pas [1] ; aucun des chiffres qui la précèdent et la suivent ne lui est relatif : et ce qui le prouve, c'est qu'on dérangerait l'accord des deux routes si on y avait égard ; l'auteur de la Table l'a ainsi tracée, parce que la position d'*Aquis Calidis* se confond, en quelque sorte, avec celle d'*Anderitum*. En effet, tout près d'Anterieux [2] se trouve Chaudes-Aygues, où sont des eaux minérales, et dont le nom n'est que la traduction de celui d'*Aquis Calidis* ; car on sait que dans le langage du midi de la France, le mot *aygues* est dérivé et synonyme du mot latin *aqua*, eau. Ainsi, quoi qu'en ait dit d'Anville, les *Calentes Aquæ* de Sidoine Apollinaire [3], sont les mêmes que les *Aquæ Calidæ* de la Table de Peutinger, et leur position se confond presque avec celle d'*Anderitum*,

---

[1] Voyez l'*Analyse des Itinéraires*, tom. III, et notre *Mémoire sur les Gabali*, tom. v des *Mémoires de l'Institut*.

[2] Nos cartes écrivent Anterrieux avec deux *r* ; il faudrait écrire Anterieux avec une seule *r*, comme d'Expilly, dans son grand *Dictionnaire de la France*, 6 vol. in-folio, au mot *Anterieux*.

[3] Sidonius Apollinaris, *Epistolæ*, lib. v, epistol. 14. — D'Anville, *Notice de la Gaule*, p. 75.

et confirme en même temps l'exactitude des mesures qui déterminent la position de cette dernière ville. Ainsi donc *Anderitum*, Anterieux, qui a été l'ancienne capitale des *Gabali*, se trouvant dans le diocèse de Saint-Flour, et la nouvelle capitale, *Mimate*, Mende, dans celui de Mende, qui en est le chef-lieu, ces deux diocèses réunis doivent nous représenter le territoire des *Gabali*, et nous servir à en tracer les limites. La position d'*Anderitum* à l'extrémité du territoire des *Gabali*, et plus rapprochée de Clermont, la capitale des *Arverni*, dont ils dépendaient, cette position nous indique la véritable cause de la translation du chef-lieu de l'évêché, d'abord à *Gabalum*, Javols, et ensuite à *Mimate*, Mende, qui se trouvait au centre du territoire de ce peuple. Saint-Flour ne saurait avoir aucune prétention à l'antiquité, et doit son origine à un monastère fondé vers l'an 1000, dans le lieu qu'il occupe actuellement, sur une montagne alors nommée *Indiciacus*, et située dans le *pagus Planetia* [1]. Comme le petit lieu de *Trevidon*, dont il est fait mention dans Sidoine Apollinaire, devait être situé à la droite du Tarn, ce lieu ne peut guère se rapporter à Trèves, dans l'arrondissement de Vigan; il est plus probable que c'était Saint-Laurent-de-Trèves, canton de Florac, département de la Lozère, et où on a trouvé des antiquités; alors *Trevidon* serait chez les *Gabali*

---

[1] Voyez *Gallia christiana*, tom. II, p. 420. — Ibid. *Instrument.*, p. 127. — Saint-Flour doit son nom à Saint-Flour de Lodève, qui prêcha dans ce lieu et y mourut; ce lieu fut érigé en évêché en 1318. Voyez la *Dissertation sur Anderitum*, que j'ai publiée dans le tom. V des *Mémoires de l'Académie*.

et non chez les *Volces*, ou dans la Province romaine [1].

L'ordre géographique demanderait que nous nous occupassions des *Ruteni*; mais il convient mieux, pour l'époque que nous traitons, de terminer ce qui concerne tous les peuples alors dépendans des *Arverni*, et les seuls dont il nous reste à parler sont les *Cadurci*, au nom desquels on a voulu ajouter le surnom de *Lucteri*.

La conjecture de d'Anville [2], qui tend à faire regarder comme un nom d'homme, et le même que celui de *Lucteri*, le nom d'*Eleutheri* ou *Heleuteri*, ou *Eleuteti*, qui, dans César, se trouve avant *Cadurci*, ne saurait se soutenir, et je ne conçois pas comment cet habile géographe a pu lui donner place dans sa Carte. Il est évident qu'*Eleutheri* ou *Eleuteti* [3] n'est pas un surnom de *Cadurci*; c'est donc un peuple distinct, qui paraît devoir se placer dans la partie septentrionale du diocèse de Rhodez sur les bords de la *Triobris*, Trueyre [4], ou entre les diocèses de Clermont et de Cahors, car on n'a là-dessus rien de positif.

Cadurci. — Les *Cadurci* sont mentionnés par César [5], Strabon [6], Ptolémée [7], Pline [8] : on connaît

---

[1] *Mémoire sur le village de Saint-Laurent-de-Trèves, au canton de Florac, département de la Lozère;* à Nîmes, chez Gaude, Grand'Rue. 1819, 8 pages in-8°.

[2] D'Anville, *Notice*, p. 420.

[3] Cæsar, *de Bello gallico*, lib. vii, cap. 75.

[4] Pour le nom ancien de cette rivière, voyez Sidonius Apollinaris *ad Libellum*, vers 22.

[5] Cæsar, *de Bello gallico*, lib. vii, cap. 75.

[6] Strabo, lib. iv, p. 190.

[7] Ptolemæus, lib. ii, cap. 7.

[8] Plin., lib. iv, cap. 19. Voyez Chaudruc de Crazannes, *Revue des monumens anciens du département du Lot*.

la belle inscription votive de la cité des *Cadurci* à Marcus Lucterius. Les auteurs anciens et les monumens concourent tous à placer les *Cadurci* dans le Quercy, dont le nom moderne est dérivé du nom de ce peuple ancien [1]. Ptolémée nomme leur capitale *Duoena*, la Table théodosienne porte *Bibona*, mais c'est Ausone qui fournit la vraie leçon, dans ce vers [2] :

Divona Celtarum linguâ, Fons addite Divis.

Selon Campden [3], *Diw*, chez les Bretons de la Grande-Bretagne, signifiait Dieu, et *Wonan*, une fontaine. On dit *diwoe* pour divin en bas-breton [4]. On croit généralement que c'est la fontaine dite des Chartreux, qui a communiqué ce nom de *Divona* à Cahors. La position de cette ancienne ville se trouve d'ailleurs démontrée par les mesures de la Table et de l'Itinéraire, qui donnent quatre routes partant de *Vesunna*, Périgueux, *Aginnum*, Agen, *Tolosa*, Toulouse, et *Segodunum*, Rhodez, et qui se croisent toutes à *Bibona* ou *Divona*, Cahors [5]. Ce nom a fait place à celui du peuple, et Cahors est nommé *civitas Cadurcorum* dans la Notice des provinces [6], et *Cadurcum* dans Grégoire de Tours. De Valois assure qu'il y a dans cette ville un lieu encore au-

[1] Valois, p. 111. — *Gallia christiana*, tom. 1, p. 115. — Cathala Couture, *Histoire du Quercy*, tom. 1, p. 25.

[2] Ausonius, *Claræ urbes ; Burdigala*, vers. 32. Edit. ad usum, p. 226.

[3] Campden, edit. Janss, p. 7.

[4] *Dictionnaire bas-breton*, par Lepelletier, p. 245.

[5] *Analyse des Itinéraires*, tom. III de cet ouvrage.

[6] Voyez dom Bouquet, tom. 1, p. 123 ; Guérard, *Essai*, p. 26 ; et Cathala Couture, *Histoire du Quercy*, tom. 1, p. 25.

jourd'hui nommé Las Cadurcas, ce qui est confirmé par Lefranc de Pompignan, qui considère ces ruines comme les débris d'un ancien temple de Diane, qui avait 114 pieds de long : on a découvert aussi dans ce lieu les débris d'un aquéduc romain qui aboutit à la fontaine nommée Foum Poulemia [1]. L'évêché de Cahors, n'ayant subi aucune altération, détermine avec exactitude l'étendue et les limites des anciens *Cadurci*. Du nom de ces peuples est provenu d'abord celui de Cahorsin, qu'on a employé pour désigner une des régions du royaume de France, et plus tard celui de Querci.

On a beaucoup disserté sur la position d'*Uxellodunum*, la dernière ville des Gaules qui tint contre les armes de César, et qu'il nous apprend avoir été située sur le territoire des *Cadurci*. Sanson a voulu la placer à Cahors, d'autres à Capdenac, d'autres enfin à une montagne nommée Puech-d'Issolu. Cette dernière opinion est celle qui a réuni le plus grand nombre de suffrages, et c'est aussi celle qu'a adoptée d'Anville : il s'appuie sur le rapport de nom, sur une ancienne tradition, sur la position singulièrement forte de ce lieu, et sur une charte du xe siècle. Dix ans après la publication de sa Notice, d'Anville revint encore sur ce sujet dans son Mémoire sur les Cartes de l'ancienne Gaule qu'il avait dressées, et il cite à l'appui de l'opinion qu'il avait développée dans

---

[1] « In ea urbe est locus *las Cadurcas* nuncupatus. » Valesii *Notitia*, p. 111. — Lefranc de Pompignan, *de Ant. Cadurc. ad Academ. Crotonensem epistola*; Parisiis, 1746, p. 9 et 10. Cette lettre a été réimprimée dans le tome v des *Saggi di dissertazione dell'Academia etrusca di Crotona*; Roma, in-4°, tom. II; et dans les *OEuvres diverses* de Pompignan, 1764.

sa Notice, un plan de Puech-d'Issolu levé par M. Cornuau, inspecteur des manufactures de la généralité de Limoges, à la sollicitation de M. Turgot, ministre d'État [1]. M. Barbier du Bocage a bien voulu me procurer une copie de ce plan, ainsi que du Mémoire qui l'accompagne, et qui existait encore en manuscrit dans la collection de cartes de d'Anville. Après avoir attentivement comparé ce plan [2] avec le texte de César, ou plutôt d'Hirtius Pansa, d'Orosius et de Frontin, j'ai trouvé que Puech-d'Issolu ne remplissait pas la condition principale, et même la seule qui doit constater son identité avec l'ancien *Uxellodunum*; c'est d'être situé sur une montagne entourée d'une rivière qui coule dans un vallon tellement enfoncé, et tellement étroit, qu'il était impossible de la détourner [3]. La Tourmente, qui est la seule rivière qui coule auprès

[1] D'Anville, *Notice de la Gaule*, p. 728, et *Mémoire de d'Anville sur la Carte de l'ancienne Gaule*, qu'il a dressée, p. 5.

[2] *Plan géométrique du Puy d'Issolu, avec une vue du Puy d'Issolu du côté de la Dordogne*, manuscrit, et *Mémoire pour accompagner le plan du Puy d'Issolu*, par M. Cornuau. — M. Caylus, dans ses *Antiquités*, tom. v, Pl. 99, en a fait graver un qui avait été levé par M. Bœsnier, inspecteur des ponts et chaussées, mais il est inférieur à celui de Cornuau.

[3] « Flumen infimam vallem dividebat, quæ penè totum montem « cingebat, in quo positum erat præruptum undique oppidum Uxel- « lodunum. » Hirt. Pansa apud Cæsar. *Commentar.*, *de Bello gallico*, lib. VIII, cap. 40.

« C. Cæsar in Gallia Cadurcorum civitatem amne cinctam et fon- « tibus abundantem ad inopiam aquæ redegit. » Frontin. Strat., lib. III.

« Interea Drapes unaque Lucterius, quum adesse Caninium et « legiones in finibus suis viderent, undique collectis copiis oppidum « Uxellodunum occupant. Hoc oppidum in editissima montis arce « pendebat, duabusque partibus per abrupta latera non parvo flu- « mine cingebatur. » Orosius, lib. VI, cap. 11.

du mont d'Issolu, ne baigne qu'un seul des quatre côtés de ce mont, et rien ne paraît plus facile que de la faire couler vers l'ouest, au nord de la colline, au pied de laquelle se trouve le lieu nommé Les Termes, et de l'empêcher de continuer son cours du nord au sud. La Tourmente est une petite rivière qui n'est guère plus grande que la Bièvre à Paris, ce qui ne répond pas aux textes anciens sur *Uxellodunum*, qui nous donnent l'idée d'une rivière beaucoup plus considérable. Cependant la tradition qui fait d'Issolu, l'*Uxellodunum* de César, ou au moins un lieu fameux pour avoir été assiégé par les Romains, remonte au xe siècle, ainsi qu'il paraît d'après une charte du roi Raoul, de l'an 935 [1]; mais cette tradition ne suffit pas dès que le local s'y refuse. A moins que ce local n'ait subi des altérations considérables, ce que rien n'indique, le Puy-d'Issolu [2] n'est pas *Uxellodunum*, et la position de cette ancienne ville est un problème géographique qui n'a point encore été résolu [3]. Nous devons observer que beaucoup d'erreurs évi-

---

[1] *Annales du Limousin*, par B. P. Amable, p. 356, et *Rec. des Histor. des Gaules et de la France*, tom. IX, p. 58. Cette charte, qui est pour le rétablissement de l'abbaye de Tulle, ne s'est point retrouvée dans le cartulaire de l'abbaye de Tulle, d'où Pestel l'a citée. Conférez Caylus, tom. v, p. 279.

[2] Le mont appelé Puy-d'Issolu est situé dans la paroisse de Vérac, sur les confins du Querci, à trois lieues au midi de Turenne, et à une lieue et demie à l'orient de Martel.

[3] Lorsque je visitai Uzerches, il y a plusieurs années, je fus frappé alors de la conformité qui existait entre ce lieu et la description d'Hirtius Pansa; mais Uzerches est chez les Lemovici et non chez les Cadurci. Bœsnier, qui a levé le plan publié dans Caylus, et Cornuau, qui a levé celui de d'Anville, pensent aussi tous deux que Puy-d'Issolu n'est pas Uxellodunum.

dentes en géographie ancienne doivent leur origine à des traditions très anciennes, fabriquées par la vanité patriotique et ignorante des auteurs monastiques ou autres, qui ont écrit dans l'intervalle du VIIIe au XIVe siècle, et dont l'autorité n'est ni plus imposante, ni plus digne de confiance, que celle de cet ancien chroniqueur qui fait descendre les Français des Troyens, lesquels, après la destruction de leur ville par les Grecs, abordèrent dans les Gaules sous la conduite de *Francus*, héros troyen. La position de Capdenac, à laquelle on a voulu rapporter l'*Uxellodunum*, ne répond qu'imparfaitement à la description donnée par Hirtius Pansa [1]. En effet, le Lot, dans la partie qui entoure Capdenac, a 100 mètres, ou environ cinquante toises de large, et il est impossible de concevoir comment des archers placés sur l'un des bords de cette rivière, auraient pu empêcher les assiégés d'aller puiser de l'eau sur l'autre rive. D'ailleurs la ville fut entièrement entourée par les ouvrages des Romains, et la rivière était entre leur camp et les murs de la ville; et il y a de chaque côté deux cents mètres, ou 100 toises, de distance entre la plate-forme de Capdenac et la rive la plus prochaine de la rivière. Les ouvrages des Romains qui bloquaient la ville auraient donc été à 300 mètres de distance, ce qui est impossible et aurait ôté tout moyen d'attaque [2]. D'ailleurs César pensait à détour-

---

[1] Voyez un plan de Capdenac, dans Caylus, *Antiquités*, tom. v, Pl. 100, p. 280, et dans Champollion, *Nouvelles Recherches*, etc.

[2] Voici les passages qui prouvent que la ville était entourée : « Caninius.... vallum in oppidi circuitu ducere instituit. » Lib. VIII, cap. 33.

« Opera undique imperat administrari, » cap. 37.

ner la rivière pour priver d'eau les assiégés, et il ne renonça à cette idée que par la profondeur de la vallée et de l'encaissement des eaux : se serait-il exprimé de cette manière si la rivière qui entourait la ville eût été un fleuve aussi considérable que le Lot? Telles sont les objections qu'on pourrait faire contre Capdenac [1]. Cependant, dans un ouvrage spécial, M. Champollion de Figeac est parvenu à donner à l'opinion en faveur de Capdenac un plus grand degré de probabilité; il s'appuie surtout sur le texte d'Orosius, qui dit que cette ville était entourée d'une rivière assez considérable, *non parvo flumine*, mots que M. Champollion traduit d'une manière peu exacte, selon nous, en disant que cette ville était entourée par une grande rivière [2]. Lefranc de Pompignan fait mention d'une autre conjecture d'un curé voisin de sa terre de Caïe (*in Cajani mei vicinia*), qui soutenait, par des argumens non méprisables, qu'*Uxellodunum* était Luzech, village où se trouve un ancien château construit sur un rocher [3]. Mais, indépendamment de toutes les autres objections, à Luzech comme à Cahors, l'isthme qui domine au

---

« Cum Cæsar Uxellodunum venisset oppidumque operibus clau-
« sum animadverteret. »

[1] « Flumen infimam vallem dividebat.... Hoc avertere loci natura
« prohibebat.... Sic enim radicibus montis ferebatur ut nullam par-
« tem depressis fossis derivari posset. »

[2] Voyez *Nouvelles recherches sur Uxellodunum*, par Champollion de Figeac, 1820, in-4°, p. 91, et Caylus, *Antiquités*, tom. v, p. 280, Pl. 100.

[3] Lefranc de Pompignan, *de Antiquitatibus Cadurcorum ad Academiam Crotonensem epistola*, p. 12.—Luzech est près de Caïx, dans le Querci, qui est, je crois, le *Cajano meo* dont il est parlé dans la lettre de Pompignan datée de 1745.

nord est plus élevé que la ville, tandis que dans la description d'Hirtius Pansa les murs d'*Uxellodunum* s'élevaient assez pour que, de l'isthme, il fût impossible d'y atteindre par aucun ouvrage militaire. D'ailleurs la superficie du plateau suffit à peine au château, qui est de médiocre dimension; et de l'isthme on descend rapidement dans la ville. Ainsi, tout considéré, l'opinion qui place *Uxellodunum* à Capdenac, est encore celle qui nous paraît le plus probable [1].

Ruteni. — Nous avons fait connaître la distinction, qui existait déjà au temps de César, entre les *Ruteni provinciales*, qui appartenaient à la Province romaine, et les *Ruteni* proprement dits, qui étaient dans la Celtique [2]. La position de ces derniers est déterminée avec encore plus de certitude que celle des premiers.

Non seulement César, Strabon, Pline et Ptolémée [3], font mention des *Ruteni* de la Celtique, mais le dernier nous a transmis le nom de leur capitale, qui est *Segodunum*. La Table de Peutinger [4] nous donne trois routes qui partent de *Lugdunum*, Lyon, *Narbonna*, Narbonne, et *Aginnum*, Agen, et qui se croisent à *Segodium*, évidemment le *Segodunum* de

---

[1] Voyez Champollion de Figeac, *Nouvelles recherches sur la ville gauloise d'Uxellodunum, assiégée et prise par César*, accompagnées de quatre plans. Conférez *Extrait d'une dissertation composée au sujet des fouilles qui ont été faites à Capdenac, arrondissement de Figeac*, in-folio, accompagné de deux plans.

[2] Voyez ci-dessus, p. 250.

[3] Cæsar, *de Bello gallico*, lib. vii, cap. 5, 7, 64, 75, 90. — Strabo, Geogr., lib. iv, p. 191. — Plinius, *de Gallia*, lib. iv, cap. 19. — Ptolemæus, *de Geogr.*, lib. ii, cap. 7. — Sidonius Apollinaris, *Epistol.*, lib. vii, epistol. 6.

[4] *Analyse des Itinéraires anciens*, tom. iii de cet ouvrage.

Ptolémée. Les mesures de ces trois routes déterminent la position de *Segodunum* à Rhodez moderne, ce qui se trouve d'accord avec les monumens de l'histoire, qui nous apprennent que Rhodez, sous le nom de *civitas Rutenorum* et *civitas Rutena*, a toujours été le chef-lieu du diocèse dont elle porte le nom : par conséquent, le diocèse de Rhodez, en y joignant celui de Vabres, qui n'en est qu'un démembrement, nous donne l'étendue et les limites des anciens *Ruteni* de la Celtique [1].

Nitiobriges. — César, Strabon, Ptolémée [2], font mention des *Nitiobriges*; ce dernier auteur leur donne *Aginnum*, Agen, pour capitale. Dans l'Itinéraire et la Table, les mesures de quatre routes qui partent de *Burdigala*, Bordeaux, *Ausci*, Auch, *Vesunna*, Périgueux, et *Cadurci*, Cahors, se joignent à Agen pour la position d'*Aginnum*, et confirment ainsi les monumens historiques, ainsi que l'exacte ressemblance du nom ancien et du nom moderne [3]. Le diocèse de Condom ayant été démembré du diocèse d'Agen en 1317, il faut joindre ensemble ces deux diocèses pour avoir dans toute son étendue et avec ses véritables limites le territoire des *Nitiobriges* [4]; mais comme ce qu'ils possédaient au midi de la Garonne était bien inférieur à ce qu'ils occupaient au nord de cette rivière, ou dans la Celtique,

---

[1] *Gallia christiana*, tom. 1, p. 195.

[2] Cæsar, *de Bello gallico*, lib. vii, cap. 7, 75. — Strabo, *Geogr.*, lib. iv, p. 191. — Ptolemæus, lib. ii, cap. 7. — Voyez aussi Ausone, epistola 24. — Sid. Apollinar., lib. viii, epist. 2.

[3] Voyez l'*Analyse des Itinéraires anciens*, tom. iii de cet ouvrage.

[4] *Gallia christiana*, tom. ii, p. 893 et 954. — Dacherius, *Spicileg.*, tom. xiii, p. 436 et 449. — Guérard, *Essai*, p. 27.

ils ne sont point dénombrés dans César parmi les peuples de l'Aquitaine qui se soumirent à Crassus. Aussi les *Nitiobriges* étaient considérés comme peuple de la Celtique, jusqu'à ce qu'Auguste les eût réunis à l'Aquitaine, ainsi que nous l'apprend Strabon. C'est sous le nom de leur capitale, *civitas Agennensium*, que la Notice des provinces de la Gaule fait mention des *Nitiobriges*; et, de *civitas Agennensium*, est dérivé le nom moderne d'Agénois, sur les limites de ce peuple.

La connaissance historique des *Bituriges Vivisci*, si célèbres par leur capitale *Burdigala*, Bordeaux, ne remonte pas jusqu'à César, qui n'en a point fait mention : nous devons donc différer d'en parler jusqu'à l'époque où leur nom se trouve dans les auteurs anciens : nous observerons seulement que ces peuples, ainsi que les *Nitiobriges*, appartenaient en partie à l'Aquitaine de César, et en partie à la Celtique, en suivant à la rigueur le texte de cet auteur, qui donne la Garonne pour limites communes entre ces deux grandes divisions de la Gaule.

Petrocorii. — Les *Petrocorii* sont mentionnés par César, Strabon, Pline et Ptolémée [1]. Quatre routes dont les mesures sont fournies par l'Itinéraire et la Table, et qui partent de *Burdigala*, Bordeaux, *Aginnum*, Agen, *Augustoritum*, Limoges, et *Santones*, Saintes, déterminent la position de leur capitale *Vesunna*, à Périgueux moderne [2], et les restes de l'ancienne ville sont encore appelés la Visone;

---

[1] Cæsar, *de Bello gallico*, lib. vii, cap. 75. — Strab., *Geogr.*, p. 190 et 191. — Plin., lib. iv, cap. 19. — Ptolem., lib. ii, cap. 7.

[2] Voyez l'*Analyse des Itinéraires*, tom. iii de cet ouvrage.

enfin il a été trouvé dans ce lieu même des inscriptions antiques avec le nom de *Vesunna* [1], et nos collections renferment des Médailles antiques portant le nom de ce peuple. La capitale des *Petrocorii* est aussi *Vesunna* dans Ptolémée; cette ville prit ensuite, selon l'usage, le nom du peuple, *Petrocorii*, d'où est venu celui de Périgueux; mais pour avoir le territoire des *Petrocorii* dans toute son étendue, il faut joindre au diocèse de Périgueux celui de Sarlat, qui en a été démembré par le pape Jean XXII, dans le XVI° siècle [2].

Santones. — Il est question des *Santones* dans César, dans Strabon, dans Pline et dans Ptolémée [3] : leur capitale, nommée d'abord *Mediolanum* dans Strabon et Marcien d'Héraclée [4], puis, dans les derniers temps, et dans les derniers auteurs, *Santones*, était située où est la ville moderne de Saintes. Cette position est non seulement prouvée par une suite non interrompue de monumens historiques, mais par un grand nombre d'antiquités romaines qu'on y a trou-

---

[1] Valesii *Notitia*, p. 446. — L'abbé Lebeuf, *Mémoire sur les monumens de Périgueux*, dans le recueil de l'Académie des Inscriptions et Belles-Lettres, tom. XXIII, p. 201, avec planches. — Puy-Recollet, *État de l'église de Périgueux*, 1629, in-4°. — Muratori, *Inscript.*, tom. II, p. 1093, n° 7. — Wilgrin de Taillefer, *Antiquités de Vésone*; Périgueux, 1821, 2 vol. in-4°. — Mionnet, tom. I, p. 64. — *Suppl.*, tom. I, p. 129. — Caylus, tom. V, Pl. 120.

[2] *Gallia christiana*, tom. II, p. 1447 et 1508. Les premiers commencemens de Sarlat datent de 955; ce lieu fut érigé en évêché en 1317. Voyez, dans le volume cité, à la p. 1512. — Il existe une carte de l'évêché de Périgord, publiée en 1679 par Sanson.

[3] Cæsar, *de Bello gallico*, lib. VII, cap. 75. — Strab., lib. IV, p. 190. — Plinius, lib. IV, cap. 19. — Stephanus Byzantinus, voce Σάντονες.

[4] *Periplus Marciani heracleotæ*, inter *Geogr. minor.*, t. 1, p. 46.

vées[1]. Enfin elle l'est encore mieux par les mesures de trois routes romaines, que nous donnent la Table et l'Itinéraire, et qui se rattachent à *Limonum*, Poitiers, *Vesunna*, Périgueux, et *Burdigala*, Bordeaux[2]. Cependant le diocèse de Saintes ne suffit pas pour représenter dans toute son étendue le territoire des *Santones*, dont les auteurs nous parlent comme d'un peuple considérable; ainsi, quoique *Iculisna*, Angoulême, ait été ville épiscopale dès le ve siècle, comme aucun peuple connu ne revendique ce diocèse, il convient de le joindre aux *Santones*. La route moderne tracée entre *Mediolanum*, Saintes, *Vesunna*, Périgueux, ne passe pas par Angoulême, mais à côté, et il en était ainsi du temps des Romains, puisque Ausone, qui fait mention de cette ville, l'appelle lieu solitaire et écarté de la route[3]. Dans Grégoire de Tours[4], *Iculisna* est nommé *Ecolisna*; dans la Notice des provinces on trouve *Ecolisma*[5]; enfin Robert dans sa Chronique, dit *civitas Engolisma*[6], d'où ensuite, dans le langage vulgaire, on a fait Angoulême : ces diverses transformations du nom de cette ville, suivies de siècles en siècles, jointes à ce qu'elle a toujours été le chef-lieu du diocèse, suffisent pour déterminer l'identité de position entre l'an-

---

[1] Bourignon, *Recherches topographiques et critiques sur les antiquités de Saintes;* à Saintes, in-4°, an ix. — Élie Vinet, *Antiquités de Saintes;* Bordeaux, 1571.

[2] Voyez l'*Analyse des Itinéraires*, tom. III de cet ouvrage.

[3] Ausonius, epist. xv : « Devium ac solum locum. » Il en parle aussi comme d'un lieu obscur; quelques éditions d'Ausone portent *Iculisma*. — Dans la Notice on lit *Civitas Ecolismensium*.

[4] Gregorius Turonensis, *Hist.*, lib. II, sect. 15.

[5] *Notitia provinciar. Galliæ;* apud dom Bouquet, tom. I, p. 123.

[6] Valesii *Notitia Galliæ*, p. 250. — Guérard, *Essai*, p. 27 et 153.

cienne *Iculisna* et Angoulême moderne [1]. On doit aussi attribuer aux *Santones* le pays d'Aunis, car il est constant que les évêques de Saintes ont étendu leur juridiction dans ce pays [2] : ce district n'a été distrait du diocèse de Saintes, et réuni à celui de la Rochelle, que lorsqu'on a transporté le siége épiscopal de Maillezais à La Rochelle. Le diocèse de Maillezais, dans son étendue primitive et avant cette translation, était un démembrement du territoire des *Pictones* [3]. Ainsi le diocèse de Saintes, celui d'Angoulême et le pays d'Aunis, nous donnent dans toute son étendue le territoire des *Santones*. Les mesures de la carte de Ptolémée s'accordent avec les limites assignées aux *Santones*, et déterminent la position du *Santonûm portus* à la Rochelle, et celle du *Santonum promontorium* à la pointe d'Aiguillon [4].

Pictones. — C'est sous ce nom que César, Strabon, Pline, Ptolémée, Lucain [5], font mention de ce peuple ;

[1] Voyez *Gallia christiana*, tom. II, p. 975.

[2] Arcère, *Hist. de la ville de La Rochelle*, tom. I, p. 34.

[3] *Gallia christiana*, tom. II, p. 1053; et p. 1363, *ecclesia Maleccensis*. — La fondation de Maillezais ne remonte qu'à l'an 900; voyez p. 1363. — Ce fut le pape Jean XXII qui érigea cet évêché. La translation du siége à La Rochelle eut lieu en 1648; voy. p. 1368.

[4] Gossellin, *Recherches*, tom. IV, p. 71 et 157; il résulterait de ces recherches que le *Carentonus fluv.* d'Ausone, qui est la Charente, ne doit pas être confondu avec le *Carentellus* de Ptolémée, que les mesures portent aux embouchures des rivières de Die et de Taunay. — La Sauvagère, *Recherches sur les ruines romaines de Saintes et des environs, avec les particularités les plus remarquables sur l'histoire de cette ville*, dans le *Recueil des antiquités dans les Gaules*, I vol. in-4°; Paris; 1770, p. 1-128.

[5] Cæsar, *de Bello gallico*, lib. III, cap. 11; lib. VII, cap. 4 et 75; lib. VIII, cap. 28. — Strabo, lib. IV, p. 190. — Plinius, lib. IV, cap. 19 — Ptolemæus, lib. II, cap. 7. — Lucanus, IV, vers 71.

mais dans les derniers temps de l'empire romain le nom de *Pictavi* a prévalu, puisque c'est celui qu'on retrouve dans Ammien Marcellin et dans la Notice des provinces de la Gaule[1]. Il est fait mention aussi dans César de *Limonum*, Poitiers, capitale des *Pictones*. Il n'était pas nécessaire de recourir à un manuscrit de Ptolémée, comme a fait l'abbé Belley[2], pour découvrir que cet ancien attribue *Ratiatum* aux *Pictones*, et non aux *Lemovices*. Toutes les premières éditions de Ptolémée sont conformes, à cet égard, au manuscrit cité par l'abbé Belley, et cette faute n'a été commise que par les derniers éditeurs; cependant cette faute paraît tirer son origine d'une omission qui se trouve dans le texte de quelques manuscrits, ainsi que je l'expliquerai bientôt. Quatre routes détaillées dans l'Itinéraire et dans la Table, dont l'une se rattache à *Bituriges*, Bourges, et *Augustonemetum*, Clermont, et dont les trois autres aboutissent à *Cæsarodunum*, Tours, *Santones*, Saintes, et *Nannetes*, Nantes, déterminent avec une grande précision la position de *Limonum* à Poitiers. Cette ville prit ensuite le nom du peuple, et fut appelée *Pictavi*[3] : Magnon, auteur du IXe siècle, dit *Pictavus Limonum*; enfin diverses inscriptions et surtout celle qui est relative à *Varenilla*[4], trouvée

---

[1] Ammian. Marcellin., lib. xv, cap. 11. — *Notitia provinciar. Galliæ*, apud dom Bouquet, tom. 1, p. 123, et aussi dans la *Notitia dignit.*, p. 128. — Guérard, *Essai*, p. 27 et 153.

[2] Belley, *Mémoires de l'Académie des Inscriptions*, in-4°, tom. XIX, p. 702.

[3] Une inscription qui est, au plus tard, du IIIe siècle, porte *civitas Pictonum*. Voyez *Mémoires de l'Académie des Inscript.*, tom. XIX, p. 704.

[4] Cette inscription a surtout été rapportée exactement par E. M.

à Poitiers même, s'accordent encore avec les mesures, et les textes des auteurs anciens, pour ne laisser aucun doute sur le nom et la position de l'antique capitale des *Pictones*[1]. Ce qu'on appelle le Vieux-Poitiers est à plus de 15 milles romains au nord de Poitiers, dans la paroisse de Clénon : l'existence de ce lieu, dès le VIIIe ou IXe siècle, paraît prouvée, mais n'a point de rapport avec celle de *Limonum*, qui est à Poitiers même. Nous ferons bientôt voir qu'il est très probable que le Vieux-Poitiers a été la capitale d'un petit peuple particulier, renfermé dans le territoire des *Pictones*.

Cependant le diocèse moderne de Poitiers ne suffit pas pour nous représenter le territoire des anciens *Pictones* : s'il en était ainsi, Strabon et Ptolémée[2], qui étendent les *Pictones* jusqu'à la Loire, seraient en faute : mais on sait que le diocèse de Nantes ne s'étendait au midi de la Loire que parce qu'au IXe siècle le *pagus Ratiatensis* a été distrait de la juridic-

---

Siauve, *Mémoires sur les Antiquités du Poitou*, in-8°, 1804, p. 224.. Pl. 10. — Voyez le même, p. 70, 81, 110. — M. Mangon de La Lande, dans la *Dissertation sur l'église Saint-Jean de Poitiers*, de 15 pages lithographiées, a reproduit le *fac simile* de cette inscription, donné par Siauve.

[1] Voyez Thibaudeau, *Histoire du Poitou*, tom. I, p. 6, 7, et suiv. — *Gallia christiana*, tom. II, p. 1136 et 1404. — *Statistique des Deux-Sèvres, publiée par ordre du gouvernement*, in-folio, an XII, p. 208. — Sanson, né avec un génie véritablement géographique, avait bien déterminé la position de *Limonum* à Poitiers. — Valois (*Notitia Galliæ*, p. 449), profondément érudit, mais qui jamais ne prenait le compas, ne veut pas que *Limonum* soit Poitiers, et y substitue *Augustoritum*, qui est Limoges ; aussi brouille-t-il toutes les positions, et il finit, en s'efforçant de les accorder avec les textes des auteurs, par ne plus s'entendre lui-même.

[2] Strabo, *Geogr.*, lib. IV, p. 190. — Ptolemæus, lib. II, cap. 7.

tion spirituelle des évêques de Poitiers, pour être incorporé au diocèse de Nantes, par suite des usurpations de Nominoé. Grégoire de Tours, dans le vi[e] siècle, parle du « *vicus Ratiatensis infra Pictavorum terminumque qui adjacet civitati Namneticæ.* » Ce *vicus Ratiatensis* est évidemment la ville de *Ratiatum* de Ptolémée qui doit être placée à Saint-Pierre-et-Sainte-Opportune de Retz, mentionnée au ixe siècle dans un titre de Marmoutier [1]. D'un autre côté, le canton appelé *Medalgicus* ou Les Mauges, qui était renfermé dans le diocèse d'Angers, était plus anciennement de la dépendance des *Pictavi*; on en trouve la preuve dans une charte de Charles-le-Chauve, de l'an 849, en faveur du monastère de *Glonna* ou de Saint-Florent-le-Vieil, situé près de la Loire [2]. La petite rivière de Loison, *Ladio*, qui tombe dans la Loire, terminait le *pagus Andegavus*, comme il est marqué dans une chronique de Nantes, vers le milieu du xe siècle, publiée par dom Lobineau. Enfin l'on sait que le diocèse de Maillezais, dont le siége a été transféré à la Rochelle, et le diocèse de Luçon, sont des parties détachées de celui de Poitiers, en 1317, par le pape Jean XXII. Ainsi, en réunissant au diocèse de Poitiers les cantons de Retz et de Mauge, et les anciens diocèses de Luçon et de Maillezais, qui en ont été détachés à des époques plus ou moins reculées, on peut tracer les limites exactes du territoire des *Pictones* ou des *Pictavi*.

---

[1] Abbé Belley, *Dissertation sur Ratiatum*, dans les *Mémoires de l'Acad. des Inscript.*, t. xix, p. 722 et 726. — Guérard, p. 27 et 153.

[2] Dom Lobineau, *Hist. de Bretagne*; Paris, in-folio, 1707, tom. ii, p. 51 : « Hortantibus Venet. episcopis Didone Pictav. cujus præsu-« latus subjacet pagus Medalgicus simulque Theofalgicus. »

Quant aux peuples nommés *Agesinates* par Pline[1], et ceux appelés *Taifalgi* [2] dans la Notice de l'Empire, qui tous les deux se trouvaient renfermés dans le territoire des *Pictones*, les premiers dans le district d'Aisenai, et les seconds dans celui de Tifauge, il en sera question aux époques auxquelles ils appartiennent; mais il est un autre peuple renfermé dans les limites des *Pictones*, dont il faut parler, dont non seulement la situation a été méconnue, mais dont l'existence même a été niée. Ce sont les

Lemovices Armoricani. — César fait trois fois mention des *Lemovices* : la première fois, dans le livre VII, chap. 4, de son ouvrage sur la Guerre des Gaules, et alors ils précèdent les *Andes* ou *Andecavi;* la seconde fois, dans le liv. VII, chap. 75, et alors ils précèdent les *Pictones* : ce peuple est évidemment représenté, ainsi que nous le verrons bientôt, par le diocèse de Limoges : mais dans le même chap. 75 du VIIe livre, César mentionne encore de nouveau les *Lemovices*, et il les nomme à côté des *Veneti*, et au nombre des cités armoriques, dont il donne la liste dans l'ordre suivant : « *Curiosolites, Rhedones, Ambibari, Caletes, Osismii, Lemovices, Veneti, Unelli.* » César nous dit que tous ces peuples sont voisins de l'Océan, et Hirtius Pansa, son continuateur, fait mention des villes armoricaines situées à l'extrémité de la Gaule et baignées par l'Océan [3]. On voit que tout ceci ne peut

---

[1] Plinius, lib. IV, cap. 19.

[2] *Notitia dignitatum Imperii.* Conférez Grégoire, *Essai*, p. 39.

[3] A. Hirtii Pansæ apud Cæsar *Comment., de Bello gallico*, lib. VIII, cap. 31 : « Civitates positæ in ultimis Galliæ finibus, Oceano con- « junctæ, quæ armoricæ appellantur. » César fait lui-même ailleurs

s'appliquer aux *Lemovices* des autres auteurs, dont Limoges était la capitale, et qui étaient fort loin de la mer; d'ailleurs il y a dans la Notice de l'Empire un district maritime appelé Armorique, *tractus Armoricanus*[1], qui tire son origine de ces anciens peuples armoriques, quoiqu'il fût, ainsi que nous le verrons, plus étendu dans l'intérieur que ne l'étaient ces peuples. Ce nom d'Armorique, dans le neuvième canon du concile tenu à Tours en 567, sert aussi à désigner la Bretagne[2]. Il y a tout lieu de présumer, d'après cela, que cette troisième mention des *Lemovices*, dans César, est relative à un peuple différent du premier, quoique ayant le même nom : c'est ainsi que nous trouvons dans la Gaule deux peuples différens nommés *Bituriges*, et deux peuples différens nommés *Aulerci*. En vain on a voulu effacer cette troisième mention des *Lemovices*; tous les manuscrits, examinés avec soin, n'ont pas offert une seule variante à cet égard, et la traduction grecque des Mémoires de César s'est aussi trouvée d'accord avec tous les manuscrits[3]. On n'est donc pas mieux fondé à retrancher ce mot du texte de César, qu'à lire *Leonenses* pour placer ce peuple à Saint-Pol-de-Léon; cette conjecture de Vinet, adoptée

---

mention des civitates armoricæ, *de Bello gallico*, lib. v, cap. 53. — Orosius, lib. vi, cap. 11.

[1] *Notitia dignitatum Imp. rom.*, sect. xxxiv, p. 53, edit. Philippi Labbe, in-12; Parisiis, 1651; et sect. lxi, p. 113.

[2] Dans la Chronique d'Idatius, évêque de Limoges, il est question d'Armoricana provincia, *Collect. des Hist. de Fr.*, tom. i, p. 622, et in *Vita sancti Germani*, episcop. Autissiodurensis, apud Bollandianos, xxxi julii; lib. ii, cap. 2, *Collect. des Hist. de Fr.*, tom. i, p. 643.

[3] César, édit. d'Oudendorp, in-4°, p. 427, notes.

par Valois, et ensuite par d'Anville [1], ne saurait se soutenir, et la nation des *Lemovices* Armoricains a paru aux savans aussi inconnue que celle des *Ambibarii*, mentionnés dans le même passage, et forme une difficulté géographique regardée jusqu'ici comme insoluble. Cependant observons qu'il existe précisément sur les *Limovici* de Ptolémée une discordance majeure dans les manuscrits de cet auteur; quelques uns de ces manuscrits attribuent *Ratiatum* aux *Limovici*, tandis que d'autres donnent à ces peuples *Augustoritum*, Limoges, pour capitale, et placent en même temps deux capitales chez les *Pictones*, savoir *Limonum*, Poitiers, et *Ratiatum*, Retz [2]. Ne doit-on pas croire, d'après cela, que les *Limovici* étaient probablement mentionnés deux fois dans Ptolémée comme dans César, et que les copistes, ayant considéré cette double mention comme une faute, auront fait disparaître un des deux *Limovici?* de là est résulté les confusions et les erreurs qui ont eu lieu dans le texte de Ptolémée. D'après cette conjecture, *Ratiatum* serait donc bien réellement la capitale des *Lemovices armoricani* au temps de César, de même que *Augustoritum*, Limoges, était celle des *Lemovices* de l'intérieur; les *Lemovices armoricani*, depuis réunis aux *Pictones*, se trouveraient ainsi près de la mer, et voisins des *Veneti*, avec lesquels ils sont accouplés dans César. Enfin je trouve dans le district que j'attribue aux *Lemovices armoricani* un lieu nommé La Limousinière [3],

---

[1] Valesii *Not. Galliæ*, p. 269. — D'Anville, *Not. de la Gaule*, p. 409.

[2] Voyez Ptolem., *Geogr.*, lib. II, cap. 7. — *Rech. des Hist. des Gaules et de la France*, tom. I, p. 70.

[3] Ce lieu est encore assez remarquable; voyez *Dictionnaire universel de France*, tom. III, p. 188.

arrondissement de Nantes, canton de Saint-Philibert, près de la Sogne, entre Machecoul, Nantes et Saint-Léger, ce qui fournit une preuve de plus en faveur de cette conjecture, qui a, ce me semble, le mérite de concilier le texte de Ptolémée avec celui de César; il est probable que tous les peuples nommés *Lemovices* doivent leur origine aux *Lemovii* de la Germanie, mentionnés par Tacite [1].

Lemovices. — Il n'y a aucun nuage sur l'emplacement et les limites des *Lemovices*, voisins des *Pictones*, et dont Strabon, Pline et Ptolémée [2], font mention. La position de leur capitale, *Augustoritum*, à Limoges, est prouvée par quatre routes romaines, fournies par la Table et l'Itinéraire [3], et qui, dans leurs différens embranchemens, se rattachent à *Bituriges*, Bourges, *Augustonemetum*, Clermont, *Vesunna*, Périgueux, *Mediolanum*, Saintes, et *Limonum*, Poitiers. Cette ville est appelée *Limofex Augustoritum*, par Magnon, contemporain de Charles-le-Chauve, et *Lemovices* dans la Notice de l'Empire. Le déplacement du mot *Augustoritum* dans le texte des dernières éditions de Ptolémée, a occasioné bien des dissertations oiseuses, et a induit en erreur des hommes très savans, et entre autres, Valois, sur les noms et les positions des capitales des *Pictones* et des *Lemovices* [4]. J'ai déjà remarqué qu'en

---

[1] Tacite, *Germ.*
[2] Strabo, lib. IV, p. 190. — Plinius, lib. IV, cap. 19. — Ptolemæus, lib. II, cap. 7. — Cæsar, *de Bello gallico*, lib. VII, cap. 4 et 75. — Sidonius Apollinaris, *Epistol.*, lib. VII, epist. 6.
[3] Voyez l'*Analyse des Itinéraires*, tom. III de cet ouvrage.
[4] Voyez l'abbé Belley, *Mémoires de l'Académie des Inscriptions*, in-4°, tom. XIX, p 702. — Valesii *Notitia*, p. 268 et 448.

consultant les premières éditions de Ptolémée, on les aurait trouvées conformes aux résultats des mesures fournies par la Table et les Itinéraires. Le diocèse de Limoges, y compris celui de Tulle, qui en a été démembré, nous représente dans toute son étendue le territoire des *Lemovices*, dont il détermine parfaitement les limites. On doit observer que ce diocèse s'étend au-delà des bornes de l'ancienne province de Limousin, et déborde dans celle qui fut appelée la Marche, de *Marchia Lemovicina*, ou frontière Lemovicine [1].

Une inscription qui a été rapportée par Gruter, et trouvée à Rancon sur les bords du Gartempe, dans le diocèse de Limoges, nous fait connaître chez les *Lemovices* un peuple nommé *Andecamulenses*, dont la position a dû être probablement la même que celle de Rancon [2]. On doit observer que dans une autre inscription, Mars est nommé *Camulus*, à l'occasion d'un temple que lui élèvent les *Remi*, pour la conservation de Tibère [3]. Nous voyons dans César un des chefs gaulois, nommé *Camulogenus* [4].

On trouve dans la Table de Peutinger un peuple nommé *Cambiovicenses*, inscrit entre *Aquis Segeste*,

---

[1] Il existe une carte du diocèse de Limoges, en une grande feuille, dressée par M. Cornuau, et publiée en 1782; cette carte comprend aussi, outre le petit diocèse de Tulle, celui d'Angoulême, qui fait partie des Santones et non des Lemovices. Ainsi, c'est avec le diocèse de Saintes qu'il faut joindre le diocèse d'Angoulême pour l'histoire particulière des Lemovices. Consultez *Gallia christiana*, tom. II, p. 498 et 662, et *Historia Tutelensis*, auctore Stephano Baluzio Tutelensi; Parisiis, 1717, in-4°.

[2] Gruter, p. 112, n° 6.

[3] *Ibid.*, p. 56, n° 2.

[4] Cæsar, *de Bello gallico*, lib. VII, cap. 59 et 62.

Aquis Nisenii, Bourbon-Lancy, et *aquæ Borboniæ,* Bourbon-l'Archambault. Comme presque tous les noms de peuple sont déplacés dans cette carte, et paraissent y avoir été ajoutés, Valois a rapporté ces *Cambiovicenses,* qui ne sont mentionnés nulle part que dans la Table, à l'archiprêtré de Chambon, dans le diocèse de Limoges : ce district est aussi nommé Combrailles; dans le xii° siècle, il est fait mention de son monastère sous le nom de *Cambonum* ou *Cambonense monasterium.* D'Anville, faute de mieux, a adopté cette conjecture. Ce canton paraît offrir, en effet, ce genre d'antiquités que l'on nomme celtiques, et qu'on trouve en divers lieux; mais toutes les recherches que l'on a faites à ce sujet n'ont fourni aucune preuve positive en faveur de l'opinion de Valois, et n'ont pu la faire sortir du rang de ces conjectures qui ont pour elles un assez grand degré de probabilité [1].

Bituriges Cubi. — Les *Bituriges Cubi* complètent la description de tous les peuples de la Celtique, situés au midi de la Loire : ils paraissent avoir été le peuple dominateur de la Gaule lors de l'émigration de Bellovèse ; mais au temps de César ils cédaient cette prérogative aux *Ædui,* sous la protection desquels ils se trouvaient [2]. Leur territoire est représenté

---

[1] *Tabula peutinger.,* segm. 1. — Voyez *Gallia christiana,* tom. vi, p. 875, et Valois, p. 120. — Baraillon, *Recherches sur les Cambiovicenses,* p. 54 et 60, in-8°; Paris, 1806. Toutes les recherches de cet auteur, curieuses pour l'histoire du moyen âge, ne prouvent rien pour l'opinion de Valois, qui est aussi la sienne.

[2] Cæsar, *de Bello gallico,* lib. vii, cap. 5 : « Bituriges ad Æduos, « quorum erant in fide, legatos mittunt. » *Ibid.,* lib. v, cap. 11 ; lib. vii, cap. 75-90. — Hirt. Pans., *Comment. de Bello gallico,* lib. viii, cap. 2. — Tit. Liv., lib. v, cap. 34. — Dion. Cassius, lib. xl,

par l'ancien diocèse de Bourges, dont l'étendue prouve qu'ils étaient un des principaux peuples de la Gaule. Le nom des *Bituriges Cubi* se trouve inscrit sur l'amphithéâtre naumachique de la ville de Lyon, pour indiquer la place que les députés de ce peuple occupaient dans ces jeux [1]. Ce nom se retrouve encore sur plusieurs autres inscriptions [2], et César nomme *Avaricum* au nombre des villes situées sur leur territoire, et la désigne comme l'une des plus belles villes des Gaules. Elle est reconnue comme la capitale des *Bituriges*, par des écrivains postérieurs [3], et nous avons des médailles de cette ville avec le nom d'*Avaricum*, et avant qu'elle n'eût pris le nom du peuple *Bituriges* [4], d'où est venu celui de Bourges. Son premier nom paraît dérivé de la rivière *Avara* ou *Avera*, l'Èvre, qui l'arrose. Les différentes routes de la Table et de l'Itinéraire qui se rattachent à *Augustodunum*, Autun, *Cæsarodunum*, Tours, et *Lemovices*, Limoges, déterminent la position d'*Avaricum* à *Bituriges*, Bourges [5]. Le *Noviodunum Biturigum* dont il est parlé dans le livre VII des Mémoires de César a été placé à Neuvy-sur-Baranjon, par Valois. Il est

---

p. 136. — Florus, lib. III, cap. 10. — Strabo, lib. IV, p. 190. — César dit d'Avaricum, lib. VII, cap. 15, que c'était presque la plus belle ville des Gaules : « Pulcherrimam prope totius Galliæ urbem. »

[1] Artaud, *Mém. sur les Vestiges de l'amphithéâtre naumachique découvert à Lyon*, manuscrit.

[2] Thomas Gale, *Itin. britann.*, p. 24.

[3] Ptolemæus, lib. II, cap. 7. — Tit. Liv., ex *Epitome*, lib. CVII ; et Mionnet, tom. I, p. 63.

[4] Sidonius Apollin., *Notitia provinciar. Gall., Collect. des Hist. de Fr.*, lib. VII, p. 123.

[5] Voyez l'*Analyse des Itinéraires*, tom. III de cet ouvrage.

étonnant que d'Anville et l'abbé Belley aient changé cette position pour la transporter à un lieu obscur nommé Nouan, qui est à l'est de Bourges. Cette dernière conjecture ne saurait s'accorder avec le texte de César, tandis que celle de Valois y serait parfaitement conforme [1], si on n'objectait pas que Neuvy était dans le diocèse de Bourges, sur les limites de ce diocèse et de celui d'Orléans : mais Oudendorp remarque que ces mots : *oppidum Biturigum*, ne se trouvent pas dans la plupart des manuscrits, et manquent dans les anciennes éditions, et qu'alors cette ville a pu être hors des limites des *Bituriges* [2].

Turones. — La majeure partie du territoire des *Turones* se trouve placée au midi de la Loire; mais comme ils n'ont pas été, de même que les *Bituriges*, compris dans l'Aquitaine d'Auguste, mais bien dans la Lyonnaise, on doit les ranger parmi les peuples de la Celtique de César, renfermés entre la Seine et la Loire [3] : leur capitale était située sur ce dernier fleuve. Nous avons des médailles de ce peuple avec le nom de *Turones* [4]. César ne fait pas mention de leur capitale; mais Ptolémée [5] nous indique que cette capitale s'appelait *Cæsarodunum;* ce nom est

---

[1] Voyez *Éclaircissemens géogr. sur l'ancienne Gaule*, p. 235 et 240. — *Notice de la Gaule*, p. 490. — Valois, *Notitia Galliæ*, p. 385. — Lancelot, *Mém. de l'Acad.*, tom. VI, p. 642.

[2] Sulpicius Severus, *Dial.* II, cap. 8, fait mention de « Claudio- « machus vicus in confinio Biturigum et Turonorum. » Ne serait-ce pas Cloé, département de l'Indre, district de Châtillon ?

[3] Plinius, lib. IV, cap. 17. — Cæsar, *de Bello gallico*, lib. II, cap. 35. — *Ibid.*, lib. VII, cap. 4. — Lucain, *Pharsal.*, lib. I, vers 437, appelle les habitans *instabiles*. — Tacitus, *Ann.*, lib. III, cap. 40.

[4] Mionnet, *Supplément*, tom. I, p. 130.

[5] Ptolemæus, lib. II, cap. 7.

répété par la Table, qui nous fournit quatre routes partant d'*Avaricum*, Bourges, *Limonum*, Poitiers, *Genabum*, Orléans, et *Juliomagus*, Angers. Les mesures de ces routes déterminent la position de *Cæsarodunum* à Tours moderne [1]. L'étendue et les limites des *Turones* nous sont données par celles du diocèse de Tours, qui ne sont pas les mêmes que celles de la province de Touraine [2].

Andes ou *Andecavi*. — Les peuples nommés *Andecavi* dans Tacite et Pline [3], et sur les médailles, *Ondicavaï* dans Ptolémée, sont nommés *Andes* dans César, qui n'a point mentionné leur capitale. C'est encore à Ptolémée [4] que nous en devons la connaissance. Elle se nommait de son temps *Juliomagus*, nom évidemment romain, et donné en l'honneur de Jules César. Ce qui prouve que le nom gaulois ou primitif de cette ville nous est inconnu. *Juliomagus* se trouve aussi porté sur la Table de Peutinger, et les mesures des routes qui en sortent et qui aboutissent à *Cæsarodunum*, Tours, *Condate*, Rennes, et *Namnetes*, Nantes, déterminent la position de cette

---

[1] Voyez l'*Analyse des Itinéraires*, tom. III de cet ouvrage.

[2] Valesii *Notitia*, p. 569. Cet article *Turones* est un des plus savans, et un des mieux faits, de ce très savant écrivain; on doit le consulter pour tracer les limites du diocèse de Tours. Le *Gallia christiana* n'ayant pas été terminé, la province de Tours ne s'y trouve pas. — La Sauvagère, *Recherches sur quelques antiquités des environs de Tours*, se montre peu instruit lorsqu'il veut prouver que Cæsarodunum était situé sur les hauteurs de Luynes. Voyez *Recueil d'antiquités dans les Gaules*, in-4°, p. 131.

[3] Plinius, lib. IV, cap. 17. — Tacitus, *Ann.*, lib. III, cap. 41. — Paulus Orosius, lib. VI, cap. 8. — Ptolemæus, lib. II, cap. 8.

[4] Ptolemæus, lib. II, cap. 8. — *Recherches des Hist. de France*, tom. I, p. 73.

ancienne ville à Angers moderne, où il a été trouvé plusieurs antiquités romaines [1]. Les limites du ci-devant diocèse d'Angers nous donnent celles des *Andecavi* ou des *Andes*, en y faisant toutefois les corrections dont nous avons déjà parlé, c'est-à-dire qu'il faut retrancher du diocèse d'Angers le *pagus Medalgicus*, ou le canton appelé les Mauges, et avancer les limites du diocèse de Poitiers, jusqu'à la petite rivière nommée *Ladio* ou Laion [2].

Namnetes. — Nous avons vu de même précédemment que le territoire des *Namnetes* se terminait à la Loire, au midi, quoique le ci-devant diocèse de Nantes excédât ces limites. On a des preuves aussi, par d'anciennes chroniques, que d'un autre côté le territoire des *Namnetes* empiétait sur ce qui a fait partie du diocèse de Rennes, et se terminait à la Senone. Plusieurs diocèses nouveaux ayant été créés au IXe siècle dans la Bretagne, par Nominoé qui prit le titre de roi, les limites des diocèses de cette province ne nous représentent pas aussi exactement celles des anciens peuples, que dans les autres parties de la Gaule. César, Strabon, Pline, et Ptolémée [3] ont parlé des *Namnetes*, mais le dernier seul nous a donné le nom de leur capitale, *Condivicnum*, qui prit ensuite le nom du peuple, *Namnetes* : c'est le

---

[1] Voyez l'*Analyse des Itinéraires*, tom. III de cet ouvrage. — Magnon, auteur du IXe siècle, dit *Andecavus Juliomagum*.

[2] Voyez Valesii *Notitia*, p. 18. — *Amphiteatri Andegavensis disquisitio antiqua, Juliomagi Andium*, in-4°, 1638. Cette dissertation, sans nom d'auteur, est de Claude Menard. — La Sauvagère, *Dissertation sur le mont Glonne*, in-8°; Paris, 1776. — Lucain, tom. I, p. 439. — Mionnet, tom. I, p. 80.

[3] Cæsar, lib. III, c. 9. — Strabo, lib. IV, p. 190. — Plinius, lib. IV, c. 17 (32). — Ptolem., lib. II, c. 8. — Orosius, lib. VI, c. 8.

portus Namnetum de la Table, laquelle fournit une route ancienne entre *Juliomagus* et *Gesocribate*, Brest, dont les mesures portent à Nantes pour *portus Namnetum* [1]. C'est chez les *Namnetes* que Ptolémée place aussi un port situé un peu au-delà de l'embouchure de la Loire, et qu'il nomme *Brivates portus*: on a bien à tort confondu ce lieu avec *Gesocribate* de la Table. Les mesures de cette route de la Table portent à Brest pour *Gesocribate*, tandis que celles qui sont fournies par Ptolémée font retrouver le *Brivates portus* de cet auteur près du Croisic dans un petit lieu nommé Brivain, autrefois situé sur le bord de la mer. En effet, tout le terrain où se trouve le Croisic, Batz, et Poulingen, formait autrefois une île, qui n'a été jointe à la terre ferme que depuis deux ou trois siècles par le desséchement de la plage intermédiaire, où l'on a formé de nombreuses salines. Dans le testament de François Ier, duc de Bretagne, mort en 1450, ce prince comprend dans le douaire d'Yolande d'Anjou sa femme, le Croisic, l'île de Batz, et autres domaines [2].

C'est aussi par le moyen des mesures fournies par la Table que l'on détermine la position de *Dariorigum*, capitale des *Veneti*, mentionnée aussi par Ptolémée. Ces mesures nous portent à Venne ou Vannes

---

[1] Voyez l'*Analyse des Itinéraires romains*, tom. III de cet ouvrage. — Fournier, *Mém. sur les Antiquités de Nantes*, mss.

[2] Gosselin, *Recherches*, tom. IV, p. 73. — Dom Lobineau, *Histoire de Bretagne*, tom. II, p. 37; et tom. I, p. 646; dom Morice, *Nouvelle histoire de Bretagne*. — Sur les limites du diocèse de Nantes, voyez encore Valois, *Notice*, p. 367; et d'Anville, *Notice*, p. 472. —Voyez aussi le recueil manuscrit d'inscriptions recueillies à Nantes par Fournier, de 1805 à 1808. — Carte de l'évêché de Nantes, indiquée n° 611, p. 36, du catalogue manuscrit de d'Anville.

moderne : les Bretons appellent encore aujourd'hui cette ville Wenet [1]. César fait souvent mention des *Veneti*, mais il ne parle pas de leur capitale; il appelle leur pays *Venetia* [2], forme de dénomination inusitée à l'égard des cités de la Gaule. D'Anville [3] a tort de blâmer Strabon, qui dit que les *Veneti* étaient Belges [4] : rien n'empêche que ce peuple navigateur n'ait établi une colonie sur les côtes de la Bretagne. Pline [5] nomme *Veneticæ insulæ* les îles voisines des *Veneti*, qui sont : Bellisle, le *Vindilis* de l'Itinéraire maritime; l'île de Houat, et l'île Hoedie, nommées *Siata* et *Arica* ou *Iga* dans le même itinéraire; et Groa ou Grouais. Le diocèse [6] de Vannes n'ayant éprouvé aucun changement, nous représente, dans toute son intégrité, l'étendue et les limites des *Veneti* [7]. D'Anville observe que le nom de *Veneti* se trouve omis dans le texte grec de Ptolémée, quoiqu'il se trouve dans le texte latin. Il aurait dû dire qu'il y a une lacune dans le texte grec, précisément à l'endroit où se trouvait ce nom, avant la mention qui est faite de sa capitale, *Dariorigum;* et que ce nom de *Veneti*, se trouvant dans ce même texte grec deux lignes plus bas, justifie suffisamment la leçon

---

[1] *Analyse des Itinéraires romains*, tom. III de cet ouvrage. — Ptolemæus, lib. II, cap. 8.

[2] Cæsar, *de Bello gallico*, lib. III, cap. 9. — *Ibid.*, lib. III, cap. 11, 17; lib. VII, cap. 75.

[3] D'Anville, *Notice*, p. 686.

[4] Strabo, lib. IV.

[5] Plinius, lib. IV, cap. 17.

[6] Voyez *Itinerarium maritimum*, dans l'édition des Itinéraires de M. de Fortia, p. 161. — Conférez Florus, lib. III, cap. 2. — Orosius, lib. VI, cap. 8; et le Dictionnaire à la fin du tom. III de cet ouvrage.

[7] Il existe une bonne carte du diocèse de Vannes en une feuille, publiée par Jaillot, sans date ni nom d'auteur.

de la version latine, qui est aussi regardée comme un texte¹.

Osismii. — Après les *Veneti*, en continuant toujours vers l'occident, nous trouvons les *Osismii*, que tous les auteurs anciens nous indiquent avoir occupé l'extrémité de la Bretagne moderne, dès les premiers temps où la Gaule fut connue². Ptolémée³ donne aux *Osismii Vorganium* pour capitale, qui est le *Vorgium* de la Table de Peutinger : les mesures données par cette table déterminent la position de cette ancienne ville à Concarneau moderne⁴. Sanson plaçait *Vorganium* à Treguier; d'autres⁵ l'ont mis à

---

¹ Ducange dit, dans son Glossaire, que *Venna* veut dire pêcheur; telle est peut-être la véritable étymologie du mot de *Veneti*. — La Sauvagère, *Recherches sur les antiquités des environs de Vannes*, dans son *Recueil sur les antiquités de la Gaule*, p. 247 à 288, cherche, avec peu de jugement, à prouver que les pierres de Carnac sont les restes du camp de César, dans sa guerre contre les Veneti.

² Plinius, lib. IV, cap. 17. — Cæsar, lib. II, cap. 34; lib. III, cap. 9; lib. VII, cap. 75. — Paulus Orosius, lib. VI, cap. 8. — Strabo, lib. IV, p. 195. Voyez ci-dessus, partie I, chap. 4, tom. I, p. 100 à 102.

³ Ptolemæus, *Geogr.*, lib. II, cap. 17.

⁴ Voyez l'*Analyse des Itinéraires*, tom. III de cet ouvrage. — La Table écrit *Vorgium*, mais presque tous les noms y sont plus ou moins défigurés.

⁵ Latour-d'Auvergne, avec plus de sagacité qu'on n'aurait droit d'en attendre d'un homme aussi peu versé dans l'étude de l'antiquité, rejette, dans un petit écrit sur Carhaix, l'opinion de ceux qui veulent que cette ville soit la même que Vorganium, et il en donne de bonnes raisons (Corret de Latour-d'Auvergne. — *Précis historique sur la ville de Keraës*, en français *Carhaix*, in-8°, an V de la république; brochure de 32 pages.) Voyez p. 1 à 3. — Il observe que *vor* signifie la mer en breton; ce que je trouve confirmé par Rostrenen (*Dictionnaire français-celtique*, Rennes, 1732, p. 618, au mot *Mor*), et par Lepelletier (*Dictionnaire de la langue bretonne*, p. 619). — *Ar-mor* et *ar-vor* signifient également la mer : ce qui ajoute une preuve de plus aux mesures des Itinéraires qui placent *Vorganium* sur la côte.

Carhaix ; ces diverses conjectures ne sont appuyées sur aucune preuve. D'Anville, qui a adopté ce dernier sentiment, aurait dû remarquer qu'il est contraire aux mesures anciennes [1] ; il aurait dû observer aussi que, pour arriver à l'extrémité de la Bretagne, les anciens ont dû pratiquer, comme les modernes, une route le long du rivage, et non à travers les montagnes escarpées qu'il faut franchir pour arriver à Carhaix. Concarneau est une ville très ancienne et dont on ignore l'origine moderne. Les latitudes de Ptolémée, qui, dans l'intérieur, présentent des erreurs et des discordance énormes, transportent cette ville très loin de la côte où elle se trouve ; et il arrive quelquefois aussi que Ptolémée indique sur la côte des villes qui se trouvaient dans l'intérieur, comme à l'égard de *Lugdunum Batavorum*, Leyde. Les mesures de la route ancienne qui, dans la Table, nous donnent la position de *Vorganium*, se terminent à *Gesocribate*, Brest, lieu que d'Anville et d'autres géographes ont eu grand tort de confondre avec le *Brivates* de Ptolémée, qui est Brivain, peu éloigné du Croisic, ainsi que je l'ai déjà observé [2]. Non seulement César, mais Strabon, Mela, Pline et Ptolémée, font mention des *Osismii* [3] ; et comme plusieurs de ces auteurs s'accordent à leur attribuer l'extrémité entière de la Bretagne, il en résulte qu'ils occupaient nécessairement les deux diocèses de Saint-Pol-de-Léon et de Quimper-Corentin. Ce n'est que long-temps après

---

[1] D'Anville, *Notice*, p. 720.

[2] Gosselin, *Recherches*, tom. IV, p. 73-157. — D'Anville, *Notice*, p. 178.

[3] Sur les limites des *Osismii*, conférez Valois, *Notitia*, p. 394.

César que nous voyons ce dernier diocèse occupé par un peuple particulier, nommé *Corisopiti*, dont nous parlerons à une époque subséquente [1].

Les *Curiosolites* sont, de même que les *Osismii*, mentionnés par César [2] au nombre des cités armoricaines : Pline en a aussi parlé sous le nom de *Curiosvilites* [3], mais Ptolémée n'a point connu ce peuple. Comme leur capitale n'est nommée par aucun auteur, et que les Itinéraires romains ne fournissent point de routes dans le nord de la Bretagne, on est réduit aux conjectures et aux preuves négatives pour trouver l'emplacement des *Curiosvilites*. Après avoir placé tous les autres peuples, il ne reste que le diocèse de Saint-Malo pour les *Curiosolites*; c'est donc une découverte heureuse que celle des ruines d'une ancienne ville romaine dans un village [4] nommé Corseult, entre Dinan et Lamballe, à deux lieues de Dinan

---

[1] Voyez ci-après. Pour tous ces diocèses, il faut consulter la Carte de la province de Bretagne, en quatre feuilles, par Ogée; et celle en une feuille, par le même, 1771. Ces excellentes cartes, même pour la topographie, ne sont pas rendues inutiles par celles de Cassini. Au reste, toutes les cartes particulières de la province de Bretagne sont divisées par diocèses. — Le maire de Lesneven ayant aperçu un amas de briques dans un lieu désert, sur la route de Lesneven à Landivizian, a prétendu que les habitans nommant ce lieu *Ohamor* (près de la mer), cette ruine devait être la capitale des *Osismii*. M. Guérard, dans son *Essai*, p. 15, convertissant, sur la foi d'un rapport imprimé, le mot *Ohamor* en *Ossimor*, a trop légèrement adopté une opinion qui ne méritait même pas d'être mentionnée. Le mémoire ms. du maire de Lesneven est dans les archives de l'Institut.

[2] Cæsar, lib. II, cap. 34.

[3] Plinius, lib. IV, cap. 17.

[4] *Mémoires de l'Académie des Inscriptions*, tom. 1, p. 294. — Montfaucon, *Supplément de l'Antiquité expliquée*, tom. 1, lib. VIII, cap. 6. — Lebeuf, *Observations historiques sur le pays du Maine*, dans les dissertations sur l'Église de Paris, tom. 1, p. 190.

vers l'ouest. Il y a peu de doute que ce village, dont le nom à tant de rapports avec celui des *Curiosolites*, n'occupe le même emplacement que la capitale de cet ancien peuple. D'Anville observe, avec beaucoup de sagacité, que ce peuple, du côté du nord et dans sa partie maritime, s'étendait jusqu'auprès de Saint-Brieuc, où un lieu qui se nomme Finiac donne la même indication des limites d'un ancien territoire que le nom de *Fines* ou Fins dans d'autres endroits de la Gaule; puis il ajoute : « Quelle était la cité limi-
« trophe de ce côté-là ? c'est ce qu'il est bien difficile
« de déterminer, si on a peine à croire que les *Osis-*
« *mii*, en occupant le fond de la Bretagne, étendaient
« aussi loin leur dépendance[1]. » Je réponds que cette cité était celle des *Biducesii* de Ptolémée, dont d'Anville a méconnu la position, et qu'à tort il a confondu avec les *Viducasses* de Pline. Les *Biducesii* occupaient le diocèse de Bidué ou de Saint-Brieuc, ainsi que nous le verrons bientôt ; et comme dans la géographie de César ce diocèse de Saint-Brieuc ne se trouve occupé par aucun peuple, il me semble naturel d'y placer, à Lamballe et dans les environs, les *Ambiliates* ou *Ambialites* de César, nommés par lui au nombre des nations armoricaines, et auxquels on ne peut assigner aucune autre position.

César[2] nommant les *Redones* ou *Rhedones*, au nombre des cités de l'Armorique qui atteignent jusqu'à l'Océan[3], il est évident que ces peuples ont dû

---

[1] D'Anville, *Notice*, p. 259.

[2] Cæsar comment., *de Bello gallico*, lib. III, cap. 9, et lib. VII, cap. 75. — Pline, lib. IV, cap. 17.

[3] Cæsar, *de Bello gallico*, lib. II, cap. 34 : « Miserat ad Venetos,

comprendre non seulement le diocèse de Rennes, mais encore celui de Dol: cependant leur étendue sur la côte était peu considérable et restreinte aux environs de la baie de Saint-Michel. Ceci explique l'erreur de Ptolémée, qui en fait un peuple de l'intérieur[1]: c'est pourquoi il ne faut pas, comme d'Anville, leur attribuer encore le diocèse de Saint-Malo, qui paraît avoir fait partie des *Curiosolites*. Le nom de la capitale des *Redones*, *Condate*, est commun à plusieurs lieux de la Gaule situés dans l'angle formé par le confluent de deux rivières. Ptolémée, l'Itinéraire et la Table font mention du *Condate*, qui fut depuis appelé *Rhedones*, du nom du peuple. Une route qui part de *Juliomagus*, Angers, détermine la position de cette ville à Rennes moderne[2]. Cette route, qui se prolonge jusque dans le Cotentin ou le département de la Manche, présente dans sa continuation un des problèmes géographiques les plus difficiles à résoudre. Dans un Mémoire spécial nous avons exposé les différentes solutions qu'on en a données, et nous avons prouvé qu'aucune ne s'accordait avec les mesures et avec les monumens de l'histoire. Sanson ouvre le premier la carrière, en 1647, par la carte de *Gallia antiqua*; puis vient d'Anville, dont la conjecture est une des plus malheureuses, et une des plus évidemment fausses. L'abbé Belley, que cette vérité frappa, essaya, du vivant même de d'Anville, et depuis la publication de sa Notice, d'en

---

« Unellos, Osismios, Curiosolitas, Sesuvios, Aulercos, Rhedones
« quæ sunt maritimæ civitates Oceanumque attingunt. »

[1] Ptolemæus, lib. II, cap. 7.

[2] *Ibid.*, voyez l'*Analyse des Itinéraires anciens*, tom. III de cet ouvrage.

présenter une autre plus satisfaisante, mais elle ne peut soutenir un examen attentif[1]. Vient ensuite la conjecture de M. Mannert, proposée sans aucune démonstration, et enfin les essais plus récens et meilleurs de M. de Gerville et de M. de Caumont. En collationnant avec soin tous les manuscrits de l'Itinéraire, il m'a été facile de m'apercevoir de la cause de l'erreur de tant d'hommes si savans et si habiles. Les éditions imprimées de l'Itinéraire offrant des différences avec la Table qui n'existent pas dans les manuscrits, j'ai d'abord rétabli les véritables leçons, et ayant opéré ensuite sur des cartes meilleures que celles qu'on a employées jusqu'alors, j'ai obtenu des résultats qui me paraissent plus certains, et dont l'ensemble est présenté dans notre Analyse des Itinéraires[2]; mais ces résultats ne peuvent être offerts aux lecteurs, dans cette partie de notre ouvrage, qu'à mesure que l'ordre et le plan que nous avons adoptés, nous en offriront l'occasion. Un des plus importans, sans doute, est celui qui concerne les *Abrincatui* et leur capitale : comme César n'a pas fait mention de ces peuples, et qu'il ne les distingue pas des *Unelli* ou *Venelli*, c'est de ce dernier peuple dont nous devons seulement nous occuper dans

---

[1] Voyez Sanson, *Pharum Galliæ*, tom. 1, p. 155. — Valesii *Notitia Galliæ*, au mot *Constantia*, p. 156. — Fréret, *Mémoires de l'Acad. des Inscript.* pour 1739. — D'Anville, *Notice*, aux mots *Legedia, Crociaconnum, Cossedia*, etc. — Mannert, *Geographie der Alten*, tom. 1, p. 137. — *Mémoires de l'Acad. des Inscript.*, tom. XXVIII, et tom. XLI de l'édit. in-4°; tom. XLVIII et LXXXI de l'édit. in-12; et tom. XV de l'*Hist.*, et mon Mémoire ms. sur les routes romaines de la Table et de l'Itinér. qui pénètrent dans le Cotentin.

[2] Voyez l'*Analyse des Itinéraires*, tom. III de cet ouvrage.

l'époque dont nous traitons. César[1] fait mention des *Unelli* comme d'un des peuples armoricains. Pline[2], en se dirigeant vers l'occident, les nomme à la suite des *Badiocasses*, ou peuple de Bayeux, ce qui, dans l'ordre qu'il suit, les place dans le Cotentin. Nous verrons que, dans l'ordre de son énumération, Ptolémée[3], qui en fait mention, leur assigne la même position. Ptolémée nomme, comme port des *Unelli*, *Crociatonum*; c'est *Cronciaconnum* ou *Croneiaconnum* dans la Table[4], et les mesures de route qu'elle nous indique, construite à travers la baie d'Issigny, dont on voit encore des vestiges, sont d'une parfaite exactitude entre Bayeux, que les bornes milliaires avec leurs inscriptions démontrent avoir été l'antique *Augustodurus*, et *Alona*, Alleaume, près de Valogne, et *Cortallum*, Cherbourg. Elles placent *Cronciaconnum* au village de Turqueville, à l'ouest d'Audouville; et quoique cette route passât par Saint-Côme, où l'on a découvert les ruines d'un lieu ancien, cependant les mesures, si fidèles au local pour tout cet Itinéraire, ne permettent pas qu'on s'arrête à ces ruines pour y placer *Crociatonum*. Dans Ptolémée *Crociatonum* est une position maritime. Je ne pense pas que *Crociatonum* soit une position différente de *Cronciaconnum*; mais on peut supposer que la ville nommée par Ptolémée était le port de celle

---

[1] Cæsar, *de Bello.gallico*, lib. II; cap. 34; lib. III, cap. 11 et 17; lib. VII, cap. 75.

[2] Plinius, lib. IV, cap. 17. — Dio Cassius, lib. XXXIX, p. 111.

[3] Ptolemæus, lib. II, cap. 7.

[4] Voyez l'*Analyse des Itinéraires*, tom. III de cet ouvrage. — Une lettre indécise fait lire, dans la Table, *Cronciaconnum* ou *Cronciaconnum*.

qui est mentionnée dans la Table, puisque le manuscrit palatin ajoute le mot *port* au nom de *Crociatonum* comme à celui de *Nœmagus*. Alors la distance de 40 milles géographiques que donnent les Tables du texte grec de Ptolémée, entre *Olina fluvius* ou la rivière d'Orne [1], et *Crociatonum*, déterminerait la position de ce port sur le rivage d'Audouville, à l'entrée de la baie d'Issigny, et les mesures de la Table et celles de Ptolémée concorderaient entre elles. La route de la Table commence à *Alauna*, et la position de cet ancien lieu dans la paroisse d'Alleaume, à un quart de lieue de Valogne, où existent encore les ruines d'une ville romaine, se prouve non seulement par les routes de la Table, mais encore par une autre de l'Itinéraire qui part de *Condate*, Rennes [2]. Toutes ces mesures au contraire ne sauraient convenir à l'obscur monastère de Saint-Pierre et de Sainte-Marie d'Alône, qu'on ne retrouve même pas sur la Carte si détaillée de Cassini. *Crociatonum* paraît avoir été la capitale des *Unelli*. Cette capitale fut ensuite transportée à *Cossedia*, dont la position est déterminée par l'Itinéraire et la Table à La Cousinière et Pont-Tardif : enfin, dans les derniers temps, *civitas Constantia*, que l'on sait, par les actes et les monumens historiques, être Coutance moderne, est devenue la ville principale de toute cette presqu'île, et a même donné son nom au diocèse en faisant disparaître le nom du peuple primitif : pourtant un lieu ancien, dont le

---

[1] Voyez Gossellin, *Recherches*, tom. IV, p. 158, tabl. n° IX. — Les Tables latines sont fautives.

[2] Voyez l'*Analyse des routes de l'Itinéraire et de la Table*, tom. III de cet ouvrage.

nom était *Briovera* ou *Briodurum*, et qui fut depuis appelé Saint-Lô, d'un des premiers évêques, disputait encore à Coutance sa prééminence vers le milieu du vie siècle, puisque cet évêque, en 549, se donne dans un acte le titre d'évêque de Coutance ou de Briovere : « *Lauto, in Christi nomine episcopus « ecclesiæ Constantinæ vel Brioverensis* [1]. » Ainsi le diocèse de Coutance, dont le nom, ainsi que celui de Cotentin, est dérivé de *Constantia*, nous représente les anciens *Unelli;* mais à l'époque de César il faut y joindre le diocèse d'Avranches ou les *Abrincatui*, que César paraît joindre aux *Venelli* [2].

Diablintes. — Le nom des *Diablintes*, dans César [3], n'étant accompagné d'aucune autre circonstance que de se trouver entre les *Morini* et les *Menapii*, comme le dit d'Anville [4], on pourrait ne pas les reconnaître pour le même peuple que les *Diablindi* de Pline [5] et les *Aulerci deaulitæ* de Ptolémée [6] : il faudrait les placer dans la Belgique et non dans la Celtique; mais César en parle dans l'énumération de plusieurs peuples de la Gaule qui vinrent au secours des Vénètes auxquels il faisait la guerre, et dans cette énumération je trouve aussi d'autres peuples de la Normandie et de la Bretagne, tels que les *Osismii*, les *Namnetes* et les *Lexovii*. Ptolémée nous apprend que

---

[1] *Gallia christiana*, tom. II, p. 466; p. 863 et 865.

[2] Il existe une bonne Carte du diocèse de Coutance, par Mariette de La Pagerie, en quatre feuilles; et dans le *Gallia christiana*, il y a une Carte de la province ecclésiastique de Rouen.

[3] Cæsar, *de Bello gallico*, lib. III, cap. 9.

[4] D'Anville, *Notice*, p. 266.

[5] Plinius, lib. IV, cap. 17.

[6] Ptolemæus, lib. II, cap. 8. — Paulus Orosius, lib. VI, cap. 8.

la capitale des *Diablintes* était *Nœdunum* [1], et la Table [2] indique une capitale sous le nom de *Nudium*, qui ne peut être que le *Nœdunum* de Ptolémée : mais comme le copiste de la Table a oublié de mettre les chiffres qui, sur cette route, indiquent la distance de *Nudium* entre les lieux qui précèdent et ceux qui suivent, il devient impossible d'en déterminer la position par le compas. Heureusement que les monumens historiques viennent ici à notre secours, et nous conduisent à des résultats aussi certains. *Civitas Diablintum* se trouve mentionnée dans la Notice des provinces de la Gaule, qui est du commencement du ve siècle [3]; le testament de saint Béraire, évêque du Mans, dans le viie siècle, en 677, parle d'un lieu nommé *condita Diablintica* comme situé dans le Mans, *in pago cenomanico* [4]; et on aperçoit tout de suite la raison du nom d'*Aulerci* commun aux *Diablintes* et aux *Cenomanni* dans Ptolémée; on voit que les *Diablintes* ne faisaient qu'une division des *Aulerci* de même que les *Cenomani* [5]. L'auteur de la vie de saint Siviard, au viiie siècle, parle de même

---

[1] Ptolemæus, *Geogr.*, lib. 11, cap. 8.

[2] *Tabula*, segm. 1. — *Analyse des Itinéraires*, tom. iii de cet ouvrage.

[3] *Notitia provinciar. Galliæ*, Collect. des *Hist. de Fr.*, tom. 1, p. 122. — Guérard, *Essai*, p. 15.

[4] Voyez *Acta episcop. Cenom.*, tom. iii, *Analector.*, p. 213, cité par l'abbé Lebeuf, dans sa *Dissertation sur l'Église de Paris*, tom. 1, p. 170.

[5] C'est ce surnom d'Aulerci qui avait fait soupçonner au judicieux Sanson que les Diablintes devaient avoir été dans le diocèse du Mans, bien avant que l'abbé Lebeuf eût démontré ce point de géographie; cependant Valois (*Notitia*, p. 65) réprimande rudement Sanson sur son opinion : il place les Diablintes à Nogent-le-Rotrou, en reconnaissant lui-même que sa conjecture ne repose sur aucune base.

de *parochia Diablentica in pago Cenomanico* : enfin le testament de l'évêque saint Bertrand, mort en 623, mentionne *oppidum Diablentis juxta ripam Arœnæ fluvioli*, ce qui nous prouve d'abord que cette ancienne ville était située sur les bords de la petite rivière d'Aron, qui se jette dans la Mayenne. Divers autres écrits du moyen âge font mention de plusieurs lieux situés près de *condita Diablintica*, ou dans le *vicaria Diablintica;* ces lieux sont : *Marciliacum villa*, que l'on reconnaît dans Marcilly-la-Ville; *Tridentum villam*, Trent, *Caladunum*, Châlons; tous lieux qu'on rencontre dans les environs de la petite rivière d'Aron. Toutes ces indications resserrent nécessairement dans un très petit espace la position de la ville des *Diablintes*, et des ruines romaines trouvées dans un lieu nommé Jubleins, ont fait penser à l'abbé Lebeuf [1], avec beaucoup de raison, que ce lieu était l'ancien *Diablintes* ou *Neodunum* : Jubleins se trouve en effet dans la direction de la route ancienne qui conduisait à Avranches [2], *Subdinnum*, le Mans, et *Cæsarodunum*, Tours. Observons que ce n'est pas seulement dans les limites des diocèses, mais encore dans les priviléges de ceux qui les régissaient, que l'antique existence des anciens peuples de la Gaule a exercé son influence; or, l'église du petit bourg de Jubleins était comme le second siége des évêques du Mans; la cure est une

---

[1] L'abbé Lebeuf est le premier qui ait eu cette idée; il s'en vante avec raison. D'Anville, qui a adopté le résultat de ses recherches (qu'il a assez peu exactement analysées), commet une injustice en ne le citant pas.

[2] Voyez ci-après, et l'*Analyse des Itinéraires*, tom. III de cet ouvrage.

des quarante qui appartenaient au chapitre, et la seule qu'il pût conférer de plein droit; et, de temps immémorial, l'église du Mans a possédé des terres dans ce bourg. Il est donc historiquement prouvé que *Diablintes* est Jubleins; mais comme le territoire peu considérable des *Diablintes* s'est trouvé renfermé dans celui des *Cenomanni*, ou dans le diocèse du Mans, on ne peut déterminer avec certitude ni son étendue, ni ses limites. D'après les lieux mentionnés ci-dessus, ce peuple me paraît avoir occupé le doyenné de Javron et celui d'Évron, et celui de La Roche Mobile; celui de Passais, au Maine; et en Normandie, ceux de Mayenne et d'Ernée [1].

Aulerci cenomanni. — Le reste du diocèse du Mans doit être attribué du temps de César [2] aux *Aulerci cenomanni*, qui, ainsi que nous l'avons vu, étaient déjà célèbres dès la seconde époque de la géographie des Gaules. César n'a point connu ni distingué les *Arvii*, qui, comme les *Diablintes*, occupaient une partie de ce diocèse, et dont nous parlerons à une époque postérieure. Des monumens historiques non interrompus prouvent que la ville du Mans moderne a le même emplacement que celle qui, dans la Notice des provinces, est nommée *Cenomanni* du nom du peuple; l'ancien nom est *Vindinum* dans Ptolémée [3]; mais comme le mot précédent se termine

---

[1] L'abbé Lebeuf, *Dissertations sur l'Église de Paris*, tom. 1, p. 172-174. — Renouard, bibliothécaire du département de la Sarthe, *Essais historiques et littéraires sur la ci-devant province du Maine*, in-12, 1811, *au Mans*; tom. 1, p. 59-60.

[2] Cæsar, *de Bello gallico*, lib. VII, cap. 75. — Plinius, lib. IV, cap. 17.

[3] Ptolemæus, *Geogr.*, lib. II, cap. 8.

par un sigma, Valois¹, a pensé qu'il fallait lire *Svindinum*, attendu que la Table porte *Subdinnum;* et la route qui se trouve tracée entre ce dernier lieu et *Autricum* (le copiste a écrit à tort *Mitricum*)² prouve, par les mesures qu'elle donne, que *Subdinnum* occupait le même emplacement que *Cenomanni* ou le Mans ³.

Sesuvii. — César nomme les *Sesuvii* à côté des *Aulerci* ⁴, dénomination générale sous laquelle il comprend les *Aulerci-diablintes*, les *Aulerci-cenomanni*, et les *Aulerci-eburovices;* il n'y a donc pas de doute que les *Sesuvii* n'aient occupé le diocèse de Séez, qui touche à celui du Mans et d'Évreux, et dont les territoires réunis représentent ceux des *Diablintes*, des *Cenomanni* et des *Eburovices*. C'est faire une objection peu fondée en raison ⁵, que de dire que le diocèse de Séez, n'étant pas situé sur la côte, ne saurait être les *Sesuvii*, que César met au nombre des peuples rapprochés de l'Océan. César ne nomme-t-il pas, dans le même passage, les *Aulerci*, encore plus éloignés de la mer? En examinant attentivement les peuples dont il fait mention, on voit au contraire évidemment que les *Sesuvii* n'ont pu occuper que le diocèse de Séez. Ce n'est que dans la Notice des provinces ⁶, c'est-à-dire au commencement

---

¹ Valesii *Notitia Galliæ*, p. 64.

² *Tabula*, segm. 1, et l'*Analyse des Itinéraires*, tom. III.

³ Jaillot, en 1706, a publié une belle Carte du diocèse du Mans, en 4 feuilles; cette carte peut servir à tracer les limites des Aulerci-diablintes et des Aulerci-cenomanni.

⁴ Cæsar, *de Bello gallico*, lib. II, cap. 34. — Valois veut à tort substituer Lexuvios à Sesuvios.

⁵ D'Anville, *Notice*, p. 566.

⁶ *Notitia provinciar. Galliæ*, t. I, *Collect. des Hist. de Fr.*, p. 122.

du v⁰ siècle, que l'on rencontre le nom des *Sesuvii*, corrompu en celui de *Saii* ou *Sagii*; mais le nom moderne Séez paraît dérivé de la plus ancienne et la plus correcte dénomination, observation que nous avons déjà eu occasion de faire à l'égard d'autres peuples; d'ailleurs, un manuscrit de la Notice porte *civitas Saisorum*[1]. Pline, Strabon et Ptolémée ne font pas mention des *Sagii* ou *Sesuvii*; ils les comprenaient probablement dans le territoire des *Eburovices*, qui par-là ne se trouvaient pas séparés des autres peuples nommés *Aulerci*. César, le seul auteur avant la Notice qui parle des *Sesuvii*, n'ayant pas nommé leur capitale, nous ignorons quel était son nom avant de prendre celui du peuple, qu'elle porte dans la Notice. Il est probable que cette ville a non seulement changé de nom, mais aussi d'emplacement; car vers le commencement du vi⁰ siècle, les premiers évêques du diocèse de Séez sont nommés *Episcopi oximenses* ou *Oximorum ecclesiæ*; et la même ville, nommée dans Aimoin *civitas Oximus*, est appelée par Hugues de Floriac *civitas Sagiensis*[2]. Ceci prouve que le chef-lieu du diocèse a été à *Oximus civitas*, à Exmes, avant d'être à Séez, et semblerait faire croire que l'ancienne capitale des *Sesuvii* se nommait *Oximus*; mais nous ne retrouvons ce nom dans aucun monument de l'âge romain[3]. La voie romaine qui part de Bayeux,

---

[1] *Notitia provinc. et civit. Galliæ*, dans Guérard, *Essai*, p. 14.

[2] *Gallia christiana*, tom. II, p. 675.

[3] Le Catalogue manuscrit des cartes de d'Anville indique une carte du diocèse de Séez, divisé en ses archidiaconés par F. R. L. de La Salle. De tous les diocèses qu'indique ce catalogue, et qu'avait rassemblés d'Anville, c'est le seul que je n'aie point; mais outre tous ceux qu'avait ce grand géographe, j'en possède beaucoup d'autres qu'il n'a point connus ou qui ont été publiés après sa mort.

Augustodurus, et dont les vestiges subsistent encore, nous aide à retrouver, par la seule distance que donne la Table pour *Aregenuœ*, la position de ce lieu, que la Table désigne comme capitale, et fixe cette position à Argentan. Malgré le silence des monumens historiques, nous inclinons donc à penser que *Aregenuœ* est Argentan moderne, et que ce lieu, placé au milieu du territoire des *Saii* ou *Sesuvii*, en était la capitale [1]. Le fleuve nommé *Argenis* par Ptolémée est la rivière d'Avranches, à l'embouchure de laquelle est Argenne, et cette rivière n'a point, comme on l'a cru, de rapport avec la position d'*Aregenuœ* de la Table. Une abbaye située près de Séez, nommée Essay, *Esseium*, a donné lieu de penser que les *Essui* de César [2] étaient le même peuple que ceux qu'il nomme *Sesuvii*. Cependant les manuscrits n'offrant à cet égard aucune variante, il semble impossible que César ait, dans un même ouvrage, désigné le même peuple sous deux noms différens : en effet, en considérant attentivement le passage où il est question des *Essui*, on voit que César garde un ordre parfaitement géographique dans l'énumération des lieux où il met ses troupes en quartier d'hiver, après l'assemblée d'Amiens [3] : il en résulte que les *Essui*, selon l'ordre où ils se trouvent nommés, doivent être placés entre les *Nervii* et les *Remi*; alors ils viennent se ranger aux

---

[1] Voyez l'*Analyse des Itinéraires*, tom. III de cet ouvrage. Il est remarquable que la position d'Argenuæ à Argentan, se trouve juste au milieu du diocèse de Séez.

[2] Cæsar, *de Bello gallico*, lib. v, cap. 24.

[3] Cæsar, lib. v, cap. 24 : « Legionesque in plures civitates distribuere : ex quibus unam in Morinos; alteram in Nervios.... tertiam in Essuos.... quartam in Remis in confinio Trevirorum.... tres in Belgio, etc. »

environs d'un lieu nommé Esch, et sur les bords d'une rivière nommée Eischen, sur les limites des *Treviri* et de la Germanie inférieure. On a voulu enfin confondre les *Sesuvii* avec les *Atesui* de Pline; mais cela ne peut être, puisque Pline nomme les *Atesui* immédiatement avant les *Segusiani liberi* : ils doivent donc être peu éloignés de ces derniers, et il est peu sensé de les transporter en Normandie. Les *Atesui* de Pline me paraissent devoir se placer aux environs d'Atteux, à 8 kilomètres de Saint-Étienne, dans le département de la Loire. En effet, je trouve une preuve directe dans Ptolémée, que les *Atesui* étaient voisins des *Segusiani;* car dans le manuscrit grec de la Bibliothèque palatine, dont s'est servi Bertius, on lit *Ætusiatæ* au lieu de *Segusiani*, et à la suite sont nommées *Rodumna* et *forum Segusianorum* : il me paraît donc que ce n'est point une variante, mais une leçon différente produite par le voisinage des *Segusiani* et des *Ætusiatæ*; ces *Ætusiatæ* sont évidemment les *Atesui* de Pline [1], qui n'ont rien de commun ni avec les *Essui*, ni avec les *Sesuvii* de César.

Lexovii. — Sur toute la côte de Normandie qui s'étend entre l'embouchure de la Seine et la baie d'Issigny, César et Ptolémée [2] n'ont point connu d'autres peuples que les *Lexovii*, ce qui est une grande preuve que c'était le peuple principal, et que les *Bajocasses* et les *Viducasses* qu'on y voit figurer aussi dans d'autres auteurs, étaient de petits peuples subordonnés aux *Lexovii*, et enclavés dans leur ter-

---

[1] Plinius, lib. IV, cap. 17. — Voyez ci-dessus, p. 356.
[2] Cæsar, *de Bello gallico*, lib. III, cap. 9, 11, 17 et 29; lib. VII, cap. 75. — Ptolemæus, *Geogr.*, lib. II, cap. 8. — Plinius, lib. IV, cap. 17. — Paulus Orosius, lib. VI, cap. 8. — Strabo, lib. IV, p. 194.

ritoire : ainsi, dans cette acception, les *Lexovii* de César et de Ptolémée seraient représentés par les territoires de Lisieux et de Bayeux réunis, mais nous verrons bientôt ce dernier occupé par deux peuples particuliers. Le seul monument ancien où la capitale des *Lexovii* soit mentionnée, c'est la Notice des provinces, et elle y porte le nom du peuple, *civitas Lexoviorum* [1]; mais comme l'histoire de Lisieux dans le moyen âge est remplie d'obscurité, et présente surtout une lacune de 150 ans (depuis 663 jusqu'en 829 [2]), on a cru que Lisieux moderne n'occupait pas le même emplacement que l'ancienne *civitas Lexoviorum* : on a voulu même l'en écarter beaucoup, et Valois a opiné pour Nogent-sur-Andelle. Cependant en 1770, Hubert, ingénieur des ponts et chaussées, découvrit les ruines d'une ancienne ville dans un champ nommé Les Tourettes, à un très petit quart de lieue de Lisieux [3]; on y a trouvé des médailles romaines; d'ailleurs ces ruines indiquent, dit-on, une ville quadruple de Lisieux moderne, et on les considère avec raison comme celles de l'ancienne capitale des *Lexovii*. Mais les mesures des Itinéraires qui partent de Rouen, *Rotomagus*, passent par *Breviodurum*, Pont-Autou, *civitas Viducassium*, le village de Vieux, au sud de Caen, et Bayeux ou *Augustodurus*; elles déterminent invariablement *Noviomagus* à Lisieux, et nous montrent que *Noviomagus* était

---

[1] *Notitia provinciar. Galliæ*, dans le *Rec. des Hist. des Gaules et de la Fr.*, tom. I, p. 122. — *Ibid.* Guérard, *Essai*, p. 14.

[2] *Gallia christiana*, tom. XI, p. 764.

[3] Villars, *Notice des travaux de la classe de littérature et des beaux-arts*, an X, p. 2; et dans les *Mémoires de l'Institut, classe de littérature et des beaux-arts*, tom. V, p. 56.

l'ancien nom de la capitale des *Lexovii*[1]. Une colonne milliaire trouvée à Frenonville, à dix kilomètres de la ville de Caen, vers l'est, et sur la route de Lisieux, avec le chiffre de XXV, qui démontrait, par l'exactitude de sa distance avec Lisieux, qu'elle était restée jusqu'alors à son ancienne place, nous a permis d'accorder enfin les mesures anciennes pour tous les Itinéraires de la Normandie, c'est-à-dire ceux qui traversaient les territoires des *Veliocasses*, des *Lexovii*, des *Sesuvii* ou *Saii*, des *Viducasses*, des *Bajocasses* et des *Unelli*; et en partant de *Rotomagus*, Rouen, les distances nous ont donné, pour *Breviodurum*, Pont-Autou, où l'on a trouvé des antiquités; pour *Augustodurus*, Bayeux, dans les environs duquel on a trouvé des colonnes milliaires avec des inscriptions portant le nom d'*Augustodurus*. Le *Crociatonum* des *Unelli* était, ainsi que je l'ai dit, au hameau de Turqueville, entre Audouville et Sainte-Mère-Église, au nord des ruines de Saint-Côme, la route traversant en ligne droite le Grand-Vey de la baie d'Issigny. Les chiffres des Itinéraires nous portent à l'amphithéâtre antique d'Alleaume, près de Valogne, pour la position d'*Alauna*; la route, de ce côté, continuait jusqu'à *Coriallum*, Cherbourg. Cette dernière distance n'est point donnée dans l'Itinéraire, mais par la Table, qui présente, à l'ouest du Cotentin, une autre route par *Condate*, Rennes, *Legedia*, Lezeau, près Villebandon, et *Cosedia*, La Cousinière. Une route de l'Itinéraire part également de Rennes, et indique d'autres positions que celles de la Table, entre *Condate* et *Cosedia*, et les mesures qu'elle fournit abou-

---

[1] Voyez l'*Analyse des Itinéraires*, tom. III de cet ouvrage.

tissent au même point que la Table pour ce dernier lieu. Enfin la route dont on a trouvé des vestiges, et que la Table indique entre *Subdinnum*, le Mans, et la côte, et qui passe par Jubleins, *Diablintes*, *Aregenuæ*, Argentan, se prolonge sur *Viducasses*, Vieux, *Augustodurus*, Bayeux, et rejoint en ce lieu les routes qui pénètrent, à l'ouest, à *Alauna*, Valogne, et *Coriallum*, Cherbourg; et à l'est, à *Nœomagus*, Lisieux, et *Rotomagus*, Rouen; cette route, dis-je, achève de nous démontrer un système de communication parfaitement combiné [1]. Ptolémée fait aussi mention de *Nœomagus* ou *Noviomagus*, mais sur la côte, parce qu'il attribuait à un port où se faisait le commerce de *Noviomagus*, le nom même de cette ville [2]. Il place ce lieu à 37 milles géogr. à l'ouest d'*Olina*, ou la rivière d'Orne, ce qui le porte dans l'estuaire de la Seine, à l'embouchure de la Rille près de Conteville [3].

Observons que les limites du diocèse de Rouen et de Lisieux nous prouvent que les *Velocasses* de César, qui étaient au nord de la Seine, et par conséquent dans la Belgique, avaient cependant une portion de leur territoire au midi de ce fleuve, vers son embouchure: ce qui fait voir que lorsque César a donné pour limites aux grandes divisions de la Gaule ses principaux fleuves, ceux de la Garonne et de la Seine, il n'a pas prétendu s'exprimer d'une manière rigoureuse, et qu'il a parlé généralement, sans avoir

---

[1] Voyez l'*Analyse des Itinéraires*, tom. III de cet ouvrage.

[2] Il existe une excellente carte du diocèse de Lisieux, par d'Anville, en deux feuilles; et Outhier a donné un Diocèse de Bayeux, en deux feuilles, publié par Jaillot en 1736.

[3] Gosselin, *Recherches*, tom. IV, p. 158, tab. IX et X. — Les textes grecs et latins sont d'accord pour cette distance.

égard aux petites exceptions locales qu'éprouvaient les grandes démarcations dont il a donné connaissance. Nous avons déjà eu lieu de remarquer de plus grandes aberrations dans les lignes de ces grandes divisions, à l'égard de la Garonne qui coupe en deux le territoire des *Bituriges vivisci*, des *Vasates* et des *Nitiobriges*.

Aulerci-Eburovices. — L'étendue et les limites des *Eburovices* sont représentées par le diocèse moderne d'Évreux. Les passages de César, de Pline et d'Ammien Marcellin, où il est question de ces peuples et des peuples environnans, ne laissent aucun doute à cet égard [1]. L'erreur de Ptolémée [2], qui les étend depuis la Seine jusqu'à la Loire, vient probablement de la fausse délinéation dans la carte dont il se servait, mais il a très bien indiqué leur capitale *Mediolanum*, qui se trouve aussi mentionnée dans l'Itinéraire et dans la Table [3]. Les mesures que nous fournissent ces deux derniers monumens donnent un concours de routes qui se rattachent à *Autricum*, Chartres, *Juliobona*, Lilebone, *Rotomagus*, Rouen, et *Breviodiurum*, Pont-Autou, qui toutes déterminent invariablement *Mediolanum* à Évreux moderne [4]. Le nom du peuple qui fut substitué à celui de *Mediolanum* se trouve déjà altéré dans la Notice des provinces [5], et au lieu de *civitas Eburovicum*, on lit

---

[1] Cæsar, *de Bello gallico*, lib. III, cap. 17 et 29. Au liv. VII, ch. 75, je pense, avec Cellarius, qu'on doit lire Aulercis eburovicibus, au lieu de Aulercis eburonibus; les Aulerci eburovices sont ici mentionnés avec les Lexovii, avec lesquels César les accouple toujours. — Plinius, lib. IV, cap. 17. — Paulus Orosius, lib. VI, cap. 8.

[2] Ptolemæus, lib. II, cap. 8.

[3] *Tabula peutinger.*, segment 1. — Wesseling, *Itiner.*

[4] Voyez l'*Analyse des Itinéraires*, tom. III de cet ouvrage.

[5] *Notitia provinciar. Galliæ*, dans la *Collect. des Hist. de Fr.*, tom. I, p. 122.

civitas Ebroïcorum. Dans le moyen âge, c'est sous le nom d'*Ebroïcæ* ou d'*Ebroas* qu'il est question d'Évreux [1]. Le Vieil-Évreux, qui se trouve à une lieue de cette ville, ne doit pas seulement, comme l'a dit d'Anville, son origine à un Richard, comte d'Évreux, qui y bâtit un château dont les ruines ont depuis été prises à tort pour celles de l'antique *Mediolanum* [2] : il est démontré que le Vieil-Évreux, par le grand nombre d'antiquités qu'on y a trouvées, est un lieu romain ; mais vouloir y placer la capitale des *Eburovices*, ce serait contredire toutes les mesures des Itinéraires et les monumens de l'histoire.

Carnutes. — Pour avoir dans toute son étendue le territoire des *Carnutes*, il faut réunir au diocèse de Chartres celui d'Orléans, qui en a été détaché dans les derniers temps de la puissance romaine, et le diocèse de Blois, qui en a été séparé très récemment [3]. Nous avons vu ces peuples figurer dès la première époque de l'histoire des Gaules. Non seulement César, mais Strabon, Pline et Ptolémée en font mention : comme ils étaient à la fois maîtres d'une partie de la navigation de la Loire et de la Seine, on ne doit point s'étonner que la facilité qu'on éprouvait à se rendre parmi eux, n'ait contribué à faire de leur territoire le centre commun de réunion pour tous les peuples de la Gaule. Ptolémée donne pour villes principales aux *Carnutes*, *Autricum* et *Genabum*. Le nom de la première paraît dérivé de celui de *Autura*, qui était celui

---

[1] Valesii *Notitia*, p. 66. — *Gallia christiana*, tom. xi, p. 564.

[2] *Histoire civile et ecclésiast. d'Évreux*, p. 5, in-4°; Paris, 1722.

[3] *Gallia christiana*, tom. viii, p. 1343. — Grégoire de Tours est le premier qui fasse mention de Blois ; mais le diocèse de ce nom ne fut créé qu'en 1697, par une bulle d'Innocent XII.

de la rivière d'Eure sur laquelle elle était située; et la position d'*Autricum* à Chartres moderne est prouvée par deux routes de la Table qui y aboutissent, et qui se rattachent à *Durocasses*, Dreux, et *Subdinnum*, le Mans; c'est par erreur de copiste que le nom d'*Autricum*, dans la Table, se trouve changé en celui de *Mitricum*. *Autricum* prit comme tant d'autres villes, dans les derniers temps de la puissance de Rome, le nom de *Carnutes* ou *Carnotes*, que l'on trouve dans la Notice des provinces de la Gaule et dans Sulpice Sévère [1].

Les mesures de plusieurs routes de l'Itinéraire et de la Table, qui partent de *Lutetia*, Paris, *Cæsarodunum*, Tours, *Agedincum*, Sens, et *Nevirnum*, Nevers, et qui toutes aboutissent à un lieu nommé *Genabum*, prouvent en les appliquant sur la carte moderne que *Genabum* occupait le même emplacement qu'Orléans moderne, et que c'est la même ville qui prit le nom d'*Aurelianis*, probablement d'après l'empereur Aurélien. Cette ville, dans les derniers temps, devint la capitale d'un diocèse particulier, que l'on voit figurer dans la Notice de l'Empire, sous le nom de *civitas Aurelianorum*, diocèse distinct, et séparé de celui des *Carnutes*. Deux lieux nommés Fins sur les limites des diocèses de Chartres et d'Orléans, aux

---

[1] Cæsar, *de Bello gallico*, lib. v, cap. 56; lib. vi, cap. 2; lib. vii, cap. 2 et 75. — Hirtius Pansa, *Comment.*, *de Bello gallico*, lib. viii, cap. 4. — *Ibid.*, lib. viii, cap. 5: « In oppido Carnutum Genabo castra ponit. » — *Ibid.*, cap. 6 et 31. — Strabo, iv, p. 191, 193. — Tibull., *Eleg. ad Messalam*, 1, 8, 12. — Ptolem., *Geogr.*, xi, 8. — Plinius, lib. iv, cap. 17. — Tit. Liv., lib. v, cap. 34. — Plutarchus, in *Cæsare*, p. 720. — Annæus Florus, lib. iii, cap. 10. — Paulus Orosius, lib. vi, cap. 11. — *Not. provinciar. Galliæ*, inter *Collect. des Hist. de Fr.*, tom. 1, p. 122. — *Gallia christiana*, tom. viii, p. 1090. — Guérard, *Essai*, p. 16 et 146. — Valesii *Notitia*, p. 129.

environs de Beaugency et de Romorantin, et un autre lieu nommé Terminier viennent à l'appui de la Notice des Gaules, et prouvent que ce démembrement des *Carnutes* a eu lieu du temps de la puissance romaine, quoiqu'il n'en soit fait mention dans aucun auteur de l'âge romain, excepté dans la Notice. Mais des auteurs très voisins de cette époque, tels qu'Aimoin, qui écrivait dans le vi[e] siècle, disent positivement que *Genabus* est la même ville qu'Orléans : « *Genabus ubi nunc Aurelianis;* » dans le xie siècle Hugues de Floriac dit pareillement *Genabus quæ et Aurelianis;* et un faubourg particulier d'Orléans a long-temps porté le nom de Génabie. Lors même que nous n'eussions pas eu le secours des mesures que nous fournissent la Table et l'Itinéraire, il n'en eût pas moins été prouvé pas le seul rapprochement des monumens historiques que *Genabum* était la même ville que *Aurelianis,* et doit être placée où est Orléans moderne; ce seul rapprochement eût suffi pour réfuter l'opinion de l'abbé Lebeuf, et de plusieurs autres, qui ont voulu placer *Genabum* à Gien, dans le diocèse d'Auxerre, et par conséquent dans le territoire des *Senones;* tandis que César, Ptolémée et Strabon disent expressément que *Genabum* est une ville des *Carnutes*[1], et que le dernier observe même que c'était leur ville de commerce ou leur entrepôt principal.

---

[1] Cæsar (lib. vi, cap. 13, *de Bello gallico*) dit : « In finibus Car- « nutum quæ regio totius Galliæ media habetur. » — Strabo (lib. iv, p. 191) dit : « La Loire, après avoir passé à Genabum, ville de com- « merce des Carnutes, placée vers le milieu de son cours, va se jeter « dans la mer. » Tom. ii, p. 42, de la trad. franç. de Strabon. — Strabo, lib. iv, p. 193. — Conférez Zosymi *Histor.*, lib. ii, p. 673. — Tibullus, lib. i, *Eleg.* 8, vers. 12.

Il est cependant des erreurs qu'on est forcé de réfuter souvent, parce qu'elles sont souvent reproduites, et cela arrive surtout en géographie ancienne, parce que le faux zèle de quelques savans pour leur ville, leur province ou leur pays natal, les porte à y rapporter tout ce qu'ils lisent dans les anciens; et l'ignorance du plus grand nombre sur les premiers principes de la critique géographique leur fait adopter les rapprochemens les plus évidemment faux, et les bévues les plus grossières, comme des choses prouvées. Ainsi, relativement à la question dont nous traitons, Valois [1], dans le dernier siècle, avait établi clairement ce point de géographie; Lancelot [2] se vit cependant obligé, plusieurs années après, de revenir encore sur cet objet et de donner de nouveaux développemens aux preuves alléguées par Valois. Enfin d'Anville et l'abbé Belley [3], dans une dissertation spéciale sur *Genabum*, crurent, pour réfuter l'abbé Lebeuf, devoir traiter de nouveau cette question sous toutes ses faces, et ajouter aux preuves de Valois et de Lancelot celles qui résultaient des mesures de l'Itinéraire et de la Table. Quoiqu'une des preuves sur lesquelles ces auteurs s'appuient repose sur une erreur de fait, bien singulière et bien étrange, pour un aussi grand géographe que d'Anville, celle de la fausse évaluation de la distance réelle entre Orléans et Paris; quoique enfin les mesures de l'Itinéraire et de la Table entre Nevers et Orléans soient aussi, dans cette dis-

---

[1] Valesii *Notitia*, p. 226.
[2] Lancelot, *Mémoires de l'Académie des Inscriptions*, tom. VIII.
[3] D'Anville et Belley, *Éclaircissemens géographiques sur l'ancienne Gaule*, in-12, 1741, p. 167.

sertation, combinées de manière à faire disparaître l'exactitude rigoureuse qui les distingue : cependant le point principal de la question se trouve démontré de manière à ne laisser aucun doute. En appliquant les mesures anciennes sur des cartes plus parfaites que celles que possédait d'Anville, et en opérant d'une manière plus rigoureuse, j'ai ajouté l'évidence mathématique à ce point intéressant de la géographie des Gaules, déjà prouvé par l'histoire[1]. Deux inscriptions encastrées dans le mur de la sacristie de Saint-Lubin-de-Suèvre, nous indiquent dans ce lieu même le nom et la position d'un village romain nommé *Sodobria*, situé chez les *Carnutes*, dont il n'est pas fait mention dans les Itinéraires[2].

Parisii. — La remarque que nous avons faite précédemment sur les limites tracées par César entre les grandes divisions de la Gaule, s'applique surtout aux *Parisii* et aux *Meldi*, qui, quoique traversés par la Seine et la Marne, et ayant une bonne partie de leur territoire au nord de ces rivières, appartiennent cependant à la Celtique. César nous représente

---

[1] Voyez l'*Analyse des Itinéraires*, tome III de cet ouvrage. Je ne connais pas de cartes particulières pour les évêchés d'Orléans et de Chartres; mais dans le tome VIII de la *Gallia christiana*, Nolin a donné une carte de l'archevêché de Paris, où les diocèses de Chartres, d'Orléans et de Blois, se trouvent tracés sur une assez grande échelle pour pouvoir déterminer avec exactitude, sur une carte générale, l'étendue et les limites des Carnutes au temps de César. Pline et Tibulle les nomment Carnuti ; le dernier leur donne l'épithète de *Flavi*.

[2] Voyez Caylus, *Antiquités*, tom. IV, p. 376, Pl. 112. — On lit dans un acte de l'an 895 : « In pago Blesense, in vicaria Sodobriense, « in ipsa villa Sodobria. » Le château de Saint-Dizier est auprès de ce lieu, qui se nomme Suèvre, et est sur la voie charretière.

les *Parisii* comme voisins des *Senones*, et comme ayant fait partie de ces derniers long-temps avant son arrivée dans les Gaules [1]; mais à cette époque ils se gouvernaient séparément; leur territoire, représenté par le diocèse moderne de Paris, était peu considérable. La position de leur capitale, *Lutetia*, à Paris moderne, se trouve prouvée par les mesures de l'Itinéraire et de la Table, pour les routes qui s'y joignent et qui partent d'*Agedincum*, Sens, *Rotomagus*, Rouen, *Genabum*, Orléans [2]. D'ailleurs les descriptions détaillées données dans les Commentaires de César, soixante ans avant J.-C., celles de Strabon et celles de l'empereur Julien [3] au IVe siècle, jointes à une suite non interrompue de monumens historiques, ne laisseraient aucun doute sur la position de *Lutetia* lors même qu'on serait privé du secours des mesures. Pline, Ptolémée, Ammien Marcellin et Zosyme [4] ont aussi fait mention de cette ville, mais elle fut toujours peu considérable du temps des Romains. Vers les derniers temps de leur domination dans les Gaules, Ammien Marcellin ne donne encore à *Lutetia* que le nom de *castellum*; Julien et Zosyme,

---

[1] Cæsar, *de Bello gallico*, liv. vi, cap. 3 : « Concilium Lutetiam « Parisiorum transfert. Confines erant hi Senonibus civitatemque « patrum memoria conjunxerant. » — *Ibid.*, lib. vii, c. 4, 34 et 75.

[2] Voyez *Tabula*, §. 1. — Wesseling, *Itinér.*, et l'*Analyse des Itinéraires anciens*, tom. iii de cet ouvrage.

[3] Cæsar, lib. vii, cap. 34. — Strabo, *Geogr.*, lib. iv, p. 194.

[4] Plinius, lib. iv, cap. 17. — Ptolemæus, lib. ii, cap. 8. — Amm. Marcellini *Histor.*, lib. v, cap. 11, et lib. xx, cap. 4. — Zosymi, *Hist.*, lib. iii, p. 710, inter *Hist. Græc. scriptor.* Francofurt., in-fol., 1590, tom. iii. — Julianus imperat., *Misopogon*, p. 340. Lipsiæ, in-fol., 1696. — *Codex theodosianus*, tom. ii, p. 469, ann. 565. Lugduni, in-folio, 1665.

celui de petite ville : elle n'a pas même la figure destinée aux capitales, dans la Table. *Agedincum*, Sens, a toujours été la métropole de *Lutetia* jusque sous Louis XIII, qui, en 1622, en fit le siége d'un archevêché, et lui donna pour suffragans Meaux, Chartres, Blois et Orléans [1]. En songeant à l'étendue actuelle de cette immense capitale comparée à ses faibles commencemens, on se plaît à répéter que lorsque César y tint les états de la Gaule, elle était renfermée dans l'île qui depuis a été surnommée la Cité; mais on oublie encore d'observer que cette île, alors et bien long-temps après, était beaucoup moins grande qu'elle ne l'est aujourd'hui : qu'il faut d'abord en retrancher l'emplacement de la place Dauphine, où étaient deux petites îles qui n'ont été réunies entre elles et à la Cité que dans le XVIe siècle [2]; et ensuite ce qu'on appelle le Terrein, qui fut un autre accroissement, produit par les décombres des bâtimens que l'on construisit dans cette partie de la ville. Il n'est pas besoin de dire que cette ville prit dans les derniers temps de la puissance romaine le nom du peuple, et que de là est venu le le nom moderne, Paris [3].

[1] *Gallia christiana*, tom. VII, p. 4.

[2] Voyez Jaillot, *Recherches topographiques sur Paris*, tom. I, quartier de la Cité, et les ouvrages de Félibien, de Sauval; les *Annales de Paris*, par dom Duplessis, in-4°, etc.

[3] Pour l'étendue du diocèse de Paris, consultez la *Gallia christiana*, tom. VII, et l'*Histoire du diocèse de Paris*, par l'abbé Lebeuf, en 15 vol. in-12, prodige de patience, et qui a valu à l'auteur le mauvais calembourg que l'historien Gibbon a fait sur le nom du savant académicien, dans les notes de son *Histoire de la décadence de l'Empire romain*. — Nolin a donné, pour la *Gallia christiana*, une carte particulière du diocèse de Paris avec les noms latins; il en existe une autre très bien exécutée par M. Dupain-Triel, publiée en 1782, et dédiée à monseigneur de Juigné. Mais

Senones. — De tous les anciens peuples des Gaules les *Senones* sont ceux qui ont laissé une plus éclatante renommée, puisque non seulement ils donnèrent, de même que les *Cenomanni*, le nom de leur nation à la partie de l'Italie dont ils s'emparèrent, mais qu'ils eurent aussi la gloire de prendre Rome [1]. César nous apprend que, de son temps, c'était encore une nation puissante par elle-même et par son influence sur les autres peuples de la Gaule [2], quoique les *Parisii*, qui en faisaient autrefois partie, s'en fussent détachés. Dans les dernières divisions de la Gaule sous les Romains, les *Senones* eurent encore l'honneur de donner leur nom à une province dont ils étaient le peuple principal, et qui, d'après eux, fut appelée *Senonia* [3]. Je crois pouvoir démontrer qu'au temps de César, ils réunissaient dans leur vaste territoire non seulement le diocèse de Sens, mais encore ceux de Troyes et de Meaux. Il n'y a aucune difficulté relativement à *civitas Autissiodurum* ou *Autessiodurum*, Auxerre, qui avait appartenu aux anciens *Boii*, et qu'on ne voit

---

le meilleur ouvrage de ce genre est un atlas publié en 1767, en 10 feuilles, avec les noms latins et français de chacune des paroisses, et des tables qui indiquent l'époque de leur érection. Cet ouvrage est intitulé : *Pouillé historique et topographique du diocèse de Paris*, par Louis Denys, Geogr., 1 vol. in-folio. — L'auteur a travaillé d'après Lebeuf, qu'il ne cite pas, mais qui avait fait paraître le premier volume du diocèse de Paris en 1754, et le quinzième en 1758. — Voyez encore Valesii *Notitia Galliarum*, p. 438.

[1] Strabo, lib. v, p. 212. — Polybius, lib. II, p. 105. — Diodor. Siculus, lib. xiv, tom. II, p. 323. — Tit. Liv., lib. v, cap. 41, etc.

[2] Cæsar, *de Bello gallico*, lib. v, cap. 53 et 54; lib. vi, cap. 2; lib. vii, cap. 4, 34, 57, 75.

[3] *Notitia provinc. Galliæ*, inter *Collect. des Hist. de Fr.*, p. 122.

figurer comme cité distincte des *Senones* que dans la Notice des provinces de la Gaule. Il n'en est pas de même des *Tricasses*, que Valois[1] prétend n'avoir pas été joints aux *Senones* du temps de César. Il se fonde sur ce que Pline et Ptolémée[2] font mention des *Tricasses* comme d'un peuple distinct ; mais d'abord le silence de César et de Strabon sur les *Tricasses* doit nous faire présumer que la séparation de ces peuples de la juridiction des *Senones* fut le résultat de la nouvelle division d'Auguste, dont la politique le portait nécessairement à ne pas souffrir dans la Gaule de réunions trop puissantes ; à morceler, et à diviser les peuples autant qu'il lui était possible : mais en outre César[3] nous dit que les *Senones* sont voisins des Belges ; or, comme il nous apprend aussi que les *Parisii*, après avoir fait partie des *Senones*, s'en étaient détachés, il en résulte que les *Tricasses* et les *Meldi* devaient y être compris ; car sans cela aucun point du territoire des *Senones* n'aurait touché les frontières des Belges ni répondu à la description de César ; au lieu qu'en comprenant les *Tricasses* et les *Meldi* dans le territoire des *Senones*, ces derniers se trouvent limitrophes des *Catalauni* et des *Suessiones*, qui faisaient partie de la Belgique. Cette réunion d'ailleurs s'accorde parfaitement avec la puissance que César donne aux *Senones*, et avec l'idée exagérée que certains auteurs anciens avaient de la grande étendue de leur territoire, qu'ils prolongeaient jusqu'à l'Océan[4]. Il résulte de cette

---

[1] Valesii *Notitia Galliarum*, p. 513.
[2] Plinius, lib. IV, cap. 17. — Ptolemæus, lib. II, cap. 8.
[3] Cæsar, *de Bello gallico, loco citato*.
[4] Florus, I. — Juvenal, *Satyr*. XI. — Æthicus, in *Cosmographia*.

discussion que le territoire des *Senones*, au temps de César, se trouve représenté par le diocèse de Sens, *Agedincum*, celui d'*Autissiodurum*, Auxerre, celui de Troyes ou des *Tricasses*, et enfin celui des *Meldi* ou de Meaux [1].

Ceci se trouve confirmé par une inscription sépulcrale trouvée à Auxerre, d'Aurelius Demetrius, qualifié par l'inscription de proconsul *civitatis Senonum, Tricassinorum, Meldorum, Parisiorum et civitatis Æduorum*. L'omission du nom d'*Autessiodurum* indique qu'Auxerre ne formait pas une cité distincte de celle des Senones [2].

César nomme la capitale des *Senones, Agendicum*[3] ; il est aussi fait mention d'*Agedicum* dans Ptolémée; et comme on retrouve Sens désigné sous le nom d'*Agedincum* dans les Annales de Saint-Bertin, au

---

[1] Ainsi, pour avoir une carte spéciale du territoire des Senones au temps de César, il faudrait retrancher de la carte de la province ecclésiastique de Sens, qui se trouve dans le tome XII de la *Gallia christiana*, le diocèse de Nevers, et y ajouter celui de Meaux.

[2] Gruter, *Inscript.*, p. 371, n° 8. — Leblanc, *Rech. hist. et stat. sur Auxerre*; Auxerre, 1830, in-12, p. 5. — On a trouvé diverses antiquités, sur la route d'Auxerre, à Avallon, à Vaux, à Saint-Bris, près la Croix-Rougeot, sur le chemin de Bazarne à Trucy, à Saint-More et à Girolle. En 1822, entre le bourg de Girolle et Avallon, sur une montagne appelée mont Marte, on a découvert les fondations d'une galerie et douze statues antiques (Leblanc, p. 13). On a aussi trouvé près d'Auxerre une patère portant : *Deo* APPOLLINI R. P. II. M. AUTESSIODURUM ; ce qui donnerait lieu d'écrire Autessiodurum et non Autissiodurum. Voyez *Bulletin des sciences historiques pour* 1831, n° 1, tom. XVII, p. 20; voyez aussi Caylus, *Antiquités*, tom. VII, p. 292, Pl. 83, et l'abbé Lebeuf, *Mercure de France*, 1731. *Mai*, p. 1049.

[3] Cæsar, *de Bello gallico*, lib. VII, cap. 10; lib. VI, cap. 44; lib. VII, cap. 57. — Valesii *Notitia*, voce *Agendicum*.

VIIIe siècle [1]; il en résulte que la position d'*Agedincum* à Sens moderne est prouvée historiquement; elle l'est encore avec plus de certitude par les mesures de l'Itinéraire et de la Table qui en font mention, et qui nous tracent quatre routes partant d'*Agedincum*, Sens, *Genabum*, Orléans, *Augustobona*, Troyes, *Lutetia*, Paris, *Augustodunum*, Autun, et aboutissant toutes à *Agedincum*, Sens [2]. Dès le temps d'Ammien Marcellin, cette ville avait déjà pris le nom du peuple, et n'était plus désignée que sous le nom de *Senones*. Outre la capitale *Agedincum*, Sens, César indique clairement chez les *Senones* une autre ville nommée *Melodunum*: « C'est, dit-il, une ville des Senonais, placée dans une île de la Seine, et un peu avant Lutèce [3]. » On ne peut désigner plus clairement Melun moderne; mais on a eu tort de vouloir confondre ce lieu avec *Metiosedum*, qui, d'après les détails donnés sur le siége de Paris par La-

[1] « Agedincum, *ville de Sens*, non autem *Provins* ut stulte putant », dit Scaliger. Cette dure sentence ne nous a point garanti des nombreuses et oiseuses dissertations publiées sur ce sujet dans ces derniers temps. Voyez le Dictionnaire, tom. III de cet ouvrage.

[2] *Analyse des Itinéraires*, tom. III. — Wesseling, *Itinér.*, et *Tabul. peutinger.* — La dissertation sur *Chora vicus* a été réimprimée dans un recueil intitulé : *Dissertations et Mémoires sur différens sujets d'antiquité et d'histoire*, mis en ordre et publiés d'après les manuscrits de feu Pasumot, ingénieur géographe du Roi, par C.-M. Grivaud; Paris, 1810 à 1813. — Ce volume ne s'est jamais vendu. M. Grivaud, ayant publié ces diverses dissertations dans les *Annales des Voyages* et dans le *Magasin encyclopédique*, les a réunies, au moyen d'un titre et d'une préface, en un seul volume dont la pagination ne se suit pas.

[3] Cæsar, *de Bello gallico*, lib. VII, cap. 58 : « Melodunum, oppidum Senonum, in insula Sequanæ positum, ut paulo ante Lutetiam diximus. »

bienus, a dû être situé au confluent de la Marne et de la Seine¹. On a conjecturé que *Vellaunodunum*², dont il est question dans le septième livre des Commentaires, devait être fixé à Beaune en Gâtinais, et par conséquent dans l'étendue du territoire des *Senones*³; d'autres ont placé ce lieu à Avallon, d'autres à Auxerre; M. Jollois, à Sceaux, qui est *Segeste;* d'autres ont préféré Château-Landon : mais les ruines d'une ville antique, décrite par Caylus et par M. Jollois dans un Mémoire manuscrit sur les Antiquités du Loiret, nous font pencher pour Cran et Chenevière, entre Châtillon-sur-Saône et Château-Renard⁴.

Le diocèse d'Auxerre n'a été détaché des *Senones* que long-temps après les *Tricasses;* mais il le fut cependant du temps des Romains, puisqu'on trouve dans la Notice des provinces de la Gaule *civitas Autissiodurum*⁵; et un lieu nommé Fins, entre Châtillon et Briare, sur les limites des diocèses de Sens et d'Auxerre, est encore une indication de cette antique séparation. Ammien Marcellin⁶ est le pre-

---

¹ Cæsar, *de Bello gallico*, lib. VII, cap. 61.

² Cæsar, *de Bello gallico*, lib. VII, cap. 11. — Belley, *Éclaircissemens géographiques sur l'ancienne Gaule*, et d'Anville, *Notice*, p. 685. — Conférez mon article Labienus, dans la *Biographie universelle* et dans la *Vie de plusieurs personnages célèbres*.

³ Sanson a, le premier, publié une Carte de l'archevêché de Sens en 1620; mais il en existe une beaucoup meilleure, levée géométriquement par Outhier, gravée par de Lahaye, et publiée en 1741. — Julien, dans son *Catalogue de cartes*, p. 19, donne à cette carte la date de 1761; ce qui est une faute. — Conférez Muratori, *Inscript.*, tom. II, p. 1080, n° 6.

⁴ Voyez le Dictionnaire, tom. III, à la fin de cet ouvrage, au mot *Vellaudunum*.

⁵ *Notitia provinciarum Galliæ*, *Rec. des Hist. de Fr.*, p. 122. — Guérard, *Essai*, p. 16.

⁶ Ammian. Marcellinus, lib. XVI, cap. 2.

mier auteur qui fasse mention d'*Autissiodurum*, et la position de cette ville à Auxerre se trouve prouvée non seulement par l'histoire, mais encore par les mesures d'une route romaine détaillée dans l'Itinéraire et dans la Table, et qui se rattache à *Agedincum*, Sens, et *Augustodunum*, Autun, route dont les vestiges subsistent encore[1]. Près de cette route on voit encore à La Ville-Auxerre, près Saint-Moré, les ruines de *Cora vicus*, lieu dont parle Ammien Marcellin, qui est bien le même que *Choræ vicus* des statuts de Saint-Aunaire et de Saint-Tétrice, et qu'on ne doit point placer à Cure, comme l'avaient pensé l'abbé Lebeuf et d'Anville[2]. Les mesures de l'Itinéraire déterminent à Saulieu moderne la position de *Sedelaucum* dont il est question dans le même passage[3]. J'ai déjà observé précédemment que les conjectures les plus vraisemblables concourent à placer les *Boii*, qui jouèrent un si grand rôle au-delà des monts, dans le diocèse d'Auxerre, où l'on trouve Bouï près d'Entrain, nommé *Boiacum* dans le moyen âge. Comme les *Boii* disparaissent ensuite de la géographie de la Gaule transalpine, il y a tout lieu de présumer qu'ils faisaient, avec les *Tricassii* et les *Meldi*, partie de la grande confédération des peuples compris sous le nom général de

---

[1] *Analyse des Itinéraires*, tom. III de cet ouvrage.

[2] D'Anville, *Notice*, p. 226, et l'abbé Lebeuf, *Mémoires concernant l'histoire ecclésiastique et civile d'Auxerre*, 2 vol. in-4°, 1743. — La réfutation de leurs opinions et les preuves de ce que j'avance ici se trouvent dans l'ouvrage de Pasumot, intitulé : *Mémoires géographiques sur quelques antiquités de la Gaule* ; Paris, 1765, in-12.

[3] Ammian. Marcell., lib. XVI, cap. 2. — Conférez *Analyse des Itinéraires*, tom. III de cet ouvrage, et Pasumot, *Mém. géogr.*

Senones, et qu'affaiblis par leurs émigrations, ils ne furent plus désignés depuis comme peuple particulier et distinct des *Senones* proprement dits. Le *civitas Autissiodurum*, ou le diocèse d'Auxerre, n'ayant point éprouvé de changement, les cartes modernes de ce diocèse établissent avec précision les limites des *Senones* de ce côté [1].

Le nom de la capitale des *Tricasses* est *Augustomana* dans Ptolémée [2], et *Augustobona* dans l'Itinéraire [3]; ce qui n'est point une erreur, puisque la même variante se retrouve pour *Augustobona* dans la Pannonie, ou Vienne en Autriche. Valois a très bien observé [4] que ces mots, quoique différens, étaient synonymes, puisque tous les anciens grammairiens, Varro, Festus, Nonius Marcellus et autres, s'accordent à dire que chez les anciens Latins le mot de *Manum* s'exprimait par celui de *Bonum*, et signifiait Mâne. Le nom d'*Augustobona* est donc synonyme de celui d'*Augustomana*; mais il est comparativement très récent, et il a été évidemment donné à cette ville par les Romains, du temps d'Auguste,

---

[1] Sanson a fait paraître, en 1660, un Diocèse d'Auxerre en une feuille; mais l'abbé Lebeuf, dans ses *Mémoires concernant l'histoire ecclésiastique et civile du diocèse d'Auxerre*, 2 vol. in-4°, 1743, a donné deux cartes très intéressantes de ce diocèse à deux époques différentes; elles sont dressées par Robert, et très utiles pour l'histoire du moyen âge.—Voyez encore *Gallia christiana*, tom. XII, p. 260, et *Instrumenta*, p. 98.

[2] Ptolemæus, *Geogr.*, lib. II, cap. 8.

[3] Wesseling, *Itinerar.*, et tom. III de cet ouvrage.

[4] Valesii *Notitia*, p. 562. Valois explique, d'après ces rapprochemens, d'une manière très ingénieuse, ce passage de Virgile :

.... *Vos o mihi, Manes,*
Este boni!..............

probablement lors de la division faite par cet empereur du vaste territoire des *Senones* en plusieurs peuples distincts et séparés. Nous ignorons entièrement le nom gaulois que portait du temps de César, et antérieurement, le chef-lieu des *Tricasses;* mais une inscription trouvée à Auxerre fait, comme il a été dit, mention de *civitatis Tricassinorum*[1]. Le nom même d'*Augustobona* avait déjà disparu du temps d'Ammien Marcellin[2], et on y avait substitué celui du peuple, *Tricasses*, qui, dans le moyen âge, a été converti en celui de *Trecœ.* Par les mesures des routes qui se réunissent, et concourent toutes en un même point dans l'Itinéraire et dans la Table, en partant de *Durocatalaunum*, Châlons-sur-Marne, *Agedincum*, Sens, *Genabum*, Orléans, *Lutetia*, Paris, *Autissiodurum*, Auxerre, il est bien prouvé qu'*Augustobona* ou *Tricasses* occupait le même emplacement que la ville moderne de Troyes[3]. Le diocèse de Troyes nous représente exactement l'étendue et les limites du territoire des anciens *Tricasses* et par conséquent des *Senones*, de ce côté[4].

Il est fait mention d'un peuple nommé *Meldi* dans César[5]; mais nous verrons bientôt que c'est un peuple différent des *Meldi* limitrophes des *Parisii* et des *Senones.* Les *Meldi* de César habitaient les

---

[1] Leblanc, *Recherches sur Auxerre*, p. 3, et ci-dessus, p. 408.

[2] Ammian. Marcellin., *Histor.*, lib. XVI, cap 2.

[3] Voyez l'*Analyse des Itinéraires*, tom. III, et ci-dessus, p. 408.

[4] Sanson a donné une Carte du diocèse de Troyes en 1656; mais la meilleure carte de ce diocèse est incontestablement celle de Courtalon, publiée en une feuille en 1785 : c'est une des plus élégantes qui existent en ce genre. — Voyez encore, pour le diocèse de Troyes, *Gallia christiana*, tom. XII, p. 483.

[5] Cæsar, *de Bello gallico.*

côtes de l'Océan; et comme, ainsi que nous l'avons observé, Florus, Juvénal et Æthicus, étendent les *Senones* jusqu'à l'Océan, n'est-il pas probable que leur erreur peut être dérivée de ce qu'ils auront confondu les *Meldi* de César, sur les côtes de la Belgique, avec les *Meldi* des auteurs postérieurs, renfermés dans l'intérieur de la Gaule. Cette erreur était d'autant plus facile à commettre, qu'en prenant à la rigueur la définition de César, les *Meldi*, qui sont coupés en deux portions par la Marne, pouvaient être considérés comme des peuples de la Belgique, et par conséquent confondus avec les *Meldi* situés sur la côte et dans la Belgique. Les *Meldi* de la Celtique dont il est ici question, qui au temps de César faisaient partie des *Senones*, sont mentionnés par Strabon, Pline et Ptolémée [1]; ce dernier leur donne pour capitale *Jatinum*, et dans la Table [2] il existe une route entre *Cæsaromagus*, qui est Beauvais, et *Augustobona*, qui est Troyes : les mesures de cette route sont parfaitement exactes dans leur ensemble, et la direction de la route est par la ville de Meaux : mais il y a une position nommée *Fixtuinnum*, que l'on a conjecturé, avec beaucoup de vraisemblance, devoir être la ville de *Jatinum* mentionnée par Ptolémée [3] : cependant comme dans la Table cette position n'a point la figure qui désigne une capitale, et que la mesure n'atteint pas tout-à-fait à Meaux, mais à Montbout,

---

[1] Strabo, *Geogr.*, lib. IV, p. 194. — Plinius, lib. IV, cap. 17. — Ptolemæus, lib. II, cap. 8.

[2] *Tabula peutinger.*, §. 1. — Voyez l'*Analyse des Itinéraires*, tom. III de cet ouvrage.

[3] Voyez *Gallia christiana*, tom. VIII, p. 1586, où il est dit qu'il existait autrefois à Meaux les débris d'un amphithéâtre romain.

à côté de Panchart, près de Meaux, il serait possible que *Fixtuinnum* déguisât les mots de *Fines Jatinorum*[1]. Je dois au reste faire observer que d'Anville[2] a arrangé arbitrairement et d'une manière erronée toutes les mesures anciennes de cette route, parce qu'il n'en trouvait aucune exacte. Son erreur provient 1° de ce que n'ayant qu'une édition incorrecte de la Table, il n'a pas su que cette route conduisait à Troyes ; et qu'après l'avoir dirigée avec raison vers le midi, il la fait à tort remonter vers le nord pour aller rejoindre Reims ; 2°. de ce qu'avec tant d'autres, il est parti de cette fausse idée qu'*Augustomagus* ne pouvait être que Senlis : je reviendrai bientôt sur cet objet. Les *Meldi* conservaient encore leurs anciennes limites du temps de Charlemagne, et ce district s'appelait le *Meldanus pagus*[3]. Ce nom, dans les temps plus modernes, n'a été conservé qu'à la partie au nord de la Marne : celle au midi a reçu le nom de *Briegium*, Brie. Le diocèse de Meaux représente exactement l'étendue et les limites des anciens *Meldi*, et par conséquent celles des *Senones*, de ce côté[4]. Nous avons vu qu'il était fait mention de *civitatis Meldorum* dans l'inscription trouvée à Auxerre[5].

Lingones. — Les *Lingones*, déjà célèbres dès les

---

[1] Voyez l'*Analyse des Itinéraires*, tom. III de cet ouvrage.

[2] D'Anville, *Notice*, p. 375, et Carte de la Gaule ancienne.

[3] Valesii *Notitia*, p. 331. — Guérard, *Essai*, p. 17 et 147.

[4] Il existe une bonne carte du diocèse de Meaux, levée par ordre de Bossuet, dédiée à ce grand homme par un nommé Chevalier, et publiée par Hubert Jaillot.

[5] Voyez Gruter, *Inscript.*, p. 371, n° 8, et Leblanc, *Rech. hist. et stat. sur Auxerre*, in-12, p. 3. — Ci-dessus, p. 408.

premiers temps de l'histoire des Gaules, terminent enfin le long circuit de la Celtique, en se rattachant, d'une part aux sources de la Marne et de la Seine, et de l'autre à la chaîne des Vosges, qui, en se prolongeant vers l'orient jusqu'au Rhin, sépare les *Sequani* des peuples de la Belgique [1]. On a mis en question si les *Lingones* du temps de César devaient appartenir à la Belgique, ou à la Celtique [2]. Il suffisait, ce me semble, pour décider cette question, de lire avec attention le texte de César, et de regarder une carte de l'ancienne Gaule, ou une France ecclésiastique. En effet, César disant que la Celtique est bornée par la Marne et la Seine; que les *Helvetii*, les *Sequani*, les *Senones*, dans lesquels nous avons prouvé qu'il faut renfermer les *Tricasses*, font partie de la Celtique; n'en résulte-t-il pas évidemment que les *Lingones*, qui sont comme enclavés entre ces deux peuples, et situés dans la partie la plus méridionale du cours des deux rivières mentionnées par César, font aussi partie de la Celtique, quoique César ne le dise pas expressément? Il est vrai que Ptolémée et Pline placent les *Lingones* dans la Belgique [3] : et c'est avec raison, puisque ces peuples y étaient compris de leur temps. Auguste, par la nouvelle division qu'il adopta, ayant attribué à la Belgique les *Helvetii* et les *Sequani*, que César nous dit très positivement avoir fait, de son temps, partie de la Celtique, a dû nécessairement aussi enlever les *Lingones* de cette dernière portion

---

[1] Cæsar, *de Bello gallico*, lib. vii, cap. 63. — Plutarchus, in *Cæsare*, tom. 1, p. 720, edit. in-folio, 1599.

[2] Valesii *Notitia*, p. 279. — D'Anville, p. 417.

[3] Ptolem., lib. ii, cap. 8. — Plinius, lib. iv, cap. 17.

de la Gaule, pour les attribuer à la première. Strabon [1], qui suit souvent les divisions établies par César, de préférence à celles d'Auguste, encore très récentes de son temps, nomme les *Lingones* avec les *Ædui*, qui, dans tous les temps, firent partie de la Celtique. La position de la capitale des *Lingones*, nommée *Andomatunum* dans Ptolémée, nous est donnée par les mesures de l'Itinéraire et de la Table [2], qui toutes portent à Langres par quatre routes différentes, partant de *Durocatalaunum*, Châlons-sur-Marne, *Tullum*, Toul, *Cabillonum*, Châlons-sur-Saône, *Vesontio*, Besançon. On a trouvé à Langres un très grand nombre d'antiquités. Elle avait pris dans les derniers temps de la puissance romaine [3] le nom du peuple *Lingones*, et dans notre ancien français elle se nomma d'abord Langone ou Langoinne. Il n'y a peut-être pas de ville en France autour de laquelle on découvre un plus grand nombre de vestiges de routes romaines : outre les quatre que j'ai déjà mentionnées, et dont on aperçoit encore quelques restes, on en voit d'autres qui se dirigent sur Troyes, sur Avallon, sur Saulieu, sur La Marche, sur Bar-sur-Ornain. Le diocèse de Langres, avant qu'on en eût démembré celui de Dijon (ce qui n'eut

---

[1] Strabo, lib. IV, p. 193.

[2] *Tabula peutinger.*, segm. 1. — Wesseling, *Itiner.* — Mon *Analyse des Itinéraires*, tom. III de cet ouvrage.

[3] Eutropius, lib. IX, p. 576. Eutrope dit *Lingonas*. — Frontinus, in *Stratagematibus*, lib. IV, cap. 3, dit : « Lingonum opulentissima « civitas. » — Dans la *Notitia provinciar. Galliæ*, inter *Collect. des Hist. de Fr.*, t. I, p. 122, et Guérard, p. 13, cette ville est désignée sous le nom de *civitas Lingonum.* — Lucain, *Pharsalia*, lib. I, v. 398, dit *Lingonas* comme Eutrope ; il les appelle belliqueux, *pugnaces.*

lieu que sous Louis XV, en 1721), nous représente l'étendue et les limites de l'ancien territoire des *Lingones* [1]. Deux inscriptions sont les seuls monumens romains qui nous donnent connaissance de *Dibio*, dont le premier des historiens français, Grégoire de Tours, a fait, dans le VIe siècle, une description si vive et si animée; l'identité de position, entre l'ancienne *Dibio* et Dijon moderne, se trouve démontrée par l'inscription dont nous avons parlé, trouvée sur les lieux avec un grand nombre d'autres antiquités romaines : cette position est aussi prouvée par une suite non interrompue de monumens historiques du moyen âge [2]. Nous avons déjà fait observer qu'il est fait mention, dans Ammien Marcellin, d'un lieu nommé *Arbor*, qui ne peut être l'*Arbor Felix* des *Helvetii*, mentionné dans l'Itinéraire et la Notice de l'Empire, ni être placé à Arbois. Le lieu nommé

---

[1] Sur le diocèse de Langres, voyez *Gallia christiana*, tom. IV, p. 508. — L'abbé Demangin, *Histoire ecclésiastique, civile et politique du diocèse de Langres et de celui de Dijon*, 3 vol. in-12; Paris, 1765, tom. I, p. 22. — Sanson publia, en 1656, une carte du diocèse de Langres en deux feuilles, qui comprend, par conséquent, aussi le diocèse de Dijon ; mais on doit préférer la Carte des États de Bourgogne, dressée et exécutée par Seguin, en quinze grandes feuilles, en 1763. Les limites des diocèses y sont marquées exactement. — Il existe une carte très belle et très bien gravée, par Chalmandrier, du diocèse de Langres, séparée de celui de Dijon, et publiée en 1769. — Voyez encore, pour les inscriptions, Gruter, p. 616, n° 1 ; et p. 263, inscript. 2. — Muratori, tom. II, p. 1054, n° 4 ; et tom. II, p. 444. — *Mémoires de l'Académie*, tom. IX, p. 238 à 240.

[2] *Dissertations sur l'origine de la ville de Dijon, et sur les antiquités découvertes sous les murs bâtis par Aurélien à Dijon*; in-4°, 1771. — Pour plus de détails sur les antiquités trouvées à Dijon, conférez le *Voyage de M. Millin dans les départemens méridionaux*, tom I, p. 265.

Arbot-sur-l'Aube, dans le département de la Haute-Marne, arrondissement de Langres, et par conséquent chez les *Lingones*, est celui qui répond le mieux à ce qu'exige le texte d'Ammien Marcellin [1]. Il est fait mention d'un *civis Lingonus*, ou citoyen de Langres, dans une inscription trouvée à Bourbonne-les-Bains [2].

§. IV. *La Belgique* (de César).

D'après la division des Gaules indiquée par César, la Belgique est la plus petite des quatre portions qui la composaient; mais ce fut celle qui fit éprouver à ce conquérant une plus longue résistance, et où se passèrent les plus importans événemens de la conquête. Plusieurs des peuples qui s'y trouvaient furent détruits, beaucoup de villes reçurent des colonies romaines, et le voisinage de la Germanie força toujours à y entretenir une force armée considérable. Les limites des peuples ne se conservèrent pas aussi bien dans cette partie de la Gaule que dans la Celtique, qui à la vérité, sous ce rapport, ne peut être comparée à aucune autre. Aussi la géographie ancienne de la Gaule, relativement aux limites des peuples de la Belgique, est, comme l'atmosphère physique de cette contrée, enveloppée de nuages et de brouillards, et elle demande une attention particulière; mais il n'en est point dans laquelle les Romains aient tracé un plus grand nombre de routes, et sur laquelle les Itinéraires nous fournissent plus de moyens pour déterminer, avec exactitude, la position des capitales

---

[1] Ammian. Marcellin., lib. xvi, cap. i, p. 110, de l'édit. de Valois.
[2] Voyez Berger de Xivrey, *Lettre à M. Hase*, p. 109, et Martial, lib. xiv, p. 159.

par les mesures anciennes; il n'en est point sur lesquelles les modernes aient fait des recherches plus savantes, et mieux dirigées. Les peuples qui composaient cette partie de la Gaule semblent, à l'époque de Jules César, séparés en quelque sorte du reste de la Gaule, et réunis en une république fédérative. César nous apprend qu'ils s'assemblaient en commun : « *Quanquam quisque multitudinem in communi concilio pollicitus esset* [1]. »

Belgium. — Un district particulier, mentionné par César sous le nom de *Belgium* [2], et qui par cette raison doit être considéré comme le centre même de la Belgique, nous indique par quels peuples nous devons commencer la description de cette quatrième grande division de la Gaule.

César, dans le cinquième livre de ses Mémoires, distingue formellement les *Morini*, les *Nervii*, les *Remi*, les *Treveri*, qui sont des nations de la Belgique, d'avec le *Belgium*; et dans cet endroit le *Belgium* désigne les *Bellovaci*, car c'est chez les *Bellovaci* que, pour aller au secours de Q. Cicéron, il rappelle Crassus, qu'il avait laissé *in Belgio*, dans le *Belgium* [3] : mais cette dénomination de *Belgium* ne doit pas être attribuée au seul territoire des *Bellovaci*, comme le veut Cluverius, et comprenait encore le pays des *Atrebates* et celui des *Ambiani*. En effet, on lit dans Hirtius Pansa, que César se rend auprès de ses légions, dans le *Belgium*, et prend son quartier

---

[1] Cæsar, *de Bello gallico*, cap. 4.

[2] Cæsar, *de Bello gallico*, lib. v, cap. 12, 24 et 25. — Hirtius Pansa, *Comment. de Bello civil.*, lib. viii, cap. 46, 49 et 54.

[3] Cæsar, *de Bello gallico*, lib. v, cap. 24 et 25.

d'hiver à *Nemetocenna*, qui est la ville principale des *Atrebates*: donc les *Atrebates* étaient compris dans le *Belgium* ¹. Nous en avons une preuve moins formelle, mais qui mérite d'être rapportée. César, au livre déjà cité ², nous apprend que la plupart des peuples qui habitaient la partie méridionale de la Grande-Bretagne, étaient sortis du *Belgium* pour venir se fixer dans ces lieux, et que les ayant trouvés incultes et déserts, ils les défrichèrent, y bâtirent des demeures et des villes auxquelles ils donnèrent le nom de celles qu'ils avaient quittées; or on trouve précisément des *Atrebates* dans le midi d'*Albion* ³, près de la Tamise, et dans le même emplacement que le Hampshire moderne. L'extension du *Belgium* dans le territoire des *Atrebates* comprend aussi nécessairement les *Ambiani* dans cette division, puisque les *Ambiani* sont renfermés entre les *Bellovaci* et les *Atrebates*. César nous apprend que par la difficulté de se procurer des vivres, il avait placé une seule légion dans chaque canton ou territoire de peuple; or il ajoute qu'il en envoya trois dans le *Belgium* ⁴. Le *Belgium* comprenait donc trois peuples, savoir: les *Bellovaci*, les *Atrebates* et les *Ambiani*, et n'en contenait pas davantage ⁵. Enfin nous voyons, par

---

¹ Hirtius, *Comment. de Bello gallico*, lib. viii, cap. 46 et 47.

² Cæsar, lib. v, cap. 12.

³ Ptolemæus, *Geogr.*, lib. ii, c. 4, et notre Analyse d'une carte de la Grande-Bretagne, dressée pour la lecture des auteurs anciens, dans les *Annales des Voyages*, 1836, tom. i, p. 145, et p. 37 des exemplaires tirés à part.

⁴ Cæsar, lib. v, cap. 24.

⁵ Carlier, *Dissertation sur l'étendue de Belgium et sur l'ancienne Picardie, qui a remporté le prix à l'Académie d'Amiens en* 1752;

plusieurs passages de César, que les *Bellovaci*, les *Ambiani* et les *Atrebates*, étaient les trois peuples les plus considérables et les plus vaillans de la Belgique, et on comprend facilement pourquoi leurs territoires réunis se trouvaient particulièrement désignés sous le nom de *Belgium*.

Ainsi l'étendue et les limites des *Bellovaci*, des *Ambiani*, et des *Atrebates*, détermineront celles du district compris sous le nom de *Belgium*. Nous commencerons par les *Bellovaci* comme plus voisins de la Gaule celtique que nous venons de quitter; d'ailleurs, César, Hirtius Pansa et Strabon [1], nous les représentent unanimement comme les plus nombreux, et les plus belliqueux parmi les Belges.

Bellovaci. — Ptolémée [2] nous apprend que le nom de la capitale des *Bellovaci* était de son temps *Cæsaromagus* : cette ville se trouve mentionnée dans l'Itinéraire et dans la Table. Les quatre routes qui y sont indiquées et qui se rattachent à *Rotomagus*, Rouen, *Lutetia*, Paris, *Augusta Suessionum*, Soissons, et *Sammarobriva*, Amiens, aboutissent par une suite non interrompue de mesures exactes à Beauvais

---

Amiens, 1753, brochure in-12. — Valesii *Notitia*, p. 79, au mot *Bellovaci*. — D'Anville, *Notice*, p. 147. Il observe, avec raison, qu'on n'a aucune raison valable pour comprendre les *Veromandui* dans le *Belgium*, ainsi que le veut Sanson.

[1] Strabo, lib. IV, p. 194 et 196. — Cæsar, *de Bello gallico*, lib. II, cap. 4 : « Plurimum inter eos Bellovacos, et virtute, et auctoritate, « et hominum numero valere. » Lib. II, cap. 14; lib. VII, cap. 69 et 75. — Hirtius Pansa, *Comment. de Bello gallico*, lib. VIII, cap. 7, 12, 14, 15, 16 et 17. — Tit. Liv., ex epitome CXIV. — Paulus Orosius, lib. VI, cap. 7. — Eumenii *Panegyricus ad Constantium*, cap. 21. — Cælius, in *Ciceronis Epistol.*, lib. VIII, epistol. 1.

[2] Ptolemæus, lib. II, cap. 8.

moderne¹. L'erreur que d'Anville croit avoir trouvée dans la Table relativement à *Petromantalum*, qu'il confond avec *Petrumviaco* n'existe pas². *Cæsaromagus* prit, dans les derniers temps de la puissance romaine, le nom du peuple, *Bellovaci*³; une suite de titres et de monumens historiques prouvent que *Bellovaci* est la même ville que Beauvais, et on a trouvé dans cette dernière, diverses antiquités romaines. Mais il se présente ici une question qui a beaucoup intéressé les géographes. César⁴ mentionne une ville chez les *Bellovaci*, où ils se renfermèrent tous à son approche : cette ville était donc leur capitale : César nomme cette ville *Bratuspantium*; il n'en est ensuite fait mention dans aucun auteur, ni dans aucun monument de l'antiquité. Comme rien ne prouvait que la capitale des *Bellovaci* eût changé de place, et que ce nom romain de *Cæsaromagus* avait pu être substitué au nom gaulois de *Bratuspantium*, précisément parce que cette dernière ville avait été prise par César, Sanson, Adrien de Valois⁵ et Scaliger n'hésitèrent pas à considérer *Bratuspantium* comme la même ville que *Cæsaromagus*; et d'Anville adopta l'opinion de ces deux savans dans sa Carte de la Gaule au temps de César, insérée dans le Crevier et publiée en 1745. Depuis, d'Anville changea d'opinion :

---

¹ Voyez l'*Analyse des Itinéraires anciens*, t. III de cet ouvrage.
² D'Anville, *Notice*, p. 527. — Conférez l'*Analyse des Itinéraires*, tom. III de cet ouvrage.
³ *Notitia provinciarum Galliæ*, inter *Collect. des Hist. de Fr.*, tom. I, p. 122. — Guérard, *Essai*, p. 18.
⁴ Cæsar, *de Bello gallico*, lib. II, cap. 14.
⁵ Valesii *Notitia*, p. 79. — Cambry, *Statistique du département de l'Oise*, tom. II, p. 178.

après avoir entendu la lecture d'une dissertation de M. Bonamy [1], il plaça *Bratuspantium* dans la paroisse de Vandeuil à un quart de lieue de Breteuil, où il existait, dit-il, il y a deux siècles, une ville sous le nom de Brantuspante. Il observe que César, qui venait de Soissons et se rendait à Amiens, s'écarte moins de la route directe en marchant vers Breteuil que vers Beauvais; raison extrêmement faible, car on se dérange facilement de sa route pour accabler un ennemi redoutable, et ne pas le laisser sur les derrières de son armée. Quoi qu'il en soit, tous les auteurs ayant depuis copié d'Anville, on a regardé cette position de *Bratuspantium* comme une chose prouvée. Pourtant, quand on a recours à la dissertation sur laquelle d'Anville a formé son opinion [2], on voit qu'il est dit que les paysans de tous les villages environnans désignent cet endroit sous le nom de Bransuspans; « mais, observe très bien le judicieux
« auteur de cette dissertation, il serait à désirer
« qu'on pût savoir en quel temps on lui a donné cette
« dénomination, et si elle n'a commencé que depuis
« que l'on a cru que *Bratuspantium* était près de
« Breteuil ; or on n'a pas trouvé de titres plus anciens
« que le Mémoire d'un curé du lieu, qui en 1570
« écrivit sur les antiquités du château et des églises
« du bourg de Breteuil. On y lit ces mots : Le bourg
« de Breteuil était, en sa première fondation, une
« ville que Jules César nomme Bratuspanse, distante
« d'Amiens de sept lieues, sise en un certain lieu

---

[1] D'Anville, *Notice*, p. 172.
[2] Elle fut publiée depuis. Voyez Bonamy, dans les *Mémoires de l'Académie des Inscriptions*, tom. XXVIII, p. 467.

« nommé actuellement la Fosse-aux-Esprits, proche
« dudit Breteuil d'un quart de lieue, ainsi dite
« parce que plusieurs ont vu et voient encore plu-
« sieurs apparitions en cette place. » Louvet, dans son
Histoire du Beauvoisis, dit que cette ville devait être
considérable, puisque son plan et son assiette étaient
d'une demi-lieue de longueur. « Elle étoit située,
« dit-il, entre les villages de Beauvoir, Vandeuil,
« Capli, Eruisseau, et Evosseau, dans une vallée
« formée par trois collines, sur l'une desquelles
« étoit bâtie la forteresse, dont la motte retient en-
« core les noms de Catelet; et combien que ladite
« ville ait été complétement ruinée, néanmoins pa-
« roissent encore des fondemens fort massifs, de fort
« grandes remarques, de grands espaces de logis,
« grand nombre de puits et de caves, quantité de
« médailles d'argent et cuivre; et quand cette grande
« campagne est ensemencée en bled, on y reconnoît
« encore le compassement, et les endroits des rues,
« où le bled est plus petit aux lieux où les maisons
« étoient bâties. » En 1745, on a trouvé beaucoup
de médailles dans ce lieu, et à différentes époques des
vases, des statuettes, des instrumens de sacrifices [1].
Tout cela prouve incontestablement qu'il existait là
un lieu romain, comme sur la montagne de Grignon
près Joinville, en Champagne; comme à Antre,
comme à Grant, comme à Tulle, et dans d'autres
lieux; mais cela ne démontre pas que cette ville soit

---

[1] Voyez Cambry, *Statistique du département de l'Oise*, 2 vol. in-8°, 1803, tom. 1, p. 216. — On avait espéré trouver de l'or dans une vieille tour, et l'endroit où l'on avait creusé fut nommé la Fosse-Serprix, ou la Fosse-aux-Esprits. —Voyez d'Allonville, *Dissertation sur les Camps romains du département de la Somme*, 1828.

le *Bratuspantium* de César. Si on réfléchit qu'il n'y a presque pas en France de vieille masure, de débris d'antiquités un peu considérables, de chaussées un peu anciennes, de restes de fortifications un peu insolites, qui ne porte le nom de château de César, de tour de César, de chemin de César, de camp de César, ou autres noms de même nature, et que l'opinion attachée à ces diverses dénominations est unanime dans chacun de ces lieux, depuis le châtelain et le curé de l'endroit jusqu'au paysan le plus ignorant, on regardera comme de nulle valeur la tradition des habitans des environs de Breteuil, qui fait des ruines de Fosse-Serprix ou Fosse-aux-Esprits, celle de la ville de Bransuspans. Si nous réformons les documens que nous ont laissés les anciens, et les conjectures ou les fables qui ont pris naissance durant l'ignorance du moyen âge, qui ensuite, pendant plusieurs siècles, ont été transmises comme des vérités incontestées par la tradition ; si nous n'avons aucun doute sur la fausseté de ces croyances, quoique fort anciennes, à plus forte raison devons-nous avoir peu d'égard pour les traditions qui sont aussi récentes que celles dont nous avons fait mention. En effet, elle paraît avoir pris naissance postérieurement à la dissertation du curé, dont nous avons parlé plus haut, et ne remonte pas au-delà de l'année 1574, époque à laquelle un nommé Jean Warnier, curé de Breteuil, fit un rapport à ce sujet sur l'ordre exprès du prince de Condé, châtelain de Breteuil. Si le lieu dont on parle avait, avant cette époque, porté le nom de Bransuspans, on en eût certainement trouvé des preuves dans les titres anciens de la paroisse dont ce lieu dépend, ou dans ceux des paroisses environnantes. D'un autre côté, César [1] disant que les *Bellovaci* s'étaient renfermés dans *Bratuspantium* avec tous leurs effets, et que de là les vieillards, les femmes et les enfans, lui avaient tendu les mains en signe de supplication et lui avaient demandé la paix, paraît bien désigner *Bratuspantium* comme capitale des *Bellovaci*. D'ailleurs César, jusqu'à l'époque de son départ pour aller chez les *Ambiani*, établit son camp à *Bratuspantium*, et se fit ensuite livrer toutes les armes des *Bellovaci*, ce qui indique encore plus précisément le chef-lieu de ce peuple. Enfin César dit encore qu'après être parti de *Bratuspantium* avec son armée, il parvint sur les confins des *Ambiani* [2]. Si *Bratuspantium* eût été située près de Breteuil, il ne se serait pas exprimé ainsi, et puisqu'il se trouvait déjà sur les limites des *Ambiani*, il n'aurait pas dit qu'il y parvint. Ajoutez que si on plaçait le chef-lieu des *Bellovaci* près de Breteuil, il se trouverait sur l'extrême frontière de ces peuples, position étrange et peu ordinaire pour une capitale. *Bratuspantium* ne saurait donc être près de Breteuil; et comme il est prouvé que la ville nommée *Bellovaci* dans la Notice de l'Empire est Beauvais moderne, et que *Bellovaci* est la même ville que celle qui portait le nom de *Cæsaromagus* du temps de Ptolémée, c'est-à-dire seulement cent cinquante ans après la mort de César, il y a tout lieu de croire, puisque aucun monument n'indique le contraire, que *Cæsaromagus* est la même ville que *Bratuspantium*, qui,

---

[1] Cæsar, *de Bello gallico*, lib. II, cap. 13, édit. d'Oberlin.
[2] Cæsar, *de Bello gallico*, lib. II, cap. 15, p. 73.

devenue romaine avait quitté son nom gaulois pour prendre celui de César, son vainqueur. Il faut donc en revenir à l'opinion de Sanson et de Valois, trop légèrement abandonnée, et attendre que de nouvelles fouilles, ou la découverte d'un monument quelconque, nous apprennent le nom du lieu romain qui était situé près de Vandeuil et de Breteuil. Il n'est pas étonnant que nous ignorions ce nom, puisque ce lieu ne se trouvait sur le passage d'aucune voie romaine ; et quoiqu'on ne puisse nier son existence, il est probable qn'on s'en est beaucoup exagéré l'importance et l'étendue, d'après l'opinion où l'on était que c'était l'ancienne capitale des *Bellovaci*. Quant à l'assertion de Merula, qui cite Bratuspans comme ville distincte de Beauvais, et existant encore dans le xie siècle, Valois a depuis long-temps démontré que c'était une erreur grossière, et que les passages sur lesquels s'appuyait Merula étaient relatifs au Brabant, et non à la ville de *Bratuspantium*. MM. Bonamy et Desroches [1] ont encore ajouté de nouvelles preuves à celle de Valois ; de sorte que cette assertion n'est plus reproduite aujourd'hui que par ceux qui veulent écrire sur la géographie de la

---

[1] Valesii *Notitia*, p. 79. — Bonamy, *Mém. de l'Académie des Inscriptions*, tom. xxviii, p. 465. — Desroches, *Memoire sur les dix-sept provinces*, in-4°; Bruxelles, 1771; p. 38. — Dom Mabillon, *Histoire de l'ordre de saint Benoît*, tom. v, p. 308, dit qu'il a lu dans un manuscrit Brabantensium, au lieu de Bratuspantium que l'on lit, à tort, dans d'autres manuscrits, et dans le tom. v, p. 25, de la *Collection des Bollandistes*, mois de mai. D'ailleurs, Desroches donne des preuves sans réplique que l'on se servait du mot Bratuspantium pour désigner le Brabant; cette erreur a aussi été partagée par Ortelius, dans son *Thesaurus geographicus*, et d'Anville (*Notice*, p. 172) en fait la remarque.

Gaule sans l'avoir étudiée. Le petit peuple nommé dans la Notice *Sylvanectes*, n'étant pas mentionné par César, se trouvait très probablement de son temps faire partie des *Bellovaci*, et comme le nom de ce peuple, aussi bien que celui de sa capitale, donnera lieu à une discussion qui n'appartient pas à l'époque dont nous traitons, nous nous contenterons d'observer que les *Sylvanectes* de la Notice de l'Empire[1] se trouvent représentés par le diocèse de Senlis, qu'il faut réunir à celui de Beauvais, pour avoir dans toute son étendue le territoire des *Bellovaci*. Nous parlerons aussi, dans l'époque suivante, des *Bassi* ou *Hassi* admis par d'Anville comme un peuple distinct sur le territoire des *Bellovaci*[2].

Ambiani. — Du territoire des *Bellovaci*, César[3] passe à celui des *Ambiani*, et Strabon les étend jusqu'à la mer; tout cela est exact : mais lorsque César dit que les *Ambiani* touchaient aux *Nervii*, et que Strabon les place entre les *Bellovaci* et les *Suessiones*,

---

[1] *Notitia provinc. Galliæ*, inter *Collect. des Hist. de Fr.*, p. 122.

[2] Voy., sur le diocèse de Beauvais, *Gall. christ.*, tom. IX, p. 691; et tom. X, *Instr.*, p. 239. — Vales. *Not.*, p. 79. — Cluv., *German. antiq.*, p. 339. — Wastelain, *Descript. de la Gaule belgique*; Lille, in-4°, 1761, p. 340. — Cet auteur, p. 343, ajoute le *Vadisus* ou *Vadensis pagus*, le Valois, au diocèse des *Bellovaci* dans le moyen âge, et je remarque que M. Guérard, dans les divisions territoriales de la Gaule franque, fait mention du *pagus Vindiolensis* ou *Vindoilisus*, comme renfermé dans les limites de *civitas Belvacensis*. Voyez Guérard, *Essai*, p. 149.

Sanson a donné les Diocèses de Beauvais et de Senlis réunis en une feuille. — Delille a donné une meilleure Carte du diocèse de Beauvais, en une feuille, en 1710, et une du diocèse de Senlis en 1709.

[3] Cæsar, *de Bello gallico*, lib. VII, cap. 75. — Hirtius Pansa, *de Bello gallico*, lib. VIII, cap. 7. — Strabo, lib. IV, p. 197.

ces deux auteurs ne parlent plus que par approximation[1]. Ptolémée[2] n'a pas oublié de mentionner les *Ambiani*, et Pline[3] et Solin[4] nous apprennent qu'ils étaient au nombre des peuples qui émigrèrent dans l'Asie-Mineure. César nomme leur capitale *Samarobriva*, nom évidemment dérivé de celui de *Samara*, la rivière de Somme, et de *briva* ou *briga*, qui en ancien celtique signifie pont ou passage d'une rivière; de là le mot *bridge* en anglais, et *brücke* en allemand. Cependant il faut remarquer que ce n'est que dans les écrits du moyen âge que l'on trouve la Somme désignée sous le nom de *Sumina* ou *Somma*[5] : il n'est question de cette rivière dans aucun auteur ancien, si ce n'est dans Ptolémée, qui, à son embouchure, l'appelle *Phrudis*. Ptolémée[6] indique aussi *Samarobriva*[7] comme la capitale des *Ambiani*, et il en est fait mention dans les lettres de Cicéron[8]. L'Itinéraire et la Table déterminent avec la plus grande précision la position de cette ville ancienne à Amiens moderne, par six routes qui se réunissent dans cette ville, et qui partent de *Nemetacum*, Arras, *Augusta-Veromanduorum*, Saint-Quentin,

[1] Voyez Cæsar, *de Bello gallico*, lib. II, cap. 4 et 15.
[2] Ptolemæus, lib. II, cap. 8.
[3] Plinius, lib. V, cap. 3.
[4] Solinus, cap. 43. — Cæsar, lib. V, cap. 14, 43 et 46.
[5] Grégoire de Tours et Fortunat.
[6] Ptolemæus, lib. II, cap. 8; et Gossellin, *Recherches*, tom. IV, p. 85 et 158.
[7] Il est assez curieux d'observer que Pline place immédiatement après le passage de l'Indus des peuples nommés *Samarabriæ* et *Sambruceni* : le premier nom est celui d'Amiens sans altération; le second ressemble beaucoup à celui des Sambri. Voyez Plin., lib. VI, cap. 20, et Cellarius, tom. II, p. 740.
[8] Cicero *Epistolæ*.

Augusta Suessionum, Soissons, *Cæsaromagus*, Beauvais, *Gessoriacum*, Boulogne, *castellum Menapiorum*, Cassel[1]. D'Anville, trompé par une mauvaise édition de la Table, n'a pas connu cette dernière route, et a brouillé toutes les mesures et toutes les positions qui la concernent en les transportant sur la route de *Gessoriacum*[2]. Dans les derniers temps de la puissance romaine, *Samarobriva* prit le nom du peuple, *Ambiani*, que l'on trouve déjà dans Ammien Marcellin[3]. Le diocèse d'Amiens, n'ayant point éprouvé de variations, représente dans toute son intégrité l'antique territoire des *Ambiani*[4].

Atrebates. — Les *Atrebates* ou *Atrebatii*, ainsi que nous l'avons observé, terminaient au nord le district particulier nommé *Belgium*. Hirtius Pansa nomme leur capitale *Nemetocenna*[5] : elle est appelée *Nemeta-*

---

[1] Voyez l'*Analyse des Itinéraires*, tom. III de cet ouvrage.

[2] Voyez d'Anville, *Notice*, p. 281 et p. 33, aux mots *Duroicoregum* et *Ad Lullia*, et mon *Analyse des Itinéraires*, tom. III de cet ouvrage. — Conférez encore Rigolot, 1ᵉʳ Mémoire sur l'ancienne ville des Gaules qui a porté le nom de *Samarobriva*, Amiens, 1827, in-8°; 2ᵉ Mémoire, 1828.

[3] *Notitia provinciar. Galliæ*, inter *Collect. des Hist. de Fr.*, tom. I, p. 123. — Ammianus, lib. XXVII, cap. 8. — Il est vrai que le passage d'Ammien peut aussi bien signifier le peuple que la ville, et aussi lib. XV, cap. 11; *Codex theodosianus*, in-folio; Lugduni, 1665, tom. II, p. 631.

[4] Il est encore question des Ambiani dans Tit. Liv., *Epitome*, lib. CIV. — Paulus Orosius, lib. VI, cap. 7 et 11. — Pour l'histoire du diocèse dans le moyen âge, consultez *Gallia christiana*, tom. X, p. 1148, et *Instrumenta*, p. 282. — Daire, *Histoire de la ville d'Amiens*, 2 vol. in-4°; 1757, tom. I, p. 5 et 6. — Devérité, *Histoire du comté de Ponthieu et de la ville d'Abbeville, sa capitale*, 2 vol. in-12. — Valesii *Notitia*, p. 14, et Cluverius, *Germania antiqua*, lib. II, cap. 5, p. 435. — Sanson a publié une Carte du diocèse d'Amiens, en deux feuilles.

[5] Hirtius, *Comment. de Bello gallico*, lib. VIII, cap. 6 et 47. —

cum dans la Table de Peutinger et dans les Itinéraires, et les cinq routes romaines que nous indiquent ces monumens déterminent la position de *Nemetacum* à Arras moderne, nommé *Atrebates,* du nom du peuple, dans la Notice de l'Empire, et qui retient encore aujourd'hui parmi les Allemands le nom d'Atrecht. Les routes dont je parle partent de *Taruenna,* Térouanne, *Castellum,* Cassel, *Turnacum,* Tournai, *Cameracum,* Cambrai, et *Samarobriva,* Amiens [1]. Il n'est pas vrai, comme on l'a cru, que Ptolémée se soit trompé sur le nom de la capitale des *Atrebates,* et qu'il ait nommé *Origiacum,* Orchies, au lieu de *Nemetacum.* Toutes les premières éditions de cet auteur, telles que l'édition princeps imprimée à Vicence en 1475, celle qu'on a imprimée à Ulm en 1482, portent *Atrebatii Metacum;* la même leçon se trouve dans le manuscrit palatin, dont les importantes variantes forment tout le mérite de l'édition de Bertius. Quoique dans l'édition de Rome de 1490, on trouve déjà la faute des éditions postérieures, cependant les cartes de cette même édition portent *Metacum* pour la capitale des *Atrebatii,* comme les éditions antérieures; or on doit remarquer que pour ces premières éditions de Ptolémée, les cartes forment aussi autorité, parce qu'elles ont été copiées sur les manuscrits, et les représentent, et qu'elles n'ont point été faites d'après des textes combinés, comme les cartes que Mercator a dressées pour accompagner toutes les éditions de la Géographie de Ptolé-

---

Cæsar, *de Bello gallico,* lib. vii, cap. 75. — Strabo, lib. iv, p. 194. — Plin., lib. iv, cap. 17.

[1] Voyez l'*Analyse des Itinéraires,* tom. iii de cet ouvrage.

'mée. Ainsi donc on doit regarder comme une faute de copiste les éditions et les manuscrits de Ptolémée qui portent *Origiacum* pour la capitale des *Atrebatii*, contre le témoignage de tous les auteurs anciens : cette ville, qui n'est sur le passage d'aucune des voies romaines indiquées par l'Itinéraire et la Table, n'a jamais été considérable ; et si *Origiacum* est Orchies, comme il y a tout lieu de le présumer d'après l'analogie des noms, il est même douteux qu'on doive comprendre ce lieu dans le territoire des *Atrebates*, puisque Orchies dépendait du diocèse de Tournay, et qu'il n'y a aucune preuve qu'il n'en ait pas toujours dépendu. Au reste, on voit que Ptolémée avait de fausses idées sur les *Atrebatii*, puisqu'il les place près de la Seine [1]. Strabon et Pline [2] ont parlé de ce peuple convenablement. Le nom de la province d'Artois dans le moyen âge, *Adertisus pagus*, provient bien du nom du peuple *Atrebates* ; mais les limites ne sont pas les mêmes. Le territoire du diocèse d'Arras, qui ne paraît pas avoir subi de grandes altérations, nous représente celui des *Atrebates* [3].

C'est sur les limites de ce diocèse et de ceux de Tournay et de Cambray, au midi de Condé et dans les environs d'Orchies, que je crois devoir placer les *Ambiliati*, que César ne fait que nommer

---

[1] Ptolemæus, *Geogr.*, lib. II, cap. 8.

[2] Strabo, lib. IV, p. 194. — Plin., lib. IV, cap. 17.

[3] Sanson a publié une Carte du diocèse d'Arras, en 1656, en une feuille. — On doit encore consulter, pour l'histoire de ce diocèse, *Gallia christiana*, tom. III, p. 319, et *Instrument.*, p. 78. — Valesii *Notitia*, p. 50. — Cluverius, *German. antiq.*, p. 438. — Wastelain, *Gaule belgique*, p. 361. — Guérard, *Essai*, p. 18 et 156.

avec les *Morini*, les *Menapii*[1] et autres peuples. Je trouve dès le viie siècle ce canton célèbre sous le nom d'*Ambligia*[2], et on ne peut disconvenir qu'il n'y ait un grand rapport entre ce nom et celui du peuple mentionné par César ; et si *Origiacum* ou Orchies a été la capitale de ce peuple, ainsi qu'il y a lieu de le présumer, il sera facile de concevoir pourquoi quelques uns des copistes qui nous ont transmis l'ouvrage de Ptolémée, ayant confondu les *Ambiliates* avec les *Atrebates*, ont attribué à ces derniers la capitale qui appartenait aux premiers.

Veliocasses et *Caleti*. — La nécessité de décrire de suite les différens peuples composant le *Belgium* nous a écarté de l'ordre géographique, et nous force de revenir sur nos pas pour nous occuper de deux peuples qui du temps de César faisaient partie de la Belgique : ce sont les *Veliocasses* et les *Caleti*. Ces deux peuples se trouvent renfermés dans l'étendue d'un même diocèse, et par conséquent leur territoire réuni est facile à déterminer, tandis qu'il devient assez difficile de tracer les limites qui les séparent ; cependant le nom de pays de Caux étant resté attaché au district des *Caleti*, il est probable qu'ils occupaient, dans l'étendue du diocèse de Rouen, le district des archidiaconés du Grand-Caux et du Petit-Caux, et de plus une partie de ce qui compose le grand archidiaconé de Rouen, puisque *Juliobona* ou Lilebone, leur capitale, s'y trouve actuellement

---

[1] Cæsar, *de Bello gallico*, lib. iii, cap. 9.
[2] Wastelain, *Gaule belgique*, p. 458. — Bolland. junii, tom. ii, p. 1068. — *Mir. diplom.*, p. 249. — *Chron. Balduini, Avenn.*, p. 35. — *Hist. Loss. Mantel*, p. 181-200.

comprise¹. César et Hirtius Pansa nomment les *Caleti* et les *Vellocasses* parmi les autres peuples belges²; Ptolémée est le premier qui ait fait mention de leurs capitales³ : celle des *Vellocasses* se nommait *Rotomagus*, et celle des *Caleti*, *Juliobona*. Nous avons des médailles autonomes de la première⁴ : et sa position à Rouen moderne, et celle de la seconde à Lilebone, se trouvent également démontrées dans l'Itinéraire et dans la Table par les mesures d'une route qui part de *Lutetia*, Paris, et aboutit au rivage⁵. L'histoire de ces deux villes conduit au même résultat : on y retrouve, dans les différens siècles, les divers changemens de noms qui ont enfin produit les noms modernes⁶. Ce qu'il y a de plus singulier dans ce qui concerne Rouen est une certaine idole ou démon de Roth, contre lequel les habitans superstitieux de cette ville invectivaient dans leurs prières, et qui n'a d'autre origine que la première syllabe de

¹ D'Anville, *Notice de la Gaule*, p. 192, et l'*Analyse des Itinéraires*, tom. III de cet ouvrage.

² Pour les *Veliocasses*, *Velocasses* ou *Vellocasses*, voyez Cæsar, *de Bello gallico*, lib. II, c. 4; lib. VII, c. 75. — Quelques manuscrits portent *Bellocassis*; c'est évidemment *Vellocassis* ou *Vellocasses* qu'il faut lire. — Orosius, lib. VI, cap. 7 et 11. — Hirtius Pansa, *Comment. de Bello gallico*, lib. VIII, cap. 7. — Plin., lib. IV, cap. 17. — Sur les *Caleti*, voyez Hirtius, *de Bello gallico*, lib. VIII, cap. 7. — Orosius, lib. VI, cap. 7 et 11. — Cæsar, lib. VII, cap. 75 : *Cadetes*, lisez *Caletes*. — Strabo, lib. IV, p. 189 et 194.

³ Ptolem., *Geogr.*, lib. II, cap. 8.

⁴ Mionnet, *Médailles*, tom. I, p. 82. — *Supplém.*, tom. I, p. 149.

⁵ Voyez l'*Analyse des Itinéraires*, tom. III de cet ouvrage.

⁶ Voyez Belley, *Dissertation sur Juliobona*, dans les *Mémoires de l'Académie des Belles-Lettres*, tom. XIX, p. 633, édit. in-4°, et tom. XXXII, p. 274, de l'édit. in-12, et *Mémoire sur les Ruines de Lilebone*, Évreux, 1821, in-8°.

l'ancien nom de leur ville *Rothomagus*¹, qui semble avoir été formé du nom de *Roth*, encore plus ancien, avec l'addition de *Magus*, ville ou forteresse. Nous devons remarquer que ni *Rothomagus*, ni *Juliobona*, n'ont pris le nom du peuple comme les autres villes de la Gaule vers les derniers temps de la puissance romaine; mais les noms des peuples dont ils étaient la capitale sont restés attachés à une partie du territoire que ces peuples occupaient. C'est du nom des *Veliocasses* qu'est dérivé celui du *Vulcassinus pagus* du moyen âge, d'où est venue la dénomination moderne de Vexin, qui s'est trouvé divisé en deux portions par les limites du duché de Normandie. Les *Caleti* ont pareillement donné leur nom au pays de Caux. Strabon place avec raison les *Caleti* à l'embouchure de la Seine, à côté des *Lexovii*, et il nous apprend que c'était par là que se faisait le commerce avec la Bretagne ou l'Angleterre. Dans quelques éditions de Strabon on lit *Yadeti* pour *Caleti*; mais c'est bien évidemment le même peuple ². Les *Cadetes*, que César mentionne au nombre des cités armoricaines ³, ne sont pas non plus différens

---

¹ Taillepied, *Recueil des antiquités et singularités de la ville de Rouen*, in-12; Rouen, 1587, p. 7. — Servin, *Histoire de la ville de Rouen*, 2 vol. in-12; 1775. — *Mémoire sur l'ancien état de Rouen*, dans les *Notices des manuscrits de la Bibliothèque du Roi*, tom. III, p. 591. — Le nom de *Rothomagus* paraît dérivé de celui d'une petite rivière qui l'arrose, nommée Rot ou Rotbeccus. *Beccus* ou bec, qui signifie ruisseau, a sans doute la même origine que *bach* en allemand.

² Voyez Strabo, *Geogr.*, p. 189, édit. d'Almeloween. Le savant traducteur français de Strabon, M. Coray, ne fait aucune mention de cette leçon. Voyez la traduction française de la *Géographie* de Strabon, tom. II, p. 36.

³ Cæsar, *de Bello gallico*, lib. VII, cap. 75.

des *Caletes*. J'ai déjà observé que les peuples armoricains de César n'étaient pas, comme on l'a cru, restreints à ce que nous appelons la Bretagne, mais qu'ils comprenaient aussi tous les peuples dont les rivages, dans les derniers temps de la puissance romaine, retenaient encore le nom d'*Armoricanus tractus*, et qui s'étendaient au nord jusqu'à la Somme [1].

Morini. — On voit d'après ce que nous venons de dire que le *Belgium* était borné au midi par les *Veliocasses* et les *Caleti*; au nord se trouvaient les *Morini*. Le nom des *Morini* paraît provenir de la racine *mor*, qui, en ancien gaulois, signifiait la mer ou un grand amas d'eau, ou des marais ; ce mot a encore la même signification en flamand [2]. Le pays

---

[1] Jaillot a publié, en 1715, une carte en six feuilles du diocèse de Rouen, qui est plus que suffisante pour tracer, dans le plus grand détail, les limites des territoires des Veliocasses et des Caleti. — Consultez encore, pour l'histoire de ce diocèse, *Gallia christiana*, tom. II, p. 1. — *Instrumenta*, p. 7. — Valesii *Notitia*, p. 115. — Cet article est très savant ; mais il est étonnant qu'un homme aussi instruit dans la géographie de la France ait pu soutenir que Juliobona était Dieppe. La Martinière, qui était né à Dieppe, a bien vu que c'était Lilebone. On ne regarde La Martinière que comme un compilateur ; c'est au moins un compilateur fort savant et fort judicieux. — Voyez encore dom Toussaint-Duplessis, *Description de la Haute-Normandie*, 2 vol. in-4°. Le premier volume renferme le pays de Caux ; le second, le Vexin. Conférez Guérard, *Essai*, p. 13, 145.

[2] « En flamand, *moeren, moerasch*, signifient encore marais, marécage ; et dans les titres latins des IXe, X[e] et XIe siècles, le mot *morus*, et au datif *mori*, est toujours employé dans la même signification que *paludes*. Dans un diplôme de Philippe d'Alsace, du XIIe siècle, on trouve le mot *morlant*, pour signifier un terrain marécageux ; il est évidemment composé de *mor*, et de *lant* ou *land*, terre. La rivière de Moere, et les villages de Moerkerke et de Moerbeke, ont emprunté leur nom du terrain marécageux où ils sont

des *Morini* ainsi que celui des *Menapii*, n'offrant aux Romains qu'un territoire pauvre et marécageux, n'a jamais été très florissant sous leur domination, mais il le devint davantage lorsque l'île britannique, qui lui est opposée, se civilisa, et lorsque ce territoire, après avoir été le siége primitif du royaume des Francs conquérans des Gaules, fut ensuite gouverné par des princes particuliers.

Au nord et à l'occident, les *Morini* étaient bornés par la mer; au midi, par les *Ambiani* et les *Atrebates;* mais leurs limites à l'orient sont plus difficiles à déterminer, et ce sujet a produit des volumes entiers de discussions sans qu'on soit encore parvenu à accorder tous les monumens anciens à cet égard : preuve certaine que l'on n'a pas encore rencontré la vérité. Si nous réussissons à prouver que non seulement tous ces monumens sont d'accord entre eux, mais qu'ils sont encore confirmés par ceux que nous a transmis le moyen âge, nous aurons lieu de nous flatter d'avoir atteint le but où n'ont pu parvenir ceux qui nous ont précédé. Un fait bien démontré par tous les auteurs anciens, et par ceux du moyen âge, c'est que les *Morini* étaient limitrophes des *Menapii*, et qu'ils n'étaient point séparés de ces derniers par les *Nervii*, comme l'ont cru d'Anville et plusieurs autres. César nomme toujours les *Menapii* conjointement avec les *Morini* [1]. Il nous dit dans un endroit de ses Mémoires « qu'après avoir apaisé toute la

---

situés. » (De Bast, *Recueil d'Antiquités romaines et gauloises trouvées dans la Flandre proprement dite*, nouvelle édit., in-4°. Gand, 1808; Préface, p. iv.) — *Ar-mor* ou *ar-vor* signifie la mer en bas-breton. Voyez le Dictionnaire de Lepelletier.

[1] Cæsar, *de Bello gallico*, lib. II, cap. 4; lib. III, cap. 9.

« Gaule il ne restait plus à soumettre que les *Morini*
« et les *Menapii*¹. » Dans un autre endroit il nous
apprend « qu'il fit marcher des détachemens de son
« armée chez les *Menapii*, et dans les cantons des *Mo-*
« *rini* qui n'avaient point envoyé d'ambassadeurs². »
Enfin, il se vante d'avoir « forcé les *Morini* à se sou-
« mettre en envoyant contre eux Labienus, son
« lieutenant, et les *Menapii*, par le moyen des légions
« qu'avaient conduites chez ces peuples Q. Titurius
« et L. Cotta³. » — « Les *Morini*, dit Strabon, sont
« près de la mer, et limitrophes des *Menapii*⁴. »
« On s'embarque, dit le même auteur, pour l'île de
« Bretagne dans le pays des *Morini*, qui confinent aux
« *Menapii*⁵. » — « A partir de l'Escaut, dit Pline,
« habitent les *Menapii* et ensuite les *Morini*⁶. » —
« César, dit Dion Cassius, tourna ses armes contre
« les *Morini* et les *Menapii*, leurs voisins⁷. » —
« Le rivage de la Bretagne, dit Orosius, qui est le plus
« près de la Gaule, et où se trouve le port de *Rutubus*
« (*Rutupiœ*), fait face, au midi, aux *Batavi* et aux
« *Menapii*, qui sont voisins des *Morini*⁸. »

Nous lisons dans la chronique de Sigebert, pour
l'an 881, que : « Les Normands joints aux Danois rava-

¹ Cæsar, lib. III, cap. 28.

² *Id.*, lib. IV, cap. 22.

³ *Id.*, lib. IV, cap. 38.

⁴ Strabo, lib. IV, p. 276 ou 194, édit. d'Alm., et tom. II, p. 54, de la traduction française.

⁵ *Id.*, lib. IV, p. 199, tom. II, p. 78, de la traduction française.

⁶ Plinius, lib. IV, cap. 17.

⁷ Dion. Cassius, lib. 39.

⁸ Orosius, lib. I, cap. 2. — Ce passage se retrouve aussi, dans les mêmes termes, dans la *Description du monde*, de Jules Honorius ou d'Æthicus, p. 65.

« gèrent par la flamme et par le fer la France, la
« Lotharingie, Thérouanne et les frontières des *Me-*
« *napii* et des *Morini* [1]. » Les Actes des saints de la
Belgique, en rapportant le même événement, disent:
« Les Normands ravagèrent par le fer et par le feu
« Thérouanne, la ville des *Morins*, et ensuite toute
« la terre des *Ménapiens* [2]. »

Si, comme je viens de le prouver, les *Morini* ont
toujours été limitrophes des *Menapii*, qui, ainsi qu'on
le verra bientôt, occupaient toute la côte à l'orient
des *Morini* jusqu'aux Bataves, il s'ensuit que les
Nervii ne possédaient rien sur le rivage de la mer, et
qu'ils doivent être considérés comme un peuple de
l'intérieur. C'est aussi dans cette classe que Pline les
range; après avoir nommé les peuples des côtes, il
ajoute: « Dans l'intérieur sont les *Castalogi*, les
« *Atrebates*, et les *Nervii* libres [3]; » Ptolémée place
aussi les *Nervii* sous les *Morini*, les *Menapii* et les
Tungri [4]. A la vérité, la Notice de l'Empire désigne
sous le nom de *tractus Nervicanus* tout le rivage septentrional de la Gaule [5], mais je prouverai par la suite

---

[1] « Northmanni, adjunctis sibi Danis, Franciam et Lotharingiam
« pervagantes, Ambianis, Atrebatis, Corbeiam, Cameracum, Te-
« ruannam, fines Morinorum, Menapiorum, Brachbentensium, om-
« nemque circa Scaldim fluvium terram.... ferro et igni devastant. »
Chronicon Sigiberti, apud dom Bouquet, *Recueil des Hist. de Fr.*,
tom. VIII, p. 308, anno 881.

[2] « Normanni Taruanna urbe Morinorum vastata omnem terram
« Menapiorum perambulando ferro et igne vastant. Post hæc Scal-
« dim fluvium intrant et omnem Brachbantionum terram incendio
« et ferro delent. » *Acta sanctorum Belgii*, tom. IV, p. 200.

[3] Plinius, lib. IV, cap. 17 (31), tom. I, p. 224, edit. Hard.

[4] Ptolemæus, lib. II, cap. 8.

[5] *Notitia dignit. imper. rom.*, §. 61, p 113, édit. de Labbe,
in-12; 1651.

que la Belgique seconde, et par conséquent les *Nervii*, n'étaient point compris dans le *tractus Nervicanus* de la Notice. Les peuples Nerviens mentionnés par César, que d'Anville a placés sur la côte des *Menapii*, doivent, ainsi que nous le verrons, occuper d'autres positions. Pour étendre les *Nervii* jusqu'au rivage de la mer, on s'est encore appuyé sur ce que l'ancien diocèse de Tournay comprenait aussi les nouveaux diocèses de Gand et de Bruges ; mais cette raison même est celle qui démontre le mieux la fausseté de l'opinion que je combats, et l'exactitude de l'opinion contraire, puisque le diocèse de Tournay doit être attribué aux *Menapii* et non aux *Nervii*.

Puisqu'il est démontré que les *Morini* étaient limitrophes des *Menapii*, il ne reste plus qu'à rechercher quelles étaient les limites respectives de ces deux peuples. Nous devons d'abord observer que Pline distingue chez les *Morini* un canton particulier sous le nom de *Gessoriacus*, annexé aux *Oromarsaci* [1] : on voit par là que les *Morini* se trouvaient en quelque sorte partagés en deux portions. Ptolémée nomme aussi chez eux deux villes capitales, *Gessoriacum* et *Teruanna* [2]. Cette division se trouve encore conservée dans la Notice des provinces de la Gaule, où *civitas Morinum* [3] nous représente le *civitas Teruanna* de Ptolémée, et les *Morini* proprement dits de Pline, et *civitas Bononiensium*, le *Gessoriacus pagus* et les

---

[1] Plin., lib. IV, cap. 17, t. I, p. 224, edit. Hard. Hardouin écrit *Oromansaci*, et cependant il dit que les manuscrits portent *Oromorsaci*.

[2] Ptolemæus, *Geogr.*, lib. II, cap. 8.

[3] *Notitia provinciar. Galliæ*, apud dom Bouquet, *Hist. de Fr.*, tom. I, p. 123.

Oromarsaci. Cependant quoique lors de l'établissement tardif du christianisme dans ces contrées, nous voyions les évêques résider tantôt dans l'une, tantôt dans l'autre des capitales des *Morini*, il n'est jamais question à la fois que d'un seul évêque et d'un seul diocèse [1]. Ces deux divisions des *Morini* étaient en effet trop peu étendues pour former chacune un diocèse à part. En étudiant avec soin l'histoire de ce diocèse nous voyons, de plus, qu'avant le XIIe siècle il n'est jamais fait mention d'aucun lieu situé à l'orient de l'Aas ou du *Tervanensis* ou *Teruannensis pagus* du moyen âge. Vers le commencement du XIIe siècle, les évêques de Thérouenne étendirent leur juridiction un peu plus vers l'orient, dans ce qu'on appelait la Ménapie ou *Mempiscus pagus*, dont *Turnacum*, Tournay, était la capitale. Aussi lorsque, après la destruction de Thérouenne par Charles V en 1553, on eut aboli le diocèse des Morins, il en fut créé trois autres, celui de Boulogne, plus étendu que l'ancien *Gessoriacus pagus;* celui de Saint-Omer, formé avec quelques additions du territoire du *Tervanensis pagus;* et enfin celui d'Ypres. Tous ces changemens successifs ont donné de fausses idées sur la véritable étendue du diocèse primitif des *Morini*: il faut, pour la connaître, remonter plus haut dans le moyen âge où ce diocèse se trouvait uniquement composé du *Bononiensis* et du *Tervanensis pagus*, qui représente les deux cités de Pline, de Ptolémée et de la Notice des provinces. Le diocèse moderne de Boulogne est situé dans l'intérieur et ne correspond

---

[1] *Gallia christiana*, tom. IX et X.

pas entièrement au *Bononiensis pagus*. Le *Tervanensis pagus* est plus intéressant à connaître, puisqu'il enveloppait l'autre extérieurement, et que ses limites à l'orient doivent nous représenter celles des *Morini* et des *Menapii*, que nous cherchons. Ce *pagus* comprenait *Sithiu* ou Saint-Omer, *Rentica*, Renty, *Blangiacum*, Blangy, *Aciacum*, Auchy, Gravelines, Waten et Saint-Pol, actuellement du diocèse de Boulogne [1]. Bourbourg, que Wastelain met dans le *Tervanensis pagus*, parce qu'il faisait partie du diocèse de Saint-Omer, appartenait primitivement au *Mempiscus pagus* ou à la Ménapie, ainsi que nous le prouverons bientôt. Nous voyons, d'après ce détail, que le *Tervanensis pagus* s'étendait un peu plus au midi, et à l'ouest, que le diocèse moderne de Saint-Omer, puisqu'il comprenait le district ou comté de Saint-Pol, attribué depuis au diocèse de Boulogne, mais qu'à l'orient le *Tervanensis pagus* ou le *civitas Teruanna* de la Notice était plus restreint que l'ancien diocèse de Saint-Omer, qui comprenait Bourbourg, Ravemberg et autres lieux mentionnés dans les monumens des VIIe et VIIIe siècles comme faisant partie de la *Ménapie* ou du *Mempiscus pagus*. Il résulte de là que l'Aas, depuis sa source jusqu'à son embouchure, formait à l'orient la limite

---

[1] Desroches, *Mémoire sur la question* : Quels ont été, depuis le commencement du VIIe siècle jusqu'au IXe siècle exclusivement, les limites des différentes contrées, cantons, pays, comtés et États renfermés dans l'étendue qui compose aujourd'hui les dix-sept provinces des Pays-Bas et la principauté de Liège? *qui a remporté le prix de la Société littéraire de Bruxelles en* 1770, in-4°; Bruxelles, 1771, p. 49. — Wastelain, *Description de la Gaule belgique*, p. 388 et 389. — Malebrancq, *de Morinis*, tom. II, p. 94.

des *Morini*, et que cette limite, plus au midi, se trouve représentée par celle du diocèse de Saint-Omer. C'est donc à tort que Masson, Sanson et tant d'autres après eux, ont voulu comprendre le diocèse d'Ypres dans le territoire des *Morini* : nous prouverons que tout le pays dont on a composé ce diocèse appartenait à la *Ménapie* ou au *Mempiscus pagus* du moyen âge. En me voyant resserrer le territoire des *Morini* plus qu'aucun auteur ne l'a fait jusqu'à présent, qu'on ne vienne pas m'objecter que, dans un endroit de ses Mémoires, César leur donne vingt-cinq mille combattans[1] : sans faire aucune réflexion sur l'intérêt que pouvait avoir ce conquérant d'exagérer le nombre des ennemis qu'il avait à combattre, je me contenterai d'observer que dans le même chapitre César attribue soixante mille combattans aux *Bellovaci*, dont le territoire était encore moins étendu que celui des *Morini*, selon les limites qu'on leur assigne. Comme ce peuple était le plus près de la Grande-Bretagne, et que c'était chez eux qu'on s'embarquait pour passer dans cette île, ils acquirent une grande célébrité, et l'on a voulu étendre proportionnellement leur territoire : cependant, et c'est une observation déjà faite par Valois, de douze cités dont se compose la Belgique seconde dans la Notice des provinces de la Gaule, *civitas Morinum* et *civitas*

---

[1] Cæsar, *de Bello gallico*, lib. II, cap. 4. — Les Menapii, dans ce même chapitre, n'ont que neuf mille combattans, quoiqu'à l'époque de César leur territoire ne fût pas moins vaste que celui d'aucun des autres peuples de la Gaule; mais il est dit, dans bien des endroits, que ce terrain était en partie occupé par des marais et de vastes forêts.

Bononiensium se trouvent aussi placées au dernier rang [1].

Si nous avons bien tracé les limites des *Morini*, nous devons nous trouver d'accord avec les auteurs et les monumens de l'antiquité. En effet, la Table de Peutinger indique un lieu qu'elle représente comme capitale, sous le nom de *castellum Menapiorum*. Les mesures de la Table et celles de l'Itinéraire [2], déterminent la position de ce lieu à Cassel; mais tous les modernes sans exception, d'après la fausse idée qu'ils s'étaient formée de l'étendue du territoire des *Morini*, ont changé les mots de *castellum Menapiorum*, en ceux de *castellum Morinorum* [3], prétendant qu'il y avait erreur dans la Table. Nous voyons que d'après les limites réelles des *Morini*, Cassel, ou *castellum Menapiorum*, n'était pas situé sur leur territoire. Lorsque nous parlerons des *Menapii* et de leur capitale, nous aurons bientôt occasion de donner de nouvelles preuves de l'exactitude de la Table à cet égard. Ptolémée la confirme, et donne aussi un *castellum* pour capitale aux *Menapii*. On a voulu rapporter le *castellum* de Ptolémée à Kessel, sur la Meuse, dont aucun auteur ancien n'a fait mention; car ce nom, dans le texte d'Ammien [4], a été intercalé par les modernes, et ne se trouve dans aucun

---

[1] *Notitia provinciar. Galliæ*, apud dom Bouquet, *Hist. de Fr.*, tom. I, p. 123. — Guérard, *Essai*, p. 19.

[2] *Tabula peutinger.*, §. 1. — Wesseling, *Itiner.*, et l'*Analyse des Itinéraires*, tom. III de cet ouvrage.

[3] Je dois cependant excepter Wastelain, qui, tout en attribuant Cassel aux Morini, voudrait néanmoins conserver le nom que lui donne la Table. Voyez *Gaule belgique*, p. 384.

[4] Ammianus, lib. XVI, cap. 25.

manuscrit. J'expliquerai ci-après l'erreur de Ptolémée qui a donné lieu à cette opinion; ici je ne dois m'attacher qu'aux lumières que nous fournit le texte de cet auteur pour déterminer les limites des *Morini*. Vers l'orient, il termine sur la côte leur territoire au *Tabuda flumen* [1]. La difficulté est donc de déterminer quelle est la rivière moderne que Ptolémée nomme *Tabuda*, et dont lui seul a parlé. Malheureusement les mesures de son texte, appliquées sur la carte moderne, donnent deux solutions à cet égard, qui prouvent que Ptolémée a confondu deux Itinéraires; par le premier, en partant de *Sequana*, la Seine, on arrive, pour *Tabuda flumen*, à l'embouchure de l'Escaut, et on retrouve aussi à sa place *Mosa fluvius*, ou l'embouchure de la Meuse; mais on ne retrouve ni *Gessoriacum*, à Boulogne, ni les embouchures du Rhin, ni aucune autre position; par le second, au contraire, en partant de l'*Albis*, l'Elbe, on retrouve toutes les embouchures du Rhin et toutes les positions intermédiaires, ainsi que *Gessoriacum*, à Boulogne, où s'arrête cet Itinéraire. Les mesures de Ptolémée pour cet Itinéraire portent *Tabuda* à l'Aas; seulement l'embouchure de la Meuse se trouve dérangée, et est transportée à l'Escaut. Il reste donc à déterminer si le nom de *Tabuda* doit être transporté à l'Escaut ou à l'Aas : il me semble qu'il n'est guère possible de douter que ce ne soit à cette dernière rivière. En effet, dans l'autre Itinéraire, on ne retrouve que la Meuse, tandis que les embouchures du Rhin, de l'Ems, du Weser et de

---

[1] Ptolemæus, *Geogr.*, lib. II, cap. 9.

l'Elbe, ne se retrouvent point ¹. D'ailleurs tous les auteurs anciens ont mentionné l'Escaut sous le nom de *Scaldis*, aucun n'a parlé de l'Aas, et le nom de *Tabuda* ne se trouve non plus dans aucun auteur ancien, si ce n'est Ptolémée; enfin, en terminant les *Morini* à l'Aas ou au *Tabuda flumen*, Ptolémée s'accorde parfaitement avec les limites qui subsistaient encore au viie siècle ². Observons que Pomponius Mela ³ s'exprime d'une manière peu exacte, lorsqu'il dit : « Les Morins, les derniers peuples de la Gaule », mais cet hémistiche poétique de Virgile ⁴ : *Extremique hominum Morini*, s'était tellement gravé dans la mémoire des hommes, qu'il fut répété de siècle en siècle, et que l'épithète d'*extremi*, ou son équivalent, parut inséparable du nom des *Morini*, quoiqu'on sût très bien que, relativement à la Gaule, les *Batavi* et les *Menapii* fussent encore plus éloignés ⁵. Suivant Dion ⁶, les *Morini* et les *Menapii*, au temps de César, habitaient des cabanes, ce qui paraît contraire au témoignage de César même, qui dit positivement qu'ils avaient des villages et même des édi-

---

[1] Voyez Gossellin, *Recherches sur la Géogr. syst. et posit. des anciens*, tom. iv, p. 90 et 159.

[2] Conférez, pour le diocèse de Boulogne, la carte de la Belgica secunda, qui accompagne le tome x du *Gallia christiana*; et pour le diocèse de Saint-Omer, la carte de la Belgica tertia, dans le tom. iii.

[3] Pomponius Mela, lib. iii, cap. 2.

[4] Virgilii *Æneid.*, lib. viii, vers. 727.

[5] Ainsi Pline, *Hist. nat.*, lib. xix, cap. 1, dit : « Ultimi hominum « existimati Morini », quoiqu'il connût les Batavi et les Menapii. S. Jérôme, epistol. 91, *ad Ageruchiam*, *Opera*, tom. iv, part. ii, p. 748, dit : « Ambiani, Atrebatæ, extremique hominum Morini. »

[6] Dion. Cassius, lib. xxxix, cap. 44, tom. i, p. 215.

fices¹; mais ces édifices devaient être bien grossiers, puisque, même du temps d'Auguste, Vitruve nous dit que, dans la plus grande partie des Gaules, de l'Espagne, de la Lusitanie et de l'Aquitaine, les édifices étaient en bois². C'est sur les côtes des *Morini* et des *Menapii* qu'étaient les lieux d'embarquement pour la Grande-Bretagne. César, qui en indique plusieurs, n'en nomme qu'un seul, qui est *Itius portus*³; dont il n'est plus ensuite question dans aucun auteur ancien, du moins sous ce nom, quoiqu'on retrouve, dans Ptolémée, *Itium promontorium,* pour désigner le cap Blanc-Nez⁴. Le savant Ducange a prouvé, par plus de soixante citations d'auteurs contemporains, que Witsand a toujours été le port où l'on s'embarquait habituellement pour passer en Angleterre, depuis l'an 529 jusqu'en 1327. Guillaume de Poitiers et Guillaume de Jumiége, en parlant tous deux du voyage d'Alfred, frère de saint Édouard, en France, désignent le port où il aborda, l'un par le nom de Witsand, et l'autre par celui d'*Itius portus* : donc *Itius portus* est Witsand⁵;

¹ Cæsar, *de Bello gallico,* lib. IV, cap. 4 : « Ædificia vicosque ha-
« bebant. »
² Vitruv., lib. II, cap. 1, t. 1, p. 36, édit. de Schneider : « Ædificia
« constituuntur, in Gallia, Hispania, Lusitania, Aquitania, scan-
« dulis robusteis aut stramentis. » Observons, en passant, que le mot *Gallia* exclut ici la Province romaine, et comprend seulement la Celtique et la Belgique. On voit que dès lors on s'habituait à considérer l'Aquitaine comme une partie aussi distincte des Gaules que la Province romaine.
³ Cæsar, *de Bello gallico,* lib. v.
⁴ Ptolem., lib. II, cap. 8. — Gossellin, *Recherches,* tom. IV, p. 85, 86, 90 et 158.
⁵ Gibson, *de portu Itio,* dissert. nova; Oxford, 1694. — D'Anville, *Mém. de l'Académie des Inscriptions,* tom. XXVIII, p. 397, de l'édit. in-4°; et tom. XLVIII, p. 358, de l'édit. in-12.

Flamands connaissent encore ce port sous le nom d'Isten, et les marins français le désignent sous celui d'Esseu¹. Son nom de Witsand lui aura été imposé par les Saxons-Normands, lors de leurs incursions déprédatrices sur les côtes de la Gaule². C'est probablement, ainsi que nous le verrons ci-après, le *portus Morinorum* de Pline. D'Anville a eu tort de placer l'*Ulterior portus* de César à Calais, dont l'origine moderne est connue, et qui ne paraît pas avoir existé du temps des Romains³. César nous indique l'*Ulterior portus* à huit mille pas d'*Itius portus*, et il n'y a que l'ancien port de Sand-gate qui réponde à cette indication; Calais est à plus de treize milles romains de Witsand; le *Citerior portus* de César paraît avoir été Ambleteuse, et le lieu de la Grande-Bretagne où débarqua César, dans ses deux expéditions, n'est point Lyme, comme l'a dit d'Anville, mais les environs de Deal⁴. Cependant le port le plus célèbre

---

¹ Henri, *Essai sur Boulogne*, in-4°, p. 26.

² Selon leur langue, le double *w* se prononçait comme *gu*, témoin William pour Guillaume ; aussi le port de Witsand est souvent appelé Guitsand en latin. Je trouve (*Collect. des Hist. de Fr.*, tom. xv, p. 64) qu'en 1100, Henri I*er* écrivant à Anselme, archevêque de Cantorbéry, qui était en Normandie, lui recommande de venir par Guitsand, et lui apprend qu'il l'attendra à Douvres. J'ignore si ce passage se trouve au nombre de ceux rapportés par Ducange.

³ Voyez Lefèvre, *Histoire générale et particulière de la ville de Calais et du Calaisis, précédée de l'histoire des Morins*, 2 vol. in-4°; Paris, 1772.

⁴ La discussion de ce point est étrangère à l'objet de cet ouvrage ; on le trouvera très bien établi, et l'opinion de d'Anville très bien réfutée, dans Henri, *Essai sur Boulogne*, p. 60 et 61, et Carte n° 1, et dans Richard Hoare, *the Itinerary of archbishop Baldwin through Wales*; London, in-4°, 1806, tom. 1, p. 25, et Carte n° 1. — Ces deux auteurs, sans avoir eu connaissance de leurs ouvrages respectifs, sont arrivés au même résultat. — De Bast, *Recueil*

du pays des *Morini*, sous la domination romaine, celui dont on fit le plus d'usage [1], fut *Gessoriacum*, qui ne répond à aucun de ceux qui sont indiqués par César. Les mesures que l'Itinéraire fournit pour *Gessoriacum*, dans le détail d'une route qui part d'Amiens, conduisent juste à Boulogne moderne; et en effet, on sait par le passage d'un auteur anonyme de la vie de Constantin, publiée par Valois, que la ville qui depuis fut nommée *Bononia*, Boulogne, était la même que celle qu'on appelait *Gessoriacum*, et les monumens historiques ne laissent aucun doute sur l'identité de position de Boulogne et de *Bononia* : enfin la Table, où se trouve inscrite cette position, porte les deux noms, et on y trouve *Gessoriacum quod nunc Bononia*. Cependant on a long-temps douté que *Gessoriacum* fût réellement la même ville que *Bononia*, et on a fait des livres, et des dissertations, pour éclaircir ce point obscur de géographie. Ce doute provenait de deux causes : 1°. La Table, qui s'explique si clairement sur l'identité de *Bononia* et de *Gessoriacum*, donne cependant des mesures qui peuvent ne pas convenir à Boulogne

---

d'antiquités romaines et gauloises, in-4°, p. 261, édit. de 1808, a aussi très bien discuté ce point; et, de même que Hoare, il prouve que César a débarqué dans les environs de Deal (mais de Bast se trompe lorsque, égaré par le texte de Ptolémée, il veut placer Itius portus à Boulogne). C'était le sentiment de Cambden que César débarqua à Deal; et Nennius, qui vivait au commencement du vii° siècle, dit : « Cæsar ad Dole (Deal) bellum pugnavit. » Voyez dans de Bast, la Pl. 8; et dans Hoare, n° 1. Ces deux cartes s'accordent parfaitement.

[1] Ptolemæus, *Geogr.*, lib. viii, p. 225, edit. Bert. — *Urbium insignium*, inter *Geogr. minores*, tom. iv. — *Ibid.*, lib. ii, cap. 9, edit. Bert. — Pomponius, lib. iii, cap. 4.

moderne, mais on n'a pas vu qu'il y avait dans la Table une petite confusion de lignes et de chiffres, ce qui arrive souvent lorsqu'il y a plusieurs routes qui se croisent, et le chiffre XXIV qui, dans la Table, se trouve placé entre *Bononia* et *Castello Menapiorū.*, n'est pas la distance de ces deux lieux, mais celle de *Bononia* à *Teruanna* [1]. Indépendamment de l'exactitude des mesures, cela se voit évidemment quand on observe qu'il n'y a pas de chiffres entre *Teruanna* et *Castello*, et que le chiffre suivant peut indifféremment s'appliquer à *Teruanna*, comme à *Castello;* d'ailleurs il y a deux lignes qui aboutissent de *Bononia* à *Castello*, quoiqu'il n'y ait certainement qu'une seule route possible entre ces deux villes si rapprochées : c'est qu'une de ces deux lignes, celle où se trouve le chiffre XXIV, n'indique pas la route de *Castello* à *Bononia*, mais bien la prolongation de celle de Térouenne; et la place qu'occupe le bâtiment consacré aux villes principales, dont l'auteur de la Table a décoré *Castello*, est la seule raison qui a fait prolonger la ligne qui semble aboutir à *Castello* : l'autre ligne indique la route qui allait de *Turnacum* à *Bononia*, en passant par *Castello;* mais entre ces deux lieux la ligne est tirée sans aucun chiffre. Une troisième route, que d'Anville a méconnue, aboutissait de même à *Castello*, à partir d'*Ambiani*, Amiens, en passant par Dourlens et Saint-Pol. Les mesures de toutes ces routes sont exactes et déterminent d'une manière précise, à Cassel moderne, la position de *Castellum*, nommé dans la

---

[1] Voyez l'*Analyse des Itinéraires*, tom. III de cet ouvrage.

Table *Menapiorum*. Ceci prouve aussi la position de *Bononia* à Boulogne moderne, et par conséquent de *Gessoriacum*, puisque le monument même qui nous donne ces mesures est celui qui constate aussi l'identité de ces deux lieux anciens [1]. Malgré la solution complète de ce problème embarrassant, et contre lequel avaient échoué les efforts de tant d'hommes savans, il restait encore une difficulté qui paraissait insurmontable pour accorder ensemble tous les auteurs anciens qui ont parlé de *Gessoriacum* [2]. Ptolémée place sur la côte de la Gaule un *Gessoriacum navale*, plus au nord que l'*Itium promontorium*, qui doit être le cap Griz-Nez; car Ptolémée, n'indiquant qu'un seul promontoire sur cette côte, n'a pu désigner que le cap Griz-Nez, le seul qui soit remarquable; et d'ailleurs c'est à partir du cap Griz-Nez que la côte, après être remontée vers le nord, se dirige ensuite à l'orient. Ce cap est en outre très près de Witsand ou d'*Itius portus*; mais il semblait

---

[1] Voyez Wesseling, *Itiner.* — *Tabula peutinger.*, §. 1, A-B, et l'*Analyse des Itinéraires*, tom. III de cet ouvrage.

[2] Ces auteurs sont Pomponius Mela, lib. III, cap. 4. — Ptolemæus, *Geogr.*, lib. II, cap. 8; et lib. VIII, cap. 2, *Insignium urbium*, inter *Geogr. minores*, tom. IV. — *Itinerarium* Antonini, Wesseling. — *Tabula peuting.*, §. 1. — Pline (lib. IV, cap. 17) fait mention du canton sous le nom de Gessoriacus pagus, et de la ville sous celui de portus Morinorum. — Florus, lib. I, cap. 11, et lib. IV, cap. 12. — *De Constantio Chloro*, auctor ignot., dans le *Recueil des Hist. de Fr.*, tom. I, p. 563. — *Panegyrico* Eumenii, in *Constantium*, cap. 6. — Sous le nom de Bononia, Florus, lib. IV, cap. 12. — Ammian. Marcellin., lib. XX, cap. 1 et 9, tom. I, p. 202 et 224, edit. Erfurdt. — Eutrop., lib. IX, p. 576, edit. Lugd., in-12, 1552. — *Codex Theodosian.*, ann. chr. 343, tom. IV, p. 117. — Sozomeni *Historia ecclesiastica*, lib. IX, cap. 11. — *Vita de Constantio Chloro*, auct. ign. — Zozymi, lib. VI, p. 824, edit. in-folio, 1590.

que si *Itium promontorium* était le cap Griz-Nez, *Gessoriacum navale* ne pouvait être Boulogne. Aussi plusieurs auteurs modernes, ne pouvant méconnaître la position du *Gessoriacum* de l'Itinéraire et de la Table à Boulogne-sur-Mer, ont dit qu'il y avait erreur dans Ptolémée [1], et qu'il existait chez les *Morini* un autre *Gessoriacum*; cette dernière conjecture est inadmissible, et la première n'est vraie qu'en partie. En effet M. Gossellin, dans ses Recherches sur les Côtes septentrionales de la Gaule, a prouvé que Ptolémée avait employé, dans la construction de ses Tables, deux Itinéraires qu'il n'a pas su distinguer entre eux. Le premier, en partant de *Sequana*, la Seine, nous fait retrouver, par une suite non interrompue de mesures, l'*Itium promontorium* au cap Griz-Nez, et *Mosa fluvius* à l'embouchure de la Meuse; mais *Gessoriacum*, quoique figurant pour les mesures dans cet Itinéraire, n'y appartient pas. Dans l'autre Itinéraire, en partant de l'Elbe ou du Weser, ou de tel autre point certain des rivages septentrionaux de l'Europe, on arrive juste à Boulogne pour *Gessoriacum navale*, et l'on retrouve dans l'intervalle l'Ems, *Amasius*, les Bouches-du-Rhin, et le bras de ce fleuve qui coulait près de *Lugdunum*, Leyde; mais si on allait au-delà de *Gessoriacum* ou de Boulogne, on ne retrouverait plus la Seine, ni les autres positions, comme, si l'on poussait l'autre Itinéraire au-delà de la Meuse, on ne retrouverait plus Leyde, les Bouches-du-Rhin, l'Ems, l'Elbe, ni aucune des positions du nord

---

[1] Voyez le résumé de toutes ces opinions dans l'ouvrage de Henri, *Essai sur Boulogne*, in-4°, 1810, p. 14 et 26.

et de l'occident de l'Europe. Ainsi donc, par cette combinaison, le point de *Gessoriacum* se trouve rattaché par les mesures de Ptolémée avec tous ceux du nord de l'Europe, et il ne reste plus aucun nuage sur un des points les plus importans et les plus difficiles de la géographie ancienne des Gaules [1]. Je n'ajouterai plus, relativement à cet objet, qu'une observation qui me paraît importante. On ne voit point dans l'histoire la cause ni l'époque du changement de nom de *Gessoriacum* en celui de *Bononia* : c'est qu'il est à présumer que le nom de *Bononia* fut d'abord donné à une autre partie de la ville, ou à une autre ville bâtie de l'autre côté du port, et *Gessoriacum* et *Bononia* auront primitivement formé une même ville sous deux noms différens : c'est ainsi qu'en Angleterre, Gosport et Portsmouth sont deux villes portant deux noms particuliers, bâties de chaque côté d'un même port, et que par cette raison on ne distingue pas l'une de l'autre ; il en est de même de Lorient et de Port-Louis, et on pourrait citer plusieurs autres exemples de ce genre. Cette conjecture se trouve confirmée par un passage de Florus [2], qu'aucun des commentateurs ou éditeurs de cet ancien n'a compris, et

---

[1] Voy. Gossellin, *Recherches*, t. IV, p. 69 à 90, 142, 145, 158 et 159. — Dans le XVIIe siècle, on a découvert à Boulogne des murs de construction romaine. — Malebrancq, lib. 1, cap. 11. — Voyez encore Henri, *Essai sur Boulogne*, p. 68 et 74, relativement aux monumens trouvés dans la tour d'Ordre et dans les environs de Boulogne. On doit écrire Gessoriacum et non Gesoriacum, comme d'Anville. Cette observation avait déjà été faite par Durandi, dans ses *Ricerche geografiche sulla Gallia antica*, qui sont à la suite de *dell'Antico stato d'Italia*; Torino, 1772, p. 237.

[2] Florus, lib 1, cap. 11.

qu'on a souvent gâté par des corrections plus ou moins invraisemblables. Florus, après avoir donné le détail des victoires de Drusus, indique ensuite les mesures qu'il prit pour protéger la Gaule contre toute invasion du côté du Rhin et sur les côtes, et il dit : « *Bo-* « *noniam et Gessoriacum pontibus junxit classibus-* « *que firmavit.* » Ce qui veut dire simplement : « Il « joignit par des ponts *Gessoriacum* et *Bononia,* et y « mit des flottes en station, qui en assurèrent la dé- « fense. » Ceci est extrêmement clair, si on suppose que *Gessoriacum* et *Bononia* ne formaient qu'une seule ville sous deux noms différens, ou deux villes séparées seulement par un bras de rivière. En jetant les yeux sur un plan un peu ancien de Boulogne, dressé par Beaurain, qui se trouve aussi copié dans l'Atlas maritime des côtes de France, par Jefferys, on sera convaincu de l'exactitude de cette idée. On y verra que les différentes branches de la Liane (nommée *Elna* dans les anciennes chroniques), nécessitaient trois ponts pour établir la communication de Boulogne, ou *Bononia*, qui est au nord de la rivière, avec Capelure [1], le fort Châtillon et le Portel, trois lieux que je regarde comme représentant l'emplacement de l'ancien *Gessoriacum.* En effet, cette dénomination de Gesoc, Gesogiac, Gessoriac, qui se trouve répétée ailleurs, toujours pour désigner un port, me semble rappelée par la dénomination moderne de Portel. Comme il s'agissait de fortifier la côte, et de la garantir de toute incursion, Drusus avait un grand intérêt à établir une communication

---

[1] Jefferys et Baurain écrivent Capelure, la carte de Cassini Capecure.

entre deux lieux si proches l'un de l'autre ; mais cela même dut contribuer à ne plus faire considérer *Gessoriacum* et *Bononia* que comme une même ville. Lorsque Caligula eut bâti à *Bononia* le phare célèbre qui subsistait encore sous le nom d'Ordraus du temps de Charlemagne, les navigateurs durent, en entrant dans ce port, remonter de préférence le bras nord de la Liane, où ce phare était établi, et aborder à *Bononia ;* cette ville alors dut s'agrandir, et faire disparaître peu à peu *Gessoriacum*, qui (si je puis m'exprimer ainsi) se porta en entier sur l'autre rive [1]. Il paraît, d'après un médaillon de Constans publié par Vaillant [2], qu'on nomma cette ville *Bononia oceanensis* pour la distinguer de celle qui portait le même nom dans la Gaule cisalpine. Dans cette anse de mer, ou petit hameau, nommé Portel, dont nous avons parlé, qui est au bas de la colline de Boulogne, à une demi-lieue de la ville, vers le sud, on découvrit, au commencement du XVIIe siècle, une grosse muraille d'une excessive dureté, trois morceaux de marbre de sept pieds de longueur, et

---

[1] Depuis que ceci a été écrit, j'ai vu que l'auteur de l'*Essai topographique sur Boulogne*, in-4°, 1810, p. 75, M. Henri, avait eu précisément la même idée que moi ; mais il cherche à prouver que ce qu'on nomme, à Boulogne, la Basse-Ville, était autrefois une île qui formait l'ancien Gessoriacum. Cependant, en supposant que la Basse-Ville eût été séparée de la Haute par un petit bras de rivière, elle eût été trop rapprochée de l'autre pour qu'on les considérât comme deux villes distinctes, et qu'on les désignât par des noms différens. Je persiste donc à croire que c'est au midi de la baie et dans les environs de Capecure qu'il faut chercher l'ancien Gessoriacum.

[2] Voyez Vaillant, tom. III, p. 244. — Vermiglioli, *Antica città d'Arna*, p. 21. — Voyez Eckhel, *Doctrin. Nummor. veter.*, vol. VIII, p. 110 ; et Mionnet, *Médailles*. — Banduri, *Numismata*, tom. II, p. 355.

deux sarcophages d'une seule pierre, artistement travaillés [1], ce qui appuie la conjecture que nous venons d'exposer.

Les routes romaines qui aboutissaient à *Bononia* et à *Castellum* démontrent sans aucun doute la position de *Taruenna*, à Thérouenne ; on sait que cette ville fut détruite par Charles-Quint, en 1553, et le diocèse dont elle était le chef-lieu fut peu de temps après partagé en plusieurs autres [2]. Il est parlé dans une inscription des décemvirs de la colonie des Morins, *coloniæ Morinorum* [3] ; je doute que ce lieu, qu'on trouve aussi mentionné sur quelques médailles, soit le même que *Taruenna*, ainsi que le prétend Valois, d'autant plus que dans l'état de la Gaule, sous les Francs, nous trouvons un *pagus Morinorum*, et un *pagus Teruanensis* [4] ; mais j'ignore à quelle ville on doit attribuer cette dénomination. Un autel antique, trouvé à Halinghem, arron-

---

[1] De Bast, *Recueil d'antiquités romaines et gauloises trouvées dans la Flandre proprement dite*, p. 247, 2ᵉ édit., in-4°; Gand, 1808. — Malebrancq, *de Morinis*, tom. 1, lib. 1, cap. 38.

[2] *Notitia provinciar. Galliæ*, inter *Rerum gallicarum et francicarum scriptores*, tom. v, p. 122. — Valesii *Notitia*, p. 357, et *Gallia christiana*, tom. v et x. — Wastelain, *Description de la Gaule belgique*, p. 375. — J. de Bast., *Recueil d'antiquités romaines et gauloises trouvées dans la Flandre proprement dite*; Gand, 1804, 1ʳᵉ édit. — Il y a eu depuis une édit. in-4° avec planches. L'Introduction et les articles Tronchiennes et Bresken ont un rapport plus immédiat avec notre sujet. — Dans le *Voyage littéraire de deux bénédictins de la congrégation de Saint-Maur*, tom. 1, p. 181, on voit un ancien plan de Thérouenne dans l'état où elle se trouvait avant d'avoir été détruite par Charles-Quint. Cette ville antique n'est plus aujourd'hui qu'un village composé de quatre à cinq cents habitans.

[3] Gruter, p. 80, n° 6, *Rec. des Hist. de Fr.*, tom. 1, p. 144.

[4] Guérard, *Essai*, p. 149.

dissement de Samens [1], nous révèle dans ce lieu l'existence et la position d'un *vicus Dolucens*, qui par conséquent était situé dans le *Gessoriacus pagus*, ou chez les *Oromarsaci* [2].

Menapii. — Des *Morini* je dois passer aux *Menapii*, d'autant plus que ce qui concerne ces derniers achève de confirmer ce que j'ai dit sur les limites communes de ces deux peuples; mais à l'époque de César les *Menapii* n'étaient pas entièrement renfermés dans les limites de la province établie depuis sous le nom de Belgique seconde, comme ils le furent dans la suite après qu'Auguste eut donné à défricher à divers peuples germains, d'au-delà du Rhin, les marais situés à l'orient de l'Escaut, dont les *Menapii* avaient jusque-là défendu les approches aux Romains. Du temps de César, les *Menapii* s'étendaient depuis les embouchures de l'Aas jusqu'au-delà du Rhin, et occupaient avec les *Batavi* toute l'extrémité septentrionale de la Gaule. César nous apprend que les *Usipetes*, nation germanique, chassés par les *Suevi*, vinrent s'emparer des terres que les *Menapii* occupaient sur la rive orientale du Rhin [3]. Nous verrons bientôt ces mêmes *Suevi* transportés, sous Auguste, sur le territoire même des *Menapii*, à l'occident de l'Escaut. César nous dit encore que les *Menapii* étaient voisins des *Eburones* [4], qui, ainsi que nous le prouverons, habitaient les environs de Tongres ou de Spa. Nous avons démontré que les

---

[1] Millin, *Antiquités*, tom. I, p. 260, et *Magasin encyclopédique*, tom. VI, p. 5 et 7.

[2] Voyez l'*Analyse des Itinéraires*, tom. III de cet ouvrage.

[3] Cæsar, *de Bello gallico*, lib. IV, cap. 3.

[4] Cæsar, *de Bello gallico*, lib. VI, cap. 5.

Menapii étaient limitrophes des *Morini* : donc ils s'étendaient aussi à l'occident jusqu'à l'Aas. Dion Cassius dit positivement que jamais César n'a conquis la moindre partie de leur territoire [1]. Ils ne furent entièrement domptés que sous Auguste, qui, pour les affaiblir, distribua une partie de leurs possessions à des peuples germains qui passèrent le Rhin, et qui, sous les noms d'*Ubii*, de *Menapii*, de *Toxandri*, de *Gugerni*, défrichèrent les terres qu'ils avaient laissées incultes, et occupèrent tout le territoire qu'ils possédaient à l'orient de l'Escaut [2]. Tout ce pays forma depuis, conjointement avec celui des *Tungri*, qui remplacèrent les *Eburones*, et avec plusieurs autres peuples germains, une seule province qui fut partagée en deux cités seulement, *civitas Tungrorum*, Tongres, et *civitas Agrippinensium*, Cologne [3]. Le reste du vaste territoire des *Menapii* fit partie d'une autre province nommée *Belgica secunda*. Le nom de ces peuples ne paraît dans la liste d'aucune des cités mentionnées dans la Notice de la Gaule, et cependant une inscription antique [4] qui fait mention des sauniers de la cité des Menapiens, *salinatores civitatis Menapii*, et un passage d'Aurelius Victor [5], qui, dans le IVe siècle, nous parle des *Menapii*, prouvent que ce nom fut toujours attaché, comme celui de tant d'autres peuples, à un territoire quelconque; et des

---

[1] Dion. Cassius, lib. xxxix ; et Cæsar, *de Bello gallico*, lib. III, cap. 28 et 29.

[2] Voyez ci-après.

[3] *Notitia provinc. Galliæ*, inter *Coll. des Hist. de Fr.*, t. 1, p. 123.

[4] Gruter, p. 1096, n° 4, et *Hist. de Fr.*, tom. 1, p. 143.

[5] Aurelius Victor, *de Cæsaribus*, cap. 39. — *Corausius Menapiæ civis*, ceci se rapporte à l'an 286 après J.-C.

monumens postérieurs démontrent même qu'il survécut à l'empire d'Occident, et qu'il subsista longtemps dans le moyen âge. Nous savons que le nom de *Tungri* remplaça celui des *Menapii* dans la Germanie inférieure. C'est dans la Belgique seconde qu'il faut chercher la cité qui représenta ces peuples en dernier lieu. La seule qu'on puisse leur attribuer et qui n'appartient à aucun autre peuple, est *Turnacum*, Tournay. Nous pensons que c'est à ce lieu qu'on doit attribuer les médailles anciennes où l'on trouve le nom de *Durnacus*, dont le nom a été légèrement altéré depuis par la prononciation germanique [1]. Le diocèse moderne de Tournay ne renfermait qu'un district assez peu étendu, borné par l'Escaut à l'ouest, quoique le chef-lieu fût placé sur l'Escaut même; mais on sait que, dans le moyen âge, ce diocèse comprenait ceux de Gand, de Bruges, et une partie de celui de Malines, qui en ont été démembrés. Ainsi le diocèse de Tournay, ou les *Menapii*, comprenait tout le pays au nord de l'Escaut et de la Scarpe, à partir des frontières des *Morini*. Un ancien auteur de la vie de saint Amand appelle Tournay la capitale des *Menapii* [2], et Charles-le-Chauve, dans un acte fait en 847, en faveur de l'abbaye de Saint-Amand, située au midi de Tournay, dit de cette abbaye qu'elle est dans le territoire des Ménapiens, qu'on appelle actuellement *Mempiscus* [3] : « *In territorio*

---

[1] Mionnet, *Descr. de Méd. ant.*, tom. I, p. 84, et *Suppl.*, p. 150.

[2] Desroches, *Mémoires*, p. 50. — Valois, p. 336, et *Acta sanctor.*, tom. I, p. 818.

[3] *Hist. de France*, tom. II, p. 488. — Desroches, *Mémoire*, p. 50. — Wastelain, p. 397. — Henschenius, *Episcop. Traject.*, p. 16. — Bucherius, *Belg. rom.*

« *Menapiorum quod nunc Mempiscum appellant.* » Henschenius, dans ses notes sur la Vie de saint Amand, a démontré très au long la grande étendue du *pagus Mempiscus* : il comprenait les quartiers de Bourbourg, de Bergue-Saint-Vinox, de Furnes, une partie de ceux de Bruges et de Gand, les quartiers de Cassel, d'Ypres, de Lille, de Tournay jusqu'à l'Escaut, qui le séparait de l'ancien Brabant [1]. Dans les archives de l'église de Saint-Pierre, à Cassel, il est dit que cette ville était *in pago Menapisco* [2], c'est-à-dire dans les *Menapii ;* et l'ancien auteur des Miracles de saint Bertin, évêque de Sithiu ou de Saint-Omer, pour désigner cette ville, dit : *in Nervio locum famosum, castellum Menapiorum* [3]. Remarquons que ces mots, *in Nervio,* désignent le *tractus Nervicanus,* qui cependant, au temps de la Notice des dignités de l'empire, s'arrêtait à l'embouchure de la Seine, et ne comprenait ni les *Menapii,* ni les *Nervii.* On voit par-là que Cassel se nommait réellement *castellum Menapiorum,* ainsi que nous l'apprend la Table ; car jamais Kessel sur la Meuse n'a pu être considéré comme appartenant aux Nerviens, ni comme voisin de la côte ou situé *in Nervio tractu.* Indépendamment du *Mempiscus pagus* du

---

[1] Desroches, *Mémoire*, p. 50. — Wastelain, p. 398 et 417. — Duchêne, *Script. franc.*, tom. ii, p. 327. — Sirmond apud *Cap. Car. Calv.*, p. 112, in-8°. — Boll. et Hansch., tom. i, febr., p. 882. — *Rec. des Hist. de Fr.*, tom. v, p. 531. — Malebrancq, *de Morinis*, tom. i, p. 603. — *Notitia eccles. Tornacens.*, cap. 12. — Mir., *Opera dipl.*, tom. iii, p. 289.

[2] Scrieckius, *Orig. ind.*, 1. — *Geograph.*, in voce *Menapii*.

[3] Hadriani Valesii *Notitia*, p. 336. — Conférez aussi de Schayes, *Recherches sur la vraie position de Castellum Menapiorum*, dans les *Archiv. hist. des Pays-Bas*, juillet 1830.

moyen âge, qui retint exclusivement le nom du peuple, parce qu'il renfermait *castellum Menapiorum*, Cassel, et *Turnacum*, Tournay, l'ancienne et la nouvelle capitale de toute la Ménapie, on sait par une foule de monumens que l'ancien diocèse de Tournay, ou le pays des *Menapii* sous les Romains, renfermait le Melanthois, ou *pagus Medeletensis*; le pays de Pevele, ou *pagus Pabulensis*; le Courtraisis, ou *pagus Curtracensis*; le Gantois, ou *pagus Gandavus*; et la Flandre ancienne, ou le *pagus Flandrensis*. Il n'est pas de notre sujet de détailler ici les limites de ces différens cantons [1]; il suffit d'observer que, réunis, ils occupaient tout le territoire compris entre la mer au nord, l'Escaut à l'orient et au midi, et à l'occident, les frontières des *Atrebates* et des *Morini*, ou des diocèses d'Arras et de Térouanne. Ces limites s'accordent parfaitement avec celles de l'ancien diocèse de Cambray, représentant la cité des *Nervii*, qui s'étendait au nord jusqu'à l'Escaut, avant qu'on en eût retranché la limite septentrionale, ou l'ancienne forêt Charbonnière, pour la réunir au diocèse de Malines.

Il suit de tout ce que j'ai dit que le *castellum Menapiorum* de la Table de Peutinger, ou Cassel, est l'ancienne ou primitive capitale des *Menapii*, et que c'est par conséquent le *Castellum* indiqué par Ptolémée; mais ici on m'opposera le texte même de cet auteur. Examinons donc ce texte, cause de tant d'erreurs !

[1] Voyez Desroches, *Mémoire sur les dix-sept provinces de la Belgique*, p. 50 à 58. — Wastelain, *Description de la Gaule belgique*, ch. xx, p. 398-417.

« Après les *Ambiani*, dit Ptolémée [1], sont les
« *Morini*, ainsi que leur ville *Taruenna*.

« Ensuite le fleuve *Tabuda*, les *Tungri* et leur
« ville, nommée *Atuatuca*.

« Ensuite, au-delà de la Meuse, les *Menapii* et
« leur ville, *Castellum*. »

On se rappelle que Ptolémée, dans un de ses Itinéraires, confondait le *Tabuda fluvius* ou l'Aas, avec l'Escaut, qui, quoique très connu de son temps, ne paraît pas sur sa carte; d'un autre côté, dans un autre Itinéraire maritime qu'il a employé sur la même côte, l'embouchure de la Meuse se trouve confondue avec celle de l'Escaut, nommée aussi *Tabuda* dans le premier Itinéraire : donc Ptolémée a dû nécessairement confondre dans sa description de l'intérieur le *Tabuda flumen* avec le *Mosa fluvius*, l'Aas avec la Meuse; et comme de son temps le nom de *Tungri* avait remplacé dans la Germanie seconde le nom de *Menapii*, il intervertit et l'ordre des fleuves et celui des peuples; il place immédiatement après *Tabuda* les *Tungri* et leur capitale, parce que dans cet endroit ce mot *Tabuda* est employé comme synonyme de *Scaldis* ou l'Escaut; il place ensuite les *Menapii* au-delà de la Meuse, parce qu'il confond la Meuse avec la *Tabuda* ou l'Aas. Ceci est manifeste, puisque dans aucun temps les *Tungri* n'ont pu être considérés comme voisins des *Morini*, lors même qu'à l'exemple de quelques modernes on étendrait le territoire de ces derniers jusqu'à l'Escaut. Il est d'ailleurs facile de prouver que du temps de Ptolémée on ne connais-

---

[1] Ptolemæus, *Geogr.*, lib. II, cap. 9.

sait plus de *Menapii* à l'orient de la Meuse et même de l'Escaut. Tacite et Pline démontrent suffisamment que les *Gugerni*, les *Ubii*, les *Tungri*, les *Toxandri*, occupaient dans cette portion de la Germanie seconde tout le territoire auparavant attribué aux *Menapii*. Tacite rapporte dans un endroit de son Histoire, que Civilis, chef des Bataves révoltés, donna ordre à un corps de troupes de passer la Meuse, afin d'ébranler les *Menapii* et les extrémités de la Gaule [1]; or, comme ce corps d'armée venait du bord du Rhin, les *Menapii* étaient donc au-delà ou à l'occident de la Meuse. Pline dit : « A partir de l'Escaut, mais au-delà et sous des noms « divers, habitent les *Toxandri*, ensuite les *Mena-« pii* et les *Morini* [2]; » ce qui prouve que les *Menapii* se trouvaient, dès cette époque, à l'occident de l'Escaut et dans l'étendue de l'ancien diocèse de Tournay; et comme, ainsi que nous le verrons par la suite, du temps de Pline, on avait déjà commencé à distinguer sinon comme province, du moins comme division militaire, les deux Germanies, de la Belgique [3], et que par cette raison Pline [4] borne la Belgique proprement dite à l'Escaut; il s'en suit que du temps de Pline, de même qu'au temps de la Notice de la Gaule, les *Menapii* étaient déjà placés dans la Belgique, et non dans une des deux Germanies; et puisque Ptolémée

---

[1] Tacitus, *Hist.*, lib. IV, cap. 28 : « Et alia manu Mosam amnem « transire jubet, ut Menapios et Morinos et extrema Galliarum « quaterent. »

[2] Plin., *Hist. nat.*, lib. IV, cap. 17.

[3] Tacit., *Annal.*, lib. IV, cap. 73; lib. XI, cap. 18. — *Histor.*, lib. I cap. 9, 51 et 53.

[4] Plin., lib. IV, cap. 17.

distingue aussi la Germanie inférieure et supérieure de la Belgique proprement dite, il en résulte qu'il se méprend évidemment lorsqu'en décrivant cette dernière division, il nous transporte à l'orient de la Meuse pour y placer les *Menapii;* car alors, quoiqu'il inscrive réellement les *Menapii* dans la description de la Belgique où ils se trouvaient de son temps, il les place cependant dans la Germanie où ils n'étaient plus, tandis qu'au contraire il place dans la Belgique seconde les *Tungri,* qui firent toujours partie de la Germanie. D'ailleurs Kessel-sur-la-Meuse, que l'on veut considérer comme le *Castellum* de Ptolémée, capitale des *Menapii,* n'est mentionné dans aucun Itinéraire ni aucun monument ancien [1]; il n'en est pas même question dans l'histoire du moyen âge, et c'est encore aujourd'hui un village obscur et peu remarquable. Il n'en est pas de même de Cassel, qui est au centre de plusieurs voies romaines, que la Table représente avec le signe consacré aux capitales de peuples [2], qu'elle nomme *castellum Menapiorum,* qui, répété deux fois dans l'Itinéraire d'Antonin [3], se trouve encore mentionné dans le monumens du moyen âge, et qui enfin est encore aujourd'hui un lieu assez notable, et fut de tout temps une des positions les plus remarquables que

---

[1] Il sembleroit qu'il en est question dans le texte d'Ammien Marcellin, lib. xvii, cap. 2, tel qu'on le lit dans plusieurs éditions; mais il y a une lacune dans tous les manuscrits, et ces mots *Castellum, oppidum quod,* ont été suppléés par Vredius. Voyez l'édit. d'Ammien Marcellin d'Erfurdt. Lipsiæ, 1808, in-8°, tom. I, p. 117; et tom. III, p. 248.

[2] *Tabula peutingeriana,* segm 1. — Ptolæm., Geogr., lib. II, c. 9, p. 53, edit. Bert.

[3] Voyez l'*Analyse des Itinéraires,* tom. III, et ci-dessus, p. 445.

l'on pût trouver dans toute l'étendue de l'ancienne Gaule ¹. Aussi y a-t-on trouvé un nombre considérable de médailles anciennes qui attestent le long séjour qu'y ont fait les Romains. La pierre milliaire découverte en 1817, à cinquante pas des ruines de l'ancienne Tongres ², confirme tous les résultats des itinéraires, et ne laisse aucun doute sur l'exactitude des mesures qu'ils nous donnent. S'il est démontré que *castellum Menapiorum* était la capitale des *Menapii*, c'est aussi le *castellum* que Ptolémée indique comme le chef-lieu de ces peuples; l'erreur qu'il a commise, dont j'ai fait connaître la cause, se trouve également prouvée; et son texte, en apparence en contradiction avec les autres monumens de l'antiquité qui nous indiquent la position des *Menapii*, se trouve au fond conforme avec eux, et sert aussi à les confirmer; car Ptolémée et la Table sont les deux seules autorités anciennes qui nous disent que *Castellum*, Cassel, était la capitale des *Menapii*. Nous avons vu que, postérieurement et à une époque que l'on ignore, *Turnacum* remplaça *Castellum*. *Turnacum* figure d'abord dans les Itinéraires ³ et dans la Notice de l'Empire ⁴; les routes anciennes qui démontrent sa position à Tournay moderne, partent de *Nemetacum*, Arras, *Bagacum*,

¹ Cette ville est sur le sommet d'une montagne en cône tronqué, et domine tellement sur la plaine qui l'environne que l'on découvre un vaste horizon.

² Hennequin, *de Origine et naturâ principatus urbis Trajecti ad Mosam medio ævo*, Lovanii; et *Archives des Pays-Bas*, n° 3; novembre 1829, p. 166 et 168. — Conférez aussi l'*Analyse des Itinéraires*, tom. III de cet ouvrage.

³ Wesseling, *Itiner.*, et l'*Analyse des Itinéraires*, tom. III.

⁴ *Notitia provinciar. Galliæ*, tom. 1, p. 123.

Bavay, et *castellum Menapiorum*, Cassel. L'ancienne ville de Tournay était à l'occident de l'Escaut, et cette portion seule faisait partie du *Mempiscus pagus* ou du diocèse de Tournay, tandis que la nouvelle faisait partie du diocèse de Cambray. L'ancienne ville de Tournay était de la Flandre, tandis que la nouvelle était de l'ancien Brabant. Tant, pour cette partie de la Gaule, il existe une correspondance parfaite entre les anciennes divisions, celles du moyen âge, et les divisions modernes![1] l'Escaut n'ayant jamais cessé de servir de limites.

Nous voyons dans la Notice de l'Empire qu'un tribun militaire des *Nervii* résidait dans un port nommé *portus Æpatiaci* : comme les côtes des *Menapii* faisaient partie du *tractus Nervicanus*, il est probable qu'on doit y placer *portus Æpatiaci*; d'Anville le met, par conjecture, à l'embouchure de la rivière Ypère[2], dans un endroit nommé Ouden Borg, Vieux-Bourg[3]. Une statue trouvée en 1647 à West-Cassel, dans l'île de Walcheren, a donné lieu d'inscrire sur les cartes pour cette côte *Nehallenæ Dea*, nom de la déesse représentée, ce qui démontre la disette de positions romaines chez les *Menapii*, dont le territoire, pendant presque toute la durée de l'empire

---

[1] Wastelain, *Description de la Gaule belgique*, p. 398 et 420; et Desroches, *Mém.*, p. 50. — Jean Cousin, *Histoire de Tournay*, in-4°; Douay, 1619. — Voyez encore, sur les Menapii, Bast, *Recueil d'antiquités romaines et gauloises trouvées dans les Pays-Bas*, p. 13, 19, 102 et 105.

[2] Cette rivière se nomme Yperlée sur nos cartes, et elle se réunit à l'Yser au fort de Knocke.

[3] *Notitia dignit. imper. rom.*, §. lxij, p. 115, édit. de Labbe, in-12, 1651. — D'Anville, *Notice*, p. 529. — Id., *Mémoire sur quelques Cartes de la Gaule qu'il a dressées*, in-4°, 1779, p. 10.

romain, est resté presque désert [1]. La Notice de l'Empire est le seul monument romain qui fasse mention de *Curtracum*, qui est bien certainement Courtray [2].

Meldi. — César parle, dans ses Mémoires [3], d'un peuple chez lequel il fit construire des vaisseaux pour son expédition d'Angleterre : il les nomme *Meldi*, et la suite de son récit prouve très clairement qu'il n'a aucune intention de parler des *Meldi* de l'intérieur de la Gaule, qui à cette époque étaient, ainsi que nous l'avons observé, renfermés dans le territoire des *Senones*. Les géographes modernes ont placé les *Meldi* de la côte, dont parle ici César, dans un endroit nommé Meld-Felt ou Maldeg-Hem-Velt, près de Bruges; l'analogie des noms anciens et modernes, jointe à une convenance générale avec le reste du texte de César, est la seule indication que nous ayons pour cette position, sur laquelle nous n'avons aucun autre renseignement; si elle est exacte, elle confirme l'opinion de ceux qui pensent que le nom de *Menapii* désignait la réunion de plusieurs peuples confédérés de la Germanie [4], ce qui s'accorde parfaitement avec la grande étendue que leur assigne César [5].

---

[1] Voyez Menso Alting, *Not. Bataviæ et Frisiæ antiquæ*, tom. 1, p. 102. — Le nom même de cette déesse n'est pas certain; car Alting cite un autre monument où il est écrit *Deæ Hludanæ*, trouvé à Nasso, dans le Bergendal. — Conférez d'Anville, *Notice*, p. 475.

[2] *Notitia dignit. imper. rom.*, §. 38, p. 68; §. 40, p. 75.

[3] Cæsar, *de Bello gallico*, lib. v, cap. 5, p. 147. — D'Anville, *Notice*, p. 452. — Id., *Mém. sur les Cartes de la Gaule qu'il a dressées*, p. 10.

[4] Wastelain, *Description de la Gaule belgique*, p. 199.

[5] On peut voir, dans l'ouvrage de Bast, dans combien d'endroits de la Flandre il a été trouvé des médailles et des antiquités, et par conséquent combien, du temps des Romains, ce pays était peuplé.

PARTIE II, CHAP. II.

Il n'est peut-être pas indifférent, pour l'opinion de ceux qui donnent aux Gaulois une origine scythique et orientale, de remarquer que dans la Bac-

Les vases de terre antiques trouvés en grand nombre sur le rivage, depuis Dunkerque (De Bast, *Recueil d'antiquités romaines et gauloises*, p. 293, édit. in-4°, Pl. 9, 10, 11, etc.) jusqu'à Bruges, sont surtout remarquables, et prouvent que la mer n'a point gagné de ce côté, et réfutent suffisamment l'opinion de ceux qui ont voulu soutenir (Mann., *Mémoires de l'Académie de Bruxelles*, tom. 1, p. 63; et tom. III, p. 247) que du temps de César, de Strabon et de Ptolémée, la côte actuelle de la Flandre n'était ni habitée ni habitable.

Les médailles en grand nombre que l'on a trouvées au bourg Saint-Nicolas, dans le pays de Waes, démontrent que ce pays n'était pas enseveli sous les eaux, comme l'ont pensé Vredius (Vredius, *Flandr. hist. com. Fland.*, p. 34) et Desroches (Desroches, *Mémoire*, 1770, p. 57). Ces auteurs ont cru que ce pays était encore sous l'eau du temps de Charlemagne; mais un diplôme de Charles-le-Chauve donne aux moines de Saint-Pierre le village situé au pays de Waes, où sainte Amalberg finit ses jours (Miræus, *Donat. belg.*, tom. 1, cap. 9, p. 341), et il est fait mention de Tamisich dans une charte de donation de l'église d'Utrecht. (Gramaye, *Antiquit. Fland.*, cap. 3, p. 88. — De Bast, p. 374 et 375; et p. 384, où la charte est rapportée). Dans les chartes des IXe et Xe siècles, on trouve souvent Gand désigné sous le nom de *portus Ganda, portus Gantus, portus Gandavus, portus Gandensis* : il ne faut pas inférer de là que jamais Gand ait été un port, ni que la mer ait changé. Le mot *portus* a, dans le *latin flamand*, une tout autre signification que dans les auteurs classiques, ou même dans le latin d'autres pays. Dans la Belgique, une ville dont les habitans, réunis en corps, jouissaient des priviléges communs, à certaines conditions, était appelée *port* ou *poort*, et en latin *portus*. On nomma cette confédération *poorterye*, et les membres de l'association furent nommés *poorter* : dans les chartes des XIIe et XIIIe siècles, presque toutes les villes de Flandre sont, dans ce sens, appelées *port* (J. de Bast, *Recueil d'antiquités romaines et gauloises*, in-4°; Gand, 1808, p. 8). Cependant, comme le droit de commune ou l'établissement de poorterye n'est pas plus ancien que le XIIe siècle, Desroches (*Histoire ancienne des Pays-Bas*, p. 110 à 112) prétend que Gand avait un port et communiquait avec la mer, parce que ce lieu est appelé *portus* dans des chartes antérieures au XIIe siècle. On construisait des vaisseaux à Gand du temps de Charlemagne (*Annal. Francor.*, anno 811, tom. V, p. 60. — De Bast, p. 17.)

triane, un des plus anciens États civilisés du monde, Ptolémée nous indique une ville nommée *Menapia*, à l'ouest de Bactres [1].

Nervii. — Les *Nervii*, si souvent mentionnés dans César [2] et dans les historiens et autres auteurs anciens, ne figurent pas dans la Notice des provinces de la Gaule, non plus que leur capitale; ils ont été remplacés par la cité de Cambray [3], dont les anciennes limites retracent exactement leur territoire. Un passage de la vie de saint Éloy, évêque de Noyon et de Tournay, prouve que les municipes de Flandre, de Gand, de Courtray, étaient aussi soumis à la juridiction de ce saint évêque [4]. D'Anville [5], et tant d'autres qui ont cru d'après cela que les *Nervii* s'étendaient jusqu'à la mer, n'ont pas su que Tournay étant la capitale des *Menapii* ou du *Mempiscus pagus*, la possession de ce siége donnait à saint Éloy des droits sur tout le vaste territoire qui en dépendait; mais Bucherius [6], Miræus [7], les Bollandistes [8] Delewarde [9],

[1] Ptolem., *Geogr.*, VI, 11, p. 160, ou p. 185, éd. Bert. — Ammian. (lib. XXIII, c. 6, tom. I, p. 335, édit. d'Erfurdt) la nomme *Menapila*.

[2] Cæsar, *de Bello gallico*, lib. II, cap. 4, 15 et 19; lib. V, cap. 24, 38 et 39; lib. VI, cap. 2; lib. VII, cap. 75. — Tit. Liv., ex *Epitome*, lib. CIV et CXXXIX. — Tacitus, *Hist.*, lib. IV, cap. 66. — Dionis Cassii, lib. XXXIX, cap. 94. — *Id.*, lib. XL, p. 123 et 124, edit. Hanoviæ, in-fol., 1606. — Paulus Orosius, lib. VI, c. 7 et 9. — Plutarchus, in *Cæsare*, tom. I, p. 717, in-folio, 1599. — Plinius, lib. IV. — Appian., lib. IV, cap. 4. — Ptolemæus, lib. II, cap. 8. — Lucanus, *Pharsalia*, lib. I, vers. 428. — Gruter, *Inscript.*, p. 266, n° 4, et p. 874, n° 1.

[3] *Notitia provinciar. Galliæ*, dans le *Recueil des Hist. de Fr.*, tom. I, p. 123; et Guérard, *Essai*, p. 18 et 149.

[4] Valesii *Notitia*, p. 567.

[5] D'Anville, *Notice*, p. 482.

[6] Bucherius, *Belg. rom.*, cap. 11, p. 253 et 276.

[7] Miræus, in *Chronico Belg.*, p. 57.

[8] *Acta sanctor.*, tom. I, p. 290 et 456; *item*, tom. IV, p. 199.

[9] Delewarde, *Hist. du Hainaut*, tom. I, p. 40 et suiv.

Wastelain [1], Desroches [2], et plusieurs autres historiens modernes, ont démontré contre l'archidiacre Catulle [3], que les évêques nerviens n'ont jamais eu la juridiction dans cette partie de la ville de Tournay qui est sur la rive gauche de l'Escaut, rivière qui dans tous les temps a formé la limite du diocèse de Cambray ou des *Nervii*; et par cette raison Philippe de Harveng, qui écrivait en 1170, a eu raison de dire dans ses notes sur la vie de saint Amand : « *Menapiorum esse, quæ vulgato nomine Tornacus dicitur.* » L'on ne trouve ni chez les anciens, ni dans le moyen âge, aucune trace de l'extension des *Nervii* jusqu'à la mer; tandis qu'au contraire j'ai rapporté nombre de passages des anciens qui démontrent que toute la côte septentrionale de la Gaule était occupée par les *Morini* et les *Menapii*, et que ces deux derniers peuples étaient contigus [4]. Le nom de *tractus Nervicanus*, donné à toute cette côte aussi bien qu'à celle des *Morini* et des *Ambiani*, prouve seulement que les *Nervii* étaient un des peuples les plus nombreux, et des plus considérables, de toute cette portion de la Gaule. Ce *tractus*, et celui qui est nommé dans la Notice [5] *Armoricanus*, sont mentionnés collectivement par Ammien Marcellin sous le nom de *Gallicanos tractus*.

---

[1] Wastelain, *Description de la Gaule belgique*, p. 426.

[2] Desroches, *Hist. ancienne des Pays-Bas*, in-4°, p. 129 et suiv.

[3] Andr. Catulli archidiaconi generalis Tornacencis, il dit : « Tor« nacum civitas metropolis et cathedra episcopalis Nerviorum. »

[4] Voyez ci-dessus, p. 349.

[5] *Notitia dignit. imper. rom.*, §. 34 et 61, p. 58 et 113, de l'édit. du P. Labbe, in-12; Paris, 1661. — Il est bien des fois question des Nervii dans cette notice, §. 4, p. 8; §. 38, p. 65; §. 40, p. 76; §. 62, p. 115; §. 63, p. 116. — Ammian. Marcell., lib. xxvii, cap. 8, tom. 1, p. 450.

Il n'y a donc aucune raison pour étendre les *Nervii* au-delà des limites de l'ancien diocèse de Cambray, ou de *civitas Camaracensium* de la Notice, qui d'ailleurs, ainsi que nous l'avons fait voir, était fort étendu. Dans les derniers temps de la puissance romaine, un acte, souscrit entre les évêques au concile de Cologne, en 346 ou 347, a pour signataire un *senator Nerviorum;* et dans Ptolémée, la capitale des *Nervii* n'est point *Camaracum*, mais *Bagacum* : la position de cette ville ancienne à Bavay moderne est prouvée par quatre routes romaines qui se croisent, et dont les mesures nous sont fournies par la Table et l'Itinéraire, et par la pierre milliaire de Tongres; ces six routes partent de *Turnacum*, Tournay, *Camaracum*, Cambray, *Durocotorum*, Rheims, *Atuatuca Tungrorum*, Tongres [1]. Les débris des deux autres routes subsistent presque en totalité : l'une d'elles se rendait à *Tablœ*, Ablas, dans l'île des Bataves, en passant par Mons, nommé autrefois *Castri Lucus* ou *Castri Locus* [2], et par Anvers [3]; l'autre, qui aboutit à *Augusta Veromanduorum*, Saint-Quentin, est connue sous le nom de chaussée Brunehaut. Cette quantité de voies romaines dont *Bagacum*, Bavay, était le centre, prouve combien cette ville a été grande et peuplée sous les Romains : ce qui se trouve confirmé par la quantité de ruines qu'on y a trou-

---

[1] Voyez l'*Analyse des Itinéraires*, tom. III, et *Prototypum lapidis milliarii prope Tungros*, 1817, rapporté dans Hennequin. — *De origine et nat. principatus urbis Trajecti;* Lovanii, 1829, in-8°.

[2] G.-J. Boussu, *Hist. de Mons*, in-4°, 1725, p. 15 et 16.

[3] D'Anville, *Notice*, p. 137, décrit cette route dans le plus grand détail.

vées¹. Velleius Paterculus² parle avec beaucoup d'emphase du passage de Tibère, dans les Gaules, avant qu'il fût empereur, et on a trouvé à Bavay, en 1716, une inscription relative à ce passage : ce qui semble démontrer que cette ville existait dès lors, quoiqu'elle ne soit pas nommée dans l'inscription³. Le passage de Tibère dans cette ville a dû avoir lieu en l'an 12 de l'ère chrétienne⁴. En effet, les *Nervii* occupaient les cantons les plus fertiles de ce qui fut depuis appelé les Pays-Bas, et cela suffit pour expliquer l'importance que leur accorde César. Nous voyons d'ailleurs, par Tacite, qu'ils se glorifiaient, ainsi que les *Treviri*, de tirer leur origine des Germains⁵. Appien

¹ De Bast, *Second supplément au Recueil d'antiquités romaines et gauloises, contenant la description de l'ancienne ville de Bavay et de Famars* ; Gand, 1813, in-8°.

² Vell. Pat., lib. II, c. 104, 512 et 513, edit. Lugd. Batav., 1719.

³ J. de Bast, *Second supplément au Recueil d'antiquités romaines et gauloises*, p. 11 ; Gand, 1813, in-4°.

⁴ Sur l'antique topographie de Bavay, consultez encore Bucherius, *Belg. rom.*, lib. XVI, cap. 7, n° 3, p. 502. — Miræus, in *Chron. belg.*, ad ann. 613, p. 129. — Lambiez, *sur les Antiquités de la ville de Bavay*, dans le *Journal encyclopédique*, le 15 avril 1773, tom. III, part. 2, p. 307 (de Bast, *Second supplément au Recueil d'antiquités romaines et gauloises, renfermant la description de l'ancienne ville de Bavay et de Famars* ; Gand, 1813, in-4°.) — Chaudruc de Crazannes, *sur les Antiquités de la ville de Saintes* ; Paris, 1820, in-4°, p. 134. — L'auteur rapporte une inscription tumulaire d'un certain Januaris qui a le surnom de Nervien. — Conférez encore *Dissertation sur l'emplacement du champ de bataille où César défit l'armée des Nervii et leurs alliés*, par M. C***, de l'Académie d'Amiens, 1832, in-8°. — C'est le campement dont il est question dans César, lib. II, cap. 18 : « Collis ab summo æqualiter declivis « ad flumen Scaldin. » L'auteur le place sur le plateau de Catillon. Voyez p. 41 et 57.

⁵ Tacitus, *de Moribus Germanor.*, cap. 28 : « Treveri et Nervii « circa affectionem Germanicæ originis ultrò ambitiosi sunt. »

nous dit que les *Nervii* descendaient des Cimbres et des Teutons [1], et cela seul devait donner plus d'éclat à leur célébrité. L'épithète de *liberi*, par laquelle Pline les distingue, prouve que, même sous les empereurs romains, ils avaient conservé une partie de leurs priviléges. Magnon, auteur du IXe siècle, dans une Notice de la Gaule, où il joint les noms des peuples à ceux des villes, dit *Nervius Bagacum* [2] pour désigner Bavay. La position de *Camaracum* à Cambray, seconde capitale des *Nervii*, et dont la première mention se trouve dans les Itinéraires, pourrait aussi se démontrer par les seuls monumens historiques, mais elle est aussi prouvée par les mesures des routes romaines qui s'y croisent et qui partaient de *Nemetacum*, Arras, *Bagacum*, Bavay, et *Augusta Veromanduorum*, Saint-Quentin.

Il a été pris sur l'ancienne cité de Cambray pour former l'évêché de Liége, substitué à celui de Tongres, et dans des temps postérieurs pour former celui de Malines, détaché de celui de Liége. Le diocèse moderne de Cambray ne représentant qu'une partie de l'ancien, il devient donc nécessaire de tracer en détail l'étendue de ce diocèse selon ses limites primitives. Dans le VIIe siècle, l'ancien diocèse de Cambray, ou le territoire des *Nervii*, comprenait six archidiaconés ou cantons souvent mentionnés dans les diplômes et autres monumens : 1°. *Cameracensis pagus*, le Cambrésis, qui renfermait la ville de *Cama-*

---

[1] Appianus, *de Bellis gallicis*, p. 754, édit. in-folio de Henri Étienne, 1592.

[2] Valesii *Notitia*, p. 567.

racum [1]; *Hunulphicurtis,* Hennecourt, maintenant en Picardie, mentionné dans un diplôme d'Amalfride en 677 [2]; *Caldriacum,* Caudri (692) [3]; *Carneres,* Carnières; *Vendelgiæ,* Cateau-Cambrésis; *Muntiniacum,* Montigny; Gualtercurt; Wellincourt, ces cinq derniers lieux sont mentionnés dans un diplôme de Charles-le-Chauve en 909 [4] : 2°. Hainou, le Hainaut [5], renfermait *Malbodium* ou *Castri locus,* Maubeuge; *Altus-Mons,* Haut-Mont [6] (690); *Lobacus* ou *Lobes* [7] (908); *Ursidongus* (650); *Crispinum,* Crépin [8] (931); la forêt d'Amblise, *Ambligia* [9] (877), où nous avons placé les *Ambiliates;* Leptines, maintenant Estines, près Binch [10]; 3°. *Fanomartensis pagus* [11], canton dont le chef-lieu était *Fanomartis,* Famars, mentionné dans la Notice, et qui fut incorporé au Hainaut après Charlemagne, comprenait à cette époque *Valentianas,* Valenciennes [12] (861); *Solinus,* sur

---

[1] Wastelain, *Description de la Gaule belgique*, p. 430. — Miræi *Diplom.*, p. 46, 75, 112, 154.

[2] Desroches, *Mémoires,* p. 50. — Miræi *Diplom.*, tom. II, p. 927.

[3] Les chiffres entre parenthèses indiquent l'année de la première mention des lieux qui les précèdent dans les actes que j'ai pu découvrir.

[4] Miræi *Oper. diplom.*, tom. II, p. 937, et 938, in not. — Balder, *Chron. camer.*, p. 200.

[5] Wastelain, p. 432. — Bolland., febr., tom. II, p. 354.

[6] Wastelain, p. 437. — Desroches, p. 40. — Angrad., *de Vita Ansberti*, in tom. II, febr., apud Boll., p. 354.

[7] *Cod. don.*, cap. 25. — Miræi *Opera diplom.*, tom. II, p. 1126, et tom. III, p. 283.

[8] Balderic, *Chron. camer.*, p. 262. — Miræi *Diplom.*, 1135.

[9] Bolland., junii, tom. II, p. 1068. — Miræi *Diplom.*, p. 249. — *Hist. Loss. Mantel*, p. 181 et 200. — *Chron.* Balduini Avenn., p. 35.

[10] Mabillon, *Re diplom.*, lib. IV, p. 79.

[11] Desroches, p. 43.

[12] *Dipl. belg.*, lib. II, cap. 9.

la frontière (705), Maroilles (667); *Fisiacum*, Fichau, près d'Avennes : 4°. *Fania*, le canton nommé La Fagne, presque tout couvert de forêts, renfermait : l'abbaye de Liessies, qui rappelle le nom et le séjour des *Lœti* de la Notice; *Avenna*, Avennes; *Terluinum*, Terlon; *Curtissolre*, Cousolre; *Wallare* ou Waslers, fondé par saint Landelin; dans la Vie de ce saint il est fait mention du *Templutensis pagus*[1], qui paraît avoir fait partie de *Fania* ou La Fagne; 5°. *Carbonaria sylva*, la forêt Charbonnière, qui n'était qu'une suite de la forêt des Ardennes, et dont les bois de Soignes, de Mormal et de Cirau, sont des restes[2]. 6°. Le *Brachbantensis pagus* ou l'ancien Brabant, qui était borné à l'ouest et au nord par l'Escaut, à l'orient par la Dyle, et au midi par la Hayne[3]. Malines était du Brabant, ainsi que le prouve un diplôme de Pepin en 753[4]. Cette ville fut soumise à l'évêque de Liége en 934, et ne fut érigée en évêché qu'en 1559. Les autres lieux du Brabant étaient *Bruolisela*, Bruxelles (976); Loven ou Louvain (886); Vilvorde (779); Goyck, près de Halle; Lennicke, dans le territoire de Goesbeke; Wambeke, appartenant au chapitre de Nivelle; Tubise, entre Halle et Braine-le-Comte; Itre, près de Nivelle; Hennuyeres, et Baulers ou Baulez, sont tous lieux men-

---

[1] Desroches, *Mémoire*, p. 44. — *Donat. Belg.*, lib. II, cap. I. — Wastelain, p. 445. — Bolland., junii, tom. II, p. 1065.

[2] Desroches, p. 46. — Wastelain, p. 447. — Gregor. Tur., lib. II, cap. 9. — Vendel, *Leg. sal.*, p. 86.

[3] Desroches, p. 37. — Wastelain, p. 447. — *Rec. des Hist. de Fr.*, tom. IV, p. 717. — On y trouve une charte de Pepin, de l'an 750, qui est le plus ancien monument où il soit question du Brabant.

[4] *Histor. urb. et provinc. Mechl.*, lib. I, sect. 2.

tionnés comme renfermés dans le Brabant, dans un diplôme de Charles-le-Chauve, de l'an 877. D'autres monumens prouvent que le Brabant avait la Hayne pour limites au midi. Il est remarquable que, du côté de l'occident, cette partie seule de la ville de Gand, qui était au midi, ou à la droite de l'Escaut, appartenait au Brabant ou au diocèse de Cambray ; ce qui confirme parfaitement ce que nous avons dit sur les limites respectives des *Nervii* et des *Menapii*. Une donation de Charles-le-Chauve place aussi en Brabant Flithersale ou Vlierseele et Gisingarucele, ou Gyzeele, dans le comté d'Alost [1]. Tels étaient tous les cantons compris dans le diocèse de Cambray, dans les VIIe, VIIIe et IXe siècles ; je n'y ai point placé le *Riensis pagus* que Wastelain renferme aussi dans les limites du diocèse de Cambray, puisque, de l'aveu même de cet auteur, d'après tous les monumens qu'il cite, ce comté était renfermé dans la *Toxandrie*, ou dans la cité de *Tongres* [2].

Ainsi les *Nervii* avaient pour limites au midi les *Remi* et les *Veromandui* ; à l'occident, l'Escaut jusque près de sa source, qui les séparait des *Atrebates* et des *Menapii* ; au nord, l'Escaut formait encore la limite qui les séparait de ces derniers ; au nord-est et à l'est, la Dyle, qui les séparait encore des *Mena-*

---

[1] *Codex donat. piar.*, cap. 14 et 19. — Balder, *Chron. cam.*, p. 263 et 264. — Miræi *Diplom.*, tom. III, p. 8, 10 et 496. — *Diplomat. Belg.*, lib. 1, cap. 35 et 37. — *Trophées du Brabant*, tom. I, p. 17. — *Preuves*, p. 61. — Conférez encore, sur tous les changemens survenus dans les évêchés de la Belgique, le *Gallia christiana*, tom. III, p. 1052 et 1101 ; tom. V, p. 1, 3, 123, 159, 246, 307, 372, 393, 431, 440, 891, et tom. XIII, p. 571.

[2] Wastelain, p. 231.

pii et des *Eburones*, du temps de César, et après Auguste, des *Toxandri* et des *Tungri*; plus au midi, la forêt des Ardennes ou la forêt Charbonnière, ce qui donne lieu à Strabon[1] d'étendre leurs limites jusqu'aux frontières des *Treveri*, parce qu'il attribue aux *Nervii* toute cette vaste forêt, dont ils ne possédaient qu'une partie.

César[2] nomme différens petits peuples qui se trouvaient, de son temps, soumis aux *Nervii*; et comme aucun auteur n'en a fait mention depuis, on ne peut assigner leurs positions que par conjecture. D'Anville[3], égaré par la fausse idée que le territoire des *Nervii* s'étendait jusqu'à la mer, a placé tout ces peuples dans l'intérieur de la Zélande ou dans le voisinage. Cluverius, au contraire, a très bien vu qu'ils devaient être situés dans les limites de l'ancien diocèse de Cambray. En considérant les portions de territoire qui restent à ces peuples, après avoir assigné les positions de tous les autres, nous croyons pouvoir placer les *Levaci* entre Liven-Eschel, près Soteghern et Asche; les *Geïduni*, que d'Anville nomme à tort *Gorduni*, contre l'autorité des meilleurs manuscrits, étaient au midi de l'Escaut, dans les environs de Genhdt (Gand) et de Deynse; les *Pleumoxii* aux environs de Pommerceus, près de Mons; mais certains manuscrits portent *Cleimosii*, qu'on veut dériver de clayf-mose *a tenacitate terræ*; les *Grudii*, aux environs d'Oudenarde et de Grooten Berghe;

---

[1] Strabo, *Geogr.*, lib. IV, p. 194 : « Les Nerviens, peuples ger-
« mains, sont contigus aux Trévires. »

[2] Cæsar, *de Bello gallico*, lib. V, cap. 39.

[3] D'Anville, *Notice*, p. 357, 362 et 411.

les *Centrones*, dans les environs de Termonde et de Bruxelles. A la vérité toutes ces positions ne sont fondées que sur la ressemblance entre les noms anciens et les noms modernes, et sur les textes combinés, mais insuffisans, des auteurs anciens. L'emplacement que d'Anville assigne à ces peuple dans un canton très petit et très stérile sur les bords de la mer, est non seulement invraisemblable, mais il contrarie d'ailleurs le texte des auteurs anciens et celui de César en particulier [1].

Veromandui. — Au midi des *Nervii* étaient les *Veromandui*, qui se trouvaient aussi limitrophes des *Atrebates*, ainsi que César prend soin de le remarquer [2] : ce qui nous prouve que César, comme je l'ai déjà observé, n'a fait les *Ambiani* voisins des *Nervii* que par approximation, puisqu'il avoue ici implicitement

---

[1] Sanson, dès 1656, avait mis au jour un Diocèse de Cambray en une feuille; mais on en a depuis gravé un autre qui est en quatre feuilles, et qui ne laisse rien à désirer pour l'exactitude topographique. Il a été fait d'après les cartes de Cassini, et a été gravé par Delahaye. Cette excellente carte surpasse les plus belles de celles qui se trouvent parmi les diocèses de Languedoc; en réunissant ces matériaux, et en suivant les indications que je donne ici, il sera facile de tracer les limites du territoire des Nervii avec beaucoup d'exactitude. — Voyez encore, pour la géographie ancienne du moyen âge des Nervii, les auteurs déjà cités, et le *Gallia christiana*, tom. v, p. 241 et 303. — Valesii *Notitia*, p. 73 et 567. — C'est au mot *Turnacum* que Valois traite des Nervii, et on ne trouve le nom de ces peuples ni à son ordre, ni dans le corps de l'ouvrage, ni dans la Table; à la page 144, au mot *Centrones*, il traite des Grudii, des Levaci, des Plumoxii, des Gordunii, etc. — Conférez Wastelain, *Descript. de la Gaule belgique*, p. 421.

[2] Cæsar, *de Bello gallico*, lib. ii, cap. 4 et 16 : « Cum Atrebatibus « et Veromanduis finitimis suis. » — Tit. Liv., *Epitome*, lib. civ. — Paulus Orosius, lib. vi, cap. 7.

que les *Veromandui* se trouvaient entre ces deux peuples. Ptolémée[1] est le premier qui ait mentionné la capitale des *Veromandui*; de son temps elle s'appelait *Augusta Veromanduorum*, nom évidemment tiré de l'empereur Auguste; ainsi le nom gaulois de cette ville est ignoré. Adrien de Valois, dans sa Notice[2], avait déjà prouvé d'une manière irréfragable, par le seul secours de l'histoire, qu'*Augusta Veromanduorum* était la même ville que celle qui, dans le moyen âge, a pris le nom de Saint-Quentin, depuis que ce saint personnage y a été enterré. L'abbé Belley[3], dans la dissertation qu'il a publiée sur cette ville, a ajouté encore de nouvelles preuves à celles de Valois, mais surtout la meilleure et la moins contestable de toutes les preuves, l'application des mesures des Itinéraires et de la Table sur nos cartes modernes. Par ce moyen l'abbé Belley a très bien démontré que *Augusta Veromanduorum* était Saint-Quentin, et non Vermand, *castrum Vermandi*, dont le nom et la haute antiquité

---

[1] Ptolemæus, *Geogr.*, lib. II, c. 9, p. 55, edit. Bert. Rhomondues.

[2] Valesii *Notitia*, p. 595.

[3] Belley, *Mémoires de l'Académie des Belles-Lettres*, tom. XIX, p. 671. — Il ne faut pas s'en rapporter, pour les ruines du camp de Vermand, à celui qu'a donné M. Lemaistre, dans une *Notice sur les monumens celtiques ou romains du département de l'Aisne*. Ce plan est inexact; les routes romaines qu'indique M. Lemaistre n'existent pas. Le plan plus fidèle levé par les géomètres du cadastre, et les recherches que j'ai fait faire sur les lieux lorsque j'étais préfet de ce département, m'ont démontré les inexactitudes de ce plan de M. Lemaistre; la forme régulièrement elliptique et l'orientation qu'il donne à ce camp ne sont pas plus exactes que le reste. M. Rigollot, d'ailleurs si instruit et si judicieux, a cependant donné dans les mêmes erreurs que M. Quentin et M. Mangon de Lalande. Voyez dans le Dictionnaire, au tome III, l'article d'*Augusta Veromanduorum*.

avaient donné lieu à des doutes qu'une discussion approfondie pouvait seule dissiper. Nous avons fait le même travail que l'abbé Belley relativement aux mesures anciennes, mais avec une exactitude plus rigoureuse, parce que nous étions pourvu de meilleures cartes. En consultant notre Analyse des Itinéraires romains, on verra que les routes romaines qui se joignent à *Augusta Veromanduorum* partent d'*Augusta Suessionum*, Soissons, *Samarobriva*, Amiens, et *Bagacum*, Bavay, et aboutissent à Saint-Quentin [1]. Il existait une autre route entre *Augusta Veromanduorum*, Saint-Quentin, et *Durocortorum*, Reims, qui passait par *Lugdunum clavatum*, Laon, ville dont on prouve l'antiquité à une époque si rapprochée des Romains, qu'il y a peu de doute qu'elle n'ait existé de leur temps. Saint Médard, au vi[e] siècle, transféra le siége du diocèse des *Veromandui* d'*Augusta* à *Noviomagus*, ville dont le nom paraît pour la première fois dans l'Itinéraire d'Antonin, la Notice de l'Empire et la Table [2]. Indépendamment des preuves historiques non interrompues, les mesures de la Table et de l'Itinéraire, par une route qui va de *Augusta Suessionum*, Soissons, à *Samarobrivâ*, Amiens, nous portent à Noyon moderne pour *Noviomagus* [3] : ainsi le territoire des *Veromandui*, d'où est venu le nom moderne de Vermandois, se trouve représenté par le diocèse de

---

[1] Voyez ci-après *Analyse des Itinéraires*, tom. III, et le Dictionnaire.

[2] *Ib.*, tom. III. — *Notitia dignit. imper. rom.*, sect. 65, édit. du P. Labbe; Parisiis, in-12, 1751, p. 122, dernière ligne.

[3] Voyez l'*Analyse des Itinéraires*, tom. III de cet ouvrage.

Noyon. J'ai étudié avec le plus grand soin l'histoire de ce diocèse et de celui de Laon, pour examiner si la conjecture de d'Anville, qui étend au-delà du diocèse de Noyon les limites des *Veromandui*, et y comprend le diocèse de Laon, était appuyée de quelque témoignage historique; mais je n'ai rien trouvé qui pût faire présumer que jamais les limites du diocèse des *Veromandui* aient varié, ni qu'aucune partie du diocèse de Laon, qui a été détaché du diocèse de Reims, ait jamais appartenu au diocèse des *Veromandui* [1]. La conjecture de d'Anville à cet égard est donc purement arbitraire et doit être rejetée; cet habile géographe n'avait point commis cette faute dans la Carte de la Gaule au temps de César, dressée pour l'histoire romaine de Crevier, et publiée quinze ans avant sa Notice; cette carte représente les *Veromandui* selon leurs limites véritables [2].

Suessiones. — Les *Suessiones* étaient au midi des

---

[1] Voyez *Gallia christiana*, tom. IX, p. 511 et 979, et Paul Colliette, doyen du doyenné de Saint-Quentin, etc., *Mémoires pour servir à l'histoire ecclésiastique, civile et militaire, de la province de Vermandois;* à Cambray, 1771, 3 vol. in-4°. — Il y a des choses curieuses et importantes dans ce livre, et cependant l'auteur, écrivant dix ans après la publication de la *Notice de la Gaule* de d'Anville, est assez peu géographe pour vouloir prouver que Samarobriva est Saint-Quentin, et il avance qu'il n'est pas question de cette ville dans la Table. — Voyez encore Valesii *Notitia*, p. 290 et 595. — Wastelain, *Description de la Gaule belgique*, p. 345. — Cluver., *Germ. antiq.*, p. 434. — Cambry, *Description du département de l'Oise*.

[2] Sanson a publié une Carte du diocèse de Noyon, en une feuille; je n'en connais point de plus récente. On peut aussi se servir assez utilement, mais avec précaution, de la carte que Nolin a dressée pour le *Gallia christiana*, intitulée *Belgica secunda*.

Veromandui : nous voyons dans César[1] qu'ils étaient alliés des *Remi*, et gouvernés par les mêmes lois et les mêmes magistrats ; voilà pourquoi Hirtius Pansa[2], qui a continué l'ouvrage de César, moins bien instruit que lui, ou moins exact, dit que ce peuple était incorporé aux *Remi*, ce qui n'est pas rigoureusement vrai, puisque du temps de Pline[3], ils formaient encore un peuple détaché, et que cet auteur leur donne même l'épithète de *liberi*. Leur territoire renfermait douze villes, suivant César[4] : Ptolémée[5] nomme *Augusta* la capitale des *Suessiones*, et indépendamment des témoignages historiques, la position de cette ancienne ville à Soissons moderne est prouvée par les routes qui y aboutissent, et qui sont décrites dans l'Itinéraire et dans la Table, dont les chiffres sont confirmés par ceux de la borne milliaire trouvée dans les ruines de l'ancienne Tongres[6]. Ces routes partent d'*Augusta Veromanduorum*, Saint-Quentin[7], *Lutetia*, Paris,

---

[1] Cæsar, *de Bello gallico*, lib. II, cap. 3 et 13; lib. VII, cap. 75.

[2] Hirtius Pansa, *Comment. de Bello gallico*, lib. VIII, cap. 6. — Strabo, lib. IV, p. 194 et 196. — Titus Liv., *Epitome*, lib. CIV.

[3] Plinius, lib. IV, cap. 17.

[4] Cæsar, *de Bello gallico*, lib. II, cap. 4.

[5] Ptolem., lib. II, cap. 8. — Ptolémée dit Ouessones au lieu de Souessones, et les anciennes éditions latines portent aussi Uessones. — Radbert, abbé de Corbie, né dans le Soissonais, et qui écrivait au IX° siècle, dit Uesona pour désigner la ville de Soissons. Voyez d'Anville, *Notice*, p. 620, et dom Mabillon, *Actes de l'ordre de saint Benoît*, IV° siècle, part. II, p. 130.

[6] *Prototypum lapid. mill. prop. Tungr.*, an. 1817 *reperti*; dans Hennequin, *de Origin. et nat. princ. urbis Trajecti ad Mosam*. Lovanii, in-8°.

[6] Voyez l'*Analyse des Itinéraires*, tom. III de cet ouvrage. — M. le docteur Godelle a fait lithographier, comme inédite, l'inscription découverte, en 1684, dans les fondemens de l'Hôtel-Dieu de Soissons. Elle est gravée sur une pierre qui a deux pieds onze pouces

484   GÉOGRAPHIE ANCIENNE DES GAULES.

Genabum, Orléans, et *Durocortorum,* Reims. Dans la Notice des provinces, et dans deux endroits de l'Itinéraire, cette ville porte le nom du peuple, *Suessiones.*

de hauteur sur deux pieds trois pouces de largeur, et dont l'épaisseur est de deux pieds trois pouces quatre lignes. J'ai consulté mon savant confrère M. Hase sur ce monument, et je me fais un devoir de transcrire ici la note qu'il m'a transmise :

« Cette inscription a été déjà publiée plusieurs fois : 1°. par Mabil-
« lon, *Vetera analecta cum itinere Germanico et Eusebii Romani ad*
« *Theophilum epistola de cultu Sanctorum ignotorum;* Parisiis,
« 1723, in-fol., p. 16. 2°. Dans Raphael Fabretti, *Inscriptionum*
« *antiquarum, quæ in œdibus paternis asservantur, explicatio;*
« Romæ, 1699, in-fol., p. 469, n° 108. 3°. *La religion des Gaulois,*
« par le P. dom Jacques Martin; Paris, 1727, in-4°, tom. II, p. 134.
« 4°. *Les antiquités de Metz,* ou *Recherches sur l'origine des Mé-*
« *diomatriciens,* par Joseph Cajot; Metz, 1760, in-8°, p. 76. 5°. Enfin
« dans le *Novus thesaurus veterum inscriptionum,* collectore Lu-
« dovico Muratorio; Mediolani, 1739, in-fol., p. 73, n° 5.

« Mabillon, à l'endroit cité, propose de lire SERAPI EXSPECTA*to* ou
« EXSPECTA*tissimo* METIS (ce qui serait le nom de la personne à qui
« nous devons l'inscription) AVG*ur Deorum;* Cajot n'ose expliquer
« les dernières lignes, « à cause, dit-il, de quelques lettres rongées
« par l'injure du temps. » Dans le recueil intitulé : *Inscriptionum*
« *latinarum selectarum amplissima collectio;* Turici, 1828, in-8°,
« vol. 1, p. 338, n° 1877, M. Orelli, qui reproduit ce petit monu-
« ment votif pour la sixième fois, le lit ainsi, d'après les notes ma-
« nuscrites de Hagenbuch :

ISI
MYRIONYMAE
ET SERAPI
EXSPECTA*tus*
HER*METIS* AVG*usti* DISPENSATOR
votum solvit LUBENS (merito ?)

« Voyez Apianus, *Inscriptiones sacrosanctæ vetustatis, non illæ*
« *quidem Romanæ, sed totius fere orbis conquisitæ;* Ingolstadii,
« 1534, in-fol., p. 443. — Aventinus, *Annalium Boiorum libri* VII,
« *una cum Francisci Guillimanni de rebus Helvetiorum tractatu,*
« *curante Nicol. Hieron. Gudlingio;* Lipsiæ, 1710, in-fol., p. 86. —
« Lochner, Μηκωνοπαίγνιον *sive de Papavere;* Norimbergæ, 1719,
« in-4°, p. 76. — Boxhorn, *Notæ in Quæstiones romanas Plutarchi*

Il est probable que César a fait mention de la capitale des *Suessiones*[1] sous son nom gaulois, qui disparut lorsqu'on l'eut honorée du surnom de l'empereur Auguste. César, en effet, parle d'une ville qu'il appelle *Noviodunum*, et où l'armée des *Suessiones* mise en fuite s'était réfugiée. César ne reçoit cette ville à composition qu'à la prière des *Remi*, et en prenant pour otages les plus considérables d'entre eux, et entre autres, les enfans de Galba, lequel régnait alors sur les Soissonais[2] : toutes ces circonstances font donc présumer que cette ville était la capitale de ces peuples, et que c'est la même qui prit le nom d'*Augusta*. C'est aussi le sentiment de d'Anville[3]. Ceux qui, comme Cluverius, ont voulu confondre *Noviodunum* avec *Noviomagus*, qui est Noyon, n'ont fait aucune

---

« (quæst. 13), réimprimées dans le *Thesaurus Ant. romanarum*
« *de Grævius*, tom. v, p. 974. — Schedius, *de Düs Germanis synta-*
« *gmata* iv; Halæ, 1728, in-8°, p. 228; — Gruter, *Inscriptiones an-*
« *tiquæ totius orbis Romani;* Amstelod., 1707, in-fol., p. 83, n° 11; —
« M. Orelli, *Inscript. lat. sel. ampl. coll.* loc. laud., n° 1876. On
« y trouve une inscription découverte en Bavière, sur l'Iser, et qui,
« comme celle d'Exspectatus, fils d'Hermès, commence par les
« mots : ISIDI MYRIONYMAE. Quant à l'épithète de μυριώνυμος donnée
« à Isis, on peut consulter les observations de M. Letronne, *Recher-*
« *ches pour servir à l'histoire de l'Égypte pendant la domination*
« *des Grecs et des Romains;* Paris, 1823, in-8°, p. 465 et 481. —
« Notre savant confrère y a réuni tout ce qui concerne l'usage de
« l'antiquité d'appeler Isis *la déesse* ou *la dame* (κυρία) *aux dix*
« *mille noms.* »

[1] Voyez l'*Analyse des Itinéraires*, tom. III de cet ouvrage. — Muratori, *Inscript.*, tom. I, p. 456, n° 4, relativement à une colonne milliaire trouvée à Saint-Médard, portant : *leg.* VIII; et aussi, *Voyage de deux bénédictins.* — *Notitia provinc. et civit. Gall.*, dans le *Recueil des Hist. de Fr.*, tom. I, p. 123.

[2] Cæsar, *de Bello gallico*, lib. II, cap. 12 et 13.

[3] D'Anville, *Notice*, p. 110.

attention à la marche de César, aux limites des peuples et à la différence des noms [1]. La conjecture de l'abbé Lebeuf, qui place *Noviodunum* à Noyon [2], un peu au midi de Soissons, est plus raisonnable, mais elle n'est appuyée sur aucune preuve [3]. Rien ne prouve non plus, comme l'ont prétendu Lebeuf et Wastelain [4], que les *Suessiones* du temps de César eussent un territoire beaucoup plus étendu que sous Auguste. Ce territoire paraît très exactement représenté par le diocèse de Soissons dans son état ancien, lequel a dû renfermer le duché de Valois, que l'on attribue aux *Vadicassii* ou *Ouadicassii* de Ptolémée, petit peuple inconnu à César, et qui de son temps paraît avoir été renfermé dans les limites des *Suessiones* [5].

Remi ou *Rhemi*. — A l'orient des *Suessiones*, était le grand peuple des *Remi*, auquel César accorde le second rang après les *Ædui* [6]. Pline [7] les nomme *Fœderati*, ce qui est conforme à une inscription

---

[1] Cluverius, *Germania antiqua*, p. 340.
[2] Lebeuf, *Dissertation sur l'état des anciens habitans du Soissonnais avant la conquête des Gaules par les Francs*, in-12; 1735.
[3] Ce Noyon n'est qu'à une demi-lieue au midi de Soissons.
[4] Wastelain, *Description de la Gaule belgique*, p. 333.
[5] Voyez Carlier, *Histoire du duché de Valois*, 3 vol. in-4°; Paris, 1764. — Lemoine, *Histoire des antiquités de la ville de Soissons*, 3 vol. in-12. — *Gallia christiana*, tom. IX, p. 333. — Valesii *Notitia Galliæ*, p. 536. — Lucain donne aux Suessones l'épithète de *Leves*, Pharsal., lib. I, v. 423. — Sanson a publié, en 1656, une Carte en une feuille du diocèse de Soissons. — Voyez encore la Carte de Nolin, intitulée : *Belgica secunda*, dans le *Gallia christiana*.
[6] Cæsar, *de Bello gallico*, lib. II, cap. 3, 4, 5, 6 et 7; lib. V, cap. 56; lib. VI, cap. 12; lib. VII, cap. 63; lib. VIII, cap. 90. — Hirtius Pansa, *de Bello gallico*, lib. VIII, cap. 6.
[7] Plinius, *Hist. nat.*, lib. IV, cap. 17.

publiée par Spon, qui porte : CIVITAS REM. FOEDE-
RATA¹. Strabon² mentionne la ville des *Remi* comme
une des plus considérables des Gaules, et lors d'une
nouvelle division en provinces, elle fut élevée au
rang de métropole de la seconde Belgique ³. Strabon
nous apprend aussi que les gouverneurs romains y
faisaient leur résidence. C'étaient probablement les
gouverneurs de la Belgique. Tout ceci répond parfaitement au vaste territoire que les *Remi* occupaient
du temps de César ; car, indépendamment du diocèse
de Reims et de celui de Laon, qui n'en est qu'un démembrement, il faut leur attribuer aussi celui de
l'évêché de Châlons, ou les *Catalauni*, dont aucun
auteur ancien, avant Constantin, n'a fait mention ;
mais nous avons des médailles antiques frappées avec
le nom de ce peuple ⁴. César s'exprime de manière à
nous prouver formellement que le territoire de ces
derniers était compris dans celui des *Remi*, puisqu'il
nous dit que « les *Remi* étaient limitrophes de la Cel-
« tique ou de la Gaule, mais que cependant ils fai-
« saient partie des Belges ⁵. » Si les *Catalauni*
n'avaient point été compris alors dans le territoire
des *Remi*, ces derniers n'eussent point été limitrophes
de la Celtique. J'observe que les limites données par
d'Anville aux *Remi*, du côté des *Veromandui*, sont
tout-à-fait arbitraires, parce qu'il a distribué entre
ces deux peuples voisins le diocèse de Laon, sans

---

¹ Spon, *Miscell. erud. antiq.*, p. 203.

² Strabo, *Geogr.*, lib. IV, p. 194.

³ *Notitia provinciar. Galliæ*, dans le *Recueil des Hist. de Fr.*, tom. I, p. 125.

⁴ Mionnet, *Description des médailles*, tom. I, p. 81.

⁵ Cæsar, *de Bello gallico*, lib. II, cap. 3.

être soutenu par aucune autorité, et selon que cela lui paraissait convenable d'après l'importance qu'il attribuait aux deux peuples [1]. La célébrité de la capitale des *Remi*, du temps des Romains, et le grand nombre de routes qui y aboutissaient, et dont la Table et l'Itinéraire [2] nous ont donné le détail, répondent parfaitement à l'étendue du territoire qu'ils possédaient. César nomme la capitale des *Remi*, *Durocortorum* [3]; Strabon ainsi que Ptolémée [4] en font également mention sous ce nom. Ammien Marcellin, la Notice de l'Empire, et même quelques ordonnances du code Théodosien, désignent cette ville sous le nom du peuple, *Remi* [5], et nous avons des médailles antiques frappées avec ce nom [6]. Les monumens historiques prouvent que *Remi* est Reims moderne, et toutes les mesures de l'Itinéraire et de la Table portent, pour *Durocortorum*, à Reims. Les routes qui s'y réunissent partent d'*Augusta Trevirorum*, Trèves, *Bagacum*, Bavay, *Augusta Veromanduorum*, Saint-Quentin, *Augusta Suessonum*, Soissons, *Jatinum*, Meaux, *Catalaunum*, Châlons-sur-Marne, *Nasium*, Naix, *Divodurum*, Metz [7]. La position de *Durocatalaunum*, Châlons, est prouvée par trois routes qui partent de *Durocortorum*, Reims, *Augus-*

---

[1] D'Anville, *Notice*, p. 544 et 692.
[2] Voyez l'*Analyse des Itinéraires*, tom. III de cet ouvrage.
[3] Cæsar, *de Bello gallico*, lib. VI, cap. 44.
[4] Strabo, lib. IV, p. 194, et Ptolemæus, lib. II, cap. 8.
[5] Ammian. Marcellin., lib. XVI, cap. 2. — *Codex theodosianus*, tom. II, p. 281 et 579; tom. III, p. 13, 271, 300, 392 et 474; tom. IV, p. 546; tom. V, p. 94, 119 et 227. — Dion Cassius, lib. XXXIX, p. 95.
[6] Mionnet, *Descript. des Méd.*, tom. I, p. 82. — *Supplém.*, tom. I, p. 149.
[7] Voyez l'*Analyse des Itinéraires*, tom. III de cet ouvrage.

tobona, Troyes, et *Andomatunum,* Langres[1]. Quant à *Lugdunum clavatum* ou *Laudunum,* chef-lieu du diocèse de Laon, j'ai déjà remarqué qu'il n'en est fait mention dans aucun monument de l'âge romain, quoiqu'il y ait tout lieu de croire que cette ville existait dès cette époque. Saint Remi, qui érigea cette ville en siége épiscopal, et lui assigna un territoire aux dépens de celui de Reims, vivait vers la fin du ve siècle; et il paraît assez constant que saint Genebaud, premier évêque de Laon, fut sacré avant l'an 500[2]. César fait mention d'une ville des *Remi* nommée *Bibrax*[3], distante de huit milles des bords de l'Aisne, où il se trouvait campé; d'Anville a très bien observé que, d'après cette circonstance, *Bibrax* ne pouvait être *Laudunum clavatum,* Laon, comme le veulent certaines légendes, ni Fimes, ainsi que le prétend Sanson. D'Anville et l'abbé Lebeuf placent ce lieu par conjecture à Bièvre, près de Pont-à-Vire[4]. Dans le code Théodosien, il est fait mention d'un lieu nommé *Mantebrum,* dans la date d'une loi de Gratien, de l'an 366, après J.-C.; et les dates des lois qui précèdent et qui suivent, montrent évidemment que ce lieu a dû être dans la dépendance

---

[1] Voyez l'*Analyse des Itinéraires,* tom. III. — Ammian. Marcellin., lib. xv, cap. 11; lib. xxvii, cap. 2.

[2] Voyez *Gallia christiana,* tom. ix, p. 1 et 508. — Valesii *Notitia,* p. 468. — Anquetil, *Histoire civile et politique du diocèse de Reims,* 3 vol. in-12; Reims, 1756.

[3] Cæsar, *de Bello gallico,* lib. ii, cap. 6.

[4] D'Anville, *Notice,* p. 159. — Cet article est bien fait; mais la conjecture appartient à l'abbé Lebeuf, que d'Anville ne cite pas. — Conférez *Mém. de la Société des Antiq. de France,* tom. 1, p. 328. — Reichard, *Geogr. Nachweisungen,* 1832, p. 6. — Wastelain, *Description de la Gaule belgique,* p. 313.

de Reims, et très près de cette ville; la conjecture de Godefroy, qui place *Mantebrum* à Mantoy, à une demi-lieue de Reims, n'est donc pas dénuée de vraisemblance. Il en est de même de *Nemasia*, date d'une loi de Valentinien, que le même auteur place à Nemay, près de Reims [1]. Une inscription trouvée sur la montagne près de Haute-Borne, aux forges du Châtelet, dans les limites des *Catalauni*, et par conséquent des *Remi*, donne lieu de croire que ce lieu se nommait *Castrum Erponum* [2].

De grandes difficultés se présentent pour déterminer, au temps de César, l'emplacement et les limites des peuples qui formèrent depuis la province connue sous le nom de Germanie inférieure. Au moment de la conquête des Gaules par les Romains, tout le pays situé au nord des *Remi* et des *Treviri*, entre l'Escaut et le Rhin, jusqu'à la mer, était coupé par d'immenses forêts et de vastes marais. Plus sauvages et plus courageux que les autres peuples de la Gaule, les habitans de ces contrées profitèrent de l'avantage du terrain, pour faire une défense opiniâtre contre les armées combinées, et victorieuses, de César. Après de sanglantes batailles, quelques uns de ces peuples furent détruits entièrement, d'autres se soumirent. Les empereurs romains qui succédèrent à César s'attachèrent surtout à con-

---

[1] *Codex theodosianus*, Godefroy, tom. IV, p. 544 et 567. — D'Anville a omis ces deux lieux. — Sanson a publié, en 1650 ou 1656, un Diocèse de Reims, en deux feuilles; un Diocèse de Châlons-sur-Marne, en une feuille; et un Diocèse de Laon, pareillement en une feuille. — Voyez aussi la Carte de Nolin, dans le *Gallia christiana*, et les détails, t. IX, p. 1 et 508. — Valesii *Notitia*, p. 468.

[2] L'abbé de Tersan, *Dissert. manuscrite sur les Antiquités trouvées près la montagne du Châtelet*. — Nous avons les planches gravées, mais non publiées, de cet ouvrage.

tenir ces peuples belliqueux, et plutôt vaincus que subjugués. C'est pourquoi on ne leur accorda pas, comme aux autres peuples de la Gaule, la faculté de se gouverner par leurs propres lois. On s'efforça au contraire de faire disparaître les anciennes distinctions et les anciennes limites, si toutefois il en existait de bien distinctes, parmi ces peuplades errantes et guerrières. D'ailleurs ce pays, presque entièrement dépeuplé par les guerres sanglantes qu'il livra du temps de César, fut repeuplé quarante ans après, par la sage politique d'Auguste; de nouveaux peuples, transplantés de la Germanie, cultivèrent ces déserts, et occasionnèrent de nouvelles dénominations et de nouveaux partages. Nous voyons, un siècle après, cette même contrée comprise sous le nom de *Germania inferior* ou *Germania secunda*, ressortir, pour la juridiction civile et militaire, d'une colonie romaine très récente, établie sur les bords du Rhin et sur l'extrême limite. Ainsi, dès cette époque, la géographie de cette partie de la Gaule n'offrait déjà plus que des traces peu distinctes de l'état des peuples, tels qu'ils existaient au temps de César; et comme la géographie ecclésiastique n'a été que le résultat des dernières divisions et des dernières dénominations de la Gaule, sous les Romains, il s'ensuit qu'elle ne peut nous donner que peu de secours pour tracer la géographie de ce pays à l'époque dont nous traitons : elle est même sur ce point insuffisante pour les époques postérieures, parce que les révolutions sans nombre dont ces contrées ont été le théâtre, et surtout les progrès de la civilisation et du commerce, ont nécessité la création de nouveaux diocèses et la transplantation de plusieurs siéges épiscopaux. C'est donc dans les écrits de César même qu'il faut chercher à déterminer l'emplacement des différens peuples dont il parle, et nous devons tâcher de connaître par ce seul moyen, approximativement, l'étendue du territoire qu'ils occupaient; car pour tracer avec détail, sur le terrain, les lignes de démarcation qui les séparaient les uns des autres, cela est tout-à-fait impossible, et, je le répète, il est même douteux qu'à cette époque il en existât de bien déterminées.

Batavi. — Il faut cependant excepter les Bataves, situés à l'extrémité septentrionale du pays que nous décrivons. César en parle comme occupant l'île formée par le Rhin et la branche du Rhin nommée *Vahalis*, et la Meuse, *Mosa fluv.*: ce qui s'accorde parfaitement avec tous les auteurs postérieurs [1] qui appellent *Walis, Wahalis* ou *Wachalis,* le bras du Rhin qui a conservé le nom de Wahal jusqu'à nos jours. Comme tous les bras du Rhin, lorsqu'ils s'approchent de ses embouchures, ont éprouvé de très grandes variations et de très grands changemens, les savans se sont divisés sur la manière de tracer les deux bras qui formaient primitivement l'île des Bataves. Pline nous apprend que l'île des Bataves avait 100 milles romains de long [2], et c'est à un ou deux

[1] Cæsar, *de Bello gallico*, lib. IV, cap. 10. — Plinius, lib. IV, cap. 17. — Ptolemæus, lib. II, cap. 8. — Tacit., *Hist.*, lib. I, cap. 64. — Dionys., lib. LIV, p. 543; lib. LXIX, p. 792. — Orosius, lib. I, cap. 2. — Lucani *Pharsal.*, lib. I, vers. 431. — Tacit., *Hist.*, lib. IV, cap. 12 et 32; lib. V, cap. 19. — Id., *de Morib. Germ.*, cap. 29. — Id., *Annal.*, lib. II, cap. 6. — Zosyme, lib. II, cap. 15; lib. III, p. 707. Zosyme est le premier auteur qui se soit servi du mot de Batavia.

[2] Plinius, lib. IV, cap. 29.

milles près la distance, depuis le fort de Schenken-Schanz, où se fait la première séparation du Rhin [1], jusqu'à l'embouchure de la Meuse; ainsi les deux points extrêmes de l'île, d'orient en occident, nous sont connus par ce moyen. Le côté nord l'est pareillement, parce que le bras qui, de tout temps, a conservé le nom de Rhin, et qui le conserve encore, quoique très affaibli par des coupures sans nombre qu'on y a faites, se suit cependant toujours presque près de la mer, où les mesures de Ptolémée nous font retrouver son embouchure, un peu au-dessus de *Lugdunum*, Leyde, et vis-à-vis un petit village nommé Bakkum [2]. D'un autre côté, quoiqu'il se soit formé entre l'embouchure de l'Escaut et de la Meuse plusieurs lagunes, résultats des inondations qui ont eu lieu dans les IX[e][3] et XIIIe siècles, cependant l'ancien cours de la Meuse subsiste encore, et porte le nom de Oude-Maas, Vieille-Meuse. Il ne reste donc plus que le Wahal, qui a aussi conservé son antique dénomination, mais dont le cours a beaucoup

---

[1] Ce fort a été bâti sur l'emplacement d'un lieu nommé Herispick, qui, dans le IXe siècle, était encore aussi le point de séparation du Rhin et du Wahal, ainsi que le prouve ce passage de Rheginon : « Godefredus procedit ad locum qui dicitur Herispick, in quo Rheni « fluenta et Wal uno se alveo resolvunt, et ab invicem longius rece- « dentes Batuam provinciam suo gurgite cingunt. » Voyez Desroches, *Mémoire sur les dix-sept provinces*.

[2] Voyez Gossellin, *Recherches sur la géographie systématique et positive des anciens,* tom. IV, p. 97, 100 et 159, et carte n° 10 d'une portion de la Germanie.

[3] L'embouchure du Rhin fut obstruée en 860; voyez Cornul., *Annal.*, lib. 1, *Bat.*, cap. 5. — A cette époque, des inondations extraordinaires ayant eu lieu, et tout le pays de Catevick, d'Utrecht et de Leyden, se trouvant sous les eaux, on fit écouler les eaux du Rhin par le Leck, qui alors n'était qu'une petite rivière.

varié, parce que la pente du terrain vers le sud, et la nature du sol, qui est uni et sablonneux, ont toujours donné une grande facilité aux habitans pour faire dériver à volonté ce bras du Rhin. Donc, comme il est prouvé que le cours du Wahal n'a pas toujours été tel qu'il existe aujourd'hui [1], on a cherché à déterminer, d'après les descriptions des auteurs anciens, quel était ce cours à l'époque de César, et on n'a rien trouvé de plus précis que ce que dit César même à cet égard [2]. Il nous donne en effet une mesure pour déterminer la jonction du Wahal et de la Meuse ; et comme la mesure de Pline donne le point de séparation du Wahal avec le Rhin, à Schenken-Schanz, où elle se trouve encore aujourd'hui, la mesure de César doit achever de résoudre ce problème géographique, et déterminer exactement les limites de la Batavie. Malheureusement il y amphibologie dans le texte de César, tel que le portent les éditions communes, et tel que l'ont cité Cluverius et d'Anville : ce texte peut également signifier que la Meuse, après avoir reçu le Wahal, a 80 milles rom. de long, jusqu'à la mer ; ou que le Wahal, depuis sa séparation d'avec le Rhin proprement dit, jusqu'à sa jonction avec la Meuse, a 80 milles romains de long. Cluverus, Menso-Alting et d'Anville [3], ont suivi cette dernière interprétation, et tous les auteurs subséquens les ont copiés. Ce qui

---

[1] Cluverius, *Germania antiqua*, lib. II, cap. 30, 31 et 32, p. 455. — P. Scriverius, *Inferiores Provinciar. unitarum antiquitat.* ; Lugd. Batav., in-4°, 1611. — L'ouvrage de Cluverius, *sur les Bouches du Rhin*, qui se trouve dans ce recueil, a été traduit en hollandais, 2 vol. in-12, 1709.

[2] Cæsar, *de Bello gallico*, lib. IV, cap. 10.

[3] Cluver. et d'Anville, *loco citato*. — Menso-Alting.

a surtout entraîné Cluverius (lequel a entraîné tous les autres), c'est que le nom de Wahal désigne aussi plusieurs courans d'eau qui sont à l'ouest du Wahal proprement dit ; mais on trouve aussi dans l'île Batave un courant d'eau qui n'a aucun rapport avec la rivière d'Issel, et qui cependant porte le même nom. En donnant 80 milles romains de long au Wahal, il en résulte qu'il ne joint la Meuse que très près de la mer, ce qui d'abord rétrécit considérablement l'île des Bataves ; outre cela, cet état de choses ne s'accorde pas avec la description de Tacite, qui dit que le Rhin, après avoir émis le bras qu'on nomme *Vahalis*, change encore bientôt de nom, et confond le sien avec celui de la Meuse (*mox id quoque vocabulum mutat Mosâ flumine*). Il ne s'accorde pas non plus avec la description de César, qui donne pour limites à la Batavie, non le Wahal, mais la Meuse ; mais ce qui décide entièrement la question pour l'interprétation contraire, c'est que Oudendorp, dans les meilleurs et le plus grand nombre des manuscrits, a trouvé un texte qui ne donne lieu à aucune ambiguïté [1], et qui dit positivement

---

[1] Cæsar, edit. Oudendorp, in-4°, p. 179 : « Mosa... parte quadam ex
« Rheno recepta quæ adpellatur Vahalis, insulam efficit Batavorum,
« in Oceanum influit, neque longius *ab Oceano* millibus passuum
« LXXX in Rhenum transit. »

Les éditions ordinaires portent :

« Mosa.... parte quadam Rheni recepta quæ appellatur Vahalis,
« insulam efficit Batavorum ; neque longius *ab eo* LXXX millibus pas-
« suum in Oceanum transit. » — Dans la première leçon, on a cru
voir une contradiction qui n'existe pas réellement. César dit d'abord
que c'est le Vahal ou le Rhin qui se jette dans la Meuse, et ensuite
que c'est la Meuse qui se jette dans le Rhin ; mais qu'on fasse attention que la même ambiguïté d'expression existe dans Tacite, dont le

que c'est à quatre-vingt mille pas de la mer que la Meuse joint le Wahal ou le Rhin. Or cette mesure porte la jonction du Wahal et de la Meuse vis-à-vis Mergen, et près de Batenburg, l'*oppidum Batavorum* de Tacite; et le *Vahalis*, ainsi tracé à partir de Nimègue, *Noviomagus* [1], où on paraît avoir commencé à le détourner, achève de terminer les limites des Bataves : l'île à laquelle ces peuples ont donné leur nom, se trouvant ainsi beaucoup plus grande qu'on ne l'avait cru, est aussi beaucoup plus conforme à l'idée qui nous a été transmise par les auteurs anciens sur la puissance de ce peuple, et aussi avec toutes les descriptions des géographes, et les récits des historiens de l'antiquité, et notamment de César, de Tacite, de Mela et de Pline. Nous verrons par la suite que, d'après le principe que le Rhin formait la limite de l'empire romain, on éloigna les frontières de la Gaule de ce côté lorsque les progrès de la navigation, des découvertes et de la conquête, eurent fait connaître l'embouchure la plus septentrionale de ce fleuve. Il ne s'agit ici que de l'île des Bataves proprement dite, et des bras du Rhin au temps de César, qui n'en connaissait que deux. Le nom de l'île des Bataves se conserve encore dans le district moderne de Betuwe, qui se trouve à la jonction du Wahal et du

---

texte n'est pas contesté. Le « transit in Rhenum » indique seulement que la Meuse mêle ses eaux à celles du Rhin. — Tacite dit aussi : « Rhenus amnis tergum a latere circumluit. »

[1] Il semble qu'autrefois Nimègue avait le Wahal au midi, et non au nord ; car Éginhard met cette ville dans l'île des Bataves. Voyez Eginharti *Vita Caroli Magni*, cap. XVII, p. 71, édit. de Bredow, Helmstädt, 1806; les Annales de Saint-Bertin, et la Chronique de Rheginon, citée par Desroches, *Mémoire sur les dix-sept provinces*.

Rhin. Dans les écrits du moyen âge, il est souvent fait mention du comté ou de la province de *Bathua*, comprise entre les deux bras les plus méridionaux du Rhin[1], et dans la Table de Peutinger, la Meuse et le Wahal réunis portent le nom de *Batavus fluvius*[2], conformément à l'usage qui prévaut partout de distinguer deux fleuves, après leur jonction, par un nom qui n'est celui d'aucun des deux. C'est par la même raison que, dans Pline, l'embouchure de la Meuse jointe au Rhin ne porte le nom d'aucun de ces deux fleuves, mais s'appelle *Helium*, et que la plus septentrionale des bouches du Rhin est nommée *Flevum*, ainsi que cela est évident en comparant le texte de cet auteur avec celui de Mela; car, comme Pline a interverti les noms[3] de deux des trois embouchures du Rhin, si nous n'avions que son texte seul, il faudrait donner à la bouche la plus occidentale le nom de *Flevum*, et à la plus septentrionale le nom d'*Helium;* mais il ne peut encore être question ici de cette dernière (*Flevum*) à l'époque dont nous traitons, puisqu'elle n'était pas encore connue. L'île des Bataves fit, dans le moyen âge, partie d'un diocèse dont le chef-lieu fut établi à Utrecht[4], et les mesures de la route romaine, qui, dans la Table et l'Itinéraire, partent de *colonia Agrippina*, Cologne, et aboutissent

---

[1] Eginharti *Vita Caroli Magni*, cap. 17, p. 71. — Jean Desroches, *Mémoire sur les dix-sept provinces*, p. 19.

[2] *Tab. peutinger.*, §. 1. On lit *Patabus fluvius* dans la Table.

[3] Plin., lib. IV, cap. 29 (17): « ....Quæ sternuntur inter Helium et « Flevum; ita adpellantur ostia, in quæ effusus Rhenus, ab septen- « trione in lacus, ab occidente in amnem Mosam se spargit: medio « inter hæc ore, modicum nomini custodiens alveum. »

[4] Wastelain, *Description de la Gaule belgique*, p. 172. — Mens. Alting., part. II, p. 178.

à *Lugdunum*, Leyde, prouvent que Utrecht est le *Trajectum* des Romains ; mais comme l'érection de ce diocèse date du ixe siècle, et d'une époque à laquelle les noms mêmes de Bataves et d'île des Bataves avaient disparu, et avaient fait place à ceux de Frise et de Frisons, la suprématie attribuée alors à Utrecht ne nous donne aucune lumière pour retrouver le nom et la position de la capitale des Bataves, même pour les derniers temps de la puissance romaine, et par conséquent encore moins pour l'époque dont nous traitons. On sait au contraire que *Trajectum* n'a jamais eu beaucoup d'importance sous les Romains, puisqu'il n'en est question nulle part ailleurs que dans les Itinéraires. Si du temps de César les Bataves avaient une capitale, il est probable que c'est celle à laquelle les Romains donnèrent le nom de *Batavodurum*, et dont la position à Wik-Durchstaede est prouvée par les mesures de la route romaine qui suit le Rhin [1]. *Batavodurum* dont Tacite a parlé doit être distinguée de *Batavorum oppidum*, dont il est fait aussi mention [2], et que la ressemblance du nom moderne et le récit de Tacite ont fait placer à Batenburg, précisément à l'endroit où nous avons prouvé que le Wahal se joignait à la Meuse. Mais Tacite lui-même nous apprend que les Bataves étaient originaires de la Germanie, que c'était une division des Cattes, lesquels avaient pris refuge dans l'île à laquelle ils avaient donné leur nom [3] ; par conséquent *Batavodurum*,

---

[1] Voyez l'*Analyse des Itinéraires*, tom. III de cet ouvrage.

[2] Tacitus, *Hist.*, lib. v, cap. 19 et 20.

[3] Tacitus, *de Moribus Germanor.*, cap. 29 : « Cattorum quondam « populus, et seditione domestica in eas sedes transgressus. »

située dans la partie septentrionale de l'île, et du côté de la Germanie, doit être plus ancienne que *Batavorum oppidum*, située au midi, et du côté de la Gaule. Dans les temps postérieurs, *Lugdunum* ou *Lugodinum* se fit remarquer, et c'est la seule ville des Bataves que Ptolémée [1] nomme sur la côte; les mesures des Itinéraires et de la Table portent à Leyde moderne pour cette ancienne ville, ce qui prouve qu'elle n'était pas tout-à-fait située sur la côte comme l'indique Ptolémée; mais comme on a trouvé les ruines d'un fort ou d'une ville romaine, près de Catwick, et que d'anciennes chroniques, qui nomment ce fort Brittenburg [2], disent qu'il a été construit par les Romains, il en résulte que la position de *Lugodinum*, dans Ptolémée, se rapporte au port de cette ancienne ville, et non à la ville même. Une inscription antique, et des médailles récemment trouvées, semblent démontrer qu'il existait dans la Batavie une ville nommée *Magusa*, qui reconnaissait Hercule pour son fondateur; alors cette ville serait peut-être la même que *Mecusa*, placée dans la Belgique par l'anonyme de Ravenne, la même que *Mahusenham*

---

[1] Ptolemæus, *Geogr.*, lib. II, cap. 17.

[2] Brittenburg est attribué aux Romains, dans la *Chronique hollandaise* de Nicolas Colinus, dans le XIIᵉ siècle; ce Colinus finit sa chronique au même endroit de la guerre de Civilis que Tacite, c'est-à-dire à la rupture du pont de Navalia :

.... Zo dat te male
Op tie brugge van di Nau-Wale.

Ce qui prouve qu'au XIIᵉ siècle Tacite n'était pas plus complet qu'aujourd'hui. Il a été trouvé à Catwik un grand nombre d'inscriptions. Voyez Henrici Cannegieteri *Dissertatio de Brittenburgio, matribus Brittis, Britannica herba, Brittia, Procopio memorata;* Hagæ, in-4°, 1737, p. 10, 11, 38, 58 et 67.

du moyen âge, que l'examen attentif du local porte à placer à Muiswinkel, près de Wik-Durchstaede [1].

Menapii. — Au midi des *Batavi* étaient les *Menapii*, qui, ainsi que nous l'avons observé, étendaient, du temps de César, leurs possessions jusqu'au-delà du Rhin, d'où ils étaient originaires. Les anciens ne nomment aucun lieu dans l'intérieur du vaste et marécageux

[1] L'inscription antique est celle d'un magistrat *civitatis Batavorum*, de la ville des Bataves; c'est une sorte de dédicace à HERCULI MACUSANO. On en a trouvé de semblables à West-Capell, dans l'île Walckeren, en 1514, et ailleurs, mais toujours dans l'étendue de la Batavie. Dans ces inscriptions, il est fait toujours mention d'*Hercules Macusanus* : on trouve sur le revers de quelques médailles de Posthume l'inscription : *Herculi Macusano*. On dut penser, d'après cela, qu'il y avait une ville de la Batavie nommée Macuse ou Machusen, qui avait péri dans les dévastations des IIIe, IVe et Ve siècles. De Bast (*Recueil d'Antiquités romaines et gauloises*, p. 29), adoptant cette idée, croit que cette ville pourrait être le *Mecusa* de l'anonyme de Ravenne (*Anonymi Ravennatis*, lib. IV, cap. 26, p. 188, édit. de Porcheron), qu'on rapportait à Metz. De Bast trouve du rapport entre *Macusa* et le lieu nommé *Mahusenham* ou *Mahusenheim*, qui existait dans les environs du Rhin, et dont il est fait mention dans l'énumération de quelques biens de l'église d'Utrecht : « In Dorestado ecclesia.... omnia hæc.... circumquaque inter Rhe-« num et Leckam, et insulam quoque juxta Buosembem, quæ « propior villæ Riswic.... de vico etiam et inter Fregri Mahusenham « sive Mahusenheim. » Tous ces lieux subsistent encore; et si l'on consulte la feuille numérotée 36 de la carte topographique des fleuves de la Hollande, par Wiebeking, on trouvera que, près de Wik-Durchstaede, le Ryswik-Dyk et le Clat-Dyk forment encore, entre le Leck et le Rhin, une île qui est près de Beuzichem (Buosenhem), et qu'entre ce dernier lieu et Riswick on trouve Muiswinkel (Mahusenheim) à côté de Fredestein (Fregri). M. Millingen a trouvé, à Chambéry, un certain nombre de médailles antiques avec le nom de MACUSA, comme nom de ville. — Eckhell, part. II, vol. VII, p. 444, décrit une médaille où se trouvent ces mots : HERCULI MACUSANO. L'existence de cette ville paraît donc assez bien démontrée, et la position qu'on lui assigne d'après les monumens du moyen âge comparés avec la carte moderne, devient extrêmement probable.

territoire de ces peuples. Nous avons vu que *castellum Menapiorum*, ou Cassel, considéré comme leur capitale, était, en quelque sorte, sur leurs frontières; et postérieurement, lorsqu'ils furent remplacés entre l'Escaut et le Rhin par les *Toxandri*, un lieu obscur nommé *Toxiandria* par Ammien Marcellin [1], que l'on rapporte à Tessender-Loo, se trouve encore placé sur leurs limites méridionales. Lorsque César nous dit qu'une partie des troupes d'Ambiorix se cacha dans les îles que forme la mer par son reflux [2], il désigne évidemment les îles de la Zélande, que possédaient les Menapiens : ces îles se trouvent encore plus clairement désignées par Pline, et encore mieux par l'orateur Eumène, qui les représente comme formées par les embouchures obliques de l'Escaut [3]; en effet, l'embouchure occidentale de l'Escaut n'a pas été creusée de main d'homme, et n'est point la fosse Othonienne, comme l'ont cru d'Anville et quelques autres : c'est un amas d'eau qui a existé de tout temps, et le nom de Hunt qu'il porte, est celui de Zund, qui signifie eau [4].

Les *Menapii*, ainsi que nous l'avons vu, étaient Germains d'origine, et en général tout le territoire que nous décrivons fut occupé par des nations d'au-delà du Rhin [5], qu'à la réserve des *Menapii*, on dési-

---

[1] Amm. Marc., lib. xvii, cap. 8. — Conf. ci-dessus, p. 465 à 467.

[2] Cæsar, lib. vi, cap. 30.

[3] Eumenii *Panegyricus in Constant.*, cap. 8. — *Recueil des Hist. de Fr.*, p. 713.

[4] Voyez de Bast, *Recueil d'Antiquités romaines et gauloises*, in-4°, p. 58, seconde édition; Gand, 1808. — Kluit., *Hist. critica Holland. et Zeel.*, tom. i, part. ii, p. 139.

[5] Cæsar, lib. ii, cap. 4 : « Plerosque Belgas esse ortos a Germanis. ».

gnait collectivement sous le nom de *Germani*. César, en faisant l'énumération des peuples confédérés de la Gaule, dit : « Les *Aduatici*, les *Condrusi*, les *Ebu-« rones*, les *Cœresi*, les *Pœmani*, que l'on désigne « sous le nom général de *Germani*¹. » Ailleurs il dit : « Les *Segni*, les *Condrusi*, qui sont du nombre des « *Germani*, et qui habitent entre les *Eburones* et les « *Treveri*². » En parlant de la guerre des Belges, il dit encore : « Tous les Belges étaient en armes, et les Ger-« mains qui habitent ce côté-ci du Rhin se joignirent « à eux³. » Tacite nous apprend que, par la suite, le nom de *Tungri* remplaça celui de *Germani*. « Le « nom de *Germani*, dit-il, est récent et vient de ce « que les premiers peuples de cette contrée qui pas-« sèrent le Rhin et expulsèrent les Gaulois étaient « appelés *Germani*; ce sont ceux que nous désignons « aujourd'hui sous le nom de *Tungri*⁴. »

Eburones. — De toutes ces nations germaines, la plus voisine des *Menapii* étaient les *Eburo-nes*⁵ : la Dermer et une ligne tirée des sources de cette rivière jusqu'au Rhin, paraissent avoir été la limite commune de ces deux peuples. Les *Eburones* étaient limitrophes des *Sicambri*, qui, à l'est, ha-bitaient l'autre rive du Rhin, puisque César nous dit que les Sicambres, ayant passé le Rhin, se trou-vaient sur les limites des *Eburones*⁶. César nous ap-prend encore que la plus grande partie du territoire

---

¹ Cæsar, *de Bello gallico*, lib. ii, cap. 4.
² Cæsar, lib. vi, cap. 32.
³ Cæsar, *de Bello gallico*, lib. ii, cap. 13.
⁴ Tacitus, *de Mor. Germanor.*, cap. 2.
⁵ Cæsar, *de Bello gallico*, lib. v, cap. 38.
⁶ *Id.*, lib. vi, cap. 35.

des *Eburones* se trouvait comprise entre le Rhin et la Meuse ¹ ; mais ce territoire s'étendait encore plus à l'ouest, puisque César nous dit que ces peuples avaient construit une forteresse nommée *Atuatuca* ². Cette forteresse est mentionnée dans l'Itinéraire et dans la Table ³, et les mesures des trois routes romaines qui s'y réunissent et qui partent de *Bagacum*, Bavay, *Colonia Agrippina*, Cologne, *Noviomagus*, Nimègue, déterminent la position de cet ancien lieu à Tongres. Je viens de dire que les *Tungri* ont remplacé les *Eburones* : l'Itinéraire nomme cette ville *Atuatuca Tungrorum*, et Ptolémée donne aussi *Atuatuca* aux *Tungri* pour capitale ⁴. Pour indiquer la position de cette ville, César dit : « *Atuatuca castellum fere « est in mediis Eburonum finibus* ⁵. » Fréret ⁶ observe très bien que *in mediis finibus* signifie dans le centre de leur pays; car les frontières d'un peuple situé dans l'intérieur des terres est une ligne continue et imaginaire qui ne peut avoir de milieu ⁷. D'après cela, on doit présumer que les *Eburones* s'étendaient à l'ouest jusqu'à la Dyle, qui les séparait des *Menapii*; ils avaient aussi les *Menapii* au nord, le Rhin et les

---

¹ Cæsar, *de Bello gallico*, lib. v, cap. 24.

² *Id.*, lib. vi, cap. 32 et 35.

³ Voyez l'*Analyse des Itinéraires*, tome iii de cet ouvrage.

⁴ Ptolemæus, lib. ii, cap. 8.

⁵ Cæsar, *de Bello gallico*, lib. vi, cap. 32.

⁶ Fréret, *Observations sur la position de quelques peuples de la Belgique*, dans les *Mémoires de l'Académie des Belles-Lettres*, tom. xlvii, p. 448. — Au reste, Wastelain, p. 193, et d'Anville, p. 110, l'ont entendu de même.

⁷ Fréret prétend aussi qu'on trouve près de Tongres un lieu nommé *Atiech*, dont le nom a quelque rapport avec *Atuatuca*, mais ce lieu ne se trouve pas sur la grande Carte des Pays-Bas de Ferrari, feuilles 9 et 14.

Sicambri à l'est; au midi, les *Atuatici* et les *Condrusi*, ou le comté de Namur et le Condroz. César nous apprend que les *Eburones* formaient une nation peu nombreuse [1] et peu puissante; cependant nous avons de ce peuple des médailles autonomes avec le nom d'un de leurs chefs, et des inscriptions [2].

Les *Eburones*, préférant la mort à l'esclavage, après avoir livré aux armées de César de sanglantes batailles, où ils eurent quelquefois l'avantage, succombèrent enfin, et le vainqueur féroce, irrité de leur résistance, jura leur perte [3], et les fit si bien disparaître du nombre des peuples de la Gaule, qu'on ne les voit plus depuis figurer dans l'histoire, et que, peu de temps après, on vit les *Tungri*, peuple germain, s'établir dans une partie du territoire, devenu presque désert, que les *Eburones* avaient occupé. Cependant Strabon [4], ainsi que Florus [5] et d'autres auteurs, parlent encore des *Eburones*, et Dion [6] appelle *Eburonia* la région qu'ils habitaient [7]; mais c'est en racontant les exploits de César, et en se reportant au temps où il vivait, que ces deux derniers auteurs disent :

---

[1] Cæsar, lib. v, cap. 28, p. 246, edit. Oudend., 1737, in-4° : « Maximeque hac re permovebantur, quod, civitatem ignobilem « atque humilem Eburonum sua sponte populo romano bellum « facere ausam, vix erat credendum. »

[2] Mionnet, *Description des médailles*, Supplément, p. 150.

[3] « Pro tali facinore stirps ac nomen civitatis tollatur. » Cæsar, lib. vi, cap. 34, p. 352, edit. Oudendorp.

[4] Strabo, lib. iv, p. 194.

[5] Florus, lib. iii, cap. 10.

[6] Dion., lib. xl, p. 123.

[7] Voyez encore, sur les Eburones, Cæsar, lib. iv, cap. 6; lib. v, cap. 58; lib. vi, cap. 2. Au liv. vii, chap. 75, on doit lire *Aulercis Eburovicibus*, au lieu de *Aulercis Eburonibus*. — Tit. Liv., ex *Epitome*, lib. cvi. — Orosius, lib. vi, cap. 7, 9 et 10.

« Sur les bords du Rhin sont *Asciburgium*, Asbourg, *Gelduba*, Geloub, *Novesium*, Nuitz; » cette dernière ville est souvent mentionnée par Tacite et Ammien[1]. La première était réputée très ancienne[2], et toutes deux étaient sur la frontière des *Eburones*.

Atuatici ou *Aduatuci*. — Les *Atuatici*, dit César en parlant d'Ambiorix, roi des *Eburones*, sont voisins de son royaume; d'un autre côté, Dion nous apprend aussi que les *Aduatuci* confinaient aux *Eburones* : ils occupaient donc le comté de Namur ou le pays situé au confluent de la Sambre et de la Meuse. On a multiplié les conjectures pour assigner la position du fort où César dit qu'ils s'étaient retirés, et qu'il ne nomme point. Comme César est le seul auteur qui en ait parlé, et que son texte ne donne aucun détail à cet égard, on ne peut rien affirmer sur la position de ce lieu; mais le sentiment de Sanson, qui prétend que ce lieu était Namur, n'est pas dénué entièrement de probabilité. César nous apprend que les *Atuatici* sont descendus des Cimbres et des Teutons[3]. La ressemblance du nom de ce peuple avec la capitale des *Eburones* ne permet guère de douter que cette ville n'eût été enlevée aux *Atuatici* par ces derniers, qui cependant leur devaient un tribut dont César les exempta[4].

[1] Voyez l'*Analyse des Itinéraires*, tom. III de cet ouvrage, et Tacit., *Hist.*, IV, 26, 33, 35, 57, 62, V. 22. — Ammian., XVIII, 2.

[2] Voyez ci-dessus, part. I, ch. I, p. 21. — Tacit., *Germ.*, cap. 3; et Senec., *Epist.* 13; Aull. Gell., XIV, 6.

[3] Cæsar, *de Bello gallico*, lib. II, cap. 29. — César fait encore mention des Atuatici, lib. V, cap. 24, 38 et 56; lib. VI, cap. 33. — Dion., lib. III, p. 94 et XXXIV. — Orosius, lib. VI, cap. 7 et 9.

[4] Cæsar, *de Bello gallico*, lib. V, cap. 27.

Condrusi. — Les autres nations germaines ne nous sont connues que par la seule énumération de César[1], par la raison qu'il se fit peu après, et dès le temps d'Auguste, des transmigrations qui changèrent les dénominations et les limites. Cependant le nom de *Condrusi* s'est conservé dans le moyen âge, dans celui du *pagus Condrostensis*, et dans nos temps modernes, dans celui du pays de Condrust ou Condroz[2] : on peut donc être certain que cet ancien peuple occupait le pays à la droite de la Meuse, situé entre Dinant et Liége. Les endroits nommés dans les anciens monumens comme faisant partie du Condroz, sont Dinant, *Dionantum;* Celles, *Cellæ;* Marca, Marche, chef-lieu d'un petit *pagus* nommé *Falmiensis*, et depuis *Falemannia*, La Famène; *Aqualia*, Aiwaille[3]; Huy, la capitale moderne du Condroz, se trouve mentionnée, dans le xe siècle, comme un comté particulier situé dans le *Condruste*[4]: Les Annales de Saint-Bertin, pour l'an 839, donnent au Condroz le titre de comté, *comitatus Condorosto.*

Segni. — César fait les *Segni* voisins des *Condrusi*[5]: on peut donc les placer dans les environs de Sinei ou Signei, petite ville voisine du Condroz, sur le territoire du comté de Namur. Le nom et la situa-

---

[1] Cæsar, *de Bello gallico*, lib. II, c. 4. — Conférez Oros., lib. VI, cap. 17.

[2] Wastelain, p. 221.—Desroches, p. 26.—Guérard, *Essai*, p. 150.

[3] *Chronic. Gottwic*, tom. II, p. 573. — Valesii *Notitia Galliar.*, p. 154.

[4] Martene et Durand, *Veter. scriptor. collect.*, tom. II, p. 46. — Balder, p. 85. — Melart, *Histoire de la ville et du château de Huy*, p. 5 et suiv.

[5] Cæsar, *de Bello gallico*, lib. VI, cap. 32. —Wastelain, *Descript. de la Gaule belgique*, p. 190. — D'Anville, *Notice*, p. 591.

tion de ce lieu conviennent très bien à ce qu'exige le texte de César, qui dit que les *Segni* et les *Condrusi* sont situés entre les *Eburones* et les *Treveri*. Il ne faut pas, à l'exemple de Sanson, confondre les *Segni* avec les *Sunici* de Tacite, dont nous parlerons, et qui appartiennent à une époque postérieure à celle de César.

Les *Cœresi*, se trouvant mentionnés par César[1] immédiatement après les *Condrusi* et les *Eburones*, devaient être situés dans l'étendue de ce qui forma depuis la Germanie seconde; ils ne doivent pas être placés dans la partie méridionale du diocèse de Trèves, comme le veut d'Anville, qui fonde son opinion uniquement sur l'analogie qu'il croit trouver entre le nom ancien de *Cœresi* et le nom moderne de la rivière de Chiers [2]. Avec Berthollet, je place les *Cœresi* ou *Cœrosi*, selon plusieurs manuscrits[3], dans le Carolgau, ou le pays de *Caros* du moyen âge [4], entre Bullange, Kerpen et Pruyen; ils se trouvent ainsi situés près des *Condrusi* et des *Eburones*, comme l'exige le texte de César.

Ambivarites. — Les *Ambivarites*, chez lesquels, suivant César[5], les Germains, qui avaient pénétré

[1] Cæsar, *de Bello gallico*, lib. II, cap. 4. — Orosius, lib. VI, cap. 7.
[2] D'Anville, *Notice*, p. 188. — L'auteur de la Carte de la province ecclésiastique de Trèves, dans le *Gallia christiana*, appelle le Chier *Cœresus*, sans doute d'après la conjecture de d'Anville. Dans tous les écrits du moyen âge, le nom de cette rivière est *Chares, Chara* ou *Charus*. Voyez Valesii *Notitia*, p. 145.
[3] Cæsar, edit. Oudendorpii, in-4°; Leyde, 1737, p. 91, dans les variantes.
[4] Bolland., tom. VII, maii, p. 111. — Wastelain, p. 190. — Berthollet, *Hist. du Luxembourg*, ch. 7, p. 18.
[5] Cæsar, lib. IV, cap. 9; lib. VII, cap. 90.

dans la Gaule par le pays des Menapiens, avaient envoyé de la cavalerie pour fourrager ; qui, après avoir traversé la Meuse, ravageaient aussi le pays des *Eburones* et des *Condrusi*, me paraissent devoir être placés aux environs de la rivière d'Amblève et du lieu nommé Amblet ou *Amblava*, dans les titres du commencement du VIIIe siècle [1].

Arduenna silva. — Au midi de tous les peuples dont nous venons d'assigner la situation, régnait l'immense *Arduenna silva*, décrite par César [2], et dont le temps a, en partie, respecté le nom et les vastes solitudes. C'est dans l'intérieur de cette forêt, et sur la limite méridionale de la seconde Germanie et des *Condrusi*, que l'on place les *Pœmani* de César [3], dans le *pagus Falmiensis* [4], dont nous avons déjà eu occasion de parler, comme situé dans le Condroz du moyen âge. Cette position n'est fondée que sur la ressemblance des noms ; mais ce qui semble la confirmer, c'est que tout le territoire que nous décrivons se trouvant déjà occupé par les autres peuples dont nous avons parlé, il ne reste plus que celui-là pour les *Pœmani*, qui sont ainsi limités par le territoire des *Remi*, que nous avons déjà fait connaître, et par celui de *Treviri*, dont nous allons nous occuper. Le code théodosien fait mention d'un lieu nommé *Nassonacum*, que l'on rapporte avec assez de vraisemblance à Nassogne en

---

[1] Wastelain, p. 254.

[2] Cæsar, lib. v, cap. 3.

[3] Cæsar, *de Bello gallico*, lib. II, cap. 4. — Dans Orosius, lib. VI, cap. 7, on lit *Cœmani* ; mais c'est probablement une faute de copiste.

[4] Famène est placé en Ardennes et aussi dans le Condroz. Voyez Desroches, p. 25 et 26.

PARTIE II, CHAP. II. 509

Ardennes, entre Rochefort et Saint-Hubert, et qui était par conséquent chez les *Pœmani* ¹.

Mais n'oublions pas, avant de quitter le pays qui fut depuis la Germanie seconde ou inférieure, de rappeler le nom des *Essui*, chez lesquels César dit qu'il plaça des légions en quartier d'hiver ², et qu'il nomme conjointement avec les *Nervii*, les *Rhemi*, les *Treviri*. J'ai déjà observé qu'il ne faut point confondre ces peuples belges avec les *Saii* ou *Sesuvii* de la Celtique; encore moins faut-il changer le nom d'*Essui* en celui d'*Ædui*, comme le veulent Valois et Cellarius. D'après l'ordre géographique que garde César dans son énumération, les *Essui* ont dû occuper les environs d'un lieu nommé Esch, situé sur les bords de la Sure, qui reçoit plus au midi une autre petite rivière nommée Eisschen. Les *Essui* se trouvaient ainsi situés sur les limites des *Treviri* et de la Germanie inférieure, et au sud-est des *Pœmani* : leur territoire est connu sous le nom d'*Eslia* et de *pagus Surensis*, dans le moyen âge ³; peut-être s'étendaient-ils encore plus au midi, où l'on trouve encore un autre lieu nommé Esch, sur la rivière d'Alzette ⁴.

¹ *Codex theodos.*, tom. II, p. 5, 77, 101, 119, 581 et 841, et *Rec. des Hist. de Fr.*, tom. I, p. 756. — Valesii *Notitia*, p. 371. — Wastelain, p. 246. — Nassogne est de l'évêché de Liége.

² Cæsar, *de Bello gallico*, lib. v, cap. 24.

³ Voyez Desroches, p. 26. — Hontheim, *Hist. Trevir.*, tom. I, p. 60. — *Chronicon Gotw.*, tom. II, p. 585.

⁴ Voyez ci-dessus, p. 393. — Pour tracer les limites de ces différens peuples, on peut se servir de la Carte de Hollande, par Sepp, en soixante petites feuilles, et de la Carte des Pays-Bas, par Ferrari. —Wiebeking a donné une excellente Carte de la province d'Utrecht et de Hollande, et le Dépôt de la guerre, en Hollande, a publié deux numéros de sa grande Carte. — Il existe une bonne Carte de l'évêché de Liége, en quatre feuilles, par Lemaire, qui m'a été fort utile, et

L'ordre de notre description, en nous ramenant dans l'intérieur de la Gaule, nous conduit chez des peuples dont l'existence a essuyé moins de variations, et dont le territoire a depuis formé des diocèses distincts, dont les limites nous sont connues.

Treviri. — Ainsi les *Treviri* ou *Treveri*, limitrophes des peuples que nous venons de décrire, avaient la même étendue et les mêmes limites que le diocèse moderne de Trèves ¹, à la réserve de la partie qui est à l'orient du Rhin, qu'il faut en retrancher; mais si, d'une part, le dernier état du diocèse de Trèves offre de ce côté une trop grande extension relativement aux anciennes limites des *Treviri*, de l'autre la Notice de l'Empire, en nous faisant connaître un général qui résidait à *Mogontiacum*, Mayence, métropole de la Germanie première ou supérieure, et qui commandait à différens postes jusqu'à *Antumnacum*, Andernach, restreint trop les limites des *Treviri*, de ce côté, relativement à l'époque dont nous traitons, et même à des époques postérieures. Il est certain que du temps de César et même d'Auguste, les *Treviri* s'étendaient jusqu'au

une Topographie du comté de Namur, en douze feuilles, par Jaillot, 1750. — On doit consulter aussi la Carte de la province de Cambray et celle de la province de Reims, dans les tomes III et X du *Gallia christiana*, et surtout la grande Carte du diocèse de Malines, dans l'ouvrage de Van Gestel, intitulé : *Historia sacra et profana archiepiscopatus Mechliniensis*, 2 vol. in-folio ; Hagæ Comitat., 1725. — Voyez aussi *Annales Cliviæ Juliæ*, etc. ; Arnheim, in-folio.

¹ Hertzrodt dit (*Notice sur les anciens Trévirais*, p. 65) : « L'évê-
« ché de Trèves s'est toujours étendu depuis les environs de la rivière
« Nasse, le long du Rhin, jusqu'au-dessous d'Andernach, vers la
« rivière d'Aar, et jusqu'à la Meuse. La ligne de démarcation est ainsi
« tracée par Bucherius (*Belg. rom.*, liv. xx, c. 5, n° 8), et attestée par
« Hontheim (*Prodrome*, p. 4). »

Rhin ¹. « Cette cité, dit César en parlant des *Treviri*, touche au Rhin ² ; » et en décrivant ce fleuve, il a soin d'observer qu'il coule sur les frontières des *Treviri*.³ : il nous dit encore que le pont qu'il construisit pour passer le Rhin était chez les *Treviri* ⁴. L'examen attentif des lieux, comparé avec le texte de César, démontre que les deux passages du Rhin par César ont dû s'effectuer entre Coblentz et Andernach, chez les *Treviri*, dans ce bassin également célèbre par les différens passages que les armées françaises y ont opérés sur le Rhin pendant les guerres de la Révolution. Depuis Coblentz jusqu'à Bingen, ainsi que depuis Andernach jusqu'aux environs de Bonn, le Rhin est bordé sur ses deux rives de hautes montagnes, tandis qu'entre Coblentz et Andernach, il n'a, sur la rive droite, que des collines moins fortes et une vaste plaine sur la gauche. Depuis César, qui laissa une garnison près du pont, les Romains n'ont plus abandonné cette avantageuse position, car on y a trouvé un grand nombre de débris d'antiquité⁵. Le *vicus Am-*

---

¹ Cæsar, *de Bello gallico*, lib. III, cap. 11, p. 143, edit. Oudend. : « Itaque T. Labienum legatum in Treviros, qui proximi flumini « Rheno sunt cum equitatu mittit. » — *Id.*, lib. II, cap. 24; lib. VI, cap. 3. Conférez lib. IV, cap. 15 et 16; lib. VII, cap. 63. — Hirtius Pansa, lib. VIII, cap. 25.

² « Hæc civitas (Trevirorum) Rhenumque, ut supra demonstra-« vimus, tangit. » Cæsar, *de Bello gallico*, lib. V, cap. 3, p. 213, edit. Oudendorp.

³ « Rhenum per fines Trevirorum citatum ferri. » Cæsar, lib. VI, cap. 9, p. 293, edit. Oudend. — Tacit., *An.* 42. — Oros., VI, 10.

⁴ « Firmo in Treviris præsidio ad pontem relicto. » Cæsar, lib. VI, cap. 9; et lib. V, cap. 3, 24, 53. César dit que la forêt des Ardennes s'étend le long des frontières des Treviri, depuis le Rhin jusqu'au territoire des Remi.

⁵ Cæsar, IV, 16, 18; VI, 9. — Hertzrodt, *Notice sur Trèves*, p. 37 et 41, et Browerus, *Antiq. annal. Trev.*, tom. I, p. 123, édit. de

biatinus, lieu de la naissance de Caligula, était situé, suivant Pline, cité par Suétone[1], chez les *Treviri*, au-dessus de *Confluentes*, Coblentz. Strabon dit : « Les *Treviri* habitent les bords du Rhin[2]. » Tous ces témoignages ne permettent pas de douter de l'extension des *Treviri* jusqu'au Rhin, à l'époque de César, et nous prouvent que l'état de choses décrit dans la Notice de l'Empire[3] n'eut lieu que vers les derniers temps de la puissance romaine dans les Gaules, et lorsque les *Ulmanetes* de Pline (qui, ainsi que nous le verrons, habitaient cette rive du Rhin, et étaient enclavés dans le territoire des *Treviri*, ou n'y furent transportés qu'à une époque postérieure) eurent été réunis à la Germanie supérieure. Nous allons d'ailleurs avoir bientôt occasion de démontrer que cette province fut formée aux dépens du territoire des *Treviri* et des *Mediomatrici*, qui seuls possédaient toute la rive occidentale du Rhin, depuis les *Triboci* jusqu'à l'Ahr.

César ne fait pas mention de la capitale des *Treviri*, et Mela est le premier auteur[4] qui en ait parlé sous le nom d'*Augusta* : elle dut son existence, ou ses accroissemens, à une colonie romaine qui y fut envoyée par les ordres de l'empereur Auguste. Tacite[5], Ptolémée[6] et Dion Cassius[7] en font aussi men-

---

1670. — Hontheim, *Prodrom. hist. Trev.*, p. 209, note *a*. — Van Alpen, p. 369. — Minola, p. 198.

[1] Suetonius, in *Caio Cæsare Caligula*, cap. 8.
[2] Strabo, *Geogr.*, lib. IV, p. 194.
[3] *Notitia dignit. Imper. rom.*, sect. 64, p. 119, édit. de Labbe.
[4] Mela, lib. III, cap. 2.
[5] Tacitus, *Histor.*, lib. IV, cap. 62.
[6] Ptolemæus, *Geogr.*, lib. II, cap. 9. — Dion. Cassius, lib. XL, p. 125 à 136.

tion : le premier l'appelle simplement *colonia Trevirorum*[1]. Dans les derniers temps de la domination romaine dans les Gaules, elle prit, comme les autres cités, le nom du peuple, *Treviri*[2], d'où est venu le nom de Triers chez les Allemands, et Trèves chez les Français. Le grand nombre d'antiquités romaines et de ruines antiques qui subsistent dans cette ville[3] et dans les environs, ainsi que la suite non interrompue des monumens historiques, suffisent seuls pour démontrer que Trèves moderne occupe une partie de l'emplacement qui appartenait autrefois à l'antique *Augusta Trevirorum*. Les routes décrites dans

[1] Nous voyons, par un passage de Tacite (*Hist.*, lib. IV, c. 77), que la colonie n'a pas été renfermée tout entière dans l'enceinte des murs, et qu'elle a occupé les deux rives de la Moselle : « Medius « Mosellæ pons qui ulteriora coloniæ adnectit. » Le faubourg qui se trouvait sur la gauche de la Moselle se nommait *vicus Voclanni*; c'est ce qui a été prouvé par diverses inscriptions funéraires trouvées sur les lieux mêmes en 1808. Ces inscriptions nous apprennent en même temps que la *culina*, ou le cimetière du peuple ou des gens pauvres, était situé dans cette partie de la ville. Voyez Hertzerodt, *Notice sur les anciens Trévirais*, p. 88 et 89. — La première mention des murs de Trèves est de l'an 70 de l'ère chrétienne. Voyez Tacite, *Hist.*, lib. IV, cap. 62. — L'empereur Constantin les a reconstruits. Conférez D. Bouquet, dans le *Recueil*, tom. I, p. 716.

[2] *Notitia provinc. Galliæ*, dans le *Rec. des Hist. de Fr.*, tom. I, p. 125. — Guérard, *Essai*, p. 17.

[3] La principale ruine romaine est à l'extrémité septentrionale de la ville, et est nommée la porte Noire. Indépendamment de Peyre, on peut en voir le plan dans Brower, *Ant. et ann. Trev.*, tom. I, p. 99. — Hontheim, *Prodrom.*, p. 16. — Wittenbach, dans l'*Almanach de Trèves de* 1809, p. 90 et 91. — Vers le midi, on voit les restes d'un amphithéâtre. — Hertzerodt, p. 88. — Nous avons visité toutes ces ruines en 1833; la Prusse les entretient avec soin. — Voyez Peyre, *Antiquités de Trèves*, dans les *Mémoires de l'Institut*, tom. II, p. 549. — Brower, *Annal. Trev.*, c. 14 et suiv. — Alexander Wilthemius, in *Luxemb. romano*, lib. IV. — Mulbaum, *de Antiq. urbis et Acad.*, p. 190 et suiv.

l'Itinéraire et dans la Table ¹ s'accordent aussi parfaitement avec les monumens : ces routes sont au nombre de trois : l'une qui part de *Divodurum*, Metz; une autre de *Mogontiacum*, Mayence, et une troisième de *Colonia Agrippina*, Cologne ². Tacite nous apprend que les *Treviri* étaient d'origine germanique, et qu'ils s'en glorifiaient ³; et César nous dit que les cavaliers trévirais surpassaient ceux de tous les autres Gaulois ⁴. Hirtius Pansa, le continuateur de l'ouvrage de César, avait déjà observé que, par leur peu de civilisation et par leur grand courage, ces peuples ressemblaient aux Germains leurs voisins ⁵ : ces voisins étaient les *Ubii*, qui, du temps de César, occupaient la rive opposée du Rhin.

[1] Voyez l'*Analyse des Itinéraires*, tom. III de cet ouvrage.
[2] *Ib.*, tom. III de cet ouvrage.
[3] Tacitus, *de Mor. Germ.*, cap. 28.
[4] Cæsar, lib. II, cap. 24; lib. V, cap. 3.
[5] Hirtius Pansa, *de Bello gallico*, lib. VIII, cap. 25. — Conférez Tacitus, *Annal.*, lib. III, cap. 40. — Id., *Hist.*, lib. I, cap. 57. — *Auspicius ad Arbogastem*, *Hist. de Fr.*, tom. I, p. 815. — Hieronymus, *Præf.*, ep. II, c. 3; *ad Galat.*, ed. Paris., 1706, tom. IV, p. 255. — Salvianus, *de Gubernatione Dei*, lib. VI, p. 130, edit. Parisiis, in-8°, 1684. — Eumenii *Panegyric. in Constantinum*, cap. 22. — *Hist. de Fr.*, tom. I, p. 716. — Ammian. Marcellin., lib. XXVII, cap. 8. — Sulpicius Severus, *Histor. sacra*, lib. II, cap. 64. — *Codex theodosianus*, passim. — Ausonius, *de Claris urbibus*, *Opera*, p. 230, edit. in-4°, 1730. — Plinius, lib. IV, cap. 17; lib. XI, cap. 49. — Tit. Liv., *Epitome*, p. 567. — Florus, lib. III, cap. 10. — Orosius, lib. VI, cap. 10. — Vopiscus, in *Floriano*. — Trebellius Pollio, in *Victoria*. — Socrates, *Hist. ecclesiastica*, lib. I, cap. 35 et 36. — Zosimus, lib. III, p. 707. — *Veteris orbis descriptio*, inter Geogr. minores, tom. IV, et *Hist. de Fr.*, tom. I, p. 98. — Athanasius, in *Apologia de fuga sua*, *Hist. de Fr.*, tom. I, p. 98. — Cæsar, *de Bello gallico*, lib. V, cap. 4, 55 et 58; lib. VI, cap. 2, 5, 6, 8 et 9. — Gruter, *Inscript.*, p. 111, n° 9. — *Colonia Augusta Treverorum*, p. 13, n° 5; p. 64, n° 6; p. 111, n° 9; p. 225, n° 4; et p. 482, n° 6. — Was-

Tacite[1] fait mention d'un lieu nommé *Rigodulum* chez les *Treviri*, et peu éloigné de leur capitale : d'après son récit et sa description, la position de ce lieu se trouve bien déterminée au village moderne de Reol; ce village est nommé *Regiodola* dans un diplôme de Dagobert I[2]. Quant au *Rigodulum* mentionné par Ammien Marcellin[3], il n'a rien de commun que le nom avec celui de Tacite. Ammien ayant eu soin d'observer que le *Rigodulum* dont il parle se trouve situé près de *Confluentes*, Coblentz, il devient évident que ce lieu n'est pas le *Rigodulum* de Tacite, mais celui qui est mentionné dans les Itinéraires romains sous le nom de *Rigomagus*, et dont les mesures de la route qui conduisait de *Confluentes*, Coblentz, à *Colonia Agrippina*, Cologne, déterminent la position à Rimagen[4]. Quant à *Confluentes*, outre l'étymologie manifeste des noms anciens et modernes, les mesures de la route qui en déterminent la position se rattachent à *Colonia Agrippina*, Co-

---

telain (*Description de la Gaule belgique*, p. 237) observe très bien que les *Treviri*, sous Vespasien, s'étant joints aux Bataves révoltés, furent punis par la perte de leurs priviléges; c'est pourquoi Pline dit, lib. IV, cap. 17 : « Treviri antea liberi. » Pour tracer les limites des Treviri, on a une Carte de la province ecclésiastique de Trèves, insérée dans le *Gallia christiana*, tom. XIII. — Homan a publié une Carte de l'électorat de Trèves, en une feuille. — Il existe aussi une Carte de l'archevêché et électorat de Trèves, en une feuille, par Didier Buysson, 1724, pour servir à l'*Histoire de Lorraine*, par dom Calmet. — Voyez *Gallia christiana*, tom. XIII. — *Instrumenta*, p. 287. — Berthollet, *Histoire du Luxembourg*, in-4°, tom. I.

[1] Tacit., lib. IV, cap. 71.

[2] Wastelain, p. 245. — Berthollet, *Histoire du Luxembourg*, tom. I, p. 22. — D'Anville, *Notice*, p. 554.

[3] Ammian. Marcellin., lib. XVI, cap. 3. — Les manuscrits portent *Rigodulum*, et non *Rigomagus*. — Wastelain, p. 136.

[4] Voyez l'*Analyse des Itinéraires*, tom. III de cet ouvrage.

logne, et à *Mogontiacum*, Mayence¹. Il est aussi fait mention, dans Ammien Marcellin, d'un lieu nommé *Calydona*², où l'on avait stationné des troupes nommées *Tungranis et Divitenses*, d'après *civitas Tungrorum* ou Tongres, et *Divitense munimentum* ou Dieutz, qui était vis-à-vis *Colonia Agrippina*, Cologne. Valois, tout en convenant que tous les manuscrits d'Ammien Marcellin sont d'accord sur l'orthographe de ce nom, propose de lire dans le texte *Cabylona*, et d'Anville avoue que la position de *Calydona* lui est inconnue³; mais je retrouve des traces du nom de *Calydona* dans celui de la forêt de Caldnoven, département de la Moselle, arrondissement de Thionville, et c'est près de là et à Thionville, ou plutôt à Yentz, à 500 toises de Thionville, sur la rive droite de la Moselle, où on a trouvé beaucoup de médailles, qu'il convient de placer *Calydona*. Ausone a consacré dans ses vers le nom de *Noviomagus*, situé chez les *Treviri*⁴, à propos d'un camp que Constantin avait établi près de cette ville; et l'Itinéraire, qui en fait mention dans une route de *Mogontiacum*, Mayence, à *Treviris*, Trèves, en détermine la position à Numagen. Il en est de même du lieu nommé *Dumnissus* par ce poète; c'est évidemment le même que le *Dumnus* de la Table de Peutinger, et les mesures qu'elle nous fournit en déterminent la position à Simmeren⁵.

---

¹ Voyez l'*Analyse des Itinéraires*, tom. III de cet ouvrage.

² Ammian. Marcellin., lib. XXVII, cap. 1, tom. I, p. 433, et tom. III, p. 27, de l'édit. d'Erfurdt. — Godefroy, *Codex theod.*, v, a proposé *Salisona*. Conférez Ortel., *Thes. geogr.*, au mot *Calydona*.

³ D'Anville, *Notice*, p. 270.

⁴ Ausonius, *de Mosella*, VII, 8.

⁵ Voyez l'*Analyse des Itinéraires*, tom. III de cet ouvrage.

Quant aux *arva Sarmatorum*, dont il est question dans le même passage, il en sera parlé à l'époque qui leur est relative. Malgré quelques contradictions qui existent dans les auteurs anciens [1], sur le *vicus Sicila*, où Alexandre Sévère fut assassiné, on peut cependant affirmer, d'après les témoignages réunis d'Orose, d'Eusèbe et de Cassiodore, que ce lieu était situé près de *Mogontiacum*, Mayence, et on pourrait, faute de renseignemens plus positifs, le placer à Sicklingen, près de Mayence, dont le nom a de la ressemblance avec celui de *Sicila*. Une loi de Valentinien et de Valens, de 365 à 370, est datée d'*Alteium* [2]. Godefroy conjecture, avec quelque degré de vraisemblance, que ce lieu doit être rapporté à Altzeheim ou Eltz, près de Trèves; mais ce lieu nous semble le même que celui d'*Altiaia* [3], que nous donne une inscription ancienne trouvée sur les bords du Rhin, et qu'on place à Alzey [4].

Mediomatrici. — Les *Mediomatrici* habitaient au midi des *Treviri*; c'est ce qu'observe aussi Ptolémée [5].

---

[1] Ælius Lampridus, in *Alexandro Severo*, cap. 59. Conférez *Recueil des Hist. de Fr.*, p. 538. — On y trouve dans la note la conjecture sur Siclingen; cette conjecture a été adoptée par M. Mannert, *Geographie der Altern.*, tom. II, p. 232. — Aurelius Victor, cap. 24, §. 4, p. 381, fait de ce *vicus* un lieu de la Bretagne ou de l'Angleterre. — Eusèbe dit que Sévère fut tué à Mayence; ce qui dissipe les incertitudes. — Voyez Ortelius, *Thesaur. geogr.*, au mot *Sicila*.

[2] *Codex theodosianus*, tom. III, p. 408.

[3] Cæsar, *de Bello gallico*, lib. VII, cap. 75. — Tacit., lib. IV, cap. 70. — Plin., lib. IV, cap. 17. — *Tab. peuting.*, §. 1. — Gruter, *Inscript.*, p. 115, n° 6; p. 598, n° 5; p. 631, n° 8; p. 731, n° 12.

[4] Emele, *Beschreibung rœmischer und deutscher Alterthuemer in Rheinhessen*; Mainz, 1825, in-4°, §. 77. — Orelli, *Inscript. lat. select.*, tom. I, p. 97.

[5] Ptolemæus, *Geogr.*, lib. II, cap. 9.

Long-temps après César, ces peuples se trouvent représentés par le diocèse de Metz[1], qui n'a point subi d'altération; mais, du temps de César, ils s'étendaient jusqu'au Rhin, occupant tout le territoire depuis accordé aux *Caracates*, aux *Vangiones* et aux *Nemetes*; et, même avant César, ils possédaient encore tout le district qui leur fut enlevé par les *Tribuci* ou *Tribocci*. César[2], en décrivant le Rhin, observe que ce fleuve coule sur les frontières des *Sequani*, des *Mediomatrici*, des *Tribocci* et des *Treviri*. D'Anville[3], qui admet la justesse de cette phrase de César pour les *Sequani*, les *Tribocci* et les *Treviri*, ne veut pas qu'elle soit exacte pour les *Mediomatrici*. Il se fonde sur ce qu'après la conquête de César, on ne trouve aucune trace que les *Mediomatrici*, qui faisaient partie de la Belgique première, aient étendu leurs limites jusque dans les parties voisines du Rhin, qui faisaient partie d'une autre province qui était la Germanie première. Son erreur provient ici, comme dans beaucoup d'autres endroits de sa Notice, de ce qu'il s'efforce toujours de confondre toutes les époques en une seule, et de ce qu'il écarte toute idée de changemens dans les Gaules, afin de rapporter toutes ses descriptions à une seule carte. Cette erreur est ici bien manifeste, puisque Strabon non seulement confirme le texte de César, mais même enchérit encore sur lui, en donnant plus d'extension aux *Mediomatrici*. Il nous dit[4] que les

---

[1] *Notitia provinc. Galliæ*, dans le *Recueil des Hist. de Fr.*, tom. I, p. 123. — Guérard, *Essai*, p. 17.

[2] Cæsar, lib. IV, cap. 10. — César écrit *Tribuci*; Pline, Strabon, Ptolémée, *Tribocci*.

[3] D'Anville, *Notice*, p. 447.

[4] Strabo, lib. IV, p. 193; tom. II, p. 52 et 53, de la trad. franç.

Tribocci étaient des Germains qui, sans faire partie des *Mediomatrici*, s'étaient établis sur leur territoire. Ainsi donc les *Mediomatrici* s'étendaient jusqu'au Rhin et à l'orient des Vosges dans toute l'étendue occupée depuis par les *Tribocci*, les *Nemetes* et les *Vangiones ;* et voilà pourquoi César, gardant l'ordre de l'ancienneté, nomme les *Mediomatrici* avant les *Tribocci.* D'Anville lui-même avoue qu'après avoir placé les *Vangiones*, les *Nemetes* et les *Tribocci*, il reste encore la cité de *Mogontiacum*, Mayence, qu'il ne sait à quel peuple attribuer; car les *Caracates* de Tacite, auxquels, dans sa Carte, il a donné cette cité, ont été inconnus à César. Au reste, d'Anville ne s'est pas aperçu que dans cet article des *Mediomatrici* il se contredit lui-même, puisque dans les articles *Vangiones*, *Nemetes* et *Tribocci*[1], il admet avec Cluverius et Schœpflin, que les *Mediomatrici* ont primitivement possédé les rives du Rhin, et ont étendu leur territoire dans le pays occupé par ces peuples[2]. Il résulte du rapprochement des passages de César et de Strabon, que primitivement les *Mediomatrici* possédaient tout le pays situé entre les Vosges et le Rhin, mais que du temps de César les *Tribocci*, qui,

[1] D'Anville, *Notice,* p. 197, 481, 653 et 672.
[2] La même incertitude, ou les mêmes contradictions, se trouvent dans ses Cartes. Une esquisse gravée de la Carte des Gaules selon Strabon, que d'Anville avait dressée pour le Strabon d'Oxford, et qui se trouve mentionnée dans le Catalogue de ses œuvres par M. Barbier du Bocage, étend le territoire des Mediomatrici jusqu'au Rhin ; mais d'Anville a recommencé cette carte, et celle qui se trouve insérée dans le Strabon d'Oxford n'étend les Mediomatrici que jusqu'aux Vosges. La même faute existe dans la Carte de la Gaule au temps de César.

de même que les *Vangiones* et les *Nemetes*, habitaient auparavant à l'orient du Rhin, s'étaient déjà emparés du territoire qui se trouve représenté par la cité ou le diocèse d'*Argentoratum*, Strasbourg. Cette ville, qui en dernier lieu est devenue la plus importante chez les *Tribocci*, ne fut pas d'abord considérée comme leur capitale. Ptolémée [1] même, qui le premier en fait mention, se trompe en l'attribuant aux *Vangiones*; mais les positions des deux autres villes qu'il attribue aux *Tribocci*, *Helcebus* et *Brocomagus* [2] se prouvent par les mesures des routes données dans la Table et l'Itinéraire, et qui aboutissent à *Augusta Rauracorum*, Augst, et *Mogontiacum*, Mayence [3], et autres lieux sur le Rhin, et nous portent à Elle pour *Helcebus*, et à *Brocomagus*, Brumat, lieux où l'on a trouvé beaucoup d'antiquités [4]; or *Argentoratum*, Strasbourg, se trouvant situé entre Brumat et Elle, appartient nécessairement aux *Tribocci*. L'erreur de Ptolémée [5] sur *Argentoratum* paraît provenir du déplacement qu'il a fait subir aux *Nemetes* et aux *Vangiones*, en mettant ces derniers au midi des premiers au lieu de les mettre au nord. La position d'*Argentoratum* à Strasbourg moderne est démontrée par les routes de l'Itinéraire et de la Table [6] qui y aboutissent et qui partent de *Divodu-*

[1] Ptolemæus, *Geogr.*, lib. II, cap. 9.

[2] Id., *loco citato*.

[3] Voyez l'*Analyse des Itinéraires*, tom. III de cet ouvrage.

[4] Schœpflin, *Alsat. illustrata*, t. I, p. 550, et Muratori, *Inscript.*, t. II, p. 1089. — Grandidier, *Hist. de l'Égl. de Strasbourg*, t. I, p. 62.

[5] Si elle n'est pas de lui, elle est du moins fort ancienne; car les éditions de Ptolémée que je possède ne m'ont offert, à cet égard, aucune variante, et notamment celles de 1475 et de 1490.

[6] Voyez l'*Analyse des Itinéraires*, tom. III de cet ouvrage.

rum, Metz; *Noviomagus*, Nimègue; et *Augusta Rauracorum*, Augst. C'est à cause du grand nombre de routes romaines qui la traversaient, qu'*Argentoratum* prit dans le vi⁰ siècle le nom barbare de *Stratæ-Burgis*. Nithard, qui écrivait dans le ix⁰ siècle, dit : « Dans la ville qu'on appelait autrefois *Argentaria*, « et qu'on nomme actuellement *Stratzburg* ¹. » J'observerai, en finissant, qu'en 367 après J.-C., l'empereur Julien, dans sa lettre aux Athéniens, lorsqu'il parle de la victoire qu'il remporta sur les Allemands, près d'*Argentoratum*, ne mentionne ce lieu que comme un fort, ou château, *castellum* situé près des Vosges ². Les mesures de l'Itinéraire pour la position d'*Argentovaria*, autre lieu mentionné par Ptolémée, sur les limites du diocèse de Strasbourg, au midi, ou sur les confins des *Tribocci* et des *Rauraci*, portent à Artzenheim, près d'un lieu nommé Markolsheim, dont le nom en langue tudesque joue en géographie le même rôle que celui de *fines* en latin ³. Le grand nombre d'antiquités qu'on a

---

¹ Sur Argentoratum, voyez Ammian. Marcellin., lib. xvi, cap. 2 et 12; lib. xvii, cap. 8. — Eutropius, lib. x, p. 586. — Zosimi *Hist.*, lib. iii, p. 703. — Hieronymi *Chronicon*, ann. 284. *Ad Ageruch.*, p. 748. — *Hist. de Fr.*, tom. i, p. 610 et 714. — *Geogr. Rav.*, lib. iv, cap. 26. — Conférez *Acad. des Inscript. hist.*, tom. ix, p. 130.

² Julianus, *Epistol. ad S. P. Q. atheniensum*, p. 277, édit. in-fol.; Lipsiæ, 1696. — Cellarius a douté qu'il fût réellement question, dans ce passage, de Strasbourg; mais comme Ammien Marcellin et saint Jérôme, en racontant le même événement, disent qu'il eut lieu près d'*Argentoratum*, Strasbourg, il ne peut y avoir le moindre doute; et si Julien dit « au pied des Vosges, » c'est qu'en effet les dernières pentes des Vosges sont peu éloignées de Strasbourg.

³ Voyez l'*Analyse des Itinéraires*, tom. iii de cet ouvrage. — Sur les Tribocci, voyez Gruter, *Inscript.*, p. 1010, n° 12. — Muratori,

trouvées à Horburg démontrent que ce lieu a dû correspondre à une position antique qui nous est inconnue, mais ce n'est pas une raison suffisante pour déranger toutes les mesures des Itinéraires anciens en y plaçant *Argentovaria* [1]. Un grand nombre d'inscriptions antiques et de médailles portent le nom des *Mediomatrici* [2]. Quant aux *Nemetes* et aux *Vangiones*, César [3] n'en fait mention qu'avec les autres peuples germains qui composaient l'armée d'Arioviste, et nullement lorsqu'il décrit le Rhin et qu'il nomme toutes les nations de la Gaule sur le territoire desquelles ce fleuve passe. Strabon ne nomme pas non plus les *Nemetes* et les *Vangiones*, et comme il dit que les *Tribocci* [4] s'étaient établis sur le territoire des *Mediomatrici*, qui s'étendaient jusqu'au Rhin, il exclut nécessairement les *Nemetes*, et les *Vangiones* de cette partie des diocèses de Spire et de Worms qui se trouve à l'occident du Rhin, et qu'ils ont occupée depuis; et il nous prouve évidemment que de son temps, c'est-à-dire vers le commencement du règne de Tibère, les *Vangiones* et les *Nemetes* n'étaient pas encore établis dans la Gaule. Il est probable qu'ils habitaient dès lors le côté opposé du Rhin, c'est-à-dire la partie orientale des évêchés de Spire et de Mayence, du Palatinat du Rhin et du landgraviat de Hesse-Darmstadt. Le silence de

---

Inscript., tom. II, 1089. — Schœpflin, *Alsatia illustrata*, p. 550. — Cæsar, *de Bello gallico*, lib. II, cap. 51. Il les nomme avec les Suèves, les Harudes, les Marcomans et autres peuples germains.

[1] Golbery, *Statistique du Haut-Rhin*, p. 11.
[2] Mionnet, *Descript. des Méd. ant.*, t. I, p. 83; Gruter et Boissard.
[3] Cæsar, *de Bello gallico*, lib. II, cap. 51.
[4] Strabo, lib. IV, p. 193 et 194; et tom. II, p. 52 à 54, de la trad. fr.

Strabon sur les *Nemetes* et les *Vangiones* est une preuve d'autant plus évidente de ce que j'avance ici, que ce géographe a soin de remarquer la translation des *Ubii*, par Auguste, de la Germanie dans les Gaules. Tacite [1] nous fait considérer cette mesure comme un effet de la sage politique d'Auguste, qui créait ainsi une barrière contre l'invasion des autres peuples Germains, en leur opposant des hommes que ces peuples redoutaient comme guerriers et chérissaient comme compatriotes. Si une pareille mesure eût été prise pour les *Vangiones* et les *Nemetes*, Strabon n'eût pas manqué d'en faire mention. Il n'y a aucun monument historique qui parle des *Nemetes* et des *Vangiones* avant le règne de Vespasien. Tacite et Pline [2] sont les premiers auteurs qui les placent au nombre des peuples de la Gaule : ils n'appartiennent pas à l'époque dont nous traitons [3]. Je remets donc plus tard à parler de *Mogontiacum*, Mayence; *Borbetomagus*, Worms, capitale des *Vangiones*; *Vosavia*, Uber-Wesel; *Noviomagus*, Spire, capitale des *Nemetes*; *Tabernæ*, Zaberne et *Saletio*, Seltz, tous lieux situés

---

[1] Tacitus, *de Morib. German.*, cap. 28.

[2] Plinius, lib. IV, cap. 17. — Tacitus, *de Morib. Germanor.*, cap. 28.

[3] On peut donc regarder comme fautives, sous ce rapport, les Cartes de la Gaule au temps de César, dressées par Cluverius et d'Anville. Le premier, après la page 51 de sa *Germania antiqua*, dans une Carte spéciale pour l'état de la Gaule au temps de César, place les *Vangiones* et les *Nemetes* entièrement sur la rive occidentale du Rhin et dans l'intérieur de la Gaule. D'Anville, dans sa Carte insérée dans l'*Histoire romaine* de Crevier, en 1745, les place sur l'une et l'autre rive du Rhin.

chez ces peuples, et dont il est question dans les géographes anciens et dans les historiens [1].

J'ai dit qu'au diocèse de Metz, et à tout le pays que je viens mentionner le long du Rhin à l'orient, il fallait ajouter à l'occident, pour compléter le territoire des *Mediomatrici*, le diocèse de Verdun, qui représente *civitas Verodunensium* de la Notice des provinces de la Gaule [2]. Cette Notice et un lieu nommé *Fines* dans l'Itinéraire d'Antonin [3], que les mesures placent immédiatement sur les limites des deux diocèses de Verdun et de Metz, prouvent que la séparation de ces deux diocèses date du temps de la domination romaine dans les Gaules; mais à l'époque de la conquête par César, cette séparation n'existait pas. Les *Veroduni* se trouvant plus rapprochés de la capitale des *Mediomatrici* que de celle des *Treviri*, tous les auteurs modernes les ont de préférence joints au territoire des premiers, pour le temps de César. Cependant, quoique ce sentiment soit le plus probable, je dois observer qu'il n'est pas prouvé, et qu'aucun monument historique ne décide cette question d'une manière précise. Au reste, cette indécision n'existe que pour l'époque dont nous traitons; car les *Veroduni* ou *Veruni* formèrent de bonne heure une cité distincte ou indépendante des *Treviri* et des *Mediomatrici*. En effet, c'est une erreur de croire que l'Itinéraire et la Notice de l'Empire soient

---

[1] Sur les Tribocci, voyez Schœpflin, *Alsatia illustrata*, tom. 1, p. 124 et 136.

[2] *Notitia provinc. et civitat. Galliæ*, dans le *Rec. des Hist. de Fr.*, tom. 1, p. 123. — Guérard, *Essai*, p. 17.

[3] Voyez l'*Analyse des Itinéraires romains*, tom. III de cet ouvrage.

les premiers monumens romains qui fassent mention de *Verodunum* ou des *Veroduni*. Ces peuples étaient probablement du nombre de ceux que l'habile politique d'Auguste rendit indépendans de la cité dans le territoire de laquelle ils se trouvaient placés, afin d'affaiblir les différentes nations de la Gaule en augmentant leur nombre, et de rendre les coalitions plus difficiles à former. Pline fait mention des *Veruni*, qui sont certainement les *Verodunenses* de la Notice : l'épithète de *liberi* qu'il leur donne, est une preuve évidente des franchises qui leur avaient été accordées. D'Anville rejette l'existence des *Veruni liberi* de Pline, parce qu'il ne les a pas trouvés dans le texte de l'édition de Dalechamp ni dans celle du père Hardouin. J'avouerai facilement qu'ils ne se trouvent pas non plus dans l'édition de Franzius ni dans celles de Brottier, qui ont été faites en partie sur celle du père Hardouin; mais si d'Anville [1] avait lu la note de ce dernier, au mot *Ulmanetes*, il aurait vu que les *Veruni liberi* se trouvent dans plusieurs éditions de Pline; je les ai trouvés entre autres dans celle qui a été donnée par Jean Camers [2], dont le texte est ainsi conçu : *Suessiones, Veruni liberi, Ulmanetes liberi* [3]. Le seul motif que donne le père Hardouin [4] pour rejeter du texte de Pline ce nom que les premiers éditeurs n'y eussent certainement pas inscrit s'ils ne l'avaient trouvé dans les manuscrits, c'est

---

[1] D'Anville, *Notice*, p. 692.

[2] Plinius, in-folio; Venise, 1525, p. 21.

[3] D'après cette leçon, il ne faut pas ajouter au mot *Suessiones* l'épithète de *liberi*, comme dans les éditions ordinaires.

[4] Harduinus, apud Plin., tom. 1, p. 228 et 238.

qu'aucun autre ancien n'en fait mention. « Je
« connais bien, dit Hardouin, les *Veroduni* qui
« sont représentés par le Verdunais, mais je ne con-
« nais pas les *Veruni*. » Il semble que Valois avait
prévu, long-temps d'avance, la témérité et l'humeur
tranchante du jésuite : Valois, qui, dans les cas
douteux a toujours consulté des manuscrits très
anciens, et qui avait tant approfondi ce qui concerne la Gaule, dit : « Il ne faut rien changer au
« nom de *Veruni*, et il ne faut pas imiter ceux qui
« croient qu'il faut lire *Verduni* ou *Veroduni*,
« parce que la ville capitale des *Veruni* est *Verodu-*
« *num*. L'écriture des anciens manuscrits de Pline
« y répugne. Épargnons donc ce nom que le soin
« d'un Pline a conservé jusqu'à nous durant l'espace
« de 1600 ans, et parce que Strabon, Ptolémée, et
« d'autres anciens géographes et historiens ont né-
« gligé de parler des *Veruni*, il ne faut pas que les
« critiques s'imaginent pouvoir impunément les
« torturer à leur gré [1]. » Valois observe que dans les
anciens conciles des Gaules, on trouve souvent pour
la souscription des évêques de Verdun, *episcopum
Veronensem* ou *Verunensem*, et il ajoute que c'est à
tort que Jules Scaliger veut qu'on lise *episcopum
Verodunensem*. Valois soutient avec raison que *Ve-*

---

[1] Valesii *Notitia*, p. 597 : « Quod ad Verunos nostros pertinet,
« nihil in eo nomine corrigendum ; nec, quia caput Verunorum
« Verodunum vocatur, Veruni in Verdunos aut Verodunos, aut
« etiam (quemadmodum quidam faciunt sine causa) in Vertodunos
« sunt mutandi *repugnante veterum Plinii codicum scriptura*. Par-
« cendum est nomini, quod usque ad nostram ætatem per annos
« mille sexcentos unius Plinii diligentia servavit. Nec quia Strabo et
« Ptolemæus, cæterique prisci geographi ac historici, Verunos omi-
« sere, credere debent critici in eos impune grassari sibi licere. »

ronensem ou *Verunensem* est la bonne leçon, et que *Verunum* est le nom vrai, exact et non corrompu, de l'ancienne ville de Verdun, puisqu'il est conforme au nom des *Veruni* dont cette ville est la capitale : et en effet, cet accord des monumens du moyen âge avec le texte des anciens manuscrits de Pline forme, suivant moi, une démonstration complète sur cet objet [1]. J'ajouterai encore une remarque importante, c'est que Ptolémée fait mention des *Veruni* dans sa description de la Germanie : ce sont les mêmes que Tacite et Pline nomment *Varini* ou *Varinni*, et que Procope désigne sous le nom de *Varnoï* [2]; les anciennes lois saxonnes les nomment *Werins* [3]; et si l'on se rappelle que les anciens fournissent des preuves sans nombre de l'origine germanique des peuples de la Gaule, voisins du Rhin, on ne peut guère douter que les *Veruni* de la Gaule ou les *Verodunenses* ne soient une colonie des *Veruni* ou *Varini* de la Germanie, ce qui prouve encore que leur nom primitif est *Veruni* et non *Veroduni*. J'observerai enfin que l'on retrouve dans la Gaule cisalpine la ville de *Verona*, fondée par les Gaulois, et dans la Norique, celle de *Virunum*, peu

---

[1] A la vérité, Valois, qui n'avait aucune idée des combinaisons des mesures, veut confondre le *Vironum* de la Table, qui est Vervins, avec la ville de Verdun ; mais cette erreur de sa part n'affaiblit en rien la bonté des raisons qu'il a précédemment alléguées.—D'Anville dit, p. 692, que Valois reprend vivement Sanson d'avoir changé, dans Pline, le mot de Veruni en celui de Veroduni. Cela n'est pas exact ; Valois ne dit rien de cela, et ne pouvait le dire, puisque Sanson, au contraire, admettait les Veruni. Voyez ses *Remarques sur la Gaule*, p. 52.

[2] Procopius, *Rerum gothicarum*, II et IV.

[3] Cluverius, *Germania antiqua*, p. 605.

528 GÉOGRAPHIE ANCIENNE DES GAULES.

éloignée de Noring ou de Gmund, où je prouverai bientôt que les Gaulois Boïens, émigrés de la Gaule, s'étaient fixés. On remarque aussi sur la route de *Bagacum*, Bavay, à *Durocortorum*, Reims, un lieu nommé dans la Table, *Virunum*, qui paraît avoir éprouvé les mêmes changemens, tant en latin qu'en français, que les *Veruni* de Pline; ce lieu ne se nomme point *Veronum*, mais *Verbinum* dans l'Itinéraire, ce qui se rapproche davantage du nom moderne de Vervins, où nous portent les mesures[1]; mais cela même me fait soupçonner que ce nom, comme celui de *Veruni* dans Pline, s'est conservé pur et sans altération dans la Table.

La position de *Verodunum* à Verdun se trouve prouvée par une suite non interrompue de monumens historiques[2]. L'Itinéraire donne les mesures d'une route entre *Divodurum*, Metz, et *Durocortorum*, Reims, qui passe par *Virodunum*; les mesures sont exactes entre *Virodunum* et *Divodurum*, mais entre *Durocortorum* et *Virodunum*, il y a omission ou erreur[3]. Nous avons des médailles anciennes de *Virodunum*[4].

Il résulte évidemment de tout ce que nous avons dit, qu'aux diocèses de Metz et de Verdun on doit ajouter, pour avoir le territoire des *Mediomatrici*[5],

[1] Voyez l'*Analyse des Itinéraires*, tom. III de cet ouvrage.

[2] *Histoire ecclésiastique et civile de Verdun*; Paris, in-4°, 1745. — *Gallia christiana*, tom. XIII, p. 1161. *Instrum.*, p. 553. — Les auteurs confondent encore, d'après Valois, Vironum de la Table, ou Vervins, avec Virodunum, quoique d'Anville eût déjà remarqué cette erreur.

[3] Voyez l'*Analyse des Itinéraires*, tom. III de cet ouvrage.

[4] Mionnet, *Descript.*, tom. I, p. 84.

[5] Voyez Schœpflin, *Alsatia illustrata*, tom. I, p. 44. — Dom

tout ce qui ne faisait pas partie du diocèse de Trèves, jusqu'au Rhin, c'est-à-dire le duché de Deux-Ponts et une partie des évêchés de Worms et de Spire; la chaîne des Vosges diminuant de hauteur en approchant du nord, et disparaissant tout-à-fait près de Mayence, séparait moins cette portion du territoire des *Mediomatrici* du centre principal de leur domination, que celle où les *Tribocci* s'étaient établis: c'est aussi ce qui facilita l'usurpation de ces derniers. Les *Tribocci* occupaient le diocèse moderne de Strasbourg, ou cette partie septentrionale de l'Alsace appelée Nortgaw dans le moyen âge; ils avaient au midi les *Rauraci*, qui possédaient cette autre moitié de l'Alsace nommée Sundgaw et une portion du canton de Bâle, et qui, dans la dépendance des *Sequani*, faisait partie de la Celtique [1].

Tacite [2] est le premier qui nous fasse connaître le nom de la capitale des *Mediomatrici*. « *Divodurum*, « dit-il, est la ville des *Mediomatrici*. » Ptolémée [3], l'Itinéraire [4] et la Table, en font aussi mention sous ce nom. Elle avait pris le nom du peuple dès le temps d'Ammien Marcellin [5], qui la nomme *Mediomatrici*;

Calmet, *Hist. ecclésiast. et civile de Lorraine*, tom. I, p. 14, in-fol.; Nancy, 1728.

[1] Sanson a publié, en 1656, un Diocèse de Metz, en deux feuilles, et un Diocèse de Verdun, en une feuille. Il existe d'autres cartes plus modernes de chacun de ces diocèses, en une feuille, dressées, en 1724 et 1725, par Didier Bugnon; on doit consulter aussi la *Provincia ecclesiastica Treverensis*, tom. XIII de la *Gallia christiana*.

[2] Tacitus, *Hist.*, lib. I, cap. 63: « Divoduri (Mediomatricorum id « oppidum est) quanquam, etc. »

[3] Ptolemæus, lib. II, cap. 17.

[4] Voyez l'*Analyse des Itinéraires*, tom. III de cet ouvrage.

[5] Ammian. Marcellin., lib. XVII, cap. 1.

le nom de *Mettis*, d'où est dérivé celui de Metz, était déjà en usage dès le commencement du ve siècle, et on le trouve dans la Notice de l'Empire[1]. Les mesures de la Table et de l'Itinéraire confirment surabondamment les faits historiques sur l'identité de position de *Divodurum* et de Metz. Six routes romaines qui se joignent à *Divodurum* conduisent à Metz, en partant d'*Augusta Trevirorum*, Trèves, *Argentoratum*, Strasbourg, *Tullum*, Toul, et *Durocortorum*, Reims[2]. Dans le territoire propre des *Mediomatrici*, ou dans le diocèse de Metz, on trouve *Decem pagi*, dont les mesures des Itinéraires romains déterminent la position à Dieuze moderne, et dont Ammien Marcellin a fait mention[3]. Les auteurs de l'histoire de Metz ont fait graver un autel au dieu Mercure, dans l'inscription de laquelle il est fait mention du *Bodatium vicus*[4] : dans le testament de Fulradus, évêque de Saint-Denis, daté de l'an ix du règne de Charlemagne, il est question de *patellas ad salem fa-*

---

[1] *Notitia dignitat. imp. rom.*, §. 38, p. 69, et §. 42, p. 65, édit. de Labbe. — *Vita Ludovici Pii*, dans le *Rec. des Hist. des Gaules et de la Fr.*, tom. vi, p. 114, et *Notitia imp.*, tom. ii, p. 1-9.

[2] Voyez l'*Analyse des Itinéraires*, tom. iii de cet ouvrage.

[3] Ammian. Marcellin., lib. xvi, cap. 2, et l'*Analyse des Itinéraires*, tom. iii de cet ouvrage. — Sur Metz, il faut consulter l'*Histoire de Metz*, par deux bénédictins de la congrégation de Saint-Maur, 5 vol. in-4°, tom. i, p. 5 et 174. Le premier volume a paru en 1769, accompagné de vingt-six planches et une carte des Mediomatrici, qui est faite d'après d'Anville. Le tome ii a paru en 1775, ainsi que partie du tome iii, à Metz, chez Collignon; l'autre partie du tome iii fut publiée à Nancy, chez Hæner, en 1781, et contient le commencement des *Preuves*. Le tome iv, contenant la suite des *Preuves*, a paru à Metz, chez Cl. Lamort, en 1787; et le cinquième, la même année.

[4] *Histoire de Metz*, tom. i, p. 62.

ciendum in vico Bodatio seu Marsallo, léguées à l'abbaye de Saint-Denis [1]. Ce qui ne veut pas dire, comme on l'a cru, que Marsal se nommait autrefois *vicus Bodatius*, mais que Fulradus lègue toutes les patelles propres à faire le sel qui se trouvaient à *Bodatium vicus* ou à *Marsallo*, et il me paraît évident que *Bodatium vicus* doit être rapporté à Vic, un peu à l'ouest, et tout près de *Marsallo*. Vic ou *Vicus* est souvent mentionné dans les titres du moyen âge, et presque toujours avec *Marsallum*, nommé aussi *Marcellum*, dans plusieurs anciennes chartes. Les salines qui existent encore dans cet endroit ne laissent aucun doute sur la position de ces lieux; il est question de Moyen-Vic dans le XIIe siècle. Il existait un chemin romain qui traversait Marsal, et que La Sauvagère a décrit [2]. Il est probable qu'il partait de Toul, et aboutissait à Dieuze, où il rejoignait la voie romaine qui conduisait d'*Argentoratum*, Strasbourg, à *Divodurum*, Metz [3].

Leuci. — Au midi des *Mediomatrici*, étaient les

---

[1] Valesii *Notitia*, p. 317.

[2] *Recherches sur le briquetage de Marsal*, par La Sauvagère, dans le *Recueil sur quelques antiquités des Gaules*, in-4°.

[3] Voyez l'*Analyse des Itinéraires*, tom. III de cet ouvrage. — Sur les *Mediomatrici*, on peut consulter *Gallia christiana*, tom. XIII, p. 677, et *Instrumenta*, p. 370 et 553. — Ce volume du *Gallia christiana* est le dernier qui ait été publié. Les auteurs disent n'avoir eu connaissance que du premier volume de la grande *Histoire de Metz*: cependant leur volume a été imprimé en 1785; le tome II avait paru dix ans avant, en 1775; et le tome III, quatre ans avant, en 1781. — Voyez encore dom Calmet, *Histoire ecclés. et civ. de Lorraine*, tom. I, p. 14, in-folio; Nancy, 1728. — Colchen, *Statist. du départ. de la Moselle*, in-fol.; an XI, p. 23. — Sur les *Monumens romains trouvés à Metz*, voyez Caylus, tom. V, Pl. 115 et 116, p. 320 et 321; et Pl. 119, n°s 4 et 5, p. 352; et Gruter, *Inscript.*, p. 598,5; 631, 8; 731, 12.

Leuci, que César [1] mentionne entre les *Sequani* et les *Lingones*, auxquels Pline donne le surnom de *liberi*. Le territoire de ce peuple, dont d'Anville a oublié de faire mention dans sa Notice de l'ancienne Gaule, paraît, dans tous les temps, avoir eu les mêmes limites que celles du diocèse de Toul, dans lequel se trouvent compris les diocèses de Nancy et de Saint-Dié, qui n'en ont été détachés que par Louis XV, en 1774. Ptolémée donne aux *Leuci* deux capitales, *Nasium* et *Tullum*; la position de cette dernière, à Toul moderne, est suffisamment démontrée par les mesures des routes romaines, décrites dans l'Itinéraire et dans la Table, qui s'y réunissent, et qui partent de *Lingones*, Langres, *Augusta Trevirorum*, Trèves, et *Divodurum*, Metz [2]. L'histoire nous donne le même résultat par une suite non interrompue de monumens historiques. La Notice des provinces de la Gaule désigne cette ville et ses dépendances sous le nom de *Leucorum civitas, Tullo* [3], ce qui prouve que sous la domination romaine, cette ville n'a point changé de nom, ni pris celui du peuple, comme tant d'autres villes de la Gaule : ce changement n'eut lieu pour *Tullum* que sous les premiers rois Francs. Cette ville est désignée sous le nom de *Leuci* dans un diplôme de Dagobert, et dans plusieurs autres des premiers rois de la seconde race : dans la Vie de

---

[1] Cæsar, *de Bello gallico*, lib. I, cap. 40. — Strabo, lib. IV, p. 193. — Plinius, lib. IV, cap. 17. — Tacitus, *Hist.*, lib. I, cap. 63 et 64. — *Vita sancti Lupi*, dans le *Recueil des Hist. de Fr.*, tom. I, p. 644. — Lucanus, *Pharsal.*, lib. I, p. 424.

[2] Wesseling, *Itiner.*, et l'*Anal. des Itinér.*, tom. III de cet ouvrage.

[3] *Notitia provinciar. Galliæ*, dans D. Bouquet, tom. I, p. 123. — Guérard, *Essai*, p. 17, 147 et 148.

Léon IX, au xi° siècle, elle est encore nommée *Leuca urbs*. J'ai déjà observé que les diocèses de Nancy et de Saint-Dié n'avaient été détachés de celui de Toul qu'en 1774, sous Louis XV; la bulle de leur érection ne fut expédiée qu'en 1777; chacun de ces deux évêchés n'a eu qu'un seul évêque, la révolution française étant survenue [1]. Quant à *Nasium*, sa position à Naix moderne se trouve prouvée par la route romaine qui conduisait de *Tullum*, Toul, à *Durocortorum*, Reims [2], en passant par cette ville. Cette route est décrite dans l'Itinéraire et dans la Table; mais il existe d'autres voies romaines, dont on découvre encore des vestiges, qui aboutissaient à Naix: l'une partait de Meuvy ou *Mosa*, et elle se détachait de la route de *Lingones*, Langres, à *Tullum*, Toul; cette route passait par Grand, où l'on voit encore les débris d'un amphithéâtre et d'autres ruines et autres antiquités qui démontrent l'existence d'une ville romaine assez considérable [3]. Dans

---

[1] Voyez *Gallia christiana*, tom. XIII, p. 957. — La carte qui accompagne ce volume est peut-être la seule où se trouvent tracées les limites de ces deux diocèses, qui ont eu une si courte existence. Il y a une Carte du diocèse de Toul, en trois feuilles, suivant son état ancien, publiée en 1656. Il y en a une autre plus moderne, en une feuille, par Didier Bugnon, insérée dans l'*Histoire de Lorraine*, de D. Calmet; mais la plus savante est celle qui a été dressée, en 1707, par Guillaume Delisle, avec une excellente Analyse, et insérée en tête de l'*Histoire du diocèse de Toul*, par le P. Benoist, in-4°, 1707.

[2] Voyez l'*Analyse des Itinéraires*, tome III de cet ouvrage.

[3] Voyez Caylus, *Antiquités*, tom. VI, Pl. 111. — Outre les restes d'un amphithéâtre, on a trouvé dans ce village d'anciens murs, des statues de marbre, des canaux voûtés, des médailles. Je possède en original le plan manuscrit de Grand, qui a été gravé dans Caylus assez peu exactement. — Voyez encore Caylus, tom. III, p. 431, Pl. 118, n°° 2 et 3.

cet endroit, une autre route partait directement des *Lingones*, Langres; celle-là, au sortir de la forêt d'Andelot, se partageait en deux branches, dont une se dirigeait directement vers *Nasium*, Naix, et l'autre conduisait à *Caturiges*, Bar-le-Duc, en passant près de la montagne du Châtelet, proche Joinville, où on a aussi rencontré les ruines de ce lieu romain dont nous avons parlé, qui, selon toute apparence, était nommé *castrum Erponum*[1]. Quant à la ville romaine dont l'existence est démontrée à Grand, par ses grandes et belles ruines, on peut, en attendant de nouvelles découvertes, lui conserver le nom de *Grandesia*, qu'elle portait dans le moyen âge. *Scarpona*, mentionné par Ammien Marcellin[2], a encore conservé son nom dans celui de Scarpone moderne, qu'on appelle aussi Charpeigne, et dont l'emplacement se trouve en outre démontré par les mesures de l'Itinéraire[3]. Ces mêmes mesures déterminent aussi à

[1] Voyez Grignon, *Premier bulletin des fouilles faites, par ordre du Roi, d'une ville romaine sur la petite montagne du Châtelet, entre Saint-Dizier et Joinville, découverte en* 1772, in-8°; 1774. — *Second bulletin*, etc., in-8°; 1775 : et Caylus, *Antiquités*, tom. III, p. 428, Pl. 118, représentant la haute borne trouvée au village de Fontaine. — Voyez encore *Mémoires de l'Académie des Belles-Lettres*, tom. IX et XXV. — Planches gravées de l'ouvrage de M. de Tersan, qui possédait dans son cabinet presque toutes les antiquités trouvées sur la montagne du Châtelet. Sur un vase qu'il a fait graver, il y a *Deæ Erponæ*; ce qui lui a fait conjecturer que ce lieu pouvait se nommer *castrum Erponum*. — Frédegaire, cap. 42, fait mention d'un *ducem Erponem*, qui commandait en Franche-Comté vers l'an 611. — Voyez Bochat, *Mém. sur l'histoire de l'ancienne Suisse*, tom. I, p. 277, et ci-dessus, p. 490.

[2] Ammian. Marcell., lib. XXVII, cap. 2. — Pauli Diaconi *Libellus de episcopis Mettensibus, Collect. des Hist. de Fr.*, tom. I, p. 650.

[3] Voyez l'*Analyse des Itinéraires*, tom. III de cet ouvrage. — Pour

Soulosse moderne, la position de *Solimariaca*, dont il est question dans une inscription publiée par Muratori [1].

§. II. (B) *Peuples indépendans des Alpes entre la Gaule et l'Italie, au temps de César.*

Après avoir assigné la position, l'étendue et les limites de tous les peuples de la Gaule transalpine que César a soumis, soit par la force, soit par la crainte de ses armes, il me reste à faire connaître les peuplades pauvres et peu nombreuses qui, renfermées dans les vallées escarpées des Alpes, inquiétaient souvent ce conquérant dans sa marche, pendant ses fréquens passages de la Gaule cisalpine dans la Gaule transalpine, et dont l'entière soumission aurait retardé ses autres exploits, et n'aurait rien ajouté à sa gloire et à sa puissance. Dans tous les temps, en effet, et dans tous les pays, les habitans des montagnes ont conservé plus ou moins leur indépendance : de même que les animaux sauvages avec lesquels ils se partagent ces âpres et stériles solitudes, ils ne peuvent se soumettre à un joug et à des règles qui leur ôtent une partie de ce libre exercice de leur force physique, dont l'usage continuel est devenu pour eux un besoin et une habitude d'autant plus forte, qu'il leur est nécessaire, à tous les instans, dans les dangers

---

les *Leuci*, on doit surtout consulter le R. P. Benoist, *Histoire ecclésiast., polit. et civile du diocèse de Toul.* — Il a été analysé par Wastelain, *Description de la Gaule belgique*, p. 282 et suiv. — Voyez encore Valesii *Notitia*, p. 564, au mot *Tullum*; et Cluverius, *Germania antiqua*, p. 560.

[1] Muratori, *Inscript.*, tom. II, p. 1082, n° 2. — Il est question, dans cette inscription, des *vicani Solimaricenses*.

sans nombre qui menacent leur existence. De là cette liberté qu'ils chérissent autant que leur vie, parce qu'elle est en quelque sorte identifiée avec le sentiment de leur conservation : ajoutez que la supériorité qu'ils ont sur les autres hommes dans les lieux qu'ils habitent, que cette facilité avec laquelle ils triomphent des obstacles que la nature leur présente, soit pour éviter le danger, soit pour porter des coups plus certains, accroissent encore leur courage et entretiennent leur fierté : on peut donc les détruire, mais non les soumettre par la force. Il n'appartient qu'à une police sage et douce, et à des lois justes et tempérées, de les faire relâcher peu à peu de leur férocité. Les Romains n'avaient pas encore eu ce loisir, et les riches et belles campagnes de la Gaule offraient à leur cupidité une proie plus attrayante que les sommets stériles des Alpes, dont les habitans pouvaient leur être incommodes, mais qui par leur petit nombre ne pouvaient jamais menacer leur existence politique.

Les diocèses, ou provinces particulières, dont ces montagnes ont depuis fait partie, ayant été formés lorsque la domination romaine était bien établie, ne peuvent représenter l'état primitif de ces peuples, ni nous servir pour circonscrire leurs limites. Il ne faut pas non plus s'attendre à voir la position de leurs chefs-lieux toujours démontrée mathématiquement par les mesures, comme pour ceux des Gaules cisalpine et transalpine; il y en a très peu qui soient traversés par des voies romaines, et plusieurs manquent même de capitales; mais la ressemblance des noms qui se perpétue plus intacte dans les montagnes que dans les plaines, les sommets élevés et les énormes barrières qui séparent entre elles les vallées, et qui fournissent des limites invariables, suppléeront en grande partie aux moyens qui nous manquent pour déterminer leurs positions géographiques.

Les victoires de Marcus Fulvius et de Fabius, et de Sextus, avaient entièrement subjugué les *Vediantii*, les *Salluvii*, les *Montani*, et les autres peuples de la Gaule aux environs du Var. Les Romains avaient assuré leur domination sur la côte par le moyen des troupes, et des vaisseaux, qu'ils avaient dans les différens ports. Les peuples des montagnes de la Ligurie avaient été en grande partie assujettis, mais il n'en était pas de même des Alpes qui séparaient la Gaule de l'Italie. Sur le rivage, le Var, vers son embouchure, formait bien la limite des deux pays : *Antipolis*, Antibes, et *Forum-Julii*, Fréjus, retenaient dans le devoir les *Oxybii* et les *Deciates*, et ces peuples se trouvaient réunis à la Province romaine, dans la Gaule transalpine; mais tout le district montagneux qui se trouve au nord était occupé par les *Vediantii*, les *Nerusii*, les *Suetri*, les *Sentii*, les *Bodiontici*, les *Ectini*, les *Esubiani*, et autres petites peuplades, qui, réunies, formèrent depuis une province sous le nom d'*Alpes maritimæ*, mais qui alors, conservant une sorte d'indépendance, situées entre la Gaule et l'Italie, n'étaient censées appartenir ni à l'une ni à l'autre contrée, semblables à cet égard aux autres peuples des Alpes dont il va être question. Peu de temps avant la conquête de la Gaule par César, Pompée, dans une lettre écrite au sénat de Rome [1], faisait valoir comme

---

[1] Sallustii *Fragmenta*.

un de ses exploits de s'être ouvert, par ces Alpes maritimes, un passage plus court, et auparavant inconnu, pour pénétrer dans la Gaule. Nous avons déjà observé que ce passage eut lieu par le col de Tiniers et la vallée de Barcelonette¹. César, qui avait rassemblé ses légions à *Aquileia*, rival et émule de Pompée, osa le premier passer avec une armée romaine le même défilé qui avait servi à Annibal pour pénétrer en Italie, c'est-à-dire le col de La Rousse ou *Taurinus saltus*, et le val de Pragelas dans les Alpes dites Cottiennes; il trouva dans ces défilés les « *Centrones*, « les *Garoceli*, les *Caturiges*, qui occupaient les hau- « teurs et voulaient empêcher son armée de pénétrer. « Après plusieurs combats, il parvint depuis à *Oce- « lum*, qui est à l'extrémité de la Province citérieure, « jusque sur les limites des *Vocontiens* qui sont de la « Province ultérieure, en sept jours, d'où il se rendit « chez les Allobroges ². » Ainsi César nous apprend qu'*Ocelum* formait de son temps la limite de la Province citérieure ou de la Gaule cisalpine, de ce côté. Nous verrons bientôt qu'il en était de même du temps d'Auguste, et que Strabon donne *Ocelum* pour limite à cette portion de l'Italie³. *Ocelum*⁴ est évidemment Uxeau ou Ocello de la vallée de Fenestrelle. En effet, César, pour traverser ces Alpes, n'a pu passer que par cette vallée ou par celle de Suse;

¹ Voyez ci-dessus, partie II, ch. 1, p. 225.
² Cæsar, *de Bello gallico*, lib. 1, cap. 10.
³ Strabo, *Geogr.*, lib. III.
⁴ Ce nom est le même que celui d'*Uxellum*, *Uxellodunum*; il est plusieurs fois répété dans les montagnes de la Gaule et de l'Italie, et j'ai déjà observé que, dans le bas-breton, *uchel*, *uchela*, signifie hausser, élever.

or on sait que cette dernière ne fut pratiquée que sous Auguste par le roi Cottius [1]. J'ai prouvé ailleurs qu'Annibal avait aussi débouché par la vallée de Fenestrelle; enfin la *terra* d'*Uxeau*, à un mille de Fenestrelle, est nommée *Occellio* par Guido Reni dans le IXe siècle, et d'anciens titres désignaient ce lieu sous le nom d'*Uxellum*, *Oscellum*, *Ocellum*. Au contraire, Oulx, dans la vallée de Suse, auquel on a voulu rapporter *Ocelum*, est nommé *Aucis*, *Ausciatis*, et quelquefois simplement *Ulces* [2].

Les peuples que nomme César se trouvaient en effet situés dans les environs des défilés qu'on voulait l'empêcher de franchir. Le plus méridional de ces peuples étaient les *Caturiges* [3]; Strabon les nomme aussi à côté des *Centrones* [4]: leur position se trouve déterminée par celle de leur capitale, qui, dans l'Itinéraire et dans la Table, conserve le nom du peuple, *Caturiges*, et les mesures fixent l'emplacement de cette capitale à Chorges par une route qui aboutit d'une part à *Ebrodunum*, et de l'autre à *Dea*, Die [5]. Il a été en effet trouvé à Chorges une inscription rapportée par Spon [6], où on lit CIV. CAT. Cette ville céda son rang à *Ebrodunum* dans des temps postérieurs; mais elle paraît cependant l'avoir conservé jusque dans les derniers temps de la puissance romaine; car

---

[1] Voyez ci-après, part. II, ch. 4, tom. II, p. 23 et suiv.

[2] Durandi, *Notizia dell' antico Piemonte traspadano*, parte 1ª, *o sia marca di Torino, altramente detta d'Italia;* 1803, in-4°, p. 27.

[3] Cæsar, *de Bello gallico*, lib. I, cap. 10.

[4] Strabo, *Geogr.*, lib. IV, p. 204. — Ptolemæus, lib. III, cap. 9. — Plinius, lib. III, cap. 20.

[5] Voyez l'*Analyse des Itinéraires*, tom. III de cet ouvrage.

[6] Spon, *Miscel. erudit.*, p. 161. — Orell., *Inscript.*, tom. II, p. 424.

la *civitas Rigomagensium*, que l'on trouve parmi les cités de la province des Alpes maritimes dans la Notice de la Gaule, semble être la même que *Caturiges*, qui est nommée, dans la Table de Peutinger, *Catorimagus* [1]. Cependant Pierre Cassendi dit avoir lu *Brigomagensium* dans de très anciens titres, et rapporte ce lieu à Briançon [2]. Ainsi, primitivement, les *Caturiges* occupaient la vallée formée par la Durance vers sa source, jusqu'à l'ouest de *Vapincum*, Gap, et la rivière Buech, où un lieu nommé *Fines* nous marque de ce côté leurs anciennes limites, qui ne correspondent nullement avec celles des provinces qui furent formées depuis, puisque leur territoire s'étendait, à l'ouest, dans la Viennoise et dans la Narbonnaise des temps postérieurs, et à l'est jusqu'au lieu nommé *Rame* dans l'Itinéraire de Jérusalem, ou Cass-Rom [3]. Cet Itinéraire se trouve d'accord avec Ptolémée [4], et fait commencer les Alpes cottiennes et l'Italie à *Rame*. Ptolémée attribue *Brigantio*, Briançon, aux *Segusini* et non aux *Caturiges*. D'Anville [5] a eu tort, d'après les seules considérations de la géographie naturelle, de contredire deux autorités

---

[1] *Notitia provinciar. Galliæ*, dans le *Recueil des Hist. de Fr.*, tom. 1, p. 124. — Guérard, *Essai*, p. 33. Cette cité manque à sa place dans plusieurs manuscrits cités par M. Guérard, et est reportée dans d'autres après *Vintiensium*, Vence. — Honoré Bouche (*Chorogr. de Provence*, lib. III, cap. 3) est de cette opinion; mais de Valois veut rapporter *Rigomagus* à un lieu nommé *Rie*, ou à un autre nommé *Rogen*, non loin de Senez.

[2] Voyez *Gallia christiana*, tom. III. — Cassendi, *Notice du Diocèse de Dijon*, p. 54.

[3] Voyez l'*Analyse des Itinéraires*, tom. III de cet ouvrage.

[4] Ptolemæus, lib. III, cap. 1.

[5] D'Anville, *Notice*, p. 216.

unanimes et imposantes. En examinant avec attention la description de l'Italie par Ptolémée, on voit que cet auteur a pris pour base une description de ce pays antérieure aux nouvelles divisions faites par Auguste, dont Pline nous a donné connaissance '. Ptolémée nous présente donc l'état ancien des peuples de ce pays : aussi désigne-t-il tous les petits peuples soumis au roi Cottius sous le nom de *Segusini;* et comme il écrivait d'après des documens antérieurs avant la réunion des *Caturiges* au royaume de *Cottius,* il en résulte qu'il a dû les décrire d'après leurs anciennes limites. Or les limites qu'il assigne aux *Caturiges* s'accordent encore avec celles de l'Italie vers le commencement du IVe siècle; et une mesure de Strabon, dont nous parlerons ci-après, fournit le même résultat. D'Anville et de Valois ont eu tort, dans cette circonstance, de chercher les limites des anciens peuples dans celles du diocèse moderne d'Embrun, qui n'a été établi que depuis l'institution de la province ecclésiastique d'Arles ². Ainsi les *Caturiges* s'étendaient à l'ouest jusqu'au lieu nommé *Ad Fines* dans l'Itinéraire de Bordeaux, que les mesures portent à Blaynie-Sept-Fons, à onze milles romains de Gap. A l'orient, ces limites se terminaient à *Rama* ou Cass-Rom, et le Briançonnais n'y était point compris. Les deux villes des *Caturiges* étaient *Caturiges*, Chorges, et *Eburodunum*, Embrun. La position de ces deux villes, aussi bien que celle de *Brigantio*, à Briançon, se démontre

---

' Plinius, *Hist. nat.*, III, 5-19.

² Durandi, *Piemonte traspadano*, p. 33. — *Gallia christiana*, tom. III, p. 1051.

par les mesures de la route qui conduisait d'*Augusta Taurinorum*, Turin, jusqu'à *Valentia*, Valence, sur les bords du Rhône[1]. Pline nomme les *Caturiges* dans l'inscription du trophée des Alpes[2] qu'il nous a conservée : il nous apprend ailleurs que ce peuple était issu des *Vagienni*, et avait été expulsé de la Gaule cisalpine par les *Insubres*; ce qui n'a pu avoir lieu que lors de la première transmigration des peuples gaulois, et ce qui leur donne peut-être une origine étrusque ou italique. Dans Ptolémée, ces peuples se trouvent placés dans les Alpes grecques ; mais il est évident qu'il y a eu dans cet auteur une transposition de copiste, et qu'on a mis les Alpes grecques au lieu des Alpes cottiennes relativement aux *Caturiges* et aux *Segusiani*, et les Alpes cottiennes au lieu des pennines relativement aux *Lepontii*.

Les *Garoceli*, placés par César[3] entre les *Centrones* et les *Caturiges*, ont dû nécessairement habiter les hauteurs voisines de la route qu'il avait prise; mais puisque César nous apprend qu'*Ocelum* faisait partie de la Province citérieure, on ne doit pas attribuer cet *Ocelum* aux *Garoceli*, ni placer ces peuples dans le val Pragelas ni la vallée de Fenestrelle, comme a fait d'Anville[4], puisque ces deux vallées étaient dès lors soumises aux Romains, et faisaient partie d'une de leurs provinces. Ces deux vallées, ainsi que le val Saint-Martin, étaient occupées par un peuple nommé *Magelli*, dont César n'a point parlé, parce qu'il n'eut pas

---

[1] Voyez l'*Analyse des Itinéraires*, tom. III de cet ouvrage.
[2] Plinius, lib. III, cap. 5, 17 et 20. — Strabo, lib. IV, p. 204.
[3] Cæsar, lib. I, cap. 10.
[4] D'Anville, *Notice*, p. 540.

besoin de le combattre. Nous reviendrons sur ce peuple à l'époque où il acquiert une existence historique. D'un autre côté, il n'est plus fait mention des *Garoceli* après César; il est donc probable qu'ils se trouvent désignés sous un autre nom : or, d'après l'ordre selon lequel ils sont mentionnés dans César et la circonstance de leur agression, ils doivent se trouver entre les *Centrones*, qui occupaient la Tarantaise, et les *Caturiges* : ceux-ci étaient, comme nous venons de le voir, dans la vallée formée par la Durance; il n'y a que la Maurienne et le val de Viù qui répondent à cette indication. Je prouverai ci-après que la Maurienne était occupée par les *Medulli*, et il est probable que les *Garoceli* n'étaient qu'une tribu de ces peuples; en effet, on observe des traces évidentes du nom de *Garoceli* dans le nom que portait dans le moyen âge la terre moderne d'Auxois. Ce nom est *Ocela* ou *Ocella*[1]; près de là est Lans-le-Bourg; de sorte que dans cette extrémité de la vallée on trouve réunis les deux noms qui rappellent ceux des *Ocellenses lancienses* de Pline[2], dont il sera question ci-après. Mais les *Garoceli* occupaient aussi la vallée qui est contiguë à la Maurienne, à l'est du mont Cenis; cette vallée, qui se nomme le val di Viù, renferme un lieu nommé Usseglio, et un canton de même nom[3] : cette ville et ce canton sont arrosés par la rivière Chiara, qui est nommée *Gara* ou *Cara* dans les titres du moyen âge, de même que dans ces

---

[1] Durandi, *Piemonte traspadano*, p. 41, 68 et 142, in-4°; 1803.
[2] Plinius, *Hist. nat.*, III, 24.
[3] Dans un ancien acte, Saint-Jean-de-Maurienne est nommé Johannes Garocellius. — *Theatr. Sabaud.*, vol. XI, p. 19. — *Dissert. on the passage of Annibal*; Oxford, 1820, in-8°.

titres Usseglio se trouve nommé *Oscelum* : ainsi la réunion de ces deux noms forme celui de *Gar-Ocelum*[1]. Il est probable que le territoire des *Garoceli* s'étendait vers l'est jusqu'à l'endroit où la Chiara se jette dans la Stura. Nous avons déjà observé que Marcus Claudius Marcellus avait pénétré dans cette vallée dès l'an 166 avant J.-C.; mais comme il avait été arrêté à son extrémité par le glacier dit Grand-Parey, les Romains s'étaient convaincus de l'impossibilité de se frayer par-là un passage; ils ne formèrent donc dans cette vallée aucun établissement, et les habitans, après une soumission momentanée, ressaisirent leur indépendance lorsque les armées romaines se furent retirées.[2]

Segusiani ou *Segusini*. — Au nord des *Garoceli*, et dans la vallée de Suse, étaient les *Segusiani* ou *Segusini*, qu'il ne faut pas confondre avec les *Segusiani* de la Lyonnaise, qui sont les *Secusiani liberi* de Pline, les *Sebusiani* de Cicéron. Les *Segusiani* des Alpes avaient, du temps de César, un nommé *Donnus* pour chef et pour roi. Non que César parle en rien de cette particularité, mais le fils de ce roi, nommé *Cottius*, est devenu célèbre pour avoir conservé, sous la domination romaine, une sorte d'indépendance, et pour avoir formé, sous la protection d'Auguste, dans ces montagnes, un petit état parti-

---

[1] Leibnitz, *Collectan. etymolog.*, 1717, in-12, tom. II, p. 121, dit que *gar*, en langue celtique, signifiait *poples*, jarret; de là un auteur assure que Leibnitz avance que *gar*, en gaulois, signifie peuple, et cite à l'appui de son opinion Diodore de Sicile, où ce mot ne se trouve pas. — Conférez Durandi, *Piemonte antico cispadano*, p. 41.

[2] Voyez ci-dessus, partie II, ch. I, tom. I, p. 223.

culier qui subsista jusqu'au règne de Néron[1]. Dans l'inscription de l'arc de Suze[2], gravée de son temps, qui existe encore, il est dit que Cottius était fils du roi Donnus. Ovide a aussi fait mention dans ses vers de cette particularité[3], et le passage de Strabon où il est question du domaine de Donnus, qui a beaucoup embarrassé les commentateurs[4], s'explique tout naturellement, puisqu'il est évident que par là Strabon a voulu désigner le domaine propre de Donnus, père de Cottius[5]. Ce petit État, avant d'avoir été augmenté comme il le fut depuis sous Auguste, était borné à la vallée de Suze et au Briançonnais, que Ptolémée donne aux *Segusini*. Les sujets de Donnus étaient limitrophes des *Caturiges*, et s'étendaient jusqu'à *Rama* ou Casse-Rom; ils possédaient, en un mot, le sommet et les deux revers du passage même des Alpes qui depuis furent appelées *Cottiæ*; ils avaient pour capitales *Segusia*, Suze, et *Brigantio*, Briançon. La position de ces deux lieux se démontre par les mesures de la route romaine d'*Augusta Tauri-*

---

[1] Suetonius, *Neron. vita*, cap. 18. — Aurelius Victor, in *Nerone*. — Sextus Rufus; Eutropius, lib. vii, et Paulus Diaconus, lib. viii. — Hieronymus, *Chronic. Euseb.*, lib. ii. — Ammian. Marcellin., lib. xv, c. 10. — Inscription rapportée par Cluverius, *Ital. antiqua*, p. 91. — Plinius, lib. iii, cap. 20.

[2] Voyez Muratori, *Inscript.* — Spon, *Miscell.*, p. 199. — Albanis Baumont, *Alpes cottiennes*.

[3] Ovidius, in *Ponticis*, lib. vii :

...*Alpinis juvenis regibus orte,*
...*Progenies alti fortissima Donni.*

[4] Voyez Cluverius, p. 95, et Cellarius, *Geogr.* Ces savans font deux royaumes de la terre d'Idonnus et du domaine de Cottius.

[5] Strabo, lib. iv, p. 204.

naurum, Turin, à *Valentia*, dont j'ai déjà parlé [1]. Nous apprenons par Ammien Marcellin que c'est le roi Cottius même qui fit percer cette route [2].

- *Centrones*. — Au nord des *Segusini* étaient les *Centrones*, qui occupaient la Tarantaise [3]; en effet, Ptolémée attribue à ces peuples [4] deux villes, *forum Claudii* et *Axima*. Un petit village nommé Aisme, dans la Tarantaise, nous retrace le nom et la position d'*Axima*; le petit lieu nommé Centron, dans la même vallée, nous indique le nom de l'ancien peuple nommé *Centrones*. D'après ces indications, d'Anville [5] a pensé que le *forum Claudii* de Ptolémée devait être considéré comme le chef-lieu, qui avait pris le nom du peuple, conservé intact dans celui de Centron moderne : il place donc avec beaucoup de vraisemblance *forum Claudii* à Centron [6]. Il n'est point question de ce lieu dans les Itinéraires ; mais *Axima* se trouve mentionné dans la Table et dans les Itinéraires, et les mesures de la route qui part d'*Augusta Prætoria*, Aoste, et aboutit à *Geneva*, Genève, et à *Cularo*, Grenoble, déterminent la position de cet ancien lieu

---

[1] Voyez l'*Analyse des Itinéraires*, tom. III de cet ouvrage.

[2] Ammian. Marcellin., lib. xv, c. 10. — Les médailles de *Segusia*, décrites par Mionnet, tom. I, p. 78, et *Suppl.*, tom. I, p. 145, se rapportent à Suze, si elles appartiennent à l'Italie, ce qui est incertain. Voyez ci-dessus, part. II, chap. 2, p. 534.

[3] Cæsar, *de Bello gallico*, lib. I, cap. 10. — Ils ne doivent pas être confondus avec les Centrones de la Belgique, mentionnés lib. v, cap. 39.

[4] Ptolemæus, lib. III, cap. 1.

[5] D'Anville, *Notice*, p. 317.

[6] Guichenon cite une inscription où on lit : FORUM CLAUDII CENTRON. — Albanis Baumont (*Alpes grecques et cottiennes*, tom. I, p. 124, Pl. 1) cite trois inscriptions portant le nom de FORUM CLAUD., qu'il dit avoir été trouvées à Aisme.

à Aisme moderne¹. Il a été trouvé à Aisme diverses inscriptions avec le nom de *forum Claudii*, qui donneraient à penser qu'*Axima* est le même lieu que *forum Claudii*; mais le texte de Ptolémée est formel à cet égard, et oblige d'admettre l'existence de deux villes chez les *Centrones*. Des circonstances que nous ignorons ont pu faire graver des inscriptions dans une de ces villes, où l'autre a dû être mentionnée². *Forum Claudii* et *Axima* perdirent leur supériorité sur tous les lieux de ce district, puisque dans la Notice de l'Empire c'est *Darantasia* qui est désignée comme la capitale³; et la position de cette ancienne ville à *monasterium Tarantasia*, à Moustier en Tarantaise, malgré quelques inexactitudes apparentes, se trouve prouvée par les mesures de la route qui traversait les Alpes grecques, et dont nous venons de parler. Strabon⁴ et Pline⁵, aussi bien que Ptolémée, ont fait mention des *Centrones*. Du côté du nord, ces peuples paraissent avoir étendu leurs limites jusqu'à *Clusura* ou *Clausa*, Cluse, où ils confinaient aux *Nantuates*.

[1] Voyez l'*Analyse des Itinéraires*, tom. III de cet ouvrage.

[2] M. H. Wikham et J. A. Cramer, *Dissertat. on the passage of Annibal over the Alps*, seconde édit.; London, 1828, in-8°, p. 86. — Les savans auteurs de la Dissertation rapportent l'inscription remarquable du proconsul Pomponius, déjà donnée par Guichenon, *Hist. généalogique de la maison de Savoie*, tom. I, p. 34; elle se trouve dans l'église de Saint-Martin, à Ayme (c'est ainsi que les auteurs de la Dissertation écrivent ce nom).

[3] *Notitia provinciar. Galliæ*, dans le *Recueil des Hist. de Fr.*, tom. I, p. 123. — Voyez encore *Gallia christiana*, tom. XII, p. 700; et Besson, *Mémoires pour l'hist. ecclésiast. des diocèses de Genève, Tarantaise, Aoste, etc.*, in-4°; 1759.

[4] Strabo, lib. IV, p. 204.

[5] Plinius, lib. III, cap. 20.

J'ai déjà observé que Pline nomme les Alpes grecques *Centronicæ Alpes*[1], parce que c'est dans l'étendue du territoire des *Centrones* qu'était renfermée cette portion des Alpes ainsi nommée; et c'est par le centre de leur pays que fut pratiquée, depuis César, la voie romaine qui forma le passage dit des *Alpes graiæ*. César ne paraît pas s'être jamais servi de ce passage, qui se trouvait intermédiaire entre les deux dont il fit usage. La voie romaine qui traversait ce pays rejoignait à *Augusta Prætoria*, Aoste, la route des *Alpes Penninæ*, parce que les gorges des vallées se réunissent dans cet endroit. En prenant la vallée à l'ouest, on pénétrait chez les Allobroges, et on arrivait à Vienne; en prenant celle qui se dirigeait au nord, on arrivait dans l'Helvétie : c'est par où César se dirigea lorsqu'il passa dans les Gaules pour faire sa première campagne. Ainsi, en continuant toujours vers le nord, nous pénétrons dans le bas de la vallée Pennine ou dans le Valais ; là nous trouvons les *Nantuates*.

Nantuates. — César nomme les *Nantuates* avec les *Seduni*, et dit qu'ils sont situés « sur les confins « des Allobroges, entre le Rhône, le lac Léman et « les plus hauts sommets des Alpes[2]. » La position des *Seduni* étant, ainsi que nous le verrons ci-après, bien déterminée dans le Valais moderne, il n'y a que

---

[1] Plinius, lib. xxxiv, cap. 2, mentionne des mines d'argent dans ces Alpes, *in Centronum alpino tractu*, ou district alpin des Centrones ; le même, lib. xi, c. 43, parle encore des *Alpes centronicæ*.

[2] Cæsar, *de Bello gallico*, lib. iii, cap. 1. — Strabo, lib. iv, p. 192 et 204. Strabon s'accorde avec César relativement aux Nantuates, aux Veragri, etc.; il paraît même avoir puisé ses notions dans son ouvrage.

le Faucigny, qui touche aux Allobroges et au lac Léman, et est limitrophe des *Seduni*, qui remplit toutes les indications nécessaires pour la position des *Nantuates*. Le Faucigny est formé par les vallées de Saint-Gingolp et d'Évian. Je trouve dans la première un petit lieu nommé Villa di Nant, qui pourrait bien indiquer la position du chef-lieu des *Nantuates*. Une inscription trouvée dans ce pays, où les *Nantuates* se trouvent mentionnés, donne à la position que nous avons assignée à ces peuples le plus haut degré de certitude possible [1]. Valois observe que le mot *nanto* ou *nant* signifie en celtique un courant d'eau [2]; Albanis Baumont [3] nous apprend qu'encore aujourd'hui, dans le dialecte de la Savoie, qu'il habite, et où il est né, tout torrent ou petite rivière qui descend des montagnes se nomme nant, et Edward Lindius et Giraldus Cambrensis disent que ce mot a la même signification en ancien saxon [4]. Il y a en effet un grand nombre de rivières de ce genre dans le Faucigny ou le Chablais [5]. Ainsi le nom de *Nantuates* est synonyme de Peuple des torrens, dénomination aussi juste que poétique. C'est à tort que d'Anville,

---

[1] Bochat, *Mémoires sur l'hist. ancienne de la Suisse*, tom. 1, p. 305. — Guichenon, tom. 1, p. 249, et d'Anville, *Notice*, p. 473. — Spon, *Miscell. erud. antiq.*, p. 192.

[2] Valesii *Notitia*, p. 569.

[3] Albanis Baumont, *Description des Alpes grecques et cottiennes*, tom. 1, p. 51. — Edward Lindius nous apprend aussi qu'en ancien saxon, *nant* signifie ruisseau, *a brook, a small rivulet*. — Voy. *Glossar. antiq. britannic.* de *Baxter*, edit. 2ᵃ, in-8°, 1733, p. 264 — Giraldus, Cambr., edit. in-4°, cap. 3, p. 27; tom. 1, p. 63, de la trad. anglaise.

[4] Baxter, *Glossar.*, p. 265.

[5] Voyez le n° 11 de la *Carte de Suisse*, par Weiss, où se trouve la Villa di Nant.

à l'exemple de beaucoup d'autres, a cru que César avait dit que le Rhin coulait chez les *Nantuates;* ce sont les éditeurs et commentateurs qui ont prêté cette erreur à César. Les *Nantuates* occupaient le même territoire que les *Chalbici* d'Avienus[1], et ils sont le même peuple sous un nom différent.

Veragri. — A l'orient des *Nantuates,* dans toute cette partie de la vallée escarpée formée par le Rhône lorsqu'il se dirige vers le nord pour se jeter dans le lac Léman, habitaient les *Veragri*[2], qui occupaient les hauteurs nommées Alpes pennines, aujourd'hui nommées le Grand-Saint-Bernard, sur le sommet duquel on a trouvé plusieurs inscriptions romaines[3] dédiées à Jupiter-Pennin, ce qui confirme, ainsi que nous l'avons observé, la remarque excellente de Tite Live[4] sur l'étymologie de ce nom, et réfute suffisamment l'erreur de Pline et d'Ammien Marcellin[5], qui dérivent ce mot de celui *Pœni,* Carthaginois, prétendant faussement qu'Annibal et son armée ont passé par cette vallée, erreur qui a été copiée par Paul Diacre, par Servius, par Isidore de Séville et par plusieurs modernes[6]. Il y a, dans d'autres parties des

---

[1] Cæsar, *de Bello gallico*, lib. III, cap. 1; et lib. IV, cap. 10. — Strabo, lib. IV, p. 204. — Festus Avienus, *Ora maritima, ad finem.*

[2] Voyez ci-dessus, p. 114.

[3] Voyez un Recueil manuscrit des inscriptions recueillies dans le couvent du mont Saint-Bernard, par Joseph Murith, chanoine régulier du Grand-Saint-Bernard. — Albanis Baumont, *Descrip. des Alpes grecques et cottiennes,* et d'Anville, *Notice,* p. 59.

[4] Tit. Liv., lib. XXI, cap. 38. — Tacit., *Hist.,* lib. I, cap. 87; lib. IV, cap. 68. — Voyez ci-dessus, part. II, ch. I, p. 221.

[5] Ammian. Marcellin., lib. XV, c. 10 et 11; et Plin., lib. III, c. 17.

[6] Isidorus, *Origin.,* lib. XIV, cap. 8. — Servius, ad Virgilii lib. X. — Paulus Diaconus, *Langobard. rer.,* lib. II, cap. 18. — Plusieurs de ces auteurs confondent les Alpes pennines avec les monts

Alpes, des montagnes qui portent encore le nom de *Pen* ou *Penn;* et, dans la langue espagnole, *peñas* signifie encore un rocher pointu et élevé. Le passage des Alpes pennines était le seul par où César pouvait promptement se rendre dans le pays où il devait rencontrer l'armée des Helvétiens, qui engagèrent les premiers cette terrible lutte, terminée huit ans après, par la conquête de toute la Gaule. Les *Veragri* sont célèbres par les dangers qu'ils firent éprouver aux légions commandées par Galba, que César avait mises en quartier d'hiver dans cette vallée [1], qu'auparavant les marchands ne pouvaient traverser sans de grands dangers et sans payer de grosses sommes. César place avec raison les *Veragri* entre les *Nantuates*, dans le Faucigny, et les *Seduni*, ou le Valais; Pline les met entre les *Seduni* et les *Salassi*, ou le val d'Aoste, ce qui est encore exact. L'inscription relative à la soumission de tous les peuples des Alpes, sous Auguste (*gentes alpinæ omnes*), nomme les *Veragri* après les *Nantuates* et les *Seduni* [2]; en effet, les *Veragri* occupaient toute la vallée nord du Grand-Saint-Bernard, depuis le sommet nommé *Alpis pennina*, par où ils touchaient aux *Salassi*, jusqu'à *Penni lucus* [3], près du lac Léman, où ils confinaient aux *Nantuates* et aux *Seduni*. Leur chef-lieu se nommait *Octodurus*; ce n'était, du temps de César, qu'un *vicus* qu'il appelle *vicus Veragrorum*,

---

Apennins, erreur qui se trouve aussi dans bon nombre de modernes. L'étymologie des noms est la même, quoique les chaînes soient bien différentes.

[1] Cæsar, *de Bello gallico*, lib. III, cap. I.
[2] Haller, *Helvetien*, tom. I, p. 54.
[3] Voyez l'*Analyse des Itinéraires*, tom. III de cet ouvrage.

du nom du peuple. Pline, au contraire, désigne le peuple par le nom de la capitale, et le nomme *Octodurenses*. *Octodurus* se trouve sur la route décrite dans l'Itinéraire et dans la Table, qui, partant d'*Augusta Prætoria*, Aoste, et franchissant le mont Saint-Bernard, se prolongeait au nord du lac Léman jusqu'à *Geneva*, Genève. Cette route était un des principaux passages d'Italie dans les Gaules; elle était très connue sous le nom de passage des *Alpes pennines*, et très pratiquée. Les mesures de la Table et de l'Itinéraire, prises sur la grande carte de Suisse par Weiss, nous portent juste pour *Octodurus* à Martigny, ou Martinach [1], traversé par une petite rivière nommée la Drance (différente de la Drance du Chablais), et qui est celle dont César parle dans la description détaillée qu'il donne du *vicus Veragrorum* [2] : d'ailleurs une suite de monumens historiques et d'inscriptions [3] démontrent que Martigny ou Martinach est la même ville qu'*Octodurus*. La Notice des provinces de la Gaule en fait mention sous le nom de *civitas Vallensium Octoduro*, et la nomme immédiatement après *Darantasia*, dans la province des Alpes grecques et pennines [4]. Octo-

---

[1] Voy. Plin., III, 20, et l'*Anal. des Itin.*, tom. III de cet ouvrage.

[2] Cæsar, *de Bello gallico*, lib. III, cap. 1. — Strabo, IV, p. 204.

[3] Dans l'église d'Ollon, on trouve une pierre milliaire avec une inscription, où se lit : FOR. VALL. OCTOD.; à Martinach, une autre inscription où se lit : FOR. CL. VAL; et enfin une autre, portant FOR. VALL., dans l'église de Monjoux. — Rivaz, *Éclaircissemens*, p. 114, 115 et 281. — Haller, *Helvetien*, tom. I, p. 279 et 285. — Orelli, *Inscript.*, tom. I, p. 103, nos 224, 225 et 226; p. 116, n° 337; p. 136, n° 488. — *Mémoires de l'Académie des Inscript.*, tom. XIV, p. 98.

[4] *Notitia prov. Galliæ*, Rec. des Hist. de Fr., tom. I, p. 123. — Guérard, *Essai*, p. 23.

durus a été, jusque vers la fin du vi^e siècle, un siége épiscopal qui alors fut transféré dans la capitale des *Seduni* ou Sion[1]. Plusieurs colonnes milliaires, trouvées sur la voie romaine des Alpes pennines, et dont les chiffres confirment encore les mesures des Itinéraires, prouvent que cette ville prit pendant un temps le nom de *forum Claudium Vallensium*[2]. Ce n'a pu être qu'en faisant abstraction des *Nantuates*, que Dion[3] a dit que les *Veragri* touchaient aux Allobroges; cependant, si l'on pense qu'au temps où écrivait Dion, l'autorité, dans la division des peuples, avait intérêt de rompre les limites naturelles, on pourra croire que les *Veragri* ont pu avoir les mêmes limites que le diocèse de Genève et de Sion, et que par conséquent ils touchaient aux Allobroges par une petite langue de terre; mais certainement du temps de César cela n'était pas ainsi : chaque peuple était encore strictement renfermé dans la vallée, ou dans les vallées, qu'il occupait, et les *Veragri* étaient séparés des Allobroges par les *Nantuates*.

Seduni, Viberi. — A l'orient des *Nantuates*, et dans la vallée formée par le Rhône, en remontant vers ses sources, étaient les *Seduni*, dont César[4] fait mention en parlant des *Nantuates* et des *Veragri* : il nomme ces trois peuples précisément dans le même

---

[1] *Gallia christiana*, tom. xii, p. 730; et tom. xiii.

[2] Bochat., *Mém. sur l'hist. ancienne de la Suisse*, tom. 1, p. 142, 143, 144 et 296. — Durandi, *Alpi graiæ et penninæ*, p. 51. — Simler, *Valesia*, p. 30; et un manuscrit de Joseph Murith, sur les inscriptions du mont Saint-Bernard.

[3] Dion., lib. xxxix, p. 42. — Durandi, *Piemonte cispadano*.

[4] Cæsar, *de Bello gallico*, lib. iii, cap. 1.

ordre que l'inscription du trophée des Alpes¹. Les *Seduni* occupaient le même territoire que les *Tylangii* et les *Daliterni* d'Avienus, et que les *Ardyes* de Polybe, c'est-à-dire le Valais moderne². L'histoire ne nous apprend pas si ces peuples sont les mêmes sous des noms différens, ou si ce sont différens peuples qui, par suite de révolutions que nous ignorons, se seront successivement emparés de cette vallée. Nous avons trouvé des traces des noms des *Tylangii* et des *Ardyes*; on en trouve d'aussi évidentes encore pour les *Seduni*, dans le nom de Sion ou *Sidunum*, nommé Sitten par les Allemands, capitale du Valais moderne, et dans le petit lieu nommé Siders, dont l'église contient une inscription antique : Siders³ est un peu à l'orient de Sion. L'antiquité de cette dernière ville ne remonte pas au-delà du VI° siècle, ou du moins les monumens qui pourraient constater son existence historique antérieurement à cette époque nous manquent entièrement⁴. A l'extrémité orientale du Valais, et vers les sources mêmes du Rhône, Pline place un petit peuple nommé *Viberi*⁵, qui sont les *Juberi* de l'inscription d'Auguste relative à la soumission des *gentes Alpinæ*, les peuples des Alpes : un lieu nommé Pfin, un peu au-dessus de Sion, paraît indiquer les limites de ce peuple et des *Seduni*. En remontant plus haut, un

---

¹ Plinius, *Hist. nat.*, lib. III, cap. 20. — Strabo, lib. IV, p. 204.
² Voyez ci-dessus, p. 114 et 139.
³ Haller, *Helvetien*, tom. II, p. 641.
⁴ *Gallia christiana*, tom. XII, p. 729 et 730. — Valesii *Notitia*, p. 592. — Guillimanus, *de Rebus helvet.*, lib. IV. — Stumpf, *de Helvet.* — Simlerus, *Descript. Valesiæ*, lib. I, p. 763.
⁵ Plinius, *Hist. nat.*, lib. III, c. 20. — Haller, *Helvet.*, t. II, p. 542.

reste de retranchement qui ferme le passage entre la rive gauche du Rhône et la montagne, est appelé *murus Vibericus*[1]. Wisbach ou Wispach, tout près du Simplon, rappelle l'ancien nom des *Viberi*. Les *Nantuates*, les *Veragri*, les *Seduni* et les *Viberi* sont compris dans d'anciennes inscriptions sous le nom de Vallées pennines : un fragment d'une de ces inscriptions porte : IIII VALLIS PENNINÆ[2]; il y a peu de doute que cette inscription ne portât : CIVITATES QUATUOR VALLIS PENNINÆ, à cause des quatre peuples nommés ci-dessus. Enfin, dans la notice de la Gaule, on trouve *civitas Vallensium*, ou *Valinsa*, ou *Valensa*, pour désigner toute cette vallée, et *Vallenses* pour les habitans[3]. On voit évidemment que de cette dernière dénomination est provenue celle de Valais, moderne. J'ai dit que l'antiquité de *Sedunum* ne remonte pas au-delà du VIe siècle; cependant l'inscription antique que l'on trouve dans l'angle de la cathédrale de Sion, et qui porte *civitas Sedunorum*, me paraît être de la fin du Ve siècle, époque à laquelle la plupart des villes de la Gaule prirent le nom des peuples ; alors *Sedunum*, ou Sion, doit être considérée comme ville romaine, et porter sur une carte de l'ancienne Gaule le nom de *civitas Sedunorum*[4].

[1] D'Anville, *Notice*, p. 699; et Durandi, *Piemonte cispadano antico*, p. 47.

[2] Bochat, *Mém. sur l'hist. ancienne de la Suisse*, tom. 1, p. 296 et 299. — Dans Muratori, tom. 11, p. 1080, n° 1, on trouve une inscription où on lit : POSTERITAS SEDUNORUM ; à Sion est l'inscription qui porte : SEDUNORUM PATRONO. — Haller, *Helvetien*, tom. 1, p. 53, et tom. 11, p. 538 à 543. — Orellius, *Inscript. latinæ*, tom. 1, p. 105.

[3] *Notitia provinc. Galliæ*, *Rec. des Hist. de Fr.*, tom. 1, p. 125. — Guérard, *Essai*, p. 23.

[4] Cette inscription a été rapportée par Smetius, in Appendice,

Tous les peuples dont nous venons de parler ont depuis composé deux provinces, sous les noms d'*Alpes maritimæ* et *Alpes graiæ et penninæ*, provinces qui, variant dans leurs limites, ont tantôt fait partie de la Gaule et tantôt de l'Italie.

La Gaule se terminait à la vallée pennine; mais César, de son temps, lui donne pour limite le Rhin [1]; il y comprend donc les peuples qui habitaient les sources de ce fleuve avant qu'il ne se jette dans le lac Constance. Ainsi, en décrivant le cours du Rhin, César dit qu'il prend sa source chez les *Lepontii* [2]; par conséquent les *Lepontii* habitaient les vallées où se trouvent les sources du Rhin, et Pline, aussi bien que le trophée des Alpes, nomment les *Lepontii* à la suite des *Viberi* : en effet, les sources du Rhin sont immédiatement à l'orient des sources du Rhône, où se trouvaient les *Viberi*. Cette portion des Alpes, qui s'étend jusqu'au-delà de l'Unter-Rhein ou du Rhin postérieur, a été appelée Livinien Alpen, comme la vallée par laquelle descend le Tessin au pied du mont Saint-Gothard est nommée Leventina : ces dénominations tirent leur origine du nom des *Lepontii*. L'inscription du trophée des Alpes, Strabon, Pline et Ptolémée font mention de ces peuples [3] : Ptolémée

p. 17, n° 4, par Paulus Gugliemus, et dans le manuscrit déjà cité, intitulé : *Recueil de toutes espèces d'antiquités formant le cabinet de MM. les chanoines de Monjoux*, recueillies par le P. Joseph Murith, chanoine régulier du Grand-Saint-Bernard, prieur de Martigny. — Voyez encore Bochat, tom. 1, p. 196 et 299; et Muratori, *Inscript.*, tom. 11, p. 1080, n° 1.

[1] Cæsar, *de Bello gallico*, lib. 1, cap. 1; lib. iv, cap. 10.

[2] Cæsar, *de Bello gallico*, lib. iv, cap. 10. — Ammian. Marcellin., lib. xv. — Strabo, lib. iv, cap. 3, p. 19.

[3] Plinius, lib. xiii, cap. 20. — Strabo, lib. iv, p. 313 et 315. — Ptolemæus, lib. iii, cap. 1.

leur donne pour capitale la ville d'*Oscela*, dont le nom et la position se retrouvent dans le Domo d'Oscella moderne. Si, dans le texte de Ptolémée, les *Lepontii* se trouvent inscrits dans les Alpes cottiennes au lieu de l'être dans les Alpes pennines, j'ai déjà observé que c'était une pure transposition de copiste. J'ai aussi précédemment donné la signification du mot *Oscelum*, et on aura pu remarquer que c'est le troisième lieu ancien de ce nom que nous avons eu occasion de mentionner [1] dans les Alpes, et que tous ont des noms modernes semblables qui leur correspondent. Pline dit que les *Viberi* faisaient partie des *Lepontii* [2] : c'est attribuer, de même que César, ces derniers à la Gaule, qui depuis firent partie de la Rhætie. Caton, cité par Pline, donne aux *Lepontii* et aux *Salassi* la même origine; il les fait descendre des *Taurisci*. Ces *Taurisci* sont sans doute les *Norisci taurisci*, situés au nord d'*Aquileia*, et dont la capitale *Noreia* était située à Noring, près de Gmund [3]; mais comme le mot taurn est encore aujourd'hui, dans toute cette chaîne, appliqué aux plus hauts sommets, celui de *Taurisci* ne désigne peut-être que des peuples montagnards; et Caton, sans le savoir, aurait dit que les *Lepontii* et les *Salassi*, peuples montagnards, descendaient de leurs ancêtres, peuples montagnards, c'est-à-dire qu'ils étaient regardés comme indigènes [4].

---

[1] Voyez ci-dessus, p. 542 et 543. — Ptolem., *Geogr.*, lib. III, cap. 1, p. 69 (64), edit. Bert.

[2] Plinius, lib. III, cap. 20.

[3] Voyez ci-après.

[4] Conf. Durandi, *Alpi graiæ e pennine*, Torino, 1804, in-4°, p. 68. — Cluverius, *Italia antiqua*, p. 98. — D'Anville, *Notice*, p. 409.

Après avoir dit que le Rhin prend sa source chez les *Lepontii*, César nous apprend que ce fleuve coule pendant un long espace sur les limites des *Vatuates* [1] : c'est ainsi qu'on lit dans les meilleurs et le plus grand nombre des manuscrits ; mais les commentateurs, croyant que ce nom n'existait pas ailleurs, et que c'était une faute de copiste, ont substitué *Nantuates* ou *Sarunetes*, et c'est cette dernière leçon qu'a adoptée Oberlin, le dernier éditeur de César [2]. Les commentateurs et les éditeurs de César se sont évidemment trompés ; car Strabon, d'accord avec César, dit positivement : « Les premiers peuples qui habi-
« tent les rives du Rhin sont les *Atuates* où *Aïtuatoï*,
« chez lesquels on trouve les sources de ce fleuve [3]. »
Il n'est pas difficile de reconnaître ici les *Vatuates* de César ; et comme les *Sarunetes* de Pline [4] occupaient la vallée de Sargans, les *Vatuates*, d'après les textes de Strabon et de César, ont dû nécessairement habiter le Tauetcher-Thal et le Medels-Thal [5]. Les traducteurs latin et français de Strabon se sont autorisés du texte de César pour substituer *Nantuates* à *Atuatoï* dans la traduction du passage que nous venons de citer, sans s'apercevoir qu'ils ne s'appuyaient que sur les fausses conjectures des commentateurs ; le texte d'un auteur, témérairement altéré, a servi ensuite à en altérer d'autres : nous avons déjà

---

[1] Cæsar, *de Bello gallico*, lib. IV, cap. 10, 179, edit. Oudendorp.
[2] J. Cæsar *Commentarii*, edit. Oberlin. Lipsiæ, 1805, in-8°.
[3] Strabo, lib. IV, p. 192, ou p. 48 du tom. II de la trad. française.
[4] Plin., *Hist. nat.*, lib. III, cap. 20.
[5] Pour l'emplacement et les limites de ces peuples, formés par les plus hauts sommets des vallées que j'indique ici, on peut consulter le n° 10 de la grande Carte de Suisse, par Weiss.

eu occasion de produire plusieurs exemples de ce genre dans cet ouvrage. C'est par les *Lepontii* et les *Atuates* que passa la voie romaine qu'on établit depuis pour pénétrer de l'Italie dans la Germanie, à travers les *Alpes rhétiennes* [1].

Au nord des *Lepontii* et des *Atuates*, de l'autre côté du lac Constance et du Rhin, c'est-à-dire au nord des limites de la Gaule, habitaient les peuples qui entrèrent dans la confédération helvétique pour combattre César. Ce dernier les nomme, dans le premier livre de ses Mémoires, selon un ordre entièrement géographique. « Les *Helvetii*, dit-il, per- « suadent aux *Rauraci*, aux *Tulingii*, et aux *Lato-* « *brigii*, leurs voisins, de brûler aussi leurs villes et « leurs villages, et de partir avec eux; ils s'adjoi- « gnent les *Boii*, qui s'étaient établis au-delà du Rhin, « et avaient assiégé *Noreia* dans la Norique [2]. » Une route de la Table, dont les mesures n'ont jamais été jusqu'ici appliquées avec exactitude, sert à retrouver tous ces peuples et l'emplacement de leurs capitales. Ainsi, à l'est des *Rauraci*, qui faisaient partie de la Gaule, habitaient au-delà du Rhin les *Tulingi*, dans le district de Tiengen et de Stühlingen : ce dernier lieu est le *Juliomagus* de la Table [3], qui, sans doute sous un autre nom germain que nous ignorons, nous représente l'ancienne capitale des *Tulingi*. Les *Latobrigi* occupaient les environs de Donauschingen, où la Briggach et la Bregge se joignent au Danube. Sur les bords de ce dernier

---

[1] Voyez l'*Analyse des Itinéraires*, tom. III de cet ouvrage.
[2] Cæsar, *de Bello gallico*, lib. I, cap. 5.
[3] Voyez l'*Analyse des Itinéraires*, tom. III de cet ouvrage.

fleuve est un petit lieu nommé Brugge, qui occupe le même emplacement que le *Brigobanne* de la Table, ainsi que le prouvent les mesures qu'elle fournit.

Dès l'année 44 avant J.-C., Munatius Plancus avait pénétré jusque chez les *Rhæti*, et avait remporté sur ces peuples montagnards une victoire signalée. Ce fait se trouve démontré par l'inscription trouvée à la Torre di Orlando, près de Gæte, et rapportée par Gruter [1] et par plusieurs autres [2] auteurs, ainsi que par une autre inscription gravée sur un socle de marbre qu'on voit près de Vitriano, à quatre milles de Tivoli [3].

Mais terminons ici ce qui, pour le temps de César, concerne la Gaule transalpine, dont nous venons même d'outrepasser les limites [4].

§. III. *Gaule cisalpine.*

La découverte et la conquête de la Gaule transalpine par Jules César nous fait connaître les différens peuples qui habitaient cette contrée, et laisse peu de chose à ajouter à cet égard pour les époques postérieures. De même la première invasion des Gau-

[1] Gruter, *Inscript.*, p. 439, n° 8.
[2] Conférez *Recueil des Hist. de Fr.*, tom. 1, p. 131. — Schœpflin, *Alsatia illustrata*, tom. 1, p. 155. — Conférez ci-dessus, part. 1, chap. 7, p. 169.
[3] Micali, *l'Italia avanti il dominio dei Romani*, tom. IV, p. 343, note 2.
[4] Depuis que ceci a été écrit, M. Julius Leichtlen a fait paraître son ouvrage, intitulé : *Schwaben unter der Romern* ; Friburg und Brylau, 1825. M. Leichtlen a, comme nous, trouvé exactes les mesures de la Table, et place de même *Juliomagus* à Stühlingen ; Brigobanne, au passage de la Breg, à Hüfingen. Voyez p. 196, et la Carte de la Souabe sous les Romains, qui accompagne cet ouvrage.

lois dans la Cisalpine nous a donné occasion de parler de presque tous les peuples qu'on trouve ensuite mentionnés à des époques postérieures. Nous avons alors assigné leur position et déterminé leur étendue et leurs limites ; et nous ne voyons pas que ces choses aient aucunement varié depuis ce grand événement jusqu'à Jules César ; il ne reste donc plus qu'à examiner quelles étaient les limites de la province nommée Gaule cisalpine au temps de César.

A l'occident, ces limites étaient, comme nous l'avons vu précédemment, celles de la Ligurie. Après que les habitans des montagnes eurent profité de l'affaiblissement des Étrusques pour étendre leur territoire, les Romains, tant qu'ils continuèrent à faire la guerre dans les Gaules cisalpine et transalpine, n'eurent aucun intérêt à en changer les limites. Comme les consuls auxquels le sénat décernait ces deux provinces étaient continuellement obligés de transporter des troupes par mer dans la Ligurie, ou dans la Province romaine, pour achever de dompter ces contrées, il fallait étendre leur juridiction jusqu'à Pise et à l'Arno, où se faisaient ces embarquemens. Lorsque Sempronius veut porter la guerre aux Liguriens, c'est à Pise qu'il s'embarque [1] ; et Suétone [2] nous apprend que César reçut Pompée et Crassus à *Luca*, qui était de sa province. La position de *Luca*, colonie des Romains, depuis si bien fortifiée par eux [3], à Lucques moderne, est démontrée par la route

---

[1] Titus Livius, lib. XXXIX. cap. 32, p. 366.
[2] Suetonius, *Vita Cæsaris*, cap. 24.
[3] Frontini *Stratag.*, III, 2. — Pline, III, 5. — Cicer., *Epist.*, XIII, 13, tit. XXI, 59 ; XLI, 13. — Vell. Paterc., I, 15.

I.

de *Florentia*, Florence, à *Genua*, Génes [1]. Ainsi la Gaule cisalpine s'étendait à cette époque au midi de l'Apennin, et jusque dans le sein de l'antique Étrurie. Ses limites, entièrement déterminées par des considérations et des résultats politiques [2], n'eurent plus de ce côté aucune relation avec la géographie naturelle et avec les origines historiques. Mais peu de temps après César, Auguste, lorsqu'il eut achevé de soumettre et de pacifier les Gaules et toutes les Alpes qui entourent l'Italie, rétablit les limites de la Cisalpine conformément à la configuration physique du pays, et les Apennins séparèrent de nouveau la Gaule cisalpine de l'Italie proprement dite. A l'orient, Lucain et Suétone [3], et plusieurs autres anciens, nous apprennent que le *Rubico* formait la limite de la Gaule cisalpine au temps de César. Ce dernier, quoiqu'il n'ait point nommé le *Rubico* dans ses Mémoires, nous apprend que la limite de sa province se trouvait entre Ravenne et Rimini [4]; et c'est entre ces deux villes qu'un grand nombre d'auteurs anciens indiquent la position du *Rubico*. Cette rivière, ou ce torrent, se retrouve dans le petit courant d'eau formé par trois ruisseaux, le Pisatello,

---

[1] Voyez l'*Analyse des Itinéraires*, tom. III de cet ouvrage.

[2] Pendant quelque temps même, Pise, Lucques et les environs, constituèrent toute la Ligurie romaine. — Tit. Liv., lib. XLI, dit : « On conduisit, cette même année, une colonie à Lucques, dont le « territoire avait été enlevé aux Ligures, qui eux-mêmes l'avaient « conquis sur les Étrusques, auxquels il appartenait primitivement. »

[3] Lucanus, *Pharsal.*, lib. I, v. 183 et suiv. — Suetonius, *Vita Cæsaris*, cap. 30.

[4] Cæsar, *de Bello civili*, lib. I, cap. 5. — Cicer., *Phil.* VI, 3. — Strabo, V, 227. — Appian., *de Bello civili*, II, 135. — Plin., lib. III, 15. — Ptolem, p. 62. — Plutarch., *Cæs. et Pomp.*

le Rigosa, et le Fiumecino : c'est ce dernier que Leander, Blondus et Cluverius, nous assurent avoir été appelé de leur temps, Rucone, Rigone ou Urgone, aussi bien que Rigosa ou Rugosa [1]. Mais la position du *Rubico* n'est pas seulement prouvée par la ressemblance du nom; plusieurs passages des anciens nous indiquent le *Rubico* comme une petite rivière qui coule près d'*Ariminium*, Rimini, et *Cæsena*, Césène : les témoignages réunis de Pline [2], de Strabon [3], de Ptolémée [4], d'Appien [5], de Sidoine Apollinaire [6], ne laissent aucun doute à cet égard; et une route de la Table [7], entre *Ravenna*, Ravenne, et *Ariminium*, Rimini, donne une certitude mathématique aux preuves, déjà satisfaisantes, fournies par l'histoire relativement à la position du *Rubico*. J'observerai seulement, pour plus d'exactitude, que la route dont il est question ne coupe le *Rubico* qu'à son embouchure, c'est-à-dire après la réunion du Pisatello et du Rigosa ou Fiumecino : aucune des descriptions des anciens n'est assez détaillée pour pouvoir nous fixer sur le choix des trois courans d'eau qui contribuent à former l'embouchure nommée *Rubico*, pour nous apprendre celui auquel le nom de cette embouchure doit appartenir. On est déter-

---

[1] Cluverius, *Italia antiqua*, tom. I, p. 296.
[2] Plinius, lib. III, cap. 15.
[3] Strabo, lib. v, p. 217 et 227.
[4] Ptolemæus, lib. III, cap. 1.
[5] Appianus, *de Bell. civil.*, II, 135.
[6] Sidonius Apollinar. — Conférez Plutarchus, in *Cæsare*, p. 717 et 723. — Sextus Rufus. — Cicero, *Philippica* VI, p. 625. — Silius Italicus, vers. 455.
[7] Voyez l'*Analyse des Itinéraires*, tom. III de cet ouvrage.

miné ici par la ressemblance du nom de Rugone avec celui de *Rubico*. Quant à la grande inscription qui, du temps de Cluverius, existait encore à deux milles de Césène, et où se lisait le décret du peuple romain qui déclare ennemi de l'État celui qui aura passé ce fleuve avec une armée, Cluverius, qui la rapporte, avoue qu'elle est entièrement moderne [1]. Le Rigosa prend sa source près de Longiano, dans l'Apennin, et le reste de la limite de cette province devait se trouver tracé par le *Sapis* ou le Savio moderne [2], et par une ligne tirée à travers les Apennins jusqu'à la source de l'Arno, *Arnus*, dont le cours achevait de tracer la démarcation [3]. Au nord, sur la côte orientale, les limites de la Cisalpine se terminaient à six milles au-delà de Trieste, au fleuve *Formio* ou à Musa-Vecchia [4]. Ce ne fut que sous Auguste que ces limites se trouvèrent prolongées jusqu'au fleuve *Arsia* [5]. En effet, Mela, qui écrivait sous l'empereur Claude, termine encore l'Italie à *Tergeste*, Trieste [6], parce qu'il suit l'ancienne division. César commandait aussi en Illyrie; mais, dans les auteurs anciens, cette contrée forme une province particulière, et en même temps bien distincte des deux autres. Tous les auteurs rapportent que César obtint le gouvernement des Gaules transalpine et cisalpine, ainsi que de l'Illyrie [7] : donc, cette dernière n'était pas comprise dans

---

[1] Cluverius, *Italia antiqua*, tom. 1, p. 297.
[2] Strabo, l. v, p. 216. — Conférez Ptolem., p. 64. — Procop., 11.
[3] Voyez la Carte de la Lombardie, par Zannoni, en quatre feuilles.
[4] Voyez ci-dessus, part. 1, ch. 1, p. 4.
[5] Plin., *Hist. nat.*, l. III, 18.
[6] Mela, lib. II, cap. 5.
[7] Eutrop., lib. VI, p. 539. — Paul. Orosius, lib. VI, cap. 7.

la Gaule cisalpine. Nous devons seulement observer que l'Istrie, depuis en partie comprise dans la Cisalpine, faisait alors partie de la province ou du gouvernement d'Illyrie; c'était même la seule portion de ce gouvernement qui fût entièrement au pouvoir des Romains : le reste était à soumettre, et inconnu aux Romains, de même que la Gaule transalpine. César avait formé le projet de s'y transporter, mais il n'eut pas le temps de l'exécuter¹. Nous voyons même qu'il avait bien de la peine à protéger, contre les *Illyriens,* les colonies romaines établies de ce côté, et il se vit forcé d'envoyer Labiénus avec la douzième légion pour réprimer les incursions de ces peuples ², qui, l'été précédent, s'étaient emparés de *Tergeste,* et l'avaient pillé. C'est par cette raison qu'il avait soin de mettre à *Aquileia* plusieurs légions en quartier d'hiver. L'Illyrie ne fut domptée que sous Auguste, et ce ne fut qu'alors qu'elle forma réellement une partie intégrante de l'empire romain ³.

Avant de terminer ce qui concerne la Gaule cisalpine au temps de César, je dois ajouter que dans la vie de ce conquérant, Suétone fait mention des *Lambrani,* comme situés dans cette contrée; mais cette dénomination désigne moins un peuple particulier que les habitans des rives du *Lambrus fluv.*, ou lac Lambro, puisque l'historien en parle en même temps que des *Transpadani,* ou peuples d'au-delà du Pô : « *Per Lambranos* ⁴ *et Transpadanos.* »

---

¹ « Inito hieme, Illyricum profectus esset, quod eas quoque nationes adire et regiones *cognoscere* volebat. »

² Hirtius Pansa, *de Bello gallico,* lib. VIII, cap. 24.

³ Appian., *de Bellis illyricis.*

⁴ Suetonius, *Vita Cæsar.*, cap. 9: Il ne faut pas lire *Ambranos.*

Pline fait mention du *Lembrus fluvius*, qu'il fait sortir du lac *Eupilis*, qu'on rapporte au petit lac qui se trouve dans la pièvè d'Incino; mais Pline ne fait aucune mention des *Lambrani* [1].

Plutarque [2] nous apprend que César conduisit une colonie de citoyens romains dans la ville de Côme; que c'est depuis ce temps que cette ville a été surnommée la nouvelle Côme, *novum Comum*, et qu'elle s'éleva à un haut degré de prospérité [3].

[1] Plin., *Hist. nat.*, lib. III, 23, 4; et ibid., III, 20, 4.
[2] Plutarque, *Vita Cæsaris*, cap. 37, p. 211.
[3] Strabo, lib. v. c. 212. — Catull., 35. — Appian, *de Bello civili*, lib. II, cap. 36.

FIN DU PREMIER VOLUME.

www.ingramcontent.com/pod-product-compliance
Lightning Source LLC
Chambersburg PA
CBHW060751230426
43667CB00010B/1524